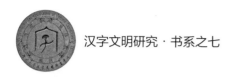

汉字文明研究·书系之七

本书为国家社科基金一般项目"中日汉字词比较研究"（05BYY016）资助成果，
国家社科基金重大项目"越南汉字资源整理及相关专题研究"（17ZDA308）相关成果。

中日汉字词比较研究

何华珍 等◎著

上海交通大学出版社
SHANGHAI JIAO TONG UNIVERSITY PRESS

内容提要

书稿立足中日文献与汉字词汇事实，从共时与历时角度考察古代、近代、现代中日汉字词源流变迁。古代方面，以《怀风藻》《入唐求法巡礼行记》《菅家文草》《参天台五台山记》等为语料，探究汉字词在日本的传承和变异，着重于日人汉籍中汉语词汇新词新义。近代方面，以日本江户时期兰学文献、明治时期《医语类聚》以及晚清汉译西书《医学五种》等为基础，着重探析西学东渐背景下中日语词流播。现代方面，以《人民日报》《汉语新词语》和《新华外来词词典》等为对象，判别中日词汇源流，考证文献用词变迁，着重挖掘整理日源汉字新词。全书凸显汉字词源流的"中日比较"，涉及数千个中日古今汉字词，具有原创性、实证性、交叉性、国际化等特点，对于汉语词汇史研究、中日汉字词演变研究、大型辞书编纂等具有重要的参考价值。

图书在版编目（CIP）数据

中日汉字词比较研究／何华珍等著. —上海：上海交通大学出版社，2023.7
ISBN 978-7-313-25845-8

Ⅰ.①中… Ⅱ.①何… Ⅲ.①汉字—对比研究—中国、日本 Ⅳ.①H12 ②H361

中国版本图书馆 CIP 数据核字（2021）第 230006 号

中日汉字词比较研究
ZHONGRI HANZICI BIJIAO YANJIU

著　　者：何华珍 等

出版发行：上海交通大学出版社　　　　　地　　址：上海市番禺路 951 号
邮政编码：200030　　　　　　　　　　　电　　话：021-64071208
印　　制：苏州市越洋印刷有限公司　　　经　　销：全国新华书店
开　　本：710 mm×1000 mm　1/16　　　印　　张：32.75
字　　数：584 千字
版　　次：2023 年 7 月第 1 版　　　　　印　　次：2023 年 7 月第 1 次印刷
书　　号：ISBN 978-7-313-25845-8
定　　价：128.00 元

"汉字文明研究"成果系列出版前言

东汉时河南人许慎说："盖文字者，经艺之本，王政之始，前人所以垂后，后人所以识古。"这里的"文字"后来称"汉字"。汉字是传承发展到当代的中华优秀文化之一。作为内涵丰富的符号系统，汉字承载着数千年的历史文化、民族智慧；作为交流思想信息的重要工具，汉字也是国家管理和社会生活必不可少的。中央号召发扬传统优秀文化，实施文化强国战略，汉字举足轻重。

河南是汉字的发源地，有着丰富的原始材料和悠久的研究传统。可以说，第一批汉字材料，第一部汉字学著作，第一本汉字教科书，第一位汉字学家，第一位书法家，第一位汉字教育家，第一位汉字规范专家，都出自河南。汉字作为中华文明的重要标志，极具创造性和影响力，应该成为河南得天独厚的优势品牌。"汉字文明"的传承发扬需要"许慎文化园""中国文字博物馆"之类的物质工程，也需要学术研究及学术成果，还需要汉字教育和传播。郑州大学作为河南的最高学府，责无旁贷应该承担起传承和发展汉字文明的历史使命。该校领导眼光宏大，志向高远，批准成立了"汉字文明研究中心"，并在规划和实施"中原历史文化"一流学科建设中，把"汉字文明"定为研究方向之一。

汉字文明研究中心自 2016 年 9 月成立以来，在学校领导和学界同仁的支持鼓励下发展顺利。现已由专职和兼职（客座）人员共同组建起研究团队，并已陆续产生成果。为了及时推出中心成员取得的研究成果，本中心拟陆续编辑出版"汉字文明研究"成果系列。"汉字文明研究"范围极广，包括而不限于汉字本体（形体、结构、职用）的理论研究，汉字史研究，汉字学术史研究，汉字与汉语的关系研究，汉字与民族国家的关系研究，汉字与泛文化关系研究，跨文化汉字研究（汉字传播、域外汉字、外来文化对汉字系统的影响、汉字与异文字比较等），汉字教学与汉字规范研究等。这么多五花八门的成果如果按照内容分类编辑出版，命名将十分繁杂，且不易各自延续。因此，拟采用最简单的形式分类法，论文集编为一个系列，包括本中心主办的会议论文集、本中心成员（含兼职）个人或集体论文集、本中心组编的专题论文集等，统一按照"汉字文明研究·文集

之 N + 本集专名"顺序出版;著作和书册编为一个系列,包括本中心成员
(含兼职)的专著、合著、资料整理、工具书、主题丛书、教材等,统一
按照"汉字文明研究·书系之 N + 本书专名"顺序出版。

"汉字文明研究"成果系列由中心主任李运富教授主编,编辑委员会
负责推荐和审定。各文集和书系的作者或编者皆独立署名,封面出现"汉
字文明研究·文集之 N"或"汉字文明研究·书系之 N"字样,扉页印编
辑委员会名单。"文集"与"书系"设计风格大体一致。

希望本中心"汉字文明研究"硕果累累。

汉字文明研究中心　李运富

目　　录

绪论：中日汉字词研究的历史和现状

众所周知，日语中使用大量的汉字词。这些汉字词，有的是音读，有的是训读，有的是音训混读。① 而从其来源看，有的是从中国借入的汉籍词汇、佛典译词，或者传教士新词；有的是日本人利用汉字创造的"和制汉语"，包括纯汉文或变体汉文中的日制汉字词，以及幕末明治时期译介西学的日制新词。② 书稿所言日本汉字词，即指以汉字为表记的古今日语中出现的所有汉字词汇，无论是音读还是训读抑或音训混读，也无论是源自中国还是日本自造，更无论是古代汉字词还是近现代汉字词。③ 以下从古代中日汉字词和近现代中日汉字词两个研究领域，对中日学界的研究历史和现状进行简要梳理，以供参考。

第一节　中日古代汉字词研究

一、日本古代中日汉字词研究

日本学界，关于古代汉字词的研究，首先表现在古辞书及近现代大型辞书编纂方面，如《新撰字镜》《倭名类聚抄》《类聚名义抄》《色叶字类抄》《聚分韵略》《倭玉篇》《下学集》《节用集》《日葡辞书》《和尔雅》《和汉三才图会》《类聚名物考》《言海》《大言海》《日本大辞书》《大汉

---

① 日语词汇，可以从不同角度进行分类。从词的来源角度，大致分为和语词、汉语词、外来语词、混种语词四大类。和语词，指日语中的固有词汇，一般是训读。汉语词，指从中国借入的古汉语词汇以及日本人利用汉字创制的词汇，一般是音读。外来语词，是指来自西方语言的外语词汇，现代日语外来词一般用片假名书写。混种语词，是指由和语、汉语、外来语三种词种混合组成的词汇。此言古代与近现代概念，只是大致分别而已，西学东渐之后的中日欧语言文化交流，主要发生在近现代；汉字汉籍对日本产生重大影响，主要发生在明治维新之前，特别是唐宋元明等古代时期。
② 陈力卫. 和製漢語の形成とその展開［M］. 東京：汲古書院，2001；朱京伟. "和制汉语"的结构分析和语义分析［J］. 日语学习与研究，1999（04）.
③ 何华珍. 日本汉字和汉字词研究［M］. 北京：中国社会科学出版社，2004.

和辞典》①《广汉和辞典》《时代别国语大辞典》《日本国语大辞典》② 等。这些辞书形成庞大的不同类型的日本汉字词语料库，据此可以追踪汉语词汇在日本传承和变异的轨迹，也表现了日本历代学人对于汉字词的汇集与研究。

从日本学者对古代汉字词的专门研究来看，主要从国语学视角展开，成果十分丰富。山田孝雄《国語の中に於ける漢語の研究》，1940 年初版，1958 年修订版，从宏观和微观角度研究日本汉字词的特点、类型、流变、状态等，基本展示了日本汉字词的整体面貌，是研究日本汉字词的奠基之作，在学术界产生广泛而深远的影响。佐藤喜代治《日本の漢語》，1979年出版，是继《国語の中に於ける漢語の研究》之后研究日本汉字词的又一力作。该著根据日本历史分期，将日本汉字词分为古代汉字词、中世汉字词、近世汉字词、近代汉字词，对 100 多个汉字词的产生、发展和变化作了详尽考述。继之，佐藤喜代治主编了《講座日本語の語彙》（11 卷），1982—1983 年出版，包括《古代の語彙》《中世の語彙》《近世の語彙》《近代の語彙》《現代の語彙》《方言の語彙》《語誌》等，对日本词汇史进行断代研究。1996 年，佐藤喜代治还主编了《漢字百科大事典》，除汇集大量的日本汉字资料外，收有"和製漢語一覧""明治初期の漢語一覧"，以及汉字词研究文献索引等。佐藤喜代治的一系列著述，有力推动了日本传统"汉语"史的系统研究，达到中日词汇研究的新高度。柏谷嘉弘《日本漢語の系譜》，分正续部分，正集出版于 1987 年，续集出版于1997 年，正所谓十年磨一剑。该著从理解的汉字词和表现的汉字词立论，选取代表性中日汉字文献以及日本古典文学作品对汉字词进行系统的调查分析，为研究汉字词在日本的传承与变异提供了丰富语料。陈力卫《和製漢語の形成とその展開》，2001 年出版，全书分 6 章对古今和制汉语进行历时研究，宏观和微观结合，理论概括与个案探源兼顾，是日本词汇史研究的重要著作。

关于古代汉字词研究，除了国语研究学者外，还有一支古典文学队伍特别是和汉比较文学队伍。他们在研究上代汉文学时，十分重视与中国文献比较，几乎一词一语都要从中国汉文献中寻找出处，此即小岛宪之倡导的以出典论为中心的和汉比较文学。其中许多学者，汉文学、文献学、传统小学、兼而治之，成果卓然，如神田喜一郎、小岛宪之、川口久雄、蔵中进、松浦友久、後藤昭雄、植木久行、河野贵美子等。因此，许多古典

---

① 以下简称《大汉和》.
② 《日本国语大辞典》，下文简称《日国》.

汉文学的校注类著作，蕴含丰富的词汇史研究信息，是日本汉字词研究不可忽视的重要领域。

二、国内古代中日汉字词研究

国内学界在进行文献语言研究时，不仅重视出土文献和传世文献，同时关注域外文献，倡导"三重证据法"。王力、江蓝生、黄德宽、蒋绍愚、张涌泉、蒋冀骋、方一新、王云路、李运富、秦礼君等专家学者，十分重视日本汉字词在中古近代汉语研究中的应用，特别重视日本学者语言研究成果的借鉴。俞忠鑫《中日汉字词比较研究》《中日韩汉字词比较研究导论》等论文，倡导汉字文化圈汉字词比较研究，学理宏通。汪维辉倡导"域外借词与汉语词汇史研究"相结合，认为"域外借词是汉语词汇史研究的一大宝库，值得深入开掘。汉语词汇史、方言词汇和域外借词三者结合起来研究，大有可为，前景广阔。"① 王勇首倡中日书籍之路研究，主编《中国典籍在日本的流传与影响》《中日汉籍交流史论》，撰著《东亚文化环流十讲》。他在论及东亚汉字词时，说道："日本学者曾建议编一部《汉词大全》，将中国、日本、朝鲜、越南各国习用的汉字词组尽数网罗，再分而释之，如'东京'一词，中国释'洛阳（或开封）'、日本释'江户'、越南也有同名都市。此案别出心裁，如果大功告成，既可饱览中国文化之广被四邻，又可领略周遭民族的刻意创新。"②

目前，汉语学界在《新撰字镜》《倭名类聚抄》《类聚名义抄》《怀风藻》《菅家文草》《敕撰三集》《入唐求法巡礼行记》《参天台五台山记》《入明记》等文献语言研究方面，已取得不少成果。白化文《入唐求法巡礼行记校注》《参天台五台山记》《行历抄校注》等，为研究日人汉文语言文字提供了便于利用的基本文献，揭示了中日汉字词比较诸多标本。董志翘撰写了不少关于日本汉字汉语研究的论文，出版了《中古近代汉语探微》《汉语史研究丛稿》《文献语言学新探》文集。其专著《〈入唐求法巡礼行记〉词汇研究》，对《入唐求法巡礼行记》的词汇进行了鉴别，对新词新义的来源、形成及其类型进行了共时的描写及历时的探究，新见迭出，在中日语言学界产生重要影响。王丽萍继《新校参天台五台山记》出版之后，撰著《成寻〈参天台五台山记〉研究》，其"典籍篇"第三章对《参天台五台山记》有关汉字词汇进行了中日语言比较研究，颇有创获。陈小法《明代中日文化交流史研究》下编第十章以入明僧僧策彦周良的日

① 汪维辉. 域外借词与汉语词汇史研究 [J]. 江苏大学学报（社会科学版），2009，11（01）：62-68.

② 王勇. 中日关系史考 [M]. 北京：中央编译出版社，1995：74.

记《初渡集》为例考察了中日词义变化与成因，揭示了日本汉籍中词汇传承与创新模式。张磊《〈新撰字镜〉研究》，主要从文献学和语言学视角对《新撰字镜》展开研究，充分揭示《新撰字镜》对于汉语史研究的价值。何华珍及其团队对《怀风藻》《菅家文草》《敕撰三集》《色叶字类抄》《入唐求法巡礼行记》《参天台五台山记》《入明记》等进行了不同程度的中日汉字词整理研究。姚尧在《中国语文》发表《日本中古汉文文献的语言特点及其在近代汉语词汇研究上的价值》，指出平安时代的日本汉文文献对近代汉语词汇史研究有着重要的价值，其中出现的大量近代汉语新词新义用例，可与中国相应时代语料相印证，为词汇研究和词典编撰提供丰富佐证。

周一良在研究魏晋南北朝史、中日文化关系史时，发掘中日词汇形义关系，时有卓见。王晓平主要从事中日文学比较研究，出版《中日文学经典的传播与翻译》等著作，在东亚写本文献研究、域外汉字研究、域外汉文词汇研究等方面均取得令人瞩目成果。马骏《日本上代文学"和习"问题研究》，对日本人撰写的汉诗文中所包含的日语式表达习惯进行了深入研究，语料丰富，考证细密，是汉字词域外变异研究的代表性成果。冯良珍在《中国语文》发表《变体汉文文献中的词义异变举要》，考察了日本早期最有代表性的两部"变体汉文"文献中词义异变的现象，分析了这些与汉语原意不尽相同的用法所产生的原因，归纳出了异变的三种类型，指出这些异变后的词义，有的一直沿用下来，形成了一些日语汉字词语与汉语词语不同的发展轨迹。张愚《日本古文献中的汉字词汇研究》（日文版），遴选了"无心""等""安乐""利益""迷惑""无惭"等具有代表性的汉字词汇，对其在中日文献中的使用情况进行了详尽考证，梳理和描述了各个汉语原词作为借词在古日语中的发展过程及其演变机制，对中日语言接触与汉字词汇的传播影响研究，探索了新的研究模式。

总之，在中日古代汉字词研究方面，日本学者多偏重于汉语传入后的语词变化研究，中国学者则多从古汉语词汇史角度进行探源研究，贯通源流的综合研究显得薄弱。即便是从域外文献的开发利用来看，语言学界仍存在一些问题。正如姚尧所言："目前被中国语言学研究者利用的域外汉文文献，仅限于日本圆仁《入唐求法巡礼行记》、圆珍《行历抄》、朝鲜时代汉语教科书和日本江户明治时代汉语教科书等寥寥数部，这座巨大宝库的价值仅被发掘了冰山一角"，"中国语言学界对这类文献尚未有足够认识，更谈不上全面利用"。① 可见，学界对日本古代汉籍的重视程度亟待提

---

① 姚尧.日本中古汉文文献的语言特点及其在近代汉语词汇研究上的价值［J］.中国语文，2018（03）：369－381.

高，亟需发掘富有价值的代表性语料，全面整理并充分利用以研究汉字词在域外的流播与发展，为汉语词汇史研究拓展新领域。

第二节　中日近现代汉字词研究

一、日本近现代中日汉字词研究

日本明治维新之后的近现代汉字词汇研究，日本学界在辞书编纂、新词研究、词汇与文化交流等方面，论著迭出，不胜枚举。①

在辞书编纂方面，《英和对译袖珍辞书》《和英语林集成》《医语类聚》《附音插图英和字汇》《英华学艺辞书》《哲学字汇》《订增英华字典》《附英插图和译英字汇》《言海》《大言海》《日本大辞书》《日本国语大辞典》《外来语の语源》《明治のことば辞典》《汉字百科大事典》《语源海》《现代に生きる幕末・明治初期汉语辞典》《当て字・当て读み汉字表现辞典》《新明解语源辞典》等，为近代日本汉字词个案研究提供了丰富语料。特别是《日本国语大辞典》，许多新词附有"语志"专栏，言简意赅，揭示了日本近代以来新汉字词产生的来龙去脉，包涵丰富的学术信息，可谓日本近代语释之集大成者。

在近代语研究方面，佐藤喜代治对日本汉字语汇史的系统研究，杉本つとむ对兰学文献及近代译语的系列研究，佐藤亨对江户语汇、近代语汇的精湛研究，森冈健二对"近代语の成立"的精益求精研究，代表了先辈学者的学术高度。其他如《中国人日本留学史》《日本語に及ぼしたオランダ語の影響》《近代訳語考》《蘭和・英和辞書発達史》《明治のことば：東から西への架け橋》《西学東漸と中国事情》《日本汉语と中国》《近代日中学術用語の形成と传播》《近代における東西言語文化接触の研究》《近代漢語の研究：日本語の造語法・訳語法》《医学用語の起り》《江戸の翻訳空間：蘭語・唐話語彙の表出機構》《江戸異言語接触：蘭語・唐話と近代日本語》《国字の位相と展開》《国語における東西言語文化交流》等，各领风骚，峰峦互见。

---

① 参见佐藤喜代治《汉字百科大事典》，东京：明治书院，1996 年；李汉燮《近代汉语研究文献目录》，东京堂出版，2010 年。沈国威《近代中日词汇交流研究》第三章对近代新词研究历史进行了系统梳理，特别是日本近代新词研究，从国语史、洋学史、英学史、中日词汇交流史、人文领域其他学科等多角度评述介绍。李运博《近代汉语词汇交流研究》第二章"相关的研究成果与课题"已有详述。本文附录按时间顺序列举了中日学界相关代表性研究著作目录，有关内容详参原著.

　　需要指出的是，在近代新词与中日文化交流领域，在日学者沈国威、陈力卫做出了重大贡献。沈国威对近现代新词语料的发掘、对中日近代词汇交流史的洞察、对语言接触背景下个体汉字词演变史的发微、对外来词理论的深刻理解，不同凡响，新著迭出。先后独著、主编、合编的主要作品有：《近代日中語彙交流史：新漢語の生成と受容》《新爾雅とその語彙》《六合叢談（1857—1858）の学際的研究》《植学启原と植物学の語彙》《遐邇貫珍の研究》《近代啓蒙の足跡：東西文化交流と言語接触》《19世紀中国語の諸相》《漢字文化圏諸言語の近代語彙の形成》《言語接触とピジン：19世紀の東アジア研究と復刻資料》《近代東アジアにおける文体の変迁》《近代英華華英辞典解題》《還流する東アジアの近代新語訳語》《東アジア語言接触の研究》等。同时，沈国威特别重视团队合作研究，与内田庆市、陈力卫、朱京伟、李汉燮等先生组织成立汉字文化圈近代语研究会，定期在中、日、韩等国举办国际学术交流会，编辑出版学术杂志《或问》，合力推动中日近现代汉字词研究不断走向深入。

　　除了出版著作和文集外，日本学者在各类学术刊物亦发表了大量论文，如新村出、古田东朔、宫岛达夫、飞田良文、野村雅昭、八耳俊文、宫田和子、那须雅之、松本秀士等。值得注意的是，日语专业的许多中国学者，在日本学术期刊，发表了不少有影响的论文，如朱京伟、彭广陆、刘凡夫、潘钧、孙建军、苏小楠、刘建云、朱凤等。[①] 这里要特别要提到的是，在日学者陈力卫除出版《和製漢語の形成とその展開》外，发表了不少有分量的关于中日语言接触与文化交流的学术论文，在中日学界产生重要影响。其研究主要围绕"和制汉语"展开，大致包括：（1）华英/英华辞书研究，如《日本近代語と漢訳洋書と英華辞典》（《女子教育》1995年18号）、《英華辞典と英和辞典との相互影響》（《JunCture》2012年03号）等；（2）近代新词语源研究，如《近代漢語訳語再考》（《日本比較文学会東京支部研究報告》2007年4号）、《"民主"と"共和"——近代日中概念の形成とその相互影響》（《経済研究》2011年第194号）等；（3）汉文训读与近代新词研究，如《漢文訓読对日本新漢語形成的影響》（《口訣研究》2002年第8辑）、《新漢語の産出と近代漢文訓読》（《日本学・敦煌学・漢文訓読の新展開》，汲古書院，2005年）等；（4）近代译书与新词研究，如《〈博物新編〉の日本における受容形態について》（《日本近代語研究4》，ひつじ書房，2005年）、《〈共产党宣言〉的翻译

---

　　① 中国学者在日本出版专著，如朱京伟《近代日中新語の創出と交流：人文科学と自然科学の専門語を中心に》、朱鳳『モリソンの華英英華字典と東西文化交流』、孙建军『近代日本語の起源：幕末明治初期につくられた新漢語』等，在学界产生重要影响.

问题》（《二十一世纪》2006 年第 93 期），《从汉译〈万国公法〉到和译〈国际法〉——汉语概念在日语中的形成和转换》（《印刷出版与知识环流》，上海人民出版社，2011 年）等；（5）近代新词理论研究，如《"新漢語"とは何か》（《言語変化の分析と理論》，おうふう，2011 年）、《近代日本の漢語とその出自》（《日本語学》，明治書院，2011 年）等；（6）中日同形词研究，如《日中両言語の交渉に見る熟字訓の形成》（《国語学》54 卷 3 号，2003 年），《中日同形词之间的词义互补问题》（《孙宗光先生喜寿纪念论文集》，北京大学出版社，2003 年）等；（7）历史词汇个案考证，如《"努力・ゆめ"をめぐって——漢語と和訓との関係》（《目白学園女子短期大学研究紀要》31 号，1994 年）、《あじさい≠紫陽花?》（《月刊しにか》，大修館書店，2002 年）等；（8）近代汉语文体研究，如《試論近代漢語文体中的日語影響》（《東アジア文化交渉研究》別冊 7 号，2011 年），等等。①

二、国内近现代中日汉字词研究

在国内，从事近现代中日汉字词研究的学者日渐增多，主要分布在汉语学界和日语学界。纵观国内对近现代中日汉字词的整理研究，较早可以追溯至 20 世纪初，迄今研究大致可分为发轫期、发展期、兴盛期三个阶段。

（一）发轫期（1900—1949）

19 世纪末，日本汉字新名词开始进入中国并通过报刊、译著等媒介得到一定传播。20 世纪初，语言学界开始关注汉语译词及日本新名词问题。唐宝锷、戢翼翚编撰《东语正规》（1900），梁启超出版《和文汉读法》（1900），有关学者发表新语研究系列论文，如王国维《论新学语之输入》（1905），胡以鲁《论译名》（1914），余又荪《日文之康德哲学译著》（1934）、《日本维新先驱者西周之生涯与思想》（1934）、《日译学术名词沿革》（1935）、《谈日译学术名词》（1936）等。

20 世纪前半阶段，出版了不少汇释日语汉字词的工具书，这与清末民初东渡留学的时代背景密切相关，也跟西学东渐与日本译词暴增的文化背景密切相关。很多辞书或辞书类工具类，不仅汇释中日同形异义词，而且关注日语新名词。前者如《汉译日语大辞典》（1907）、《东中大辞典》

---

① 有关论文详见陈力卫《东往东来——近代中日之间的语词概念》，北京：社会科学文献出版社，2019 年.

（1908）、《日语古微》（1910）等，后者如《新尔雅》（1903）、《法规解字》（1907）、《新名词训纂》（1918）等。同时，出版了大型汉语工具书，如《辞源》（1915）、《中华大字典》（1915）、《辞源续编》（1931）、《辞海》（1936），实现了20世纪初大型辞书的时代转型。

（二）发展期（1949—1978）

新中国成立后，现代汉语日源汉字词研究进入新阶段。

孙常叙《汉语词汇》（1956）第二十一章"外来语词汇"，专节讨论汉语"借词"，特别是日语借词，并以"拔河""石炭""挨拶"为例讨论中日词汇源流。王力《汉语史稿》（1957—1958）第五十六节"鸦片战争以后的新词"，主张"尽量利用日本的译名"，并结合具体词例对日本汉字译名进行了类型分析。与此同时，还掀起了日源外来词研究热潮，有关论著可谓该领域里程碑式的研究成果，成为50年代外来词研究的一道靓丽风景。

王立达在《中国语文》1958年2月号发表《现代汉语中从日语借来的词汇》一文，从9个方面分析了现代汉语日源借词的类型和特点，涉及598个日语汉字词。《中国语文》同期还发表了郑奠《谈现代汉语中的"日语词汇"》一文，认为"现代汉语中间吸收和融化了的这一大批日译汉语新词，要弄清楚它们的全部以至个别词的来龙去脉，更是十分困难"，并结合有关文献对"权利""文法""伦理""积极"等词进行了讨论。随后，《中国语文》还刊登了张应德《现代汉语中能有这么多日语借词吗》、王立达《从构词法上辨别不了日本借词》等相关论文，有力推动了日源外来词汇的学术研究。

高名凯、刘正埮《现代汉语外来词研究》，1958年2月由文字改革出版社出版，首次对汉语外来词进行系统研究，构建了汉语外来词研究的理论体系，第三章第五节"日语来源的现代汉语外来词"从两大类别列举436个日语汉字词进行分析研究。书稿出版后，邵荣芬在《中国语文》1958年7月号发表书评《评〈现代汉语外来词研究〉》，指出其中存在的缺陷，如语源考证存有欠缺，没能充分参考别人研究成果等。

1959年12月，北京师范学院中文系汉语教研组编著《五四以来汉语书面语言的变迁和发展》，由商务印书馆出版。该著总分三编，第一编"五四以来汉语书面语言的变迁大势"，第二编"五四以来汉语词汇的发展"，第三编"五四以来汉语语法的发展"。第三编中"日语借词的吸收"和"日语借词和自造新词并行现象"，在现代汉语词汇的宏观层面，对日语借词的类型及使用进行了考察和研究，推动了中日汉字词研究向前发展。

由于众所周知的原因，1960 年代后虽然也有关于日语汉字词的一些研究，但总体上处于停滞阶段。

（三）兴盛期（1978—现今）

新时期改革开放以来，汉语外来词研究日渐兴盛。整体看来，大致 10 年一个台阶，成绩可圈可点。

（1）1978—1990 年。1984 年刘正埮、高名凯、麦永乾、史有为编纂《汉语外来词词典》，由上海辞书出版社出版。该辞书收录汉语外来词 1 万余条，包括日源汉字词 893 个。这是在前人研究基础上，对日源外来词的一次汇总和整理，虽然在词源判别方面存在缺陷，但为进一步研究提供了基础资料。此外，三联书店于 1983 年出版了实藤惠秀《中国人留学日本史》汉译本，第七章"现代汉语与日语词汇的摄取"对汉语中的日语词汇进行了甄别整理，提出了一个包括 844 个语词的日源汉字词一览表。1988 年，谭汝谦《近代中日文化关系研究》在香港出版，著作对中日汉字及相关问题进行了诸多研究，在"现代汉语的日语外来词及其搜集和辨认问题"中，特别强调在搜集日语外来词时，"不要忽视前人研究的成果""日语教科书也是重要的搜集途径""再查查辞典"。这些定量定性的研究，对日源汉字词研究起到重要的推动作用。

（2）1991—2000 年。1993 年，大陆出版了"古今兼收、源流并重"的 12 卷本《汉语大词典》。同年，香港中国语文学会创办了《语文建设通讯》的姊妹刊物《词库建设通讯》。1997 年，马西尼著、黄河清译《现代汉语词汇的形成——十九世纪汉语外来词研究》在汉语大词典出版社出版。

《词库建设通讯》自创办以来，共出版 22 期，2000 年停刊。该刊在香港中国语文学会主席姚德怀主编下，以"词库建设"为目标，以"外来概念词词库"为重点，对汉语外来词的理论和实践展开讨论，将日源汉字词研究推向一个新高地，并催生了一系列成果，在汉语外来词研究史上留下浓墨重彩的一笔。

马西尼《现代汉语词汇的形成》，将汉语外来词置于中国近代史大背景中进行研究，对许多外来词创词权进行了重新"判定"，特别是附录有 500 条词源考证的 19 世纪新词表，对于日源外来词研究者是一个极大的刺激。可以说，该著是 1958 年《现代汉语中从日语借来的词汇》《现代汉语外来词研究》之后的标志性成果，也是香港中国语文学会在外来词研究方面的重要贡献。

（3）2001—2010 年。进入 21 世纪后，汉语外来词研究日新月异。史有为继《异文化的使者——外来词》之后，出版《汉语外来词》，对汉语外来词理论与实践进行深入研究和科学概括。香港中国语文学会组织编纂的《近现代汉语新词词源词典》，收词 5 千余条，是一部中型的外来词辞源词典，对于近现代新词新义研究具有重要价值。2010 年，黄河清编著、姚德怀审定的《近现代辞源》，由上海辞书出版社出版。这是继《汉语外来词词典》之后的又一重要收获。该辞书主要收录 19 世纪初至 20 世纪中期所出现的新词，包括词汇性新词和语义性新词，是汉语词汇史研究、语言接触研究的重要内容。在日源外来词研究方面，来自不同学科的研究队伍日渐壮大，分别从语言学、历史学、文学、法学、政治学等不同视角展开研究，出版了《以汉字为媒介的新词传播》《明治初期日语汉字词研究》《中日近代词汇的交流——梁启超的作用与影响》《日本汉字和汉字词研究》《新语探源》《语义的文化变迁》《中国近代新词语谈薮》《跨语际实践》《沟通两个世界的法律意义——晚清西方法的输入与法律新词初探》《汉语中的马克思主义术语的起源与作用》《观念史研究：中国现代重要政治术语的形成》等系列著作。特别是中华书局在 2010 年出版了沈国威《近代中日词汇交流研究——汉字新词的创制、容受与共享》，标志着中日近现代汉字词汇交流研究进入新阶段。

（4）2011—2020 年。近十年来，近现代中日汉字词研究日渐兴盛，除了持续推进日源借词/日源新词/日源外来词/中日同形词研究外，不断拓展词汇与中日文化交流研究，成果丰硕。特别在辞书编纂、亚洲概念史研究以及在日学者的中日汉字词研究等方面，达到历时性高点。

辞书编纂。2019 年，史有为《新华外来词词典》由商务印书馆出版。该辞书是《汉语外来词词典》之后的集成之作，其中收有涉日外来词 3 295 例，其中备注"源"字词 355 个，备注"考"字词 2 940 例（其中包括同义异形词），其收录日语词量为历代辞书之最。总体来看，该辞书突破了传统的判断性收词原则，拓展知识性、开放性和研究性功能，对推动中日词汇研究，尤其是近现代外来词研究具有重要价值。2020 年，黄河清《近现代汉语辞源》，由上海辞书出版社。该辞书收录新词 4.3 万余条，是在《近现代辞源》基础上的精益求精之作，也是近现代新词和外来词研究集大成性质的辞书。皇皇巨著，贡献巨大。

概念史研究。"概念史"是近年来逐渐发展起来的研究领域，是基于语言、思想和历史等跨学科跨文化研究的新学问，目前已经成为国内研究的一大热点。由孙江主编的《亚洲概念史研究》，2021 年 6 月由商务印书馆出版至第 7 卷，围绕"影响 20 世纪东亚历史的 100 个关键概念"，推出了一系列颇有分量的学术论文。其中许多关键概念属于近现代汉字文化圈的通用词汇，是汉语外来词研究、词汇文化史研究的重要内容，诚如李宏图等学者所言，"所谓概念史研究就是关于词语的社会、政治史或曰社会、政治的词语史"。可见，近现代汉语词汇研究与概念史研究密不可分，概念史研究对于推动汉语词汇史研究具有重要意义。

在日本语言学界，沈国威、陈力卫等旅日学者，勤于笔耕，著述宏富，对于近现代中日汉字词汇研究产生重要影响。沈国威继出版《近代中日词汇交流研究》之后，近年先后推出《严复与科学》（2017）、《一名之立 寻月踟蹰：严复译词研究》（2019）、《汉语近代二字词研究》（2019）、《新语往还——中日近代语言交涉史》等中文著作。陈力卫在诸多论文积累之上，撰著《东往东来——近代中日之间的语词概念》（2019），深层次展示近代中日之间的语词概念变迁与发展。与此同时，国内日语界相继推出近现代中日词汇研究的代表性著作，如李运博《近代汉日词汇交流研究》（2018）、朱京伟《近代中日词汇交流的轨迹——清末报纸中的日语借词》（2019）、彭广陆《日源新词探微》（2020），等等。

总之，近年在国内出版的专著、辞书，展示了中日汉字词研究的最新成果，也代表了当前中日汉字词研究的学术水准。

参 考 文 献

一、国内出版

（一）论著类

[1] 唐宝锷、戢翼翚：《东语正规》，上海：作新社，1900 年。

[2] 王国维：《论新学语之输入》，《教育世界》，1905 年第 96 期。

[3] 胡以鲁：《论译名》，《庸言》，1914 年第 25、26 合刊号。

[4] 余又荪：《日文之康德哲学译著》，《国闻周报》，1934 年 11 卷第 4 期。

[5] 余又荪：《日本维新先驱者西周之生涯与思想》，《国闻周报》，1934 年 11 卷第 7 期。

[6] 余又荪：《日译学术名词沿革》，《文化与教育旬刊》，1935 年第 69、70 期。

[7] 余又荪：《谈日译学术名词》，《文哲月刊》，1936 年 1 卷第 7 期。

[8] 孙常叙：《汉语词汇》，长春：吉林人民出版社，1956 年。

[9] 王立达：《现代汉语中从日语借来的词汇》，《中国语文》，1958 年第 2 期。

[10] 王立达：《从构词法上辨别不了日语借词》，《中国语文》，1958 年第 9 期。

[11] 郑奠：《谈现代汉语中的"日语词汇"》，《中国语文》，1958 年第 2 期。

[12] 张应德：《现代汉语中能有这么多日语借词吗?》，《中国语文》，1958 年第 6 期。

[13] 高名凯、刘正埮:《现代汉语外来词研究》,北京:文字改革出版社,1958 年。

[14] 邵荣芬:《评〈现代汉语外来词研究〉》,《中国语文》,1958 年第 7 期。

[15] 王力:《汉语史稿》,北京:科学出版社,1957—1958 年。

[16] 北京师范学院中文系汉语教研组:《五四以来汉语书面语言的变迁和发展》,北京:商务印书馆,1959 年。

[17] (日)木宫泰彦著,胡锡年译:《日中文化交流史》,北京:商务印书馆,1980 年。

[18] (日)实藤惠秀著,谭汝谦、林启彦译:《中国人留学日本史》,北京:三联书店,1983 年。

[19] 周一良:《魏晋南北朝史札记》,北京:中华书局,1985 年。

[20] 梁容若:《中日文化交流史论》,北京:商务印书馆,1985 年。

[21] 谭汝谦:《近代中日文化关系研究》,香港:香港日本研究所,1988 年。

[22] 周一良:《中日文化关系史论》,南昌:江西人民出版社,1990 年。

[23] 王勇:《中国典籍在日本的流传与影响》,杭州:杭州大学出版社,1990 年。

[24] 史有为:《异文化的使者——外来词》,长春:吉林教育出版社,1991 年。

[25] (日)释圆仁著,小野胜年校注,白化文等修订校注:《入唐求法巡礼行记校注》,石家庄:花山文艺出版社,1992 年。

[26] 王勇:《中日汉籍交流史论》,杭州:杭州大学出版社,1992 年。

[27] 香港中国语文学会:《词库建设通讯》(22 期),1993—2000 年。

[28] 朱京伟:《现代汉语中日语借词的辨别和整理》,载《日本学研究》(3),北京:今日中国出版社,1994 年。

[29] 王勇:《中日关系史考》,北京:中央编译出版社,1995 年。

[30] 俞忠鑫、杨芳茵:《中日韩汉字词比较研究导论》,载《韩国研究》,杭州:杭州大学出版社,1995 年。

[31] 俞忠鑫:《回归词论》,《词库建设通讯》(香港),1996 年总第 10 期。

[32] (荷)高柏著,徐文堪译:《经由日本进入汉语的荷兰语借词和译词》,载《学术集林》卷 7,上海:上海远东出版社,1996 年。

[33] 俞忠鑫:《常用词语寻源》,《中国语文》,1997 年第 6 期。

[34] (意)马西尼著,黄河清译:《现代汉语词汇的形成》,上海:汉语大词典出版社,1997 年。

[35] 周振鹤:《逸言殊语》,杭州:浙江摄影出版社,1998 年。

[36] 冯良珍:《变体汉文文献中的词义异变举要》,《中国语文》,1999 年第 3 期。

[37] 史有为:《汉语外来词》,北京:商务印书馆,2000 年。

[38] 董志翘:《中古文献语言论集》,成都:巴蜀书社,2000 年。

[39] 董志翘:《〈入唐求法巡礼行记〉词汇研究》,北京:中国社会科学出版社,2000 年。

[40] 王健:《沟通两个世界的法律意义——晚清西方法的输入与法律新词初探》,北京:中国政法大学出版社,2001 年。

[41] 郭常义：《日本语言与传统文化》，桂林：广西师范大学出版社，2002 年。

[42] 刘禾著，宋伟杰等译：《跨语际实践》，北京：三联书店，2002 年。

[43] （日）释圆珍著，白化文、李鼎霞校注：《行历抄校注》，石家庄：花山文艺出版社，2003 年。

[44] （德）李博著，赵倩译：《汉语中的马克思主义术语的起源与作用》，北京：中国社会科学出版社，2003 年。

[45] 何华珍：《日本汉字和汉字词研究》，北京：中国社会科学出版社，2004 年。

[46] 冯天瑜：《新语探源——东西日文化互动与近代汉字术语生成》，北京：中华书局，2004 年。

[47] 邹嘉彦等：《语言接触论集》，上海：上海教育出版社，2004 年。

[48] 俞忠鑫：《中日汉字词比较研究》，载蔡新忠、何华珍主编《汉字书同文研究》，香港：文化教育出版社，2004 年。

[49] 徐文堪：《外来词古今谈》，北京：语文出版社，2005 年。

[50] 李运博：《中日近代词汇的交流——梁启超的作用与影响》（日文版），天津：南开大学出版社，2006 年。

[51] 钟少华：《中国近代新词语谈数》，北京：外语教学与研究出版社，2006 年。

[52] （日）後藤昭雄著，高兵兵译：《日本古代汉文学与中国文学》，北京：中华书局，2006 年。

[53] 陈辉：《论早期东亚与欧洲的语言接触》，北京：中国社会科学出版社，2007 年。

[54] 杨锡彭：《汉语外来词研究》，上海：上海人民出版社，2007 年。

[55] 冯天瑜等：《语义的文化变迁》，武汉：武汉大学出版社，2007 年。

[56] 万红：《当代汉语的社会语言学观照》，天津：南开大学出版社，2007 年。

[57] 陈榴：《东去的语脉——韩国汉字词语研究》，沈阳：辽宁师范大学出版社，2007 年。

[58] （日）释成寻著，白化文、李鼎霞校点：《参天台五台山记》，石家庄：花山文艺出版社，2008 年。

[59] 潘钧：《日本辞书研究》，上海：上海人民出版社，2008 年。

[60] 中国佛教文化研究所：《俗语佛源》，天津：天津人民出版社，2008 年。

[61] 金观涛、刘青峰：《观念史研究：中国现代重要政治术语的形成》，北京：法律出版社，2009 年。

[62] 刘凡夫、樊慧颖：《以汉字为媒介的新词传播：近代中日间词汇交流的研究》，沈阳：辽宁师范大学出版社，2009 年。

[63] （日）成寻著，王丽萍校点：《新校参天台五台山记》，上海：上海古籍出版社，2009 年。

[64] 汪维辉：《域外借词与汉语词汇史研究》，《江苏大学学报（社会科学版）》，2009 年第 1 期。

[65] 沈国威：《近代中日词汇交流研究：汉字新词的创制、容受与交流》，北京：中

华书局，2010 年。

[66] 秦礼君：《日汉比较词汇》，合肥：中国科技大学出版社，2010 年。

[67] 李运博：《汉字文化圈近代语言文化交流研究》，天津：南开大学出版社，2010 年。

[68] 邵艳红：《明治初期日语汉字词研究——以〈明六杂志〉（1874—1875）为中心》，天津：南开大学出版社，2011 年。

[69] 朱一凡：《翻译与现代汉语的变迁（1905—1936）》，北京：外语教学与研究出版社，2011 年。

[70] 王志松：《小说翻译与文化建构——以中日比较文学研究为视角》，北京：清华大学出版社，2011 年。

[71] 崔军民：《萌芽期的现代法律新词研究》，北京：中国社会科学出版社，2011 年。

[72] 谯燕、徐一平、施建军：《日源新词研究》，北京：学苑出版社，2011 年。

[73] 修刚：《外来词汇对中国语言文化的影响》，天津：天津人民出版社，2011 年。

[74] 顾江萍：《汉语中的日语借词研究》，上海：上海辞书出版社，2011 年。

[75] 陈小法：《明代中日文化交流史研究》，北京：商务印书馆，2011 年。

[76] 王勇：《从"汉籍"到"域外汉籍"》，浙江大学学报（人文社会科学版），2011 年第 6 期。

[77] 马骏：《日本上代文学"和习"问题研究》，北京：北京大学出版社，2012 年。

[78] 张磊：《〈新撰字镜〉研究》，北京：中国社会科学出版社，2012 年。

[79] 秦礼君：《汉日语言比较史》，南京：南京大学出版社，2012 年。

[80] （德）朗宓榭等：《新词语新概念：西学译介与晚清汉语词汇之变迁》，济南：山东书画出版社，2012 年。

[81] 崔崟、丁文博：《日源外来词探源》，广州：世界图书出版公司，2013 年。

[82] 于冬梅：《中日同形异义汉字词研究》，厦门：厦门大学出版社，2013 年。

[83] 陶芸：《中日法律词汇对比研究》，北京：中国政法大学出版社，2013 年。

[84] 潘钧：《日本汉字的确立及其历史演变》，北京：商务印书馆，2013 年。

[85] 吴侃等：《汉语新词的日译研究与传播调查》，大连：大连理工大学出版社，2013 年。

[86] 陈东辉：《汉语史史料学》，北京：中华书局，2013 年。

[87] 陈明娥：《日本明治时期北京官话课本词汇研究》，厦门：厦门大学出版社，2014 年。

[88] 王志松：《文化移植与方法东亚的训读·翻案·翻译》，桂林：广西师范大学出版社，2013 年。

[89] 王晓平：《中日文学经典的传播与翻译》，北京：中华书局，2014 年。

[90] 李爱华：《日语中汉字词的隐喻研究——兼与中文对比》，上海：上海交通大学出版社，2014 年。

[91] 常晓宏：《鲁迅作品中的日语借词》，天津：南开大学出版社，2014 年。

[92] （日）山田孝雄：《由汉文训读传下来的口语语法》，西安：陕西师范大学出版社，2014 年。

[93] （日）狭间直树、（日）石川祯浩主编：《近代东亚翻译概念的发生与传播》，北京：社会科学文献出版社，2015 年。

[94] 修刚、朱鹏霄主编：《新世纪术语及新词日译的探索和发展》，天津：南开大学出版社，2015 年。

[95] 王勇：《东亚语境中"汉字"词源考》，浙江大学学报（人文社会科学版），2015 年第 1 期。

[96] 赵明：《明清汉语外来词史研究》，厦门：厦门大学出版社，2016 年。

[97] 夏应元、夏琅：《策彦周良入明史迹考察记及研究》，北京：中国社会科学出版社，2016 年。

[98] 冯天瑜：《近代汉字术语的生成演变与中西日文化互动研究》，北京：经济科学出版社，2016 年。

[99] 沈国威：《严复与科学》，南京：凤凰出版社，2017 年。

[100] 杨超时：《近代中日词汇交流与"的""性""化"构词功能的演变》，北京：中国社会科学出版社，2017 年。

[101] 王丽萍：《成寻〈参天台五台山记〉研究》，上海：上海人民出版社，2017 年。

[102] 钟少华：《中国近代辞书指要》，北京：商务印书馆，2017 年。

[103] 李海燕：《英源外来词的引进与演变研究》，北京：中国社会科学出版社，2018 年。

[104] 孙江：《重审中国的"近代"》，北京：社会科学文献出版社，2018 年。

[105] 李运博：《近代汉日词汇交流研究》，北京：外语教学与研究出版社，2018 年。

[106] 孙江：《亚洲概念史研究》（1—7 卷），北京：商务印书馆，2018—2021 年。

[107] 张帆：《近代中国"科学"概念的生成与歧变（1896—1919）》，北京：社会科学文献出版社，2018 年。

[108] 姚尧：《日本中古汉文文献的语言特点及其在近代汉语词汇研究上的价值》，《中国语文》，2018 年第 3 期。

[109] 张烨：《清末民初词汇研究》，北京：中国社会科学出版社，2019 年。

[110] 沈国威：《一名之立 寻月踟蹰：严复译词研究》，北京：社会科学文献出版社，2019 年。

[111] 方维规：《概念的历史分量：近代中国思想的概念史研究》，北京：北京大学出版社，2019 年。

[112] 沈国威：《汉语近代二字词研究语言接触与汉语的近代演化》，上海：华东师范大学出版社，2019 年。

[113] 施建军：《中日现代语言同形词汇研究》，北京：北京大学出版社，2019 年。

[114] 王志军：《汉日同形词计量研究》，郑州：郑州大学出版社，2019 年。

[115] 陈力卫：《东往东来——近代中日之间的语词概念》，北京：社会科学文献出版社，2019 年。

[116]　朱京伟:《近代中日词汇交流的轨迹——清末报纸中的日语借词》,北京:商务印书馆,2019年。

[117]　张愚:《日本古文献中的汉字词汇研究》(日文版),上海:上海交通大学出版社,2020年。

[118]　沈国威:《新语往还——中日近代语言交涉史》,北京:社会科学文献出版社,2020年。

[119]　孔秀祥:《观念传播19世纪汉语外来观念与外来词》,北京:中国社会科学出版社,2020年。

[120]　彭广陆:《日源新词探微》,北京:北京大学出版社,2020年。

[121]　董志翘:《文献语言新探》,扬州:广陵书社,2020年。

[122]　王晓平:《日本汉文古写本的词汇研究——以〈东大寺讽诵文稿〉为例》,《中国文化研究》,2020年秋之卷。

[123]　钟少华:《中国近代认知科学研究》,广州:广东人民出版社,2021年。

[124]　于增辉:《近世日语中唐话传播研究》(日文版),南京:江苏人民出版社,2021年。

(二)辞书类

[1]　汪宝荣、叶澜:《新尔雅》,上海:上海明权社,1903年。

[2]　商务印书馆编译所:《法规解字》(《新译日本法规大全》),上海:商务印书馆,1907年。

[3]　《汉译日语大辞典》,上海:新智社,1907年。

[4]　《东中大辞典》,上海:作新社,1908年。

[5]　陆费逵、欧阳溥存:《中华大字典》,上海:中华书局,1915年。

[6]　陆尔奎:《辞源》,上海:商务印书馆,1915年。

[7]　周商夫:《新名词训纂》,上海:扫叶山房,1918年。

[8]　王云五:《王云五大辞典》,上海:商务印书馆,1930年。

[9]　方毅:《辞源续编》,上海:商务印书馆,1931年。

[10]　胡行之:《外来语词典》,上海:上海天马书店,1936年。

[11]　舒新城:《辞海》,上海:中华书局,1936年。

[12]　王云五:《王云五新词典》,上海:商务印书馆,1943年。

[13]　中文大辞典编纂委员会:《中文大辞典》,台北:中国文化研究所,1968年。

[14]　刘正埮等:《汉语外来词词典》,上海:上海辞书出版社,1984年。

[15]　岑麒祥:《汉语外来语词典》,北京:商务印书馆,1990年。

[16]　汉语大词典编纂委员会:《汉语大词典》,上海:汉语大词典出版社,1986—1993年。

[17]　香港中国语文学会:《近现代汉语新词词源词典》,上海:汉语大词典出版社,2001年。

[18]　黄河清:《近现代辞源》,上海:上海辞书出版社,2010年。

[19]　宋子然:《100年汉语新词新语大辞典(1912年—2011年)》,上海:上海辞书

出版社，2014 年。

[20]　白维国：《近代汉语词典》，上海：上海教育出版社，2015 年。

[21]　史有为：《新华外来词词典》，北京：商务印书馆，2019 年。

[22]　黄河清：《近现代汉语辞源》，上海：上海辞书出版社，2020 年。

二、日本出版

（一）论著类

[1]　沈翔云编：『和文汉读法』，東京：秀英舍，1900 年。

[2]　石井研堂：『明治事物起原』，東京：橋南堂，1908 年。

[3]　但濤：『日語古微』，東京：秀英社，1910 年。

[4]　彭文祖：『盲人瞎馬之新名詞』，東京：秀光社，1915 年。

[5]　渡部万蔵：『現行法律語の史的考察』，東京：万里閣書房，1930 年。

[6]　荒木伊兵衛：『日本英語学書志』，東京：創元社，1931 年。

[7]　竹村覚：『日本英学発達史』，東京：研究社，1933 年。

[8]　豊田実：『日本英学史の研究』，東京：千城書房，1939 年。

[9]　小沢三郎：『幕末明治耶蘇教史研究』，東京：亜細亜書房，1944 年。

[10]　実藤恵秀：『中国人日本留学史』，東京：くろしお出版，1960 年。

[11]　杉本つとむ：『近代日本語の成立』，東京：桜楓社出版，1960 年。

[12]　斎藤静：『日本語に及ぼしたオランダ語の影響』，東京：篠崎書林，1967 年。

[13]　広田栄太郎：『近代訳語考』東京：東京堂出版，1969 年。

[14]　藤堂明保：『漢語と日本語』，東京：秀英出版，1969 年。

[15]　森岡健二：『近代語の成立語彙編』，東京：明治書院，1969 年。

[16]　永嶋大典：『蘭和・英和辞書発達史』，東京：講談社，1970 年。

[17]　佐藤喜代治：『国語語彙の歴史的研究』，東京：明治書院，1971 年。

[18]　柳父章：『翻訳とはなにか：日本語と翻訳文化』，東京：法政大学出版局，
　　　　1976 年。

[19]　杉本つとむ：『江戸時代蘭語学の成立とその展開』（全 5 卷），東京：早稲田
　　　　大学出版部，1976—1982 年。

[20]　斎藤毅：『明治のことば：東から西への架け橋』，東京：講談社，1977 年。

[21]　鈴木修次：『汉語と日本人』，東京：みすず書房，1978 年。

[22]　増田渉：『西学東漸と中国事情』，東京：岩波書店，1979 年。

[23]　佐藤喜代治：『日本の漢語——その源流と変遷』，東京：角川書店，1979 年。

[24]　佐藤亨：『近世語彙の歴史的研究』，東京：桜楓社，1980 年。

[25]　鈴木修次：『日本汉語と中国』，東京：みみず書房，1981 年。

[26]　佐藤喜代治：『講座日本語の語彙』（11 卷），東京：明治書院，1982—
　　　　1983 年。

[27]　柳父章：『翻訳語成立事情』，東京：岩波書店，1982 年。

[28]　佐藤亨：『近世語彙の研究』，東京：桜楓社，1983 年。

[29]　小川鼎三：『医学用語の起り』，東京：東京書籍，1983 年。

[30]　池上禎造：『漢語研究の構想』，東京：岩波書店，1984 年。

[31]　杉本つとむ：『図録蘭学事始』，東京：早稲田大学出版部，1985 年。

[32]　佐藤亨：『幕末・明治初期語彙の研究』，東京：桜楓社，1986 年。

[33]　峰岸明：《変体漢文》，東京：東京堂，1986 年。

[34]　森岡健二：『語彙の形成』，東京：明治書院，1987 年。

[35]　佐藤亨：『江戸時代語の研究』，東京：桜楓社，1990 年。

[36]　松井利彦：『近代漢語辞書の成立と展開』，東京：笠間書院，1990 年。

[37]　岡田袈裟男：『江戸の翻訳空間：蘭語・唐話語彙の表出機構』，東京：笠間書院，1991 年。

[38]　佐藤亨：『近代語の成立』，東京：桜楓社，1992 年。

[39]　大原信一：『近代中国のことばと文字』，東京：東方書店，1994 年。

[40]　沈国威：『近代日中語彙交流史：新漢語の生成と受容』，東京：笠間書院，1994 年。

[41]　沈国威：『新爾雅とその語彙』，東京：白帝社，1995 年。

[42]　荒川清秀：『近代日中学術用語の形成と伝播——地理学用語を中心に』，東京：白帝社，1997 年。

[43]　杉本つとむ：『杉本つとむ著作選集』（全 10 巻），東京：早稲田大学出版部，1998 年。

[44]　田島優：『近代漢字表記語の研究』，大阪：和泉書院，1998 年。

[45]　佐藤亨：『国語語彙の史的研究』，東京：おうふう，1999 年。

[46]　森岡健二：『欧文訓読の研究：欧文脈の形成』，東京：明治書院，1999 年。

[47]　沈国威：『六合叢談（1857—58）の学際的研究』，東京：白帝社，1999 年。

[48]　沈国威：『植学啓原と植物学の語彙』，大阪：関西大学出版部，2000 年。

[49]　内田慶市：『近代における東西言語文化接触の研究』，大阪：関西大学出版部，2001 年。

[50]　陳力衛：『和製漢語の形成とその展開』，東京：汲古書院，2001 年。

[51]　沈国威、内田慶市：『近代啓蒙の足跡：東西文化交流と言語接触』，大阪：関西大学出版部，2002 年。

[52]　朱京偉：『近代日中新語の創出と交流：人文科学と自然科学の専門語を中心に』，東京：白帝社，2003 年。

[53]　柳父章：『近代日本語の思想：翻訳文体成立事情』，東京：法政大学出版局，2004 年。

[54]　松浦章、内田慶市、沈国威：『遐邇貫珍の研究』，大阪：関西大学出版部，2004 年。

[55]　高野繁男：『近代漢語の研究：日本語の造語法・訳語法』，東京：明治書院，2004 年。

[56]　笹原宏之：『日本の漢字』，東京：岩波書店，2006 年。

［57］　岡田袈裟男：『江戸異言語接触：蘭語・唐話と近代日本語』，東京：笠間書院，2006 年。

［58］　笹原宏之：『国字の位相と展開』，東京：三省堂，2007 年。

［59］　内田慶市、沈国威：『19 世紀中国語の諸相』，東京：雄松堂出版，2007 年。

［60］　奥村佳代子：『江戸時代の唐話に関する基礎研究』，大阪：関西大学出版部，2007 年。

［61］　笹原宏之：『訓読みのはなし：漢字文化圏の中の日本語』，東京：光文社，2008 年。

［62］　沈国威：『漢字文化圏諸言語の近代語彙の形成』，大阪：関西大学出版部，2008 年。

［63］　沖森卓也：『図説日本の辞書』，東京：おうふう，2008 年。

［64］　内田慶市、沈国威：『言語接触とピジン：19 世紀の東アジア研究と復刻資料』，東京：白帝社，2009 年。

［65］　朱鳳：『モリソンの華英英華字典と東西文化交流』，東京：白帝社，2009 年。

［66］　杉本つとむ：『蘭学三昧』，東京：皓星社，2009 年。

［67］　沈国威、内田慶市：『近代東アジアにおける文体の変遷』，東京：白帝社，2010 年。

［68］　内田慶市：『文化交渉学と言語接触』，大阪：関西大学出版部，2010 年。

［69］　宮田和子：『英華辞典の総合的研究：19 世紀を中心として』，東京：白帝社，2010 年。

［70］　千葉謙悟：『国語における東西言語文化交流：近代翻訳語の創造と伝播』，東京：三省堂，2010 年。

［71］　李漢燮：『近代漢語研究文献目録』，東京：東京堂出版，2010 年。

［72］　笹原宏之：『漢字の現在：リアルな文字生活と日本語』，東京：三省堂，2011 年。

［73］　佐藤亨：『現代に生きる日本語漢語の成立と展開：共有と創生』，東京：明治書院，2013 年。

［74］　野村雅昭：『現代日本漢語の探究』，東京：東京堂出版，2013 年。

［75］　杉本つとむ：『蘭学と日本語』，東京：八坂書房，2013 年。

［76］　沈国威、内田慶市：『還流する東アジアの近代新語訳語』，ユニウス，2014 年。

［77］　孫建軍：『近代日本語の起源：幕末明治初期につくられた新漢語』，東京：早稲田大学出版部，2015 年。

［78］　杉本つとむ：『江戸時代翻訳語の世界：近代化を推進した訳語を検証する』東京：八坂書房，2015 年。

［79］　沈国威、内田慶市：『東アジア語言接触の研究』，大阪：関西大学出版部，2016 年。

［80］　沖森卓也：『図説近代日本の辞書』，東京：おうふう，2017 年。

［81］　金文京：『漢字を使った文化はどう広がっていたのか：東アジアの漢字漢文文化圏』，東京：文学通信，2021 年。

(二) 辞书类

［ 1 ］　堀達之助：『英和對譯袖珍辭書』，1862 年。

［ 2 ］　柴田昌吉、子安峻：『附音插圖 英和字彙』，横濱：日就社，1873 年。

［ 3 ］　井上哲次郎：『哲学字彙』，東京：東京大学，1881 年。

［ 4 ］　羅布存德原著，井上哲次郎訂増：『訂増英華字典』，東京：藤本次右衛門，1884 年。

［ 5 ］　大槻文彦：『言海』，1889 年。

［ 6 ］　山田美妙：『日本大辞書』，東京：日本大辞書發行所，1892—1893 年。

［ 7 ］　大槻文彦：『大言海』，東京：冨山房，1932—1937 年。

［ 8 ］　諸橋轍次：『大漢和辞典』，東京：大修館書店，1955—1960 年。

［ 9 ］　上代語辞典編修委員会：『時代別国語大辞典』（上代編），東京：三省堂，1967 年。

［10］　日本大辞典刊行会：『日本国語大辞典』，東京：小学館，1972—1976 年。

［11］　奥山益朗：『現代流行語辞典』，東京：東京堂出版，1974 年。

［12］　藤堂明保：『学研漢和大字典』，東京：学習研究社，1978 年。

［13］　吉沢典男、石綿敏雄：『外来語の語源』，東京：角川書店，1979 年。

［14］　諸橋轍次：『広漢和辞典』，東京：大修館書店，1981—1982 年。

［15］　中田祝夫：『古語大辞典』，東京：小学館，1983 年。

［16］　杉本つとむ：『現代語語源小辞典』，東京：開拓社，1983 年。

［17］　樺島忠夫：『明治大正新語俗語辞典』，東京：東京堂出版，1984 年。

［18］　惣郷正明、飛田良文：『明治のことば辞典』，東京：東京堂出版，1986 年。

［19］　佐藤喜代治：『漢字百科大事典』，東京：明治書院，1996 年。

［20］　室町時代語辞典編修委員会：『時代別国語大辞典』（室町時代編），東京：三省堂，2000 年。

［21］　杉本つとむ：『語源海』，東京：東京書籍，2005 年。

［22］　佐藤亨：『現代に生きる幕末・明治初期漢語辞典』，東京：明治書院，2007 年。

［23］　笹原宏之：『当て字・当て読み漢字表現辞典』，東京：三省堂，2010 年。

［24］　小松寿雄、鈴木英夫：『新明解語源辞典』，東京：三省堂，2011 年。

第一章　汉语词汇史与中日汉字词研究

所谓汉籍，有狭义广义之分。狭义而言，专指中国的典籍；广义而言，则泛指用汉字书写的所有文献。在日本，汉籍相当丰富，既有由汉唐输入的抄本秘笈，孤本典册，亦有模仿汉语用汉字书写的日本汉籍。其中，或为纯汉文体，基本符合汉语用词造句规律，奈良至平安朝时期的汉诗及唐宋以来"留学僧"的中国游记，如《怀风藻》《入唐求法巡礼行记》等；或为变体汉文，虽用汉语汉字组词成文，但不太符合汉语表达习惯，往往表现为日语背景下对汉字词的不同理解及其日语语法痕迹，如《古事記》等。

第一节　古汉语词汇与中日汉字词研究

一、日本古代汉诗语词研究

日本汉诗用语，实为汉语词汇研究的化石。日本学者以此及相关汉文为语料，研究唐代口语词汇，成果瞩目。如：松尾良樹《〈万葉集〉詞書と唐代口語》《日本書紀と唐代口語》《平安朝漢文学と唐代口語》，後滕朝雄《平安朝詩文の〈俗語〉》《〈続日本紀〉における中国口語》《日本の古代の文献と中国口語》，静永健《〈菅家文草〉に見えたる口語表現》。同时，他们也很关注作为母语的日本语对汉诗文写作的影响，如川口久雄《道真詩における和習と訓読の問題》，北川修一《〈日本書紀〉における中国口語と倭習の問題》等。

（一）日本古代汉诗举要

以下简要列举 11 世纪以前日本主要汉诗文集，以供学界大致了解其历史，并附上研究时可参考的主要文献。

1.《怀风藻》

一卷，成书于天平胜宝三年（751 年），收录奈良朝百年间 64 位诗人之作 120 首。

（1）懐風藻箋註，今井舍人（鈴木真年），1865 年自序，静嘉堂文庫藏。

（2）懐風藻新釋，釋清潭著，東京：丙午出版社，1927 年。

（3）懐風藻註釋，澤田總清著，東京：大岡山書店，1933 年。

（4）懐風藻詳釋，世良亮一，東京：教育出版社，1938 年。

（5）懐風藻，杉本行夫註釋，東京：弘文堂書房，1943 年。

（6）懐風藻の研究：本文批判と註釋研究，大野保著，東京：三省堂，1957 年。

（7）懐風藻新註，林古溪，東京：明治書院，1958 年。

（8）懐風藻・文華秀麗集・本朝文粹，小島憲之校註，東京：岩波書店，1964 年。

（9）懐風藻漢字索引，柴田甲二郎編纂，大阪：新典社，1978 年。

（10）懐風藻：漢字文化圏の中の日本古代漢詩，辰巳正明編，東京：笠間書院，2000 年。

（11）懐風藻：日本的自然観はどのように成立したか，辰巳正明編，東京：笠間書院，2008 年。

2.《凌云集》

一卷，成书于平安时代初期弘仁五年（814 年），收录 782—814 年间 23 位诗人之作 90 首（现存本为 24 人 91 首，《文华秀丽集》谓 92 首）。

（1）凌雲集，小野岑守等撰，与謝野寬等編纂校訂，東京：日本古典全集刊行会，1926 年。

（2）凌雲集索引，本間洋一編，大阪：和泉書院，1991 年。

3.《文华秀丽集》

三卷，成书于平安时代初期弘仁九年（818 年），收录 28 诗人 148 首汉诗（现存 143 首）。

（1）文華秀麗集，藤原冬嗣等撰，与謝野寬等編纂校訂，東京：日本古典全集刊行会，1926 年。

（2）懐風藻・文華秀麗集・本朝文粹，小島憲之校註，東京：岩波書店，1964 年。

（3）文華秀麗集（上、中、下），藤原冬嗣等編，東京：日本文化資料センター，1980 年。

（4）文華秀麗集索引，芳賀紀雄編，大阪：和泉書院，1988 年。

4.《经国集》

二十卷，现存六卷（卷 1、卷 10、卷 11、卷 13、卷 14、卷 20），成书于 827 年，收录 707—827 年间 178 人（现存 96 人）诗文，包括赋 17 篇、诗 917 首（现存 209 首）、对策 38 篇（现存 26 篇），乃平安初期诗文集大成。

（1）經國集，良岑安世等撰，与謝野寬等編纂校訂，東京：日本古典全集刊行会，1926 年。

（2）經國集，《群書類從（裝束部）》（第八輯），東京：續群書類從完成會，1932 年初版。

5.《性灵集》

十卷，空海的汉诗文集，成书于天长四年至承和二年（827—835），现存三卷（卷 8—10）。

（1）性靈集講義，坂田光全講述，高野町：高野山時報社，1942 年。

（2）性靈集，空海著，渡邊照宏、宮坂宥勝校註，東京：岩波書店，1965 年。

（3）性靈集一字索引，静慈圓编，大阪：東方出版，1991 年。

（4）性靈集註，真福寺善本叢刊，国文学研究資料館編，京都：臨川書店，2007 年。

6.《都氏文集》

六卷（现存三卷），都良香（834—879）的诗文集。无古写本，今存江户期《都氏文集补遗》，诗歌缺。

都氏文集全釋，中村璋八、大冢雅司著，東京：汲古書院，1988 年。

7.《田氏家集》

三卷，存诗 221 首，岛田忠臣（828—892）的诗集。成书于 891 年左右。

（1）田氏家集（上、中、下），島田忠臣撰，中野幸一旧蔵，東京：日本文化資料センター，1980 年。

（2）田氏家集註（上、中、下），小島憲之監修，大阪：和泉書院，1991—1994 年。

（3）田氏家集索引，内田順子编，大阪：和泉書院，1992 年。

（4）田氏家集全釋，中村璋八、岛田伸一郎著，東京：汲古書院，1993 年。

8.《菅家文草》

十二卷，成书于 900 年，菅原道真的汉诗文集，其中汉诗六卷（1—6）。

（1）菅家文草·菅家後集，菅原道真著，川口久雄校註 東京：岩波書店，1966 年。

（2）菅家文草，明曆二年写藤井懒斎自筆奥書本，菅原道真撰，柳澤良一编，東京：勉誠出版，2008 年。

（3）菅家文草・菅家後集詩句総索引，川口久雄、若林力編，東京：明治書院，1978 年。

9.《扶桑集》

十六卷（现存卷 7，卷 9），成书于长德年间（995—999）。

扶桑集：校本と索引，田坂順子編，福岡：櫂歌書房，1985 年。

10.《本朝丽藻》

上下二卷，成书于 1010 年左右，包括 34 人所作 150 首汉诗。

（1）本朝麗藻，与謝野寬等編纂校訂，東京：日本古典全集刊行会，1926 年。

（2）本朝麗藻（上、下），高積善編，東京：日本文化資料センター，1980 年。

（3）校本本朝麗藻，大曽根章介、佐伯雅子合編，東京：汲古書院，1992 年。

（4）本朝麗藻簡註，川口久雄，本朝麗藻を読む会編，東京：勉誠社，1993 年。

（5）本朝麗藻総索引，柳澤良一編，東京：勉诚社，1993 年。

（6）本朝麗藻全注釋（1、2、3），今浜通隆，東京：新典社，1993—2010 年。

11.《江吏部集》

三卷，大江匡衡的汉诗集，成书于寛弘八年（1071）前后。

江吏部集，大江匡衡著，柳澤良一編，東京：勉诚出版，2010 年。

12.《本朝文粹》

十四卷，平安中期的汉诗文集，仿宋姚铉《唐文萃》命名，收集弘仁至长元年间（810—1037）诗文 430 余篇。

（1）本朝文粹註釋（上、下），柿村重松，京都：内外出版，1922 年。

（2）懷風藻・文華秀麗集・本朝文粹，小島憲之校註，東京：岩波書店，1964 年。

（3）本朝文粹，藤原明衡編，大曽根章介、金原理、后藤昭雄校註，東京：岩波書店，1992 年。

（4）本朝文粹汉字索引，藤井俊博編，東京：おうふう，1997 年。

（5）本朝文粹の研究，土井洋一、中尾真樹編，東京：勉诚出版，1999 年。

（二）《怀风藻》词汇的时代痕迹

《怀风藻》，成书于天平胜宝三年（751），为日本最早汉诗集。共收录七世纪后半近江朝至八世纪奈良朝近百年间64位作者的汉诗120首，言语风格深受六朝至唐初中国诗歌影响。

《怀风藻》词汇出典研究，主要体现在《怀风藻》的各类注释书内，如上列诸种文献。《日国》非常重视日本汉籍词汇的收释，以此展示古汉语词汇融入日本国语的轨迹。该辞书共收录《怀风藻》汉字词汇，几乎都是作为首引文献的方式出现。词条之后，往往注明中国古籍出典，以示汉语之源。检索中日辞书及古籍数据库，对此771条汉字词汇进行排查，除一些单音节汉字词、日语式词组以及"忌寸""乌册""仁山""智水"等和制汉语外，有149词在先秦典籍中有文献用例，99词见于两汉文献，146词出现于魏晋南北朝文献。这未必是始见文献，但已足以说明《怀风藻》用词的时代性问题。

《日国》所示见于唐代文献的163词，以及未标明汉语出处的102词，最值得探究。据初步调查，见于唐代文献的163词中，大部分可以在六朝或六朝以前文献中找到出处，如①：

薄宦　碧空　薜萝　朝野　尘外　春色　鹑衣　聪敏　寸心　丹凤丹桂　登临　雕章　断云　芳辰　放旷　飞尘　风骨　风光　风鉴　风景　风日　风仪　风月　凤笙　和风　红桃　皇慈　金风　金阁　金乌酒杯　老翁　历访　良友　林泉　令节　陇上　落景　落霞　马上　梅花　衲衣　年光　鹏霄　篇章　千古　千祀　千寻　琴樽　青春　琼筵秋声　日边　日色　日下　三藏　三春　山园　山斋　上表　韶景　胜地　胜境　石壁　淑景　淑气　松风　松竹　俗事　桃园　天造　文囿无为　物候　物外　仙槎　仙驾　先考　乡国　星光　星榆　玄宗　燕巢　杳然　银河　玉殿　月夜　云衣　真空　真理　真率　正朝　竹叶庄老　紫阁　祖饯

而未标明汉语出处的102词，大部分亦可在唐代以前文献中找到用例，如：

潺湲　朝隐　朝云　冲襟　词人　大隐　丹霞　帝里　多幸　风牛归去　厚地　皇恩　骥足　金谷　金科　金兰　金漆　君亲　枯荣　丽景　良节　林池　龙车　暮春　南岳　千里　潜鳞　遣学　青鸾　青鸟清华　琼楼　曲宴　上林　圣嗣　世问　四域　岁暮　台下　太平　贪

---

① 全书所有文段集中举例之词及表格中汉字词一般按汉语拼音音序排列。下同此。

心　谈丛　围棋　相思　孝鸟　斜雁　鱼鸟　月镜　云鹤　制设　缟素

《日国》所示《怀风藻》汉字词出典如下：

1. 见于先秦文献的词汇

遨游　白露　白云　百度　百万　宝珠　北征　悖德　被发　奔命
别离　宾客　缤纷　博学　卜筮　不才　不归　苍天　车马　城阙　城
市　迟迟　冲冲　愁心　垂拱　春日　大器　当时　帝德　短命　多才
方外　霏霏　风波　附托　高会　姑射　股肱　光华　寒蝉　寒气　后
车　后庭　欢情　济济　寂寞　江海　交泰　今日　惊骇　钧天金罍　宽
政　滥吹　乐土　冷冷　礼法　礼乐　良才　留连　流水　乱离　率舞
茂实　美玉　明君　明哲　穆穆　盘桓　朋友　歧路　齐纨　千里　前
后　前修　琴瑟　清风　群下　冉冉　人材　人文　日影　日月　荣辱
弱冠　三才　三秋　三思　伤怀　神明　诗书　时节　时物　使人　束
带　水浜　四门　松柏　夙夜　肃然　台上　天道　天阍　天心　天性
天中　天纵　同心　涂炭　万民　万年　文学　无事　无为　五彩　舞
衣　物我　西土　先进　闲雅　险易　庠序　萧瑟　罥尘　行年　薰风
盐梅　议纷　应对　优优　幽谷　幽隐　宇宙　远游　在昔　糟粕　展
转　长子　真宰　争友　芝兰　知己　职贡　置酒　蠡斯　重光　状貌织
女　左右

2. 见于两汉文献的词汇

杯酒　宾主　波中　博古　不轨　才干　超然　朝隐　愁云　辞义
嵯峨　大同　荡然　倒载　帝道　帝京　帝业　典坟　洞达　端直　敦
厚　多通　方丈　风采　蜂起　敷演　浮蚁　歌声　骨法　骨鲠　鼓声
规模　弘远　滑稽　皇猷　交情　金波　搢绅　禁园　惊飙　惊波　惊
惶　九垠　巨猾　君侯　魁岸　魁梧　凉风　僚友　林中　凌云　流光
流霞　隆平　茂才　明月　南北　徘徊　篇首　飘飘　贫苦　琴歌　三
冬　三阶　删定　上巳　圣德　圣主　诗人　市井　属文　四座　岁月
太玄　太玄　万代　万骑　万丈　往古　西园　息女　烟云　湮灭　岩
廊　佯狂　夜漏　遗烈　殷昌　应诏　雍容　幽居　游息　有道　杂沓
载籍　长恨　长女　忠正　竹林

3. 见于魏晋南北朝文献的词汇

百味　柏叶　宝殿　碧天　别后　才情　尘俗　初春　寸阴　雕虫
雕云　短章　多通　芳献　放荡　飞花　风范　风声　风霜　风烟　凤
池　凤阁　凤驾　凤楼　浮云　高风　歌扇　孤松　顾眄　冠冕　寒花
寒云　后夫　怀抱　黄叶　激流　饯送　锦鳞　锦绮　兰蕙　滥吹　离
思　丽人　连珠　联句　梁尘　寥亮　林野　林园　琳琅　玲珑　流声

疏纩　柳条　柳絮　柳叶　龙潜　陇上　芦花　鲁壁　落晖　落雪　落照　面前　妙舞　南裔　年华　攀龙　蓬瀛　前朝　琴书　清素　清谈　清夜　秋蝉　秋光　秋节　秋天　去来　泉石　荏苒　日华　荣光　容辉　三余　山水　上月　神功　神襟　沉吟　圣代　圣情　试业　述怀　水镜　朔雁　俗累　俗情　素心　谈论　陶然　天德　同伴　万古　微旨　煨烬　文华　文雅　文藻　舞踏　夕雾　仙槎　仙宫　仙驾　仙灵　贤人　斜日　新知　雪花　摇落　窈窕　一面　依依　逸文　音尘　英声　郢曲　庸才　游鳞　游鱼　余景　余闲　玉殿　玉烛　月桂　云端　早秋　湛露　长坂　长河　长流　洙泗　转蓬　紫殿　紫庭　纵横

4. 见于唐代文献的词汇

白鬓　薄宦　笔海　碧空　碧澜　薜萝　别愁　残果　苍烟　朝野　尘外　宸翰　春色　鹑衣　聪敏　翠柳　翠烟　寸心　丹凤　丹桂　地望　登临　帝戚　雕章　断云　梵钟　芳辰　芳筵　放旷　飞尘　飞瀑　风骨　风光　风鉴　风景　风日　风仪　风月　凤鸾　凤笙　凤麓　高岭　古树　归日　和风　红桃　花阁　皇慈　嵇琴　嘉气　娇莺　阶前　金风　金阁　金乌　酒杯　酒中　旧游　老翁　离愁　歴访　良友　辽夐　林泉　令节　柳丝　陇上　落景　落饰　落霞　马上　满酌　梅花　门柳　梦里　渺漫　明悟　衲衣　年光　攀玩　篇章　千古　千祀　千寻　樵童　琴酒　琴樽　青春　琼筵　秋声　泉路　鹊桥　日边　日色　三藏　三春　山家　山路　山园　山斋　上表　韶景　圣时　胜地　胜境　诗兴　石壁　淑景　淑气　树影　霜华　松风　松盖　松桂　松林　松下　松影　松竹　送别　俗尘　俗事　桃园　梯航　天造　万卷　文圃　五言　物候　物外　夕雾　仙跸　仙槎　仙驾　先考　乡国　小池　星光　星榆　玄学　玄宗　削成　燕巢　杳然　野花　野客　银河　优赏　幽趣　幽赏　余寒　园里　月夜　云衣　真空　真理　真率　轸悼　正朝　竹叶　庄老　追从　紫阁　祖饯　醉里

5. 未标明汉语出典的词汇

半山　北塞　边国　博学多才　潺湲　朝隐　朝云　冲襟　愁情　词人　大隐　丹霞　帝里　叠岭　多幸　芳缘　风牛　凤盖　高学　归去　洪学　厚地　皇恩　黄地　骥足　娇声　金谷　金科　金兰　金漆　君亲　枯荣　丽笔　丽景　良节　良宴　林池　林亭　灵仙　龙车　萝衣　梅苑　眇焉　暮春　南岳　嫩柳　千年　潜鳞　遣学　青海　青鸾　青鸟　青阳　清华　琼楼　曲浦　曲宴　群公　戎蕃　三德　上林　神泽　圣袷　圣嗣　世间　淑光　四域　岁暮　岁光　所居　台位　台下　太平　贪心　谈丛　唐国　听览　万里　围棋　巫山　五八　舞场　舞蝶

舞袖　兮贪　西使　相思　小山　孝鸟　斜雁　新雁　玄览　叶锦　游席　鱼鸟　月镜　月舟　云鹤　早春　制设　缁素

二、《入唐求法巡礼行记》新词新义

《入唐求法巡礼行记》，是圆仁公元838年7月2日至848年1月23日在唐期间的汉文日记。董志翘先生《〈入唐求法巡礼行记〉词汇研究》，对《入唐求法巡礼行记》新词新义进行了深入研究。以下选取该著尚未涉及的若干词条，择要考释如下：

（一）唐代新词

【本司】

（1）蒙使君报云："本司检过。"（卷二，开成五年三月五日）

（2）请仰本司尽勒还俗，递归本贯，宛入色役者。（卷四，会昌五年三月三日）

"本司"即"该司"，指分管事务的官署。《大词典》举苏轼《乞禁商旅过外国状》例："本司看详，显见闽浙商贾因往高丽，遂通契丹。"

《大词典》中包含两义项，一是"该司"。司，分管事务的官署。举宋苏轼《乞禁商旅过外国状》："本司看详，显见闽浙商贾因往高丽，遂通契丹"；二是"犹本官"。举《宦海》第一回："金方伯霍地跳下骡来，喝一声：'都跟着本司进去！'说着拔步往门内便走。"

【沈病】

官人等从在京之日沈病辛苦。（卷一，开成四年二月廿七日）

"沈病"即"沉病"，久病、重病之义。《大词典》举清蒲松龄《聊斋志异·紫花和尚》例"少年名士，沉病而死，隔夜复苏，曰：'我悟道矣。'"

【迟怠】

若有迟怠，空过行节。（卷二，开成五年二月一日）

"迟怠"即怠慢之义，《大词典》举《西游补》第十五回例："将军分付：'今夜点将不比往常，听得一声钟响，造饭……四声钟响，听点。不得迟怠！'"

【方圆】

（1）相公又问："那国京城方圆多少里数？"答云："东西十五里，南北十五里。"（卷一，承和五年十一月十八日）

（2）遍台亦无树木。从罗汉台向东南下，路边多有焦石满地，方圆有石墙之势。（卷三，开成五年五月廿一日）

"方圆"，指范围，周围之义。《大词典》包括七个义项：方形与圆形；指方法、准则；天地间；范围、周围；筹划、筹集；随宜、变通；"方枘圆凿"的略语。其中，"范围"义《大词典》举《宣和遗事》例："徽宗道：'见说月宫方圆八百里，若到广寒宫，须有一万亿，如何得到？'"

【奉请】

（1）次奉请七十二贤圣，一一称名。（卷二，开成五年五月五日）

（2）一心奉请大师尺迦牟尼佛，一心奉请当来下生弥勒尊佛、十二上愿药师琉璃光佛，大圣文殊师利菩萨、大圣普贤菩萨、一万菩萨。（同上）

（3）其奉请及赞文，写取在别。（同上）

奉请，即恭请，有时指恭请的之文书。《大词典》举《儒林外史》第三十回例："杜慎卿道：'昨晚我也不曾备席，不曾奉请。'"

【官里】

或各拣择好恶，皆返纳官里，得二色来。好者进奉天子，以宛御饭；恶者留着，纳于官里。（卷一，开成四年正月十八日）

官里，即衙门里，官府里。《大词典》中含有两个义项，一是"犹言衙门里，官府里"，举例宋赵令畤《侯鲭录》卷六："朴言：'独臣妻有诗一首云：更休落魄贪杯酒，亦莫猖狂爱咏诗。今日捉将官里去，这回断送老头皮。'"二是"犹官家。指皇帝"，举宋周密《武林旧事·干淳奉亲》例。

【监送】

（1）中丞差军将令监送九只船。（卷一，开成四年三月廿二日）

（2）节下判令驾监送军将船。（同上）

监送，即监督护送。《大词典》举《旧唐书·卢杞传》例："会朱滔、朱泚弟兄不睦，有泚判官蔡廷玉者离间滔，滔论奏，请杀之。廷玉既贬，殿中侍御史郑詹遣吏监送，廷玉投水而卒。"

【廊檐】

始一老宿随，军亦随卫，在廊檐下去。（卷一，承和五年十二月八日）

廊檐，指廊顶突出在柱子外边的部分。《大词典》首举《儒林外史》第二二回例："把囤米的折子搬在窗外廊檐下。"

【领状】

（1）若人识认，即分付取领状来；若无人认，即却领和上来。（卷四，会昌五年七月九日）

（2）便共使同到坊内，总管等拟领，别有专知官不肯，所以不作领状，却到县中。（同上）

领状，指旧时向官府领取钱物时出具的字据。《大词典》首举《水浒传》第十六回例："你常说这个人十分了得，何不着他委纸领状，送去走一遭，不致失误。"

【面谢】

（1）后日专到院中<u>面谢</u>。（卷三，开成六年五月一日）

（2）一两日后，自到院中<u>面谢</u>。（卷三，会昌二年五月一日）

面谢，即当面道谢。《大词典》举鲁迅《书信集·致内山完造》例："诸多费神，甚感，容后面谢。"

【难名】

堂内庄严精妙<u>难名</u>。（卷二，开成五年五月五日）

难名，即难以名状。《大词典》首举明张居正《谢赐粥米食品疏》："乃荷……纶旨温存，遣上医而诊视，宠颁稠迭，廛中使以光临，切感难名。"

【念诵】

（1）遣状起居政阿阇梨，兼借请<u>念诵</u>法门。（卷三，开成五年十月十七日）

（2）兴善寺新译经、<u>念诵</u>法等四月廿二日写了。（卷三，开成六年四月廿八日）

（3）僧等烧香，为当岛土地及大人小人神等<u>念诵</u>祈愿。（卷四，会昌七年四月廿八日）

念诵，原为佛教语，谓心念口诵佛名及经咒。《大词典》中该词含有两义项，一是"原为佛教语，谓心念口诵佛名及经咒"，二是"谓因惦记而提及"。其中，前者义项《大词典》举陈登科《赤龙与丹凤》例："六对喇叭排列在大门口，轮番奏哀。和尚尼姑，围着祭坛念诵经文。"

【攀蹑】

南面虽险路，而有路可<u>攀蹑</u>。（卷三，开成五年五月廿一日）

攀蹑，义同攀援，攀登，《大词典》首举宋郭象《睽车志》卷三例："一径极高峻，乃攀蹑而登。"

【批判】

请州印信之书，台州刺史<u>批判</u>与印信之词，具写付来。（卷三，开成五年五月十八日）

批判，有批示判词之义，《大词典》中该词含有两义项，一是"批示判断"，二是"评论；评断"。其中，前者义项《大词典》首举宋司马光《进呈上官均奏乞尚书省札子》例："所有都省常程文字，并只委左右丞一面批判，指挥施行。"

【全部】

<u>全部</u>四帖感得了，可喜可喜。（卷四，会昌七年十二月十四日）

全部，原指整个部类。《大词典》中该词含有两义项，一是"整个部类"，二是"完全"。其中，前者义项《大词典》举清周中孚《郑堂札记》卷二例："家学门当属箸录祖父及同族之书，于全部独阙此类知之。"

【疋段】

（1）除缘身衣物外，更无钱物<u>疋段</u>斛斗等。（卷四，会昌三年七月廿五日）

（2）象牙满屋，珠玉金银等尽皆满库，钱帛<u>疋段</u>不知数。（卷四，会昌三年九月）

（3）又令勘检天下寺舍奴婢多少，兼钱物斛斗<u>疋段</u>，一一指实，具录，令闻奏。（卷四，会昌五年三月三日）

疋段，泛指丝织品。《大词典》举元郑光祖《智勇定齐》例："采桑忙来采桑忙，朝朝每日串桑行；织下绫罗和疋段，未知那个着衣裳。"

【收纳】

（1）仍仰中官<u>收纳</u>家中钱物。（卷三，会昌四年九月）

（2）天下州县<u>收纳</u>寺家钱物、庄园，收家人奴婢，已讫。（卷四，会昌五年十一月三日）

收纳，收留、容纳之义，《大词典》中该词含有两义项，一是"收留，容纳"，二是"收集"。其中，前者义项《大词典》首举宋曾巩《太祖皇帝总叙》例："收纳学士大夫用之，不求其备。"

【疏理】

仍敕令两街功德使<u>疏理</u>城中等僧。（卷四，会昌三年九月十三日）

疏理，即分别处理之义，《大词典》中该词含有四义项，一是"纹理粗糙"，二是"指皮肤粗"，三是"修整"，四是"分别处理"，五是"阐明义理；分辨事理"。其中，第一项义项《大词典》首举《旧唐书》例："丁丑，以旱命京城诸司疏理系囚。"

【书状】

（1）斋后，天台山禅林寺僧敬文从扬州来，寄送本国无行法师书札一封，寄上圆澄座主<u>书状</u>一封。（卷一，开成四年三月三日）

（2）僧玄济将金廿四小两，兼有人人<u>书状</u>等，付于陶十二郎归唐。（卷三，开成六年五月廿五日）

（3）弟子<u>书状</u>五通兼手书付送前路州县旧识官人处，但将此书通入，的有所益者。（卷三，会昌五年五月十五日）

（4）便船往牢山。修书状，付送金珍等处报消息，特令相待。（卷四，会昌七年六月十日）

书状，即信札，《大词典》举清吴敏树《与梅伯言先生书》例："里人毛西垣孝廉入都，谨附书状，属令面呈。"

【送达】

（1）开春，从涟水专使赐船送达淮南者。（卷二，开成五年二月十七日）

（2）其人今在武州囚禁，待送达本国。（卷四，会昌七年九月六日）

送达，现多用作法律用语，指司法机关依一定方式将诉讼文件（如传票、判决书等）送交诉讼参与人，《大词典》例缺。

【通决】

（1）先于楚州付留学僧圆载上人送天台山延历寺未决卅条，国清寺修座主已通决之，便请台州印信，刺史押印已了。（卷三，开成五年五月十八日）

（2）兼日本国无行和上送天台书及天台修座主通决已毕，请州印信之书，台州刺史批判与印信之词，具写付来。（同上）

通决，即全权裁决。《大词典》举苏轼《司马温公行状》例："又论将官之害，诏诸将兵皆隶州县，军政委守令通决之。"

【重誓】

便令重誓：去年漂没之时，更发愿：到陆之日，准己身高，画妙见菩萨十躯、药师佛一躯、观世（音）菩萨一躯。（卷一，开成四年三月三日）

重誓，即大誓，庄重的誓言。《大词典》举宋叶适《取燕一》："夫坚守重誓于既亡之契丹，不知女真一旦袭其后踵以陵我。"

（二）唐代新义

该著作中含有不少唐代新义词汇，对补充汉语词汇史研究有宝贵的研究价值，择要考释如下：

【炳然】

（1）赤山东北隔海去百许里，遥见山，唤为青山——三峰并连，遥交炳然。（卷二，开成四年七月廿三日）

（2）院中数僧于院阁前庭中见色光云，光明晖曜，其色殊丽，炳然流空，当于项上，良久而没矣。（卷三，开成五年六月廿一日）

"炳然"表"光明"之义，《大词典》中该词含有两义项，一是"明显貌；明白貌"，二是"光明貌"。其中，后者义项《大词典》首举苏轼《谢孙舍人启》例："穆如清风，草木皆靡；炳然白日，霰雪自消。"

【道门】

适闻知澄大德已灵变，道门哀丧，当须奈何！（卷一，开成四年闰正月十九日）

"道门"指"寺观"之义，《大词典》中该词含有四义项，一是"入道的门径"，二是"指道家或道教"，三是"指寺观"，四是"旧时的一些封建迷信组织"。其中，"寺观"义项《大词典》举明张羽《僧居寒夜》例："山木萧条啼鸟歇，道门清净俗人稀。"

【饭食】

（1）斋时即供饭食，百种尽味。（卷一，开成四年正月十八日）

（2）入宅不久，便供饭食。（卷二，开成五年四月廿二日）

（3）我胎中儿虽未产生而亦是人数，何不与饭食？（卷三，开成五年七月二日）

（4）近远诸州人尽来取烧，修理饭食，极有火势。（卷三，开成五年七月廿六日）

"饭食"表"饭和菜"之义，《大词典》中该词有四个义项，一是"吃饭"，二是"饮食，指饭量"，三是"煮熟的谷类食物"，四是"饭和菜"，五是"工作，活计"。其中，"饭和菜"义项《大词典》首举《金瓶梅词话》第十回例："你如今在那里居住？每日饭食谁人整理？"

【供养】

（1）本国判官藤原朝臣贞敏于开元寺设斋，出五贯六百钱，作食供养新画阿弥陀佛、妙见菩萨、四天王像并六十余众僧。（卷一，开成四年十二月九日）

（2）暮际，点灯，供养诸圣影。（卷一，开成四年正月十七日）

（3）夜头，本国相公为遂海中所发之愿，于开元寺堂里点千盏灯，供养妙见菩萨并四天王。（卷一，开成四年三月三日）

（4）晚头，此新罗院佛堂经藏点灯供养。（卷二，开成四年十二月廿九日）

佛教称以香花、明灯、饮食等资养三宝（佛、法、僧）为"供养"，并分财供养、法供养两种。香花、饮食等为财供养；修行、利益众生叫法供养。供养即礼佛，或施舍僧人、斋僧之义。《大词典》中该词有七个义项，一是"指奉养的物品"，二是"培养，滋养"，三是"赡养，侍奉"，四是"泛指养活"，五是"奉祀；摆设供品"，六是"指供品"，七是"佛教称以香花、明灯、饮食等资养三宝（佛、法、僧）为'供养'，并分财供养、法供养两种"。其中，最后一义项中，《大词典》此义项例缺。

【相看】

（1）塔寺老僧宿神玩和尚来相看慰问。（卷一，承和五年九月廿一日）

（2）暮际，僧正来，相看慰情。（卷一，开成四年正月廿日）

（3）押衙潮落拟来相看，所以先来候迎。（卷二，开成四年四月廿六日）

（4）暮际，请益法师及惟正、惟晓等登寺，偶谒寺家，诸僧等卅有余，相看啜茶。（卷二，开成四年六月八日）

"相看"表"探望"之义，《大词典》中该词有五个义项，一是"互相注视；共同观看"，二是"探望"，三是"对待；看待"，四是"端详；观察"，五是"提亲后家长或本人到对方家相亲"。其中，"探望"义项中《大词典》举宋范仲淹《再奏雪张亢》："又进士黄通来泾州相看，与钱五十贯文。"

【异种】

异种珍彩，不可记得。（卷一，开成四年正月十七日）

"异种"表"不同品种"之义，《大词典》中该词有五个义项，一是"旧时指同一种族中的其他部落"，二是"指异族"，三是"指人类以外的其他物种"，四是"指动植物的奇特品种"，五是"指不同的品种"。其中，"不同品种"义项中《大词典》举蒲松龄《聊斋志异·鸽异》例："鸽类甚繁，晋有坤星……越有诸尖：皆异种也。"

【殷重】

（1）见他殷重，不阻其情也。（卷四，会昌五年五月十三日）

（2）和上得两疋，是刺史殷重深也。（卷四，会昌五年六月九日）

"殷重"表"恳切深厚"之义，《大词典》中该词有五个义项，一是"繁重"，二是"恳切深厚"，其中，后者义项中《大词典》举宋叶适《京西运判方公神道碑》例："其言殷重恻切，天子以为然，行之至今。"

三、日本汉籍语料研究的注意点

日本汉籍中的汉字词汇，日汉杂糅，构成复杂。只有在中日语言接触的大背景下进行观照，从语言传承变异的规律着手，对其中的词汇进行甄别，确定哪些是汉语固有之词，哪些是汉语在传播过程中产生的域外变异，这样才能客观地反映一定时期内的语言真实以及语言接触过程中的传承变异规律。比如，在判断新词新义时，理应包括汉语的新词新义和日语的新词新义。而在判断汉语新词时，包括汉语辞书尚未收入的新词、已经收录但例证晚出的新词以及作为旁证材料的同时代新词。同理，在判断汉语新义时，也应包括汉语辞书尚未收入的新义、已经收录但例证晚出的新义以及作为旁证材料的同时代新义。当然，由于材料的局限，找到同时代或者更早时代的例证，不是件容易的事情。但是，随着出土文献的全面整理以及数据库资源的不断完善，域内域外文献语言合璧的时代已经不远了。因此，日本汉籍固然是重要材料，但同时代本土语料同样重要，必须将域内域外结合起来研究。这也是域外汉籍语言研究应该特别注意之处。

参 考 文 献

［ 1 ］　小島憲之：『上代日本文学と中国文学』，東京：塙書房，1962—1965 年。

［ 2 ］　小島憲之校注：『懐風藻文華秀麗集本朝文粋』，東京：岩波書店，1964 年。

［ 3 ］　小野勝年：『入唐求法巡礼行記の研究』，京都：法蔵館，1969 年。

［ 4 ］　峰岸明：『変体漢文』，東京：東京堂出版，1987 年。

［ 5 ］　柏谷嘉弘：『日本漢語の系譜』，東京：東宛社，1987—1997 年。

［ 6 ］　波戸岡旭：『上代漢詩文と中国文学』，東京：笠間書院，1989 年。

［ 7 ］　肖瑞峰：《日本汉诗发展史（第 1 卷）》，吉林：吉林大学出版社，1992 年。

［ 8 ］　释圆仁著、小野胜年校注、白化文等修订校注：《入唐求法巡礼行记校注》，石家庄：花山文艺出版社，1992 年。

［ 9 ］　本間洋一：『日本漢詩·古代篇』，関西：和泉書院，1996 年。

［10］　高文汉：《中日古代文学比较研究》，山东：山东教育出版社，1999 年。

［11］　董志翘：《〈入唐求法巡礼行记〉词汇研究》，北京：中国社会科学出版社，2000 年。

［12］　松浦友久：『日本上代漢詩文論考』，東京：研文出版社，2004 年。

［13］　汪维辉：《域外借词与汉语词汇史研究》，《江苏大学学报（社科版）》，2009 年第 1 期。

［14］　王晓平：《亚洲汉文学》，天津人民出版社，2009 年。

［15］　王勇：《从"汉籍"到"域外汉籍"》，《浙江大学学报（社科版）》，2011 年第 6 期。

［16］　陈福康：《日本汉文学史》，上海：上海外语教育出版社，2011 年。

第二节　近现代汉语词汇与中日汉字词研究

"近代"一词，在中日语境有不同内涵。在国内，语言学和历史学的历史分期也不一样，语言学语境下的"近代"，一般认为从唐代开始以至明末清初，历史学语境下的"近代"，则是从 1840 年鸦片战争开始至 1919 年五四运动。而日本语言学的"近代"，则指 1868 年至 1911 年的明治时期以至第二次世界大战结束的大正时期。本研究以"近现代"泛指 17 世纪以来特别是 19 世纪初至 20 世纪初西学东渐背景下的中日欧文化交流时期，从中国方面看，往前涉及明末清初的早期洋学，往后涉及民国时期汉语新词；从日本方面看，往前涉及江户时期特别是兰学译语，往后涉及大正初期汉语新词。

关于近现代中日汉字词汇交流史研究，中日学界成果丰富，各类论著不胜枚举。本文在此对近代中日词汇交流史不进行宏观描述，只是选取不同时段的汉字词作麻雀式源流探讨，强调古汉语词汇在近代新词产生发展中的重要作用，再现中日近代同形词的演变过程，补正中日词汇交流研究的部分疏漏，以此推动中日词汇交流史深入研究。

一、中国早期洋学与中日词汇交流

明清时期，西学东渐历时 300 多年，可以大致分为前后两个时期。前一时期从利玛窦 1602 年《坤舆万国全图》开始，陆续出版了介绍西方地理学、数学、生理学、天文学、语言学、物理学等系列著作，如：《乾坤体义》（1605）、《西字奇迹》（1605）、《几何原本》（1607）、《泰西水法》（1612）、《同文算指》（1614）、《职方外纪》（1623）、《西学凡》（1623）、《远镜说》（1626）、《西儒耳目资》（1626）、《远西奇器图说》（1627）、《名理探》（1631）、《崇祯历书》（1634）、《泰西人身说概》（1635）、《穷理学》（1641）、《火攻挈要》（1643）、《西方要纪》（1669）、《乾坤图说》（1674）等。

这些早期洋学著作很快传播至日本，为日本吸收西方科学技术提供了方便，也为译语的流播提供了契机。日语中的地理学新词，如"地球、月球、半球、北半球、南半球、赤道、南极、北极、南极圈、北极圈、地平线、子午线、五带、热带、寒带、温带、经线、纬线、经纬线、经度、纬度、经纬度、太平洋、大西洋、地中海"等，均是从中国吸收过去的。数学词汇，如"直线、平行线、切线、曲线、虚线、直角、钝角、平角、余弦、正弦、长方形、三角形"等，也是属于此种情况。下文略举数例具体分析。

【蒸馏】

"蒸馏"，在日语中也写作"蒸馏"或"蒸留"，一般都认为是日制汉字词，早见于《舍密开宗》，是兰学时期出现的一个化学新词。黄河清在《谈〈近现代辞源〉的得与失》一文中说：

"蒸馏"这词，原以为这是一个来自日语的词，《近现代辞源》所提供的书证选自 1889 年傅云龙《游历日本图经》。本来以为这个书证算是早的了，因为它在20世纪初日语外来词大批涌入之前。可谁料想，最近我发现在熊三拔《泰西水法》（1612）卷四中有这样一句话："凡诸药系草木、果蓏、谷菜诸部具有水性者，皆用新鲜物料依法蒸馏得水名之为露。今所用蔷薇露，则以蔷薇花作之。其他药所作皆此类也。"这里就有"蒸馏"这词，而其意义与今义相当。这样一来，此例就比傅云龙例足足提前了227年。而且这一书证的发现，还能证明这词并不是日语词，而是汉语原本就有的词，至少也是日本将它借去，经过广泛使用后，又来到中国的回归词。（《语文建设通讯》第96期，2010年10月）

众所周知，熊三拔，德国人，1606年来华，同年到北京协助利玛窦工作。1612年，承徐光启之请，撰著《泰西水法》六卷，介绍取水蓄水之法。该书三处出现"蒸馏"一词，除黄氏所引之外还有：

（1）又<u>蒸馏</u>所得，既于诸物体中，最为上分。复得初力，则气厚势大焉。不见烧酒之味醲于他酒乎？（卷4）

（2）当其上时，皆如<u>蒸馏</u>。今用碱卤之水，如法蒸之，所得馏水，其味悉淡。海中之水，蒸气成云，海云作雨，雨亦淡焉。（卷5）

其实，"蒸馏"一词，在明代已经使用得相当普遍了。徐光启在《农政全书》中介绍了"蒸馏茧法"：

《韩氏直说》曰，蚕成茧硬，纹理粗者，必缲快。此等茧，可以<u>蒸馏</u>，缲冷盆丝。其茧薄，纹理细者，必缲不快，不宜<u>蒸馏</u>。此止宜缲热盆丝也。其<u>蒸馏</u>之法，用笼三扇，用软草札一圈，加于釜口，以笼两扇坐于上。

再如，方以智《物理小识》，介绍"水火本一"时也说，"雨露霜霾，皆阳气之<u>蒸馏</u>"。（卷1）《佩文韵府》（卷85），收有"蒸馏"词条，引用宋濂诗："今年度庾岭，热气甚蒸馏。"

宋濂（1310—1381），明初诗人。"今年度庾岭，热气甚蒸馏"出自《赠刘俊民先辈》诗。《大词典》中"蒸馏"第一义项是"形容热气蒸腾"，《日国》"语志"栏："中国、明の宋濂の詩に'今年度庾岭、热气甚蒸馏'とあり、外気の状態について'むす'の意味で用いられている。"（明代宋濂有诗云："今年度庾岭，热气甚蒸馏"）其义指热气蒸腾。宋濂既然用"蒸馏"来形容热气，那其时必然已经出现蒸馏技术吧。前述熊三拔、徐光启、方以智，其时代都在宋濂之后。那么，"蒸馏"到底出现于什么时候呢？

关于"蒸馏"的起源，科技史研究者有不同看法。有人归纳为五种：东汉说、唐代说、宋代说、金代说、元代说。这涉及蒸馏器的出现，蒸馏技术的发展，蒸馏酒的制作等。《农桑辑要》是中国元代初年大司农司根据《齐民要术》《务本新书》等书编纂的综合性农书，成书于至元十年（1273），其中记载了蒸馏茧法。徐光启《农政全书》所言正是直接引自《农桑辑要》。可见，从"蒸馏"一词起源来看，其产生时间最迟应该出现在元代。

【视线】

"视线"一词，《日国》"语志"云："医学用語では当初'視軸'が一般的であった。しかし、明治中期から、目の向き、目の向く方向というの意味で小説に盛んに登場するようになり、明治後期にかけて一般語として定着した。"（作为医学用语，开始一般使用'视轴'，明治中期以后在小说中大量使用'视线'表示眼睛朝向之义，至明治后期则作为一般用语固定下来。）

在日语中，该词早见于《新精眼科全书》（1867），对译荷兰语 Gezichetslijn。而在《大词典》中，表示"用眼睛看东西时，眼睛和物体之间的假想直线"的"视线"，早见于《九尾龟》（1906—1910）第三回："那班台上倌人，听得有点'满堂红'的客人，未免众人的视线，都聚在秋谷一人身上。"《近现代汉语辞源》首例引用 1674 年南怀仁著、刘蕴德笔受《新制灵台仪象志》卷之一："凡测天之法，必从天之中心，以天之视线为窥目之视线，指定夫在天之度分也。"1890 年傅兰雅辑《格致汇编》第四册《西画初学》："任从视线之端作伸线成四十五度之角，则与平线相切之处，亦必成等比例之角。"倘若调查一下明代早期洋学文献，则发现"视线"一词早已出现。例如：利玛窦（1552—1610）《乾坤体义》（卷中）："论曰，首图目在甲视乙丙一球，则如作甲乙丙三角形，其乙丙即球之径线为底边，乙甲丙甲二条视线为两旁腰边。"

众所周知，《新法算书》是明代徐光启、李之藻、李天经、龙华民、邓玉函、罗雅谷、汤若望等中西人士译述的西洋历书。在该书中，"视线"一词出现 20 余处，如卷 28："系凡简會食不当在戊与丁两切线之上，盖目在己巳丁巳戊两视线切圈其所切之处，难辨其高下之准分也。"自注："视法曰：凡斜望圆圈，圈作一直线，又曰视线，切圆圈之两旁人目，谬见曲线为直线，其谬直线中间有上行下行者，虽动而目视之若不动。"

【视角】

"视角"一词，《大词典》未收录，《近现代汉语辞源》释义为"观察物体时，从物体两端引出的光线在人眼光心处所成的夹角"，首例举 1875 年丁韪良等《中西闻见录》第 31 号："经侯失勒氏测得，太阳系向昴星而行至恒星，虽如不动，而从昔至今历察其方位，似略有毗离，因知恒星亦

动。"《日国》认为是荷兰语"gezichtshoek"的译语，解释为"目と、对象物の両端を結ぶ二直線のなす角。"（眼睛与物体两端引出的直线在人眼光心处所构成的夹角）首例出自《气海观澜广义》（1851—1858）："其视角〈略〉これが為に一倍大をなして。"

其实，该词屡见于《新法算书》（卷30），其"视角"语义与《日国》的解释十分吻合："凡角之末锐，必在瞳心，名为视角，角之大小，称物之大小，若视角极微，目不见物，乃不能定其大小，若视角过大，则目眶所限，不能尽角之广，必移目两视乃得全见。"

二、兰学与中日词汇交流

日本兰学的成立，以1774年《解体新书》出版为标志。继之，出版了一大批有关医学、天文学、地理学、化学、物理学、植物学、语言学、博物学等著作，如：《兰学阶梯》（1788）、《西说内科撰要》（1792）、《地球全图略说》（1793）、《历象新书》（1798）、《重订解体新书》（1798）、《医范提纲》（1805）、《眼科新书》（1815）、《增补重订内科撰要》（1822）、《远西医方名物考》（1822）、《气海观澜》（1825）、《植学启原》（1835）、《穷理通》（1836）、《舍密开宗》（1837）、《气海观澜广义》（1851）、《扶氏经验遗训》（1857）、《七新药》（1862）等。这些著作中出现了许多新的汉字词，后来为明治时期译书所继承，继而为汉语所吸收。如：膵、膣、腺、瓦斯、沸点、静脉、神经、软骨、网膜、粘膜、纤维、绝缘等。

关于兰学与中日词汇交流，有两个问题需要澄清。首先兰学译词是否直接影响中国后期洋学翻译，如：合信的《全体新论》是否参考过《解体新书》？《或问》2004年第8期发表舒志田氏"《〈全體新論〉と〈解体新书〉（重訂版を含む）との語彙について——日本の洋学から中国への影響の可能性》的论文。该文提出了34个《全体新论》与《解体新书》的同形词，指出有汉籍来源7词，有汉籍来源但无法确定源流4词，出自中国早期洋学书如《医学原始》11词，词源不明12词。

这34个汉字词是研究兰学与中日词汇交流的绝好标本。其中既有中国古典医学词汇的继承，也有另起炉灶的意译词，在利用古汉语时，既有原封不动的承用，也有语义的更新换义。但问题是，哪些是古已有之，哪些是全新创造，该文并未进行原始资料的全面调查与甄别。比如，无法确认词源4词，其实都是中国古籍已见词汇，均早于《解体新书》。

【趾骨】

《医宗金鉴》（卷89）列有"足五趾骨"条，说"趾骨受伤，多与跗骨相同，惟奔走急迫，因而受伤者多。"

【掌骨】

(1)《千金要方》（卷8）："二百一十日，掌骨成，能匍匐。"

(2)《世医得效方》（卷11）："掌骨不成，能匍匐而死。"

【腕骨】

(1)《千金要方》（卷87）："腕骨在手外侧腕前起骨下陷中。"

(2)《普济方》卷416："腕骨二穴在手外侧腕起骨下陷中。"

【胛骨】

《世医得效方》（卷5）："膏肓腧在四椎下五椎上，各去脊三寸，近胛骨，仅容一指许。"《普济方》（卷309）："肩胛骨脱落法。"

又如以下词汇，舒文认为是《解体新书》受到中国早期洋学书的影响，其实，据笔者调查，除"耳鼓"一词外，其他语词均见于中国医学古籍。"横骨、气管、脂膜、心胞、直肠"，舒氏已说明为汉语既有之词，其实其他词汇亦有出典。如：

【脊髓】

(1)《仁斋直指》（卷9）："右为细末炼蜜，和猪脊髓为丸。"

(2)《普济方》（卷14）："右为末次入锺乳粉拌和匀用羊脊髓为丸。"

(3)《医旨绪余》卷上："脊髓正当七节之间，下与肾相通。"

【隔膜】

《普济方》（卷289）："李氏云，龙游有患背疽，已溃如碗面大，视五脏仅隔膜耳。"卷409："后世自隔膜透肤之妙，无传。"

【股骨】

(1)《黄帝内经素问》（卷16）："股骨上空，在股阳出上膝四寸。"

(2)《薛氏医案》（卷24）："少参于阳湖孙八岁伤股骨。"

【直肠】

(1)《金匮要略论注》（卷11）："直肠者，大肠之头也，门为肛，小肠有热则大肠传导其热，而气结于肛门，故痔。"

(2)《薛氏医案》（卷47）："愚按，……必待腹满觉胀，欲去不能者，乃结在直肠，宜用猪胆汁润之。"

这里需要特别指出，"直肠"一词，古今词义没有变化，无论是早期洋学书还是日本兰学家，均属继承医学古义而已。

至于出处不明的"眼球、采听、精囊、大脑、小脑、牙床、泪囊、泪管、胆管、尿管、坐骨、上臂骨"等12词，有些是因为翻译之故，属于访译过程中的偶合，或者尚未发现汉籍语源罢了。如："大脑""小脑"。《解体新书》开始翻译为"大脑髓""小脑髓"，属于仿译的偶合。汉籍本有"肝管"一词，依此类译亦属正常，故不排除创造"泪管""胆管"

等。后缀"囊"类结构词汇，也是同样道理。《黄帝内经素问》（卷16）有"臂骨"一词，出现"上臂骨"则在情理中。

在此需要说明的是，"尿管"和"牙床"，古籍中已经出现，词汇形义没有任何变化，属于正常翻译。

【尿管】

（1）《景岳全书》（卷34）："使气从尿管透入膀胱，气透则塞开，塞开则小水自出。"

（2）《景岳全书》（卷39）："又火之盛者，必热渴躁烦，或便结腹胀，口鼻舌焦黑，酷喜冷饮，眼眵尿管痛。"

（3）《御定医宗金鉴》（卷69）："凡生毒患，宜速，溃根浅但遇根深，迟溃腐伤尿管，漏溺不能收敛者至险。"

【牙床】

（1）《普济方》（卷66）："右等分为末，先以炭一块为细末，揩痛处，连牙床并揩净，以药擦痛处。"卷67："治急疳虫蚀牙齿连牙床骨损坏疼痛。"

（2）《普济方》（卷69）："治牙床风肿"。《证治准绳》（卷84）："上下牙床溃烂，舌板堆里黄垢，名曰口疳。若不早治，则床脱牙落而成漏矣。"

（3）《御定医宗金鉴》（卷65）："若龈肉腐烂露牙床骨者逆。"卷80："目下之眶骨颧骨内，下连上牙床者也。"卷88："颊车骨，即下牙床骨也。"

从中日文化交流史研究成果来看，《解体新书》等兰学文献没有直接影响合信等后期传教士。其兰学词汇主要通过明治后期进入汉语。但是，有一种情况必须特别注意，即见流不见源，模糊了中日间词汇交流的多维流向。例如：

【动机】

《日国》认为，"动机"一词，早见于兰学文献《历象新书》，指"物体や機械の運働がおこるきっかけ，動かす力。"（推动物体、机械等活动的原因，动力。）后来用于哲学、伦理学、心理学等领域。《大词典》中该词包含两义项，一是"推动人从事某种事情的念头或愿望"。举毛泽东《纪念白求恩》等例；二是"契机"，举孙中山《北上宣言》中例。《近现代汉语辞源》中最早例见于1897年《时务报》中之例。从《大词典》和《近现代汉语辞源》所举用例看，该词为来自日本的汉语新词。

其实，在宋代典籍中，"动机"一词多有出现，且与今义基本相同。《庄子口义》（卷3）："杜权不动之动也，权与机同，但机微而权则露矣，于杜闭之中，而动机已露。"《南华真经义海纂微》（卷21）："于杜闭之中而动机已露。"

之后，明清文献多有其例。《读易余言》（卷3）："夫风者，动机也。驱水气至则寒凉，驱火气至则温暖，风乌有寒暖哉！"《明儒学案》（卷62）："问：仁是如何名状？曰：先儒言公、言觉、言生、言爱，亦仅举其动机言，尚遗却静中体段，故不若孟子曰：仁者人也。"《周易函书约注》（卷1）："盖日月者，阴阳自然之转运，天地自然之动机也。其谓月之对照者，为破阴贼故也其谓日之对照者，为动阳明故也，悬象着明，莫大于日月卦爻之阴阳，是即天地流行之动机而已。"

又，"动机"写作"动几"。王夫之《读四书大全说》（卷10）："盖吾心之动几，与物相取，物欲之足相引者，与吾之动几交，而情以生。然则情者，不纯在外，不纯在内，或往或来，一来一往，吾之动几与天地之动几相合而成者也。释氏之所谓心者，正指此也。"

【分泌】

《日国》认为，"分泌"一词，表示"液が外ににじみ出ること。特に、細胞が生命の維持に必要な物質を産出し、それを細胞外に放出する現象。'医範提綱'など、はじめは蘭医学の用語として用いられたが、幕末から明治初期にかけて英語 secretion の訳語として定着した。"（液体渗出。特别指细胞产生出维持生命的必需物后排放至细胞外的现象。《医范提纲》等首先把它作为兰学用语使用，幕末至明治初又作为英语"secretion"的译语而固定下来。）《大词典》收录该词，未举用例。《近现代汉语辞源》亦收录该词，然而其中该词最早用例为 1903 年项文瑞《游日本学校笔记》"凡鱼介类、虫类有分泌石灰质者，如蜗牛、鲍鱼、蛎，而珊瑚虫亦有之"。从以上相关研究看，该词为来自日本的汉语新词。

其实，李时珍《本草纲目》（卷1）："石膏白芷升麻葛根，小肠主分泌水谷，为受盛之官。"《续名医类案》（卷26）："此中宫虚热，津液下陷，膀胱气化，不能分泌。"

【化脓】

《日国》认为，"化脓"一词，"近世末の蘭医学ですでに用いられており、明治初期の'医语类聚'では'Diapyema'の原语の訳にあて定着していた"（近世末期的兰医已经使用该词，明治初期的《医语类聚》用作"Diapyema"的译语而固定下来），早见于《厚生新编》。而《大词典》中举杨沫《青春之歌》第二部第二十章："她的伤处使她痛苦：腿上铁箸烧伤的地方已经溃烂化脓，浑身的骨头象捣碎了似的。"《近现代汉语辞源》中举 1857 年合信《内科新说》卷上："凡肉死则化脓。"以上用例明

显偏后，所以《汉语外来词词典》判为日源汉字词。

其实，宋代医书中早有使用。《卫济宝书》（卷下）："六化丹，即犀角丸易名，以神贵其药而俗子所珍，因其能化风化热化毒化结化积化脓为水，故曰六也。"《仁斋直指》（卷22）："消毒只如汤泼雪，化脓渐使肉生肌。"《妇人大全良方》（卷23）："如毒气已成，能化脓为黄水，毒未成，即于大小便中通，利疾甚。"明代《普济方》《赤水元珠》《证治准绳》《本草纲目》《景岳全书》等，均多处使用"化脓"术语。

不过，古典医籍中的"化脓"与现代含义稍有不同，它是指"局所に滲出する"（从局部渗出）。兰学文献《厚生新编》用的正是古典医籍这一义项："内外諸科に於いて腫瘍の于液を収斂して消散せしめず化膿を促して終に潰破せしめて其瘡を癒す剤なり。"

【摩擦】

《日国》认为，"摩擦"一词为日制汉字词："'西説医範提綱釈義''舎密開宗'などの蘭学資料にみえるものが古く、漢籍には見えないところから、日本において、オランダ語の翻訳により、近世期に新たに生じた語と考えられる。"《西说医范提纲释义》《舍密开宗》等兰学资料中已有该词而不见于古典汉籍，大概是日本翻译荷兰语时新产生的近世新词。

其实，唐宋医籍早见。《银海精微》（卷上），出现多处"摩擦"一词，如："摩擦瞳人，黑睛有翳"，"用摩顶膏摩擦，封贴于额头处"，"于额脸部摩擦及面上，或摩风膏摩擦更好"。《医说》（卷9）："太素经曰，一面之上，两手常摩拭令热，使人光泽皱斑不生，先摩擦两掌，令热以拭两目，又顺手摩发理栉之状，两臂更互以手摩之，发不白脉不浮外。"明代《普济方》中，亦多出现，如"摩擦患处"（卷99）"摩擦癜风处"（卷112）"摩擦疥上"（卷279）等。

三、中国后期洋学与中日词汇交流

中国后期洋学指1807年马礼逊来华后至20世纪初叶，前后跨度近100年，主要集中于晚清，主要是编撰英华/华英辞书，出版报纸、杂志、科学类书籍。如：辞书类：《华英字典》（1815—1823）、《汉英字典》（1842—1843）、《英华韵府历阶》（1844）、《英汉字典》（1866—1869）、《英华萃林韵府》（1872）等；新闻类：《察世俗每月统记传》（1815—1821）、《特选撮要每月统记传》（1823）、《东西洋考每月统记传》（1833）、《遐迩贯珍》（1853）、《六合丛谈》（1857）；另如：地学、医学、法学、数学、化学、植物学、物理学等。在此以马礼逊《华英字典》为例，说明从历时角度研究中日词汇交流的重要性。

关于《华英字典》的新词研究，黄河清先生发表了《马礼逊辞典中的新词语》（2008）和《马礼逊辞典中的新词语（续）》（2009）二文，对马礼逊辞典中的新词语进行了全面整理和初步研究，其中特别指出该辞典新词对于日本的影响。在流传至日本的词汇中，前论文揭出 31 词，后论文揭出 51 词，除去二文重复的词汇，共计 71 词。其中，在《近现代辞源》中以首例形式出现的有 64 词，《近现代汉语辞源》中亦有收录，具体如下：

《马礼逊辞典中的新词语》：度量衡　发酵　灌木　海运　合法　奇数　精神　乐园　卵生　炮火　炮眼　批评　铅笔　乔木　肉欲　使徒　胎生　堕胎　新闻　胸骨　眼科　演习　英文　折尺　直肠　支出　知识

《马礼逊辞典中的新词语（续）》：磅　包皮　被告　薄荷糖　草纸　雕塑　堕胎　发酵　帆布　方向　风化　关系　海獭　合法　奇数　精神　狂犬　卵生　码（yard）　柠檬　末日　默示　疟疾　品质　上告　手淫　胎生　显微镜　行为　阴茎　阴毛　预言　宇宙　真理　纸牌　知识　纸张

上海辞书出版社称《近现代辞源》为"语言接触研究的最佳范本"，很有道理。该辞书采集了近万条新词，许多词条都与中外文化交流有关，特别与近代日本有关。在此，不妨以上述 64 词为标本，考察一下中国后期洋学与中日词汇交流的历史面貌。

对照《日国》，有些词在马礼逊辞典出版之前，日本典籍就已出现，完全是古代汉语词汇在日本的传承。因此，只要查检《大词典》或《日国》所示语源，问题就基本清楚了。例如：

【度量衡】《日国》引《元和本下学集》（1617）例："寸スン说文曰度量衡（トリャウカウ）以粟生之。""度量衡"一词，在古典文献中不胜枚举。

【海运】《日国》引《和汉船用集》（1766）例："海運には遮洋船を用、里川には浅船を用といへり。"举《元史·食货志》溯源："自丞相伯颜献海运之言，而江南之粮，分为春夏二运。"

【奇数】《日国》引《史记抄》（1477）例："前の一变が奇数で五なれば、見の策は四十四なり。"举朱熹《易学启蒙·本图书》溯源："洛书以五奇数统四偶数，而各居其所。"

【卵生】《日国》引《动物小学》（1881）例："单孔類は胎生動物と卵生動物とを合するが如き一目にして。"举《礼记·乐记》溯源："胎生者不殰，而卵生者不殈，则乐之道归焉耳。"

【胎生】《日国》首引《庆应再版英和对译辞书》（1867）例："Viviparous 胎生。"举《礼记·乐记》溯源："胎生者不殰，而卵生者不殈，则乐之道归焉耳。"

【堕胎】《日国》首引《朝野群载》（1102）："窃求堕胎之术。屡服毒药无验。"《三国志·魏志·曹爽传》"（范当等）皆伏诛。"裴松之注引三国魏鱼豢《魏略》："范（桓范）忿其言触实，乃以刀环撞其腹。妻时怀孕，遂堕胎死。"陆游《中丞蒋公墓志铭》："都下喧传游奕军统制官笞百姓娠妇，至堕胎。"

【眼科】《日国》首引《雍州府志》（1684）："眼目薬 眼科の医有数家〈略〉各住京師。"明代陶宗仪《辍耕录·医科》："医有十三科，考之《圣济总录》，大方脉杂医科、小方脉科、风科、产科兼妇人杂病科、眼科、口齿兼咽喉科，正骨兼金镞科、疮肿科、针灸科，祝由科则通兼言。"

【原价】《日国》首引《社会百面相》（1902）："米国の精糖之は原価が高いので今迄余り来なかった。"《日国》举明代瞿佑《剪灯新话·富贵发迹司志》溯源："开仓以赈之，但取元价不求厚利。"

【被告】《日国》首引《佛国政典》（1873）："原告被告に代りて裁判所に於て之れが名代人となりて。"举元末南戏《琵琶记·义仓赈济》溯源："原告许我银子三锭五锭，被告送我猪脚十斤廿斤。"

【狂犬】《日国》首引《四河入海》（17 世纪前）："一谈合して子の孙策を我が方へないたぞ。は狂犬ぞ。"举阮籍《鸠赋》溯源："值狂犬之暴怒，加楚害于微躯。"

【疟疾】《日国》引《日葡辞书》（1603—1604）："Guiacuxit（ギャクシツ）。"《病名汇解》（1686）："疟疾（ギャクシツ）俗に云をこり也〈略〉種類尤多し。"举《礼记·月令》溯源："寒热不节、民多疟疾。"

【阴毛】《日国》首引《病草纸》（平安末—镰仓初）："陰毛にむしある女あり。"举《本草纲目·人部》溯源："男子阴毛主蛇咬。以口含二十条、咽汁、令毒不入腹。"

而有些词虽然未被辞书收录，或即使收录但是用例晚出，其实早已出现于和汉语典籍，根本不是马礼逊编写辞书时创制的新词。例如：

【发酵】《日国》首举《舍密开宗》（1837—1847）用例，意为"酵母·细菌·かびなどの微生物が有机物を分解または酸化還元して有机酸類、アルコール、炭酸ガスなどに変えること。"（指酵母、细菌、霉菌等微生物，分解有机物或者因氧化还原而变成有机酸类、二氧化碳等情况。）按，至迟明代即已使用"发酵"一词，方以智《通雅》卷 39："萧子显《齐书》曰，永明九年正月诏大庙，四时祭荐宣皇帝，起面饼。注曰：今

发酵也。智按，韦巨源食单，有婆罗门轻高面，正笼蒸馒头发酵浮起者也。"《格致镜原》（清朝陈元龙撰）卷 25："发酵使面轻高浮起，炊之为饼。"

【炮眼】《日国》首举《玉石志林》（1861—1864）用例，意为"砲丸を発射するために、砲塔、城壁、艦船などにあけてある穴。"（为了发射炮弹，打开炮塔、城壁、舰船而形成的洞穴。）按，《皇清开国方略》（卷7）："二广五丈深，二尺皆剡木树。其内又筑拦马墙，间留炮眼，排列鸟枪炮具，众兵密布卫守城上，兵亦登陴坚守。"

【人证】《大词典》未收释，《日国》首举《民事诉讼法》（1890）用例"裁判で、証人・鑑定人などの供述内容を証拠とする方法"（在审讯中，证实证人、鉴定人所供述内容的方法）。《明会典》（卷 132）："其引问一干人证，先审原告，词因明白。"《大清律例》（卷 36）："盗犯已获，只须关取隔省人证等口供定案，无犯可审者，均照钦部事件例。"《钦定平定台湾纪略》（卷 57）："现在应行提讯人证内微末备办，即行照例咨革外。"

【支出】《日国》首举《日本教育策》（1874—1875）用例，意为"一定の目的のために金銭や物品を支払うこと。"（为了一定目的而支付钱物。）《具茨集・文集》（卷 2）："今也，商贾待日久而支出难，则不免过为取息，而徒使私贩满于民间。"

【雕塑】《大词典》和《日国》引用"雕塑"一词用例，均为 20 世纪文献，《近现代辞源》举《华英字典》"雕塑圣像日期"例。按，《梦粱录》（卷 4）："内庭与贵宅皆塑卖磨喝乐又名摩睺罗孩儿，悉以土木雕塑。"《蜀中广记》（卷 72）："又泉侧古迹雕塑二玉女，亦被人盗取。"

【帆布】《日国》引《改正增补和英语林集成》（1886）："Honuno ホ ヌ ノ・帆布。"《资治通鉴》（卷 182）："取帆布为牟甲：帆施于船上以泛风时军兴织蒲不给拟布为之牟兠牟也。"《通鉴释文辩误》（卷 5）："取帆布为牟甲，谓为头牟与甲也，后人因头牟以铁为之，遂旁加金耳，鍪铠犹言牟甲也。"

【海獭】《日国》谓"あしか（葦鹿）"的异名。《和汉三才图会》（1712）："海獭（ウミウソ）川獭、海獭、山獭之三種有之、即是此云海鹿也。"《笺注和名抄》（1827）："葦鹿〈略〉按本草拾遗云、海獭大如犬、脚下有皮、如人胼拇、毛着水不濡。"《证类本草》（卷 16）："海獭，味咸无毒，主人食鱼中毒，鱼骨伤人，痛不可忍，及鲠不下者，取皮煮汁服之。"《本草纲目》（卷 4）："海獭皮。"《山堂肆考》（卷 219）："獭，……又有脚下皮如人胼拇毛着水不濡谓之海獭。"《浙江通志》（卷

103）："海獭，至正四明续志，大如狗，脚下有皮，如人胼拇，毛着水不濡，生海壖。"

【默示】《日国》举 20 世纪用例，《大词典》举茅盾《耶稣之死》例。《抱犊山房集》（卷 1）："但以手板默示，余凝睇其上，有古吉理侯四字，其盍包藏余之归期乎？"

【品质】《日国》引《民法》（1896）："品質を定むること能はざるときは。"《注解正蒙》（卷上）："此喻天地既生人物，则人物之品质，惟其所赋，其存其亡，固非天地有以使之也。"

【阴茎】《日国》引《元和本下学集》（1617）："阴茎 インキャウ 男ノ前陰也。"《证类本草》（宋唐慎微撰）（卷 18）："狐阴茎味甘有毒。"《本草纲目》（卷 3）："牡狗阴茎、白马阴茎、山獭阴茎、狐阴茎、狸阴茎。"

【纸张】《日国》首引《多闻院日记》（1543）："纸张沙汰了。"《大词典》举丁玲《一九三〇年春上海（之二）》："满地都是包过了东西的纸张。"《宋诗钞》（卷 57）载吴徼《寄题郑集之醉梦斋》："梅花霜雪姿，纸张蔬笋臭。"《石洞集》（卷 4）："本县榜文告示纸张工料四两。"

当然，其中也有一些新词，就目前资料所见，可能最早见于马礼逊辞典。如"乐园、肉欲、使徒、英文、折尺、磅、包皮、薄荷油、码（yard）、柠檬、手淫"等。还有一些据固有词汇引申的语义性新词，也许与马礼逊辞典有关。如"精神、批评、铅笔、新闻、知识、方向、东方、风化、关系、显微镜、预言、宇宙、真理"等。

四、明治维新与中日词汇交流

明治期间，日本出版了大量辞书及术语集，译介了许多西方文学作品和科学著作，形成数以千计的汉字新语。这些新的汉字词，随着晚清访日官员和清国留学生的文字西传，不断进入汉语词汇系统，形成庞大的日源词汇群。在此，本部分主要以鲁迅著作中的部分汉字词为例，说明明治之后日制汉字词对现代汉语的影响，同时对一些疑难汉字词稍作考证。

鲁迅著作中受日语影响的词汇主要有两类，一是尚未进入现代汉语系统的"日语词"，一是已被《大词典》收录的日源汉字词。前者主要出现在鲁迅书信集、杂感之中，属于一时借用或者说是个人用语。例如"残念、名所、主催、食素、万年笔、自动车"等。后者则包括结构性新词和语义新词，结构性新词指日本创制的新汉语，语义新词指借汉语固有词汇引申的新义汉字词。

从《大词典》收录的鲁迅词汇看，第一义项和首引用例出自鲁迅作品，可以初步判断为来自日本的结构性新词。其中有的已经被《汉语外来词词典》等收录，有的没有划入日源外来词研究的既定范围。被学界认定为日源外来词且被《大词典》收录的有：

版权　反感　舶来品　策动　喜剧　出版物　催眠术　毒素　废止
敏感　思潮　社交　谈判　图案　现实　象征　要素　意译　议员　债
券　作品

这些词未必最早见于鲁迅作品，但日词西传过程中，鲁迅发挥了重要作用，这一点是无疑的。笔者对以上汉语进行初步文献调查，发现有的词古已有之，不能算是全新的和制汉语。例如：

【策动】《日国》释义为"策略をめぐらして行働すること"（谋划发动），首引岩藤雪夫《ガトフ・フセグダア》（1928）用例。《大词典》引鲁迅《"京派"与"海派"》一文，发表于 1934 年。按，清代吴伟业《梅村集》卷十三《怀古兼吊侯朝宗》一诗"气倾市侠收奇用，策动宫娥报旧恩"，即已有"策动"用语。

【裁判】《日国》认为"裁判"一词早见于《石清水文书》（1023），汉籍中没有用例。按，唐代杜牧《樊川文集》"樊川集原序"："至于裁判风雅，宰制典刑，标翊时济物之才，编志业名位之实，则恭俟叔父中书公于前序。"《宋文鉴·吕祖谦编》（卷87）："故立大中之法，裁判天下善恶而明之以王制。"

【废止】《大词典》引鲁迅《三闲集·无声的中国》用例："当时又有钱玄同先生提倡废止汉字，用罗马字母来代替。"《日国》引《布令字弁》（1868—1872）"廃止 ハイシ ヤメルコト"。按，《册府元龟》（卷500）："明帝即位，初禁鹅眼綖环钱，其余皆通用，复禁民铸，官署亦废止。"《御选唐宋诗醇》（卷29）："不久故废止作业，而事美衣甘食。此篇结意类此，可谓长歌之哀，深于痛哭矣。"《麈史》（卷1）："近年如藤巾草巾俱废止，以漆纱为之，谓之纱巾。"

【象征】《日国》认为"象征"是"明治期にはじめて用いられた訳語。《哲学字汇》（1881）には"Symbol 表号"とある。中江兆民が挙例の"维氏美学"で、フランス语 symbole に"象征"を訳語としてあてたのが最初である。ただし、兆民は"象征"を他の語の訳語としても用いたり、symbole に他の訳語をあてたりもしている（明治期创制的译语。在《哲学字汇》（1881）中"Symbol"译作"表号"，中江兆民在"维氏美学"中，则首先用"象征"对译法语"symbole"一词。不过，中江兆民也用"象征"对译了其他语词，"symbole"也使用了其他译语。）"按，《华阳国志》（卷8）："夏五月，军至都安，屯观坂上，旅复谏曰，今所安

营地名观坂，自上观下，反上之象征，不吉。"康熙《日讲四书解义》（卷
6）"论语上之三"："更有出于意想之外者，不图为乐之至于斯也，非甚盛
德，乌能若此乎，盖治之象征乎？"

【债券】《日国》认为公债、公司债券意义上的"债券"，大概出现于
明治中期。《说郛》（卷28）："冯骥烧债券，民称万岁。"《广东通志》
（卷46）："家有债券悉焚之。"《历代诗话》（卷16）："冯骥烧债券，民称
万岁。"

其中，有的虽然没有划入日源外来词范围，但《大词典》首例为鲁迅
作品，基本可以作为候补的日源外来词。例如：

排货　爆弹　布达　部员　残存　策源地　差违　超人　持续　初
版　初等　锄烧　创刊号　创作家　趣旨　粗制滥造　催进　代价　投
稿　读物　独身主义　飞行机　分店　公益　构图　购买力　国民性　机
关炮　畸形　加盟　警吏　痉挛　局部　理想乡　女性　普通教育　轻
气　全线　全权　燃料　人身攻击　神经质　世纪末　书店　新陈代谢
业绩　诊断

这些词有的古已有之，为古汉语既有之词，只是没有收入辞书罢了。
如"布达"早见于明代孙传庭《白谷集》（卷4），"残存"早见于明代祝
允明《怀星堂集》（卷13），"催进"一词早见于《晋书》（卷67），"业
绩"一词早见于宋代韦骧《钱塘集》（卷9），等等。

语义新词中，不少也是经由鲁迅等引进现代汉语中。例如：

反对　注射　水道　经济　经费　理论　浪人　历史　漫画　信用
唯心　影响　资料

以上已划入日源外来词研究范围。再如：

同意　弛缓　出场　大将　登载　随笔　恶作　官报　观光　观赏
候补　幻灭　灰色　纪念　记事　剧曲　课题　广泛　凝固　偶像　前
记　情死　热烈　胜利　书房　曙光　问题　学问　修辞　音译　语法
原状　赞同

以上作为语义新词恐怕没问题，至于是否源自日语，是否经由鲁迅作
品引介，则需要进一步研究。

再如以下汉字词，单凭《日国》等工具书，很容易判断为明治新词，
其实均可在早期汉文文献中找到源头。

【对抗】"对抗"一词，《大汉和》收释而无用例。《大词典》列有二
义，一是哲学概念，指表现为剧烈的外部冲突的斗争形式。举艾思奇《辩
证唯物主义讲课提纲》例；二指对立，抗拒，抗衡。举陈残云《山谷风
烟》例。《近现代汉语辞源》举1899年《清议报》二十四册《英俄协商

与中国之关系》用例。《日国》分列二义，分别举《真理一斑》（1884）和《民法》（1896）用例。

"对抗"表示"抗拒，抗衡"义，宋元时期早有出现。《资治通鉴·齐纪·和皇帝》（卷144）："请使两荆之众西拟随、雍，扬州之卒顿于建安，得捍三关之援；然后二豫之军直据南关，对抗延头。"《秋涧集·弹保定路总管侯守忠状》（卷92）："重之以官，凶焰何奈，以致不遵朝省，对抗使人，詈辱同僚，秽言肆口。"

【革新】"革新"一词，《大汉和》收释而无用例。《大词典》举梁启超《近世文明初祖倍根笛卡儿之学说·绪言》"近世史与上世中世特异者不一端，而学术之革新，其最着也"用例，表示改革，更新。《日国》首举《小说神髓》（1885—1886）例。《近现代汉语辞源》引1890年黄遵宪《日本国志》卷十四："安政中，再收其地，置箱馆奉行，以总管全岛。王政革新，明治己巳八月，称全岛为北海道，设开拓使，以治之。"

"革新"一词，晋代以后，多见。《宋书》（卷13）："但深练始终，大存整密，革新变旧，有约有繁。"《栾城后集·颍滨遗老传》（卷13）："自元祐初，革新庶政，至是五年矣。"

【幻觉】"幻觉"一词，《大汉和》《大词典》收释而无用例。《近现代汉语辞源》收录该词，首例举1908年颜惠庆等《英华大辞典》："Illusion，幻觉、幻想、妄想。"《日国》首举1907年用例，指在没有外在刺激的情况下而出现的不正常的知觉。

"幻觉"一词，至迟出现于明代，与佛教禅宗有关。《武林梵志·幻住庵歌》（卷6）："幻住庵中藏幻质，诸幻因缘皆幻入。衣幻食资幻命，幻觉幻禅消幻识。六窗含裹幻法界，幻有幻空依幻立。"《运甓漫稿·七言古体·题性灵空卷》（卷2）："粤山滇水历几重，禀法京刹春又冬。有大开士幻觉公，出世弘振临济宗。"

【强烈】"强烈"一词，《大汉和》未列用例，《大词典》举巴金《死去的太阳》用例："他底两眼射出强烈的仇恨的光芒。"《近现代汉语辞源》首引1899年《清议报》三十一册《国家论》"古罗马大统领，既有行政权，而罗马人，欲加强烈手段，使人民恭顺，唯其命是从"。《日国》引用夏目漱石《草枕》（1906）用例："もし此親方の人格が強烈で四边の風光と拮抗する程の影響を余の頭脑に与へたならば。"

【确立】"确立"一词，《大汉和》没有收列。《大词典》举陈其通《万水千山》例："（会议）确立了毛主席的正确路线，确立了毛主席在全党的领导地位！"《近现代汉语辞源》首引1902年梁启超《亚里士多德之政治学说》"贵族政体既确立，渐无借人民之助，于是益恣肆以徇私利"。

《日国》首举 1899 年《日本の下層社会》用例。

"确立"一词，明清已见。《新法算书·历法西传》（卷 98）："求太阳年日及时之平行，以定岁实，以确立推算之根。"《钦定授时通考·土宜·田制》（卷 12）："令地方官将堤身所压之田，及两边取土之地，俱为丈明亩数，确立界址。"

【确认】"确认"一词，《大汉和》尚未收列。《大词典》举 1981 年《小说选刊》例："当她第一次这样确认时，她脸红了。"《近现代汉语辞源》首引 1904 年梁启超《中国法理学发达史论》"优秀之地位被确认，则所谓贵重时代也"。《日国》举坪内逍遥《内地杂居未来之梦》（1886）例："与論の方針は何处に向きけん。ほとほと確認（カクニン）する能はざりしといへば。"

"确认"一词，明清屡见。《神农本草经疏·祝医》（卷 1）："苟非确认形质，精尝气味，鲜有不为其误者。"《大清律例·刑律·强盗》（卷 23）："凡强盗初到案时，审明伙盗赃数及起有赃物，经事主确认，即按律定罪。"《续名医类案·伤寒》（卷 1）："门人问曰：病者云系阴症见厥，先生确认为阳症，而用下药果应，其理安在？"

【色盲】"色盲"一词，《大汉和》没有用例，《大词典》举茅盾《色盲》例："况且，一个颜色的色盲总比三个颜色的色盲要好了许多罢！"《近现代汉语辞源》举严复《天演论》（1898）卷下例："色盲不能辨色。"《日国》引《思出の記》（1900—1901）例："今の若い者に夫妻の撰択さすのは、色盲に幽禅の買物類むより犹ひどい。"

《老子》："五色令人目盲，五音令人耳聋，五味令人口爽。""色盲"一词，盖源自宋元"五色盲"语。《淳熙稿·次韵王照邻去秋送行并呈滕彦真》（卷 3）："时时一披展，绝胜五色盲。"《紫山大全集·观书既久目力稍弱作诗以自砺》（卷 1）："不为五色盲，阅理非所虑。"严复"色盲"用语早于日本，承用古语而非新造译语。

【烟幕】"烟幕"一词，《大汉和》谓"軍事上、敵の目を遮蔽するために用ひる煙の幕"（军事上为遮蔽敌人视线而使用的浓厚烟雾），未有用例。《大词典》分列三义，一指军事上应用化学药剂造成的能发生遮蔽效果的浓厚烟雾，举魏巍《东方》用例；二指农业上为防止霜冻燃烧某些燃料或化学物质而造成的浓厚的烟雾，例缺；三比喻掩盖真相或本意的言行，举邹韬奋《我们对于国事的态度和主张》用例。《辞源》收列"用化学药剂造成的烟雾"义项，举 1934 年《自然化学辞典》语例。《近现代汉语辞源》首引 1917 年 12 月 2 日《申报》第 19658 号第 9 页："用烟幕弹五千颗攻城，被烟气笼罩，咫尺不能辨物，可以乘机登城。"《日国》列有军事用语例，见于1928年《步兵操典》。

“烟幕”一词，早见于唐宋诗文，描写自然现象。《太平广记·张诜》(卷280)：“至一城，舆马人物喧哗，阗咽于路，槐影四矗，烟幕逦迤。”《可斋杂稿·霁后登水云阁凭栏偶成》：“雨过云烟幕，天成水墨屏。”《莲峰集·春晚饮西湖上归借榻吴山睡起偶作》(卷1)：“苍山为鬟水为鉴，烟幕霓裳秀而绮。”元倪瓒《次韵曹都水》：“隐几萧条听坞雨，竹林烟幕煮茶香。”

以近现代为中心的中日词汇比较研究，是日本国语学和汉语词汇史研究的重要课题。前辈时贤做了大量的基础性研究工作，取得了不少成果。但是，中日词汇的双向流动，关系复杂，文献浩如烟海，要廓清其来龙去脉，绝非易事，亟须对一些疑难汉字词，做个案式文献调查，以此推动近现代中日词汇交流史研究。

参 考 文 献

一、国内出版

[1] 王立达:《现代汉语中从日语借来的词汇》,《中国语文》,1958年第2期。
[2] 高名凯、刘正埮:《现代汉语外来词研究》,北京:文字改革出版社,1958年。
[3] 北京师范学院中文系汉语教研组:《五四以来汉语书面语言的变迁和发展》,北京:商务印书馆,1959年。
[4] 刘正埮、高名凯、麦永乾、史有为:《汉语外来词词典》,上海:上海辞书出版社,1984年。
[5] 纪昀、永瑢等:《景印文渊阁四库全书》,台北:商务印书馆,1986年。
[6] 罗竹风(主编):《汉语大词典》,上海:汉语大词典出版社,1986—1993年。
[7] 高柏著,徐文堪译:《经由日本进入汉语的荷兰语借词和译词》,《学术集林》(卷7),上海:上海远东出版社,1996年。
[8] 纪昀等:《文渊阁四库全书》(电子版),上海:上海人民出版社、迪志文化出版有限公司,1999年。
[9] 何华珍:《日本汉字和汉字词研究》,北京:中国社会科学出版社,2004年。
[10] 陈力卫:《词语的漂移:近代以来中日之间的知识互动与共有》,《二十一世纪经济报道》,2007年5月28日。
[11] 沈国威:《近代中日词汇交流研究》,北京:中华书局,2010年。
[12] 黄河清:《近现代辞源》,上海:上海辞书出版社,2010年。
[13] 张元济等:《四部丛刊》,北京:高等教育出版社,2016年。
[14] 黄河清:《近现代汉语辞源》,上海:上海辞书出版社,2020年。

二、日本出版

[1]　山田孝雄：『国語の中における漢語の研究』，大阪：宝文館，1940 年。

[2]　斎藤静：『日本語に及ぼしたオランダ語の影響』，東京：篠崎書林，1967 年。

[3]　佐藤喜代治：『日本の漢語：その源流と変遷』，東京：角川書店，1979 年。

[4]　佐藤亨：『近世語彙の歴史的研究』，東京：桜楓社，1980 年。

[5]　惣郷正明、飛田良文：『明治のことば辞典』，東京：東京堂出版，1986 年。

[6]　森岡健二：『改訂近代語の成立』，東京：明治書院，1991 年。

[7]　沈国威：『近代日中語彙交流史：新漢語の生成と受容』，東京：笠間書院，1994 年。

[8]　荒川清秀：『近代日中学術用語の形成と伝播——地理学用語を中心に』，東京：白帝社，1997 年。

[9]　大辞典刊行会：『日本国語大辞典』　（第二版），東京：小学館，2000—2002 年。

[10]　陈力衛：『和製漢語の形成とその展開』，東京：汲古書院，2001 年。

[11]　朱京偉：『近代日中新語の創出と交流：人文科学と自然科学の専門語を中心に』，東京：白帝社，2003 年。

[12]　笹原宏之：『日本の漢字』，東京：岩波書店，2006 年。

[13]　笹原宏之：『国字の位相と展開』，東京：三省堂，2007 年。

[14]　佐藤亨：『現代に生きる幕末・明治初期漢語辞典』，東京：明治書院，2007 年。

[15]　笹原宏之：『当て字・当て読み漢字表現辞典』，東京：三省堂，2010 年。

附录一：《汉语大词典》 近现代中日汉字词一览表

本表包括见于《现代汉语从日语借来的词汇》《现代汉语外来词研究》《汉语外来词词典》《跨语际实践》且被《汉语大词典》《汉语大词典订补》收录的中日汉字词 1 241 词。

A	百日咳	保险	背景	变压器	表演	博物院
暗示	板权	保障	被动	辨证	兵事	不动产
癌	版权	保证	本质	辨证法	病虫害	不景气
B	版画	报告	比重	标高	波长	**C**
霸权	半径	报纸	必然	标语	舶来品	材料
白金	半旗	悲观	必然性	表决	博览会	财阀
白旗	饱和	悲剧	必要	表情	博士	财团
白热	保健	北极	编制	表现	博物	财务
白夜	保释	备品	便所	表象	博物馆	参观

参看	传统	低能儿	斗争	方面	干线	雇员
参考书	创造性	低温	读本	方式	感性	寡头政治
参照	创作	低压	读后感	方针	纲领	关节炎
仓库	刺激	敌视	读物	放射	高潮	关系
策动	促成	抵抗	独裁	放射线	高利贷	关于
插话	促进	地球	独占	放送	高炉	观测
肠炎	催泪弹	地下水	短波	飞机	高射炮	观点
常识	催眠	地质	断定	肺炎	高温	观念
场合	催眠术	地质学	断交	分解	高压	观照
场面	吋	地主阶级	对比	分配	歌剧	管理
场所	错觉	帝国	对称	分析	歌舞伎	管制
车票	**D**	帝国主义	对应	分子	革命	光年
衬衣	打消	典型	对于	风镜	个别	光线
成分	大本营	电报	对照	风琴	个人	广场
成为	大局	电报局	吨	封建	个体	广告
成员	大脑	电波	趸船	封建社会	工厂	广义
承认	大气	电车	**E**	封锁	工场	归纳
乘客	大系	电池	恶感	讽刺	工科	规范
乘务员	大型	电话	**F**	否定	工业	规则
呎	大学	电话机	发明	否决	工业化	国粹
赤道	代表	电缆	法案	否认	公报	国会
憧憬	代理	电力	法定	服从	公开	国魂
宠儿	代数	电流	法科	服务	公立	国际
抽象	代言人	电气	法律	服用	公民	国际公法
出版	贷方	电气灯	法人	辐射	公判	国教
出版物	单纯	电视	法式	复习	公仆	国库
出超	单利	电线	法庭	复员	公认	国民
出发点	单位	电信	法学	复制	公式化	国民性
出荷	单行本	电子	法院	副官	公诉	国事犯
出口	单元	调节	法则	副食	公营	国帑
出庭	但书	调整	番地	副手	公园	国体
出席	蛋白质	调制	反动	**G**	公债	国学
出张	导火线	定额	反对	改编	攻守同盟	过渡
初步	导师	定义	反感	改订	供给	**H**
储藏	导体	动产	反革命	改进	共产主义	海拔
储蓄	道具	动机	反射	改良	共和	海军
处方	得数	动力	反响	改善	共鸣	海事
处女地	德育	动脉	反应	改造	共同	寒带
处女作	灯火管制	动脉硬化	反映	概括	构造	寒流
处刑	登记	动态	范畴	概略	古典	寒暑针
触媒	登载	动物	方案	概论	古柯	航空母舰
传播	等外	动物学	方程	概念	固定	好感
传票	低潮	动向	方程式	概算	固体	号外
传染病	低调	动议	方法	干部	故意	和服
传声筒	低能	动员	方法论	干事	故障	和文

黑死病	集团	交易	静脉	劳作	伦理学	糎
恒等式	集中	交战团体	静态	乐观	轮船	粍
后备兵	几何	胶着	就任	类型	论理学	**N**
弧光	计划	焦点	拘留	冷藏	论坛	南极
互惠	记号	脚本	局限	冷战	论文	脑炎
化脓	记录	教科书	巨额	离婚	论战	内分泌
化石	记忆	教授	巨匠	哩	落选	内服
化学	记忆力	教养	巨头	理科	**M**	内阁
化妆	记者	教育	巨星	理论	码	内幕
化妆品	技师	教育学	具体	理念	马铃薯	内勤
画廊	加非	教员	俱乐部	理事	麦酒	内容
话题	加农炮	酵素	剧场	理想	脉动	内用
欢送	假定	阶级	距离	理性	满员	内在
环境	假名	接近	决算	理智	漫笔	能动
幻灯	假设	接吻	绝对	力学	漫画	能力
回收	假释	节约	军部	历史	漫谈	年度
会话	假说	结核	军国主义	立宪	盲从	农产物
会计	假死	结论	军籍	沥青	毛细管	农场
会社	假想	解放	军事	例会	媒质	农民
会谈	假想敌	解决	交战团体	例外	煤气灯	农学
会议	尖兵	解剖	**K**	连络	煤油	农作物
会员	尖端	介入	会计	连系	美感	暖房
混凝土	坚持	借方	看守	联想	美化	暖流
活动	间谍	金额	抗议	量子	美术	**O**
活跃	检查	金刚石	科目	了解	美学	偶然
火柴	检讨	金库	科学	列车	米	偶然性
火车	简单	金牌	克服	劣势	密度	**P**
火枪	见习	金融	客观	临床	蜜月	拍卖
火性	建筑	金丝雀	客体	领海	免除	派出所
J	建筑学	紧缩	课程	领空	面包	派遣
吉地	坚定	紧张	肯定	领土	民法	判断
机关	讲师	进步	坑木	领域	民权	判决
机关炮	讲坛	进度	空间	流感	民主	旁证
机会	讲习	进化	空气	流体	民族	陪审
机械	讲演	进化论	狂言	流通	敏感	配电盘
积极	讲义	进口	溃疡	流线型	明确	配给
基地	讲座	进展	扩散	流行	命令	批判
基调	交换	经费	**L**	流行病	命题	批评
基督	交换价值	经济	蓝皮书	流行性感冒	默示	偏见
基督教	交际	经理	浪漫	留学生	母体	品位
基于	交流	经线	浪漫主义	龙口	母校	平面
基准	交涉	经验	浪人	龙头	目	平权
极端	交通	景气	劳动	陆军	目标	评价
集合	交通线	警察	劳动者	律师	目的	坪
集结	交响乐	警官	劳动力	伦理	目的物	迫害

迫击炮	权威	神经过敏	事变	塌塌米	投资	文学
破产	权限	神经衰弱	事态	（塔塔米/	突击队	无产阶级
破门	权益	审美	试验	榻榻眯）	图案	无产者
普通	缺点	审判	手段	台	图书馆	无机
Q	确保	审问	手工	太阳灯	土木工程	无神论
骑士	**R**	升华	手工业	谈判	团体	无数
旗手	热带	生产	手榴弹	探海灯	推论	武士道
企业	人道	生产关系	手枪	探险	退化	舞台
气分	人格	生产力	手续	探照灯	退却	物理
气体	人力车	生产率	受难	特别	退役	物质
气质	人权	生产手段	输出	特长	脱党	悟性
汽车	人生观	生理	输尿管	特权	**W**	**X**
汽船	人文主义	生理学	输入	特殊	瓦	希望
汽笛	人选	生命线	术学	特殊化	瓦斯	喜剧
契机	认可	生态学	数量	特务	外部	系列
秆	认识论	生物学	数学	特许	外分泌	系数
瓩	认为	声学	水龙	特约	外勤	系统
铅笔	任命	剩余价值	水泥	特征	晚报	细胞
前提	日报	失恋	水准	誊写版	万国	狭义
前卫	日程	失效	说教	提案	妄想	下房
前线	柔道	失踪	说明	提供	微生物	下水道
钱	柔术	师范	硕士	体操	唯理论	纤维
欠点	入场券	诗歌	司法	体积	唯我论	铣铁
强化	入超	施工	私法	体验	唯物论	显花植物
强制	入口	施行	私立	体育	唯物史观	显微镜
侵犯	软化	石油	思潮	天鹅绒	唯心	现代
侵害	**S**	时代	思想	天主	唯心论	现代化
侵略	商店	时计	死角	条件	唯一	现金
侵蚀	商会	时间	诉权	跳舞	惟一	现实
勤务	商品	时事	素材	铁道	纬线	现实主义
轻工业	商业	时效	素描	铁路	委员	现象
清教徒	上房	实感	素质	铁器时代	卫生	现役
清算	少将	实绩	速度	铁血	未知数	宪兵
情报	少尉	实权	速记	町	胃溃疡	宪法
情操	社会	实体	宿命论	停战	胃炎	宪政
情感	社会学	实业	宿舍	停止	尉官	腺
请求	社会主义	使徒	算术	通货膨胀	温床	相对
请愿	社交	使用价值	随员	同化作用	温带	想象
驱逐舰	社团	士官	所得税	同情	温度	想象力
取缔	摄护腺	世纪	所有权	铜器时代	温室	象征
取消	申请	世界	索引	统计	文法	消毒
全国	身分	世界观	**T**	统领	文化	消防
全权	身份	世界语	调节	投机	文科	消费
全体	绅士	市场	调整	投票	文库	消化
权利	神经	市长	调制	投影	文明	消极

消流	选举	义务	由于	展望	指标	资本
消息	学府	艺术	邮便	战线	指导	资本家
小脑	学会	艺学	邮局	站	指数	资本主义
小型	学历	议案	邮票	哲学	制版	资料
小夜曲	学龄	议会	游击	侦察	制裁	紫外线
效率	学期	议决	游击队	侦探	制限	自白
校长	学士	议员	游离	真空	制约	自动化
校训	学位	议院	游弋	真空管	治外法权	自律
协定	学校	异物	有机	真理	质量	自然
协会	血吸虫	疫痢	有价证券	阵容	膣	自然科学
协议	巡洋舰	意见	右翼	蒸发	中将	自我
写真	训话	意匠	幼稚园	蒸溜(蒸馏)	中学	自行车
心理	训令	意识	宇宙观	蒸气	终点	自由
心理学	训育	意识形态	语源学	证券	种族	自治
新闻	讯问	意图	预备役	政策	仲裁	自主
新闻记者	**Y**	意味	预后	政党	重点	宗教
新型	雅乐	意义	预算	政府	烛光	综合
信诚	演出	意译	预约	政治	主笔	总动员
信号	演说	意志	元帅	政治学	主动	总和
信凭	演习	因子	元素	症状	主观	总计
信托	演绎	阴极	园艺	支部	主权	总理
信用	演绎法	音程	原动力	支持	主人公	总领事
猩红热	演奏	银幕	原理	支那	主任	总体
刑法	燕尾服	银行	原意	支配	主食	组成
行政	扬弃	引渡	原则	知识	主体	组阁
形而上	羊羹	印鉴	原质	织机	主席	组合
形而上学	洋琴	印刷品	原子	执行	主义	组织
性感	要冲	印刷物	原罪	直观	住所	最后通牒
性能	要点	印象	原作	直接	重工业	左翼
休战	要素	营养	运动场	直径	周波	作品
虚无主义	业务	营业	**Z**	直觉	周期	作物
序幕	液体	影象	侦探	职工	助教	作用
序曲	一览表	硬化	杂志	职员	注射	作战
蓄电池	一元化	优点	债权	植物	贮蓄	作者
宣传	医学	优生学	债务	植物学	专卖	坐药
宣誓	医院	优势	展开	植物园	专制	座谈
宣战	遗传	优越感	展览会	纸型	转炉	

第二章 《菅家文草》与中日汉字词研究

　　《菅家文草》是日本平安时代以才学著称的诗臣菅原道真的作品，成书于公元 900 年，总共 12 卷，收录汉诗 468 首，与其后所著《菅家后集》（903 年前后），构成日本汉诗文集大成之作。《菅家文草》是菅原道真汉文诗的精华所在，它不仅展现了日本本土文化，还折射出汉文化在日本传播演变轨迹。它对后世的汉诗创作产生了重要的影响，在中日文化交流史上有重要的地位。菅原道真在创作时吸收了大量的唐代语词。因此，《菅家文草》不但是研究中日文化交流的重要文献，而且是研究汉字词在域外传播的重要材料。

　　《菅家文草》共十二卷，有刻本和写本，写本中以柳沢良一编著的明历二年（1656）藤井懒斋自笔本价值最高，东京勉诚出版社出版，十二卷共三册。刻本有宽文本和元禄本。较早是 1667 年的宽文本，黑川家旧藏。1700 年的元禄本，包括玉龙堂的寺町通本能寺前（京兆）和加藤氏的神京（京都）。日本古典文学大系本《菅家文草·菅家后集》，由川口久雄校注、岩波书店出版，是经整理过的定本。本研究即以此本为文献依据，同时参照有关写本和刻本。

第一节　《菅家文草》名物词研究

　　《菅家文草》中有许多名物词，这些名物词涵盖范围广、历史价值丰富，在一定程度上反映了唐代中日文化交流，对于中日词汇研究具有重要意义。

一、名物词定义

　　所谓名物词指的是某些特定事类物品的名称。"这些名称记录了当时人们对特定事类品物从颜色、性状、形制、等差、功能、质料等诸特征加以辨别的认识。它体现了先民对现实世界的感知以及对事类品物的类别属性的把握。"① 名物词研究的历史源远流长。

"名物"一词首见于西周时期的《周礼》，《大词典》中"名物"一词有六个义项：① 事物的名称、特征等。《周礼·天官·庖人》："掌共六畜、六兽、六禽，辨其名物。"贾公彦疏："此禽兽等皆有名号物色，故云'辨其名物'。"② 名目与物产。《周礼·地官·大司徒》："辨其山林、川泽、丘陵、坟衍、原隰之名物。"郑玄注："名物者，十等之名与所生之物。"③ 名誉与物类。《管子·小称》："故之身者使之爱恶，名者使之荣辱。此其变名物也，如天如地。"④ 给事物命名；辨明物理。汉董仲舒《春秋繁露·实性》："《春秋》别物之理以正其名，名物必各因其真。"汉蔡邕《彭城姜伯淮碑》："有名物定事之能，独见先睹之效。"⑤ 有名的物产。宋梅尧臣《和答韩奉礼饷荔支》："韩盛人所希，四海馈名物。"⑥ 犹事物。梁启超《变法通议·幼学》："识字之始，必从眼前名物指点，不好难也。"

名物词具有重要的研究价值。古代典籍文献记录了古代自然和社会各个方面的内容，涉及的名物词不可计数。花木鸟兽虫鱼、乐、农、祭祀、交通、服饰、工具、建筑等等相关的词语都是名物词，除了这些具体的实体名物词以外，还有一些名物词是代表存在于虚幻的事物。例如：传奇中光怪陆离的神鬼、仙境，还有社会制度中的官爵称谓等等。这些名物词被记录在典籍文献中，在很大程度上反映了当时民众在某方面的认知，体现出了不同时期的社会特点和民俗民情。由于时代的更替和语言的变迁，名物词也发生了变化，有些名物词换了名称或者甚至消失，所以研究典籍中的名物词可以在一定程度上反映出语言的继承和变迁。

《菅家文草》中有大量的名物词，有些是唐朝特有传入日本的，有些是日本所特有，研究这些名物词，既可以反映出唐朝时期中日两国名物的情况，也可以折射出唐代中日的文化交流程度。

二、名物词分类

名物词的范围很广，从实体的衣食住行，到虚体的神鬼精灵。如果把名物词仅限于一点，就把名物词的范围限定得太窄。研究名物词是一项源远流长的工作，自《周礼》始，历代先贤都有作品记录和分析当时的名物。根据刘兴均在《名物的定义与名物词的确定》一文中的统计，《周礼》

① 刘兴均."名物"的定义与名物词的确定［J］.西南师范大学学报（哲学社会科学版），1998（05）：86－91.

提及的名物词分为 18 个类型：禽兽类、祭器类、物产类、祭牲类、冕服类、几席类、玉器类、卜蓍类、车辇类、兵器类、旗物类、甸邑类、庙宇类、食物类、官爵类、乐舞类、贡赋类、妇功类。这 18 类型是较早的分类方式，基本囊括了名物词的类型。

《尔雅》是中国最早的一部解释词义的书，是中国古代最早的词典，也是第一部大规模研究名物文化的典籍。该书有 19 个类目：释诂、释言、释训、释亲、释宫、释器、释乐、释天、释地、释丘、释山、释水、释草、释木、释虫、释鱼、释鸟、释兽、释畜。记录社会生活的：释亲、释宫、释器、释乐，共计 344 条。描写自然科学专名的：释天、释地、释丘、释山、释水、释草、释木、释虫、释鱼、释鸟、释兽、释畜，共计 1 096条。这些几乎涵盖了古代社会的各个方面。

东汉刘熙的《释名》是一部集大成的名物研究专著，共分为 8 卷，27篇。作者在卷首序中曾写道："自古以来器物事类，名号雅俗，各方名殊……夫名之于实各有义类，百姓日称，而不知其所以之意，故撰天地、阴阳、四时、邦国、都鄙、车服、丧纪，下及民庶应用之器，论叙指归，谓之《释名》，凡二十七篇。"① 这 27 篇依次是：释天、释地、释山、释水、释丘、释道、释州国、释形体、释姿容、释长幼、释亲属、释言语、释饮食、释采帛、释首饰、释衣服、释宫室、释床帐、释书契、释典艺、释用器、释乐器、释兵、释车、释船、释疾病、释丧制、所释名物典礼共计 1 502 条。《释名》侧重于日常名物事类，所以它涉及的社会生活面较广，从天文、地理到人事、习俗都有所反映，其分类的方式较为详细。从《尔雅》和《释名》可以看出，古代的名物词研究界已经初具规模。名物体现了历史的沧桑和时代的巨变，可以展示出当时时代的风格和特点。名物词研究也是这样，可以体现出语言的发展和变迁。

研究近现代名物词的著作还有许多，关于唐代名物研究的著作有闫艳《唐诗食品词语语言与文化之研究》和《〈全唐诗〉名物词研究》，黄金贵《古代文化词义集类辨考》等书，这些著作为研究唐代名物词提供了参考，是值得借鉴的资料。

《菅家文草》中有大量的名物词，所涉及的名物词类别较广。本文采用的分类方法较为简洁，分为：人体、服饰、亲属、宫廷、饮食、建筑、交通、植物、动物、官制、日常用品、神鬼疾病等，研究《菅家文草》的名物词不仅能够展示中日文化生活中的不同，还能够管窥唐文化对日本的影响。

---

① 王先谦.释名疏补证［M］.北京：商务印书馆，2008：01.

类　别	名　物　词　例　举
人体	眼珠　耳根　舌端
服饰	腰带　客衣　鱼袋　银鱼　昆布　生衣　白绵　凤叉　荷衣
亲属	妻子　妻儿　圣主　妻帑　小儿　小妹　少妇　先生　阿娘　阿耶
饮食	铅丸　黄醅　岁酒　野酿　羽觞　好爵
建筑	妓楼　沙堤　书斋　池亭　竹槛　浴殿　台阁
交通	驿亭　驿楼　山邮　津头　水驿　驿传　旅亭　邮亭
植物	樱花　黄芧　红桂　红树　新英　地毛　芭蕉　牡丹　梅花　蔬菜
动物	早莺　残莺　莺儿　鱼虾　沙鸥　越鸟　燕雀　小鲜　鹧鸪　潜鳞
日常用品	香案　渔竿　鱼竿　玉帘　御帘　翠帘　纱灯　纸钱　凤灯　铅粉
官制	翰苑　衙头　官衙　案牍　青衫　小吏　大史　太史公
神鬼疾病	邪鬼　宿痾　仙客　仙家　仙人
宫廷	宫妓　宫钟　宫人

三、《菅家文草》名物词释例

《菅家文草》中的名物词分类众多，内容众多，各具特色。其中，与官员制度有关的名物词、与服饰有关的名物词、与交通驿站有关的名物词这三类名物词充分显示了唐代时期中日文化接触交流的程度，下文予以具体介绍。

（一）与官员制度有关的名物词

【衙头】

《大词典》中对"衙头"的解释是"宋时指金人统帅所在的营帐"。该辞书所引用的最早出处来自宋代沈括《梦溪笔谈·卷第五·乐律一》"凯歌词甚多，皆市井鄙俚之语。予在鄜延时制数十曲，令士卒歌之，今粗记得数篇。其一：先取山西十二州，别分子将打衙头，回看秦塞低如马，渐见黄河直北流"。宋代的作品中有许多"衙头"例子，如《宋史》《范文正公集》《欧阳文忠公文集》等作品。然而，在这些作品中的"衙头"仅表示一个义项，即"金人统帅的营帐"。下为《菅家文草》中用例：

（1）风送宫钟晓漏闻，催行路上雪纷纷。称身着得裘三尺，宜口温来酒二分。怪问寒童怀软絮，惊看疲马蹈浮云。衙头未有须史息，呵手千回

着案文。(《雪中早衙》)

(2) 偶得衙头午后闲,二三里外出寻山。鸟能饶舌溪边听,花有亚枝马上攀。要赏烟萝占远入,嫌萦案牍懒先还。从初到任心情冷,被劝春风适破头。(《春日寻山》)

上文二例之"衙头"显然不能用"宋时指金人统帅的营帐"去解释。汉语中没有合适的解释。《日国》中"衙頭"下曰:"'衙'は役所、'头'はあたりの意)政務をとる役所のあるところ。また、その役所"(处理政务的役所)。相关的例子是《菅家文草》和《築後風土記逸文》(释日本纪所载)(1274—1301):"东北(うしとら)の角に当りて一つの別区(ことどころ)あり。号けて衙頭と曰ふ。衙頭は政所なり。"《日国》中收录的最早用例是《菅家文草》中的相关诗文,并释义为"处理政务的官署或者机构"。即,"衙頭"是一个处理公务的办公地方,类似于衙门机构。这样的解释显然适合《菅家文草》中的两例。

那么,"衙頭"词源是否来自日本,并在宋时又传入中国,并且改变了意思呢?这样的说法是不正确的,因为在唐代至宋元明,中国的汉文化和语言是向外输出的,而不是被传入的,汉语的传播对日本的语言有一定的影响,但是日本语对汉语的影响微乎其微。下文对《菅家文草》中出现的"衙頭"词源问题进行深入探究。

据现有资料,"衙頭"较早出现在句道兴本《搜神记》一卷:"一言未绝之间,其人即来,玄即指示子珍:'此人是也,宜好射之。我须向衙头判事去,不得在此久住,他人怪我。'"句道兴的生平及年代已经不可查,但是多数学者认为他是唐人(清人),张锡厚(1982)推测敦煌本的产生过程:"敦煌本并不是凭空臆造出来的,有它的渊源所在,极有可能是从干宝《搜神记》原书中择其所需,选编成册,才题曰'句道兴撰《搜神记》一卷'。"也就是说"衙頭"也可能是以前《搜神记》中已有的词语的变异,或者是句道兴所在时代的词语。"衙頭"的出现和演变是一个值得推敲和考究的问题。句道兴本《搜神记》的"衙頭"与《日国》中的解释相符,是一种类似衙门的机构,不是金人统帅的营帐。然而,由于句道兴的生平不可查,因此其作品的年代只能大致推算为唐代至唐五代时期。也即,早在宋代以前的唐朝已存在"衙頭"作为处理政务的官署之义。李建国先生认为:"句道兴是唐初下层文人,他可能出于对干宝《搜神记》的仰慕,故而也纂集一本《搜神记》。此书以抄本流行于民间和寺院,而且流传很广,所以在敦煌文献中有多个写本。"王国良先生认为句道兴本《搜神记》是一部通俗的民间读物,写作的目的以劝善行孝、阐明因果、夸称技艺为主,也有鬼神志怪之事,撰者借阅各种相关资料,加以敷演而成通俗故事。所以"衙頭"应该是口语词，流行于民间，因为记录当时口语词汇的作品较少，所以句道兴本《搜神记》的记载就显得弥足珍贵。下文对"衙頭"的出现及演变进一步探析。

通过查阅《四库全书》和《四部丛刊》，虽有四十处可以检索到此词，但是只有22处的"衙頭"是符合的，其中2处是出自地理文献，指地名，如《浙江通志》中有"衙头碛"，《大清一统志》衙头山："在通渭县南五十里有元总帅汪世显行台"。其余20处中有12处出自南宋李焘著《续资治通鉴长编》（光绪浙江书局刻本）。其他六处分别是：

（1）先取山西十二州，别分子将打衙头，回看秦塞低如马，渐见黄河直北流。（沈括《梦溪笔谈》）

（2）逢水逢山到处留，可怜身世寄孤舟。一汀蘋露渔村晚，十里荷花野店秋。羽檄未闻传塞外，金椎先报击衙头。煌煌太白高千丈，那得功名取次休。（陆游《秋夜泊舟亭山下》）

（3）又有《戒讼诗》云：些小言词莫若休，不须经县与经州，衙头府底陪茶酒，赢得猫儿卖了牛乡人，畏而服之。（宋代范公偁《过庭录》）

（4）及其暇时，修垦田法以利兵农，谨烽燧明，斥候奸不得发，或报衙头，招集亡命公，用防秋法戍境。（宋代汪藻《浮溪集》）

（5）虽七万人未必可用，夏国主兴州谓之衙头，衙头至麟府路近处可九百里。（南宋郑刚中《北山集》）

（6）廉访闻得，西界凡是捉虏到汉界人口，并一一赴衙头呈纳，多是于近里去处，监防羁管。（宋代范纯仁《范忠宣集》）

沈括和陆游的诗文中"衙头"的意思指"金兵的总帅的营帐"，但是在《过庭录》和《浮溪集》中的"衙头"之意与此不同。"衙头府底"指的是"公衙，衙门"。"或报衙头"中"报"的也应该是衙门。因此，此两处"衙头"便与句道兴本《搜神记》中"衙头"一致。《续资治通鉴长编》中有2处与其他诸处不同，其他诸处意指"金人的营帐"，但是有2处却与"衙门"之意相符。具体如下：

（1）辰州南江归明溪，硖州军衙头首指挥向真赠内殿崇班以章。（卷二百四十七）

（2）据谍报西界绿边首领申衙头，以汉界慕家树族欲投来，乞领人马等应接。（卷二百四十七）

北宋和南宋时期，"衙头"虽有"金人营帐"之义，但还存在"衙门"之义，也就是说从唐五代至宋代，"衙头"的意义虽有变化，但是衙门的义项一直保留下来。

【衙门】

"衙头"有"衙门"之义项，《菅家文草》中也出现了"衙门"一词，《大词典》中对该词释义为"旧时官吏办事的地方"，稍早用例是李百药的《北齐书·宋世良传》："每日衙门虚寂，无复诉讼者。"下为《菅家文草》中用例：

客舍秋徂到此冬，空床夜夜损颜容。押衙门下寒吹角，开法寺中晓惊钟。行乐去留遵月砌，咏诗缓急播风松。思量世事长开眼，不得知音梦里逢。(《客舍冬夜》)

《全唐诗》中"衙门"用例：

(1) 波拂黄柳梢，风摇白梅朵。衙门排晓戟，铃阁开朝锁。(白居易《郡斋暇日，辱常州陈郎中使君〈早春晚坐水西〉》)

(2) 山水衙门外，旌旗艛艓中。大夫应绝席，诗酒与谁同？(白居易《送严大夫赴桂州》)

(3) 衙门晓辟分天仗，宾幕初开辟省郎。从发坡头向东望，春风处处有甘棠。(刘禹锡《同乐天送令狐相公赴东都留守》)

"衙门"源自"公牙"。唐代封演《封氏闻见记》卷五"公衙"曰："近代通谓府建廷为公衙，公衙即古之公朝也。字本作牙，《诗》曰：'祈父予王之爪牙。'祈父司马掌武修，象猛兽以爪牙为卫，故军前大旗谓之牙旗。出师则有建牙之事，军中听号令必至牙旗之下，称与府朝无异。近俗尚武，是以通呼公府为公牙，府门为牙门。字稍讹变，转而为衙也，非公府之名。"[1]《旧唐书·舆服志》："京文官五品已上，六品已下，七品清官，每日入朝，常服绔褶，诸州县长官在公衙，亦准此。"[2] 后"牙"由于字谬讹变作"衙"。"牙"（牙旗）由于其重要性被代指军中长官的住所，而后渐渐演变成为官署的称呼。《新唐书·泉献诚传》："武后尝出金币，命宰相、南北牙群，臣举善射五辈，中者以赐。"而李百药《北齐书·宋世良传》："每日衙门虚寂，无复诉讼者。"可见，唐初"牙"和"衙"仍然相通。唐代起，"衙门""公衙"开始盛行，"牙门""公牙"渐渐被忽略，至五代和宋代时期就只知"公衙"不知"公牙"了。从"公牙"到"公衙"，"衙门"到"衙头"，对此类机构的称呼似乎是逐渐向着非正式化、口语化方向发展。下为句道兴本《搜神记》中的两例：

(1) 即指示子珍，"此人是也，宜好射之。我须向衙头判事去，不得在此久住，他人怪我。"言语之间，其冤家果至。

---

① 封演撰，赵贞信校注.封氏闻见记校注 [M].北京：中华书局，2005：39.
② 刘昫.旧唐书 [M].北京：中华书局，1975：1952.

（2）玄石目曰："是此矣，宜审射之。我须入衙决判事，在此他人有疑。"

"向衙头判事去"和"入衙决判事"中"衙"与"衙头"所指一致，指"衙门，公衙"。"衙"是"衙门"的简称，句道兴本《搜神记》又称为"敦煌本"，是记录口语材料较多的文本，白居易诗以简单明了和通俗易懂著称，可见"衙门"与"衙头"时代相差无几。

【官衙】

《大词典》释义为"旧时对政府机关的通称"。"官衙"与"衙门""衙头"释义基本一致。然而，《大词典》中所举最早用例是元代刘诜《野人家》"州符昨夜急如火，马蹄踏月趋官衙"。《菅家文草》中仅出现了一处用例：

> 士出寒闾忠顺成，樵夫不叹负薪行。云龙阙下趋资父，槐棘门前跪事兄。一愿偷承天性色，参言半带孔怀声。侍郎无厌官衙早，谁道遗孤忝所生。（《相国东廊，讲孝经毕。各分一句，得忠顺弗失而事其上》）

《全唐诗》中未有"官衙"用例。宋代苏轼词中存在一用例：

> 满地春风扫落花，几番曾醉长官衙。诗成锦绣开胸臆，论极冰霜绕齿牙。别后与谁同把酒，客中无日不思家。田园知有儿孙委，早晚扁舟到海涯。（苏轼《寄高令》）

"官衙"或是较早用来表示政府工作机构用词，《周易》一书中就有"官衙南向"这一成语，语出《周易》爻辞，也就是官衙的大门都朝向南方。由此还产生了一句小谚语："小小衙门向南开"。历史中从王帝宫室到州县府衙都是朝南的。随着"公牙""公衙""衙门"等词的出现和发展，"官衙"出现的概率较少。该词在《全唐诗》中没有用例，倒是在域外汉籍《菅家文草》中发现了一例，这就更正了辞典书籍中对"官衙"一词的最早用例的时间，并且丰富了词汇学的内容。

【府衙】

"府衙"指府一级的衙门。《大词典》中所引最早用例是宋代吴自牧《梦梁录·立春》"临安府进春牛于禁庭，立春前一日，以镇鼓锣吹妓乐迎春，牛往府衙前迎春馆内"。又引《新编五代史平话·周史上》："取了郭威招状，解赴潞州府衙去听候结断。"

"府衙"一词由来要从"府"的设立谈起。秦汉时设了置郡，郡有郡守、郡尉、监郡等。此外，中央政府还加派刺史。隋朝统一南北，为了加强集权，取消郡，缩小州的范围，设置府、州、县。唐初只有京兆、河南二府，后多以建都之地为府。至宋，大郡多升为府（潜藩拥麾之地）。至清，无郡不府。所以"府"是唐朝至清代行政区划的名称。唐朝时升京师和陪都所在地的州为府；宋代大州多升为府，隶属于路；元代或隶属于省，或隶属于路；明朝清朝隶属于省。清朝顾炎武《日知录·府》卷八："汉曰郡，唐曰州，州即郡也，惟建都之地乃曰府……至宋而大郡多升为府。"文中描述的就是这一现象。隋朝统一时已设置"府"，"府衙"在此基础上不可避免地产生了。因此，"府衙"最早产生时期应该不是宋代，而是早在唐朝甚至隋朝便已产生。

《菅家文草》中出现两例"府衙"用例：

（1）秋来客思几纷纷，况复重阳暮景曛。菊遣窥园村老送，黄从任土药丁分。停杯且论输租法，走笔唯书弁诉文。十八登科初侍宴。今年独对海边云。（《重阳日府衙小饮》）

（2）每看名简痛相衰，惜汝从公有小才。为诉妻孥将饿死，应窥太守梦中来。（《梦宇尚贞　府衙书生，一日顿死》）

《菅家文草》产生于平安时代，该时代恰是日本改革发展阶段。此时政府设置郡，任用有才能者为郡司。《日国》中未收录"府衙"一词。可见，"府衙"是唐朝时期的政府机关，遣唐使在学习唐朝制度时将"府"的机构设置制度传播到日本。这一现象在菅原道真《菅家文草》中保留下来。可见，《菅家文草》是研究唐朝制度的宝贵资料。

【早衙】

《大词典》释义为"旧时官府早晚坐衙治事，早上卯时的一次称'早衙'"。一入衙门深似海，官宦生活的在唐诗里不乏描述。官员与衙署是息息相关的。如：唐代白居易《舒员外游香山寺》"白头老尹府中坐，早衙才退暮衙催"。又如，张说《冬日早衙》中对官员生活的描写。

此外，唐代诗歌中另有两处用例：

（1）忆得宿新宅，别来馀蕙香。初闻守郡远，一日卧空床。野驿烟火湿，路人消息狂。山楼添鼓角，村栅立旗枪。晚渚露荷败，早衙风桂凉。谢家章句出，江月少辉光。（唐 王建《秋日送杜虔州》）

（2）病卧四更后，愁闻报早衙。隔关沈水鸟，侵郭噪园鸦。吏瘦餐溪柏，身羸凭海楂。满朝吟五字，应不老烟霞。（唐 李洞《江干即事》）

《菅家文草》中出现了6处"早衙"：

（1）风送宫钟晓漏闻，催行路上雪纷纷。称身着得裘三尺，宜口温来酒二分。（《雪中早衙》）

（2）回灯束带早衙初，不倦街头策蹇驴。晓鼓冬冬何处到，南为吏部北尚书。（《早衙》）

（3）霜须秋暮惊初老，星点晓风报早衙。长断俗人篱下醉，应同闲在旧烟霞。（《题白菊花去春，天台明上人，分寄种苗》）

（4）共誓生前长报国，谁思梦裏暂归家。侍中我等皆兄弟，唯恨分襟趁<u>早衙</u>。（《冬夜，呈同宿诸侍中》）

（5）乞来五日假，暂休认<u>早衙</u>。假中何处宿，宣风坊下家。门扃人不到，桥破马无过。早起呼童子，扶持残菊花。（《假中书怀诗》）

（6）不看细脚只闻声，暗助农夫赴亩情。通夜何因还闷意，尚书定妨<u>早衙</u>行。（《夜雨》）

除"早衙"外，另有"午衙""晚衙"，唐诗中出现了"早衙""晚衙""坐衙""正衙"等与衙门制度有关的词语。《菅家文草》中另有与"早衙"相关的"放衙""退衙"。

【放衙】

《大词典》中释义为"属吏早晚参谒主司听候差遣，谓之'衙参'。退衙谓之'放衙'"。《大词典》最早用例是宋代苏轼《入峡》："放衙鸣晚鼓，留客荐霜柑。"《全唐诗》中未见"放衙"用例，宋词中相关用例不少：

（1）水边山，云畔水，新出烟林。送秋来、双桧寒阴。桧堂寒，香雾碧，帘箔清深。<u>放衙</u>隐几，谁知共、云水无心。（毛滂《于飞乐》）

（2）<u>放衙</u>元不为春醒，澹荡江天气未清。欲赏园花先梦到，忽闻檐雨定心惊。香云不动熏笼暖，蜡泪成堆斗帐明。关陇宿兵胡未灭，祝公垂意在尊生。（陆游《和范舍人病后二诗末章兼呈张正字（其一）》）

（3）晚楼一曲转梅花，官事无我报<u>放衙</u>。林木蔽亏烟断续，江流曲折雨横斜。年华冉冉风前影，岁莫悠悠客里家。一雁近从沙觜落，更饶片雪入天涯。（文天祥《翠玉楼晚雨》）

（4）日过西窗，客枕梦回，庭空<u>放衙</u>。记海棠洞里，泥金宝罤，酴醾架下，油壁钿车。醉墨题诗，蔷薇露重，满壁飞鸦行整斜。争知道，向如今漂泊，望断天涯。小桃一半蒸霞。更两岸垂杨浑未花。便解貂赏酒，消磨春恨，量珠买笑、酬答年华。对面青山，招之不至，说与浮云休苦遮。山深处，见炊烟又起，知有人家。（黄机《沁园春·次岳总干韵》）

《菅家文草》中仅一用例：

<u>放衙</u>一日惜残春，水畔花前独立身。唯有时时东北望，同僚指目白痴人。（《春日独游》其一）

此处"放衙"比宋代苏轼词中时间早很多。因此，菅诗中的用例是"放衙"的较早用例。"放衙"的同义词"退衙"在白居易的《晚归早出》已出现，诗曰："退衙归逼夜，拜表出侵晨。""退衙"在菅诗中也有相关用例：

百城秋至后，三谏月成初。碧落烟氛尽，黄昏昼漏余。<u>退衙</u>西顾立，

寻寺上方居。玉缕风头画，银泥日脚书。(《新月二十韵》)

衙头、衙门、官衙、府衙、早衙、放衙、退衙，这几个与官员制度有关的名物是唐朝政府制度的产物，《菅家文草》中这类词使用情况可以反映出唐朝官员制度对日本官员机构设置及相关文化的影响。

（二）与服饰有关的名物词

【白绵】

《大词典》释义为"棉花"。《大词典》最早用例是明代李时珍的《本草纲目·木三·木绵》："江南淮北所种木绵……结实大如桃，中有白绵，绵中有子，大如梧子。"《日国》亦收录了该词，有两个义项，一是"白い綿"。真绵（白棉，丝绵）。所举例子是《菅家文草》中《惊冬》的诗句："送冬如昨只今归，应道炎凉传翼飞。床上卷收青篾簟，箧中开出白绵衣。不愁官考三年黜，唯叹生涯万事非。节是安宁心最苦，天时为我几相违。"二是"鷹のからだの部分の名。眼下から翼のつけ根にかけての部分"。指的是鹰的身体的部分的名。从眼下到翼的根儿的部分，该义项在汉语辞书未出现。

《菅家文草》中"白绵"并非指棉花，"白绵衣"也不是指用棉花制作的衣服。至于白绵为什么不是指棉花，原因如下：第一，棉花的来源。第二，棉花何时传入中国。棉花的原产地是印度和阿拉伯，宋末元初棉花大量传入内地。据记载，"宋元之间始传其种于中国，关陕闽广首获其利，盖此物出外夷，闽广通海舶，关陕通西域故也"。棉花纤维用来制作衣服或者被褥也是宋元时期才开始的。正如元代成廷珪《夜泊青蒲村》诗中提到的"荠菜登盘甘似蜜，芦花纫被煖如棉"。最早出现"棉"字的汉语典籍是《宋书》，宋以前国内典籍中出现的是"绵"字，未见"棉"字。可见，唐诗中"绵"并非指棉花。"白绵"指的是木棉，木棉又名攀枝花、英雄树。《太平御览》卷九六〇引晋朝郭义恭《广志》："木绵树赤华，为房甚繁，偪则相比，为绵甚软，出交州永昌。""木棉"在唐诗中多次出现：

（1）槟榔花发鹧鸪啼，雄飞烟瘴雌亦飞。<u>木棉</u>花尽荔支垂，千花万花待郎归。（皇甫松《竹枝》（一名巴渝辞））

（2）绛纱弟子音尘绝，鸾镜佳人旧会稀。今日致身歌舞地，<u>木棉</u>花暖鹧鸪飞。（李商隐《李卫公》）

（3）水波文袄造新成，绫软绵匀温复轻。晨兴好拥向阳坐，晚出宜披踏雪行。鹤氅毳疏无实事，<u>木棉</u>花冷得虚名。宴安往往叹侵夜，卧稳昏昏睡到明。（白居易《新制绫袄成感而有咏》）

（4）前阁雨帘愁不卷，后堂芳树阴阴见。石城景物类黄泉，夜半行郎空柘弹。绫扇唤风阊阖天，轻帷翠幕波渊旋。蜀魂寂寞有伴未，几夜瘴花开木棉。（李商隐《燕台四首·夏》）

宋词中也有相关用例：

管宁投老终归去，王式当年本不来。记取城南上巳日，木棉花落刺桐开。（苏轼《海南人不作寒食而以上巳上冢予携一瓢酒寻诸》）

木绵在中国出现的时间比较早，此处"绵"指木棉所出的丝绵。唐代韩愈《河南令张君墓志铭》："度支符州，折民户租，岁征绵六千屯。"此处"绵"也是丝绵。用丝绵所制作的衣服是绵衣。唐诗中也发现了大量关于"绵"的用例。

（1）荒林四面通，门在野田中。顽仆长如客，贫居未胜蓬。旧绵衣不暖，新草屋多风。唯去山南近，闲亲贩药翁。（王建《林居》）

（2）可叹浮尘子，纤埃喻此微。宁论隔纱幌，并解透绵衣。有毒能成痈，无声不见飞。病来双眼暗，何计辨雾霏。（元稹《虫豸诗·浮尘子》）

（3）身外无羁束，心中少是非。被花留便住，逢酒醉方归。人事行时少，官曹入日稀。春寒游正好，稳马薄绵衣。（白居易《闲出》）

（4）火布垢尘须火浣，木绵温软当绵衣。桃榔面磣槟榔涩，海气常昏海日微。蛟老变为妖妇女，舶来多卖假珠玑。此中无限相忧事，请为殷勤事事依。（元稹《送岭南崔侍御》）

（5）忆得蛟丝裁小卓，蛱蝶飞回木绵薄。绿绣笙囊不见人，一口红霞夜深嚼。（《河阳诗》李商隐）

（6）君去春山谁共游，鸟啼花落水空流。如今送别临溪水，他日相思来水头。绵衣似热夹衣寒，时景虽和春已阑。诚知暂别那惆怅，明日藤花独自看。（刘商《送王永二首》）

《大词典》中的"白绵"义项缺失，缺失的第一个义项是"丝绵，是木棉纤维"。缺失的第二个义项是"柳絮"。宋词中出现了大量白绵作为柳絮的例子。宋代陆游《沈园二首·其二》："梦断香消四十年，沈园柳老不吹绵。""绵"就是指柳絮，"白绵"相关用例如下：

（1）一样叶眉偏解皱。白绵飞尽因谁瘦。今日离亭还对酒。唱断青青，好去休回首。（贺铸《凤栖梧》）

（2）阴阴花柳一百五，吹空白绵乱红雨。已看燕子飞入帘，未有黄莺学人语。（黄庭坚《饮城南即事》）

（3）满院青杨吐白绵，未多柳絮解漫天。野人岂会断优劣，只问床头沽酒钱。（黄庭坚《行迈杂篇六首·其一》）

这三个例子中"白绵"指的是柳絮。《大词典》中仅收录"白绵"

"棉花"之义项，应再增添两义项：一、丝绵，是木棉的纤维，较早用例见《菅家文草》"送冬如昨只今归，应道炎凉传翼飞。床上卷收青箧簟，箧中开出白绵衣"；二、柳絮。

【生衣】

《大词典》给出了两个义项：一是指物体表面寄生的菌藻类植物。例如：唐代杜甫《寄韦有夏郎中》："归楫生衣卧，春鸥洗翅呼。"二是指夏衣。"生衣"在唐诗中出现的例子较多，仅白居易诗歌中就出现了7次：

（1）浅色縠衫轻似雾，纺花纱袴薄于云。莫嫌轻薄但知着，犹恐通州热杀君。（《寄生衣与微之，因题封上》）

（2）西日韶光尽，南风暑气微。展张新小簟，熨帖旧生衣。（《春末夏初闲游江郭二首》）

（3）西江风候接南威，暑气常多秋气微。犹道江州最凉冷，至今九月着生衣。（《秋热》）

（4）却取生衣着，重拈竹簟开。谁能淘晚热，闲饮两三杯。（《残暑招客》）

（5）揭瓮偷尝新熟酒，开箱试着旧生衣。冬裘夏葛相催促，垂老光阴速似飞。（《闲居春尽》）

（6）夜来秋雨后，秋气飒然新。团扇先辞手，生衣不着身。（《雨后秋凉》）

（7）炎凉迁次速如飞，又脱生衣着熟衣。绕壁暗蛩无限思，恋巢寒燕未能归。（《感秋咏意》）

从以上用例中可以看出"生衣"的确是夏天的穿着，炎热的时候人们才穿的衣服，但是用夏衣作为"生衣"的定义，这未免有点粗泛。

《菅家文草》中出现了一例"生衣"：

我情多少与谁谈，况换风云感不堪。计四年春残日四，逢三月尽客居三。生衣欲待家人着，宿酿当招邑老酣。好去莺花今已后，冷心一向劝农蚕。（《四年三月廿六日作》）

《日国》中收录"生衣"，并释义为"生绢で仕立てた衣服。すずしのきぬ"（用生绢缝制的衣服，生绢有凉意）。"生绢"指的是未漂煮过的绢。宋代的《大宋宣和遗事》："天水郡公赵某父子并给赐夏衣。视之，乃纱帛二疋、生绢一段。""生衣"是用生绢缝制而成的，是夏衣，但是夏衣不仅限于生衣，葛衣（用葛布制成的夏衣）也是夏衣的一种。

（三）与交通驿站有关的名物词

《菅家文草》中出现了许多与交通驿站有关的名物词：驿亭、驿楼、山邮、津头、水驿、驿传、旅亭、邮亭。除"旅亭"外，剩下的六个名物都是得到证实的唐朝时期产物。"驿传"更是早在春秋战国时期就已经出现。

【旅亭】

《大词典》将其释义为"路边供旅人暂时休息的处所"。所举用例是清代黄景仁《舟泊偕稚存饮江市次韵》"小住征桡醉旅亭，晚钟烟外正星星"。该词在《菅家文草》中有三次出现：

（1）驱策四时此夜穷，旅亭闲处甚寒风。苦思洛下新年事，再到家门一梦中。（《旅亭除夜》）

（2）招客江村岁酒杯，主人多被旅情催。家儿浅酌争先劝，乡老多巡罚后来。愁威去年分手出，笑容今日两眉开。欲知倒载非阳醉，舟檝鱼竿遗置回。（《旅亭岁日，招客同饮》）

《日国》收录了"旅亭"，并释义"旅先で泊まる宿舍。また、旅人を泊める宿。はたごや。旅館"。（在旅途住的宿舍，还有留住宿旅人的宿驿，或者旅馆。）这与《大词典》中的"旅亭"义项有出入。《大词典》中"旅亭"是暂时休息的处所，而《日国》中的"旅亭"显然相当于旅馆。《菅家文草》中旅亭的功能也不仅是暂时休息，甚至新年的时候都在旅亭度过。因此，旅亭不是暂时休息的小亭子，而是可以供旅客吃住的旅馆。《汉书·高帝纪上》："及壮，试吏，为泗上亭长。"颜师古注曰："亭谓停留行旅宿食之馆。"孟浩然有诗名曰"初出关旅亭夜坐怀王大校书"，这一事实说明旅亭在唐朝时便已存在。宋代子璇集《首楞严义疏注经·卷第二之一》："譬如有客。寄宿旅亭。暂止便去。终不常住。而掌亭人都无所去。名为亭主，此明缘心随境往来。真心湛然常住。"宋代苏轼《和刘道原寄张师民》："仁义大捷径，诗书一旅亭。相夸绶若若，犹诵麦青青。腐鼠何劳吓，高鸿本自冥。颠狂不用唤，酒尽渐须醒。"可见，《日国》中的释义更为恰当。"旅亭"是旅途中提供吃住的处所，是唐朝已有词汇，《大词典》所举用例太迟。

第二节 《菅家文草》与唐诗口语词汇

所谓口语词，主要指流行于民间，人们日常生活所常用，具有通俗易懂、简洁亲切、富有时代气息和地方特色的词语。《菅家文草》中除了名物词外，还有大量口语词汇，保留了唐代时期人们交流的基本用语，对研究唐代中日口语交流具有重要意义。

一、关于唐诗口语词汇研究

蒋绍愚在《唐诗语言研究》中将唐诗词语分为三类：古词语、口语词、诗文用语。蒋绍愚指出"为了读懂唐诗，对这三类词语都应很好研究。但是其中最有研究价值的，是唐诗中的口语词"。① 口语词的重要性主要体现在两处。第一，口语词是当时社会实际语言中的词语，研究《菅家文草》中的口语词有助于了解唐代口语词的使用情况，有助于汉语史研究。第二，口语词是不断继承和变化的，有些口语词一直延续使用，但是一些口语词消失或者改变了原意，这对研读唐诗造成了困扰。研究《菅家文草》中的唐代口语词对于阅读和研究唐诗有重要意义。

国内研究唐诗的学者众多，研究唐诗口语词汇著作的有蒋绍愚的《唐诗语言研究》，魏耕原《全唐诗语词通释》和《唐宋诗词语词考释》，这些作品是研究诗歌词汇的力作，特别是在词汇考证方面，具有参考意义。张相的《诗词曲语词汇释》和蒋礼鸿的《敦煌变文字义通释》是研究唐诗口语词的著作。蒋礼鸿、王瑛、蒋绍愚、项楚、张涌泉、方一新、王云路、董志翘、黄征等学者都是研究这一领域的大家。

日本学者对唐诗口语词汇也进行了诸多的研究。松尾良樹在《平安朝汉文学と唐代口語》一文中，认为唐代口语资料的来源主要包括 7 个：敦煌之部、小说之部、笔记之部、史书之部、唐诗之部、佛典之部、域外之部。唐诗是我们研究唐代口语不可或缺的资料，域外汉籍也是研究口语的重要资料。《菅家文草》是我们研究唐诗口语词在域外汉籍中使用情况的重要语料。

唐诗口语词汇的研究方法是多层面和多角度的，蒋绍愚先生介绍了八种方法：一参考作者自注；二参看其他诗文的注；三参看历代笔记杂著的解释；四参看古代字书、韵书中的解释；五参证方言；六排比归纳；七根据形音义推求；八推求词语的理据。词汇是系统的，口语词汇也是有系统的，但是系统研究口语词还要有一段漫长艰难的路要走。

此外，唐诗口语词汇的范围是不能固定的，"词汇的发展是有继承性的。唐诗中口语词一部分是唐代新兴的词语，一部分是魏晋南北朝甚至是东汉就已经产生，并且在唐诗中继续使用。唐诗中的口语词汇也还有一部分继续活在五代甚至宋元的口语中。"② 蒋绍愚在《唐诗语言研究》中提及"夜来"是唐诗口语词，其实早在南北朝时期就已经使用。王晓平《诗

---

① 蒋绍愚.唐诗语言研究［M］.郑州：中州古籍出版社，1990：112.
② 蒋绍愚.唐诗语言研究［M］.郑州：中州古籍出版社，1990：135.

化的六朝志怪小说——〈菅家文草〉诗语考释》中考释的词语也大多是六朝时期的词语，但是在唐朝延续使用。唐诗口语词汇研究是以唐诗为主要研究材料，同时魏晋南北朝的口语文献资料和唐代其他资料也应该并重。敦煌文献中的口语材料也是重要补充材料。

古代学者对口语词汇的研究并不重视，认为口语词汇难登大雅之堂。传统的训诂学对口语词汇的阐释也不够重视。魏晋南北朝以后口语词逐渐从"俗"走向到"雅"，唐诗更是大量使用口语词。口语词的使用并没有使诗歌的品位下降，而是使得诗歌走向大众。口语词使用较多的杜甫和白居易，他们的诗歌广为传唱。尤其是白居易的诗歌，朗朗上口，老少妇孺都能明白其内容。可以说，口语词是语言的"活化石"，记录了当时语言的面貌。因此，研究《菅家文草》中的唐代口语词不仅有助于推动古代诗歌口语词的研究，还有助于推动汉语词汇史研究。

二、《菅家文草》中的唐诗口语词

《菅家文集》是日本汉诗文中研究唐诗口语词汇在域外传播的主要语料。通过调查发现，《菅家文集》蕴含着大量唐诗口语词汇，仅松尾良树在《平安朝汉文学和唐代口语》一文中就例举了近百个口语词，例如：

《平安朝汉文学和唐代口语》口语词举例	阿娘 阿爷 傍边 奔波 本目 不 不得 查郎 处物 触处 触事 此问 大底 大凡 当需 到底 等闲 点检 定应 东头 都计 都无 独自 多少 多许 放 分头 分张 个 更无 怪营 好 好去 好是 呵呵 何似 会经 几多 几许 计会 兼见 见说 交关 教 今朝 可 况复 料理 明朝 那 年纪 前程 秋天 却 任他 软脚 商量 谁家 省 随分 所以 腾腾 头生 为性 无端 向 向前 晓头 校 衙头 一般 一向 一种 莺儿 元来 遮莫 珍重 只是 助欢 助喜 助忧 自从 自余 惣是 纵教 纵使

松尾良樹对词汇的考释程度较浅，大量的口语词未收录，例如：三五、七八、恼杀、此间、当时、向前、向后、街头、多许、夜来、晚来、厮儿等等。作为日本研究唐诗口语的大家，塩见邦彦在其《唐詩口語の研究》书中收录了 382 个词语，全面且广泛地对唐诗口语进行了充分研究。需要指出的是，《菅家文集》作者菅原道真明显受到白居易、杜甫等唐代诗人的重要影响，因此文中口语词使用较多。下文举代表性唐诗口语词进行考释。

【厮儿 厨儿】

"厮儿"，在《大词典》中列有两个义项，其一"轻蔑的称呼，犹言小子"。用例取自宋代吕居仁《轩渠录》："大琮迟疑不能下笔，婶笑云：'原来这厮儿也不识字，'闻者哂之"。其二"小男孩"。例子是元朝王实甫的《西厢记》第一本楔子："又有个小妮子，是自幼伏侍孩儿的，唤做红娘。一个小厮儿，唤做欢郎。"江蓝生先生《唐五代语言词典》中收录了"厮儿"，释义为"对奴仆的称呼。"用例举《敦煌变文集》卷三中《燕子赋》："如今会遭夜莽赤推，总是者黑厮儿作祖。"另有，卷二《庐山远公话》："此个厮儿，要多小来钱卖？"《唐五代语言词典》将"小厮儿"释义为"小孩"，用例举《敦煌变文集》卷一《张义潮变文》："莫怪小男女哎哆语，童谣歌出在小厮儿。"《大词典》该词义项缺失并且例证较晚。王季思对《西厢记》中的"厮儿"注曰"元人称男孩曰厮儿"。可见，"厮儿"不是元代才有的对男孩的称呼，唐代便已存在，且"厮儿"中"对奴仆的称呼"这一义项在《菅家文草》中得到了证实。

《菅家文集》中"厮儿"一词出现了 2 次：

（1）厮儿闷见鱼生釜，门客笑归雀触罗。身未衰微心且健，医治有验复如何。（《依病闲居，聊述所怀，奉寄大学士》）

（2）鱼观生竃釜，蛙咒聒阶砖。野竖供蔬菜，厮儿作薄饘。（《叙意一百韵》）

"厮儿作薄饘"。"饘"是粥，作稀粥的是"厮儿"，也就是奴仆。"门客"与"厮儿"对仗，"门客"是寄食于贵族门下并为之服务的人，"厮儿"相应的也就是为主人服务的奴仆。《唐五代语言词典》举例都是敦煌变文，唐诗并没有发现"厮儿"的用例，《菅家文集》的例子丰富了诗歌语言中口语词的用例。

宋代释普济《五灯会元·卷二·六祖下五世（旁出）·西东上应化圣贤》中："州曰：'苍天，苍天！'山曰：'这厮儿宛有大人之作。'""假厮儿""秃厮儿"等词均由"厮儿"发展而来。"假厮儿"出现在金代，指的是海陵时宫中扮男装的女性。《金史·列传·卷六十三·列传第一·后妃上》（同文书局石印本）："凡诸妃位皆以侍女服男子衣冠，号'假厮儿'。""秃厮儿"在《中原音韵》中提及，释义为"小沙门"，也就是小和尚，小沙弥。

《菅家后草》中还出现了"厨儿"一词：

架上湿衣裳，篚中损书简。况复厨儿诉，灶头曩烟断。（《雨夜》）

"厨儿"也就是在厨房工作的人。《大词典》并未收录"厨儿"，《唐五代语言词典》与《全唐诗语词通释》等词典也未收录。《全唐诗》中没有出现"厨儿"。检索汉语语料，也未见有"厨儿"一词，只有"厨下儿"的用例，如《三国志·吴志·卷十·程黄韩蒋周陈董甘凌徐潘丁传》

（同文书局石印本）："宁厨下儿曾有过，走投吕蒙。"菅原道真生活的时代相当于晚唐，"厨儿"一词有可能是日本词语。查阅《日国》也并未收录此词。《菅家文集》中该词仅出现了一次，或是菅原道真模仿"儿"缀而创造的新词。

王力在《汉语史稿》中指出"词尾'儿'是从唐代开始产生的"，"又比如：'牧儿''庐儿''侍儿''歌儿''僮儿'等，其中的'儿'虽不直接用作本义，但却表示一类人，因此不能认为是后缀"。可见，《菅家文集》中出现的"厮儿"和"厨儿"是词汇双音化发展的结果。此外，《菅家文集》中还出现了"莺儿""黄雀儿"等含"儿"后缀的口语词。《全唐诗》中同样含有大量"儿"后缀口语词，用于表示鸟兽虫类，如：青雀儿、青鸟儿、黄莺儿、白鹭儿、鹿儿等。

【几许　多许】

张相《诗词曲语词汇释》卷三"许，估计数量之词"，"少许、多许、一许，皆估计数量之辞。无事诠释。其习见著则为几许"。松尾良樹《日本书纪和唐代口语》中把"几许"视为数量疑问词，同时把"几许"与"几多"归为唐代口语词。白居易诗文中"几许"出现了16次，"几多"出现了11次，两者都是数量疑问词。

"几许"也就是多少、若干，早见于《古诗十九首·迢迢牵牛星》"河汉清且浅，相去复几许"。陶渊明《杂诗·其五》"气力渐衰损，转觉日不如。壑舟无须臾，引我不得住"。南北朝民歌《读曲歌》"逋发不可料，憔悴为谁睹。欲知相忆时，但看裙带缓几许"。谢朓《赠王主簿诗二》"含笑解罗襦。余曲讵几许"。按照出现时间，"几许"是汉代口语词，而非唐代口语词。但是魏耕原《全唐诗语词通释》收录了"几许"，江蓝生《唐五代语言词典》中亦收录此词。

《菅家文草》中"几许"出现的次数不多，只有一例：

《晚春，同门会饮，玩庭上残华》：荣枯物我自应知，春晚残花几许枝。人有同门芳意笃，鸟无比翼暮栖移。

"几许"在《全唐诗》中出现的次数较多，有80余次，至少可将其认定为唐代词汇。白居易诗文中"几许"多达十次。

"多许"，犹众多。《大词典》用例举宋代王谠《唐语林·赏誉》"上林多许树，不借一枝栖"。其实，"多许"一词早见于唐代，应该属于唐诗口语词。白居易《自题·其二》"功名宿昔人多许，宠辱斯须自不知。一旦失恩先左降，三年随例未量移"。隋朝阇那崛多译《佛本行集经·卷第四十·教化兵将品下》中也多次出现"多许"一词。如："我今独自不能淹消食多许金，即便携将五百钱，直还向兵将婆罗门边。"又如，"若不能办多许钱物，则汝自然不离家居"。（卷45）"集聚多许阎浮檀金，造作女形"（卷45）。

《菅家文草》中出现了一例"多许"：

《早春侍内宴，同赋无物不逢春，应制》：诗臣胆露言行乐，女妓妆成舞步虚。侍宴虽知多许事，一年一日忝仙居。

"多许"在唐诗中出现次数较少，仅在白居易诗歌中发现一例。《菅家文集》中的"多许"用例可进行补充，是较珍贵的例证。"多许"与"许多"两者的意思基本一致，都是众多。"许多"较"多许"出现的时间早，例子也多。

（1）绕殿流莺凡几树，当蹊乱蝶许多丛。春园既醉心和乐，共识皇恩造化同。（张说《奉和圣制春日幸望春宫应制》）

（2）不知心大小，容得许多怜？（常非月《咏谈容娘》）

"许多"与"多许"都是唐诗口语词，《菅家文草》诗文中只见"多许"，未见"许多"用例。

【夜来　晚来】

蒋绍愚《唐诗语言研究》中指出《春晓》中"夜来"是口语词。其中，"来"是名词词尾，可以放在名词、形容词后面，构成表示时间的词语。《唐五代语言词典》中也收录了"夜来"，有两个义项，昨夜和夜间。《大词典》中的"夜来"有四个义项：一是"入夜"。例子是杜甫《遣怀》"夜来归鸟尽，啼杀后栖鸦"。二是"夜间；昨夜"。例子是孟浩然《春晓》"夜来风雨声，花落知多少"。三是"昨天"。宋代贺铸《浣溪沙》词"笑捻粉香归洞户，更垂帘幕护窗纱，东风寒似夜来些"。四是"魏文帝爱妾薛灵芸的别名"。

其实，"夜来"在南北朝时期就已出现。南北朝鲍照《夜听妓诗二首》："夜来坐几时，银汉倾露落。澄沧入闺景，葳蕤被园藿。"唐代张说《岳阳早霁南楼》："山水佳新霁，南楼玩初旭。夜来枝半红，雨后洲全绿。"以上诗文都比《大词典》中的例子时间早。

"夜来"在唐诗中有前两种义项。《菅家文草》里有3处"夜来"，分别是：

（1）悔不当时千万谢，应烦别后夜来梦。（《践别同门故人各着绯出宰》）

（2）偷谥贞文为汝诔，夜来窥得巨门星。（《伤巨三郎，寄北堂诸好事》）

（3）夜来月照光明见，晓后风凉香气起。（《九日侍宴，同赋仙谭菊。各分一字，应制》）

这三个"夜来"都是夜间、夜里的意思。"夜来"在唐诗中出现频率较高，仅白居易诗中就出现了12次，是一个流传比较广的口语词。

"晚来"在《大词典》中有收录，意思是"傍晚；入夜"。例子举的是杜甫《题郑县亭子》"更欲题诗满青竹，晚来幽独恐伤神。""晚来"最早见唐李百药《雨后》："晚来风景丽，晴初物色华。薄云向空尽，轻虹逐望斜。"王昌龄《赵十四兄见访》："晚来常读易，顷者欲还嵩。世事何须道，黄精且养蒙。"《白居易全集》中该词更是出现了多达9次。"晚来"在《菅家文集》中出现2次：

（1）晚来春酒终无算，花色人颜醉一般。（《相府文亭，始读世说新书。聊命春酒，同赋雨洗杏坛花。应教一首》）

（2）红轮晴后转，翠幕晚来褰。遇境虚生白，游谈时入玄。（《叙意一百韵》）

"晚来""夜来"都是口语词，并且"来"词义虚化，无实际意义。王云路先生《中古诗歌附加式双音词举例》中指出："'来'的含义都虚化了，其主要作用是构成双音节时间词。"汉语词汇由单音节向复音节发展，是一个重要的趋势。王力《汉语史稿》中指出："汉语复音词的构成，可以分为三大类：（一）连绵词；（二）词根加词头、词尾；（三）仂语的凝固化。""来"作为时间名词后缀，《菅家文集》中还出现了"春来"（5次）"秋来"（4次）"夏来"（1次）等词。

（1）偏因历注觉春来，物色人心尚冷灰。诬告浪从冰下动，暗思花在雪中开。（《立春》）

（2）何处新烟柳色妆，春来数日映青阳。不关钻火初生气，应是消寒暗治霜。（《赋新烟催柳色，应制》）

（3）宣风坊下腐儒家，欲待春来快见花。何事劝君催种树，姓山名谷业文华。（《劝前进士山风种庭树》）

（4）虽有故山不定家，褐衣过境立晴砂。一生情窦无机累，唯只春来四面花。（《下山言志》）

（5）墩西路北贾人群，无柳无花不听莺。自入春来五十日，未知一事动春情。（《二月十九日》《菅家后草》）

（6）秋来六日未全秋，白露如珠月似钩。一感流年心最苦，不因诗酒不消愁。（《七月六日文会》）

（7）涯分浮沉更问谁，秋来暗倍客居悲。老松窗下风凉处，疏竹篱头月落时。（《秋》）

（8）秋来客思几纷纷，况复重阳暮景曛。菊遣窥园村老送，茰从任土药丁分。（《重阳日府衙小饮》）

（9）犬马微情叉手表，冰霜御制遍身侵。恩覃父祖无涯岸，谁道<u>秋来</u>海水深。（《奉感见献臣家集之御制，不改韵，兼叙鄙情。一首》《菅家后草》）

（10）偶寻文阁共闲居，左见弹琴右见书。昨夜欢逢春晚尽，今朝苦念<u>夏来</u>初。（《过尾州滋司马文亭，感舍弟四郎壁书弹琴妙，聊叙所怀，献以呈寄》）

三、菅诗与白诗语词汇释

菅原道真师从岛田忠臣（828—892），而岛田忠臣受唐代诗人白居易的诗风影响最大，白诗在平安时代曾一度受到贵族顶礼膜拜。据日本学者川口久雄统计，日本诗文集锦《和汉朗咏集》（1013）中刊载白居易的诗多达135首。白居易作品是由日本遣唐使传入日本，白居易的诗歌一经传入，迅速流传开来，深受当时日本文人的喜爱。醍醐天皇都对《白氏文集》爱不释手，"平生所爱，氏文集七十卷是也。今以菅家不亦开轶"。①而菅原道真的诗作更是得到醍醐天皇的好评，并被赐予御赐诗《见右丞相献家集》"门风自古是儒林，今日文华皆尽金。唯咏一联知气味，况连三代饱清吟。琢磨寒玉声声丽，裁制余霞句句侵。更有菅家胜白样，从兹抛却匣尘深"。②白居易深深影响了王朝时期日本汉文诗，对日本汉文诗界的影响之大，无法估量。元稹《白氏长庆集序》也指出："鸡林贾人求市颇切，自云本国宰相每以百金换一篇，其甚伪者，宰相辄能辨别之。自篇章以来，未有如是流传之广者。"③可见，《菅家文草》中用词与白诗用词有大量重合，并非巧合。其中大约有一百多个白诗中的词语出现在《菅家文草》中，例如：意中、感兴、向后、荤腥、黄醅、五千文、色相等词。

王云路《中古汉语词汇史》中论述："从汉魏六朝语汇中发现：不仅名词、形容词及副词有词根与词缀结合的附加式双音词，动词中同样存在此种构词方式；附加式双音词很有规律，分布广泛，是汉语词汇双音化进程中的一个重要手段。"④并且指出唐宋时期时这种构词方式十分流行，已经由民间口语扩大到文人诗作中。白居易诗歌中存在大量的附加式双音词，而《菅家文草》中的附加式双音词不在少数，这是唐代汉语词汇发展并且传播的过程。日本学者松尾良树先生《平安朝汉文学と唐代口语》中

① 川口久雄校注.菅家文草［M］.日本古典文学大系，東京：岩波书店，1966：472.
② 川口久雄校注.菅家文草［M］.日本古典文学大系，東京：岩波书店，1966：471.
③ 冀勤.元稹集［M］.北京：中华书局，1982：555.
④ 王云路.中古汉语词汇史［M］.北京：商务印书馆，2010：262.

指出"动词+助字是口语用法的特征"。口语词汇发展的确促进了汉语双音化的进程。下文就中日两部诗歌集中的双音词分布及其附加成分进行分析，展示唐代汉语传播并且进入日本词汇的过程。

（一）菅诗与白诗中的附加式双音词考察（上）

【～却】

却：助词。用在动词后面，表动作的完成。《唐五代语言词典》对其释义到：用在动词后面作助词，相当于"了"或"着"。《菅家文草》中有"破却、忘却、谢却、厌却"。这些词有的被《日国》收录，有的是汉语词典没有收录的，但是这些词语都是汉语词汇，下面将这些词语一一进行考释和溯源，补正《汉语大词典》义项，并探析这些词语与白诗词汇的共同点。

1. 破却

《大词典》释义为"击退"。《新唐书·列传·卷九十二·列传第十七》："艺捍寇，数破却之，勇常冠军，为诸将忌畏。"《唐五代语言词典》等辞书中未收录此词。《菅家文草》中出现了一用例：

月初破却菊才残，渔夫樵夫抑意难。况复诗人非俗物，夜深年暮泣相看。（《对残菊待寒月》）

此处"破却"显然不能释义为"击退"。"破却"与"残"对照，都是"残缺，破坏"的意思。《日国》中收录了"破却"，第一个义项是："こわすこと。すっかりこわして、原形をとどめないようにすること。破坏。"（损坏的，原形被破坏，支离破碎的）。所举的最早例子恰是《菅家文草》中例子。第二个义项是："打ち破って追いしりぞけること。"这是乘胜追击的意思，与《大词典》中释义一致。"乘胜追击"之义在《新唐书》中有用例，但是《新唐书》是北宋欧阳修等人编著的，年代已经比《菅家文草》较迟。所以"破却"较早义项是"损坏，破坏"。此义项在唐诗中也有相关用例：

（1）破却千家作一池，不栽桃李种蔷薇。（贾岛《题兴化寺园亭》）

（2）忽然一曲称君心，破却中人百家产。（陆长源《句》）

（3）开当青律二三月，破却长安千万家。（徐夤《牡丹花二首》）

（4）记横笛、玉关高处。万里沙寒，雪深无路。破却貂裘，远游归后与谁谱。（王奕清等编制《御定词谱·卷二十五·长亭怨慢》）

以上"破却"和《菅家文草》中的含义一致，用例较多，后世也有沿用。例如：元代永中补，明代如卺续补的《缁林宝训》中有"区区名利，役役趋尘。不思戒律，破却威仪。取一生之容易，为万劫之艰辛"。《大词典》收录"破却"时缺录一个义项，并且例子较晚，《菅家文草》中的"破却"是日本典籍中最早的用例，可以看出菅原道真对唐诗和汉语词汇有良好的掌握和运用。唐诗词汇的传入也丰富了日本汉字词的内容。

2. 谢却

该词在《大词典》第一义项是"除去"。用例见宋代辛弃疾《稼轩词·卷四·浣溪沙》："父老争言雨水匀，眉头不似去年颦。殷勤谢却甑中尘。"第二义项是"谢绝"。例子是明代唐顺之《荆川集·卷十·墓志铭·张运使墓碑铭》："自为进士，服除，赴选，邑令赆之二十金，公谢却之。"以上用例出处都比《菅家文草》要晚许多。《菅家文草》中的该词用例如下：

何处浮杯欲绝踪，愁看泣血旧溪龙。传将法界二明火，谢却老僧一老松。（《别远上人》）

此处"谢却"是"谢绝"义。《日国》也收录了"谢却"："ことわること。去らせること。（'却'は助辞）。"（婉言谢绝，"却"是助词。）

《日国》所举例子中《菅家文草》是最早的用例，并且汉籍中的例子是明代唐顺之《运使张东洛墓碑铭》。看似是日本文献较汉文典籍早出现用例，其实不然。"谢却"在诗歌中的较早用例见于唐代杜牧诗：

空悲浮世云无定，多感流年水不还。谢却从前受恩地，归来依止叩禅关。（许浑《将赴京留赠僧院》）

杜牧诗中的"谢却"是第二义项"谢绝"义。可见，"谢却"并非日本词语，且没有在日本产生新义项。宋词中"谢却"出了大量用例，例如：

（1）果因甚、亭亭瘦影如前度。无由寄与。待谢却梅花，东风为我，吹梦过淮浦。（谭宣子《摸鱼儿》）

（2）故宫秋晚馀芳尽，轻阴闲淡池阁。凤泥银暗玳纹花，卷断肠帘幕。渐砌菊、遗金谢却，芙蓉才共清霜约。（《全宋词·卷580·霜叶飞》）

3. 厌却

《大词典》《唐五代语言词典》及《敦煌文献语言词典》中都未收录"厌却"，但是在《菅家文草》中存在相关用例：

一生一死争道频，手谈厌却口谈人。殷勤不愧相嘲咋，漫说当家有积薪。（《观王度围棋，献呈人》）

《日国》中收录了此词，释义如下："きらってしりぞけること。きらって棄てること。"（放弃，拒绝的意思。）

《唐五代语言词典》中收录了"厌"，释义为"辞拒"。杜甫《曲江》："且看欲尽花经眼，莫厌伤多酒入唇。"白居易《六年立春日人日作》："乡园节物应堪重，亲故欢游莫厌频。"上文两处"厌"和《菅家文草》中"厌却"含义一致。虽然词典中未收录"厌却"，但是"厌却"却非日本词语，其余唐代典籍中有相关用例：

程雅问："拾攄鬼木曰无患，何也？"答曰："昔有神巫曰瑶眊，能符劾百鬼，得鬼则以木为棒，棒杀之。世人传以此木为众鬼所畏，取此木为器用，以厌却邪鬼，故曰无患也。"（五代马缟《中华古今注·卷中》）

"厌却"一词唐朝已存在，后世用例较多。例如：

（1）不为众所压亦不厌却他人，即所谓遵也。（黄震《黄氏日抄》卷三十四）

（2）苟于应酬之中，随事随地不失此体，眼前大地何处非黄金。若厌却应酬，心必欲去觅山中，养成一个枯寂，恐以黄金反混作顽铁矣。（清代黄宗羲《复龙溪》卷十一）

"厌却""谢却"以及"破却"三个词都在《日国》中出现，但都为汉语词汇，是唐代词汇进入日本词汇系统的体现。除此之外，《菅家文草》中还有"忘却""卷却""送却"等词。

4. 忘却

《大词典》释义为"忘记掉"。所举用例是唐朝张籍《寄苏州白二十二使君》："此处吟诗向山寺，知君忘却曲江春。"《菅家文草》中有 2 用例：

（1）跂将心绪急，忘却眼珠除。仰有纤纤看，行无皎皎舒。（《新月二十韵》）

（2）不睡腾腾送五更，苦思吾宅在东京。竹林花苑今忘却，闻道外孙七月生。（《不睡九咏第一》）

"忘却"一词在白诗中多达 7 次：

（1）身病忧来缘女少，家贫忘却为夫贤。（《答谢家最小偏怜女》）

（2）生计抛来诗是业，家园忘却酒为乡。（《送萧处士游黔南》）

（3）官职家乡都忘却，谁人会得使君心。（《代州民问》）

（4）携将道士通宵语，忘却花时尽日眠。（《赠苏炼师》）

（5）林亭一出宿风尘，忘却平津是要津。（《宿裴相公兴化池亭》（兼蒙借船舫游泛））

（6）旧诗多忘却，新酒且尝看。（《无梦》）

（7）二年忘却问家事，门庭多草厨少烟。（《达哉乐天行（一作健哉乐

天行）》）

"忘却"是菅诗与白诗中都出现的词语，《大词典》未收录"卷却""送却"。据笔者统计，白诗"～却"附加式动词双音词共有 8 个，分别是：除却、忘却、抛却、失却、背却、减却、死却、懒却。仅"除却"用例就多达 18 条，这些词语与《菅家文草》中"～却"构成的口语词成为菅原道真学习和模仿白诗的体现。

【～取】

《唐五代语言词典》"取"释义为"用在动词后面，为助词"。秦韬玉《紫骝马》："若遇丈夫能控驭，任从骑取觅封侯。"《大词典》有 24 个义项，其中助词用法有：一表动态。犹"得"。唐杜甫《酬韦韶州见寄》："虽无南过雁，看取北来鱼。"二表动态。犹"着"。唐李白《短歌行》："歌声苦，词亦苦，四座少年君听取。"

王云路《中古诗歌附加式双音词举例》提及"取"字做词缀，并指出"取"在双音节动词中词义逐渐虚化，处于附属地位，主要作用是使动词双音化。《菅家文草》中有算取、闻取、咏取、分取、结取、看取。白诗中有：听取、记取、收取、看取、留取、聊取、换取、买取、想取、闷取、巡取、忍取。其中菅诗中"算取"出现了 3 次，"闻取"出现了 2 次。"看取"等出现了 1 次。

《菅家文草》中"～取"用例如下：

（1）未饱残秋赏，应惊五夜眠。纵教闻取去，那得写门前。（《石泉》）

（2）在远相思一故人，花前月下海边春。刘歆旧说君闻取，莫党同门妒道真。（《书怀赠故人》）

（3）五云晴指登高处，千日暮知解醉时。算取重阳名教乐，此生长断茹灵芝。（《九日侍宴。各分一字，应制》）

（4）算取宫人才色兼，妆楼未下诏来添。双鬓且理春云软，片黛绕成晓月纤。（《早春，观赐宴宫人，同赋催妆，应制》）

（5）算取汉头牛女心，秋怀自与夜更深。竹窗风动笙歌晓，意绪将穿月下针。（《七夕秋意，各分一字，应制》）

（6）不容粉妓偷看取，应叱黄鹂戏踏伤。请莫多怜梅一树，色青松竹立花傍。（《早春侍宴，同赋殿前梅花，应制》）

（7）风情用笔临时泣，霜气和刀每夜寒。莫使金精多咏取，明年分附后人看。（《对残菊咏所怀，寄物忠两才子》）

（8）憔悴寒丛种舍诸，贵门分取荫阶除。偏思彩凤随青蔼，岂料文星降碧虚。（《近似拙诗一首，奉谢源纳言移种家竹。前越州巨刺史，忝见酬

和。不胜吟赏，更次本韵》)

(9) 肃气凝菊柜，烈朵带寒霜。结取三危色，韬将五美香。(《霜菊诗》)

白诗中的例子太多，此处不一一列举。据笔者统计，其中"看取"6例，"留取"5例，"记取"4例，"听取"3例，"聊取"2例，"收取""换取""买取""想取""闷取""巡取""忍取"各1例。

【~来】

"来"可作为动态助词，《菅家文集》中出现"来"作动词词缀的"迎来""存来""待来""添来""归来""往来""分来""怀来"等词。如下：

(1) 迎来至道欲相仍，岂意龙门有李膺。乍见浮云风处破，何嫌捕影日中升。(《奉和安秀才代无名先生，寄矜伐公子》)

(2) 良辰谁揪度，益者忽相寻。逮从新兰室，存来旧竹林。(《侍廊下，吟咏送日》)

(3) 待来寒食路遥遥，自一阳生百五朝。天愍子推嫌举火，柳烟桃焰雨中消。(《陪寒食宴，雨中即事，各分一字》)

(4) 送客何先点泪痕，应缘别后不同门。今朝记得归来日，万里程间一折辕。(《花下饯诸同门出外吏，各分一字》)

(5) 魂也归来何处凭，生涯不遇痛无胜。君悲逝水孤浮浪，我泣分阴共镂水。(《奉和兵部侍郎哭舍弟大夫之作》)

(6) 我试为吏赞州去，且行且泣沙浪春。一秩四年尽忠节，归来便作侍中臣。(《左金吾相公，于宣风坊临水亭，饯别奥州刺史，同赋亲字》)

(7) 归来连座席，公堂偷眼视。欲酬他日费，求利失纲纪。(《哭奥州藤使君》)

(8) 德是明王致远车，东过乌塞北龙沙。怀来惣作怀中物，四海茫茫尚一家。(《仲春释奠，听讲左传，赋怀远以德》)

(9) 雪片花颜时一般，上番梅檬待追欢。冰纨寸截轻妆混，玉屑添来软色宽。(《早春侍宴仁寿殿，同赋春雪映早梅，应制》)

(10) 归欤浪白也山青，恨不追寻界上亭。肠断前程相送日，眼穿后纪转来星。(《夏夜于鸿胪馆，饯北客归乡》)

(11) 纵未鳞飞石道潘蟠，如闻早上李膺门。自知君感相存慰，为我衔来咳唾恩。(《感小蛇，寄田才子，一绝》)

(12) 小松经几日，不变旧青青。本是山中种，移来水上庭。(《小松》)

（13）菊开新月令，弦鼓旧云和。较量皇恩泽，<u>翻来</u>四海波。（《九月九日，侍宴，应制》）

（14）水阔云深春日长，含情不觉有风光。<u>闻来</u>奉试诗评未，闻得同门博士亡。（《书怀寄文才子》）

（15）口戏贪怜诬犯限，眼偷临望叱归堂。此间胜境虽无主，渐渐<u>闻来</u>欲有妨。（《游览偶吟》）

（16）正五位虽贵，二千石虽珍。<u>悔来</u>手开匣，无故损精神。（《对镜春日独游》）

（17）门外小池池内莲，<u>问来</u>谁种又谁穿。稚肤叶展馋承露，清溜溪通不誊涓。（《丙午之岁，四月七日》）

（18）<u>见来</u>才一月，相送几重波。未省中怀散，空添别泪多。（《别文进士》）

（19）床寒枕冷到明迟，更起灯前独咏诗。诗兴<u>变来</u>为感兴，关身万事自然悲。（《独吟》）

（20）仙盖<u>追来</u>花锦乱，御帘卷却月钩新。四时不废歌王泽，长断诗臣作外臣。（《三月三日，侍于雅院。赐侍臣曲水之宴，应制》）

（21）行迟浅草潮痕没，坐久深更月影斜。若放<u>往来</u>怜胜境，越州买得一儒家。（《海上月夜》）

（22）非书非剑我君明，千尺愿丝一个情。趁重素风初七夕，<u>待来</u>铜雀第三声。（《同纪发韶，奉和御制七夕祈秋穗诗之作》）

（23）高阁藤花次第开，疑看紫绶向风回。荣华得地长应赏，不放游人任<u>折来</u>。（《紫藤》）

（24）单方此日插茱萸，不认登山也坐湖。收采有时寒白露，<u>戴来</u>无数小玄珠。（《九日侍宴，观群臣插茱萸，应制》）

（25）此是天经即孝经，<u>分来</u>圣道满皇庭。为臣为子皆言孝，和啻春风仲月下。（《仲春释奠，听讲孝经》）

（26）彦环赠与竹绳床，甚好<u>施来</u>在草堂。应是商人留别去，自今迁客着相将。（《题竹床子》）

此外，还存在作形容词词缀的"新来""怪来"等词。

（1）三更待月事何如，目倦心疲望里疏。酒是十巡诗百咏，<u>怪来</u>不照我闲居。（《八月十五夕，待月。席上各分一字》）

（2）<u>怪来</u>言笑梦中闻，客舍萧萧夜半分。春月不辞高折桂，秋风有力远披云。（《谢文进士新及第，拜辞老母，寻访旧师》）

（3）<u>怪来</u>日日形容变，只是行行世路难。筋力莫言年几老，四旬有五岂凋残。（《白毛叹》）

（4）家业年租本课诗，情田欲倦莠言滋。材窥孟立无全性，女妒<u>新来</u>不弃嫜。（《予作诗情怨之后，再得菅著作长句二篇。解释予愤，安慰予愁。愤释愁慰，朗然如醒。予重抒芜词，谢其得意》）

"来"是附加成分，基本无实义，与此相关的附加式动词双音词和附加式形容词双音词则为研究唐朝词汇提供了富有价值的语料。

（二）菅诗与白诗中的附加式双音词考察（下）

除去上文提到的"～却""～取""～来"构成的口语词，菅诗和白诗中还有大量与此结构类似的词语，对我们研究唐诗口语词汇有着重要意义。下为介绍。

【～杀】

杀，副词，用在谓语后面，表示程度之深。"杀"作为附加成分的较早用例可追溯至汉代《古诗十九首·去者日以疏》"去者日以疏，生者日已亲。出郭门直视，但见丘与坟。古墓犁为田，松柏摧为薪。白杨多悲风，萧萧愁杀人！思还故里闾，欲归道无因"。另有，汉代《古歌》："秋风萧萧愁杀人，出亦愁，入亦愁。座中何人，谁不怀忧。令我白头。"

1. 恼杀

该词在唐诗中频率较高。例如，唐皎然《送至严山人归山（一作送严上人）》："初到人间柳始阴，山书昨夜报春深。朝朝花落几株树，恼杀禅僧未证心。"《大词典》中释义"恼杀"为"恼甚"，"杀"是语助词，表示程度深，亦作恼煞。《唐五代语言词典》对其释义到："甚辞，相当于'极''甚''很''非常''太'；可以作状语，又可以作补语"。① "杀"与"煞"通用。南唐冯延巳《金错刀·日融融》："春光堪赏还堪玩，恼煞东风误少年"。《大词典》中"恼杀"义项并不精确。魏耕原《全唐诗语词通释》不太赞同《大词典》的释义，并认为："赠人之言岂能说恼甚。"②

恼，动词。犹言爱，表示亲昵。"恼"之言爱，犹唐人以"伤心"为欢快娱乐之词，亦如戏剧中称爱人为"怨家"。③ 《李白全集编年校注》（67页）："恼，撩拨，引逗。杀，甚辞。"下为《菅家文草》中3处用例：

（1）松窗岚气苦，<u>恼杀</u>感秋情。裹得诗人兴，增来夜水声。樵夫衣可薄，野客梦难成。已醉三分酒，谁愁冒晓行。（《晚岚》）

① 江蓝生，曹广顺.唐五代语言词典［M］.上海：上海教育出版社，1997：329.
② 魏耕原.全唐诗语词通释［M］.北京：中国社会科学出版社，2001：208.
③ 魏耕原.全唐诗语词通释［M］.北京：中国社会科学出版社，2001：208.

（2）月转孤轮满百城，无端<u>恼杀</u>客中情。山疑小雪微微积，水误新冰渐渐生。永夜犹宜闲望坐，寒岚不得出游行。每思玄度肠先断，空放吟诗一两声。（《冬夜对月忆友人》）

（3）相遇因缘得立身，花开不竞百花春。蔷薇汝是应妖鬼，适有看来<u>恼杀</u>人。（《感殿前蔷薇，一绝东宫》）

前两例可释义为"引起，勾起"，后一例则含有"魅惑"之义。《日国》收录"悩殺"，释义为"大いになやますこと。特に、女がその性的魅力で男の心をかき乱すこと。魅惑。のうさい"。（令人大伤脑筋，特别是女性的魅力令男子意乱情迷，魅惑。）这与《全唐诗语词汇释》释义基本一致。《全唐诗》中白诗出现了2处"恼杀"。

（1）梨花有思缘和叶，一树江头<u>恼杀</u>君。最似嬩闺少年妇，白妆素袖碧纱裙。（《酬和元九东川路诗十二首·江岸梨花》）

（2）端坐交游废，闲行去步妨。愁生垂白叟，<u>恼杀</u>蹋青娘。（《酬郑侍御多雨春空过诗三十韵（次用本韵）》）

以上两处"恼杀"与菅诗中的意思一致。"～杀"附加式构词还有不少，《菅家文集》有"恨杀""笑杀"；白诗有：笑杀、爱杀、消杀、愁杀、欺杀、悔煞、思杀、热杀。

2. 笑杀

"笑杀"在菅诗出现了2次：

（1）<u>笑杀</u>陶元亮，飡资楚屈原。和光宜月露，同类是兰荪。（《寄白菊四十韵》）

（2）红樱<u>笑杀</u>古甘棠，安使君公遗爱芳。不用春庭无限色，欲看秋亩有余粮。（《酬藤司马咏厅前樱花之作》）

"笑杀"在白居易诗歌出现了4次：

（1）穷奢极丽越规模，付子传孙令保守。莫教门外过客闻，抚掌回头<u>笑杀</u>君。（《杏为梁-刺居处僭也》）

（2）醉翁向朝市，问我何官禄。虚言<u>笑杀</u>翁，郎官应列宿。（《宿溪翁（时初除郎官赴朝）》）

（3）君游丹陛已三迁，我泛沧浪欲二年。剑佩晓趋双凤阙，烟波夜宿一渔船。交亲尽在青云上，乡国遥抛白日边。若报生涯应<u>笑杀</u>，结茅栽芋种畲田。（《夜宿江浦，闻元八改官，因寄此什》）

（4）杖策人扶废病身，晴和强起一迎春。他时寒趹纵行得，<u>笑杀</u>平原楼上人。（《强起迎春，戏寄思黯》）

"笑杀"是喜爱，羡慕之义，虽然词典未收录，但是其用例颇多，《全唐诗》中李白卷中就出现6次。"愁杀"唐诗中该词用例也较多，白诗中有 13 例。

3. 恨杀

"~杀"所构成的口语词在唐诗用例颇多，《菅家文草》中也学习和模仿该结构，创制"恨杀"一词：

风月能伤旅客心，就中春尽泪难禁。去年马上行相送，今日雨降卧独吟。花鸟从迎朱景老，鬓毛何被白霜侵。无人得意俱言咲，恨杀茫茫一水深。（《春尽》）

《大词典》中"恨"有"遗憾"义，"恨杀"是"很遗憾"的意思。"恨杀"在唐诗并无用例，宋词中才大量出现相关用例。

（1）游丝千万暖风柔，只系得春愁。恨杀啼莺句引，孤他语燕攀留。纵然留住，香红吹尽，春也堪羞。去去不堪回首，斜阳一点西楼。（黎廷瑞《朝中措》）

（2）明露浴疏桐。秋满帘栊。掩琴无语意忡忡。掐破东窗窥皓月，早上芙蓉。前事渺茫中。烟水孤鸿。一尊重九又成空。不解吹愁吹帽落，恨杀西风。（蒋捷《浪淘沙》）

（3）东风方到旧桃枝。仙梦已云迷。画阑红子撄蒱处，依然是、春昼帘垂。恨杀河东狮子，惊回海底鸥儿。寻芳小步莫嫌迟。此去却慵移。断肠不在分襟后，元来在、襟未分时。柳岸犹携素手，兰房早掩朱扉。（蒋捷《风入松·戏人去妾》）

（4）绿窗睡起小妆残。玉钗低堕云鬟。回纹枉寄见伊难。心绪阑珊。翠袖两行珠泪，画楼十二阑干。销磨今古霎时间。恨杀青山。（朱埴《画堂春》）

虽然唐诗中未见"恨杀"，但是"~杀"附加式词语数量较多。此外，菅原道真捕捉汉诗词语特点，较早地使用了"恨杀"，是学习白诗语言的创新点之一。

【~将】

将："助词，用在动词后，有的表示动作完成或实现，有的表示动作持续，有的仅相当于一个语缀。"[1] 王云路《中古汉语词汇史》提及"将"作为附加成分其实在六朝时期就已有用例。《世说新语·文学第四》："刘真长与殷渊源谈，刘理如小屈，殷曰：'恶卿不欲作，将善云梯仰攻。'""作将"中"将"是附加成分，无实义。大约自六朝始，"将"可用作动词附加成分。《菅家文草》中有 11 个"~将"结构的词语：送将、含将、分将、踏将、剪将、传将、从将、攀将、计

---

① 江蓝生，曹广顺.唐五代语言词典［M］.上海：上海教育出版社，1997：184.

将、跂将、韬将。

（1）春风便逐问头生，为玩梅妆绕树迎。偷得谁家香剂麝，<u>送将</u>何处粉楼琼。（《早春，陪右丞相东斋，同赋东风妆梅。各分一字》）

（2）生涯我是一尘埃，宿业频遭世俗猜。东合<u>含将</u>真咳唾，北溟卖与伪珍瑰。（《余近叙诗情怨一篇，呈营十一著作郎。长句二首，偶然见酬。更依本韵，重答以谢》）

（3）昔思灵寿助衰羸，岂料樵翁古木枝。节目<u>含将</u>空送老，刀痕削着半留皮。（《山僧赠仗，有感题之》）

（4）洞深秋雨后，庭老晓霜来。不可<u>分将</u>去，平居引酒杯。（《老苔》）

（5）龙媒恋主整毫毛，眉寿三千欲代劳。齐足<u>踏将</u>初白雪，遍身开着浅红桃。（《郊外玩马》）

（6）此君分种旧家根，一二年来最小园。今夏新生长又直，<u>剪将</u>欲入钓翁门。（《新竹》）

（7）何处浮杯欲绝踪，愁看泣血旧溪龙。<u>传将</u>法界二明火，谢却老僧一老松。（《别远上人》）

（8）鸥鸟<u>从将</u>天性狎，鲈鱼妄被土风羞。销忧自有平沙步，王粲何烦独上楼。（《江上晚秋》）

（9）故山辞涧底，新地近仙亭。尘尾应堪用，<u>攀将</u>奉执经。（《松》）

（10）适逢知意玩春光，绿柳红樱绕小廊。不见家中他事业，<u>计将</u>道士晚驱羊。（《野庄》）

（11）<u>跂将</u>心绪急，忘却眼珠除。仰有纤纤看，行无皎皎舒。（《新月二十韵》）

（12）肃气凝菊柜，烈朵带寒霜。结取三危色，<u>韬将</u>五美香。（《霜菊诗》）

（13）步中杨叶远，云外白间轻。文武随时用，<u>韬将</u>表太平。（《弓》）

白诗中"~将"结构词语更多，例如：偷将、驱将、侵将、忍将、聊将、寄将、捕将、移将等。下为简要举例：

（1）新秋松影下，半夜钟声后。清影不宜昏，<u>聊将</u>茶代酒。（《宿蓝溪对月（一作宿蓝桥题月）》）

（2）人各有一死，此死职所当。<u>忍将</u>先人体，与主为疮痍。（《和微之诗二十三首·和李势女》）

（3）点得驱将何处去，五月万里云南行。闻道云南有泸水，椒花落时瘴烟起。（《新丰折臂翁-戒边功也》）

（4）一车炭，千余斤，官使<u>驱将</u>惜不得。半疋红纱一丈绫，系向牛头

充炭直。(《卖炭翁-苦官市也》)

（5）青石一两片，白莲三四枝。寄将东洛去，心与物相随。(《莲石》)

（6）后集寄将何处去，故山迢递在匡庐。旧僧独有云皋在，三二年来不得书。(《送后集往庐山东林寺，兼寄云皋上人》)

（7）江童持网捕将去，手携入市生卖之。我本北人今谴谪，人鸟虽殊同是客。(《放旅雁（元和十年冬作）》)

从上述例子中可以得知"～将"在唐朝时期得到了很大的发展。"～将"中的"将"意义虚化成附加成分，这是汉语双音化发展的结果，也是口语词汇发展的结果，"～将"等附加式动词双音词是先流传于劳动人民的口中，后被学者们记载的。

【～得】

《唐五代语言词典》中"得"释义为：助词，用在动词、形容词、副词之后，不为义。"～得"在菅诗中有多达 26 处，白诗中有 67 处相关词语。具体如下。

菅诗	报得 采得 出得 放得 含得 窥得 卖得 贸得 念得 劝得 认得 收得 偷得 闻得 问得 衔得 想得 写得 养得 移得 语得 占得 照得 争得 著得 纵得
白诗	安得 把得 变得 辨得 趁得 出得 催得 待得 点得 钓得 妒得 怪得 归得 换得 记得 嫁得 捡得 教得 截得 静得 居得 赖得 累得 炼得 留得 买得 梦得 觅得 恼得 拈得 抛得 破得 求得 取得 认得 胜得 拾得 赏得 收得 守得 索得 添得 忘得 想得 携得 行得 学得 养得 移得 倚得 忆得 吟得 引得 迎得 赢得 映得 诱得 欲得 摘得 召得 遮得 争得 知得 剧得 转得 醉得 坐得

可见，一方面，唐朝时附加式双音词发展极其迅速；另一方面，日本双音词也是不断传播与发展的。附加式双音词虽然在不同的语言环境下，但是其发展的历程具有许多相似性。

【～著】

著，《大词典》中含有"助动词"之用法，指"犹得"，表示客观上或情理上的需要、应该、能够等。用例举宋代张炎《绮罗香·席间代人赋情》词："才忘了、还著思量，待去也、怎禁离别。"《唐五代语言词典》对其释义为："助词，用在动词后面，表示持续态"。《变文集》卷一《捉季布传文》："藏著君来忧性命，送君又道灭一门。""著"与"得"作用一致，但是"著"表持续态，而"得"不具有此用法。《菅家文草》以及

《白居易全集》中有大量"著"用法。

《菅家文草》中的"~著"有 7 个相关词语：问著、归著、叫著、夸著、开著、祝著、插著。用例如下：

（1）如今尚是枢星散，宿昔何令贯日忽。<u>问著</u>先为黄玉宝，刻文当使孔丘通。（《赋得赤虹篇》）

（2）寒光早退更无余，万物逢春涣汗初。<u>问著</u>林前莺语报，看过水上浪文书。（《早春侍内宴，同赋无物不逢春，应制》）

（3）嗟来白日驱轮转，放得炎风避暑吟。<u>归著</u>荦腥应宴乐，世间何处拟先寻。（《长斋毕，聊言怀寄诸才子，酬答频来，吟咏有感，更因本韵，重以戏之》）

（4）谁疑世俗是风波，<u>叫著</u>苍天痛奈何。已断平生相教授，为君西向诵弥陀。（《伤安才子》）

（5）风驱应达旦，月送自通宵。<u>问著</u>程多计，初知向后遥。（《秋日山行二十韵》）

（6）<u>夸著</u>槐林来客尊，祗迎宰相到黄昏。伶人枕鼓池头卧，胄子怀诗壁下蹲。（《北堂浇章宴后，聊书所怀，奉呈兵部田侍郎》）

（7）龙媒恋主整毫毛，眉寿三千欲代劳。齐足踏将初白雪，遍身<u>开著</u>浅红桃。（《郊外阅马》）

（8）花散忽因风力处，玉销初见日光时。城中一夜应盈尺，<u>祝著</u>明年免旱饥。（《客居对雪》）

（9）客舍阴蒙四面山，窗中待月甚幽闲。远鸡一报回头望，<u>插著</u>寒云半缺环。（《晓月》）

白诗中"~著"有 6 个：附著、说著、恋著、留著、睡著、饮著。具体用例如下：

（1）先柔后为害，有似谀佞徒。<u>附著</u>君权势，君迷不肯诛。（《紫藤》）

（2）邯郸驿里逢冬至，抱膝灯前影伴身。想得家中夜深坐，还应<u>说著</u>远行人。（《邯郸冬至夜思家》）

（3）暗将心地出人间，五六年来人怪闲。自嫌<u>恋著</u>未全尽，犹爱云泉多在山。（《游仙游山》）

（4）下马闲行伊水头，凉风清景胜春游。何事古今诗句里，不多<u>说著</u>洛阳秋。（《秋游》）

（5）东顾辞仁里，西归入帝乡。假如君爱杀，<u>留著</u>莫移将。（《裴常侍以题蔷薇架十八韵见示因广为三十韵以和之》）

（6）独契依为舍，闲行绕作蹊。栋梁君莫采，<u>留著</u>伴幽栖。（《题遗爱

寺前溪松》）

（7）形骸与冠盖，假合相戏弄。但异睡著人，不知梦是梦。（《自咏五首》）

（8）香火一炉灯一盏，白头夜礼佛名经。何年饮著声闻酒，直到如今醉未醒。（《戏礼经老僧》）

"却""将""来""著""杀""得"与"取"在词汇结构中作用相差无几，附加于动词，推动词汇双音化。菅诗与白诗中大量附加式双音词是汉语词汇双音化进程的重要体现。菅原道真所在的平安时代，相当于晚唐时期，正是汉语词汇双音化快速发展阶段。这也是体现了域外汉籍对汉语研究的重要价值。

第三节　《菅家文草》与辞书编纂

《菅家文草》中存在大量的汉字词，其中不少词汇的相关用例对《大词典》具有重要作用，或是能够补充相关例证，或是能使得辞书例证提前。这对《大词典》的补充具有重要意义，对汉语辞书编纂具有重要价值，有助于推动国内语文辞书的编纂走向全面化、科学化。

一、《大词典》例证晚出的词语

《菅家文草》中有大量的《大词典》例证晚出的词语。研究这些词语有助于推进汉语辞书编纂、词语溯源研究。下文简要列举。

【浅春　春浅】

《尔雅·释天》："春为青阳，春为发生，春秋繁露。春者，天之和也。又春，喜气也，故生。"《公羊传·隐元年》："春者，何岁之始也。"《春秋公羊传注疏·隐公·卷一》："春者，天地开辟之端，养生之首，法象所出，四时本名也。昏斗指东方曰春，指南方曰夏，指西方曰秋，指北方曰冬。"

《大词典》"浅春"：初春；早春。也就是春意尚浅的阶段。《大词典》给出的最早出处是明代杨慎《词品·张材甫·卷之四》："浅春不怕嫩寒侵，暖彻熏笼瑞锦。"宋代张材甫《西江月》中有"浅春不怕嫩寒侵"。可见，"浅春"是乍暖还寒的一月，天气稍稍变暖，寒意还浓的时候。《日国》中"浅春"释义为："まだ寒さの残る春のはじめ，早春"（还有寒意的春天）。这可能比用"初春"来解释更好一些。该词较早出处是《菅家文草》（900 年），比《大词典》用例时间早许多。

纵观《四库全书》及《全唐诗》，"浅春"较早出现在温庭筠《太液池歌》：

腥鲜龙气连清防，花风漾漾吹细光。叠澜不定照天井，倒影荡摇晴翠长。

平碧浅春生绿塘，云容雨态连青苍。夜深银汉通柏梁，二十八宿朝玉堂。

唐诗中"早春"运用较多，而"浅春"则较少，温庭筠诗中用法虽少见，但并非孤例。北宋吕陶《麋枣道中》："寒侵客袂逢轻雨，翠拂林梢觉浅春。"朱敦儒的《杏花天》："浅春庭院东风晓，细雨打、鸳鸯寒悄。花尖望见秋千了。无路踏青斗草。""浅春"唐代诗歌中虽次数不多，但应该是唐代词语。与"早春"一词相比，"浅春"更具有生动性。宋代刘攽《彭城集》中有《寄孙巨源》：

袅袅柔芳浅浅春，早梅花白柳条新。归艎去后无来客，占得风光不共人。（刘攽《寄孙巨源》）

"浅春"和"浅浅春"比"早春"更具有层次感和韵味，然而，"浅春"使用频率不高，宋代"浅春"才开始在诗词频繁使用。清代《御制诗集》中有名为《浅春》的诗，"浅春已含韶，景物欣和畅"。"浅春"及"浅浅春"显然都比"早春"产生时间晚。因此，"浅春"词源值得深入研究。

不是吹灰案历疏，浅春暂谢上阳初。钻沙草只三分许，跨树霞才半段余。雪未销通栖谷鸟，冰犹羃得伏泉鱼。贞心莫畏轻寒气，恩煦都无一事虚。（菅原道真《同赋春浅带轻寒》）

上文同时出现"春浅""浅春"。"春浅"《大词典》中谓"春意浅淡"。唐代畅诸《早春》中有"献岁春犹浅，园林未尽开"。唐代张说《晦日》："晦日嫌春浅，江浦看湔衣。"戴叔伦《早春曲》："青楼昨夜东风转，锦帐凝寒觉春浅。"白居易《曲江早春》："曲江柳条渐无力，杏园伯劳初有声。可怜春浅游人少，好傍池边下马行。"罗隐《早春巴陵通中》："远雪亭亭望未销，岳阳春浅似相饶。"宋及以后的诗歌中出现"春浅"的还有很多例子。例如，宋代萧汉杰《卖花声》："湿逗晚香残。春浅春寒，洒窗填户着幽兰。惨惨凄凄仍滴滴，做出多般。和霰撒珠盘。枕上更阑。芭蕉怨曲带愁弹。绿遍阶前苔一片，晓起谁看。"元代郑禧《春梦录》中有一首《又〈悼亡吟〉二首》："任东风老去，吹不断，泪盈盈。记春浅春深，春寒春暖，春雨春晴，都来杀诗人兴，更落花、无定挽春情。芳草犹迷舞蝶，绿杨空误流莺。"

"春浅"与"春尚浅"含义相差无几。如：北宋晁补之《江诚子·赠次膺叔家娉娉》："豆蔻梢头春尚浅，娇未顾，已倾城。"《石门诗钞·释德洪·早春》："山中春尚浅，风物丽烟光。"其他作品也有出现。

《日国》中提及"春浅"的最早用例引自《菅家文草》中《同赋春浅带轻寒》。"浅春"和"春浅"基本同一时间传入日本，且被《菅家文草》吸收和运用。然而，"春浅"产生时间较早，且有"春尚浅""春犹浅"等类似结构。可见，"浅春"应是源自"春浅"。此外，"春浅"结构比较松散，所指时间阶段基本与"早春"一致，因此，"浅春""早春"逐渐成为同义词。

【野竖】

野竖，村野小童。《大词典》用例引自清代钮琇《觚剩·对羊》："罗次县山素无野竖登牧，忽见群羊数百，遍散岭谷。"该词早在南北朝时期刘勰《灭惑论》已见："张陵米贼，述记升天，葛玄野竖，着传仙公，愚斯惑矣。"

可知，南北朝已见"野竖"一词。葛玄是三国时期吴国人，人称太极葛仙翁，后世灵宝道士奉他为阁皂宗祖师。刘勰反对道教，骂五斗米道的创始人为"张陵米贼"，骂葛玄"野竖"，所以"野竖"是含有贬义色彩的。"野竖"来源于"竖子"。《战国策·燕策三》："荆轲怒，叱太子，曰：'今日往而不反者，竖子也！'"《史记·项羽本纪》："亚父受玉斗，置之地，拔剑撞而破之，曰：'唉！竖子不足与谋！'"可见，"竖子"是轻蔑的称呼，如同"小子"。

"野竖"有两个义项：一是轻蔑的称呼，小子，含有贬义色彩，指没见过世面或缺乏知识的人。此义项较早用例见于刘勰《灭惑论》；二是山野小童。此义项较早见于《菅家后草》："鱼观生灶釜，蛙咒聒阶砖。野竖供蔬菜，厮儿作薄饘"。(《叙意一百韵》)

【铅丸】

《大词典》中释义为"枪炮的弹丸"。明代唐顺之《咨总督都御史胡》："墙毁船摧，贼中铅丸死者尸叠墙壁间。"

《菅家文草》中有一例：

如碎如黏取貌难，被风吹结雪相搏。摩牙米簸声声脆，龙颔珠投颗颗寒。念佛山僧惊舍利，名医道士怪铅丸。袖中收拾殷勤见。应是为冰泪未干。(《白微霰》)

"名医道士怪铅丸"中的"铅丸"显然不能用《大词典》中的义项来解释。"铅丸"是道家用铅炼制的丹丸。"铅丸"与"铅丹"基本同义。

"铅丹"一词出现时间比较早。《抱朴子·内篇·卷一·金丹第四》："又乐子长丹法，以曾青铅丹合汞及丹砂着铜筒中，干瓦白滑石封之于白砂中，蒸之八十日，服如小豆，三年仙矣。"《天平广记·第一册·卷十三·神仙十三》："孔安国者，鲁人也。常行气服铅丹，年三百岁，色如童子。"谭峭的《化书》："术有火练铅丹以代谷食者，其必然也。然岁丰则能饱，岁俭则能饥，是非丹之恩，盖由人之诚也。"

可见，"铅丸"有两义项：一是道家用铅汞一类炼制的丹丸。早见于《菅家文草》；二是枪炮的弹丸。《大词典》对该词义项缺收，且时间较晚。

【深更】

深更，深夜。《大词典》中最早用例为清代姚衡《寒秀草堂笔记》卷三："丙寅十月十八日，夜大风，深更秉烛书。"《菅家文草》中出现了2处用例：

（1）行迟浅草潮痕没，坐久深更月影斜。若放往来怜胜境，越州买得一儒家。（《海上月夜》）

（2）眼欢令树饶温泽，心恨深更向晓天。遇境芳情无昼夜，将含鸡舌伴诗仙。（《就花枝，应制》）

《全唐诗》中有一用例：

得势侵吞远，乘危打劫赢。有时逢敌手，当局到深更。（杜荀鹤《观棋》）

与"深更"一样比《大词典》中所提供出处更早的词语，《菅家文草》中还有近70例，限于篇幅，不能一一列举。

二、补充尚未收录的词条及用例

《菅家文草》中有些词语不仅是《大词典》未收录，在汉语词典中都难觅踪影，在这里对这些词语进行简短的考释，力求丰富汉语词典的内容。

【春娃】

《大词典》中未收录这个词条。白诗中出现一次：

莫叹年将暮，须怜岁又新。府中三遇腊，洛下五逢春。春树花珠颗，春塘水麹尘。春娃无气力，春马有精神。并辔鞭徐动，连盘酒慢巡。经过旧邻里，追逐好交亲。笑语销闲日，酣歌送老身。一生欢乐事，亦不少于人。（《洛中春游呈诸亲友》）

《菅家文草》中同样仅一例"春娃"：

纨质何为不胜衣，谩言春色满腰围。残妆自懒开珠匣，寸步还愁出粉闱。娇眼曾波风欲乱，舞身回雪霁犹飞。花间日暮笙歌断，遥望微云洞里归。（《早春内宴，侍仁寿殿，同赋春娃无气力，应制一首》）

《唐五代语言词典》等辞书都未收录"春娃"，《日国》收录了"春娃"，释义为"春の美女"，也就是春天的美女。《汉书·扬雄传上》："资娵娃之珍髢兮，鬻九戎而索赖。”颜师古注曰：“娵、娃皆美女也。”《文选·左思〈三都赋〉》：“幸乎馆娃之宫，张女乐而娱群臣。”注曰：“吴俗谓好女为娃。”“好女”为娃，也就是娃有美女的义项，“春娃”也就是代表春天的美女。菅诗中也出现“吴娃”，指的是吴地的美女。该词在诗歌中出现次数较多，而“春娃”仅在白居易诗歌中出现了一次，用例较少。《日国》收录该词。因此，《大词典》应补收该词。

【早雁】

《大词典》等汉语辞书中未收“早雁”，《日国》收录该词，并释义：“例年より早く渡ってくる雁。”（比往年早渡过来的雁。）《菅家文草》中出现了一例用法：

无胜早雁叫伤情，沙漠凉风送远行。不见家人书便附，唯烦旅客梦难成。下弦秋月空惊影，寒橹晓舟欲乱声。忆汝先来南海上，夜寻落魄旧能鸣。（《闻早雁寄文进士》）

“早雁”在唐诗运用较多，《全唐诗》中出现了14次，例如：

（1）风息斜阳尽，游人曲落间。采花因覆酒，行草转看山。柳散新霜下，天晴早雁还。伤秋非骑省，玄发白成斑。（司空曙《九日洛东亭》）

（2）初秋玉露清，早雁出空鸣。隔云时乱影，因风乍含声。（李世民《赋得早雁出云鸣》）

（3）河桥送客舟，河水正安流。远见轻桡动，遥怜故国游。海禽逢早雁，江月值新秋。一听南津曲，分明散别愁。（储光羲《洛桥送别》）

（4）淮南摇落客心悲，涢水悠悠怨别离。早雁初辞旧关塞，秋风先入古城池。腰章建隼皇恩赐，露冕临人白发垂。惆怅恨君先我去，汉阳耆老忆旌麾。（刘长卿《闻虞沔州有替，将归上都，登汉东城寄赠》）

此外，该词较早可追溯至南北朝时期何逊《日夕望江山赠鱼司马诗》：“早雁出云归。故燕辞檐别。昼悲在异县。”《大词典》中收录“寒雁”“金雁”等词语，却失收“早雁”一词。

【早老】

《大词典》和《唐五代语言词典》等辞书都未收录“早老”。

陶家秋苑冷，残菊小篱间。为是开时晚，应因得地闲。唯须偷眼见，不许任心攀。若使风霜怒，当留早老颜。（菅原道真《残菊》）

《日国》收录此词，并释义：年のわりに早く老いこむこと。年に似合わず早くふけこむこと。（过早地衰老，与年纪不相符。）《全唐诗》中未见“早老”一词，但宋词中有5例：

（1）饱喜饥嗔，多愁早老。古人言语分明道。剩须将息少孜煎，人生万事何时了。（晁端礼《踏莎行》）

（2）堪笑多愁早老，管他闲是闲非。对花酌酒两忘机。唱个哩啰啰哩。（赵长卿《西江月》）

（3）多愁早老，着甚由来闲烦恼。休管浮名。安乐身康似宝珍。酒逢知己，好向尊前朝日醉。满劝瑶觥。祝寿如山岁岁青。（王观《减字木兰花》）

（4）人无百年人，刚作千年调。待把门关铁铸，鬼见失笑。多愁早老。（曹组《相思会》）

（5）元来老子曾垂教。挫锐和光为妙。因甚不听他，强要争工巧。只为忒惺惺，惹尽闲烦恼。你但莫、多愁早老。（朱敦儒《忆帝京》）

上述五例中"早老"与《日国》中的释义一致，指的是容颜与年纪不符合地衰迟。

【他念】

《日国》中收录"他念"，并释义为："ほかのことを思う心。ほかの心。余念。他意。他心。"（对另外的事用心。另外的心。杂念。他意。他心。）日本典籍中的较早用例见于《菅家文草》：

乐在其中断忧愤，心无他念增筋力。不觉鬓边霜气侵，自然面上桃花色。（菅原道真《路遇白头翁》）

《全唐诗》中发现了3条相关用例，年代都比菅诗早。

（1）寂然无他念，但对一炉香。日高始就食，食亦非膏粱。（白居易《偶作二首》）

（2）澹然无他念，虚静是吾师。形委有事牵，心与无事期。（白居易《夏日独直，寄萧侍御》）

（3）永日无他念，孤清吏隐心。竹声并雪碎，溪色共烟深。数息闲凭几，缘情默寄琴。谁知同寂寞，相与结知音。（王周《题厅壁》）

"他念"在汉籍中使用时间较早，使用次数多。所以词典中应收录此词，释义为：有别的想法或者念头。

【他门】

"信脚凉风得自由，弘文院里小池头。纪司马以他门去，藤少府因入室留。梁上鸡迟知未晓，枕边蛩急欲深秋。非无敝宅安眠卧，乘与来时物外游。"（《秋夜，宿弘文院》）该诗中"他门"指"别的流派或者别的门庭"。汉语辞书未见该词。《日国》释义为："他の他門。他の門流。ほかの一家。他の一族"。（其他的一门。其他的同一宗门的流派。另外的一家。其他的一族。）

《全唐诗》中出现了7次"他门"：

（1）市中有樵山，此舍朝无烟。井底有甘泉，釜中乃空然。我要见白日，雪来塞青天。坐闻西床琴，冻折两三弦。饥莫诣他门，古人有拙言。
（贾岛《朝饥》）

（2）九衢行一匹，不敢入他门。累日无余事，通宵得至言。命嗟清世
蹇，春觉闰冬暄。翻覆吟佳句，何酬国士恩。（李频《冬夜酬范秘书（一
作九衢春日酬范秘书）》）

（3）不似当官只似闲，野情终日不离山。方知薄宦难拘束，多与高人
作往还。牛笛漫吹烟雨里，稻苗平入水云间。羡君公退归敧枕，免向他门
厚客颜。（杜荀鹤《题汪明府山居》）

（4）九衢马识他门少，十载身辞故国遥。愿与吾君作霖雨，且应平地
活枯苗。（张蠙《投翰林张侍郎》）

（5）此生修道浅，愁见未来身。谁为传真谛，唯应是上人。自悲年已
长，渐觉事难亲。不向禅门去，他门无了因。（姚合《寄郁上人》）

（6）他门种桃李，犹能荫子孙。我家有棠阴，枝叶竟不繁。心醉岂因
酒，愁多徒见萱。（邵谒《送从弟长安下第南归觐亲》）

（7）衰羸岂合话荆州，争奈思多不自由。无路重趋桓典马，有诗曾上
仲宣楼。尘销别迹堪垂泪，树拂他门懒举头。（罗隐《寄张侍郎》）

除了以上几例外，《菅家文草》词语中被《日国》收录，而未被汉语
辞书收录的还有300多个，例如：

【断食】本来は苦行の一种。修行や祈愿のために、一定の期间自発
に食物を断つこと。（本来是苦行的一种。为了修行和祈祷，一定的期间
自发切断食物的行为。）

【红衫】红色の、裾の短い妇人の衣服。红色の舞衣。（红色的，下摆
较短的妇女衣服，红色的舞衣。）

【月浦】月の光の照らす浜边。（月光照耀的海边。）

【皋鹤】とのたとえ。また、臣下の声の九重に达する意で、意见を
宫中に奏闻するたとえとする。（比喻的用法，臣下的意见被君王采纳，
是宫中上奏的比喻。）

【座隐】棋を打つこと。围棋。棋をうちはじめると、居ながらにし
て隐遁するところからいう。（下围棋，用下围棋来比喻居住的地方是隐
秘的。）

【纯色】まじりけのない、それ一つだけの色。（只有一个颜色，没有
杂色。）

【新衲】（［衲］は隐者や僧の着る衣の意）新しい衣。（衲是僧人所
穿的衣服，新衲是僧人的新衣。）

诸如此类的词语尚有许多。但有些未被辞书收录是因为中日两国对于

词汇的定义不同。例如，日本把诸如"一荣一落""一离一会"的一类词也列入词汇中，汉语词汇中并不将此纳入词汇。总体说来，《菅家文草》中还有大量未被辞书收录的词语值得研究和考察。这有助于为辞书编纂提供素材，也有利于丰富汉语词汇史的研究内容。

参 考 文 献

一、国内出版

（一）著作

[1] 刘昫：《旧唐书》，北京：中华书局，1975 年。

[2] 张相：《诗词曲语词汇释》，北京：中华书局，1977 年。

[3] 木宫泰彦著，胡锡年译：《中日文化交流史》，北京：商务印书馆，1980 年。

[4] 王力：《汉语史稿》，北京：中华书局，1980 年。

[5] 冀勤：《元稹集》，北京：中华书局，1982 年。

[6] 梁容若：《中日文化交流史论》，北京：商务印书馆，1985 年。

[7] 蒋绍愚：《唐诗语言研究》，郑州：中州古籍出版社，1990 年。

[8] 蒋礼鸿：《敦煌文献语言词典》，杭州：杭州大学出版社，1991 年。

[9] 松浦友久著，陈植鄂、王晓平译：《唐诗语汇意象论》，北京：中华书局，1992 年。

[10] 王云路、方一新：《中古汉语语词例释》，长春：吉林教育出版社，1992 年。

[11] 罗竹风（主编）：《汉语大词典》，上海：汉语大词典出版社，1986—1993 年。

[12] 潘重规：《敦煌变文集新书》，北京：文津出版社，1994 年。

[13] 黄金贵：《古代文化词义集类辨考》，上海：上海教育出版社，1995 年。

[14] 江蓝生，曹广顺：《唐五代语言词典》，上海：上海教育出版社，1997 年。

[15] 伊藤清司：《中国古代文化与日本》，昆明：云南大学出版社，1997 年。

[16] 高文汉：《中日古代文学比较研究》，济南：山东教育出版社，1999 年。

[17] 葛兆光：《汉字的魔方》，沈阳：辽宁教育出版社，1999 年。

[18] 司马迁：《史记》，北京：中华书局，1999 年。

[19] 魏耕原：《全唐诗语词通释》，北京：中国社会科学出版社，2001 年。

[20] 王国维著，彭林整理：《观堂集林》，石家庄：河北教育出版社，2003 年。

[21] 何华珍：《日本汉字和汉字词研究》，北京：中国社会科学出版社，2004 年。

[22] 闫艳：《〈全唐诗〉名物词研究》，成都：巴蜀书社，2004 年。

[23] 闫艳：《唐诗食品词语语言与文化之研究》，成都：巴蜀书社，2004 年。

[24] 封演撰，赵贞信校注：《封氏闻见记校注》，北京：中华书局，2005 年。

[25] 中华书局编辑部：《全唐诗》，北京：中华书局，2005 年。

[26] 后藤昭雄：《日本古代汉文学与中国文学》，北京：中华书局，2006 年。

[27]　魏耕原：《唐宋诗词语词考释》，北京：商务印书馆，2006 年。

[28]　王先谦：《释名疏补证》，北京：商务印书馆，2008 年。

[29]　许慎、徐铉校订：《说文解字》，北京：中华书局，2009 年。

[30]　王云路：《中古汉语词汇史》，北京：商务印书馆，2010 年。

（二）论文

[1]　松尾良树：《日本书纪と唐代口语》，《和汉比较文学》，1987 年第 3 期。

[2]　刘兴均：《名物的定义与名物词的确定》，《西南师范大学学报（哲学社会科学版）》，1998 年第 5 期。

[3]　梁晓红：《口语词研究的宝贵资料》，《福建师范大学学报》，1990 年第 3 期。

[4]　静永建：《白居易诗集四分类试论》，《唐代文学研究》，1992 年第 5 期。

[5]　入矢义高，董志翘译：《白居易作品中的口语表达》，《苏州大学学报》，1996 年第 2 期。

[6]　肖瑞峰：《论菅原道真的汉诗艺术》，《杭州大学学报》，1997 年第 3 期。

[7]　马承五：《唐诗传播的文字形态与功能》，《华中师范大学学报》，1998 年第 1 期。

[8]　王运熙：《白居易诗歌的分类与传播》，《铁道师院学报》，1998 年第 6 期。

[9]　王云路：《中古诗歌附加式双音词举例》，《中国语文》，1999 年第 5 期。

[10]　赵仲明：《日本平安时代汉文学与白乐天文学》，《佛学研究》，1999 年刊。

[11]　罗时进：《寒山生卒年新考》，《唐代文学研究》，2000 年第 9 辑。

[12]　王晓平：《诗化的六朝志怪小说——〈菅家文草〉诗语考释》，《天津师范大学学报（社会科学版）》，2000 年第 1 期。

[13]　罗会同：《"衙门"本来作"牙门"》，《咬文嚼字》，2001 年第 12 期。

[14]　高文汉：《论平安诗人菅原道真》，《日语学习与研究》，2002 年第 4 期。

[15]　朱影：《唐代时日本对中国汉籍的摄取》，《图书馆理论与实践》，2003 年第 5 期。

[16]　蔡毅：《日本汉籍与唐诗研究》，《华南师范大学学报（社会科学版）》，2005 年第 1 期。

[17]　高文汉：《日本古代汉文学的发展轨迹与特征》，《解放军外国语学院学报》，2005 年第 4 期。

[18]　王京钰：《概论日本汉文学中的杜甫受容》，《辽宁工学院学报》，2005 年第 1 期。

[19]　陈福康：《论日本汉文学史》，《上海大学学报（社会科学版）》，2006 年第 5 期。

[20]　陈友冰：《日本近百年来中国古典文学研究历程及相关特征》，《汕头大学学报（人文社会科学版）》，2007 年第 3 期。

[21]　宋迎春：《唐代汉文化西传西域与东传日本的比较研究》，北京：北京语言大学，2007 年第 1 期。

[22]　沈少康：《平安时代日本人对汉籍的受容》，《青年文学家》，2009 年第 21 期。

[23] 何华珍:《〈参天台五台山记〉与中日汉字词研究》,《中国语学研究开篇》,2010 年第 29 期。

[24] 张安琪:《日本平安时代对白居易诗歌的接受》,《湖北成人教育学院学报》,2010 年第 1 期。

二、日本出版

[1] 川口久雄校注:『菅家文草』(日本古典文学大系第 72 卷),東京:岩波書店,1966 年。

[2] 川口久雄,若林力:『菅家文草・菅家後集詩句総索引』,東京:明治書院,1978 年。

[3] 後藤朝雄:『平安朝詩文の俗語』,大阪大学国文学研究会『語文』,1987 年第 48 期。

[4] 松尾良樹:『平安朝漢文学と唐代口語』,『国文学解釈と鑑賞』,1990 年第 55 期。

[5] 塩見邦彦:『唐詩口語の研究』,福岡:瞬報社写真印刷株式会社,1995 年。

[6] 後藤朝雄:『続日本紀における中国口語』,『続日本紀研究』,1996 年第 300 期。

[7] 和漢比較文学会編:『菅原道真論集』,東京:勉誠出版社,2003 年。

[8] 北川修一:『日本書記における中国口語と倭習の問題』,『和漢比較文学』,2003 年第 31 期。

[9] 唐炜:『日本書紀における中国口語起源二字漢語の訓読』,北海道:北海道大学出版社,2009 年。

附录二:《日国》引《菅家文草》汉字词汇一览表①

A	B					
阿	八音	白水	般若	宝座	本文	碧玉
阿衡	白痴	白须	斑鸠	暴虎	本韵	碧云
阿孃	白帝	白银	半百	杯行	崩浪	弊宅
蔼蔼	白环	白鱼	半汉	杯中	崩云	薜衣
艾人	白茅	百城	半年	卑幼	比量	荜门
鞍镳	白眉	百代	半夜	北辰	笔砚	壁鱼
案牍	白绵	百辟	半印	北海	必然	璧池
暗室	白末光	百千	傍人	北溟	毕竟	编成
嗷嗷	白牡丹	百岁	包容	北阙	碧海	编数
	白砂	拜辞	薄暮	北堂	碧宵	抃舞
		拜规	宝典	奔波	碧虚	变态

---

① 本词表系《日国》收录的《菅家文草》1 945 个词语。为方便检核,悉按汉语拼音排列。

遍满
遍照
别鹤
别恨
别驾
鬓毛
鬓雪
兵曹
兵机
病床
病身
波臣
帛书
博士
不翅
不老
不系舟
不遇
布
步历
步武

C

才
才器
裁缝
采樵
采择
彩凤
菜羹
残菊
残秋
残色
残香
残阳
残莺
残妆
惨栗
惨懔
苍鹰
草庵
草茅
草柄
草头
查郎

柴扉
柴扃
婵媛
禅道
禅经
禅僧
禅悦
禅众
蟾蜍
巉岩
缠绵
谗口
谗舌
长春
长久
长句
长曲
长山
长养
长斋
常场
场中
唱和
怅然
巢窟
朝觐
朝菌
朝列
朝士
嘲弄
潮痕
车鏊书
车车
臣
臣妾
臣下
辰角
宸极
晨夜
尘寰
尘客
尘容
尘置
成道
成功

成文
丞相
呈露
乘闲
程里
池底
池上
池塘
池头
张弛
尺
尺土
赤虹
赤木心
敕唤
充补
宠章
抽绎
酬和
踌躇
出俗
初老
樗窗
窗间
窗头
吹嘘
炊爨
槌风
春官
春酒
春情
春秋
春娃
春王
春意
春游
春云
春唇
纯德
淳淳

词人
慈爱
慈悲
慈父
慈云
辞谢
刺
忽忽
丛丛
簇簇
璀璨
翠黛
翠幌
翠帘
翠微
翠竹
村老
存慰
寸丹

D

大
大夫
大块
大庙
大器晚成
大人
代代
丹
丹桂
丹恩
丹叹
丹霄
丹方
单水
当岛
当荡
当家
荡荡
刀
刀火
倒载
道里
道门
道十
道得意
地黄煎

地理
地脉
地毛
地上
登高
登科
灯花
低昂
低迷
抵悟
典仪
电火
凋残
凋落
凋年
貂蝉
丁年
冬冬
冬至
东风
东观
东合
东郊
东胶
东京
东南
东西南北
东斋
洞里
斗米
豆
斗
斗储土
毒
独立
蠹简
端午
短袋
短札
断食
断织
对
多情
多少
多黍两岐

朵

E

蛾眉
遏伽
恩绵
恩光
恩华
恩容
恩盼
恩泽
恩泽妇
儿根
二更
二毛
二千石
二天

F

发意
法华
法华会
法味
发肤
凡夫
凡眼
烦恼
樊笼
拂拭
边涯
边州
反
梵风
方技
方家
方面
芳萼
芳声言
芳意
仿佛
放歌
非据丹
飞电

飞帆
飞香
飞扬
霏霏
匪躬
分寸
分付
分合
分量
分野
分阴
分铢
芬
纷纷
粉
粉壁
粉米
坟典
封人
风波
风操
风浪
风流
风情
风霜
风猷
风枝
冯翊
讽咏
凤
凤历
扶摇
芙
浮沉
浮生
浮逃
浮游
凫藻
兔果
福果
福庭
福乐
府君
府库
腐儒
父兄

付	孤陋	寒云	户	忌月	金丝	克念
负戴	孤轮	汗简	户部	计会	金吾	客尘
富强	孤茕	翰林	户部郎	记得	津头	客馆
赋得	孤拳	翰林学士	花间	济济	矜伐	客礼
赋役	孤雁	翰林主人	花袍	寄宿	锦窠	客梦
覆载	孤云	沆瀣	花时	寄托	劲节	客舍
G	孤竹	毫	花亭	佳期儿	浸灌	客中诚
甘心	榖冲	毫末	花下	家风	禁漏	恩床
感怀	古调	豪家	花颜	家君	禁闹	空谷
感兴	古诗	豪民	花园	家书	禁园	空空
刚柔	古文	豪雨	华林	家兄	京中	空心
高敞	骨录	好爵	化	家业	荆楚	孔怀
高春	故人山	好去	槐棘	鱼苗	精诚	孔家
高低	故事	好事	槐林	嘉茅	井景	孔门
高门	故意	昊天	怀旧	稼穑	警策	孔庙
高情	官衔	呵呵	涣汗	管坚	敬授	孔圣
高士	管中	合	皇考	冰涉	静夜	孔肆
高仰	光明	和	黄落	剪刀	鸠杖	口谈
高斋	归耕	和音	黄丝缬	寒蹇	九畹	苦筐
羔雁	归路	河汉	黄醅	寒驴	九霞	狂中暴风
皋鹤	着	荷衣	黄杨	剑戟	九重	狂急
告身	龟	褐衣	黄管	渐渐	久视	狂简
格率	桂殿	鹤毛	灰	江云	厩巢	旷官
葛衣	桂醑	恨杀	回心	江讲	旧说	亏盈
膈膊	贵种	姮娥	回环	讲书	旧宅	昆虫
耿耿	国风	弘文院	会	绛河	旧知	悃款
公	国老	虹霓	蕙帐	郊野	旧柜	**L**
公馆	果桴	红房	辛荤	鹤鹣	菊贝	来报
公卿	**H**	红桂	荤腥	教令	炬火	来宾
公事	海浜	红衫	魄成	揭焉	卷	来访
公私	海中	红树	混成	街头	绝洞	来章
公文	寒	红樱	火炉	节巾	绝句	岚气
功名	寒鞭	红匀	货泉	今朝	瞿铄	败灯台
功能	寒蝉	红妆	**J**	今夕	攫公子	兰诉
躬桑	寒蟾	鸿宾	箕裘	金	君子	滥中
妓	寒花	鸿毛	稽首	金飙	**K**	郎
宫闱	寒露	喉中	缉熙	金毫	开合	琅
宫钟	寒霜	厚颜	机累	金箭	看过	廊下
贡士	寒松	后凋	机杼	金精	康衢	朗咏
勾甲	寒乌	后醒	积善	金镜	糠粃	浪华
勾引	寒雁	嗃沱	积习	金铺	咳唾	浪纹
钩	寒余	壶酒	鸡雏		渴望	
沟胜		湖水	及第			
孤立		虎口	汲汲			
		许容	急急			

老	僚属	陆沈	每事	南岸	平反	潜鳞
老蚌	寮试	禄命	昧旦	南海	平居	浅薄
老残	獠师	禄位	门	南面	平均	浅春
老鹤	林	禄养	门人	南山	平沙	浅深
老狐	麟凤	露布	蒙	南恼	平素	浅酌
老君	凛	露酌	梦想	内宠	平头	遣怀
老腊	凛凛	纶命	弥陀	内仪	屏营	羌戎
老母	蔺笥	轮转	秘密	尼父	评判	锵锵
老年	伶丁	论	绵	泥梨	婆娑	憔悴
老仆	零落	罗绮	绵袄	拟议	破却	桥上
老生	灵长	罗刹鬼	绵蛮	逆旅	破颜	樵夫
老松	灵配	罗文	面拜	逆修	蒲鞭	樵歌
老叶	灵匹	洛下	面目	年光	浦珠	巧思
了知	灵祇	落果	面上	年几	谱	青霭
雷同	灵杖	落梅	妙理	年事		青简
嬴马	灵芝	落魄	妙文	年租	**Q**	青莲
泪痕	领袖	落书	妙音	念念	七里滩	青篑
梨花	令	吕	庙门	鸟声	七糸	青青
梨园	令辰	旅生	名教	佞士	七七	青山
离合	令树	旅思	名声	牛女	七言绝句	青衫
离离	流电	旅宿	明春	牛羊	七曜历	青水
骊珠	流年	旅亭	明德府	农蚕	凄凉	青琐
李家	流觞	履冰	明	农父	凄其	青苔
理数	流转	绿酒	明王	浓州	欺诈	青眼
礼容	瑠璃光	绿萝	冥感	暖气	栖息	青阳
立言	柳花		冥灵	懦士	奇峰	青云
利钝	柳市	**M**	冥冥	女儿	崎岖	清风朗月
利器	六出	麻姑	鸣鹤	女妓	乞巧	清光
历数	六反	马场	摩顶		企尚	清冷
历尾	六气	马前	末孙	**O**	绮疇	清喉
连城	六亲眷属	马头	末运	讴吟	气力	清流
莲根	隆平	马麦	漠漠	耦耕	气色	清明
莲华台	龙飞	田地	默然		泣血	清琴
廉	龙华树	满堂	墨书	**P**	器物	清艳
涟涟	龙楼	满眼	丹	攀援	洽欢	清浊
涟如	龙媒	慢语	牡亩	滂沱	千般	轻红
帘中	龙脑	茫	目	旁午	千门	轻云
良辰	龙沙	茫茫	牧景	佩服	千亩	邪窦
良史	龙漏	毛	暮律	霈泽	千顷	倾情
良药	镂水	矛盾	暮凉	蓬门	千日万丈	情田
良因	炉	茨	**N**	蓬瀛	铅粉	晴
凉燠	炉炭	茅	纳凉心	毗蓝	前途	晴日
两岐	芦帘	茅屋	乃南	四夫	前王	晴砂
两三	鲁堂	茂寿		偏脚		请谒
两舌	陆地	眉梅		片黛		亲宾
		梅妆		飘扬		
				贫居		

亲旧
亲亲衰
亲友
茺茺
穷通
穷巷
琼茅
秋花
秋霖
秋晴
秋水
秋堂
秋雁
秋夜
秋云
区区
曲浦
屈曲
麹尘
趋拜
去就
全通
泉途
泉眼
筌蹄
阙下
阙巡
雀罗

R

染陶
穰穰
饶舌
人家
人君
人文
人语
人踪
仁
任放
日官
日光
日及
容光
容体
如来

儒
儒翰
儒生
儒学
入室
入学
蕊
瑞色
叡览
叡情
叡哲
闰月
润色

S

飒然
三百
三迟
三分
三龟
三皇
三谏
三径
三科
三千
三千世界
三尸 赟州
三象
伞盖
桑弧
扫除
色相
瑟瑟
僧侣
沙浪
沙庭
沙崖
砂漠
杀盗淫
纱灯
纱灯
山柏
山花
山椒
山木
山行

山邮
潸然
闪光
善报
善心
善缘
善知识
商贾
伤心
上番
上方
上仙人
上阳
上月
尚齿
尚齿会
尚书
尚药
烧香
韶光
少府
少妇
少年
少女
少日
少社庙
舍舍
舍弟
身上
深更
深浅
神人
神用痛
沉醉
甚深
升降
生分
生灭
生民
生年
生息
生衣
牲币

笙歌
声名
声价
声略
绳墨
省虑
圣听
圣贤
尸祝
师
师表
师友
诗伯草
诗魔
诗评
诗情
诗意
诗友
十里
十翼
十月
十指
石
石火
石棱
石磬砚
石实
实物
拾遗
时光
时计
时龙
时习
时邕局
史书
史使君
使令星
使士
士林
士世

世人
世事
世市
市朝
事郎
事中家
侍听
侍释视
手工章
手御陀
守首域
寿绶
书
书籍
书算堂
书淫
蒐麦
疏
疏薄
疏隔
疏篱
疏竹
蔬食
枢星
暑
蜀束带
庶几
庶后
庶类
庶民
数个
数日
衰乱
衰颜
霜毫
霜华菊
霜毛鬟威

霜月
霜龟
双鬟
双鸥
爽籁
爽序
谁何
水窗
水德
水底
水边
水府
水阁
水国
水剂
水脉
水面
水上神
水声
水石
水势
水心
水衣
朔旦
硕德
司马
司命情
私儿
厮死
四
四更
四海山序
四甸
四驺
四驺马
松窗
松江烟
松声
颂俗
物素

素
素车
素交
素节
素心
素意
宿醒
宿恶
宿分
宿痾
宿老
宿釀
宿鸟
宿心
宿雪
宿因
粟
随念
髓
遂生
岁候
孙谋
隼旗
笋箨
损弊
所生
索居

T

他门
他念
胎卵
台背
台隶
台岭
太上皇
太史夫
贪息
叹兰
汤构
堂下
桃花
陶钧
陶瓶
腾腾

第1列

提撕
涕泪
涕泗
天步
天度
天放
天功
天骨
天监
天经
天临
天台山
天听
天锡
天灾地灾
天姿
田舍
田翁
铁围山
庭上
庭实
通家
同户
同年
同舍
同志
彤弓
童子
铜雀
头生
图书
屠苏酒
土龙
兔魄
推步
颓
颓龄
屯邅

W

外
外吏
外役
纨素
纨质
晚春

第2列

晚风
晚景
晚菊
晚暮
晚学
晚阴
万金
万钧
万木
万仞
万寿
万死
万株
亡室
王道
王公
王事
王泽
往复
往驾
往时
妄言
忘忧
危叶
微光
微和
微弱
微声
微心
微阴
韦编
帷
维
委顿
委裘
魏阙
温克
温明殿
温树
文辞
文法
文墨人
文亭
文星

第3列

文章
瓮牖
蜗舍
我意
渥润
污染
乌合之众
乌兔
吴娃
无量无边
无名
无情
无识
无数劫
五保
五出
五帝
五更
五教
五柳
五龙
五马
五美
五千文
五天竺
五纬
五言
五夜
五音
五云
武备
舞妓
物身
物我
悟言

X

西成
西方
西京
希夷
滕下
锡
撖
细风

第4列

戏言
遐龄
暇景
下弦
仙洞
仙娥
仙化
仙家
仙阶
仙居
仙客
仙窟
仙砌
仙术
仙游
仙盖
先皇
先君
先生
先谈
鲜
纤脆
纤氛
纤锋
闲境
闲日
闲卧
闲话
闲人
闲适
闲谈
衔险
险勒
险巇
险夷
显官
县令府公
相府国
相香
香粉风
向背
向后
向来
逍遥

第5列

消亡
消息
萧辰
萧疏
萧萧
潇湘
小
小船
小大
小道
小郎
小吏
小妹
小鲜
小序
小宴
小隐
小园
小枝
小知
晓鼓
晓露
晓气
晓霜
晓天
晓悟
晓钟
孝冶
笑傲
邪鬼
斜径
谢词
谢却
心胆
心灰
心情
心王胸
辛艰
新宾
新蝉
新地调
新家
新路

第6列

新衲
新任
新声
新图
新样
新月竹
新竹
馨香
星居
星宿
行路难
行乐
行云
形骸
形神
形相
形言
修修
绣幌
绣衣
虚舟
须弥
叙爵
喧聒
喧喧
玄草
玄道
玄冬
玄鉴
玄览
玄谈
玄曛
玄英
玄珠
悬象
选学
学曹
学人
学者
雪片山
雪日余
旬余

第7列

寻绎
迅濑

Y

押鸭
牙根
崖岸
涯分
睚眦
衔头
雅乐
亚将
焉
烟氛
烟花
烟岚
烟萝
烟水
烟霞
烟言
岩廊
炎蒸
炎洲
盐商
盐教
眼珠
偃蹇
厌却
燕毛雀
燕雀
鸳瓦
羊角
阳春
阳光
扬天
妖桃鬼
妖鬼
腰带
爻
尧臣
要藉
要须丁
药丁

第三章 《参天台五台山记》与
中日汉字词研究（上）

《参天台五台山记》（下文简称《参记》），又称《善惠大师赐紫成寻记》，是日本旅宋僧成寻用汉语撰写的一部巡礼日记，记载了他在熙宁五年（1072）三月至熙宁六年（1073）六月间前往中国求法游历途中的所见所闻，该著作内容涉及宋代社会方方面面，是了解和研究宋史极其珍贵的第一手资料，同时也是研究宋代中日语言接触的宝贵材料。因此，该著作在学术界受到高度评价，与圆仁《入唐求法巡礼行记》齐名，被誉为"日本僧侣中国旅行日记之双璧"。

《参天台五台山记》，作为日本旅宋僧人撰写的历史文献，其中的词汇构成颇为复杂，既有继承唐宋以前的古汉语词汇，亦有唐宋时期出现的新词新义，又存在由于潜意识受母语影响的日本式新词新义，即和制汉字词、和训汉字词。此外，由于受到作者成寻汉语水平的局限，有时为了表达某种概念，文中还可能生造了一些词汇。本章全面整理与研究《参记》中的汉字词，有助于提高对《参记》的理解，有助于推动中日两国间汉字词汇的传承变异研究，具有十分重要的意义。

第一节 《参天台五台山记》与汉语传承词

汉语传承词是中日汉字词中的重要组成部分之一。下文将对《参记》中汉语传承词汇，特别是宋代及之前出现的新词新义，予以全面调查。下文调查以《大词典》和《日国》为参照，同时结合历史文献，从而推动域外汉籍与中日汉字词整体研究。

一、汉语传承词

《参记》中古汉语词汇占大多数。此类汉字词意义和汉语中的词义大多完全相同。此外，这类汉字词在国内早于《参记》的历代文献中早有用例。可以说，《参记》中汉字传承词反映了日语对汉语词汇的吸收和继承。

《日国》中收录了不少《参记》中的汉字词，如：

八角　白衫　百事　悲号　本缘　鄙怀　变相　翼毛　补阙　补桃　不同　豺虎　朝见　朝旨　吃饭　传译　垂迹　词华　祠部　祠庙　璀璨　丹青　担夫　道者　东风　都督　短人　儿孙　耳根　繁昌　方池　仿佛　风浪　奉拜　浮桥　甘蔗　甘子　感佩　港口　高格　高台　公家　贡士　勾当　官钱　归向　咳嗽　含识　汗衫　浩瀚　河船　河图　后世　胡桃　花盘　花水　花纹　花字　皇谟　昏暮　吉梦　计料　骥尾　监寺　荐举　讲会　讲经　教主　接见　洁净　金鼓　金橘　进览　竟夜　客商　苦竹　坤仪　来贡　劳问　老宿　乐声　六情　龙脑香　龙眼　路粮　辘轳　虑外　慢易　每岁　面见　民望　木香　男根　曩时　耆年　琪树　启请　青衫　请文　泉亭　人力　乳香　三藏　三贤　散郁　色目　山趾　善逝　上阶　舌根　圣迹　圣节　师子　石塔　史局　世系　释典　授任　书札　枢密院　束帛　水闸　岁功　锁钥　唐突　剃刀　亭子　头巾　湾头　万壑　五岭　五声　西风　先兆　险峻　相伴　香醪　小鸟　校勘　胁仕　写真　选差　杨梅　杳杳　披门　引导　引见　印板　余喘　玉帘　郁茂　浴院　御史中丞　悦喜　造像　瞻礼　长廊　真容　镇国　支离　种族　周匝　竹杖　柱梁　转运使　缀文　紫纱。

以上汉字词均在前代文献或汉译佛典中早有用例，成寻只是承袭沿用罢了。

需要说明的是，这些语词大部分收录于《大词典》之中，但是也有不少佛教名物词汇，如：阏伽器、哑羊僧、安陀会、郁多罗僧、九钴杵、金刚手、降三世、五髻文殊菩萨、五钴铃、五条、五百罗汉、护摩坛、三归依、证道歌、定印、衲袈裟、白衣观音、无热池、漉水囊等。这些词汇虽见于我国早期文献，但由于专业性强，范围较窄，《大词典》尚未收录。

二、汉语新词新义

《参记》不仅记录了大量的汉语新词，同时也使用了不少唐宋新义，从时间上看往往早于《大词典》所引首例。

【安存】

(1) 除已下天台国清寺，安存僧成寻等宿食外，事须出给公据，付随来客人陈咏候收执，前去杭州。(卷二，熙宁五年六月五日)

(2) 又无上命指挥，不敢安存，恐有病患。乞赐帖下国清寺，将殊与安存，及乞公据与客人陈咏，赴杭州缴纳。(卷二，熙宁五年六月五日)

(3) 本寺已蒙州帖下本寺，安存日本国僧成寻等八人，在寺安下读经

已讫。（卷二，熙宁五年六月七日）

《大词典》列有三义，一指安定生存，举《韩非子》例；二指安抚存恤，举《敦煌变文集》例；三指安歇，举元代无名氏《冯玉兰》例。《参记》用例有"安排、安顿、安置"之义，语出宋代公文。《大词典》当增列此义项。

【便宜】

（1）诸僧共见，来日可渡十方教院，最可云便宜处。（卷一，熙宁五年五月十六日）

（2）依井便宜，诸人皆沐浴，使臣洗濯，因之逗留。（卷五，熙宁五年十一月廿三日）

（3）有便宜宿所之，道士店无宿。（卷五，熙宁五年十二月廿五日）

《大词典》"便（biàn）宜"义项有四：谓斟酌事宜，不拘陈规，自行决断处理；指便宜行事之权；指有利国家，合乎时宜之事；方便；顺当。第四义项首引《红楼梦》例："你这会子闲着，把送老老的东西打点了，他明儿一早就好走的便宜了。"《参记》用例为"方便"之义。唐陆贽《翰苑集·卷二·制诰》："但为其立法，劝谕不得收管，仍各委本道观察，使逐便宜处置，闻奏敦本厚生，必资播殖。"

【眷属】

（1）丑时，梦见多闻天太子并眷属。（卷一，熙宁五年四月十一日）

（2）官人乘舆，具五六十眷属，出入大门多多也。（卷一，熙宁五年四月十四日）

（3）问官着客商官舍，乘轿子，具数多眷属来着。（卷一，熙宁五年四月十六日）

《大词典》"眷属"名词义有：家属，亲属；夫妻。动词义有：眷顾，属望；顾盼，环视。《参记》例中"眷属"有"随从"义，与《大词典》诸义项异。唐道世撰《法苑珠林》（卷6）："或复鸟形鱼质人面兽心，或鼓乐弦歌……三千眷属、五百徒党，悉为忏悔。"同书卷30："毗首羯磨天子五千眷属，迦毗罗夜义大将五千眷属，乃至双瞳目大天女十七大将各领五千眷属。"

【店家】

（1）未时，与船头共向宿处，店家廿町许，所置物以金银造，食物、果子，不思议也。（卷一，熙宁五年四月十六日）

（2）戌时，过七里，至店家前，为驻船宿。（卷三，熙宁五年九月廿六日）

（3）大桥上并店家灯炉，大千万也。（卷三，熙宁五年十月五日）

《大词典》"店家"词条列有三义。一指旅舍，举宋陆游《双流旅舍》诗例；二指店小二，举元高文秀《遇上皇》例；三指商店，举清吴趼人《二十年目睹之怪现状》例。

该词唐宋习见，不仅诗歌中常用，小说题材和语录题材的文献中也多见。唐王建《荆门行》："看炊红米煮白鱼，夜向鸡鸣店家宿。"宋李昉《太平广记·卷三百七十八·再生四·李主簿妻》："至店家，已闻哭声。仙师入，见曰：'事急矣。'且笔墨及纸未来。"宋代《朱子语类》卷第一百三十一："然曹有才可用，知绍兴日，当圣节，吏人呈年例，店家借紫绢结甚物事。"《参记》中共出现 14 处。唐代也有单独用"店"指"旅舍、客栈"的用例。例如，唐岑参《汉川山行，呈成少尹》诗："山店云迎客，江村犬吠船。"唐张乔《别李参军》诗："野店难投宿，渔家独问津。""店"单用时，前面常加修饰语，合成双音节词"山店""野店"等。"店家"本身就是双音节词，前面一般不加修饰语。

【日来】

日来朝见、诸寺烧香，相续无暇，今游台日迫，匆剧无极，五台还来之时，可借看由闻达了。（卷四，熙宁五年十月廿五日）

《大词典》释"日来"为"天天到来""近来"二义。该词在《参记》中词义为"近来"。该词早见于唐代，高适《途中酬李少府赠别之作》："日来知自强，风气殊未痊。"张籍《祭退之》："踏沙掇水蔬，树下剥新粳。日来相与嬉，不知暑日长。"韩愈《嗟哉董生行》："爵禄不及门，门外惟有吏，日来征租更索钱。"刘商《胡笳十八拍·第十一拍》："日来月往相催迁，迢迢星岁欲周天。"后有，南宋朱熹（1130—1200）《答吕子约书》之二："喻及日来进学之功，尤慰孤陋，且深有助于警省。"该用例时间晚于《参记》，《参记》也可作为旁证材料。

【踏床】

小僧成寻渡一桥，未及有间断，有一人以踏床渡，令渡成寻已了。（卷一，熙宁五年五月十八日）

《大词典》释"踏床"为"坐时搁脚的小几，俗称脚踏子"，首举宋洪迈《夷坚丁志·海门盐场》："明旦起，枕席及踏床上凡列泥馒头三十余，大小各异。"该词唐宋代已见，如，唐苏鹗《杜阳杂编·卷中》："志和更雕踏床高数尺，其上饰之以金银采绘，谓之见龙床。"宋江休复（1005—1060）《嘉祐杂志》："孙奭尚书侍经筵上，或左右瞻瞩，或足敲踏床，则拱立不讲，以此，奭每读书则体貌端庄。"《宋语言词典》也收录了此词，释义为"坐时搁脚的低矮木架"，例举《宗门武库》："无尽一夜睡不稳，至五更下床，触翻踏床，忽然省得。"《大词典》和《宋语言词典》的注释均不确切。崔山佳根据大量例句以及《阿拉宁波话》和《宁波方言词典》等，得出结论"踏床"既不是"小几"，也不是"小凳"，更不是"木架"，它比"小几""小凳"要长、要宽，但又要低①。这个结论基本确切，但更低之说未必，也有特例，如《杜阳杂编·卷中》中的例子。"踏床"的主要功用也不是用来"搁脚"，而是便于上床、下床、放鞋子、放痰盂、放尿壶等，当然也可以用来搁脚②。踏床一词，词义也随时代变化，外延有所扩展。

【草鞋】

巳时，以陈一郎并惟观，寺主许送细布一端、草鞋一足。（卷一，熙宁五年五月十五日）

《大词典》释"草鞋"为用稻秆或草茎等编制的鞋，举《朱子语类》卷十五："人入德处，全在致知格物。譬如适临安府，路头一正，着起草鞋便会到。"该词早见于唐，唐宋习见。唐伊用昌《题茶陵县门》："茶陵一道好长街，两畔栽柳不栽槐。夜后不闻更漏鼓，只听锤芒织草鞋。"又如，唐代《湖南童谣》"百姓奔窜无一事，只是椎芒织草鞋"。宋代诗歌中常用，如辛弃疾《和杨民瞻韵》"从来歌舞新罗袜，不识溪山旧草鞋"，黄庭坚《木平和尚真赞》"一尺三寸汗脚，草鞋挂龙床角"，《渔家傲·踏破草鞋参到了》"踏破草鞋参到了。等闲拾得衣中宝。遇酒逢花须一笑"。不仅文人诗歌、语录中出现，佛教典籍中亦有。如《禅林僧宝传》卷二十一："室中宴坐、横刀水盆之上、旁置草鞋。"宋释普济《五灯会元·卷二十》："与师居处为二甘露门，尝诫徒曰：'僧家着草鞋住院，何啻如蚖蛇恋窟乎？'"《日国》无释义，首举《参记》为例。

【皮鞋】

（1）紫衣僧来拜，志与皮鞋一足、绵袜一足，有感有感。（卷五，熙宁五年十一月廿一日）

（2）以四百五十文买皮鞋一足来，笼子锁钥一个百三十文云云。（卷八，熙宁六年四月九日）

《大词典》释"皮鞋"为用皮革做的鞋，举宋赵彦卫《云麓漫钞》卷三："今人为皮鞋不用带线，乃古丧屦。"此词唐宋习见。《新唐书》卷二十二："扶南乐，舞者二人，以朝霞为衣，赤皮鞋。天竺伎能自断手足，刺肠胃，高宗恶其惊俗，诏不令入中国。"唐寒山《诗三百三首》："急须

---

① 崔山佳，近代汉语词汇论稿［M］．成都：四川出版集团巴蜀社社，2005：49－53．

② 崔山佳，近代汉语词汇论稿［M］．成都：四川出版集团巴蜀社社，2005：50．

归去来，招贤阁未启。浪行朱雀街，踏破皮鞋底。"唐释慧琳《一切经音义·卷第三十六》（狮谷莲社刻本）："以皮作之故名革屣，即五天竺国皮鞋也。"

【台旨】

（1）巳时，府使来，令见兴教寺请文，又台旨云：虞候奉台旨，送钱二贯文，往兴教寺，斋僧八员，与阇梨轿子一乘，请来日早赴兴教寺斋者。（卷一，熙宁五年四月廿八日）

（2）知府谏议，伏候台旨。（卷二，熙宁五年六月七日）

《大词典》释"台旨"为"宋代以后称太守以下官员的意旨"，首举宋袁文（1119—1190）《瓮牖闲评》卷三："本朝君相曰圣旨，钧旨；太守而下曰台旨；又其次曰裁旨。"

该词早见于唐翁承赞《甲子岁衔命到家至榕城册封　次日闽王降旌旗于新丰饯别》："登庸楼上方停乐，新市堤边又举杯。正是离情伤远别，忽闻台旨许重来。"五代至北宋孙光宪（901—968）《北梦琐言》卷四："杨令到任，具达台旨。"宋释慧远《禅人写师真请赞》"筑著梵王香案，然后退身归本位，叉手而立。自去法徽伏修台旨，未敢自专。"宋代习见。宋蔡绦流放时所作笔记《铁围山丛谈》卷四："忽遇上元，于是榜于通衢：'奉台旨，民间依例放火三日。'"

第二节　《参天台五台山记》与日制汉字词

日制汉字词，即所谓"和制汉语"，是日本人模仿汉语的构词特点利用汉字创制而成的，是中国汉籍中没有的汉字词。《参记》中含有大量日制汉字词。

一、《参天台五台山记》与日制汉字词

由于《参记》作者成寻是日本入宋的僧人，受其母语影响，书写记录时或多或少会夹杂一些日语词汇。此类汉字词反映了日本在承用汉语词汇。成寻根据对汉语词汇的构词规律在此过程中也全新创造了不少汉字词。（参见附录三"古代日制汉字词一览表"）

【奥书】

诗奥书云："许与三车，但赐牛车，何谓也"（卷三，熙宁六年三月十日）

奥书，日语训读"おくがき"，有"跋、编后"之义。《日国》引

《古事谈》（13 世纪）"博雅三位筝谱奥书云"之例。①

【薄物】

（1）装束分与人人：练袈裟一条、甲袈裟一条、钝色袍一领、赤色<u>薄物</u>裳一腰、表袴一腰快宗供奉。（卷一，熙宁五年四月廿二日）

（2）辰时，敕使侍中来，为御览召日本装束，即进览纳袈裟横皮栌甲一具、<u>薄物</u>三重繁文绫桧皮色袍、坚文织物绫表袴，至于裙者，依与一般，不进览。（卷四，熙宁五年十月廿九日）

薄物，训读"うすもの"，指（绫、罗、绢、纱等）质地薄的纺织品（做的衣服）。《日国》释为"羅（ら）、紗（しゃ）などの薄い絹織物。また、それで作った夏用の衣服。うすはた。"引《宇津保》（970—999 年左右）"御いそぎのれうにとて、あや、うすもの、かとり、きぬなどおほくたてまつれたれば"，《源氏物语》（1001—1014 年左右）"うすものの直衣、単衣を着給へるに、透き給へる肌つき"等例。

【参内】

（1）御药午一点<u>参内</u>毕，还房斋，种种菓菜过差也。（卷四，熙宁五年十月十四日）

（2）今日斋，大卿不坐。依召<u>参内</u>，依御生日，大卿一人对御斋云云。（卷五，熙宁五年十二月廿八日）

（3）同天节者，皇帝生日四月十日，诸僧<u>参内</u>，读新经，祈圣寿云云。（卷七，熙宁六年三月卅日）

（4）至于成寻者，依朝辞了，不<u>参内</u>。（卷八，熙宁六年四月八日）

参内，日语音读"さんだい"，有"晋谒、朝见、朝靓"之义。《日国》引《贞信公记》延喜十年（910）四月十二日条为首例："依召参内。"又见《小右记》天元五年（982）二月二十九日条："今明殿上物忌，仍不参内。"《明衡往来》（11 世纪中期）："自内有召，仍触事由於彼中将，即参内，为御使参斋院。"

【参入】

（1）予为辞别<u>参入</u>，行者申云："为送被去大门者。"（卷五，熙宁五年十二月二日）

（2）巳时，迎马十疋、笠三盖、兵士二十人送之，即<u>参入</u>，储甚妙斋，不可记尽。（卷五，熙宁五年十二月十日）

（3）今月一日，天晴，<u>参入</u>太平兴国寺，巡礼院院。（卷五，熙宁五年十二月廿七日）

---

① 下引日本文献用例，均出自《日国》（第二版）。

（4）大卿从廨院还来，以典座可道问讯，即与使共<u>参入</u>，有茶汤。（卷七，熙宁六年三月十八日）

参入，日语音读"さんにふ"，有"参拜、拜谒"之义。《万叶集》"左大臣橘卿……参入太上天皇御在所"，《平家物语》"鸟羽殿には相国もゆるさず、法皇もおそれさせ在ましければ、元日元三の間、参入する人もなし"等，亦有所见。

【参仕】

（1）未时，乘坏，<u>参仕</u>了。（卷一，熙宁五年四月二日）

（2）都监大保来坐，还向之次，可<u>参仕</u>由告了。（卷五，熙宁五年十一月十二日）

（3）石提子一个，预赵行者温翰了，来年<u>参仕</u>时可用料也。（卷五，熙宁五年十二月一日）

（4）三人加通事可参者，借马<u>参仕</u>后苑。（卷七，熙宁六年三月二日）

参仕，日语音读"さんし"，有"拜谒，侍奉"之义。其他日本文献用例，如《小右记》宽弘九年（1012）六月四日条："宣理不参之间、可参仕之由可召仰也。"《江谈抄》（1111 年左右）："去夜称所劳不参，今日参仕如何?"

【参向】

（1）巳二点，寺主坊有食，七人皆<u>参向</u>，以沙弥一人为留守。（卷一，熙宁五年五月十四日）

（2）辰时，<u>参向</u>州衙，谒知州少卿。（卷一，熙宁五年五月廿八日）

（3）巳时，寺主相共<u>参向</u>天台县官人许，于国清廨院点茶。（卷一，熙宁五年五月廿日）

（4）申时，寺有请，即<u>参向</u>，有果子酒。（卷二，熙宁五年六月十六日）

（5）傍有报恩寺，副僧正来谒，仍<u>参向</u>烧香。（卷三，熙宁五年九月五日）

日语"さんかう"，有"前往、拜访"之义。《正仓院文书》天平二十年（738）十一月二十日条："右以十月廿五日得腹病、须臾间无休息时、仍是不得参向。"

【出立】

（1）借马九疋<u>出立</u>，先徒行向太平兴国寺，广大伽蓝也。（卷四，熙宁五年十月廿三日）

（2）频虽请，<u>出立</u>沙汰，无暇不向，颇遗恨也。（卷四，熙宁五年十月卅日）

（3）还亭，出立处，雁门县监酒王上官、雁门令黄炎送石提子一口、烧石一颗。（卷五，熙宁五年十二月二日）

（4）丑时，梦从真容院还出时，路盘缠真容院廿石，大石卅石，以马出立由云云。（卷五，熙宁五年十二月三日）

出立，音读"しゅったつ"，训读"いでたち""いでたたす"，有"门前""出发、动身、起程"等义。《参记》即此用法。《高野山文书》正庆元年（1332）七月十二日《荒河庄庄官等请文》："可停止狩猎、出立、落付事，又号放喰，不可取无名牛马事。"

【出向】

（1）三藏共出向点茶。（卷四，熙宁五年十月廿六日）

（2）到着后，大卿来会，出向，赐紫尼并尼众来拜。（卷六，熙宁六年正月廿二日）

（3）卯二点，借马一疋，为谒五台山副僧正，向启圣院，即出向。（卷七，熙宁六年三月十三日）

出向，日语作"しゅっかう"，有"前往；工作调动"义。《言继卿记》永禄七年（1564）三月七日条："次神主出向拍声、予又打手了起座。"

【读师】

次讲堂讲经，百余人着座，教主一人礼佛登高座，只一座，无读师座，高六尺许，有桥，如佛说法仪式。（卷一，熙宁五年四月廿九日）

读师，音读"どくし"，佛教用语，指维摩会、最胜会等法会上，在佛前高座上和讲师相对的，从事读经题、经文工作的僧人。《续日本纪》天平九年（737）十月丙寅："讲《金光明最胜王经》于大极殿……请律师道慈为讲师，坚藏为读师。"《大乘院寺社杂事记》文正元年（1466）四月晦日："咒愿者头人请僧一臈勤之。读师者同头人请僧二臈勤之。"

【返纳】

（1）午一点，陈都衙照宁借钱十贯依员持来返纳，通事陈咏十贯同返纳。（卷三，熙宁五年十月九日）

（2）龙图送菓、饭种种，食酒大九瓶，而通事一瓶，小师等一瓶留下，七瓶返纳了。（卷五，熙宁五年十一月九日）

返纳（へんなう），有"送还原处"之义。《延喜式》（927年）："凡诸司公廨，限三个年出举。其本依数返纳。"《贵岭问答》（1185—1190年左右）："今日有礼服御览及晚事毕，今夜可被返纳欤，将明日欤？"

【返上】

（1）即通事二瓶留下，十三瓶返上已了。（卷五，熙宁五年十二月

十日）

（2）小行事司家来，护摩坛等、茶碗器等依员返上之。（卷七，熙宁六年三月七日）

返上，音读"へんじゃう"，有"奉还"之义。《明衡往来》（11 世纪中期）："夜光之璧何加琢磨乎，仍谨以返上耳。"《东大寺续要录》（1281—1300 年左右）："返上件诸乡散在灯油田二百六十丁，可令一圆便宜取之由。"

【返事】

（1）寺主大师许送纳袈裟一具、日本织物横皮，依被要，人送镜笥一口，两度返事在左。（卷一，熙宁五年五月廿二日）

（2）未时，双顶童行取寺主返事来，而未仕之。七时行法了。（卷二，熙宁五年六月廿六日）

（3）过一里间，知府重送酒大一瓶、糖餅五十枚，有文状，送返事既了。（卷三，熙宁五年九月卅日）

（4）十三日上元节茶菓，文惠大师不在间，未志送，今日从廨院归来，即以菜五种送房，返事如左。（卷六，熙宁六年正月卅日）

返事，训读"かえりごと"，音读"へんじ"，原指使者回来后的报告之类，后指"回信、复信"等。《竹取物语》（9 世纪末—10 世纪初）："翁（おきな）かしこまりて御返事申すやう。"《平家物语》（13 世纪前）："知康返事に及ばず、院御所に归り参って。"

【返状】

返状云："领金砂壹大两，却设得一日堂供，候法贺石桥，因寺奉为国师和尚修设，祝法算人还，谨此咨白。国清寺主赐紫仲方走答国师和尚法师即刻。"（卷一，熙宁五年五月十六日）

返状，音读"へんじょう""へんじゃう"，即回信。《仮名草子·恨の介》（1609—1617 年左右）"御自筆を遊ばせし御へんぢゃうを下されしを。"

【方角】

（1）入夜，不晴，不见星宿，只任风驰船，不知方角由唐人所申，终夜雨气不散。（卷一，熙宁五年三月廿日）

（2）辰时，仿佛见日光，即知方角，知风不改。（卷一，熙宁五年三月廿一日）

方角，音读"ほうがく"，即方位、方向。《中右记》大治二年（1127）三月二十日："同明经道勘文、烧亡之后记注文、方角丈尺勘文、神宝烧失等文，合六通也。"《吾妻镜》宝治元年（1247）五月二十八日：

"凡当于关东鬼门方角，被建立五大明王院。"

【缝物】

（1）一船头曾聚志与<u>缝物</u>泗州大师影一铺，告云："有日本志者，随喜千万。"（卷一，熙宁五年四月三日）

（2）黄金佛具灯台等有其数，每柱卷赤色<u>缝物</u>练绢，以色色练绢结幡花鬘代。（卷一，熙宁五年四月廿五日）

（3）四面上长押悬绫罗，皆<u>缝物</u>，大师变相也。（卷三，熙宁五年九月廿一日）

（4）午时，罗汉供，讲堂庄严，张帐幕，悬<u>缝物</u>十六罗汉、泗州大师一铺，各广二尺、高四尺，前居金银作佛供花等。（卷四，熙宁五年十月卅日）

（5）多色黑，所着衫以锦或<u>缝物</u>，依言语异，有通事。（卷八，熙宁六年四月一日）

缝物，训读"ぬいもの""ぬひもの"，"绣""刺绣"之义。《日本书纪》（720 年）："銅（あかかね）繡（ヌヒモノ）の丈六の仏の像。"《源氏物语》（1001—1008 年）："いろいろのあをのつきづきしきぬいものくくりぞめのさまも。"

【奉纳】

百官图二帖、百姓名帖、杨文公谈苑三帖八卷、天州府京地里图一帖、传灯语要三帖（宇治御经藏<u>奉纳</u>），法花音义一卷（大云寺经藏<u>奉纳</u>）。（卷六，熙宁六年正月廿三日）

奉纳，日语作"ほうなふ"，有"（向神佛）敬献"等义。《叡岳要记》（镰仓中期）："奉纳三个所，先新日吉御经供养宪实律师。"《源平盛衰记》（14 世纪前期）："法华の千部を奉纳せり。"

【见物】

（1）<u>见物</u>之人，满路头并舍内。（卷一，熙宁五年四月廿二日）

（2）<u>见物</u>之人济济也。（卷一，熙宁五年四月廿六日）

（3）大门外，<u>见物</u>道俗济济列立，渐过京中，经五里，至顺天门外。（卷五，熙宁五年十一月一日）

（4）诸僧行兴国寺<u>见物</u>，种种舞乐、雅乐、女舞、童舞等，如相国寺，元三日见物云云。（卷六，熙宁六年一月十四日）

见物，训读"みもの"，音读"けんぶつ"，"游览，观赏，游客"义。《御堂关白记》长和五年（1016）三月一二日条："此晓女方渡堂见物。"

【酒乱】

未时，越州人以书通言谈话，其后，依<u>酒乱</u>，客人二人斗乱，闭室不

见。(卷一，熙宁五年四月八日)

酒乱，音读"しゅらん"，有"耍酒疯、酒狂"之义。《日国》即以《参记》此例为最早用例。在日本后世中，"酒乱"一词多见，如《滑稽本·浮世风吕》"粕兵衞さんのやうに酒乱（シュラン）でないから能（よい）よ"，石川啄木《鸟影》(1908) "少し酒乱の癖のある主人の信之が、向鉢巻をしてカッポレを踊り出した"等。

【勘文】

(1) 客省宣惑来，新经难早出来，朝辞四月十六日可宜者，令出见文字二枚，一纸先例勘文。(卷七，熙宁六年三月廿七日)

(2) 文惠大师送达磨大师自西天来勘文。(卷六，熙宁六年二月廿四日)

勘文，音读"かんもん"，上呈文书，相当于报告之类。《东南院文书》延喜五年 (905) 十一月二日《因幡国司解》："依彼寺牒旨，令郡司勘申，牒送寺家，其勘文……"《小右记》天元五年 (982) 正月十日："东宫学士源伊行荣劳今年当七年，而外记勘文误注六年。"《后二条师通记》应德三年 (1086) 正月五日："可勘文、叙位共入，勘文御前留，叙位左大臣笏取。"

【清书】

(1) 以三藏令书案文，以寺能书僧令清书，进表已了。(卷四，熙宁五年十月廿四日)

(2) 虽廿五卷译出，第三以下未清书进览，因之不能拜见。(卷六，熙宁六年二月廿七日)

(3) 归天台申文以照大师清书，付司家永和了。(卷六，熙宁六年二月廿七日)

(4) 奏状以照大师清书，以通事送御药许了。(卷七，熙宁六年三月十八日)

清书，音读"せいしょ"，有"誊清、抄写清楚、缮清"等义。《贞信公记》天庆二年 (939) 八月二十七日："议了召右大将，令清书。"《御堂关白记》宽弘四年 (1007) 正月二十日："敕书大内记宣义作之。奏草清书等，清书无御画日。"

【入内】

(1) 铜坛具、画功德、皇后经、长发等，祠部入内进呈。(卷四，熙宁五年十月十四日)

(2) 即不得至日乱有唐突夹带，将入文字入内。(卷四，熙宁五年十月廿一日)

（3）使臣取书追还，不入内，不奉谒，遗恨最深。（卷五，熙宁五年十二月七日）

（4）庄严车数百出入其中，以黄金装束车入，皇帝妹入内云云。（卷八，熙宁六年四月二日）

入内，音读"じゅだい"，即进入皇宫。《日本纪略》长德元年（995）六月十九日："今夜、中宫入内。"《百练抄》长德二年（996）五月一日："中宫定子依帅事出家，六月廿二日入内，人以不甘心。"《兵范记》嘉应元年（1169）六月五日："建春门院院号之后，初可有入内御幸。"

【矢仓】

（1）四面垣上皆有矢仓，垣外有堀川，出州北门一里，至覃怀驿，广大驿也。（卷五，熙宁五年十一月八日）

（2）过六里，至泽州高都驿，见州外廊，垣上四面作矢仓，如怀州。（卷五，熙宁五年十一月十日）

（3）府中殿舍广大，数百重重门楼，廊外矢仓不可记尽，宛如京城。（卷五，熙宁五年十一月廿一日）

（4）至石岭关，重重门，四面垣上矢仓如城，兵士二十人出替，供奉官来谒了。（卷五，熙宁五年十一月廿二日）

矢仓，训读"やぐら"，指箭楼、城楼。《园太历》贞和四年（1348）二月三日："吉野悉没落，全分无人，矢仓少少相残。"《十轮院内府记》文明十八年（1486）四月一日："海海山来。摄州势尽员上洛，登矢仓见物了。"

【宿坊】

（1）宿坊壁上，悬阿閦佛真言，以圣秀令取，书取了。（卷一，熙宁五年四月十九日）

（2）巳时，家主张三郎来，示云："参天台申文，为令加宿坊主名，有召，仍参府者。"（卷一，熙宁五年五月一日）

宿坊，音读"しゅくぼう""すくぼう"，指出差僧或参拜者的宿舍、宿院。《信长记》（1622）："廿六日に信长卿三井寺の极乐院に宿坊し给ふに。"

【宿房】

（1）次诸共入宿房，殷勤数刻，宛如知己。（卷一，熙宁五年五月十三日）

（2）次退归宿房休息。（卷一，熙宁五年五月十三日）

（3）官人来宿房，见法花道场、忏法堂，见皇后宫御经，感欢无极。（卷二，熙宁五年七月廿一日）

（4）辰时，官家被赐剃头人，乍悦，于僧录<u>宿房</u>剃之了。（卷七，熙宁六年三月九日）

宿房，音读"しゅくぼう"，同"宿坊"，即宿舍。《今昔物语》（1120 年左右）："道照、夜は宿房に返り、昼は三蔵の所に行て、習ふ事既に一年有て。"

【宿所】

（1）还<u>宿所</u>休息，大教主老僧为点茶请，行向吃茶。（卷一，熙宁五年四月廿九日）

（2）申时，还着<u>宿所</u>，使者与钱百文，轿子担二人各五十文。（卷一，熙宁五年四月廿九日）

（3）人人重参石桥，予留<u>宿所</u>，此寺名石梁寺，寺知事僧预银二两已了。（卷一，熙宁五年五月十八日）

（4）有便宜<u>宿所</u>之，道士店无宿，白沙马铺先宿，又好也。（卷五，熙宁五年十二月廿五日）

宿所，音读"しゅくしょ"，指寓所，住处。《九历·逸文》承平四年（934）正月十一日"左大臣宿所饭，右大臣宿所水。"《平家物语》（13 世纪前期）："しばらく宿所にをき奉れとの給ひつれども、始終よかるべしともおぼえず。"

【提子】

（1）都衙并通事许各送酒一<u>提子</u>、糖饼五枚，小午十六人与酒二瓶、糖饼八枚了。（卷三，熙宁五年十月一日）

（2）梢工与酒一<u>提子</u>、糖饼五枚了。（卷三，熙宁五年十月一日）

（3）省顺和尚送菩萨石四颗，副僧正送五颗，药枕二、石<u>提子</u>二，依无可然物答不志，遗恨不少。（卷五，熙宁五年十二月一日）

（4）石<u>提子</u>一个预赵行者温翰了。（卷五，熙宁五年十二月一日）

（5）还亭，出立处，雁门县监酒王上官、雁门令黄炎送石<u>提子</u>一口、烧石一颗。（卷五，熙宁五年十二月二日）

提子，训读"ひさげ"，指（用银、锡等做的）锅状带提梁的酒壶，又名"偏提"。《和汉三才图会》："偏提（ヒサゲ）……按，偏提有系柄可提持，故名之。与铫子同，婚礼嘉祝之宴用之。今多以锡及白铜作之，俗呼曰加奈以吕。"

【调备】

（1）文慧大师送茶三杯，次送<u>调备</u>菜七种。（卷七，熙宁六年三月廿二日）

（2）从第四门廊东面有休息处，曳幕立倚子装束，备斋四前，以银器

盛珍菜美菜，多以<u>调备</u>。（卷八，熙宁六年四月二日）

调备，音读"ちょうび"，即烹调之义。《色叶字类抄》（1177—1181）："调备饮食部 テウヒ。"《古今著闻集》（1254）："鲤调备するやうをば存知したりとも。"

【委旨】

丰干诗："余自来天台，凡经几万回。一身如云水，悠悠任去来。"<u>委旨</u>在传录。（卷一，熙宁五年五月十四日）

委旨，音读"いし"，指具体主题、详细旨意。《治承元年公卿敕使记》（1177）八月四日条："委旨注别记了。"

【未煎】

未时，梢工陈从志与甘蔗一枝，长四尺，口径一寸，节三寸五分，皆齐在之，寸切吃汁，如<u>未煎</u>，极甘美也。（卷一，熙宁五年四月十五日）

未煎，音读"みせん"，指从甘葛提取的甜味品，又作"味煎"。《今昔物语》"此水と見は、味煎也けり。"《色叶字类抄》："未煎 ミセン。"

【舞乐】

（1）越州官人上下，以女<u>舞乐</u>船送转运使，仪式不可注尽。（卷三，熙宁五年八月十二日）

（2）诸僧行兴国寺见物，种种<u>舞乐</u>、雅乐、女舞、童舞等，如相国寺，元三日见物云云。（卷六，熙宁六年一月十四日）

舞乐，音读"ぶがく"，即伴舞雅乐。《新仪式》（963 年左右）："大唐高丽递奏舞乐。"《今昔物语》（1120 年左右）："功德勤に为るには舞乐を以てこそは供养すれ。"《米泽本沙石集》（1283）："舞乐の结构して、童舞なれば、珍き事にて、殊に见物の男女多かりけり。"

【细工】

从阁鹿出游，有一男，<u>细工</u>也。件男所饲鹿也。（卷三，熙宁五年九月廿一日）

细工，音读"さいく"，主要指工人或手工艺品。《观智院本三宝绘》（984）："细工をやとひ据ゑてはこぞつくりいださしめたるに、经は长く、はこは短うして入れ奉るに足らず。"

【衣料】

布袈裟一条、布一收<u>衣料</u>善久，布一收长明<u>衣料</u>。（卷一，熙宁五年四月廿二日）

衣料，音读"いりょう"，指衣服或制衣材料。《日国》："着るもの。衣服。衣类。また、布や糸など着物の材料となるもの。"引《运步色叶》（1548）所记"衣料 いレフ"，《参记》此例更早。

【莺实】

林皋志与樱子，大如枣，味似莺实，色又似莺实。（卷一，熙宁五年四月十五日）

莺实（おうじち），指植物"莺神乐"的果实。《和名抄》（20 卷本）："莺实，《汉语抄》云：莺实，俗云'阿宇之智，一云宇久比须乃岐乃美'。"《台记》天养二年（1145）五月三日："权大纳言（宗辅）送莺实云自和泉国所寻取之，其色红，大如碁石，其体圆，其核微少。"

二、《参天台五台山记》与汉日同形异义词

《参记》中的一些词汇，《大词典》及《日国》中均有收录，然而二者意义差殊，以《大词典》中的义项去理解，文意上并不通顺，然而与现代日语中意义多有契合。这种中日同形异义词是古汉语在域外传播过程中的语义变体，是由意义引申而产生的和训汉字词。

【承引】

（1）巳时，着张九郎家。钱小八郎志与印香一两，礼拜百遍，虽制止，不承引。（卷一，熙宁五年五月十日）

（2）寺中上臈十余人皆出大门送，寺主自取手乘轿，虽固辞，不承引。（卷二，熙宁五年闰七月十一日）

（3）又殿直同来，示不承引，但于在殿直船，不可制止由了。（卷八，熙宁六年六月一日）

汉语"承引"有"招认罪行"之义，如《魏书·卷一百一十一·志第十六·刑罚七》："或拷不承引，依证而科；或有私嫌，强逼成罪。"日语"承引"训读"うけひく""うけひき"，音读"しょういん"，"听从、接受、允许、应允"之义，是在汉语"招认、承认"基础上加以引申。《将门记》（940 年左右）："件の玄明等を国土に住せしめて、追捕すべからざる牒を国に奉ぜよと。而るに承引せずして、合戦すべき由の返事を示し送る。"《色叶字类抄》："承引ショウイン。"

【大家】

有四浦，多人家，一浦有十一家，此中二宇瓦葺大家，余皆萱屋。（卷一，熙宁五年三月廿七日）

汉语中"大家"主要义项有：犹巨室，古指卿大夫之家；奴仆对主人的称呼；宫中近臣或后妃对皇帝的称呼；犹言大作家，大专家；众人，大伙儿。《参记》用例为大房子之义。显然，该词是由"家"的"居室"义发展而来，日语中"おおや"可写作"大屋""大宅""大家"等汉字表记。"大家"，亦读"おおいえ""おほや"或"たいか"。

【丁宁】

（1）清祥座主斋，令见师舍利日记，悬师影供斋<u>丁宁</u>也。（卷二，熙宁五年七月廿九日）

（2）巳时，向台州，寺主手自破子入米菜，<u>丁宁</u>沙汰。（卷二，熙宁五年闰七月十一日）

（3）依黄门女声召勾当僧，数刻沙汰，最<u>丁宁</u>也。（卷四，熙宁五年十月十三日）

（4）出寺，过二里，小堂副僧正都维那乘马先来，储茶药，最<u>丁宁</u>事也。（卷五，熙宁五年十一月二日）

（5）次参管内僧正赐紫惠礼院，点茶两度、汤一度，<u>丁宁</u>礼拜，答拜了。（卷八，熙宁六年五月四日）

汉语"丁宁"即"叮咛"有"嘱咐，告诫""言语恳切貌"等义，日语引申作"有礼貌、恭恭敬敬、郑重其事"之义。《明衡往来》："而当时宰吏辄以收公、虽竭丁宁之词、已无子细之答。"《中右记》嘉承元年四月一六日："夜前山阶寺小僧来谈云，长者殿御祈，寺僧等各致丁宁。"

【火玉】

以百千七宝庄严，一处或二三百灯，以琉璃壶悬并内燃<u>火玉</u>，大径五六寸，小三四寸，每屋悬之，色青赤白等也。（卷一，熙宁五年四月廿二日）

汉语"火玉"为"传说能发热的一种红色宝玉。"日语训读为"ひだま"，有"火团、火球"之义。《日葡辞书》（1603—1604）、《净瑠璃·井筒业平河内通》（1720）等，均有其例。成寻所记"火玉"当是蜡烛之类。

【料钱】

巳时，于食堂斋，尽珍膳，予<u>料钱</u>三百文，快宗供奉六十文，圣秀、惟观、心贤、善久各三十文，是印成阇梨志也。（卷一，熙宁五年五月十九日）

《大词典》谓唐宋旧制，官吏除俸禄外，有时另给食料，或折钱发给，称料钱。白居易《送陕州王司马建赴任》诗："公事闲忙同少尹，料钱多少敌尚书。"日语音读"りょうせん"，指"费用、经费"，意义与汉语异。《延喜式》（927）："庭火并平野灶神祭（坐内膳司）：神座十二前（略）福酒料钱一贯文。"

【留守】

（1）巳二点，寺主坊有食，七人皆参向，以沙弥一人为<u>留守</u>。（卷一，熙宁五年五月十四日）

（2）以沙弥长命为<u>留守</u>人，行者双顶从房房运取，与沙弥为例事也。（卷二，熙宁五年七月十九日）

（3）圣秀一人为<u>留守</u>人，不行见。（卷六，熙宁六年一月十五日）

汉语"留守"义项有"居留下来看管""军队进发时，留驻部分人员以为守备"等、日语音读"るす"，指守家或守家的人，缘汉语之义有所引申。《落窪》（10 世纪左右）、《古今著闻集》（1254），均有其例。现代日语"留守"进一步引申为"家中无人"。

【路头】

市东西卅余町、南北卅余町，每一町有大路小路百千，卖买不可言尽，见物之人，满<u>路头</u>并舍内。（卷一，熙宁五年四月廿二日）

汉语"路头"有"道路""路口""门路"等义。日语音读"ろとう"，指街头、路旁，意义稍有不同。《明衡往来》："路头女车透自帘所见也。"《中右记》长治二年四月二四日："近日天下不闲、路头病人不可胜计、河原之边死人充满云云。"

【取遣】

（1）又次吃茶，寺主大师<u>取遣</u>唐历，见日吉凶。（卷一，熙宁五年五月十三日）

（2）内殿崇班来，入船内，数克殷勤，<u>取遣</u>茶共吃。（卷四，熙宁五年十月十一日）

（3）天吉祥、三藏共来，<u>取遣</u>茶令吃毕。（卷六，熙宁六年一月七日）

汉语"取遣"有"取舍""遣发"之义。日语训读"とりやり""とりづかい"，承汉语引申为"交换、赠答、授受"等，《参记》用例为"取来、赠与"之义。《日国》"とりやり"下首引《应永本论语抄》（1420）为证，又见《日葡辞书》（1603—1604）"Toriyariuo（トリヤリヲ）スル〈译〉互いに送り、または与え、受け取る。"

【沙汰】

（1）知县并少府来向<u>沙汰</u>，乞人力十二人、轿三乘约束了。（卷三，熙宁五年八月七日）

（2）频虽请，出立<u>沙汰</u>，无暇不向，颇遗恨也。（卷四，熙宁五年十月卅日）

（3）司家三人来，乞新经文字并师号文字<u>沙汰</u>之间，往还深泥，辛苦殊甚，可与钱者。（卷七，熙宁六年三月廿三日）

（4）辰一点，以牛十二头曳越船，堰司来<u>沙汰</u>，出兵士七人乘，今渡曹娥江已了。（卷八，熙宁六年六月六日）

汉语"沙汰"，亦作"沙汰""淘汰、拣选"之义。日语据此引申为"评判是非""吩咐，命令""音信、消息、通知"等义。《参记》诸例中的"慰问、拜访"义，由"音信、消息"义发展而来。《日国》于此词条列举诸多用法，此义项下首举《宇治拾遗》（1221年左右）例："いまより、此翁、かやうの御あそびに、かならず参れといふ。翁申すやう、沙汰に及び候はず、参り候べし。"

【神道】

国中专奉神道，多祠庙，伊州有大神，或托三五岁童子，降言祸福事。（卷五，熙宁五年十二月廿九日）

《大词典》"神道"下列有五个义项：神明之道，谓鬼神赐福降灾神妙莫测之道；神术；神祇、神灵；墓道，谓神行之道；俗语，谓了不起，有本领，精神强悍。《参记》中，指称日本固有的一种宗教，在汉语既有词形基础上赋予新义。《日国》此义下首引《续日本纪》延历元年（782）七月庚戌："神道难诬；抑有由焉。"次引《参记》"国中专奉神道，多祠庙"例。该词又见于《无难禅师假名法语》（1670—1676年左右）、《随笔·胆大小心录》（1808）等。

【用意】

（1）申时，到着国清寺庄，房主有种种用意，宿料五十文，外加廿文。（卷三，熙宁五年八月四日）

（2）途中使臣殊有用意由也。（卷八，熙宁六年五月七日）

（3）至州前，即参府。学士用意最多，即安下广惠禅院。（卷八，熙宁六年六月十日）

汉语"用意"义项有四：立意；用心研究或处理问题；意向，意图；着意，留意。《参记》中"用意"为"准备、预备"之义，现代日语承用之。《日国》此义下首引《宇津保物语》（970—999年左右）用例，又见《吾妻镜》文治三年（1187）九月四日："而如杂色申者。既有用意事钦云云。"

【约束】

（1）依先日约束，与绢一疋了。（卷六，熙宁六年一月廿二日）

（2）依同道约束行向诸大乘师宿房，慈照大师、惠净和尚以风药、丹药各一丸与小僧，点茶。（卷七，熙宁六年三月九日）

（3）张三郎亦水银、砂金直钱十三贯将来，船赁且二贯与了。约束四贯也。（卷一，熙宁五年五月三日）

汉语"约束"义项有二：缠缚，束缚；限制，管束；规章，法令。《参记》例中"约定"义，由"限制、管束"引申而来。《圣德太子传历》

（917 年左右）孝德天皇元年："成婚姻之昵。相通谋事。以为内扶。约束已讫。"《中右记》元永元年（1026）二月三日："而欲申行政之处，帅中纳言日来约束俄变改，有御恩者着行哉。"

参 考 文 献

一、国内出版

[1]　罗竹风：《汉语大词典》，上海：汉语大词典出版社，1986—1993 年。

[2]　董志翘：《〈入唐求法巡礼行记〉词汇研究》，北京：中国社会科学出版社，2000 年。

[3]　郭万平：《日本僧成寻与〈参天台五台山记〉》，收入荣新江、李孝聪主编：《中外关系史：新史料与新问题》，北京：科学出版社，2004 年。

[4]　曹家齐：《〈参天台五台山记〉中的驿传与牒文》，《文献》，2005 年第 4 期。

[5]　曹家齐：《略谈〈参天台五台山记〉的史料价值》，《域外汉籍研究集刊》第 2 辑，2006 年。

[6]　蔡毅：《从日本汉籍看〈全宋诗〉补遗——以〈参天台五台山记〉为例》，《域外汉籍研究集刊》第 2 辑，2006 年。

[7]　白化文、李鼎霞：《参天台五台山记》，石家庄：花山文艺出版社，2008 年。

[8]　王丽萍：《新校参天台五台山记》，上海：上海古籍出版社，2009 年。

[9]　张元济等：《四部丛刊》，北京：高等教育出版社，2016 年。

二、日本出版

[1]　釋成尋：『参天台五臺山記』（東福寺本複製本），1220 年。

[2]　島津草子：『成尋阿闍梨母集・参天台五臺山記の研究』，東京：大蔵出版株式会社，1959 年。

[3]　改訂史籍集覧本：『参天台五臺山記』，大阪：すみや書房，1968 年。

[4]　大日本仏教全書本：『参天台五臺山記』，東京：講談社，1972 年。

[5]　平林文雄：『参天台五臺山記校本並に研究』，東京：風間書房，1978 年。

[6]　斉藤圓真：『参天台五臺山記 Ⅰ．Ⅱ．Ⅲ』，東京：山喜房仏書林，1997—2010 年。

[7]　大辞典刊行会：『日本国語大辞典』（第 2 版），大辞典刊行会，東京：小学館，2000 － 2002 年。

[8]　王麗萍：『宋代の中日交流史研究』，東京：勉誠出版，2002 年。

[9]　藤善眞澄：『参天台五臺山記の研究』，大阪：関西大学出版部，2006 年。

[10]　藤善眞澄：『参天台五臺山記』，大阪：関西大学出版部，2007—2011 年。

附录三：古代日制汉字词一览表

本词表引自佐藤喜代治《汉字百科大事典》①，包括 636 个明治时代（1868）以前即上代至近世的和制汉字词。② 该表主要根据《大汉和辞典》《大字源》《古記録の研究》《日本国語大辞典》《古典大辞典》《角川古語大辞典》编定，标注读音及汉字词出典，只是缺少释义。③

序号	日语读音	日制汉字词	汉语释义
1	あくりやう④	恶灵	（作祟的）恶鬼，冤魂
2	ありう	亚流	亚流，模仿者，追随者
3	あんざん	安产	顺产，平安分娩
4	あんぢゅう	案中	在预想之内，必定
5	あんちょく	安直	省钱，便宜；简便，轻松，爽快
6	あんり	案利	随心所欲，胜利
7	ゐかん	遗憾*	可惜，缺憾；缺陷，欠缺
8	ゐき	位记	叙位证书（授予位阶时交给本人的文书）
9	いきぢ	意气地	意气，气概，毅力；自负，自尊心
10	ゐくん	遗勋*	前人留下的功勋
11	いちぎ	一议	商议一次；异议，不同意见
12	いちげん	一见	初会；看一次
13	いちごいちゑ	一期一会	一生仅此一会
14	いちづ	一途	专心，一心一意；一味，一心只顾
15	いちぶしじゅう	一部始终	源源本本，一五一十
16	いちもつ	逸物	逸品，尤物；出类拔萃的人或物
17	いちもんふつう	一文不通	目不识丁
18	いっきたうせん	一骑当千	一人当千

① 佐藤喜代治.汉字百科大事典［M］.東京：明治書院，1996：965－976.
② 其中有些词并非日本创制，为古汉语既有之词，表中用＊号标注，以待进一步研究。
③ 本表根据旧汉词典及日本国语辞书，对 636 个和制汉字词进行汉释，多义词则择要简释。
④ 为方便检核，本表按原文献五十音图排序，并保留古日语注音，汉字词则一概改为现代汉语规范字形。

续　表

序号	日语读音	日制汉字词	汉语释义
19	いっこん	一献*	便酌，小酒宴；一杯酒
20	いっさん	逸散/一散	一溜烟地，一直向前地；事态极速推进
21	いっしさうでん	一子相传	绝技只传给一个儿子
22	いっしゃうけんめい	一生悬命	拼命地；专心
23	いっしょけんめい	一所悬命	同"一生悬命"
24	いっちゃうら	一张罗	唯一的一件好衣服
25	いってつ	一彻	固执，顽固
26	いったうらい	一到来	一个消息，或者一则报道与传言
27	いぱつ	意罚	对"意业"的惩罚，佛教用语
28	いれう	衣料*	做衣服用的材料，指棉布、绸缎、呢绒等
29	いんぎふ	引汲/引级*	辩护，应援，支援
30	いんぎゃう	印形	图章，印章
31	ゐんげ	院家	门迹寺院（由皇室与公家贵族出家后担任住持的寺院）的别院，辅佐本寺开展法务；公家子弟出家后成为住持之人
32	ゐんがう	院号	对太上皇、皇太后以及在位时逝世的天皇、皇后的尊称，后扩展为包括皇家寺院以及贵族戒名在内的称号
33	ゐんぜん	院宣	奉太上皇或法皇的旨意由院司发出的公文
34	いんたく	隐宅	隐居所；避世之居
35	いんぶつ/いんもつ	音物/引物	赠品
36	うわうさわう	右往左往	人多行走时毫无秩序，混乱
37	うさん	胡散	形迹可疑；奇怪，蹊跷
38	うんせい	运势	运气，命运
39	えいぎん	咏吟	吟诵，吟诗；吟咏的诗歌
40	えいしん	咏进	咏诗进献
41	えいしん	锐进	突飞猛进
42	えいさう	咏草	（和歌、俳句等的）底稿，诗稿

序号	日语读音	日制汉字词	汉 语 释 义
43	えきれい	驿铃	执行公务的驿使需要使用驿马时出示的凭证
44	えこぢ	依怙地	固执，执意，意气用事
45	えこひいき	依怙贔屓	偏袒，偏向，偏心眼
46	ゑま	绘马	为了祈愿或还愿而向神社献纳的带有绘画的木制匾额
47	えんじゃ	缘者	亲属，亲戚，姻亲
48	えんしょ	艳书	情书
49	えんせん	艳羡*	喜爱；羡慕
50	えんだん	缘谈	亲事，提亲，说媒
51	えんちゃく	延着	晚点，迟到
52	えんてい	缘底*	因何；为什么
53	ゑんやう	远洋*	远离陆地的海洋
54	わうちゃく	横着	厚颜无耻
55	わうへい	横柄	傲慢，妄自尊大
56	おくびゃう	臆病	胆怯，发怵
57	おくめん	臆面	羞怯的神色
58	おっくふ	亿劫*	慵懒，感觉麻烦，不起劲
59	おんどく	音读*	日语中用汉字原来的音读汉字
60	おんはかせ	音博士	属于律令制下从属大学寮博士的一种，一般设置两人，教授明经道的学生音读经书
61	がい	雅意/我意*	己见，一己之见
62	かいき	快气	愉快病愈
63	かいしゃく	介错	帮忙，护理，照顾（的人）
64	くわいだん	怪谈	鬼怪故事，荒诞的故事
65	かいどく	解读	破译，译读
66	くわいはう	快方	（病情）好转
67	かいはう	介抱	护理，服侍，照顾
68	かいむ	皆无	完全没有，毫无

序号	日语读音	日制汉字词	汉语释义
69	くわいゆ	快愈	（病伤）痊愈
70	かくい	隔意	隔阂，不融洽
71	かくげん	确言	断言，肯定
72	かくご	格护	扶持，援助
73	かくしゅつ	各出	分摊金钱或物品
74	がくさう	学窗	治学之所
75	がくもんじょ	学问所	书斋
76	かけい	家景*	家中，家庭的经济状况
77	がご	雅语*	文雅之言，佳句
78	くわじゃう	过状*	令制中的公文之一，内容是关于怠慢和疏忽的道歉
79	かせい	加势	援助，帮忙；援兵，援助者
80	かせん	歌仙	对优秀和歌作者的尊称
81	かたい	歌体	和歌的体裁；歌风
82	くわっしゅつ	括出	补录未载入户籍、捐税账目人员
83	かっすい	渴水	水涸，枯水，缺水
84	かっぺき	合壁	近邻，邻居、隔壁
85	くわつろ	活路*	生路，出路；生活之路，生活办法
86	くわてい	课丁*	令制下负担课税的男子
87	かにふ	加入*	加上，参加
88	かひつ	加笔	删改（文章），文字加工，润色
89	かほう	过襃	过奖
90	くわみつ	过密	过密，过于集中；密度过大
91	くわらく	华洛/花洛	花都，亦称京都
92	かれい	嘉例/佳例	吉例，好例
93	くわんぎょ	还御	还驾，回銮
94	かんぎん	感吟	有感而吟
95	くわんけい	关系*	关联，亲属，影响（到），男女关系，机构

序号	日语读音	日制汉字词	汉 语 释 义
96	かんけつ	间歇/间欠	断续
97	かんご	看护*	护理
98	かんさつ	鉴札	执照，许可证
99	ぐわんしゅ	愿主	（向神佛）许愿的人
100	ぐわんしょ	愿书*	申请书，（多指）入学申请书；祈愿书
101	がんじょう	岩乘/五调/顽丈/岩叠	（马）非常壮实；（构造）坚固；（身体）强健
102	くわんち	关知*	与闻，知晓；有关联；报知，察知
103	かんばん	看板	招牌，广告牌；外表，幌子
104	くわんぷ /げんぷ	还付	退还，归还
105	くわんぷ	官符*	令制时代，太政官发布的公文书
106	かんべん	勘辨	原谅，饶恕；深思熟虑；精通数理
107	ぐわんもん	愿文	祷告文，祈祷文
108	かんえう	肝要	要紧，重要；核心，重点
109	きい	贵意*	（书信用语）尊意，高见
110	きか	贵下	（书信敬语）足下，阁下；（代）您
111	きかん	贵翰	尊函，大礼，您的信
112	きざい	器财	器具，器物，工具
113	きしう	贵酬	回信，复函
114	きしょ	贵书	尊函，大礼
115	きじゃう	气丈	刚毅，刚强
116	きしょうもん	起请文	誓言，誓词
117	きしん	寄进	捐献，捐赠，施舍
118	きだん	绮谈*	趣话，趣闻
119	きちく	鬼畜	饿鬼和畜生；残酷无情的人，忘恩负义的人
120	きちゅう	忌中	居丧，服丧期
121	きちれい	吉例	好的惯例、良好的先例

序号	日语读音	日制汉字词	汉 语 释 义
122	きてい	规定*	规章，条纹；（化）当量；（体操等）规定动作
123	きてん	气转/机转	机灵，机智，灵机
124	きでん	贵殿	（男人书信用语）台端，阁下
125	きはう	贵方	（代）您，你；（呼唤用语，特别是用于妻对丈夫）你；那一位
126	きょうゐ	兴委/兴违	不安
127	きふじ	给仕	伺候（吃饭）；（公司等的）勤杂，工友，茶房；（饭店等）侍者
128	きうじ	灸治	灸治，灸术治疗
129	きふしょ	急所	要害，致命处；要点，关键；弱点，疼处
130	きうりゃう	旧领	旧领土，旧领地
131	ぎょい	御意	尊意，尊命
132	きょうえつ	恐悦/恭悦	恭喜，恭贺
133	きょうよう	飨应	设宴招待，款待
134	ぎゃうけい	行启	（皇后，皇太子等）出行、行幸
135	きょうげん	兴言*	心有所感，而发之于言
136	ぎゃうじ	行事*	仪式，活动；（宫中举行的）仪式
137	ぎょけい	御庆	吉庆，喜庆；恭喜，贺年
138	きょさい	虚岁	与实岁（统称作周岁）相对的一种记岁方法，出生为一岁，每逢春节增加一岁
139	きょびゃう	虚病	装病
140	きょぶん	虚闻	谣传；虚名
141	きりつ	规律*	纪律；规章，规则；秩序
142	きんく	金句	金言，名言，格言，佳句
143	きんげん	谨言*	（书信用语）敬启
144	きんがう	近乡	（城市）附近的乡村，邻乡；（某村）附近的村子，邻村
145	きんざい	近在	（城市）附近的乡村，邻近的村镇，郊区

续 表

序号	日语读音	日制汉字词	汉 语 释 义
146	きんさつ	禁札	禁止事项告示牌，禁令牌
147	きんじき	禁色	按"令制"禁止穿着的衣服颜色
148	きんばう	近傍*	近旁，附近；邻域接近；靠近
149	きんむく	金无垢	纯金，赤金，足赤
150	きんや	禁野	皇家狩猎场
151	ぐうし/ぐうせき	耦刺	互刺而亡
152	ぐうしん	耦进	两个人并排前进
153	くげん	公验*	官府开具的证件
154	ぐづ	愚图	慢腾腾，磨蹭
155	くぜち/くぜつ	口舌*	口和舌；语言、话语；争论；连续吵闹
156	くのう	口能	长篇大论地辩解
157	くもつ /ぐもつ	供物*	祭祀神佛祖宗用的酒食瓜果等物品
158	くんじ	训示*	谕告，训诫，训话
159	くんどく	训读	用日语固有发音读汉字，或按日语的文法读汉文（汉文训读）
160	けいご	警固*	严加警备，加强警戒；警备的设备
161	けいくわう	荧光*	萤火虫的光；后指荧光
162	げいしゃ	艺者	艺妓；多才多艺的人，精于技艺的人
163	けいほう	警报*	危急情况的报告或信号
164	けいろ	径路*	路径，途径，过程；小径，路线
165	けが	怪我	受伤，负伤；过错，过失
166	げきゃく	解却	免去官位
167	げす	下众	身份卑贱的人，下等人
168	げち	下知	命令，指示
169	けついん	诀饮	离别之饮
170	けっしょ	血书*	用血写的文字
171	けっちゃく	决着	了结，完结，终结，解决；结局
172	けっとう	血统*	由血缘形成的亲属系统

序号	日语读音	日制汉字词	汉语释义
173	けつばん/けっぱん	血判	（在姓名下）按血（指）印；血手印
174	けっばん	结审	停止审理、结束诉讼的审讯
175	げなん	下男	男佣人，男仆，勤杂工；听差
176	げんぎん	现银*	可以当时交付的银子或银元
177	げんこう	现行*	现在的；正在施行的
178	げんこん	现今*	当今，现在，目前
179	げんざん/けんざん	见参	谒见，进见；接见
180	げんざ/げんじゃ	验者	（佛）修验道的修行者
181	けんしょう	健胜/坚胜	健康，强壮，健壮
182	けんそう	险相	凶恶的面貌，阴险的相貌，凶相
183	けんだい	兼题	事先拟就的题（目），事先命题
184	げんたつ	严达	严饬，严令；严谕
185	けんとう	见当	（大致的）方位；估计，判断；目标；大约，左右
186	げんばつ	严罚*	严厉处罚
187	けんぶつ	见物	游览，观赏，游客
188	けんぶん	检分/见分	现场检查，实地调查
189	けんまく	剑幕/权幕/见幕	凶暴的样子，气势汹汹的（态度）
190	けんやく	兼约	节约，节省，俭约
191	げんらい	见来*	看得见的东西出现的事
192	けんりょ	贤虑	卓见，远见，高见
193	かううん	幸运	好运，幸福
194	こうかん	后勘	日后查考；日后谴责；为将来考虑
195	こうぎ	公仪*	朝廷，政府；幕府；公开；公务
196	こうきょ	薨去	（诸侯、贵人、皇族）去世
197	かうぐ	香具	焚香用具，香炉；香料
198	かうけ	高家	有权势的家族公家、公卿
199	がふご	合期	赶上期限，没有超过期限

续 表

序号	日语读音	日制汉字词	汉 语 释 义
200	かうさん	降参	投降，降服，投诚；折服，认输，哑口无言
201	かうしゃく	讲释*	讲解；说评书
202	こうしゅつ	薨卒	皇族或三品官位以上贵族逝世为薨，四品五品与诸王逝世为卒
203	こうじゃう	口上	口述
204	がうじゃう	强情/刚情	刚愎，顽固，固执
205	がふせい	合成*	由几个部分合并成一个整体
206	こうせき	口迹	措词；语声，口齿；台词
207	がうそ	强诉/嗷诉	集体强行上告，结伙喊冤
208	がうだん	强谈	强硬地言说
209	こうち	拘置	拘留
210	がふはん	合判	联名盖章
211	かうひゃう	高评	盛赞
212	かうびん	幸便	顺便，趁便
213	ごき	误记	误写
214	ごく /ごくう	御供	（神佛的）供品
215	こくげん	刻限*	时限
216	こっこく/こくこく	刻刻*	每时每刻
217	こくにん	告人	原告
218	ごくひ	极秘	绝密
219	ごけ	后家	寡妇，遗孀
220	こけん	沽券/估券	卖据，卖契
221	こしゃう	故障*	障碍，事故
222	ごぢゃう	御诿/御定	谕旨，命令，吩咐
223	こっちゃう	骨张/骨顶	透顶，无以复加；强烈地主张；中心人物
224	ごなう	御恼	对贵人生病的尊称，尊恙
225	ごへい	御币	祭神驱邪之幡
226	ごへん	御边	台端，足下

续　表

序号	日语读音	日制汉字词	汉语释义
227	ごばう	御坊/御房	宝刹；法师，高僧
228	ごめん	御免	许可，允许；对不起，请原谅
229	こり	垢离	（祈祷时以冷水净身）斋戒沐浴
230	ごれう	御料	用品，衣食器物；皇室的财产
231	ごろ	语吕	语调，语感，腔调
232	こんぎ	婚仪*	婚礼，结婚仪式
233	ざいくわい	罪魁*	罪首，首恶
234	さいかく	才觉/才学*	才能和学识
235	さいきん	在勤	在职
236	さいく	细工	精巧细致的手工品，工艺品
237	さいご	最后*	最终，最末
238	ざいせき	罪迹	犯罪的痕迹，罪证
239	ざいせき	罪责*	罪罚，罪行的责任
240	さいたい	妻带	（男子）结婚，成家，娶妻
241	ざいたく	在宅	在家
242	さいたん	再诞	重生
243	ざいちゃう	在厅	在官厅里
244	さいはい	采配	麾令旗；拂尘
245	さいばん	裁判	裁决，判断
246	さいふ	财布*	钱包，钱袋，腰包
247	ざきょう	座兴	助兴
248	ざっしゃう	杂掌	日本旧时的官职名称
249	さっそく	早速	立刻，火速
250	ざっぱく	杂驳*	杂乱无章，没有条理
251	ざっぴ	杂费*	杂项费用，各种零星费用
252	さなう	砂囊	沙袋，沙囊，沙包
253	さんかう	参向	前往，拜访
254	さんし	参仕	趋谒侍奉

续　表

序号	日语读音	日制汉字词	汉语释义
255	さんだい	参内	进宫，晋谒天皇
256	さんだん	算段	筹措，设法筹集，张罗
257	さんちゃく	参着	到达
258	さんにふ	参入*	拜谒
259	ざんねん	残念	遗憾，抱歉，可惜；懊恨，悔恨
260	さんよう	算用	计算，计数，估算，估量
261	さんろう	参笼	在一定期间内，闭居在神社、寺院中斋戒祈祷
262	しきじゃう	色情*	情欲
263	しきたい/しきだい	色代	领首，点头，低头行礼，致敬；说奉承话，阿谀
264	しきどく	色读	理解表面意思
265	ぢきゃう	地形*	打地基；（建筑的）基础工程
266	しじゃう	至上	至高无上
267	しじん	资人	奈良、平安时代的下级官人
268	じせん	自选	自己选择自己；自己选择（作品）
269	しさう	诗藻*	词藻；诗歌，文章；写诗词的才能，文才
270	ぢだい	地代*	地租；地价
271	じっこん/じゅこん	入魂	亲密无间
272	じっしゃう	实正	实在地；的确；确信之事
273	じっち	实地*	现场
274	じはつ	自发*	自愿，主动，情愿，出自本心
275	じへう	辞表	辞呈，辞职书
276	ぢびょう	持病	宿疾
277	じぶん	自分*	自己，本身，本人
278	じゃすい	邪推	猜疑，猜忌，往坏里猜测，胡猜乱想
279	じゃねん	邪念*	邪心，邪恶念头；杂念，胡思乱想
280	しゅいん	朱印	红色官印（戳记）；盖有红色官印的公文

续　表

序号	日 语 读 音	日制汉字词	汉 语 释 义
281	しうき	周忌*	（每年的）忌辰
282	しうき	周期	周期，周年
283	しうぎ	祝仪	庆祝仪式，典礼，婚礼；祝词；赠品，喜仪
284	しうぎ	祝言	祝词，贺词；喜事；婚礼
285	しうこう	收公	掌权夺取领地等
286	しゅうちゃく/いわいぎ	祝着	庆祝，祝贺，喜庆
287	しゅうと/しゅと	众徒	众僧
288	しふねん	执念*	执着之深，迷恋心情；记仇心，复仇心
289	しうへん	愁变	违反，违约，变心
290	じふめん	涩面/十面	欲哭的表情；不愉快的神情
291	しふらく	集落	村子，村落
292	じゅが	寿贺	祝贺长寿
293	しゅくい	祝意	祝贺，贺忱
294	じゅこん	入魂	亲密关系；形容作品中注入作者感情
295	しゅっかう	出向	前往；工作调动
296	しゅっせい	出精	奋勉，勤奋
297	しゅったつ	出立	出发，动身，启程
298	しゅっぷ	出府	（江户时代）从地方到（幕府所在的）江户去；到都市去，进京
299	しゅつぶつ	出物	多管闲事
300	しゅつらい	出来*	出现；发生；完成
301	しゅらん	酒乱	酒后狂暴（的人），耍酒疯（的人）
302	じゅんじゃう	纯情	天真，纯真
303	じゅんぱい	巡拜	到各地去朝山拜庙
304	じゅんばん	顺番	班班，轮流，顺序
305	じゅんらん	巡览	各地游览
306	じゅんれい	准例/循例*	先例，依照往例

续　表

序号	日语读音	日制汉字词	汉 语 释 义
307	しゃういん	请印	律令时代，五品以上叙位或派遣至诸国令的盖印仪式
308	しゃうがい	生害	杀害；自杀，自戕
309	せうし	笑止	追悼；责备；忧虑
310	しゃうじ	荘司/庄司	管理庄园里一切杂物的人
311	じゃうし	上使	江户幕府派往各大名处的使者
312	じゃうず	上众	身份高的人，高贵的人
313	せうちゃう	抄帐	平安时代各国的调庸物等请愿书的底账
314	じゃうと	让渡	转让，让与，让出
315	じゃうにち	上日*	朔日，即农历初一
316	しゃうへう	上表/正表*	（向君主）上表，上书；（文章里）列在上边的表
317	しょうへき	障壁	隔断，隔扇；障碍，隔阂
318	しょうもん	证文	证书，字据，文据，契纸
319	しゃうやう	赏扬/称扬*	称赞
320	しょうろ	冲路	攻敌路径；重要之处
321	しょくしゃう	食伤*	伤食，吃得过饱，食物中毒；吃腻，厌腻，烦腻
322	しょくらう	赎劳	奈良平安时代的一种卖官纳财买官
323	しょせん	且千	大量
324	しょたい	所带	（自立门户的）家庭；生活规律，生活方式；财产
325	しりょう	饲料	喂家畜或家禽的食物
326	じりゃう	寺领	寺院的领地，寺有土地
327	しんけつ	心血*	心头的血；心思、精力
328	しんこう	进攻*	进攻，军队接近敌人并主动实施攻击
329	しんさい	神载	载有神文的字据
330	しんざん	新参	新服侍主人（的人）；新来，新参加（的人）
331	しんぢ	针治	用针灸治病

序号	日 语 读 音	日制汉字词	汉 语 释 义
332	しんずい	神髄/真髄*	精髓，蕴奥
333	しんせん	神饌	（供神的）供品
334	ぢんだい	陣代	军务代理
335	しんたつ	申達	下指示，下指令
336	しんとう	浸透	（液体等）渗透；（思想）渗入
337	しんぱい	心配	担心，害怕，忧虑；操心，费心，关照
338	しんぼう	辛抱	忍耐，忍受；（在同一处）耐心工作
339	ぢんれつ	陣列*	阵势，（部队的）部署
340	しんろう	辛労	辛苦，劳苦
341	すいうん	衰運	衰败的趋势，颓势
342	すいこ/すいきょ	出挙*	放债
343	すいさん	推参	造访，登门，拜访；冒失，不礼貌，冒昧
344	すいめつ	衰滅*	衰亡
345	すき	主基	天皇即位后首次举行的大尝祭中，为了供祭神用的新谷、酒料而选定了各国中的两个国家郡，即第二个国郡以及其斋场
346	せいさつ	制札	公告牌，告示牌，布告牌
347	せいしょ	清書	誊清，抄写清楚
348	せいしょう	清胜*	（书信用语）康泰，康健，步履绥和
349	せいそう	清僧	谨守戒律，品行端正的和尚
350	ぜいたく	贅沢	奢侈，浪费，铺张，过分讲究；过分的要求，奢望
351	せいのう	性能	机能，效能
352	せいふ	制符	规定日常生活和仪式等规范的法令
353	せいぶん	精分	养分；精力；精华
354	せきさい	积載*	装载，运载
355	せたい	世帯	（自立门户的）家庭
356	せついん	雪隠*	厕所
357	せっぷく	切腹	剖腹自杀

续 表

序号	日语读音	日制汉字词	汉 语 释 义
358	せわ	世话	帮忙，援助；推荐，斡旋，介绍；照料，照应，照管；俗话，通俗，世俗
359	せんゐ	纤维	纤维，天然的或人工合成的细丝状物质
360	せんゐん	仙院*	上皇、法皇的御所
361	せんか	选歌/撰歌	选诗歌，选和歌，选出的诗歌
362	ぜんくわい	全快	痊愈
363	せんかく	战隔	敌对；战斗
364	せんぎ	诠议	审议，讨论；（对犯人的）侦查，审问
365	せんぎょ	迁御	天皇、上皇、皇太后等迁居
366	せんこく	先刻	方才，刚才；已经，早就
367	せんざ	迁座*	（把神佛的牌位或天皇的"御座"迁到别处时的称呼）迁位
368	せんさく	诠索	（详细）探索，探讨，查询
369	せんじん	先阵	前锋，先锋；先登者，最先突入敌阵者，突击队，先驱
370	せんど	先途	（按其门第能够提升到的）最高职位；将来，结局；（决定胜负成败的）紧要关头
371	ざうえい	造营	营造，兴建（神社、佛寺等）
372	さうぎ	葬仪*	丧葬仪式，葬礼，殡仪
373	そうけつ	葬穴	埋葬死者尸体的洞穴
374	さうご	相互	互相，彼此，双方；交替，交互
375	そうごふ	综合/凑合	综合，集合
376	ざうざい	赃罪*	赃物罪
377	さうしき	葬式	葬礼，殡仪
378	ざふすい	杂炊	菜粥，杂烩粥
379	そうたい	总体/惣体*	全体，全局；一般来说，总的来说
380	そうだい	总代	总代表
381	そうち	送致	送达
382	さうちゃく	插着	插入
383	そうとう	扫讨	扫荡

续　表

序号	日语读音	日制汉字词	汉语释义
384	そうばく	相博	土地、房屋、其他财物的交换；更替职务
385	ぞうひつ	造毕	建造完毕
386	ざふひゃう	杂兵	小兵，小卒
387	そくえい	即咏	即席作诗，即席吟咏
388	そくざ	即座	立即，即刻，马上
389	そくめう	即妙	机敏，机智，随机应变
390	そくりょく	速力	速度
391	そこつ	粗忽/楚忽*	粗心，疏忽，马虎，鲁莽
392	そさう	阻丧/沮丧*	沮丧，颓丧
393	そさう	粗相/疏相/麁相	疏忽，疏失
394	そだ	粗朶	砍下来做燃料用的树枝，木柴，柴火
395	しゅっきょ/そっきょ	卒去	三品以下、五品以上官员，或无位的皇族逝世
396	そっかう	即効	立即见效
397	そっせん	率先*	带头
398	そどく	素读	不考虑书籍，特别是汉籍的意思和内容，只朗读文字
399	そほん	素本	无标点训诂本，没有写批注的书
400	そまつ	粗末/麁末	粗糙，简陋；疏忽，简慢；浪费
401	そんとく	损得	损益，得失
402	だいげん	题言	题词
403	たいざい	滞在	旅居，逗留
404	だいさん	代参	代人参拜寺院神社
405	たいしん	退身*	引退；隐居
406	たいじん	退阵*	军阵后撤，打退堂鼓
407	たいはい	退废	颓废，衰败
408	たいまい	大枚	巨大
409	たくせん	托宣	神谕

续　表

序号	日语读音	日制汉字词	汉语释义
410	たぜい	多势	许多人
411	だちん	驮赁	运费
412	たぶん	他闻	别人听见
413	たんか	啖呵/痰火*	口齿锋利
414	だんがふ	谈合	讨论，商量
415	たんしゅく	短缩*	缩短，缩减
416	たんしょ	短所	短处，缺点
417	たんねん	丹念	精心，细心
418	たんのう	堪能*	（技能）熟练，擅长
419	ちさん	迟参	晚到
420	ちゃくぎょ	着御	对天皇等到场的敬语
421	ちゃくたう	着到	到达
422	ちゅうしん	注进	紧急报告
423	てふぐわ	蝶卧	浮线蝶，一种纹样
424	てうし	铫子*	长把酒壶；酒瓶，酒瓶里的酒
425	てうし	调子*	音调；腔调；格调；状态；势头
426	ちゃうしょ	长所	优点
427	ちょうしん	调进	承做，替主顾做
428	てうてき	朝敌	朝廷的敌人、逆贼、国贼
429	ちょくかん	敕愿	按照敕命所做的祈祷
430	ちょくひつ	敕笔	天子的笔迹
431	ちょくかん	敕勘	皇帝的训斥
432	ちんくわ	珍菓*	珍贵的食物或者点心
433	ちんかく/ちんきゃく	珍客	稀客
434	ちんじ	椿事	偶发事故，奇祸
435	ちんめう	珍妙	奇怪，稀奇古怪
436	ついそ	追诉*	追加诉讼

序号	日语读音	日制汉字词	汉语释义
437	ついてう	追吊	追悼
438	ついな	追儺	撒豆驱鬼；驱鬼仪式
439	つうじ	通事/通辞*	（江户时代）译员，翻译
440	つうへい	通弊*	通病
441	てんかい	转回*	回转，转变；回旋，旋转
442	てんにふ	转入*	迁入（某地）
443	たうざ	当座	即席
444	とうじ/とじ	杜氏	酿酒师
445	とうしゃ	透写	映写，描图，复写
446	どうだん	同断	同样的
447	たうなん	盗难	失窃
448	たうふく	当腹	嫡出
449	たうよう	当用	现用，目前使用，当前的事情
450	どきょう	度胸	胆量，气魄
451	とくし /どくし/とくじ	读师	佛语低于讲师的僧官
452	とくよう	德用/得内	功德
453	どそく	土足	不脱鞋，穿着鞋；带泥的脚
454	どたんば	土坛场	刑场
455	とつび	突鼻	被谴责
456	とてつ	途辙*	途方，道理
457	どど	度度	屡次
458	とはう	途方	方向，方法
459	とらい	渡来	舶来
460	とんぐう	顿宫	假宫，行宫
461	とんし	顿死	猝死
462	ないぎ	内仪*	尊称他人之妻
463	ないない	内内	私下，秘密

序号	日语读音	日制汉字词	汉 语 释 义
464	なっとく	纳得	理解，领会，认同，同意
465	なんぎ	难仪	困难；痛苦；贫困
466	なんじぶ	难涩	行事困难
467	なんしょ	难所	难关
468	なんびゃう	难病	难治之症
469	なんろ	难路	险路
470	にくしん	肉亲*	骨肉亲（父子兄弟等）
471	ねんぐわん	念愿	愿望
472	ねんぐ	年贡	年租
473	ねんし	年始*	年初，拜年
474	ねんしゅつ	捻出	想方设法
475	ねんにょ/ねんよ	年预	平安时代中期后，低于执事的掌管杂务之职
476	のうひつ	能笔	善书
477	はいくわん	拜观	拜谒，参观
478	はいち	配置*	安置，安排；布局，部署
479	はいちゃう	拜听	聆听
480	はいらん	拜览	看的谦逊语
481	ばしゃく	马借	中世用马运输货物的劳动者
482	はんきょ	判许	判定
483	はんさつ	藩札	藩币
484	ばんそう/ばんぞう	伴僧	侍僧
485	はんだい	饭台	饭桌
486	はんばう	繁忙*	事情繁多，不得空闲
487	ひきゃく	飞脚	镰仓至江户时代，将信件、金钱或小货物等送到远方的运输工
488	ひけん	鄙见*	谦称自己的见解
489	ひじゃう	非情	冷酷无情
490	ひっそく	逼塞*	江户时期对武士和僧侣关禁闭的刑罚；隐世

序号	日语读音	日制汉字词	汉语释义
491	ひふ	被风/被布*	披风（衣服上披的防寒用具）
492	ひまん	肥满*	肥胖丰满
493	ひりき	非力	力量薄弱无力，无能，乏力，力气不足
494	びろう	尾笼	愚蠢
495	へうさつ	表札	门牌
496	へうじ	表示/表事*	表示，显示某种意义
497	ふうしふ	风习*	传闻
498	ふうせつ	风说	传言风评
499	ふえん	不缘	切断缘分，婚事不成
500	ぶがく	舞乐	伴有舞蹈的日本雅乐
501	ぶぐ	武具*	军事器具；武器
502	ふくりふ	腹立	愤怒，生气
503	ぶけ	武家	武士家族
504	ふさん	不参	没有出席
505	ぶしゃう	不精/无精*	懒散，懒惰
506	ぶすい	不粹/无粹	不风流，不风雅
507	ぶっきゃう	物狂	发狂
508	ぶっけい	物诣	参拜
509	ぶっそう/ぶっさう	物忽/物骚	骚然不安，不安定
510	ふってい	拂底	匮乏，缺乏，告罄
511	ぶってき	佛敌	佛教之敌
512	ふらち	不埒	不通情达理
513	ふんしつ	纷失	遗失
514	ぶんつう	文通*	通信，音信
515	ふんねう	粪尿	大小便
516	へいきょ	闭居	闭门不出
517	へいもつ/へいぶつ	聘物*	币帛，进献物，礼物
518	べつぎ	别仪	别的事，他事

续 表

序号	日语读音	日制汉字词	汉 语 释 义
519	べっこん	别恳	特别亲密，交往密切
520	べっぴん	别品/别嫔	精品；美女
521	へんさい	返济	偿还，还债
522	へんさつ	返札①	复函，回信
523	へんし	变死*	死于非命
524	へんじ	返事/返辞	回话，回信
525	へんしゃう	返章	回信
526	へんじゃう	返上	奉还
527	へんなう	返纳	送还原处
528	へんぷ	返付	归还
529	へんぽう	返报	报答
530	へんれい	返礼	回礼，答礼
531	へんれき	遍历	东奔西走
532	へんろ	遍路	朝圣
533	ほいく	保育/哺育*	养育，哺育
534	ほうぎん	芳吟	对他人诗歌或吟唱的尊敬语
535	ほうこつ	芳骨	高贵之人的遗骨
536	ほうさく	豊作	丰收
537	ぼうさく	谋作	为了对自己有利，制定事物的论据
538	はうし	芳志	厚意，盛情
539	ほうし	褒词	赞美之辞
540	はうしょ	芳书	尊函
541	はうじゃう	芳情*	厚意，美好的情感
542	ばうず	坊主	住持；和尚；对男孩子的爱称
543	ほうぜん	宝前	神佛之前
544	ばうせん	防战	防御战

---

① 原文中为"返礼（へんさつ）"，误按其字义，汉字字形应作"返札"。

续　表

序号	日语读音	日制汉字词	汉语释义
545	はうだん	芳谈	（尊称贵宾的）谈话
546	ほうなふ	奉纳*	敬献（给神佛）
547	はうぼく	芳墨	（称对方的来信和笔迹）芳翰，芳笺，大札
548	はうやく	芳约	心灵之交
549	はうらつ	放埒	放纵
550	ぼさん	墓参	扫墓
551	ほじゅう	补充*	弥补不足
552	ぼだう	母堂	令堂
553	ぼへう	墓标	墓石，墓表
554	ほんぷく	本复	康复，痊愈，复元
555	まじゅつ	魔术*	妖术；戏法
556	まつご	末期*	临终
557	まんえつ	满悦	欣喜
558	まんぜん	漫然*	漫不经心，心不在焉
559	みしん	末进	尚未交纳（年贡等）
560	みゃうじ	名字/苗字*	同一氏族分离出来的家姓（人的）姓
561	みゃうだい	名代	代理（人）
562	むげ	无下/无气*	最坏，不屑一顾；最低级，最下贱
563	むしゅく	无宿	无家可归
564	めいぎん	名吟	有名的诗歌
565	めいく	名句	佳句
566	めいさい	明细	明确详细
567	めいちゃ	铭茶	名茶
568	めいむ	迷梦*	沉迷不悟的梦想
569	めいめい	铭铭	各自
570	めんきょ	免许	许可
571	めんしゃ	面谢*	当面道谢

续 表

序号	日语读音	日制汉字词	汉 语 释 义
572	めんじゃう	免状	许可证
573	めんてん	面展	拜见
574	めんどう	面倒	照顾麻烦
575	めんえう	面妖	奇怪，不可思议
576	もうろく	耄碌	老人，老朽
577	もくさん	目算	估计
578	もくし	默止	闭口不言，沉默
579	もくだい	目代	平安镰仓时代，作为国司代理前往当地主持政务的人及其官名
580	もくてき	目的*	所追求的目标；想达到的境地
581	もくへう	目标*	标识，招牌；想要达到的境界或目的
582	もっけ	物怪*	意外，意料不到
583	もんやう	纹样	花纹，花样
584	やくぎ	役仪	职务，任务
585	やくしゃ	役者	官吏演员
586	やっかい	厄介	麻烦，照料
587	やぼ	野暮	不通世故人情
588	やばう	野望*	到山野去游宴
589	やらう	野郎	年轻的男人，小子
590	いういん	诱因*	导致某种事情发生的原因
591	いうじゃくばう	有若亡	不应有的状态，没有存在的意义
592	いうり	游里	花街柳巷
593	えうきゃく	要脚/用脚	费用；必要的经费
594	よぎ	余仪	别的事其他方法
595	よけい	余计/余庆	多余
596	よたう	与党	同伙，朋友
597	らいが	来驾	大驾光临
598	らいし	礼纸	重叠在写有书信的纸上的白纸

续　表

序号	日语读音	日制汉字词	汉语释义
599	らくだ	落堕*	僧侣破戒，沉湎于放荡
600	らんてう	乱调	情况混乱
601	りえん	离缘*	切断缘分，现在指离婚、断绝关系等
602	りくつ	理屈/理窟*	理论，道理
603	りっぷく	立腹	容易发怒、生气
604	りはつ	利发	很聪明、头脑转得很快
605	りふじん	理不尽	不通道理
606	りういん	溜饮	胃反酸
607	れうし	料纸	书写用纸
608	れうし	寮试	在大学寮举行的考试
609	りゃうじょ	谅恕	体谅
610	りゃうしょう/れう しょう	领承/谅承/ 了承	了解情况，了解情况，并领会
611	りゃうち	领地*	领有的土地
612	りゃうとう	两统	两种皇统混血
613	りゃうぶん	领分	领地
614	れうもつ	料物*	费用；物资、食物、用物等
615	りょくじ	绿儿	0 至 3 岁左右的幼儿
616	りんき	悋气	嫉妒
617	りんじ	轮次*	依次轮流
618	るいご	类语	近义词
619	るいべつ	类别*	按种类区别
620	るき	流记	流传后世的记录
621	れいしき	例式	惯常做法
622	れいじゃう	礼状	感谢信
623	れいざう	灵像*	佛像
624	れいだう	灵堂*	停放灵柩、骨灰或设灵位、遗像以供吊唁 的屋子

序号	日 语 读 音	日制汉字词	汉 语 释 义
625	れいねん	例年	每年
626	ろうきょ	笼居	闭门不出
627	らうじゅう	郎从	随从
628	らうどう	郎堂	老人们、老人
629	らうはい	老辈*	前辈、年长而行辈又比较高的人、泛指祖辈
630	ろぎん	路银*	路费旅费
631	ろめい	露命	无常的生命
632	ろよう	路用*	旅行费用
633	ろんてき	论敌*	争论对手
634	ろんぱ	论破	使对方理屈
635	ろんぱん	论判*	策论和判语
636	わざん	和谗	说坏话陷害人，谗言

第四章 《参天台五台山记》与中日汉字词研究（下）

《参天台五台山记》中传承汉字词、日制汉字词等对研究中日汉字词汇交流史具有重要价值。除此之外，《参天台五台山记》作为记载宋代时期的重要日本文献，对国内辞书编纂具有重要补充作用。本章主要以《大词典》为依据，辅以《四部丛刊》等数据文献，从辞书编纂角度对该书中的词汇进行研究。此外，本章还对《参天台五台山记》中的部分词汇予以校补，以进一步推动中日汉字词研究。

第一节 《参天台五台山记》与辞书编纂

一、《大词典》未收之词

《参记》中的许多词汇，未被《大词典》收录。其中有的是宋代既有词汇，甚至出现在宋代以前。下文所列词汇均为《大词典》失收之词，文中先例举《参记》中相关用例，再结合《四部丛刊》等文献对相关词汇进行阐释。

【庵主】

庵主印成阇梨、知事共出来点茶，僧堂宿处，重重廊有其数。（卷一，熙宁五年五月十八日）

庵主，指寺庙主人，或特指尼庵中的主人。北宋苏轼撰《东坡全集·卷三十·诗一百十首》有《碣石庵戏赠湛庵主》诗，北宋释觉范《石门文字禅》（卷4）有《大圆庵主以九祖画像遗作此谢之》，宋朱熹《晦庵先生朱文公文别集》（卷5）："卧龙新庵主入庵，未得一往视之。"①

【茶器】

（1）先入敕罗汉院，十六罗汉等身木像、五百罗汉三尺像，每前有茶

---

① 本节所引汉语古籍资料，大多引自《四部丛刊》。

器。（卷一，熙宁五年五月十三日）

（2）午时，文慧大师随身银茶器、银花盘来向，诸僧皆吃茶，最可云殷勤人也。（卷四，熙宁五年十月廿日）

茶器，谓茶碗等喝茶所用的器具。唐白居易《睡后茶兴忆杨同州》："此处置绳床，傍边洗茶器。"唐陆龟蒙《和访寂上人不遇》："蒲团为拂浮埃散，茶器空怀碧饽香。"唐朱庆馀《凤翔西池与贾岛纳凉》："拂石安茶器，移床选树阴。"

【茶药】

（1）申时，出寺，大小教主送大门前，有茶药。（卷一，熙宁五年四月廿九日）

（2）令见杭州公移，以通事陈咏通言语，大守点茶药。（卷一，熙宁五年五月廿日）

（3）同二点，参少卿房，以珍果、茶药、补桃酒馔。（卷四，熙宁五年十月廿九日）

（4）与使二人钱各二百文毕，令吃茶药毕。（卷六，熙宁六年一月十日）

茶药，做药的茶，古时多为贵重之物。唐末五代韩鄂《四时纂要》："五月：焙茶药。茶药以火阖上，及焙笼中，长令火气至茶。"林洪《山家清供》："茶供，茶即药也。"宋李焘《续资治通鉴长编·卷五百四·哲宗》："上甚悦，盖二酋皆西羌之桀黠也。遣中使赐茶药犒设将士。曾布曰：'此非常之功，可为庆贺。'"《续资治通鉴长编·卷二百七·英宗》："自以年过七十，告老章凡十数上，上终弗听，遣中使赍手诏问劳，赐茶药黄金。""茶药"与"黄金"并列，且常作为古代皇帝所赐之物，可见其较为贵重。唐白居易《继之尚书自余病来寄遗非一又蒙览醉吟先生传题诗以美之今此篇用伸酬谢》："茶药赠多因病久，衣裳寄早及寒初。"《三朝名臣言行录》（卷11）："遣中使至永州赐茶药。"

【艮风】

（1）午时，天晴，少有乾风，船人骚动，祈神卜之，艮风出来。（卷一，熙宁五年三月廿一日）

（2）艮风大吹，唐人为悦，中心思之，万遍咒力也。（卷一，熙宁五年三月廿二日）

（3）艮风大吹，波浪高扇。（卷一，熙宁五年三月廿三日）

艮风，即东北风，汉籍早见。《易·说卦》："艮，东北之卦也。"《春秋正义》（卷22）："乾风不周，坎风广莫，艮风调，震风明庶。"《通志》

（卷 182）：“须臾，果有艮风。”

【借送】

（1）钱三贯借送问官，开封后可返者。（卷一，熙宁五年四月十八日）

（2）巳时，日宣阇梨借送杭州孤山智圆阇梨作弥陀经疏一卷、钞一卷，披见之，自日东传来弥陀疏一卷，智者说非也。（卷二，熙宁六月十二日）

（3）万岁院讲律惠道、宗泰、德珠三人，以持律僧二人为使借送：四分羯磨二帖、宣律师述。四分含注戒本疏六卷、宣律师述。（卷六，熙宁六年二月十七日）

借送，有借给、送去之义，元明文献尚见用例。《张蜕庵诗集》（卷4）：“借送讵论鸥有酒，收藏长爱蟊无鱼。”《明诗综》（卷71）：“诗社往还青玉案，仙经借送紫泥函。”

【金罗】

准祗候库赐到下项对见分物：金罗紫衣一副三件，金罗褐僧衣七副各三件，白绢定一百六十足。（卷四，熙宁五年十月廿二日）

金罗，即掺杂金丝编成的绫罗，宋代习见。宋范成大《沈家店道傍棣棠花》：“绿地缕金罗结带，为谁开放可怜春？”宋张君房《云笈七签》（卷20）：“金罗碧裙，腰带天骨，首戴华冠，赐某隐书，得行天关。”北宋文同《丹渊集·卷四十·墓志·长寿县太君杨氏墓志铭》：“暨登于朝，取宠自国，轴瑁囊锦金罗五色。”元代欧阳玄《圭斋文集》（卷4）之《渔家傲·南词》：“血色金罗轻汗塌，宫中画扇传油法。”

【流教】

（1）花水已来，将归天台。景德国清寺是智者流教之地。三贤垂迹之处。（卷七，熙宁六年三月廿三日）

（2）本寺是智者流教道场之地，欲要就看经一百日了毕。（卷二，熙宁五年六月七日）

（3）本寺是智者大师流教道场，就此读诵莲经，答还宿愿。（卷二，熙宁五年六月九日）

流教，即传教，流布教义，唐宋习见。唐马总《意林·卷五·周生烈子五卷》：“矜赏若春，重罚若秋，行礼若火，流教若水。”唐道宣撰《广弘明集》（卷6）：“自释氏流教，其来有源。”《资治通鉴》（卷34）：“岂有肯加恻隐于细民，助陛下流教化者邪？”

【祈乞】

（1）每日念圣观音咒一万遍，风天真言一万遍，祈乞海安。（卷一，熙宁五年三月十六日）

（2）从此向北，经数里，到开宝寺，次中门额名敕寿禅院，塔额名感

慈塔，入塔烧香礼拜，先奉祈圣主，次<u>祈乞</u>心愿泗州大师真身塔，入奥处
也，庄严非眼所及。（卷四，熙宁五年十月廿四日）

（3）虽似之言，颇以有思，依之弥<u>祈乞</u>雨。其后有雨气，虽小雨下，
风频吹，不快也。（卷七，熙宁六年三月四日）

祈乞，即祈祷、乞求之义，唐宋习见。唐元稹《元氏长庆集·卷第五
十九·祭文·告畬三阳神文》："神又何情，受人祈乞。"《云笈七签》（卷
117）："其妻子就东明大殿上焚香祈乞，续买净土五千车填送。"《云笈七
签》（卷122）："又每岁三月三日，蚕市之辰，远近之人祈乞嗣息，必于
井中探，得石者为男，瓦砾为女。"

【上皮】

（1）福州商人来出荔子，唐果子，味如干枣，大似枣，离去<u>上皮</u>食之。
（卷一，熙宁五年四月三日）

（2）次着食座，诸僧先以坐具敷寄子坐，乍帖置之，先食果子，荔子、
梅子、松子、龙眼味如干枣，似荔子，颇少去<u>上皮</u>吃之。（卷一，熙宁五
年四月廿五日）

上皮，即"表皮"，汉籍早见。《齐民要术》（卷10）："所以卫其实
也，剖其上皮，煮其肤，熟而贯之，硬如干枣"。《重修政和证类本草》
（卷22）："取青胡桃子上皮和为泥。"《翻译名义集》（卷3）："深者八九
尺，大如斛，削去上皮，中是琥珀。"现代汉语生物学名词有"上皮细
胞"。

【申乞】

（1）午时，府使到来，随<u>申乞</u>安下寺，可下府宣者。（卷一，熙宁五
年四月廿七日）

（2）最初，<u>申乞</u>令作茅青龙八座，长一尺，以纸卷茅画之，头面好作
画，依之所奏也。（卷七，熙宁六年三月七日）

（3）答云："至于新经文字者，一贯先了。至于师号者，非所<u>申乞</u>，
只朝恩所致，何与钱乎？"（卷七，熙宁六年三月廿三日）

（4）客省宣惑来，与朝辞文：客省据日本国僧成寻等状，欲乞于四月
初二日朝辞，赴台州国清寺，<u>申乞</u>指挥者。（卷八，熙宁六年四月一日）

申乞，即申请、乞求之义，宋代习见。北宋范仲淹《范文正公集·年
谱补遗》："奏乞许农民作保申乞，先请价钱，限一月内入纳。"南宋《晦
庵先生朱文公文集》（卷14）："全州守臣韩邈所申乞减添差员数，可见一
端。"《止斋先生文集》（卷25）："右某再具奏，申乞守本官致仕。"

【夏衫】

三藏献紫<u>夏衫</u>，成寻得绫汗衫，皆曳手巾。（卷八，熙宁六年四月

六日）

夏衫，即夏天的衣服，早见于唐代文献。唐代鲍溶《采莲曲》："夏衫短袖交斜红，艳歌笑斗新芙蓉。"北宋《周元公集》（卷2）："遂州平纹纱轻细者，染得好皂者，告买一疋自要作夏衫。"

【廨院】

（1）山以赤岩叠。过一里，入州城朝京门，至国清寺廨院，有元表白从国清寺来会。（卷一，熙宁五年五月廿七日）

（2）巳时，寺主相共参向天台县官人许，于国清廨院点茶。（卷一，熙宁五年五月廿日）

（3）退还出，还廨院，见普照明觉禅师影像，又见右行廊行康行者影，真身以漆涂彩色，作定印端坐入灭形也。（卷一，熙宁五年五月廿日）

廨院，唐宋时禅寺专名，指禅林中办理会计或待人接物的场所。《故唐律疏议》（卷8）："其廨院或垣或篱，辄越过者，各杖七十。"唐长孙无忌《唐律疏义》（卷27）："诸于官府廨院及仓库内失火者，徒二年。"宋道原纂《景德传灯录》（卷19）："师闻乃趋装而迈，初上雪峰廨院憩锡。"同书卷23："师有师叔，在廨院患甚。"

【译馆】

（1）译馆比丘智普封上。（卷四，熙宁五年十月卅日）

（2）素意于天台、五台，欲修佛道，而为参台山入花洛间，去年廿日住此译馆。（卷七，熙宁六年三月廿五）

（3）今巡礼五台之次，白地安下花洛译馆，不虑之外赐师号，且怖且悦。（卷八，熙宁六年四月四日）

（4）熙宁癸丑孟夏五日译馆西斋书。（卷八，熙宁六年四月十九日）

译馆，指翻译佛经之处，亦指主事翻译的机构。清《梅村家藏稿》（卷41）："以少卿管四译馆。"清《鲒埼亭集外编》（卷17）："朝鲜尚书、日本尚书，则以为庆得之，译馆贻笑，儒林欺罔后学。"清《定盦文集补编》（1910年）："礼部之有四译馆，犹户部之有宝泉局，兵部之有马馆而已。"

【昨今】

（1）杭州、台州等牒案：杭州公移付客人陈咏移日本国僧成寻："昨今出杭州巡礼，欲往台州天台山烧香，供养罗汉一回。"（卷二，熙宁五年六月五日）

（2）昨今每使各三十、五十、或百、或百五十皆与了。（卷五，熙宁五年十一月廿一日）

（3）昨今从驿至驿，中间无马铺。（卷五，熙宁五年十一月廿七日）

（4）以张行者昨今终日，令缝七条袈裟。（卷八，熙宁六年四月廿五日）

昨今，即"最近、近来、这几天"之义。例（1）中"昨今"，早见于明代汪机撰《石山医案》："昨今异状者，由虚而然也。"明陆深《俨山集》（卷18）："自觉忘人我，何劳问昨今。"清《平定两金川方略》（卷77）："昨今章嘉胡土克图选择吉日。"

【常花】

圆通大师影堂烧香了。在讲堂干角，庄严甚妙，前立常灯、常花、常香台。（卷三，熙宁五年九月五日）

常花，指"供佛用的纸花、布花等永不凋谢的花"之意。《日国》释为："つねに花を供えること。供花をたやさないこと。また、その花。"首举《参记》例。丁福保《佛学大词典》释"常灯"为物名，又作"无尽灯""长明灯"，即佛前日夜常明的灯。《参记》中常灯、常花、常香台连用，"常"字概意同。又，《大般涅槃经·卷第二十一》："波头摩花、拘物头花、分陀利花、香花、大香花、微妙香花、常花、一切众生无遮护花。其河两岸亦有众花。"《大藏经》卷十二："承御口决云：'贤瓶常花瓶以彩帛成庄严也。'"《大藏经》卷三十："但至云极无自性心，既如常花严教也，住显极果岂无惊觉乎者。"然具体所指，无考，不确。

此外，"常"有"普通，平常"之义。如，《尉缭子·守权》："若彼城坚而救不诚，则愚夫惷妇，无不守陴而泣下。此人之常情也。""常花"指"寻常的花"，该用法宋代习见。宋范成大《桂海虞衡志·志花》："以渐米浆日溉之，则作花不绝，可耐一夏。花亦大且多叶，倍常花。"宋吴曾《能改斋漫录》卷十五："吾见其一岁而小变，三岁而大变，卒与常花无异。"

【短人】

午一点，见短人，长三尺余许。（卷三，熙宁五年九月廿二日）

短人，指"身材短小的人"。《日国》释为："背の低い人，矮人，侏儒。"西汉《乐记》："子夏对魏文侯问曰：'新乐进俯退俯，俳优侏儒獿杂子女'。"王肃释云："俳优，短人也。""俳优"指古代以乐舞谐戏为业的艺人。《荀子·王制》："今俳优、侏儒、狎徒詈侮而不斗者，是岂钜知见侮之爲不辱哉？"王肃释"俳优"有短人，有误。《礼记·王制》："瘖聋、跛躃、断者、侏儒、百工，各以其器食之。"郑玄注："侏儒，短人也。"郑玄注为确。

该词多见于古代文献，唐宋习见。唐欧阳询《艺文类聚》卷八十六："《汉武故事》曰：东郡献短人，呼东方朔，朔至。短人因指朔谓上曰：

'西王母种桃，三千岁一为子。此儿不良也，已三过偷之矣……'"《艺文类聚》卷第六十九记载："《汉武故事》曰：武帝时，东郡献短人，长五寸，上疑其山精，常令案上行。"宋《太平广记》卷三百六十八："于是长人吞短人，肥人吞瘦人，相吞残两人。"《太平广记》卷二百四十九："段恪虽微有辞，其容仪短小。召至，始入门，玄同即云：'为日已暗'……"

【离去】

不乘船还人：永智、寻源、快寻、良德、一能、翁丸，拭泪离去。（卷一，熙宁五年三月十五日）

离去，作为不及物动词有"离开"之义。早见于《汉书》卷二十六·志第六："百姓离去，被满四方。五星皆大，其事亦大；皆小，其事亦小也。"唐宋习见。唐冯翊《桂苑丛谈·张绰有道术》："他日将欲离去，乃书琴堂而别。"《太平广记·卷第三百三十四》："王问之，曰：'过蒙爱接'，乃复离去，奈何因呜咽不能止……"《宋史》卷一百九十·志一百四十三："七月，以募兵离去乡土，有伤和气，诏诸州点充强壮户者，税赋止令本州输纳，有司不得支移之。"《金史》卷六十四·列传二："后尝有疾，世宗为视医药，数日不离去。"

【归家】

以细布一端与家主张三郎，不取，归家了。（卷一，熙宁五年四月廿一日）

归家，唐宋习见，"回家，归故里"之意，义同"归来"。唐岑参《雪后与群公过慈恩寺》："竹外山低塔，藤间院隔桥。归家如欲懒，俗虑向来销。"唐白居易《寄题周至厅前双松 两松自仙游山移植县厅》："忆昨为吏日，折腰多苦辛。归家不自适，无计慰心神。"宋孙光宪《北梦琐言》卷十二："自是归家精神恍惚，似有见召，逾月而殂也。"宋赵与时《宾退录》卷四："明日早，张公令院子尽般阁子内物色归家矣。"

【巧术】

造立高台，人形长五寸许，种种巧术，不可宣尽。（卷一，熙宁五年四月廿二日）

"巧"有"技巧""技艺"之义，与"术"同义合成"巧术"一词。《周礼·考工记序》："天有时，地有气，材有美，工有巧。合此四者，然后可以为良。"又有"工巧；精致"之义，《尚书·卷第六·泰誓中第二·周书·孔氏传》："郊社不修，宗庙不享，作奇技淫巧以悦妇人。"孔颖达疏："淫巧，谓过度工巧。"

《参记》中为"精湛的技艺"之义。此义可见于同时代宋代文献。如《太平广记》卷二百二十五："燕王征巧术人，请以棘之，端为沐母猴。"

宋《云笈七签·卷一·道德部》："因而不为，损而不施，崇本以息末，守母以存子；贱夫巧术，为在未有，无责于人，必求诸己；此其大要也。"《唐五代语言词典》收录"巧人""巧声"等词汇。《宋语言词典》"巧"字条只收有"巧作"一词，释义为"女子手工制作的物件"，举《东京梦华录》卷五之例。《宋语言词典》中对其释义不是很准确，释义为"女子手工制作的精美物件"较妥。

【引伴】

（1）奉圣旨，成寻等八人并通事客人陈咏，令台州选差使臣一名，优与盘缠，暂引伴赴阙。（卷二，熙宁五年七月七日）

（2）辰刻，诸堂烧香，副僧正共引伴。先文殊阁四重庄严，堂内七宝供具不可记尽。（卷五，熙宁五年十一月廿九日）

（3）圣旨指挥，仍行移文字与沿路州县，及指挥下本州市舶司，拣选堪好舶船，交付稳便客人，引伴赖缘等归本国。（卷六，熙宁六年一月廿五日）

引伴，"引领"之意。《参记》中共出现 12 处。《参记》中另有"引押"一词，"圣恩，特差使臣，引押成寻等，往五台山巡礼圣境"（卷四，347 页），文中有"陪伴、护送"之意。书中还出现"押伴"一词，指"陪伴客使"，如：

奉圣旨，赖缘等五人，传宣枢密院，差三班使臣一名，押伴前去，并给与递马驿券。（卷六，516 页）

《大词典》举例明冯梦龙《智囊补·上智·选押伴使》："三徐名著江左，皆以博洽闻中朝，而骑省铉尤最。会江左使铉来修贡例，差官押伴，朝臣皆以词令不及为惮，宰相亦艰其选。"

"引伴"早见于《全唐诗歌补编》（京本）："定有降人来伏我，只于三日见分明，引伴履王庭。"该词又见于《宋史·卷四百八十七·列传二百四十六》："政和中，升其使为国信，礼在夏国上，与辽人皆隶枢密院；改引伴、押伴官为接送馆伴。"

【锻冶】

惟观指㤂，笓子关。召锻冶一人，与钱十文，开了。（卷二，熙宁五年闰七月十六日）

"锻冶"，既可指用锤击等方法，使金属工件在可塑状态下具有一定的形状和尺寸，并改变它的物理性质，也可指用焙烧、熔炼等方法，从矿石中提炼出所需要的金属。《参记》中指"会锻造冶炼的金属的人"。

"锻冶"一词宋代习见。如，《东坡全集·卷十二·武昌铜剑歌并叙》："供奉官郑文，尝官于武昌。江岸裂，出古铜剑，文得之以遗余。冶铸精巧，非锻冶所成者。"又如，宋代兵书《虎钤经》卷六："杂物，守城之时，其什物、五谷、糇糒、鱼盐、布帛、医药、工巧戎具、锻冶、秸稿、菲苇、芦苇、灰炭、柴薪。"这里指锻冶的器材。"锻冶"后分化成"锻造"和"冶炼"。早在唐代就有与之义近的词"锻炼"本指"磨炼、锤炼、加工"之意，后引申出"培养、提拔"之义。如：杜甫《奉赠太常张卿垍二十韵》"顾深惭锻炼，才小辱提携"。

【黑神丸】

慈照大师与黑神丸一裹。（卷七，熙宁六年三月十日）

黑神丸，医药词汇，丸药的一种，宋医书中习见，因其处方不同，功用大异。宋苏轼、沈括撰《苏沈良方》卷八记载："黑神丸：治小儿急惊慢惊风。腻粉（一钱半）。墨土。白矾。芦荟（炙各一钱）。麝香。龙脑。牛黄。青黛。使君子（去壳矾裹煨熟各五分）。"《圣济总录纂要·卷二十五·小儿门》中记载黑神丸可用于"治小儿急慢惊风"。《普济本事方》卷一记载有"治疗中风、肝胆、筋骨诸风"，并详细描写了"黑神丸"的处方和服用方法，"草乌头（不去皮，生用）五灵脂（拣如鼠屎，各等分）上为末，六月六日滴水为丸，如弹子大。四十岁以下分六服，病甚一丸分二服，薄荷酒磨下，觉微麻为度。"因《参记》前文成寻有记载自己因咳嗽而不赴请斋，"依咳嗽无术，送斋辞书了。"（卷六，熙宁六年）因此上文例句中应指"治疗咳嗽感冒风寒类的丸药"。

【辰砂丸】

辰砂丸十五粒三藏送给，嗽良药也。一服七粒，临卧以生姜汤吞下云云。（卷六，熙宁六年二月十六日）

辰砂丸，医药词汇，用辰砂等为材料制作的丸药。早见于宋王衮《博济方》卷三："辰砂丸，治小儿壮热，惊积在内，壅并痰涎，及奶癖取虚，中积转惊。辰砂（一两）定粉（半钱）粉霜（一钱半）腻粉（一钱）麝香（少许）白丁香（半字）右六味同研为细末，用粟米饭和为丸，如绿豆大，捻作饼子，慢火内微炮，令紫色，用粟米饮化，下一丸，微利为度。"宋医书《苏沈良方》和金朝医书《宣明方论》有相应记载。

二、《大词典》用例晚出之词

《参记》中有一些词汇虽为《大词典》所收录，但《大词典》中用例所见时代比《参记》晚。其实，这些词大多是宋代新词，有的甚至在宋代之前既已出现。下文择要进行说明：

【比试】

明州、温州、台州三州秀才，并就台州比试取解，约五百来人已上，

取十七人，将来春就御试，取三人作官，五百人秀才中，只取三人给官。（卷二，熙宁五年闰七月十七日）

《大词典》收有二义，一指彼此较量高低，多指比武，首举《水浒传》用例。二指模拟某种动作，例缺。该词宋代习见。宋范仲淹《范文正公集政府奏议》卷下："有近上朝臣三人奏举者，亦送武成王庙比试。"《文山先生文集》（卷9）："今三岁大比试者以文进将，文而已乎"。

【大裰】

申时，与陈咏织物青色三重大裰一领、沙金一两、银三两，还杭州粮料也。七时行法了。（卷二，熙宁五年六月五日）

《大词典》谓"大裰"为身长过膝的中式单衣，举茅盾《官舱里》例："那位老先生自然是'中装'，蓝绸的大裰，老式花样。"该用例较晚。清《清实录·文宗显皇帝实录·卷之三百二》："准其戴用黄桃儿帽，穿黄大裰。以示奖励。"

【等身】

（1）大佛殿释迦三尊。次礼十六罗汉院，皆等身造像也。次礼天台九祖等身造像。次礼五百罗汉院，长三尺造像。（卷一，延久四年四月廿九日）

（2）同四点，过十五里，至白塔山酒坊，过一里，至敕护圣禅院，先拜十六罗汉院木像、等身中尊千手观音。（同上，五月七日）

（3）先入敕罗汉院，十六罗汉等身木像、五百罗汉三尺像，每前有茶器，以寺主为引导人，一一烧香礼拜，感泪无极。（同上，年五月十三日）

《大词典》释为"与身高相等"，举清代李渔《闲情偶寄·词曲上·结构》例："生平所著之书，虽无裨于人心、世道，若止论等身，几与曹交，食粟之躯，等其高下。"该词早见于唐代文献。唐释玄奘《大唐西域记》（卷11）："佛牙精舍，侧有小精舍，亦以众宝而为莹饰。中有金佛像，此国先王等身而铸。"唐段成式《酉阳杂俎续集》（卷6）："长安二年内，出等身金铜像一铺并九部乐。"

【房主】

（1）过五十里，申时，至国清寺庄宿，房主老僧缯应无极，与宿料钱五十文。（卷一，熙宁五年六月三日）

（2）申时，到着国清寺庄，房主有种种用意，宿料五十文，外加廿文。（卷三，熙宁五年八月四日）

《大词典》释为"房屋所有者"，举《醒世恒言·卖油郎独占花魁》用例："（王九妈）道：'齐衙内又来约过两三次了，这是我家房主，又是辞不得的。'"该词早见于唐代文献。唐道世撰《法苑珠林》（卷 54）："若有檀越来请众僧，客僧有利养分，僧房主应次第差客僧受请，而先住僧独受请而不差客僧，房主得无量罪，畜生无异。"同书卷 63 "尔后房主药王尼所住房床前，时时有光照"。

【附带】

从是本客船上，<u>附带</u>本国僧人成寻等八人，出来安下。（卷二，熙宁五年六月五日）

《大词典》"附带"义项有二，一指另有所补充，顺便，举瞿秋白《乱弹·小诸葛》用例，二指非主要的，举蒋光慈《弟兄夜话》用例。《参记》中"附带"有"搭载、捎带"之义，见于宋代公文。宋司马光《温国文正司马公文集》（卷 44）："近准朝旨，义勇上番，令附带干粮一秤，至屯戍州，军须合预行变造干粮，准备支遣附带前去。"

【告送】

（1）未时，寺主从州还，<u>告送</u>云："知府少卿衣并目录感喜无极，通判观心注随喜千万承悦者。参五台表上京了"云云。（卷二，熙宁五年六月十五日）

（2）崇班<u>告送</u>云："此县有女子，暂可逗留者。"（卷三，熙宁五年十月九日）

（3）早旦，从大平兴国寺传法院<u>告送</u>：八月四日，安下处宣旨下了，早可来入者。（卷四，熙宁五年十月十三日）

《大词典》认为"告送"为方言词汇，且为"告诉"之义，未举文献用例。该词宋代已见，明代有承用例。明代王守仁《王文成公全书别录》："据江西布政司呈：'查勘新建知县李时，告送金事李素丧归云南，任内无碍缘由。'"

【根问】

移日本国僧成寻："昨今出杭州巡礼，欲往台州天台山烧香，供养罗汉一回。成寻等是外国僧，恐关津口本被人<u>根问</u>无去着，乞给公移，随身照会。"（卷二，熙宁五年六月五日）

《大词典》释为"寻根问底"，举《醒世姻缘传》用例。该词宋代习见。南宋《晦庵先生朱文公文集》（卷 19）："遂送司理，根问来历。"南宋《西山先生真文忠公文集》（卷 8）："总计一百三十六人并赃仗等，分送州司理院及左翼军勘院根问。"《龟山先生语录》（卷 3）："又其所养多聚异乡之人，不许根问来处。"

【光降】

（1）十四日备斋祗迎，伏望法慈早赐<u>光降</u>。（卷六，熙宁六年二月十

二日）

（2）左街崇福院讲经赐紫尼惠饶今月六日参请，就大相国寺供养佛牙，至日仍备斋，日本阿阇梨并侍者等三人，伏冀赐光降者。（卷七，熙宁六年三月一日）

《大词典》"光降"义项有二，一为惠赐，举苏轼《谢吕龙图书》用例；二为光临，举《水浒传》用例："二位光降，有何见教？"上文"赐光降"为动宾关系，则"光降"当为名词；"二位光降"中，"光降"为动词。因此，《参记》中"光降"义为从动词义引申而来的词义，指代"惠赐的物品"，前后常搭配"赐"。如《参记》中的"早赐""赐"。又，元代耶律楚材《湛然居士文集》（卷13）："今辰斋退，特为新堂头奥公长老设茶一锺，聊表住持开堂陈谢之仪，仍请知事大众同垂光降者。"元王恽《秋涧集》（卷70）："择于今月二十八日，就弊圃聊备芳樽，伏望群英早垂光降。"

【斤量】

住室内间，不见斤量者。（卷一，熙宁五年三月廿二日）

《大词典》列有三义，一指分量，举鲁迅《华盖集续编》例；二比喻责任，举瞿秋白《饿乡纪程》例；三指力量，举《西游记》例。该词宋代已见，分量、重量之义。南宋刘克庄撰《后村先生大全集》（卷106）："前编犹有轻而疏者，此编则斤量加重，经纬加密。"元代耶律楚材《湛然居士文集》（卷12）："城隍钱货无孔，郭卖饭称斤量。"

【麦粉】

（1）食糖饼，以小麦粉作果子也。（卷一，熙宁五年四月七日）

（2）李思恺买作饭与志：味如日本饼淡，大如茄，顶颇细，以小麦粉、小豆、甘葛并糖作果子也。（卷一，熙宁五年四月十五日）

（3）人见庄家，以驴马二疋，覆目口，悬麦粉石臼，独回率，无人副。（卷三，熙宁五年九月十七日）

《大词典》列有二义，一指麦子磨成的粉，举元代何中《河间晓行》诗："饥寻麦粉粗，到夕当得粥。"二指小粉，举《本草纲目》例。该词宋元以来习见，"麦粉"为统称，"小麦粉""大麦粉"为专称，不当混同。古籍中亦有"大麦粉"之例。《元诗选初集·中·道园学古录》："麦粉劝尝银缕熟，粱炊持献玉浆还。"明《皇明文衡》（卷94）："遣从故老硕德道远，以麦粉作饵，俾撷之。"元《饮膳正要》（卷1）："右件同熬成汤，滤净，大麦粉三斤、豆粉一斤，同作粉。"

【纳还】

恳告国师阇梨，穗子数珠，幸求一串，未悉可容，果允前者，即舟纳

还，其当受恩大矣。（卷二，熙宁五年七月一日）

《大词典》释为"归还"，举《水浒传》（卷 12）例："既然是杨制使，就请到山寨吃三杯水酒，纳还行李如何？"该词宋代已见。南宋《晦庵先生朱文公文集》（卷 13）："已将元米陆百石纳还本府。"

【盘缠】

（1）参少卿衙，见转运使牒，钱二百贯可充日本僧上京盘缠，沿路州军镇厚致劳问旨也。（卷二，熙宁五年闰七月廿三日）

（2）成寻等八人并通事客人陈咏，令台州选差使臣一名，优与盘缠，暂引伴赴阙。（卷三，熙宁五年八月一日）

（3）先支官钱二百贯文，应副成寻等一行人，赴发及沿路盘缠使用。（卷三，熙宁五年八月一日）

《大词典》"盘缠"义项有五：费用、特指旅途费用、花费、供养、钱币。"旅途费用"项首例为元代高文秀《黑旋风》例："俺娘与了我一贯钞，着我路上做盘缠。"《参记》中"盘缠"即"旅途费用"之义。北宋《范文正公集·范文正公集政府奏议下》："人员兵士三百五人，须是勇壮，吃得辛苦，或曾经使唤之人，限一两日内引见面，赐盘缠钱并冬寒绵衣及大与，逐月添支。"

【衫裙】

（1）前有等身释迦、东弥勒、西泗州大师立像，着衫裙袈裟，后人人所供养也。（卷四，熙宁五年十月廿四日）

（2）塔前坐梁朝志公和尚等身像，瘦黑比丘形，着见紫袈裟衫裙。（卷四，熙宁五年十月廿七日）

《大词典》释为"短衫和裙子，亦泛指衣服"，举郁达夫《青烟》例："无聊的时候，把我自家剪裁，自家缝纫的纤丽的衫裙，打开来一看，我的郁闷，也定能消杀下去。"该词宋代习见。南宋《晦庵先生朱文公文集》（卷 46）："即见三礼图者，当与直领衫裙为称，今则并加四者……"《平斋文集·卷五·促织》："水碧衫裙透骨鲜，飘摇机杼夜凉边。"

【申文】

（1）予上官舍住一屋内，运纳船物，以官夫运纳，予行向问官，许付申文，一见了。（卷一，熙宁五年四月十六日）

（2）游台使臣来，为书申文等，乞钱一贯，即与了。（卷四，熙宁五年十月廿七日）

（3）辰一点，院书生申文案文持来，自书可进上者，自书与了。（卷四，熙宁五年十月十八日）

（4）辰时，咏共参府，献参天台山由<u>申文</u>。（卷一，熙宁五年四月廿六日）

（5）归天台<u>申文</u>以照大师清书，付司家永和了。（卷六，熙宁六年二月廿八日）

《大词典》列有二义，一指行文呈报，举《三国演义》用例；二指呈文，举《警世通言》用例。"许付申文、书申文"中，"申文"为名词；"申文案文持来"似为变体汉文，宾语前置。"献参天台山由申文"中，"申文"似为名词，"由"字疑衍。"归天台申文"中，"申文"为动词；不当混同。该词宋代已见，后多有承用。北宋《资治通鉴》（卷198）："二十一年春，正月，开府仪同三司申文献公高士廉疾笃。"明代《荆川先生文集》（卷9）："读清狱申文，深知仁人之用心至悉。"明代《震川先生集别集》卷9收有《乞休申文》。

【收领】

（1）小行事司家来，护摩坛等、茶碗器等，依员返上之，诸大师等见感，云："大卿以金银器置坛上，皆取领，耳铛、手环全<u>收领</u>，况碗器乎？阇梨离尘清净也"云云。（卷七，熙宁六年三月七日）

（2）卯二点，借马一疋，为谒五台山副僧正向启圣院，即出向，点茶汤，志献绢二疋汗衫料，两度虽返，遂<u>收领</u>了。（卷七，熙宁六年三月十三日）

《大词典》列有二义，一指拘禁，举《清平山堂话本·简帖和尚》例；二指领取，举《清会典事例·户部·恤孤贫》例："如有余额，转给养济院收领。"《参记》二例，意为领取。该词宋代已见，历代多有承用。南宋《晦庵先生朱文公文集》（卷23）："忽有吏人抱印前来，令熹交割，熹以未曾供职，不敢收领。"明《王文成公全书·卷之十八·别录》："各舍目收领，以慰其劳。"同卷中另有"会同南宁府掌印官，将该府军饷粮米鱼盐，内照依开数支给各头目收领"。

【剃头】

（1）三藏来坐，<u>剃头</u>之间不谈话。（卷六，熙宁六年一月廿一日）

（2）此六日不<u>剃头</u>，鬓发极白，因之不出亭外。（卷七，熙宁六年三月七日）

（3）辰时，官家被赐<u>剃头</u>人，乍悦于僧录宿房剃之了。（卷七，熙宁六年三月九日）

《大词典》列有二义。一指剃发，理发，举清代潘荣陛《帝京岁时纪胜》用例；二指落发出家，明代梅鼎祚《玉合记》用例。该词早见于六朝，唐宋习见。南朝梁僧祐撰《弘明集》（卷1）："今沙门剃头何其违圣人之语，不合孝子之道也。"唐道世撰《法苑珠林》（卷10）："即以利刀剃头，时天帝释生希有心，所落之发，不令一毛坠堕于地。"唐元稹《卢头陀诗》："卢师深话出家由，剃尽心花始剃头。"圆仁《入唐求法巡礼行记》亦有其例。

【物货】

一问："本国要用汉地是何物货"答："本国要用汉地香药、茶碗、锦、苏芳等也。"（卷四，熙宁五年十月十五日）

《大词典》释为"货物"，举《元史·世祖纪十四》例："唯泉州物货三十取一，余皆十五抽一。"该词宋代习见。北宋《范文正公集附录·规矩》："闻有无赖族人，将物货高价亚卖，显属不便。"宋司马光《温国文正司马公文集》（卷46）："罢物货专场及民所养户马，又宽保马年限，四方之人无不鼓舞。"

【物件】

（1）仍告示管伴人，如更要钱及所须物件，并申经过处请领应副者，并别选差使臣引伴，疾早起发赴京讫。（卷三，熙宁五年八月一日）

（2）如更要钱及所须物件，即请计会管伴郑崇斑申报经过州军请领。（卷三，熙宁五年八月一日）

《大词典》列有二义，一指东西、物品，举董解元《西厢记诸宫调》例"寄来的物件，斑管、瑶琴、簪是玉，窍包儿里一套衣服，怎不教人痛苦"，二指贬称人，举鲁迅《书信集·致曹聚仁》例。该词宋代习见。北宋释觉范《石门文字禅》（卷25）："于是一夕通悟，尽能追忆二十年间，物件不遗毫发。"南宋《晦庵先生朱文公文集》（卷19）："其余钱五百余贯，即未见买到物件。"元代王恽《秋涧集》（卷80）："今后遇有合用物件，依前支价。"

【吸取】

（甘蔗）如未煎，极甘美也。吸取汁后吐去舍。（卷一，熙宁五年四月十五日）

《大词典》列有二义，一指用嘴、鼻或管道装置把液体、气体等吸进去，首举清代陈维崧《念奴娇》用例"况值杯中山色好，吸取晴崖翠壁"；二指采取、吸收，首举柳青《铜墙铁壁》例。该词唐宋习见。《重修政和证类本草》（卷8）："铛下着炭，少时款款，烟自从筒出，则口含筒吸取烟咽之。"《太平御览》（卷886）："永嘉末，有大蛇长十余丈，断道，经过者蛇辄吸取吞噬，已百数。"

【押伴】

延和殿进呈，奉圣旨，赖缘等五人，传宣枢密院，差三班使臣壹名押

伴前去，并给与递马驿券。（卷六，熙宁六年正月廿九日）

《大词典》列有二义，一指陪伴客使，举明代冯梦龙《智囊补》例；二指压抑、羁绊，举清代侯方域《南省试策二》例。《参记》中为"陪伴客使"义。该词宋代习见。南宋朱熹《三朝名臣言行录》（卷4）："即与富丞相入，奏许之，延州遣指使杨定押伴西人入贡。"北宋《范文正公集附录·遗文》："差使臣押伴赴阙。"宋司马光《温国文正司马公文集》（卷31）："延州差指使高宜押伴入京。"

【印造】

（1）今来所要新译经五百余卷，切缘所管经板万数浩瀚，逐时印造，每一岁并新译成经共五千四百二十五卷，……虽依旧来卷数出卖，即不见得是何经文系圣朝新译，致目下未敢印造。（卷七，熙宁六年三月廿四日）

（2）逐部经名题目下院贵凭点检印造有枉费官钱。（卷七，熙宁六年三月廿四日）

（3）今来日本国僧乞赐雍熙元年后来新经五百余卷，缘贵院目，见得逐部经名题目，更不须再来会问，幸早与印造了。（卷七，熙宁六年三月廿四日）

（4）近准传法院，印新经赐与日本国成寻，内除法苑珠林一百卷，日本国僧称本国已有，更不消印造，外卖印造肆伯壹拾参卷册。（卷八，熙宁六年四月十三日）

《大词典》释义为"印刷制作"，举鲁迅《书信集·致郑振铎》例"以后印造……末后附一页，记明某年某月限定印造一百部"。该词宋代习见。《四部丛刊》所收宋刊本《资治通鉴·后序·奖谕诏书》"绍兴府余姚县刊扳，绍兴三年十二月二十日毕工，印造，进入"等文字。南宋《晦庵先生朱文公文集》（卷20）："但恐其间或有谬误，只乞行下取索，精加校勘印造。"南宋楼钥《攻媿集》（卷109）："君恐其久而坠失手，加编校以千缗，为锓版印造之费，始得家有此书。"南宋《后村先生大全集》（卷143）："上又曰：'楮尚折阅公奏：物少则贵，多则贱，近印造数多知散而不知敛'。"

【乍到】

蒙圣恩，特差使臣，引押成寻等往五台山，巡礼圣境，伏缘成寻等，乍到大国，言语不通。（卷四，熙宁五年十月廿七日）

《大词典》释为"初到、刚刚到"，举金代元好问《半山亭招仲梁饮》例："孤城欝欝山四周，外人乍到如累囚。"该词唐宋习见。唐段成式《酉阳杂俎》（卷15）："方张灯临案，忽有小人才半寸，葛巾杖策，入门谓士人曰：'乍到无主人，当寂寞'。"唐白居易《再到襄阳访问旧居》："旧游都似梦，乍到忽如归。"北宋文同《丹渊集》卷3《晓入东谷》："东谷素所爱，乍到若创见。"

【斋堂】

次礼丰干禅师存日斋堂，中有数体小佛，后一角各有木像三贤，烧香供养。（卷一，熙宁五年五月十四日）

《大词典》列有二义，一指供祭祀前斋戒用的房屋，例缺；二指寺院的殿堂，为僧尼设斋诵经的地方，举清代姚鼐《副都统朱公墓志铭》例。该词早见于六朝，唐宋习见。北魏郦道元《水经注》（卷13）："院外西侧有思远灵图，图之西有斋堂。"梁僧祐撰《弘明集》（卷12）："今升斋堂对圣像如神在。像中四双八辈。义无云异。"唐道世撰《法苑珠林》（卷49）："司州卫士度母常诵经长斋，非道不行，曾出自斋堂，众僧未食，俱望见云中有一物下既落其前。"

【昭鉴】

法轮永茂，凤历延鸿，虔祷文殊，冀垂昭鉴。（卷五，熙宁五年十二月一日）

《大词典》释为"明鉴"，举《醒世恒言·两县令竞义婚孤女》例："颠倒任君瞒昧做，鬼神昭鉴定无私。"该词唐宋习见。《唐丞相曲江张先生文集》（卷14）："方躬自祈请，诚勤夙夜，上灵昭鉴，嘉瑞必臻。"唐刘禹锡《刘梦得文集》（卷15）："兹伏乞皇明，俯赐昭鉴。"北宋《云笈七签》（卷119）："是则太帝之昭鉴，天蓬之威神，不遗毫分之善也。"

【竹轿】

竹轿买实分三百五十文了。参府轿持兵士与廿五文了。（卷八，熙宁六年五月十一日）

《大词典》释为"竹兜"，举《红楼梦》用例："远远见贾母围了大斗篷，带着灰鼠暖兜，坐着小竹轿，打着青绸油伞，鸳鸯、琥珀等五六个丫鬟，每人都是打着伞，拥轿而来。"该词宋代习见。宋《温国文正司马公文集》（卷53）："乞遇假日或日晚执政出省后，有合商量公事，许乘小竹轿子往诸位商量。"宋陆游《老学庵笔记》（卷3）："达明恐亡之，乃置首函于竹轿中，坐其上。"《宋史》（卷150）："以篾席为障，左右设牖，前施帘，舁以长竿二，名曰竹轿子，亦曰竹舆。"

【庄家】

人见庄家，以驴马二疋，覆目口，悬麦粉石臼，独回率，无人副。（卷三，熙宁五年九月十七日）

《大词典》列有三义，一指庄稼人、农家，举元代杜仁杰《耍孩儿·庄家不识构阑》例；二指赌博或某些牌戏中每一局的主持人，举鲁迅《书信集·致山上正义》例；三指庄稼，举汤显祖《邯郸梦》例。《参记》例中"庄家"，指庄稼人、农家。该词宋代习见。南宋刘克庄《宿庄家二首》："初秋风露变，偶出憩庄家。"《攻媿集》（卷5）："庄家时有茅三间，桥梁楼观各有趣。"

【大海】

（1）<u>大海</u>水大浊，最黄。从此岛得顺风，一日至明州云云。（卷一，熙宁五年三月廿七日）

（2）次以四头引越入大河，名曹娥河，向南上河，河北<u>大海</u>也。（卷一，熙宁五年五月八日）

大海，《大词典》有两个义项，一是广阔的海洋。无用例。二是指大的容器。"大海"一词，早见于《列子·汤问》："于是贷舆、员峤二山，流于北极，沉于大海，仙圣之播迁者巨亿计。"至唐宋时期则常用习见。唐魏征《隋书》卷八十一列传四十六："倭国，在百济、新罗东南，水陆三千里，于大海之中依山岛而居。"北宋秦观《淮海集·卷三十九·序·曹毓州诗序》："木不能飞空托泰山，则干青云人不能蹈水附楼，航则绝大海。"

【退归】

（1）次<u>退归</u>宿房，休息。（卷一，熙宁五年五月十三日）

（2）<u>退归</u>宿房，房人人来集，不可记尽。（卷一，熙宁五年五月廿八日）

（3）长老入夜淡柿持来，笔言问答，数刻<u>退归</u>。（卷三，熙宁五年八月八日）

《大词典》释义为"退归，退回，返归之义"，首举明冯梦龙《东周列国志》第五回："再三谢辞，退归本国。"该词唐宋习见。《参记》中共出现8处。《敦煌变文集新书》卷六："相公朝却，退归宅内歇息，遂唤善庆。"《旧唐书》卷二百上·列传一百五十上："思明至陕州，为官军所拒于姜子阪，战不利，退归永宁。"孙光宪《北梦琐言》卷十九："及以父忧退归乡里，自耕耘樵采，与农夫杂处，不以素贵介怀，真士大夫也！"

【官符】

（1）大众同来慰问，见阇梨<u>官符</u>。（卷一，熙宁五年五月十四日）

（2）乞见阇梨<u>官符</u>，即令出见，以出见以寺赐紫僧，为天览书写了。（卷四，熙宁五年十月十三日）

（3）皆以进览，阇梨<u>官符</u>，依召进呈。（卷四，熙宁五年十月十四日）

官符，《大词典》有两个义项，一是旧时阴阳家所谓凶神之一，二是官府下行的文书。后者举清程恩泽《索炬叹》诗例："官符夜下鸠丁男，明日行滕舁贵官。"

　　"官符"一词，《参记》共出现 5 处，音读"くわんぷ"，意为"太政官发布的公文书"。其早见于唐元结《别何员外》诗："忽然逢知己，数月领官符。犹是尚书郎，收赋来江湖。"又宋张君房《云笈七签·卷之十四·优四·黄庭遁甲缘身经》："若县官口舌，书六庚六辛符，并呼其神姓名，又呼甲辰神，官符口舌悉皆解散。"北宋黄庭坚《次韵答宗汝为初夏见寄》："官符昼夜下，朝播责暮获。射利者谁其，登陇弯繁弱。"宋陈著《次韵侄溥到云南外家回》："二竹家传一发微，眼中难问是和非。诗书事冷官符恢，韦布形枯缯户肥。"《唐五代语言词典》未收录"官符"，然收录了"官司""官料""官方""官娃""官场"等以"官"为词头的词汇。《宋语言词典》也未收录"官符"，收录了许多以"官"为词头的词汇，如"官程""官防""官会""官库""官里""官人"等。可见，在唐宋时代，以"官"为词头构成新词习见。

　　【在日】

　　禅师在日，有何行业？僧曰：丰干在日，唯切舂米供养，夜乃唱歌自乐。（卷一，熙宁五年五月十四日）

　　在日，《大词典》释义为"在世之日"。例举《二刻拍案惊奇》卷十："所有老爹爹在日给你的饭米衣服，我们照账按月送过来与你，与在日一般。"

　　"在日"一词唐宋习见。唐白居易《闲坐》："有室同摩诘，无儿比邓攸。莫论身在日，身后亦无忧。"唐贾岛《哭卢仝》："贤人无官死，不亲者亦悲。空令古鬼哭，更得新邻比。平生四十年，惟著白布衣……无钱买松栽，自生蒿草枝。在日赠我文，泪流把读时。"北宋李昉《太平广记·卷二百八·购兰亭序》："王羲之《兰亭序》，僧智永弟子辩才尝于寝房伏梁上凿为暗槛，以贮《兰亭》，保惜贵重于师。在日贞观中，太宗以听政之暇，锐志玩书，临羲之真草书帖，搏募备尽，唯未得《兰亭》。"

　　【旅路】

　　今见梦记，延久元年闰十月七日夜，梦在旅路，旁主召御药赐粮由云云。（卷四，熙宁五年十月廿九日）

　　旅路，《大词典》释义为"犹旅程"，并首先列举潘漠华（1902—1934）《离家》诗："我们离家上了旅路。"除《参记》外，清欧阳兆熊的笔记小说《水窗春呓·卷上·5·左相少年事》："自诵其题洞庭君祠联云：'迢遥旅路三千，我原过客；管领重湖八百，君亦书生。'意态雄杰，即此可见。"

　　【住宿】

　　即出行，过卅里，入繁畤县城内，住宿繁畤驿南行衙。（卷五，熙宁

五年十一月廿六日）

　　住宿，《大词典》释义为"过夜，多指在外暂住"，例举明冯梦龙纂辑的《古今小说·临安里钱婆留发迹》："婆留闲时，也常在他家赌钱住宿。"

　　该词早见于唐李延寿编撰的《北史》卷二十六："我不能为君住宿，可至未时令就。"北宋《太平广记》卷一百四十七："可住宿，既至晓，命纸录一生官禄，至第四政，云：'作桥陵丞。'"宋陈均撰《九朝编年备要》卷二十五："幕火大升，舆陷于淖中，臣僚不复随后。自旦至夜，二膳不时进，竟露宿野。次时，元祐皇后从行，章惇请先住宿顿，后不从，亦暴露雨中。"宋代常用"住坐"一词，指长时间居住某地。如《续资治通鉴长编》卷二百六十五："既是南朝地界，因何乙室王及北界一百部族，在彼住坐放马半年有余，无人发遣？"

　　【造像】

　　次礼十六罗汉院，皆等身造像也。次礼天台九祖等身造像。次礼五百罗汉院，长三尺造像。（卷一，熙宁五年四月廿九日）

　　《大词典》将"造像"释义为"用泥塑成或用石头、木头、金属等雕成的形象"，词条下列有三义。一指塑造物体形象，动词，举三国魏曹植《宝刀赋》例；二指用泥塑成或用石头、木头、金属等雕成的形象；三指相片、照片。其中，第二义项与《参记》中出现的词义相同，然而举清张之洞《哀六朝》诗例，用例颇晚。北齐时期中有《刘碑造像记》（天保八年. AD. 557）。宋代赵明诚《金石录·卷之二十七》有《唐陈智尉刘飞造像记》。

　　【浴院】

　　（1）酉时，入浴院沐浴。（卷一，熙宁五年五月十三日）

　　（2）浴院处交坊斋，有钱，老僧五十文，余人三十文。（卷二，熙宁五年七月廿六日）

　　（3）辰一点，向太平兴国寺浴院，沐浴，僧俗数百人集，浴室内暗，互不见形。（卷四，熙宁五年十月廿六日）

　　浴院，寺院的澡堂。《大词典》举明高启《夜投西寺》诗："钟度行廊远，灯留浴院微。"该词宋代习见。亦见于南宋《五灯会元》："师入浴院，见僧踏水轮。僧下问讯，师曰：'幸自辘辘地转，何须恁么？'"

第二节　《参天台五台山记》字词校补

　　《参天台五台山记》作为宋史研究的重要史料、语料，越来越受到人们的关注。最近，由白化文、李鼎霞整理的《参天台五台山记》① 校点本已由花山文艺出版社出版，作为"一个供汉文读者研究阅读的普及性通用本"和"第一部、也是目前唯一的一部中文点校本"，这是一个易于得到和利用的版本，但是翻阅之余，笔者发现该书在校勘、注释等方面还存在一些可商之处，以下摘取数例，求正于方家。

一、不明书写习惯致误例

其中，文中有几处由于书写习惯导致误写之例，下文择要说明。

【澁】

三月十九日："波打上坏②，上人澀损。"

岛津本③、平林本④、佛教全书本⑤、藤善本⑥作"澀⑦"，改订史籍本⑧、齐藤本⑨作"澁"。

"澀"，写本原作"滐"，楷化作"澁"，一般认为是"澀"的俗字，对此，张涌泉已有论证⑩。然而"澀损"在中日文献中都少有提及，这就不免让人生疑了。笔者认为"澀损"当作"恼损"。

"氵""亻"草书字形相近，常常混用。如：观智院本《类聚名义抄》"㑺，俗渔字"，《敦煌变文集·维摩诘经讲经文》中"沐"作"休""没"作"伇"等可证。可见，写本中的"滐"当是"傂"字。《龙龛》：㑴傂，二俗，音傂⑪（四库、续古逸丛书本作"音愡"），此处"傂""愡"即"恼"的俗写⑫。

其实，"澁"也可直接写作"恼"。可洪《随函录》卷 13《四谛经》卷 1："热澁，音恼，又所立反，非也"⑬，同书卷中与此相关的还有"㳠""愡"两字形。《大词典》收录"恼损"，释义为"犹恼杀，恼坏"，并举周邦彦《芳草渡·别恨》及辛弃疾《鹧鸪天》为例⑭。"恼损"宋代习用，

① 白化文，李鼎霞.参天台五台山記 [M].石家庄：花山文艺出版社，2008.
② 东福寺写本作"坏"，字待考。本节中所称"写本"均指东福寺写本。
③ 岛津草子.对校訳注.参天台五臺山記 [M].東京：大蔵出版株式会社，1959：227.
④ 平林文雄.参天台五臺山記校本並に研究 [M].東京：風間書房，1978：4.
⑤ 釋成寻.参天台五臺山記 [A].大日本仏教全書·遊方伝叢書第三 [C].東京：仏書刊行会，1979：322.
⑥ 藤善真澄.参天台五臺山記（上）[M].大阪：関西大学出版部，2007：17.
⑦ 在论及字形关系时，为更好地说明问题，文中适当保留了个别繁体字，特此说明.
⑧ 成寻.参天台五臺山記 [A].改訂史籍集覧第 26 冊 [C].東京：近藤活藤版所，1984：647.
⑨ 齐藤円真.参天台五臺山記Ⅰ [M].東京：山喜房仏書林，1997：5.
⑩ 张涌泉.敦煌俗字研究 [M].上海：上海教育出版社，1996：309—311.
⑪ 释行均.龙龛手镜 [Z].北京：中华书局，1985：31.
⑫ "㑴""傂"作"恼"，郑贤章先生观点可参.
⑬ 可洪.新集藏经音义随函录 [A].中华大藏经第 59 冊 [C].北京：中华书局，1993：1032.
⑭ 罗竹风.汉语大词典（第七卷）[Z].上海：汉语大词典出版社，1991：669.

该词在赵长卿、柳永、张元幹、杨万里等宋人诗词中亦有发现。此外，该词在前代的佛教典籍中已出现，《四分律开宗记》卷四："出家出家，理应存信守道，先许后违，恶心驱逐，时节已过，令不得食，恼损不轻"。

【均】

四月四日："金鸡山在港口东畔，无人家。"

"山"，岛津、平林、改订史籍、齐藤等本作"均"。

汉语中"均"字不常用作地名，而白先生校作"山"者，乃是据义而改。写本实作"均"，书中还有相关用例：

三月廿七日：

"依南风吹，去黄石山，回船着小均山。"

"小均山东南有桑子山，有人家，湾海五六町。桑子山南隔海数里有大均山，有二十四澳。"

白化文、岛津、平林、改订史籍等本皆作"均"，从成寻访华行程来看，两处分别是"金鸡峇"和"大衢山""小衢山"。将这几处"均"简单写作"均"，不能还原语言之真实。笔者认为"均"经历以下演变过程：

均/坶→均→均

俗写字中，"口""厶"不分。因此"句""勾"常常相混，而"句/勾"因为形体上的相近，又常与"匀"相混。如：早稻田大学所藏《禅林类聚音义》"（黄巢）曹州冤勾人"，"勾"当是"句"；《篆隶万象名义》："驯，似均反"①，即是"似均反"，杨宝忠《疑难字考释与研究》指出"觓"当是"氍"之声旁变易字。俗书"口""厶"不分，因此"觓"又作"觓"，又讹作"觓"也②。同时，"匀"又常和"匈"相混，如《篆隶万象名义》："购，勛（眉）巾反，本也，值也。"根据音义，可知"购"即是"䞌"。由此可知写本中的"均"即是"均/坶"。

写本中"均"所对应的"均/坶"其实包括了两个同形字：其一，为"金鸡均"之"均（坶）"，《龙龛》："均，旧藏作坶。塢，正。坶：今，乌交反，二"。《浙江古今地名词典》中"金鸡山"后收有"金鸡峇"。③《汉语大字典》："峇，浙江、福建等沿海一带称山间平地为'峇'（多用于地名），也作嶅"④，此外，《奋进中的嵊泗列岛》等文献中"金鸡峇"也可写作"金鸡澳"，这也符合地名用字常用同音替代的特点。其二，为

① 空海. 篆隶万象名义 [Z]. 北京：中华书局，1995：229.

② 杨宝忠. 疑难字考释与研究 [M]. 北京：中华书局，2005：452.

③ 陈桥驿. 浙江古今地名词典 [Z]. 杭州：浙江教育出版社，1991：412.

④ 徐中舒. 汉语大字典（缩印本）[Z]. 成都：四川辞书出版社，武汉：湖北辞书出版社，1993：321.

"大、小均山"之"均"。大、小衢山古代或称作"峋山"，俗书中"山""土"常因字义相涉而混用①，根据藤善注，内阁文库本作"均"[5]32，可证。其字形演变轨迹如下：

【峠】

金鸡坳→→（字形相近）均　╲
　　　　　　　　　　　　　　　均/均（口、厶不分）→均→均
大、小峋山→（山、土相混）均　╱

六月十五日："览峠启。"

岛津本："峠恐希，松本作布，非也"。平林本校作"览峠启"，另外校静、早、高、学等本为"布"。改订史籍本："峠（布か市か）"。齐藤本、藤善本作"希"。

写本作"觉峠启"，白化文、平林本的"览"，显然是"觉"之误，但"觉布"一人，书中其余之处未见。笔者认为此处当即"五月廿九日""六月一日"等处提及的"赐紫觉𧁈"，"𧁈"为"希"之俗字。如：敦煌写本甘博078《维摩诘所说经》卷中《观众生品第七》"所作福佑，无所希望"的"希"即作"𢁉"，张涌泉先生在《汉语俗字丛考》中亦考证"迤"同"递"等可证。而根据郑贤章先生的调查，"希"可作"布""峠""布""帝"②。因此，"峠"可能是在此基础上产生的形近讹误。

【匄】

十一月五日："多乞匄［丐？］人。"

岛津本作"匈"，注释："匈，松本作匀，史本作丐"，平林校作"匈"。

上文用字情况同为不知俗字写法而产生的讹误。写本原作"匄"，如上文所说，俗字常把"匃"写作"匄"。《龙龛》："匄：今。匃：正，古太反。乞也，求也，从人亡声。人有亡失则求行乞匃也。二。匀：盖、葛二音"。《篆隶万象名义》："匄：古赖反，乞也，行请求也"。此外，"匃"又是"丐"的异体，《集韵》："匃丐，《说文》乞也。逯安说七（亡）人为匃。或作丐"③。《王仁昫刊谬补缺切韵一》："匄，乞。又古赖反。"因此，写本中"匄"字当是"匃（丐）"字，录作"匈"，误。此外，观智院本《入唐求法巡礼行记》"丐"亦作"匄"，卷三开成五年七月二日条："昔者大华严寺设大斋，凡俗男女乞匄寒穷者尽来受供。"

【蚩】

十二月廿八日："从早旦奉祈皇帝、皇后。打钹诵赞，次蚩打鼓。"

---

① "土""山"相混，可参看张涌泉先生论述"峻（埈）""嶅（整）"等条.

② 郑贤章.《新集藏经音义随函录》研究［M］.长沙：湖南师范大学出版社，2007：658.

③ 丁度.宋刻集韵［Z］.北京：中华书局，1989：148b.

岛津作"蚤"，注释曰："史本作蚤"。平林："从早旦奉祈皇帝皇后打钹诵赞，次蚤打鼓"，注释中另有"蚤""蚤""蚤"，改订史籍本作"蚤"。

写本作"蚤"，无论录作"蚕"，还是形近的"蚤"字，上下文意都不通，《广韵》："蚤（胡孔切），蚤虫甲类"①，《集韵》："蚤（户孔切），虫名"，而校作"蚕"字，白先生同样认为"此字在此未知何义，谨存疑"。笔者认为"蚤"当为蠡，即"螺"之异体。

《集韵》："蠃螺蠡蜗（卢戈切）：蚌属大者如斗出曰南涨海中。或作螺蠡蜗。""蠡"又可写作"蠡"。《龙龛》"蠡"下曰："蠡俗蠡正，音离。又音螺，瓠瓢也。又音礼，蠡吾，县名也。"可见，写本中"蚤"当是"蠡"的讹化字。此外，"蠡"可作"蚤"。可洪《随函录》："蚤贝，上洛戈反，～亦贝也"，它们之间的演变轨迹大致是：

蠡→蠡→蚤→蚤

由于校者不明其中缘由，故将"卢戈切"的"蠡/蚤"误作"户孔切"的"蚤"。

其实，《参记》"十月卅日"也有相同字形"蚤"，白先生将其正作"蠡"。综上，"十二月廿八日"条中当作"吹蠡打鼓"（"次"为"吹"字之误），也就是"十月卅日"条中的"法蠡"。文中两处都是在赞诵法会上，法螺作为佛事中所使用的法器之一，出现在文中也是合乎逻辑的。

【瑯】

十一月九日："宿瑯车寄一二知己。"

写本作"瑯"，白化文本、岛津本、平林本、佛教全书本、改订史籍本作"卿"，误。"十二月廿一日"文中有"瑯车马铺"，写本作"瑯"，另《靖康传信录》《续资治通鉴》等有"太行琅车之险"之说，当即此处。

此外，写本"内"白先生等学者以之为"内"，实为"弓"字，即"卷"之俗写。"最可云殷勤之人""最可云圣人之"等处"之"字都当作"也"解。"也"作为句末加强判断语气的助词，这一用法十分常见。为了书写方便，书写过程中汉字使用者常用一个符号来代替。如：日本早稻田大学图书馆藏的古辞书《色叶字类抄》中"也"字多作"之""之"形，与"之"形近，可资比勘。

---

① 陈彭年. 宋本广韵 [Z]. 南京：江苏教育出版社，2002：68.

二、不明校勘符号致误例

除去有因为书写原因而产生的讹字外，文中还有一些由于不明校勘符号导致的误用之例。

（一）乙文符

六月二十二日："三昧炎炎无主物，百年千年不知名。"

核查原文，可知，写本实作"三昧炎焚无主物，百年千后不知名"，而在"千"字右侧有一小勾，即是乙文符号，故当乙正作"百千年后不知名"。此外，另有，六月七日："先去今年五月十五日，有明州人客陈咏带来杭州公据。"十月廿日"（传法院）见僧住五十人，行者七十人"等处。另外，写本在"客""住"等字右侧都有乙文符号，故当乙正。

（二）插入符

十月廿三日：回见寝殿："每一间口三人宿造，有厨子三，皆有关镒。"

岛津本、平林本同。通过查看写本，可知，所谓的"口"是"每一间"三字增补入正文的符号。插入漏写内容时，写本常常在插入之处画一个小圆圈。十月卅日条："次回诸堂，烧香赞叹"后就有一小圆圈，即表示"次向诸堂拜佛，先向少卿房，出佛布施绢"等内容的插入。

另外，文中"镒"是重量单位，于此这里文意不通，应该是"钥"字的同音之代，"镒""钥"日语训读作"かぎ"，"关钥"即锁匙。另外，整句应句读作"回见寝殿：每一间三人宿，造有厨子三，皆有关钥"。

（三）删除符

六月九日："却为国清寺主事僧众为无上命指挥，不聽敢安存，恐有病患。"

岛津本、平林本、改订史籍本都作"不聽敢安存"。值得注意的是，写本"聽"左侧有表示删除的两点，"聽""敢"二字字形相近，误写"聽"后，加两点表示删除后，重新写入"敢"字，而校录者不明删除符而产生了衍文。文中他处也有"不敢安存""未敢安存"等表述，是为证。

除了不明删除符号而衍字，白先生校本中还把写本中已经删除的句子录入文中。如：十月廿四日"宣客省：日本国僧成寻等合赴五台山烧香"，十月廿六日"左①别。文惠大师和在别。进上左大臣殿了"。实际上，写本中这些句子都已加删除符号，因此不应该再录入正文。

（四）重文符

写本中还使用了一些重文符号，白先生在处理这些符号时也有可商之处。如：五月六日"船人（人）多从浮桥渡"；五月廿八日"退归宿房。（房）人人来集"等条。由于没有注意到重文符号，而出现将"（ ）"中字脱落的情况。又如：五月十八日"可奉院。奉院者"，同日"内额名'敕真觉之院'。塔院是天台大师真身塔也"。原本文中都只有一个重文符号，而白先生误衍，原文当作"可奉院者""内额名'敕真觉之院'。院是天台大师真身塔也"为是。此外，重文符号和"云云"二字形近，如未辨别就会产生错误。如：十月廿三日"筥内有纯金小厨子，云云，以赤锦三重裹之"，其实文中"云云"是"厨子"二字的重文符号，全句当作"筥内有纯金小厨子，厨子以赤锦三重裹之"。

三、不明词义差别致误例

《参记》是成寻用汉语写的作品。然而他是日本僧人，在行文过程中就不可避免地会受到其母语的影响。如果不明白一些日语用法，在文章的理解上就会产生一些错误，如：

【志与】

三月十五日："悉与物：米五十斛，绢百匹……"。注释："日本十二本中，有七本作'悉'，从之。另有作'志'者，于义亦通。从'悉'为长。"

四月三日："一船头曾聚赠与缝物泗州大师影一铺"。注释："赠：各本或作'志［致］与'，或作'悉与'。今从删补本迳改。"

可见日本人是把"志［致］与"和"赠"的意思画等号的"。此外，白先生校本中把"志与"录作"志［致］与"，认为"志"当作"致"。如：四月十五日"林皋志［致］与樱子"。其实，"志与"当为一词不误，不应改。

"志与"为同义复用，"志""与"都有"给与、送给"的意思，文中还有"志""与志""志奉""志送""志献"等说法，可证。如：

（1）有一人与香，直钱廿文，一人十文志之。家主母，生年八十五，出来礼拜，志钱二文。家主烧香，入夜，志酒一瓶。

---

① "左"写本作"在"，下句"文惠"写本作"文慧".

（2）巳时，李思恺买作饭与志。

（3）寺主来坐慰问，取出木槵子琉璃装束念珠一串，志奉寺主。

（4）法酒一瓶志送崇斑，小使召取于船令饮。

（5）以入内内侍东头供奉官张士良为使臣，下赐被志献日本皇帝，金泥法花经、锦廿疋。

其中，"志""奉""送""献"等都是同义复用，"志"即日语"こころざす"，即"好意、謝意などの気持を表わすために物などを贈る"（为表谢意或歉意等心情而赠送东西）① 之义。

【书取】

四月十九日："宿坊壁上悬'阿閦佛真言'，以圣秀，令取书，取了。"

白先生断句误，当断作"宿坊壁上悬'阿閦佛真言'，以圣秀令取，书取了"，"书取"是日语"かきとる"的汉字写法，即"抄写"义。文中多见。如："有影赞，以行者令书取了""见裔然法桥并寂照大师来唐日记，即借取，书取杨文公谈苑""书取佛前文字"等。《日语古微》："书取，日人谓耳受而笔记（Dictation）曰'书取'。孟襄阳《涧南即事》：书取幽栖事，将寻静者论。日语书取本此。"②

【见物】

四月廿二日："每见物，人与茶汤，令出钱一文。"

实际上，整句应句读作"每见物人与茶汤，令出钱一文"，"见物人"即日语的"けんぶつにん"。日语"見物けんぶつ"有游赏、观赏、游客等义，下文"见物之人满路头并舍内""见物之人济济也""见物僧俗济济列行"等，可证。《日语古微》："日本谓入都市游览曰见物，《越绝书》：圣人见物不疑，是谓知时。本此。"

【弁】

八月廿三日："戌时，通事借沙金三两、钱十贯——于京可辨［辦？］本数者庄严道场。行法七时。"

全句当句读作"戌时，通事借沙金三两、钱十贯——于京可辨本数者。庄严道场，行法七时"为是。"辦"写本作"弁"，日语中"辨""辯""瓣"等都可写作"弁"。此处弁（辨）当是日语"わきまえる"，它有"偿还、支付、赔偿"等义。《今昔物语》"彼の母の借る所の稲を員の如く弁へて"（其母所借稻谷如数归还）；《吾妻镜》"盗犯人中假令钱百文若二百文之程罪科事，如此小过者，以一倍可致其辨"；《文明本节

① 日本国語大辞典第二版編集委員会，小学館国語辞典編集部.日本国語大辞典（第二版）[Z].東京：小学館，2001：5（690）.

② 但焘.日语古微[M].杭州：但公馆（作者自刊），1910：8.

用集》"辨，返偿借物义也"等可证。此外，日语中还有"弁济""弁偿"等词。如：《高野山文书》中也有"守先例、追年无懈怠可弁济寺家御年贡之状"等。综上，此处"弁"当是"辨"字，而与"辦"无关。

此外，文中"借小船乘，移运入杂物""件。童行出来进茶"之类，也都是因为不明成寻受到母语"乘移のりうつる""件くだん"等词的影响而致误。

笔者用这些现代日语仍在使用的语词来说明问题，只是基于《参记》是日本僧人所著这一特性来考虑的，并不作语源上的探讨。其实，白先生在理解常用的古汉语词汇时也会有所偏差。如：十二月廿八日《新雕补缺楞严经白伞盖真言后序》中"壬辰岁冬余，权知苏州""（智吉祥、天吉祥）解经论一十七部余。因出《楞严经·白伞盖真言》示之"，其实文中两处"余"当为主语。又如，"牒件状如前"本是文书套语，因此不应当校点作"牒，件，状如前"。

以上，笔者只是列举了白先生校点本中的部分讹、倒、脱、衍现象，这些问题大大影响了该书的学术价值。

实际上，利用他校等校勘方法，笔者还可以对《参记》的整理做一些补正：

【灵墟】

五月十八日《天台山石桥并铭序》："元孚元和末间游石桥，华顶□砂灵□双阙琼台无所不至。"

上文一句中有两字残缺，改订史籍本、平林本均空阙未补，而岛津、佛教全书、齐藤、藤善等本都补作"白""窟"。"白"字通过东福寺本残笔，笔者可以确认，但岛津等人根据上文的"石象道场石窟"补为"灵窟"却是值得商榷的。文中"华顶""白砂""双阙""琼台"都是天台山的地名，是人们常用的称呼，而称"石象道场石窟"为"灵窟"恐怕是校补者的臆测了。其实，通过唐代徐灵府的《天台山记》① 可以推断后一缺字当是"墟"，而并非通常认为的"窟"字。

成寻描写天台山景色时，深受《天台山记》影响，无论是行文顺序还是所用词句都和《天台山记》惊人相似，"两涧合流，从桥下过，泄为瀑布。西流出剡县界，从下仰视，若晴虹之饮涧"之类甚至可以说是照搬的。而在《天台山记》中除了华顶、白砂、双阙、琼台等地名，与"灵"字相连的地名使用最多的就是"灵墟"。如：

（1）北一十里，乃至灵墟，令（今）来是智者禅院，即白云先生所居

---

① 徐灵府. 天台山记［M］. 南京：江苏古籍出版社，2000.

之处也。

（2）自灵墟南出二十里，有小庄在欢溪也。

（3）白云先生从灵墟至华顶两处从来朝谒不绝。

（4）今灵墟华顶，无复堂宇，唯余松竹。

另外，司马承祯《天地宫府图》、杜光庭《洞天福地岳渎名山记》和李思聪《洞渊集》都将"灵墟"列为七十二福地之一。《云笈七签》第二十七《天地宫府图》："（七十二福地）第十四灵墟，在台州唐兴县北，是白云先生隐处。"① 因此，当以"灵墟"作为与"华顶""白砂""双阙""琼台"等相并列的地名为是。

【饼淡】

四月十五日："李思恺买作饭与志：味如日本饼，淡。大如茄，顶颇细，以小麦粉、小豆、甘葛并糖作果子也。"

从岛津、齐藤、佛教全书、改订史籍集览、藤善等译注或校点可以看出，诸本都认为"作饭"如"日本饼"，味道淡。实际上，按照行文习惯，成寻常把在中国所见名物和日本的进行比较。如："大桥亘河，如日本宇治桥""兔马大如日本二岁小马""令持叶圆扇，如日本仪式"。其实"饼淡"当即日语"べいだん"，《日国》："餅（もち）の中に鴨（かも）などの卵や野菜を煮て包み、四角に切ったものか。"

其实，"饼脓"一词在日本古辞书《倭名类聚抄》中已有释义，《杨氏汉语抄》云："裹饼中纳煮合鹅鸭等子并杂菜而方截，一名饼脓。"《日国》的释义，本此。狩谷棭斋《笺注》明言："《参天台五台山记》作饼淡，盖假借"，并指出《西宫记》《北山抄》《枕册子》中作"饼脓"，《避暑录话》《唐摭言》《杜阳杂编》中言及"饼餤"。《六书故》："今人以薄饼卷肉切而荐之曰餤"②。此外，《资治通鉴》《梦溪笔谈》《攻媿集》等著述亦有记载，由此可知，"饼淡"当是"饼脓""饼餤"，而不应断作"味如日本饼，淡"。

【三异驿】

十二月廿六日："过十二里，至义井马铺，换马十疋，过十二里，至中牟县马铺，过三里至，换马两疋，本马八疋，过十里，至十里店马铺。"③

白先生认同岛津的说法，认为"至"下恐有脱文，但是所脱为何，并没有说明。笔者认为，所脱当是"三异驿"。关于这点，可考察该日成寻

---

① 张君房.云笈七签第二册［M］.北京：中华书局，2003：621.

② 狩谷棭斋.笺注倭名类聚抄［M］.東京：印刷局，1883：414.

③ 写本作"點"［1］458，据前文改，下同.

一行的行程：

白沙马铺→义井马铺→中牟县马铺→？→十里店马铺→醋沟马铺→八角马铺→新店马铺

同样的行程见于卷五"十一月二日"条：

新店马铺→八角马铺→醋沟马铺→十里店马铺→中牟县三异驿→中牟（县）马铺→义井马铺→白沙马铺

通过对比可以得知，两日所记是成寻一行巡礼五台山的往返行程，且来回走的是同一条路，虽然有的驿站之间距离长短有所出入，但是驿站名称却是可以一一对应的。因此，笔者推定所缺地点当是"三异驿"。

综上，《参记》中的词汇情况十分丰富，同样颇具价值。无论是其中的汉语传承词，还是和制汉词都对汉语词汇史研究具有一定的补充作用。对于国内辞书而言，其中的书证更是不可多得的汉字词用例史料。本章与第三章共同全面调查《参记》中的汉字词汇，特别是宋代以及宋代之前出现的新词新义，并以《大词典》和《日国》为参照，进行了中日比较的初步分析与历时考察，以期推动域外汉籍与中日汉字词比较研究进一步发展。

参 考 文 献

一、日本出版

[1] 釋成尋：『参天台五臺山記』（東福寺本：復制本），1220 年。

[2] 狩穀棭斎笺注：『倭名類聚抄』，東京：印刷局，1883 年。

[3] 島津草子：『対校訳注参天台五臺山記』，東京：大蔵出版株式会社，1959 年。

[4] 島津草子：『成尋阿闍梨母集・参天台五臺山記の研究』，東京：大蔵出版株式会社，1959 年。

[5] 改訂史籍集覧本：『参天台五臺山記』，大阪：すみや書房，1968 年。

[6] 大日本仏教全書本：『参天台五臺山記』，東京：講談社，1972 年。

[7] 平林文雄：『参天台五臺山記校本並に研究』，東京：風間書房，1978 年。

[8] 釋成尋：『参天台五臺山記』，収入『大日本仏教全書・遊方伝叢書』（第三冊），東京：仏書刊行会，1979 年。

[9] 釋成尋：『参天台五臺山記』，収入『改訂史籍集覧』（第 26 冊），東京：近藤活版所，1984 年。

[10] 斉藤圓真：『参天台五臺山記 I. II. III』，東京：山喜房仏書林，1997—2010 年。

[11] 日本大辞典刊行会：『日本国語大辞典』，東京：小学館，1972—1976 年。

［12］　日本国語大辞典第二版編集委員会，小学館国語辞典編集部：『日本国語大辞典』（第二版），東京：小学館，2001 年。
［13］　王麗萍：『宋代の中日交流史研究』，東京：勉誠出版，2002 年。
［14］　藤善眞澄：『参天台五臺山記の研究』，大阪：関西大学出版部，2006 年。
［15］　藤善眞澄：『参天台五臺山記』，大阪：関西大学出版部，2007—2011 年。

二、国内出版

［１］　但焘：《日语古微》，杭州：但公馆（作者自刊），1910 年。
［２］　释行均：《龙龛手镜》，北京：中华书局，1985 年。
［３］　丁度：《宋刻集韵》，北京：中华书局，1989 年。
［４］　陈桥驿：《浙江古今地名词典》，杭州：浙江教育出版社，1991 年。
［５］　罗竹风：《汉语大词典》（第七卷），上海：汉语大词典出版社，1991 年。
［６］　可洪：《新集藏经音义随函录》，收入《中华大藏经》（第 59 册），北京：中华书局，1993 年。
［７］　徐中舒：《汉语大字典》（缩印本），成都：四川辞书出版社，武汉：湖北辞书出版社，1993 年。
［８］　空海：《篆隶万象名义》，北京：中华书局，1995 年。
［９］　张涌泉：《敦煌俗字研究》，上海：上海教育出版社，1996 年。
［10］　董志翘：《〈入唐求法巡礼行记〉词汇研究》，北京：中国社会科学出版社，2000 年。
［11］　徐灵府：《天台山记》，南京：江苏古籍出版社，2000 年。
［12］　陈彭年：《宋本广韵》，南京：江苏教育出版社，2002 年。
［13］　张君房：《云笈七签》（第二册），北京：中华书局，2003 年。
［14］　郭万平：《日本僧成寻与〈参天台五台山记〉》，收入荣新江、李孝聪主编：《中外关系史：新史料与新问题》，北京：科学出版社，2004 年。
［15］　曹家齐：《〈参天台五台山记〉中的驿传与牒文》，《文献》，2005 年第 4 期。
［16］　杨宝忠：《疑难字考释与研究》，北京：中华书局，2005 年。
［17］　蔡毅：《从日本汉籍看〈全宋诗〉补遗——以〈参天台五台山记〉为例》，《域外汉籍研究集刊》第 2 辑，2006 年。
［18］　曹家齐：《略谈〈参天台五台山记〉的史料价值》，《域外汉籍研究集刊》第 2 辑，2006 年。
［19］　郑贤章：《新集藏经音义随函录研究》，长沙：湖南师范大学出版社，2007 年。
［20］　白化文、李鼎霞：《参天台五台山记》，石家庄：花山文艺出版社，2008 年。
［21］　王丽萍：《新校参天台五台山记》，上海：上海古籍出版社，2009 年。

第五章　日本兰学与中日汉字词研究

1774 年杉田玄白出版《解体新书》以来，日本兰学家翻译了大量的西方科技著作。医学类：宇田川玄随《内科撰要》（1792）、大槻玄沢《重订解体新书》（1798）、宇田川玄真《医范提纲》（1805）、宇田川玄随《增补内科撰要》（1822）、宇田川榛斋《远西医方名物考》（1822）、绪方洪庵《扶氏经验遗训》（1857）、司马凌海《七新药》（1862）等。天文物理学类：志築忠雄《历象新书》（1798）、青地林宗《气海观澜》（1827）、川本幸民《气海观澜广义》（1851）等。植物学类：宇田川榕庵《植学启原》（1833）（1835）等。化学类：宇田川榕庵《舍密开宗》（1837—1847）（1837）。这些著作，或用汉文译述（内加训点符号），或用汉文训读体译述，使用着大量的汉字词。

本章主要以上述兰学文献为语料，参照收录于《日国》中的兰学语词，对照《大词典》《近现代汉语辞源》，结合汉语外来词研究代表性论著，对进入现代汉语的兰学新词进行源流梳理，以展示兰学汉字词的部分面貌。①

第一节　日本兰学与中日新词

现代汉语中的日语汉字词到底有多少？至今没有一个确切的数字，也很难有一个确切的数字。根据《现代汉语从日语借来的词汇》《现代汉语外来词研究》《汉语外来词词典》等论著统计，共有 1 350 个。而据《汉语外来词词典》统计，表明对译西方概念的汉字词，共有 725 个。其中，说明对译荷兰语的日语汉字词只有 6 个，即"丁几""规那""规尼涅""加答尔""加非""瓦斯"，均为音译词汇。笔者检索《日国》，对照《近

---

① 日本兰学家在对译西方科技术语时，除创制新词之外，还充分利用古汉语已有之词，旧瓶新酒，赋予新义。如汉语外来词论著涉及的"癌、分了、官能、挥发、麦酒、软骨、升华、意识、注射"等，收入《大词典》的"变质、动脉、恶性、沸腾、官能、急性、技术、马力、慢性、凝固、弹力、外力、卫星、音译、圆心、蒸气、中和"等，考证从略。

现代辞源》，初步确认以下汉字词与荷兰语有关。

【膵脏】（《汉语外来词词典》）①

"膵"为兰学家创造的日本"国字"，早见于《医范提纲》（1805）："膵，受血于动血脉，分泌之以造膵液。形如牛舌，横居胃下。里有一管，谓之膵管。其端与总管合输液于肠。"《医语类聚》（1872）："Pancreas 膵"。② 汪荣宝等《新尔雅·释生理》（1903）："口腔、咽头、食管、胃、肠、肝及膵为消食器。"③《大词典》："膵脏，胰的旧称。来自日语（日语意译英语 pancreas）。"

【膣】（《现代汉语从日语借来的词汇》）

"膣"，早期作"膣"，读为"しつ"。《玉篇》"膣"下曰："丑一切，肉生。"《重订解体新书》（1798）谓"制字"，"男茎受容之室也"，"室边傍从肉音为叱，即会意也，非字书尺栗切，肉生也之膣"。《医语类聚》（1872）："Vagina 膣"。明治期间，"膣"又讹作"膣"，读为"ちつ"。秋瑾《看护学教程》："〔温度表〕亦有探舌底及直肠或膣者，但其热度较腋窝略高。"

【反响】（《汉语外来词词典》）

该词早见于《气海观澜》（1827）："山林墙壁及云、皆可以起反响。"1900 年《清议报》六十九册《论侵略中国之无谋》："呜呼；此叫声将来不特止于支那而已。他日由英领印度经东京延至西比利亚之边境，到处皆受其反响。"《大词典》首引夏衍《心防》例："一般的反响都很好，可是戏实在演得太差了。"

【沸点】（《近代日中语汇交流史》）

该词早见于《远西奇器述》（1854—1859）："沸点（一○○度）。"傅兰雅《热学须知》（1898）："瑞典人珊细荷司所创寒暑表与法伦表法同，惟以冰点为 0 度，以沸点为百度。"《大词典》首引欧阳山《柳暗花明》例："这十几个青年学生的激情已经达到了沸点。"

【雾围气】（《汉语外来词词典》）

该词早见于《气海观澜》（1827）："雾围気者、不啻交诸雾気蒸気之自地升腾者、気之原質亦不一。"日语"雾围気"，汉语缩写为"雾围"，词形为"氛围"，表示周围的气氛和情调。1936 年《科学画报》第三卷第十七期："德国兵士训练戴着面罩的军用犬，使在毒气氛围中活动。"《大词典》首引邹韬奋《抗战以来》例："国民参政会第二次大会就在这样乌

---

① 词条后括号内为收释该词的汉语外来词辞书或论著。
② 所引兰学文献用例，多转自《日国》。
③ 汉语中的早期用例，多引自《近现代汉语辞源》。

烟瘴气的氛围中举行。"

【积极】（《现代汉语从日语借来的词汇》《现代汉语外来词研究》《汉语外来词词典》）

该词原指电气的阳极、正极，早见于《舍密开宗》（1837—1847）："按に銀錢より起る機力を消極 涅瓦知弗（ネガチフ）オントケンネンデ、ポール、と名け、亜鉛より起る機力を積極 剥斯知弗（ポスチフ）ステルリフ、ポール と名く。"后引申为肯定或正面，早见于《明六杂志》（1874）。1902 年梁启超《新民说》："协助有积极、消极两义。积极的协助，以相扶掖为用。消极的协助，以不相妨碍为界。明乎此义，则虽盈天下皆吾友焉可也。"《大词典》首引鲁迅《二心集·关于〈唐三藏取经诗话〉的版本》例："所以倘无积极的确证，《唐三藏取经诗话》似乎还可怀疑为元椠。"

【静脉】（《现代汉语从日语借来的词汇》《现代汉语外来词研究》《汉语外来词词典》）

该词早见于《医范提纲》（1805），该书目录卷之二，大字"静血脉"，小字"静脉幹、鎖骨下静脉、腸骨静脉、障膜"。从《医范提纲》题言看，"静脉"是对"静血脉"的改译。《志都の岩屋讲本》（1811）："かの静脉と云って、血を心の臟へ輸（おく）りかへす脉管へつたって"。《和英语林集成（再版）》（1872）："Jomiyaku ジャウミャク 静脉。"汪荣宝等《新尔雅·释生理》（1903）："心脏、动脉、静脉及巴淋管，为血管系统。"《大词典》未收"静脉"一词。

【神经衰弱】（《现代汉语从日语借来的词汇》《汉语外来词词典》）

该词早见于《扶氏经验遗训》（1857）："神经衰弱、感動過敏歇以私的里（ヘイステリ）、依卜昆垤児（ヒポコンデル）等には神经薬、鎮痙薬。"《医语类聚》（1872）："Neurasthenia 神经衰弱。"孙佐译述《生理卫生新教科书》（1907）："脑与筋肉同，运用时，初则血液灌注，炽其新陈代谢，迨疲劳质发生，注意力即因之减少，甚至神经过敏、头痛、眩晕、衄血、不眠及心悸、亢进等症，即神经衰弱之症。"《大词典》首举郭沫若《文艺论集·王阳明礼赞》例："因为过于躐等躁进的缘故，在一高豫科一年毕业之后，我竟得了剧度的神经衰弱症。"

【输尿管】（《汉语外来词词典》）

该词早见于《医范提纲》（1805）："输尿管起于肾。两肾各一，连于膀胱。后侧之左右，并受尿于肾，输之膀胱。"《大词典》收释而无用例。汪荣宝等《新尔雅·释生理》（1903）："肾脏、输尿管、膀胱及尿道，谓之泌尿器。"

【瓦斯】(《现代汉语从日语借来的词汇》《现代汉语外来词研究》《汉语外来词词典》)

该词早见于《厚生新编》(1811)、《远西医方名物考补遗》(1822)，《植学启原》(1833)："又有瓦斯（ガス）、貯植液於玻㼛、密塞其口、瓦斯強欲散逸、㼛往々破裂。"《舍密开宗》(1837—1847)："諳模尼亜（アムモニア）の本相は瓦斯なり"。顾厚焜《日本新政考》(1888)："制造瓦斯所：专供点火用之煤气；制造骸炭所：制造工场使用之骸炭。"《大词典》谓"瓦斯"为"荷兰语 gas 的译音。汉语来自日语，泛指气体，亦指煤气。军事上称有毒气体为毒瓦斯"，举鲁迅《花边文学·玩笑只当它玩笑（上）》附录《康伯度答文公直》例："一个'瓦斯'，是德国字的原封不动的日本人的音译。"

【温度】(《现代汉语从日语借来的词汇》《汉语外来词词典》)

该词早见于《舍密开宗》(1837—1847)："熱度各異る物を同く気温六十度の室に置けば漸く皆同一の温度と為るなり。"姚文栋译《日本地理兵要》(1884)："距七尾港海上约五里，有温泉。泉质颇透明，混硫盐二气，温度适体，有治金疮之效。"《大词典》首列"冷热的程度"义项，举冰心《姑姑·分》用例："你将永远是花房里的一盆小花，风雨不侵的在划一的温度之下，娇嫩的开放着。"

【纤维】(《汉语外来词词典》)

该词早见于《医范提纲》(1805)："繊維は繊細なる条管にして全身大小の諸器凡そ形体あるもの悉くこれを会結組織して成ざるはなし。"《医语类聚》(1872)："Fibri 繊維。"指组成动物体内各组织的细而长、呈线状的结构。汪荣宝等《新尔雅·释生理》(1903)："组织筋肉之纤丝，曰纤维。"又指天然的或人工合成的细丝状物质，早见于《和英语林集成（再版）》(1872)："キヌノ seni（センイ）。"长塚节《土》(1910)："每日必ず汗でぐっしりと湿るので、其の強靭な繊維の力が脆く成って。"《时务报》(1897.04.12)："此草为苎麻之属，纤维强韧而有光泽，栽培之法，亦甚简易。"《大词典》只有释义没有举例。

【腺】(《现代汉语从日语借来的词汇》《汉语外来词词典》)

"腺"为兰学家创造的日本"国字"，早见于《医范提纲》(1805)卷三："腺，細囊與繊管錯綜成者，有膜被焉，從其所在形狀各不同。此受血於動血脈，滲泌之以分諸液，諸液即汗溲、津唾、涕涙、膽液、膵液之類。故中外所有分泌之用無不在焉。特周密于皮者，發蒸氣，泄汗液也。"《医语类聚》(1872)："Gland 腺。"汪荣宝等《新尔雅·释生理》(1903)："皮肤之内有二种腺：曰脂肪腺，曰汗腺。"《大词典》谓"腺"

为"来自日语（日语又为英语 gland 的意译）。生物体内能分泌某些化学物质的组织，由腺细胞组成，如人体内的汗腺、唾液腺，花的蜜腺"，没有用例。

【消极】（《汉语外来词词典》）

该词原指电气的阴极、负极，早见于《舍密开宗》（1837—1847）"按に銀銭より起る機力を消極 涅瓦知弗（ネガチフ）オントケンネンデ、ポール、と名け、亜鉛より起る機力を積極 剥斯知弗（ポスチフ）ステルリフ、ポール と名く"，后引申为"否定的，反面的，阻碍发展的"，早见于《明六杂志》（1874）。1902 年梁启超《新民说》："协助有积极、消极两义。积极的协助，以相扶掖为用。消极的协助，以不相妨碍为界。明乎此义，则虽盈天下皆吾友焉可也。"《大词典》首引郭沫若《洪波曲》用例："从积极方面来说，歌咏可以团结自己的力量。从消极方面来说，歌咏可以涣散敌人的军心。"

【游离】（《汉语外来词词典》）

该词早见于《远西医方名物考补遗》（1834）："水は亜爾箇児（アルコール）と交力多くして抱合し水中の潜温素は游離して顕温素となり熱す。"该词指化学元素不和其他物质化合而单独存在，或元素由化合物中分离出来。虞和钦、虞和寅译述《化学实用分析术》（1902）："将游离酸类之溶液加里低母司液数滴，即变赤色。"《大词典》举马南邨《燕山夜话·大豆是个宝》例"这是因为大豆自身具有一种独特的作用，它能够把空气中游离的氮素固定下来，供应它本身生长和发育的需要"。后来，该词比喻无所依附、脱离，如夏目漱石《草枕》（1906）："涙を一七字に纏め時には、苦しみの涙は自分から遊離して。"许地山《〈空山灵雨〉弁言》："在睡着时，偶得趾离过爱，引领我到回忆之乡，过那游离的日子，更不得不随醒随记。"

【有机】（《现代汉语外来词研究》）

该词早见于《病学通论》（1849）《气海观澜广义》（1851）《舍密局必携》（1862），多构词为"有机体""有机性体"，指与生物体有关的或从生物体来的化合物。《清议报》十五册《国家论》（1899）："有机、无机皆化学语。有机，有生气也，人、兽、草、木是也；无机，无生气也，土石是也。"汪荣宝等《新尔雅·释地》（1903）："水成岩中所含有之有机体遗迹，谓之化石。"后来，该词指事物构成的各部分互相关联，具有不可分的统一性。王力《龙虫并雕斋文集·逻辑和语言》："思维和语言是有机地联系着的，不可分割的。"

【张力】（《近代日中语汇交流史》）

该词早见于《远西医方名物考补遗》（1834）："金石の煉して流動し堅冰の煦温にて溶解するも温泉の張力に因る。"该词指物体受到拉力作用时，存在于其内部而垂直于两邻部分接触面上的相互牵引力。颜惠庆《英华大词典》（1908）："Tension，（机）牵力、张力。"徐迟《地质之光》："所谓受了歪曲的亚洲大陆，他写道，难道指的只是自然界的各种应力——压力、张力、扭力造成亚洲大陆的各种形变，仅仅指此而言的呢？还是为了指责欧美地质人员，因为他们用狭隘眼光来解释亚洲的造山运动，从而使亚洲枉受了许多的歪曲和冤屈呢？"

第二节　《大词典》与兰学新词

除汉语外来词研究论著中涉及的兰学新词外，《大词典》还收录了不少日源兰学汉字词。下文择要介绍。

【冰点】

（1）后来，它再从高空往下落，这个空际的水滴，还没有达到冰点以下。（冰雹与抗雹农作物，1947.08.18）

（2）在渔沟战役罢战的九十二旅副旅长冼盛楷少将说："我听到内战枪声一响，心绪即降到冰点"。（国民党军官兵，起来罢战怠战！1946.09.07）

该词早见于《气海观澜广义》（1851）："験温管を改正すと雖も、冰点・沸湯点を定めざるが故に宜しからず。"傅兰雅《格致汇编》第二册《格物致器》（1878）："表泡置其中，视定之冰点准否。"①

【处女膜】

（1）行政院更在其公开命令中斥学生抗议运动为"排外"，还明令不得"损污友邦"，北平市长何思源发表被奸者"处女膜未十分破"的无耻声明。（北平美军兽行激起全国悲愤，1947.01.12）

（2）外阴部是位于下腹部及肛门之间的复杂裂沟，它是由下列各部分构成的：阴阜、大阴唇、小阴唇、阴挺、前庭部、处女膜、阴门、外尿道口、小前庭腺、大前庭腺。（无痛分娩法讲话，1952.07.16）

该词早见于《扶氏经验遗训》（1842）"宜く外科術を行て处女膜を截開すべし。"《大词典》未收该词。商务印书馆编译所《商务英华新字典》

---

① 1946年以前的汉语用例见于《近现代汉语辞源》，1946年以后用例源自《人民日报》数据库。

（1906）："Hymen，婚姻神，嫁娶神，处女膜。" 陆尔奎等《辞源》
（1915）："处女膜，Hymen。" 吴瑞公译《最新性欲研究：男女交合论》
（1925）"处女膜，在腟之前部，所以遮蔽腟者也。"

【单一】

（1）在组织形式上，不能是<u>单一</u>的农业互助组，应有多样性的互助，在时间上，人数上都不能死板。（长治总结春耕运动，1946.06.01）

（2）若干中国"顽固"且以美人庞德教授的话为依据，因庞德说过总统集权的五院制合于中国国情，内阁制不合中国国情，说中国宜采<u>单一</u>政体，中央与地方分权不合中国国情。（天津大公报抨击伪宪，1947.01.18）

该词早见于《远西医方名物考》（1822）："硫黄の性質単一無雑にして一個の元素なり。"《大词典》首举孙犁《澹定集·吴泰昌〈艺文轶话〉序》用例。梁启超《答某报第四号对于〈新民丛报〉之驳论》（1905）："夫论者知有政治革命，其视单一之复仇论既有进步。"

【导体】

（1）它是在一列的纺织机上边铺上了小轨道，这就是暂时的电气的明引及电气良<u>导体</u>，在这上面安置有一个不大的由减速装置、摩托机和通风机构成的联合机。（苏联科学新发明，1949.09.05）

（2）<u>导体</u>和绝缘体的分别，只不过表示电子在里面活动的程度不同吧了。（摩擦怎么会有电？1949.10.21）

该词早见于《气海观澜广义》（1851）："殊に金属·水·水蒸気、動物体等は、前法を以てすれども越歴を発せず。幾久しく摩擦するも、更にこれを起すことなし。故にこれを導体〈略〉と名づく。"《大词典》只有释义没有举例。汪荣宝等《新尔雅·释格雅》（1903）："非电气性之导体，近至电气性物体之一定距离时而感受电气者，谓之电气感应。"

【淀粉】

（1）它（草木灰）能使庄稼的枝干长的强壮，又能多生<u>淀粉</u>。所以种小麦、豆类、红薯、山药蛋等作物时，应多使草木灰。（生产知识介绍，1947.03.10）

（2）高粱出苗不需要多的水分，若在清明播种，天气尚冷，种子经长期的膨胀，其<u>淀粉</u>易起分解而腐烂。（华北主要农作物播种期，1950.03.08）

该词早见于《植学启原》（1833）："澱粉、葛粉、漿粉（せうふ）、天花粉等の総称。"《舍密开宗》（1837—1847）："澱粉は大小諸麦の麪（こ）或薯（いも）類の根に多し。其根を細末し或擦下し洗淘して澱を収むべし。"《大词典》只有释义没有举例。傅云龙《游历日本图经》

（1889）："糖果、面包、茶珈琲、烟草、谷蔬果种、挽粉淀粉、味噌尝物渍物。"

【颚骨】

（1）由于吸入黄磷蒸气，特别是有虫牙的人容易发生，黄磷蒸气由虫牙或齿槽突起侵入，使颚骨特别是下颚骨容易发生骨膜炎或坏死。（工业中常见的几种中毒和预防，1949.02.24）

（2）导演曾用一个静止的镜头摄出帐幕中上士的一个侧面像，他的脸部的紧张的肌肉，突出的颚骨，全神贯注地看着舰长的动作的睁大的眼睛……这幅肖像画是美丽的。（《蔚蓝色的道路》是一部优美的电影，1950.08.27）

该词早见于《解体新书》（1774）："其骨者九矣、一鼻茎骨、二泪骨、三腭骨〈略〉四私奔牛私㨾骨、五漉酒骨、共是为鼻中之间隔。"幸田露伴《新浦岛》（1895）："'冷く硬い颚骨（ガクコツ）が前部脑蓋骨にコツンと撞突（あた）る'と变って何の妙がござらう"。《大词典》举巴金《黑土·卢骚与罗伯斯庇尔》例："一下就把那根绑着他受伤的颚骨的绷带拉掉。他的嘴大大地张开，一些牙齿落了下来。"

【鼓膜】

（1）外耳进去，就是一英寸多长的一条小道，叫做听管。听管之末，有一层薄膜，象鼓上张的皮一样，叫做鼓膜。音波从耳管传到这里，鼓膜也开始震动。鼓膜里面连着由锤骨、砧骨、马蹬骨三根小骨所组成的小链索，也就前后摆动，把震动传到内耳去。（耳朵为啥会听到声音？1949.04.13）

（2）结果，当我看到孩子的耳鼓膜时，她在旁边也看到了孩子的耳鼓膜。这一发现，使我高兴极了。（我试作"示教额镜"的经过，1953.01.17）

该词早见于《解体新书》（1774）"鼓、耳窍之底膜也、其膜谓之鼓膜"。《大词典》只有释义没有举例。《格物质学·声学》（1901）："耳内最要者三件：曰外耳、鼓膜、内耳。"

【角膜】

（1）苏联眼科专家费拉托夫，发明了一种新的手术，他能将眼睛受伤太重，没法挽救了的眼珠上的角膜取下来，给角膜坏了的人修补。使那些坏了角膜瞎了眼的人，重见光明。（修补眼珠的新手术，1949.02.19）

（2）从一九二二年起至一九五〇年止，费拉托夫及其学派所施行的角膜移植术共一千七百个以上，这就比百年以来全世界各国所做的角膜移植术的数字，还要多一些。（费拉托夫院士在医学上的伟大贡献，

1951.03.03）

该词早见于《眼科新书》（1815）："角膜 剛膜前面中央部、白膜不覆为透明之处。"《七新药》（1862）："瘻瘡・角膜の潰瘍・耳内の諸病"。《大词典》举吴运铎《把一切献给党・真挚的友谊》例。孙佐译述《生理卫生新教科书》第十篇（1907）："结膜：此蔽于眼睑内面之黏膜也。中多血管，故现红色，其一部延长，蔽其眼球之前面而达于角膜。"

【结晶】

（1）在提炼中，他（康波）也吸取了工人的意见，向一个做干粉的工人学会了使面粉沉淀的办法，把杂质碱面、小盐、土粉子、火硝、小苏打等溶解、沉淀、结晶及简单的化学变化，提出来后，剩下的就变成纯盐卜了。（康波、王小培、赵老恩，精研技术节省原料冀中行署通令嘉奖，1948.06.21）

（2）该社论继指出：最基本的就是展开群众性的反抢粮斗争，号召群众为保卫自己斗争的果实，为保卫自己劳动的果实，保卫自己血汗的结晶而动员起来。（太岳新华日报著论，立即动员起来保卫边沿区的麦收，1946.05.29）

该词早见于《舍密开宗》（1837—1847）："冷れば復凝て端整の晶を結ぶ、之を物の結晶する諭例とす。"《大词典》于其本义只有释义没有举例。傅兰雅《格致汇编》第四册《种蔗制糖论略》（1890）："糖分二等，可以结晶者谓之佳糖，不能结晶者谓之次糖。"

【结膜】

（1）天花的开始期，初发恶寒，高热，头、腰疼痛，恶心呕吐，精神恍惚，喉头、气管、结膜等发炎，脾脏肿大，颜面、四肢和全身遍发淡红色斑，一、二天后即消散。（防止天花流行 赶快点种牛痘，1948.04.06）

（2）春季常见传染性的疾病中，眼的结膜炎（俗名火眼）也是其中的一种。（火眼的预防和治疗，1949.03.11）

该词早见于《解体新书》（1774）："上膜者白也。又谓之结膜。"《医语类聚》（1872）："onjunctiva，结膜。"《大词典》只有释义没有举例。孙佐译述《生理卫生新教科书》（1907）："结膜，此蔽于眼睑内面之黏膜也。"

【金属】

（1）过去电灯泡上的金属活头（有螺丝的，有挂钩的）一掉下来即不能用了，王同志研究后，用细砂子、皮胶、鳔胶三种东西合成软膏，粘上以后晾干，非常坚固耐用。（利民煤矿职工 红五月中发明多，1946.05.18）

（2）这是一个漆着暗色油漆的崭新的机车，若干刚出厂的金属零件，

依然保持着在装配工人手中琢磨出来的光彩。（在东满的火车上，1948.05.01）

该词早见于《舍密开宗》（1837—1847）："按に達喜氏の発明に亜爾加里（アルカリ）は咸ち各種の金属の酸化する者にして其金属を亜爾加里金属と謂ふ。"《大词典》只有释义没有举例。又，丁韪良等《中西闻见录》第 34 号（1875）："至今电报所用之气，则由义大利之嘎喇法尼暨佛尔塔二人，究得一法，系以强水与金属相感而生。"

【臼齿】

（1）咀嚼——是当食物进入口腔，先由门齿切成小块，然后再由舌把食物送至上下臼齿之间磨碎的过程。（"咀嚼"与摄取营养素的关系，1950.07.10）

（2）这个工作队在来宾县合隆村的一个山洞里，在坚硬的堆积中，还发现了一种旧石器时代的人类化石，计有头骨后部下面一部分，上颌骨和几个磨蚀很深的牙齿，还有一个单独的上臼齿。（广西山洞中的人类化石，1956.08.08）

该词早见于《解体新书》（1774）："齟齿、上下合十有六"。《和兰字汇》（1855—1858）："bijters. 臼齿。"《大词典》只有释义没有举例。商务印书馆编译所《商务印书馆英华新字典》（1906）："Mill-toorh，臼齿，盘牙。"

【利尿】

（1）结石如大而不光滑时，则可能损伤尿道……。治疗法可用一些碱性药（重曹与乌罗特品等），可以预防新的结石生成，并可利尿。（膀胱结石症怎样治疗？1948.12.21）

（2）在很早的时候，我们的祖先已经懂得了同一种药品因"量"的不同而产生不同的效果。比如：随着利尿、健胃、泻肚的不同，改变水量与芒硝量的比例；使用麻黄时，要摘取它的"节"。（中国古代生物学的知识，1951.06.12）

该词早见于《七新药》（1862）："催吐酒は〈略〉缓催吐・発汗・利尿・揚奮の効あり。"《医语类聚》（1872）："Diuresis 利尿。"《大词典》只有释义没有举例。觉迷《西药指南》下卷（1918）："凡药物能增加尿量，排除血内杂质者，谓之利尿药。"

【零度】

（1）英国煤荒迄十七日已达第八日，气候仍在零度以下。（改革经济克服煤荒，1947.02.20）

（2）上海学生发动劝募寒衣救济贫民运动。上月十八日上海大雪，温

度隆至零度以下。（没有棉衣没有煤炭　蒋区到处冻死贫民，1948.01.22）

该词早见于《舍密开宗》（1837—1847）："一滴を取て鳥に点すれば其鳥即斃る。零度の寒を以て尚凍結せず。"《大词典》举老舍《四世同堂》用例。

【盲肠】

（1）军区政治部宣教部长任白戈夫人、文艺戏剧工作者李柯同志，因患盲肠癌于邢台逝世。（边区戏剧工作者　李柯同志逝世，1946.07.24）

（2）过去，我们到五六年级才开始学割盲肠，但是老医大只学八个月就会动手术了。（参观了中国医大，1949.09.17）

该词早见于《解体新书》（1774）："盲肠、其長无过四指横径、虫肠、附盲肠之端。"《大词典》举丁玲《在医院中》用例。又，孙佐译述《生理卫生新教科书》第三篇（1907）："接于小肠者为盲肠。"

【粘膜】

（1）滴浆苗切不可沾染眼、鼻、口唇之粘膜，否则有瞎目或粘膜发疹之危险。（种牛痘的新方法，1948.04.06）

（2）得病的牛，先是发烧、咳嗽、不爱吃东西、或者根本不吃东西，以后眼睛里和鼻子里流出一种脓一样的东西，眼睛红肿口腔里的粘膜发生烂斑。（预防牛瘟、炭疽，1950.04.03）

该词早见于《解体新书》（1774）："粘膜者、周鼻内、悉及骨空。"《大词典》举洪深《电影戏剧表演术》用例。

【卵巢】

（1）此外，心脏，女性的卵巢子宫，和男性的睾丸等。受到传染以后，也有出血的现象。（鼠疫的病理，1949.11.09）

（2）为了解妊娠和分娩的真象，我们讲一讲内生殖器也是必要的。它包括阴道、子宫、卵管、卵巢及附属韧带。（无痛分娩法讲话，1952.07.16）

该词早见于《解体新书》（1774）："卵巢。其形平而钝圆。且有小丸子。多附之。"《大词典》只有释义没有举例。又，汪荣宝等《新尔雅·释生理》（1903）："具卵巢、输卵管、子宫、膣、阴核及阴唇六者，为女子生殖器。"

【皮肤病】

（1）记者访问了一位俘虏兵谭富贵，他是丹徒人，是蒋军四十九师（原军）七十九旅（原师）二三五团的一个战士，在如皋南部战役中受伤的，满身皮肤病，正在治疗中。（苏皖后方医院负伤战士 谴责美国忘恩负义，1946.09.09）

（2）疥疮是一种能传染的皮肤病，病原体为疥癣虫，此虫可直接由接触传染，或经病人之衣服、被褥、脸盆、手巾及一切用具而传染之。（怎样治疥疮？1949.01.19）

该词早见于《七新药》（1862）："司馬子曰く沃顛は総て皮膚病に効ありと雖ども。"《大词典》只有释义没有举例。又，黄遵宪《日本国志》卷二十四（1890）："病类：呼吸器诸病、血行器诸病……神经器诸病、皮肤病。"

【前脑】

（1）不料史鲁域祺依然纵车疾驰，将其撞倒，脑谷辗一二寸许之裂口、脑浆外溢、前脑小腹腿膀均被辗碎，血肉模糊，惨不忍睹。（烟台联总汽车辗死洋车夫，1947.06.09）

（2）因为他的伤口刚刚长上，还没有额骨，前脑门是软的，只要稍不留神，受到撞击，就有生命危险，要休养八个月后，补上额骨，才能回部队。（永远紧跟毛主席 全心全意为人民，1969.07.15）

该词早见于《重订解体新书》（1794）："半规形 両偏相双为一体。謂之本脑，一曰前脑，原名訶盧協盧泄能（ホールヘルセネン）。"《解剖辞书》（1875）："Cerebrum〈略〉前脑。"《大词典》只有释义没有举例。按，汪荣宝等《新尔雅·释生理》（1903）："视神经床及第三脑室，为前脑。"

【热度】

（1）质量最高者为晋城金普山、黎树沟的无烟炭，曾经专家化验，誉为世界高等煤炭，含炭素百分之九十五，热度为二万余卡。（太岳矿业在发展中，1946.08.01）

（2）火从锅心进去，从底返回，再从两旁直奔烟口，这样火焰热度在锅炉周围仅有九米的流通径，费煤不催锅。（六盛沟工友发扬智慧　积极创造争相立功，1947.07.20）

该词早见于《舍密开宗》（1837—1847）："熱度各異る物を同く気温六十度の室に置けば漸く皆同一の温度と為るなり。"《大词典》首引谭嗣同《报贝元徵书》（1895）用例。又，孙家振《海上繁华梦》（1906）后集第七回："幸喜他安睡如故，身上的汉已觉得退了些，额上热度也比日间凉了许多。"

【韧带】

（1）这两个象征着胜利的名字，像一条韧带，紧紧地团结着全世界千千万万个青年的心！（不同的语言，共同的意志，1950.09.20）

（2）骨盘底的软部支持板（肌肉、肌腱、韧带等）也因为"立行"生活的关系而强化和紧张，使生殖裂孔变小。（无痛分娩法讲话，

1952.07.16）

该词在日语中作"靭带"，早见于《西说医范提纲》（1805）："靭带は状ち膜に似て質は軟骨の如く。或は腱の如く。"《大词典》收释"韧带"，没有用例。汪荣宝等《新尔雅·释生理》（1903）："为强韧之纤维样结缔组织，有白色之光辉，所以维持骨之联接者，谓之韧带。"

【溶液】

（1）先将伤口清毒；然后敷以醮有百分之二硫酸铜溶液之纱布，即可将磷火中和；再后搽以百分之二的龙胆糊溶液。（蒋贼使用美造化学枪榴弹　华中创造弹伤疗法，1946.12.15）

（2）漂白粉液制法：先用一定量的漂白粉，加少量水捏磨，再加水成三十倍的溶液（一分漂白粉加二十九分的水），放一会儿，让它澄清，把上面的清水倒在有色的玻璃瓶中备用。（疾病的传染和预防，1949.03.01）

该词早见于《舍密开宗》（1837—1847）："金、銀、鉛、蒼鉛の溶液を以て"。《大词典》只有释义没有举例。虞和钦等译述《化学实用分析术》（1902）第三编《定量分析法》："今有钡化合物之溶液，例如盐化钡之溶液，欲知其溶液中含有若干量之钡。"

【乳白】

（1）列车是这样的舒适、美丽，天蓝色的墙壁，枣红色的地毯，乳白丝绸桌布，杏黄桌灯纱罩，翠绿色天鹅绒的窗帘，走廊里温度表上的水银柱，指着摄氏二十度。（在北京—莫斯科直达客车上，1954.02.14）

（2）通上电流后，电子从管口的阴电极飞向管颈的阳电极，射到管底，使贴着管底的乳白膜板——银幕——发光。（电视，1955.03.18）

该词早见于《内科撰要》（1792）："一方に右の乳白色の液を以て砂精に滴し加て、其精乳白色となり。"《大词典》首举何其芳《画梦录·伐木》（1934）例："乳白的，蠕动的，雾是庞大的神物，是神物的嘘气。"

【乳剂】

（1）治法以清洁棉田和拔除病株，或使用棉油乳剂喷射。组织妇女儿童，勤捉害虫是防止害虫蔓延的基本办法。（太行三专署，发布棉田管理办法，1946.06.06）

（2）治的办法，用二两生石灰和二两烟叶配成乳剂去喷治，实验很有效。（如何增加棉花产量，1949.04.08）

该词早见于《和兰药镜》（1820）："油質の乳剤。"《药品名汇》（1873）："Emulsion 乳剂。"《大词典》只有释义没有举例。钟观光《理科通证·动物篇·稻之害虫》（1909）："用三十倍之石油乳剂，以喷筒注射。"科学名词审查会《医学名词汇编》（1931）："Emulsion，［日译］乳剂；[决定名] 乳剂。"

【色素】

(1) 如系染鲜艳而浅淡的色相，如能办到，还须经过半漂，以消褪纤维带有之天然色素。如物质条件不足，也可不用半漂。(家庭染色应注意的事项，1949.01.31)

(2) 冰镇冷食品，除有冷气设备外，应一律使用人造冰。卵、刨冰、果子干、杏干汤、酸枣汤、果干汤、甜水（糖或糖精加调味料及色素制成者）除进行检查管理外，防疫期内行劝令自动停售。(北京人民政府令，1950.07.23)

该词早见于《新精眼科全书》（1867）："色素の多少に由て各人異別あり〈略〉色素多き黒眼に在ては光線を多く吸収され、反射すること鮮く其色緑なり。"《大词典》首举王统照《沉思》例："她那白润中显出微红的皮肤色素，和那双一见能感人极深的眼睛……都表现出难以形容的美丽。"又，汪荣宝等《新尔雅·释生理》（1903）："表皮最下层之细胞内含有质焉，曰色素。白皙苍黑，于是乎分。色素少者，是为白人，色素多者，是为黑人。"

【神经病】

(1) 回头看看我们中国，这一点还很进步；还没有人出来叫唤说，我们中国式的法西斯头子也有神经病。(希特勒式的"神经病"，1946.05.15)

(2) 下神完全是假的，从前×家小孩得了神经病，拿刀砍人，请我去治。(土地改革后 杜八联的新气象，1947.05.30)

该词早见于《远西医方名物考》（1822）："近来加耶普的（カヤプーテ）油舶来あり。神経病に用ひて間（まま）奇効を奏す。"《大词典》列有三义，一指"神经系统的组织发生病变或机能发生障碍的疾病"，例缺。二指"精神病的俗称"，首举巴金《灭亡》用例。三指"神经有点不正常。含有贬义"，首举曹禺《北京人》用例。

【适度】

(1) 在纽约商务会议上，大会副主席薛里夫说：用通常的经济方法加上适度的滞歇就能使物价不致上涨。(美物价飞涨将引起危机，1947.05.30)

(2) 那个最惹人注意的，生得身材适度，气宇轩昂的一个，做出一副很闲适的态度和他旁边一个小孩开着玩笑。(丁玲《太阳照在桑干河上》，1952)

该词早见于《舍密开宗》（1837—1847）："此製法若し加里の分量適

度を超ゆれば中塩と為て試薬医方の用に堪へず。"《大词典》首举萧军《八月的乡村》用例："松原还是未完毕的敬着军礼，手臂适度的举起着。"梁启超《生计学学说沿革小史》（1903）第四章："海关税当立适度之制限。"

【听神经】

（1）内耳是件很复杂的机器，形状象卷起的贝谷，另外有一层薄膜在内，连着听神经，这就是从外耳连到脑子的末一站。（耳朵为啥会听到声音？1949.04.13）

（2）所谓感音性耳聋是因为声音的感受器官即内耳或听神经有病。例如震伤性耳聋、噪音性耳聋、麦尼尔氏征及聋哑等。这些都是较难治的病。（关于耳聋，1958.03.03）

该词早见于《解体新书》（1774）："聴神経者、居此所而能知声音矣。"《大词典》中该词只有释义没有举例。张云阁译《心理学教科书》（1903）第二篇："内耳有听液及听石，受此动力，传听神经末梢之分布者，达之于脑，是即音之感觉。"

【瞳孔】

（1）站立不愿走动，沉闷，瞳孔散大，脉搏微弱，呼吸增加而困难，露出粘膜呈蓝红色，有出血斑点，大便初秘结而后泻，体态浮肿，七八日而倒毙，间有痊愈者。（骡马脏黄病，1948.02.19）

（2）其症状为烧心、呕吐、眩晕、四肢无力，胃部疼痛。重的九名，鼻孔出血、颈项及躯体僵直震颤、瞳孔缩小。（平谷修堤民工中毒，1950.04.30）

该词早见于《七新药》（1862）："其神経症は頭痛・眩暈・昏睡・瞳孔散大等を発し、脈搏は毫も変ることなく、或は時としては遅徐となり。"《医语类聚》（1872）："Eye sight of the eye 瞳孔"。《大词典》首举柳青《创业史》用例。张云阁译《心理学教科书》（1903）第二篇："视觉者，光线自物体反映瞳孔，达眼底网膜，遭视神经末梢之分布者，传其刺激，遂通于脑。"

【网膜】

（1）眼睑边缘炎症，各种角膜炎，各种脉络膜炎，视神经萎缩，网膜色素变性，近视性的脉络膜网膜炎，沙眼等等。（生物原刺激素治疗法，1951.02.11）

（2）对于视神经萎缩、神经性网膜炎等病，苏联专家们采用了组织疗法和全身疗法，效果良好，使百分之四十以上的病人的视力恢复到相当程度。（学习苏联的先进医学经验，1953.06.19）

该词早见于《重订解体新书》（1798）："網膜 涅多·弗力乙斯（ネット·フリイス）蘭。"《大词典》中该词只有释义没有举例。

【稀释】

（1）苦树皮之根皮一至二斤，加水三至六斤泡煮成原液，用时以每斤皮加食盐四两，兑水三十斤至四十斤的比例稀释，用喷雾器喷洒蔬菜叶上，治猿叶虫很有效力。（防治虫害的几种药剂，1949.05.21）

（2）他（钱教授）建议用盐水稀释代替葡萄糖液稀释，这样就节省了国家一亿到二亿元。（战士们的血吸虫病被消灭了，1950.09.23）

该词早见于《七新药》（1862）："大量の沃顛を一次に用ふるに由て、中毒の諸症を発する者は、速に其近囲にある所の諸水液、殊に其性緩和なる者を大量に与へ、其毒を稀釈して吐出し易からしめ。"《大词典》中该词只有释义没有举例。虞和钦等译述《化学实用分析术》（1902）第三编："将铜化合物之溶液为一定容量，以蒸水稀释而煮沸之。"

【细胞】

（1）在安阳小村，我从二月二十八日到六月二十五日住了一百一十九天，正像我以前和其后访问过的一些乡村一样，我翻来复去的看了又看，我想起从前在学校实验显微镜下观察细胞的日子了。（站在大禹身边的陈先水，1946.11.02）

（2）做梦的原因，是大脑部分的神经细胞活动（神经细胞应全部于睡眠时休息，但因一部分细胞不疲劳，或睡过一会后先恢复过来。）（人为什么要作梦？1949.02.21）

该词早见于《植学启原》（1833）："材〈略〉材有五种之理〈略〉大约纵理、其质粗大、具细胞、横理则稍细、粗细各有差等、极细者、一寸内一百四十万理、粗者一寸内二万理。"《大词典》对该词只有释义没有举例。关赓麟《日本学校图论》（1903）："小学校者国之养气也，人之脑筋也，大学之细胞而凡一切实业之原素也。"

【血球】

（1）痨病人长期服用后，能退热，祛痰，血球沉淀延迟，痰中结核菌减少，慢慢就好了。（台湾发明治痨病的新药，1947.01.05）

（2）经过科学的研究，针灸不仅单纯的刺激神经，并且还有增强人体内抗毒素与血球的功能。（华北卫生学校介绍，1949.03.12）

该词早见于《内科撰要》（1792）："其脈管の端末に至ては極めて微細にして其細血球流通すること無し。"《医语类聚》（1872）："Blood corpuscle 血球。"《大词典》只有释义没有举例。又，《时务报》（1898.04.11）："盖此理根于血球之多寡，男儿与女子血球之数本不同。"

【压迫】

（1）压在心头的大石头毁了，被压迫者翻身了，狂呼声纵情的欢笑声，历久不绝。（掀石碑，1946.05.20）

（2）美国人民，你们不要拥护压迫其他民族的暴力！应当督促你们的政府撤退驻华一切美军！（武汉学生游行，1947.01.12）

该词早见于《医范提纲》（1805）："其膿若し胸腔内に漏泄して留すれば肺及び横膈を圧迫して其運動の機を妨け。"《舍密开宗》（1837—1847）："此瓦斯越列機火を点し或は急卒に圧迫すれば活焔を発し鳴動して焚ふ。"《大词典》首举巴金《家》用例："起初他觉得非常不安，似乎满屋子的空气都在压迫他。"亚泉学馆编译《植物学》第二篇（1903）："细胞虽为球形，如第一百三十二图，然因互相压迫及各部生长之不同，遂成各种形状。"

【压缩】

（1）邳县地方武装及民兵，已将蒋伪保安队压缩城内及少数据点中，全境仍照常进行春耕。（鲁南蒋军缩居点线　广大农村为我掌握，1947.03.28）

（2）十七日黄昏，解放军自各个方向发起攻击，某部经廿分钟激战，首先突破敌在南关的第一道防御线，抢占飞机场，迫使中山路东西残敌逐步后退，将该敌压缩至邮局及中国中学一线。（我军解放开封经过，1948.07.01）

该词早见于《舍密开宗》（1837—1847）："故に酸素瓦斯の減耗する分量を実測すること能はず。此憂を避る法は、頸ある鐘の頸に獣を帽（おほ）ひ縛し、之を圧縮して用ふ。"《大词典》列有二义，一指加上压力，使体积或范围缩小，举杜鹏程《保卫延安》用例；二指减少之义，举丁玲《太阳照在桑干河上・写在前边》用例。顾厚焜《日本新政考》（1888）卷一："压缩各种金银圆形之轮廓，又洗去腻垢压画极印为货币。"

【延髓】

（1）华光在进行研究时使用了放射性磷的示踪原子法。他确定了一些对科学和临床方面都很有用的关于延髓活动的因素。（三名中国研究生在苏联获得候补博士学位，1955.06.18）

（2）由于病毒寄生在人体的司令部——中枢神经系统，因此，被侵害的大脑、小脑、延髓等生命中枢就会产生一个个的软化病灶。（预防大脑炎，1961.08.27）

该词早见于《解体新书》（1774）："延髓、上平而前面如指环者附焉"。《医语类聚》（1872）："Medulla oblongata 延髓"。《大词典》只有释义没有举例。汪荣宝等《新尔雅·释生理》（1903）："起原在延髓之上外侧，其分布在内耳，其官主听者，为听神经。"

【药物学】

（1）除学习国语、算术外又加重助产学、生理学、护病学等业务的学习，过一个时期以后又加上了小儿科和<u>药物学</u>。（妇婴学校在农村，1949.03.13）

（2）该书洋洋百万言，分为五卷，对生理学、病理学、卫生学、治疗方法及<u>药物学</u>等都有详细的论述。（纪念阿维森纳要彻底粉碎美帝国主义的细菌战，1952.05.03）

该词早见于《七新药》（1862）："爰に其一二を挙けなば独乙のウーストルレンの薬物学リクトルの薬説レーマンの化学書ワネルの化学簡明。"《大词典》未收此词。

【引力】

（1）理工科现正化验某航空机关，送来制造飞机用的铝：先由土木系材料试验室试验铝的伸张<u>引力</u>和压缩<u>引力</u>，又由化学系分析铝所含杂质的成分。（清华实验工作结合实际，1949.05.31）

（2）这一说法（星云说）认为太阳系最初是在空间的一团云雾，由它自己的<u>引力</u>逐渐收缩，因此就愈转愈快，发展到某一转动部分的离心力胜过云雾集团的向心<u>引力</u>时，就开始抛出物质。（星体起源说的变迁和苏联天文学者在这方面的伟大贡献，1952.02.21）

该词早见于《历象新书·凡例》（1798—1802）："一、引力、动力、求心力、速力等の名は、義訳に出たり。唯弾力の名は、又諭し易からんが為に設たり。"《大词典》首举谢觉哉《团结谦虚进步》例："因此须要有团结的核心，像巨大的地心引力一样，吸引住一切劳动人民和一切进步力量。"

【诱因】

（1）暑季温度太高，若是再加湿度高时则体温即不易放散，若长时间处于太阳的直晒之下，或人多的公共场所，都极容易中暑，这时抵抗力常减低，为疾病发生之<u>诱因</u>。（关于夏季防疫，1949.07.19）

（2）我们知道，疾病和人体内外环境的改变是有密切的关系的，营养不良和营养缺乏尤其是招致疾病的重要因素，甲种维生素缺乏就是各种呼吸系病的<u>诱因</u>。（向全世界控诉，1953.12.07）

该词早见于《扶氏经验遗训》（1842）："誘因は生植機発動の抑圧と月経初見の鬱閉とを常に最も多しとす。"《改订增补哲学字汇》（1884）："Incentive 誘因。"《大词典》首举梁启超《再驳某报之土地国

有论》例："虽然，方今此权之存在，确为鼓舞企业之最大诱因，此事实之不可争者也。"萧瑞麟《日本留学参观记》（1904）卷上："每四百人中，病此者约一。其病之根有二：曰'素因'，遗传也；曰'诱因'，外感所积成者也。"

【中性】

（1）中和——是化学上的名词。两种偏性物相遇，偏性即化为<u>中性</u>，称为中和。如酸性物与硷性物相遇，阴、阳电相遇，即起中和作用。（今日辞典，1949.04.12）

（2）有很多词看来很相像，可是有的带赞许的意味，有的带贬斥的意味，有的是<u>中性</u>的，界限分明，不容混淆。（语法、修辞讲话，1951.07.07）

该词作为化学用语早见于《舍密开宗》（1837—1847）："又云剥篤亜斯の酸液に飽くは五十五を中度とす蓋し亜斯。百分は酸液五十五分に飽て中性を得るの謂なり。"而该词与性别相关之义，则见于《日本文典》（1876）。《大词典》化学义项仅有释义没有用例，而在"谓不表示性别"义下，首举鲁迅《且介亭杂文末编·女吊》用例。虞和钦等译述《化学实用分析术》（1902）第三编《定量分析法》："一定容量中含有已知盐酸之盐酸液，注入之，使水酸化钠成为中性而止。"

【重量】

（1）说到秧歌剧的象征表演手法就是用手势和动作来使观众感觉到物体的<u>重量</u>，大小形状，危险性（如过独木桥）等，换言之，就是把观众引到你所指定的意境中，和自己感觉相同的领域里去。（论秧歌剧的表演，1947.03.10）

（2）柴油大多数是由油井所出的原油分馏提炼而来的，也有少数是由煤炭低温蒸馏法，煤炭加氢法或由植物油制造的，所问效力不知是否指每单位<u>重量</u>之发热量而言。（关于锅炉马力诸问题，1949.04.16）

该词早见于《历象新书》（1798—1802）："实気疎密の異なるなり。其質密屈なるものは、実気加倍すれば重量も加倍し、実気折半すれば重量も折半す。"《舍密开宗》（1837—1847）："炭酸瓦斯の重量〈略〉炭酸瓦斯は大気より重し。"《大词典》列有二义项，一指分量，首举鲁迅《花边文学·读书忌》用例。二指由于地心吸引力作用，而使物体具有向下的力，即重力，例缺。又，张云阁译《心理学教科书·绪论》（1903）："区别二者重量之差，其最少限为如何，皆为实验法。"汪荣宝等《新尔雅·释地》（1903）："大气弥漫于空际，其上层之重量，次第加于下层者，谓之大气之压力，省谓之气压。"

第三节 《近现代汉语辞源》 与兰学新词

有些汉字词，《大词典》和《汉语外来词词典》等尚未收录，首见于
《近现代汉语辞源》。具体如下。

【白葡萄酒】

（1）我们就用这些刚从海上捞出来的生蚝，送上一大杯智利最著名的
"卡萨布兰卡"（白屋）白葡萄酒，真是别有风味。（南美见闻，1957.
02.02）

（2）除了三位"老资格"，白葡萄酒在近几年已引起人们注意，它是
用无色葡萄酿造的，风味清淡而高雅，在国际市场上博得了很高的声誉。
（中秋尝名酒，1961.09.23）

该词早见于《内科撰要》（1792）："白葡萄酒。"《海国四说·粤道贡
国说》（1846）："五年，其国又遣使贡方物：大珊瑚珠、宝石素珠……白
葡萄酒、红葡萄酒。"

【尺骨】

（1）民兵尼心安，上肢尺骨、挠骨都被炸断，发生坏疽，高热到四十
度。（冀鲁豫卫校附属医院医疗工作显著提高，1947.11.23）

（2）孙景禄，男，三十岁，庄河县黑岛区沈家村人，右前膊尺骨被美
国飞机子弹打折，右前腰筋肉整个缺损，尺骨打断八公厘。（美机扫射安
东机场时十九名工人受伤情况，1950.09.03）

该词早见于《重订解体新书》（1798）："尺骨、義訳、嚙鹿列（エル
レベーン）。"孙佐译述《生理卫生新教科书》（1907）第二篇："前膊有
桡骨与尺骨。"

【花柱】

（1）如果蜜蜂特别多，而花少，很多蜜蜂来回地在花上爬动吸吮花蜜，
荞麦花柱比较纤细，很容易折断，花柱一受损伤即难结实。（蜜蜂采花荞
麦受损失吗？1948.11.24）

（2）河南原阳县许营完全小学四年级女生任国英在听了"米丘林的好
学生"一课书以后，她把甜瓜的花粉交配到笋瓜的花柱上，最后结出来一
个三斤重的大瓜，瓜是甜瓜味道，笋瓜的形状。（孩子们出色的创作，
1955.08.09）

该词早见于《植学启原》（1833）："须蕤〈略〉之三部：柱头、花柱、
卵巢。"亚泉学馆编译《植物学》（1903）第一篇："自子房出之条柄，曰

花柱（Style）。"

【交感神经】

（1）针灸疗法所以能治胃肠神经痛、急慢性胃肠炎、习惯性便秘、习惯性腹泻、以及其他慢性病和神经衰弱等症，是因它确能调节交感神经与副交感神经的拮抗作用，能调整脑脊神经与知觉神经、运动神经的传导作用。（我与针灸术，1949.03.14）

（2）胎儿下降过程中，强度压迫子宫颈部交感神经节，因而发生产痛。（苏联的无痛分娩法，1952.05.16）

该词早见于《病学通论》（1849）："肋間対神経を交感神経と名く。"张云阁译《心理学教科书》（1903）第一篇："神经统系分为脑脊髓神经、交感神经。"

【结石】

（1）我们的意见，那个小孩的病可能是"膀胱结石症"。因为他得病还只三四岁，不可能患淋病。结石在膀胱内，使膀胱发生炎症，致有白色的脓样液体排泄出来。（膀胱结石症怎样治疗？1948.12.21）

（2）因胆道结石，曾行两次剖腹术。（组织疗法的初步应用，1951.05.23）

该词早见于《内科撰要》（1792）："腎中の結石、膀胱の結石。"郭钟秀《东游日记》（1906）："肾结石、肠结石、膀胱结石皆从牛马身取得，石体极坚，或大如拳，真咄咄怪事。"

【绝缘】

（1）大批木质线杆被砍去当柴烧，电线被拆作工事，甚至变电器里的绝缘油也竟被拿去点灯，此外，因国民党军政机关偷电而损毁的变电器，更无法统计。（平市电力供应恢复 电车汽车恢复行驶，1949.02.05）

（2）此外，如在制造油墨、油布，提炼煤油、汽油，电器绝缘，制纸工业等方面，都有重要的用途。（桐油，1951.02.21）

该词早见于《气海观澜广义》（1851）："ここに来りたる越素を他に去らず、又一回去りたる者をして、ここに来るを得ざらしむ。これを離隔又絶縁（イソレーレン）といふ。"关赓麟《日本学校图论》（1903）："教授用品表：（博物）……沙摩帕衣儿、电气分解器、绝缘不绝缘之铜线数种。"

【硫酸】

（1）蓝色系将褐铁矿二两研为细末，加硫酸一两，氧化四五日成黄色粉末后，用水溶解，去掉下层渣滓，加五倍子液一钱即成。（太行工业研

究所 土产染料试验成功，1946.09.14）

　　（2）辛集市永华化学公司，试制硫酸成功，现在每天能出四百斤。（辛集永华公司试制硫酸成功，1948.07.27）

　　该词早见于《远西医方名物考补遗》（1834）："硫酸を剖解すれば分れて硫黄と酸素の二物となる。"顾厚焜《日本新政考》（1888）卷二："硫酸，即磺强水。"

　　【皮疹】

　　（1）舌干呆木，呈现神经中毒症状。四肢往往发疹，有时全身有皮疹。（霍乱的预防与处理，1950.06.27）

　　（2）由于疗程较长，抗药性发生率非常高，并且还会引起局部疼痛、脸红、寒战、高热、血压降低、呕吐、皮疹（如丘斑疹、荨麻疹和红斑）等不良征象。（合理使用抗生素，1957.02.24）

　　该词早见于《七新药》（1862）："催嘔剤として皮疹・風湿毒・冒寒等に用ひ、兼て其発汗・痰の効を賞す。"颜惠庆等《重订商务书馆华英字典》（1905）："Eczema，藓，皮疹。"《西药指南》（1918）："表皮枯凋，且发皮疹。"

　　【神经错乱】

　　（1）在延安中央医院里，住过这样一位忠心耿耿的好同志，他原来是我们军队里的团级干部，长年奋斗因劳致疾，患了很严重的脑病——神经错乱。（毛主席能治神经病，1947.01.07）

　　（2）李匪弥神经错乱，惊慌不定，从这个防炮洞躲到那个防炮洞，骂他的卫士防炮洞造的太不坚固。（一座活地狱，1949.01.27）

　　该词早见于《内科撰要》（1792）："神经错乱篇，第十九神経錯乱の大較を論ず。"颜惠庆等《英华大辞典》（1908）："Aberration：偶失常性，神经错乱。"《袖珍英汉辞林》（1915）："Alienation，神经错乱。"

　　【十二指肠】

　　（1）著名的诗人和散文家，北平清华大学中国文学系主任朱自清于上月十二日因十二指肠溃疡逝世。（华北文艺界协会 电唁朱自清家属，1948.09.15）

　　（2）在去年（一九五〇）他的报告里，他举出狼疮……胃溃疡及十二指肠溃疡，等等。（费拉托夫院士在医学上的伟大贡献，1951.03.03）

　　该词早见于《解体新书》（1774）："十二指肠、其长如十二指横径接胃之下口。"孙佐译述《生理卫生新教科书》（1907）第三篇："肠，从幽门起而终于肛门之一长管也，比身长约六倍，有小肠（十二指肠、空肠、回肠）与大肠（盲肠、结肠、直肠）之别。"

【听骨】

（1）现在我们动起这种手术来，不但要把中耳的炎症治好，还要重视患者的听觉，因而在手术中尽量保留传导音波的小听骨，或把皮肤植入中耳内，所以大多数病人在手术后的听力不致更坏下去，而且少数病人在手术后的听力能提高到一定的水平。（关于耳聋，1958.03.03）

（2）这个病是由于中耳向内耳传声音部位的一个"小窗"（卵圆窗）被骨质闭锁，三个小听骨中的"镫骨"因此固定在"小窗"上，妨碍声音的传导，病人只得靠助听器维持听觉。（"内耳开窗"治聋病，1962.08.11）

该词早见于《解体新书》（1774）："石骨、起在左右、又有聴骨者、分之则四解矣。"张云阁译《心理学教科书》（1903）第二篇："听觉：外物激动时，由空气传入耳窍，鼓膜受之，中耳之内壁，壁中听骨，益强其动力，致之于内耳。"

【下肢】

（1）他的伤主要在脊椎骨腰旁，下肢曾经完全失去知觉，现在离人扶着不能走。（1946.06.17第2版《一个知识分子的道路》）

（2）荣校直属队班长翟成瑞，一等残废，上肢少一整臂，下肢截一小腿，原来拄一拐子跳着走路，费劲很大。（假腿工厂成绩显著，1948.10.07）

该词早见于《解体新书》（1774）："足者、下支也。"夏目漱石《明暗》（1916）："温泉（ゆ）の中で上下へ動かしながら〈略〉浮いたり沈んだりする肉体の下肢（カシ）を得意に眺めた。"又，柯为良口译、林鼎文笔述《全体阐微》（1880）卷一："全体诸骨有二百块，分为六类：一为头骨类；二十三块；……六为下肢类，六十块。"

【盐酸】

（1）陈妻被迫于五月十三日吞盐酸自杀，子陈国斌被拘押四昼夜，体弱成病，释出后即死。（国民党区粮政如虎逼死江西粮食处长，1946.06.12）

（2）里面有在全中国还是第一次制造的，矿冶工作所必需的"矿物指剂"，还有纯净的硝酸、硫酸和盐酸等。（清华理工学院师生自制多种教学用具，1950.05.19）

该词早见于《舍密开宗》（1837—1847）："輓近の諸家云塩酸は水素に蘇魯林〈略〉の和して成る者にして絶て酸素を含こと莫し。"傅云龙《游历日本图经余论》（1889）："曹达其水为盐酸。"

【柱头】

（1）关于棉花人工授粉问题，该文说："在棉花盛开时，用一枝毛笔在棉花里醮上花粉后，送到别一个花心里，将花粉抹在雌蕊的<u>柱头</u>上，就能够使它受粉结桃子……。"（山东省农林厅盲目推广新品种 厉坚同志来信批评，1950.10.08）

（2）单性花中有的是雌雄异株，有的雌雄同株。当雌花和雄花盛开的时候，由于风力或昆虫的引导，使雄蕊上的花粉从花药中散到雌蕊的<u>柱头</u>上去，这就是"授粉"。（开花·结果，1958.05.20）

该词早见于《植学启原》（1833）："心蕋〈略〉之三部、柱頭、花柱、卵巢。"亚泉学馆编译《植物学》第一篇（1903）："在花柱之顶端，曰柱头（Stigma）"《新尔雅》（1903）："心皮有三部分：子房也，柱也，柱头也。"

第四节　兰学新词拾补与辨源

有些中日汉字词在中日辞书中收录情况不一，由此导致的词汇源流情况不清等问题时有发生。下文对其中一些辞书中的汉字词收录情况予以补充，并择要对其进行溯源探究，以推进中日汉字词研究。

一、兰学新词拾补

有些汉字词，《日国》收录，首例见于兰学文献，在《人民日报》等汉语媒体中早有使用，然尚未收入《大词典》《近现代汉语辞源》等语文辞书。例如：

【黄绿色】

（1）赵师长全身上下穿的是美国式的<u>黄绿色</u>军服，头戴美式圆顶帽子，颈间虽略负轻伤，精神却奕奕焕发，据医生称，赵师长的伤口如无变化，一周内即可告复元。（访问赵锡田，1946.09.16）

（2）第三个时期，就是化脓期，水泡都变成了脓泡，呈<u>黄绿色</u>，病人全身又不舒服，头疼身上发热。（天花的护理与预防，1949.02.06）

该词早见于《七新药》（1862）："鉄加青酸規尼〈略〉黄緑色の小针簇って不斉の晶を結ひ、酒精に溶け易く冷水に溶け難く温湯に由て其質を解析せらる。"

【脊髓神经】

（1）在首次"组织疗法"中，共治疗了十九人，计：胃溃疡三人，偻麻质斯九人，皮肤苔癣一人，下腿溃疡二人，灼性神经痛一人，慢性肾脏炎一人，慢性脊椎炎一人，腰椎骨折后<u>脊髓神经</u>截瘫一人。（我们怎样实

验"组织疗法"的？1951.02.22）

（2）过去，神经内科治疗<u>脊髓神经根炎</u>或多发性神经根炎瘫痪病、一般要用半年多的时间，病人才能下地行走。（一旗高插万旗红，1960.01.08）

该词早见于《解体新书》（1774）："脊髓神经。従此起者。左右各三十矣。従项部之椎起者。左右各七也。従其二三四椎起者。絡上隔膜。従一五六七椎起者。絡髆臂。至指端。"

【尿酸】

（1）人尿除含有可溶性酸类外，还有许多氮素有机物，如尿素，<u>尿酸</u>等。（必须重视人尿的利用，1951.03.05）

（2）辛可芬有退热、止痛和排泄<u>尿酸</u>等效能，是目前治疗风湿性关节炎的良药。（新产品，1957.07.26）

该词早见于《舍密开宗》（1837—1847）："其獣尿を煮て三分の一とし、塩酸を点滴すれば渣沈降す。沈は此酸と尿酸と和する者なり。"

二、兰学汉字词辨源

辞书中除了汉字词漏收的情况外，还存在不少汉字词在各类辞书中源流不清的问题。对于此类汉字词产生的问题，学界需要通过掌握大量辞书文献，进行具体溯源分析。下文择要介绍。

【饱和】

《汉语外来词词典》认为"饱和"是日源汉字词，意译英语"saturation"。《近现代汉语辞源》举1905年《北洋师范学堂专修教授预定案》："专修预科物理化学教授细目：为吾人生活之世界宇宙，长、面积、体积之单位，时、质量之单位，重量及重比，天秤及梃子……浮水及比重，溶解饱和及解晶。"

《大词典》列有二义：一是在一定温度和压力下，溶液所含溶质的量达到最大限度，不能再溶解，或空气中所含水蒸气达到最大限度，例缺；二是犹充满，指事物达到最高限度，首举何其芳《〈工人歌谣选〉序》例："不管是什么样的诗意，既然都是经过作者的强烈的感动的，它们就必然饱和着感情。"《日国》亦列二义，一是最大限度满足，即充满，引《伦敦塔》（1905）例"セピヤ色の水分を以て飽和したる空気の中にぼんやり立って眺めて居る"；二是化学概念，即《大词典》第一义项，引《舍密开宗》（1837—1847）例"此瓦斯をて飽和する水を諳模尼亜水〈略〉と名く。"

"饱和"本为温饱自足之义，引申为满足、充满，化学专用义缘此而

来。唐代梁肃《贺苏常二孙使君邻郡诗序》："民乐其教，且饱其和。"又，
《送皇甫尊师归吴兴卞山序》："亦既合契，于焉饱和，百骸自理，滓浊如
洗。"《佩文韵府》亦收"饱和"一词，举梁肃例。

【表皮】

表皮，表示动、植物体表面的一层组织，《近现代汉语辞源》举 1903
年亚泉学馆编译《植物学》第二篇："根之外层为表皮层。"《大词典》首
举侯金镜《漫游小五台》例："这种树（桦树）的表皮可以一层层剥下
来，做成精致的小盒子，并不妨害它的生长。"《日国》首举《重订解体新
书》（1798）："表皮 直訳、屋百盧・福己鐸（オッペル・ホイド）按に屋
百盧者表也。上也。福己鐸者皮也。"《七新药》（1862）："糊剤は総て之
を貼するに、初め先づ其部の表皮を剥離せしめんことを要す、否らざれ
は其効少なし。"

唐徐坚《初学记》（卷 27）引《诗义疏》曰："的，五月中生，生啖
脆。至秋，表皮黑，的成食，或可磨以为饭，如粟饭，轻身益气，令人强
健。又可为糜。"明朱櫹《救荒本草》（卷 7）："表皮色黑而沉，水就蓬
中，干者谓之石莲，其根谓之藕。"

【炽热】

《大词典》"炽热"列有三个义项："极热，温度极高""热烈""烧
热"。分别举吴辰旭《周恩来总理永垂不朽》、巴金《春天里的秋天》、蔡
东藩《五代史演义》用例。《近现代汉语辞源》举 1926 年毛起鸡《英汉各
科辞汇》第三部："炽热之蒸气及气体皆呈辉线体。"《日国》首引《舍密
开宗》（1837—1847）例："唯一味にて熾熱すれば劇く燃ふ此れ謂摸尼亜
の水素と消酸の酸素と和して然るなり。"

明徐元太《喻林》（卷 120）引《出曜经》"火之炽热，不过于思想。
火所烧疮可以药疗，思想火被烧不可疗治。"明张景岳《景岳全书》（卷
24）："其臟腑必多炽热，或脉见洪数，此当泻火去热。"清喻昌《医门法
律》（卷 1）："身虽炽热而神则静，语虽谵妄而声则微。"

【充血】

"充血"一词，《大汉和》例缺。《大词典》首举方纪《三峡之秋》用
例。《近现代汉语辞源》举谢赟译述《最新中学教科书・生理学・生理学
中西名目表》（1904）："Congestion，充血；血热。"《日国》首举《七新
药》（1862）例："知覚機亢進し、下肢充血の模様あり。"

"充血"一词，早见于明清医籍，义为"充气补血"，今据此引申。
《证治准绳・外科・心脏门・虚实》（卷 81）："今治虚症，补气不补血者，
何也？气有神而无形，补之则易充血。有形而无神，补血之药难收速效。"

《御纂医宗金鉴·删补名医方论》（卷26）："俾饮食增而津液旺，以至充血生精，而复其真阴之不足。"

【抵抗】

"抵抗"一词，《大汉和》收列二义，没有用例。《大词典》举瞿秋白《乱弹·财神还是反财神》首例，表"抗拒，抗击"义。《近现代汉语辞源》举《清议报》（1899）十九册《国家论》："民人即有抵抗国家，以保护其自由之权理。"《日国》首举《舍密开宗》（1837—1847）例："然ども炊気も瓦斯も大気の圧力に抵抗す気圧弱きは為り易く盛なるときは為り難し。"

"抵抗"一词，明清多有其例。《明史·李敏列传》（卷185）："李敏诸人斥斥为国惜财，抵抗近幸，以求纾民。"又，列传第六十八（卷180）："璋遂草疏，伪署御史陈景隆等名，言吉人抵抗成命，私立朋党。"又，列传第八十七（卷199）："王邦瑞抵抗权倖，踬而复起，郑晓谙悉掌故，博洽多闻，兼资文武，所在著效，亦不愧名臣云。"

【放置】

《大词典》释"放置"为搁置、安放义，首举鲁迅《书信集·致王志之》："我的意见，以为还是放置一时，不要去督促。"《日国》首引《舍密开宗》（1837—1847）例："没食浸を数日放置すれば做黴して酸晶を結ぶ。"

《朱子语类》（卷150）："而今且放置闲事，不要闲思量。只专心去玩味义理，便会心精；心精，便会熟。"《筹海图编》（卷20）："铁锅铁器入城，任从放置，专督官再行逐一查访。"《普济方》（卷273）："治疗疮以虱十枚放置疮上，以荻箔绳作炷炙虱，上根即出。"《格致镜原》（卷46）："大凡蓄琴之士，不论寒暑，不可放置风露中及日色中，止可于无风露阴暖处置之。"

【感觉】

"感觉"一词，《大汉和》收释而无用例。《大词典》列有二义，一指接触事物所产生的知觉，举毛泽东《中国人民站起来了》用例；二指"觉得，认为"，举杨朔《雪花飘在满洲》例。《近现代汉语辞源》举1901年叶瀚译《泰西教育史》篇上第二章："氏论人性之发育，有三阶级：第一身体之发育；第二本能与感觉之发育；第三智力之发育，即道德之发育是也。"《日国》认为该词由日本兰学者创制，首见于《译键》（1805），之后作为"Sensation""Sense 译语"，出现于幕末明初《庆应再版英和对译辞书》（1867）等。

"感觉"一词，作为哲学、心理学术语，大概来自日语。但该词早见于唐宋文献，作为心理活动动词，其用法几乎与现代一致。李贺《酒罢张大彻索赠诗，时张初效潞幕》："陇西长吉摧颓客，酒阑感觉中区窄。"苏东坡《与佛印禅师三首》（卷81）"殇子之戚，亦不复经营，惟感觉老，忧爱之深也。太虚已去知之。"

【睾丸】

睾丸，男子或雄性动物生殖器官的一部分，又称阴丸、精巢或外肾。《大词典》例缺。《近现代汉语辞源》首举1832年邓玉函译述、毕拱辰润定《泰西人身说概》一卷："论睾丸曲折之络与激发之络。"《日国》首举《解体新书》（1774）例："沙亚度。此翻精 其色白而粘。然不凝结也。成於睾丸。"

该词明代习见。《普济方》（卷249）："乳香丸：治小肠受邪，睾丸控引上下，脐腹痛。"《玉机微义》（卷24）："其证上冲肝肺，客冷散于胸，结于脐，控引睾丸，上而不下，痛而入腹。"《薛氏医案》（卷5）："小儿睾丸肿硬，小便黄涩，用小柴胡汤加山栀车前子并芦荟丸而消。"

【骨膜】

《大词典》释"骨膜"为"骨头表面的一层薄膜，质地坚韧，由结构组织构成，含有大量的血管和神经"，没有举例。《近现代汉语辞源》举1903年汪荣宝等《新尔雅·释生理》："骨膜及骨髓，为骨之营养器。"《日国》首举《解体新书》（1774）例："齦。色红而肉之强者。其裹之者骨膜也。"《厚生新编》（1811—1839）："骨膜、羅甸'ペリオスチュム'和蘭'ベーン・フリース'と名く。"

《普济方》（卷347）："久患此，腐烂见骨膜，垂死者用。萱草根，其叶柔，其根如麦门冬。"

【龟头】

《大词典》"龟头"词下首列"碑座下龟形的头部"义，举李白《襄阳歌》例。表示"阴茎前端膨大的部分"，只有释义没有用例。《近现代汉语辞源》举1595年笑笑生《金瓶梅》第七十九回："西门庆又取出红粉膏子药，涂在龟头上，攮进去。妇人阴中麻养不能当，急令深入，两相迎就。"《日国》此义首列《解体新书》（1774）例："龟头、即阴器之尽处。"

崇祯本《金瓶梅词话》表示"阴茎前端膨大的部分"义，词例甚多。例如第77回："西门庆拽出那话来，向顺袋内取出包儿，颤声娇来蘸了些在龟头上，攮进去，方才涩住淫津，肆行抽拽。"又，《续名医类案》（卷26）："余年三十外，曾患遗精，龟头时有精微微流出，昼夜常然。"

【喉头】

《大词典》未收"喉头"一词，《近现代汉语辞源》举1907年《生理卫生新教科书》第六篇"在喉头内之两侧，有韧带而条"。《日国》首举《解体新书》（1774）例："喉頭。連舌骨之处也。属之者、有五軟骨。"

宋钱时《颊口桥观月用东坡韵》："今宵拟客喉头店，好月留人颊口桥。"明倪元璐《出门》："喉头一缕气如簾，自去春明门外吹。"《普济方》（卷113）："苍耳喉头一两。"

【后脑】

《大词典》"后脑"词下列有二义，一指脑的一部分，位于脑颅的后部，由脑桥、延髓和小脑构成，没有举例；二指头的后部，首举叶圣陶《潘先生在难中》例："于是对着前面的人的后脑叫喊，'你们跟着我！你们跟着我'。"《近现代汉语辞源》举1851年合信《全体新论》卷一"颈骨则于两旁横支之中，各有小孔如鹅翎管，致可传达后脑血管于头，以养脑背"。《日国》首举《解剖辞书》（1875）例："Cerebellum（achterhersen）。"

《重订解体新书·名义解》（1826）收有"后脑"一词。其实，该词明代以后习见。《普济方》（卷309）："凡碎进颈骨，用手巾一条，绳一茎，系在坊上捶下来，以手巾兜缚颏下，于后脑毂缚接绳头，却以瓦罂一个，五六寸高，看碎摔入浅深，斟酌高低。"《薛氏医案》（卷61）："一小儿两耳后脑下各结一核，小便白浊，面色痿黄，体倦口干，大便不调，用芦荟丸而愈。"《名医类案》（卷10）："陈录判母年七十余，亦冬至后脑出疽，形可瓯面大。"

【加速】

《大词典》释"加速"为"加快速度"，首举巴金《灭亡》例："他兴奋地回转身，在浴着月光的马路上加速了脚步。"《近现代汉语辞源》举丁韪良等《中西闻见录》（1873）第11号"近日所造之快车，一点钟可行中国里二百一十至二百四十不等"。《日国》首举《历象新书》（1798—1802）例："厄世降下も務世正落も、皆重力に加速せらる、然ども加速の大小は異也、務世正落は、加速の全を得たり。"

宋真德秀《续文章正宗》（卷9）："神宗召君问曰：浮漏以玉筒下水者，当坚久也。君对曰：'玉不如铜，沈括尝用玉，今下水比初加速矣'。上以为然。"《祠部集》（卷13）："至于矫情饰貌，以哗众动俗，及名成而计得矣。而意有所未满，且惧进之不加速也。"清梅文鼎《历算全书》（卷16）："然则岁轮之度，又何以同为右旋乎？曰：视行之法，远则见迟，近则见疾，上三星之左旋，虽速于日，而在岁轮上半则见，过日之度稍迟，下半则见过日之度加速矣。"

【健康】

"健康"一词，《大汉和》收释而无用例。《大词典》列有二义，分别首举周而复《上海的早晨》和魏巍《东方》用例。《日国》举有《七新药》（1862）、《西洋事情》（1866—1870）用例。《近现代汉语辞源》举1890年黄遵宪《日本国志》卷三十一："施用可害健康物品使人疾苦者，与豫谋殴打创伤人者同刑。"荒川清秀撰有长文，论证中国古代用"康健"，日本近代译语用"健康"，可商。

"健康"一词，明代已出现。① 《翠渠摘稿·怀母歌送祁使君忧制东还》（卷6）："我昨有书来故里，书中亲致慈母语。谓我年来稍健康，弃官就养儿姑止。"同书，卷2《贺林素庵处士应诏冠带序》："先生乌纱白发，辉暎堂序，而且举止健康，犹少壮时。"

【空气】

"空气"一词，《大词典》列有三义，一指清气，道教谓元气，举苏轼《龙虎铅汞论》等例；二指弥漫于地球周围的混合气体，举巴金《利娜》用例；三指气氛，举刘半农《拟装木脚者语》诗例。《近现代汉语辞源》举1857年伟烈亚力《六合丛谈》七："光射之，青色最易返照做空气、海水，皆见为青色也。"《大汉和》举孙诒让《周礼政要》用例。《日国》认为该词为荷兰语"Lugt"译词，早见于《炮术语选》（1849），被《英和对译袖珍辞书》（1862）继承后，对应英语"air"一词。

"空气"一词，宋代除指清气外，亦是天空之气。《营造法式》（卷25）记有用方砖造"透空气眼"一节。明代《新法算书·本气径差》（卷69）："彼所见满景四周之光，既不为蒙气所生，必为空气所生矣。"又："可见日四周之光，必生于蒙气以上，必为空气所生，或近于月轮在庚子两线之中，或在月轮之下不远矣。"《历法西传》（同书，卷98）："诸星运行，天体浑圆，地与海共为一球，地居天与空气之正中，地较天大不过一点。"荒川清秀撰文论证"空气"第二义项虽首见于前野良泽《管蠡秘言》（1777），而方以智《物理小识》（1664）已有"空气"一词，意为"空中之气"，认为"空气"源出明清早期洋学，传播至日本后广而用之。其实，"空气"概念，汉代开始多使用"蒙气"或"濛气"等，日本幕末地理学译书中，"濛气""空气"并用，即是明证。

【滤过】

《大词典》释"滤过"为"过滤"，举郭沫若《文艺论集·论国内的评坛及我对于创作上的态度》例："后者是由无数的感官的材料，储积在脑中，更经过一道滤过作用，酝酿作用，综合地表现出来。"《近现代汉语辞源》列"滤过"词条，指出其见"过滤"词条下。其中，"过滤"词条

---

① 佐藤進. 全译汉辞海［Z］. 東京：三省堂, 2011.

中第二义项"滤过"举 1904 年萧瑞麟《日本留学参观记》卷中："酿造制糖室有检糖计、真空蒸发皿、加压滤过机。"《日国》首举《舍密开宗》（1837—1847）："此を水に溶し濾過し煮て放冷すれば硫酸加里晶を結ぶ。"

该词早见于我国文献。《备急千金要方》（卷 18）："以绵滤过，与前煎相和，令调乃内朱砂粉六两搅令相得。"《银海精微》："常以手擦过，使其味出，用细布滤过之。"《世医得效方》（卷 10）："用早禾秆烧灰，新汲水淋汁，绢巾滤过，冷服一碗，毒从利下，即安。"《普济方》（卷 47）："以慢火熬，令如鱼眼沸，即入绵袋，内药煎至半日，去药，别用绵滤过。"

【模型】

《大词典》"模型"下列有三义项：一指模式，样式，举黄人《〈清文汇〉序》例；二指铸造用的模子；三指铸造时，制作砂型用的工具，例缺。《日国》首举《舍密开宗》（1837—1847）："蝋を以て造りたる摸型にり後温めて蝋型をし除きて。"《五国対照兵語字書》（1881）："Moule〈略〉模型。"

该词明清时期习见。《明文海》（卷 24）："夫阳辉而穹圆垂象，阴翕而柔祇敷形，故形则为水土木石，象则为日月辰星，萃两间之精华，丽至道之模型。"《怀麓堂集》卷 52 中《弘治乙未六月孔庙灾送李学士世贤奉诏祭告兼东衍圣公兄弟》："此物幸不泯，瞻依尚模型。"《钦定康济录》（卷 4）："明太祖曰：朕尝取镜自照，多失其真。冶工曰：模型不正故也。"

【内服】

"内服"一词，《大词典》列有二义，一指王畿以内的地方，与"外服"相对，早见于《尚书》等；二指将药物从口服下，与"外敷"相对，例缺。《近现代汉语辞源》举 1857 年合信《内科新说》卷中"身弱内服补药"例。《大汉和》于"内服"医用义下，列举《医按·灼艾痛痒论》示源。《日国》首举亦引《医按》语源例，同时首举《舍密开宗》（1837—1847）用语："加爾遏都は方言に疥癬を謂ふ。疥癬一切皮病に効あり、故に名く。内服すれば下利す。"

"内服"一词，晋唐以来医籍屡见。《肘后备急方·治痈疽妒乳诸毒肿方》（卷 5）："小品痈结，肿坚如石，（略）内服连翘汤下之。"《备急千金要方·少小婴孺方》（卷 13）："以赤龙皮汤及天麻汤洗之，内服漏芦汤，不宜傅飞乌膏散，及黄连胡粉水银膏散，方具在别卷。"《仁斋直指·诸风》（卷 3）："凡中风卒倒，用此膏加入汤药内服，或用此膏丸药。"

【脐带】

《大词典》"脐带"一词,只有释义没有举例。《日国》首举《解体新书》(1774):"脐。居腹之中央。是曾脱去脐带之痕也。"

该词唐宋习见。《备急千金要方》(卷9):"儿生不作声者,此由难产少气故也。可取儿脐带向身却捋之,令气入腹,仍呵之至百度,啼声自发。"《妇人大全良方》(卷24):"先断儿脐带,可只留二寸许。更看带中,如有小虫,急拨去之,留之必生异病。"《世医得效方》(卷11):"初生气欲绝不能啼者,必是难产或冒寒所致,急以绵絮包裹抱怀中,未可断脐带。"

【气管】

《大词典》释"气管"为"呼吸器官的一部分,管状,由半环状软骨构成,有弹性,上部接喉头,下部分成两支,通入左右两肺",没有举例。《近现代汉语辞源》举1851年合新《全体新论》卷八:"割开肺脔所见血管图:血脉管、气管、回血管。"《日国》首举《解体新书》(1774)例:"气管、為岐而入于肺。"又,《医语类聚》(1872):"Trachea,气管。"

该词习见于明清医籍。《证治准绳》(卷1):"自缢死,但身温未久者,徐徐放下。将喉气管捻圆,揪发向上揉擦,用口对口接气。"《仁端录》(卷10):"喉中气食二管。气管,即喉咙,又名会掩,细容一线在喉之前。食管,即咽嗌也,甚宽,在喉之后。"《医门法律》(卷12):"声哑者,气管为虫所饵明矣。"

【容积】

《大词典》释"容积"为"容器或其他能容纳物质的物体的内部体积",没有举例。《近现代汉语辞源》举1608年利玛窦《圜容较义》:"三边形等度者,其容积固大于三边形不等度者。"《日国》首举《舍密开宗》(1837—1847):"之を勒母斯浸を盛りたる麦酒盞内に筆立し排气鐘に納て气を奪へば亜的児。尾斯と為り容積張充し青浸は擠されて盞内に下る。"

该词为明代西学东渐背景下出现的新词。利玛窦《乾坤体义》(卷下):"三边形等度者,其容积固大于三边形不等度者。四边以上亦然,而四边形容积恒大于三边形,多边形容积恒大于少边形。"《农政全书》(卷20):"为家池,必二年以上,代积焉,代用焉;为野池,专可也,随积而用之,皆计岁用之,数而为之。容积二年以上者,递倍之,或倍之容,或倍其处。"《新法算书》(卷22):"今依此借数以明立方之体,如初方体之边各四,则一面之积为一六,其容积六四,平廉之两大面亦一六,其高设五,相乘得容积八〇。"

【融解】

《大词典》"融解"下列有三义，一指"溶解、融化"，首举夏衍《复活》例；二指"消失，消散"，举谢觉哉《知识青年参加体力劳动问题》例；三指"通晓了解"，举黄远庸《外交总长宅中之茶会》例。《日国》举《气海观澜》（1827）例："水質〈略〉此得温質而融解、引清气而発。"《舍密开宗》（1837—1847）："試に純精の謂模尼亜瓦斯を槽の鐘に充て〈略〉片水を納るれば乍ち融觧して亦た此瓦斯をふ。"

该词本义为理解、化解，引申为消失、融化之义。《新唐书·列传第七十三》（卷 148）："招讨使裴度诒书诮让，克融解而归，庭凑退舍。"宋赵师使《坦庵词·水调歌头》："静中乐，闲中趣，自舒迟。心如止水，无风无自更生漪。已是都忘人我，一任吾身醒醉，有酒引连卮。万法无差别，融解即同归。"《王文成全书》（卷 4）："请一洗俗见，还复初志，更思平日饮食养身之喻，种树栽培灌溉之喻，自当释然融解矣。"

【软膏】

"软膏"一词，《大汉和》《大词典》没有用例。《近现代汉语辞源》举 1873 年傅兰雅口译，赵元益笔述《冶金录》（1873）卷上："硫磺加热至将沸之热度，则成有黏力之膏，速倾于热水中，仍有软膏之性，所倾出之大小各块，可相连而博成一块。"《日国》举《七新药》（1862）例："外用は之を軟膏となす、即ち十至二十を一包の脂膏に研和し用ふ。"

明代医籍有"软膏药"名。《普济方·诸疮肿门·诸肿》（卷 278）："此药丸如黄豆大安于疮上，软膏药护之，开其疮口收住晕毒为妙。"《玉机微义·疮疡门》（卷 15）："却用软膏药贴之，立验。"

【上肢】

《大词典》释"上肢"为"人体的组成部分之一，包括上臂、前臂、腕和手"，没有举例。《近现代汉语辞源》举柯为良口译、林鼎文笔述《全体阐微》（1880）卷一"上肢，即手，计有三十一骨，即肩胛一，臂骨一，转肘一，手掌五，锁柱一，正肘一，手腕八，手指十四"。《日国》首举《解体新书》（1774）："手者。上支也。"又，《医语类聚》（1872）："pper extremity 上肢。"

《灵枢经》（卷 1）："胃病者，腹䐜胀，胃脘当心而痛，上肢两胁膈咽不通，食饮不下，取之三里也。"《普济方》（卷 24）："秋冬伤寒凉物，胃脘当心而痛，上肢两胁咽膈不通。"

【适量】

《大词典》释"适量"为"数量适宜"，首举翁偶虹《北京话旧·货声》例。《近现代汉语辞源》举虞和钦等译述《化学实用分析术》（1902）

第三编《定量分析法》"盐化钠液十立方生的迈当适当于硝酸银溶液之十立方生的迈当，可得定右之适量之溶液，谓之定基液"。《日国》首举《七新药》（1862）例："今之を用ひんと欲せは、先初めに刺絡して適量の血を放ち、而して後一時毎に一至二を用ひ、其症劇烈なる者は十二時間に二十至四十を尽すに至る。"

此词清代文献偶见。胡文学《甬上耆旧诗·春日独酌》（卷24）："适量不在醉，适意不在词。窗前有白雪，若与饮者期。"孙奇逢《中州人物考》（卷5）："名其斋曰适量，谓穷通得丧，莫不有量，贫贱未尝无乐，富贵未尝无苦，贵适其量而已。"

【外用】

"外用"一词《大汉和》例缺。《大词典》列有二义，一指用于对外作战，举《商君书》例，二指出任地方官，举袁枚《随园诗话补遗》例。《近现代汉语辞源》举洪士提反译《万国药方》（1886—1890）卷一"外用者惟贴膏、油膏"，《日国》"外用"词下，首举《厚生新编》（1811—39）例："鲈荅此もの内服外用すべし〈略〉外用には腺腫潰破癌瘡其他。"该词又见于《七新药》《医语类聚》等。

"外用"作为医学用语，早见于唐宋医籍。《银海精微》（卷下）："右将咬咀阴连翘，外用净水二碗，先熬馀药仅半碗，入连翘同熬至大盏许，去渣入银石器内。"《圣济总录纂要·疮肿门·丁肿》（卷21）："共烂捣涂疮上，外用醋面纸封，自出。"《世医得效方·疮肿科》（卷19）："右为末洗后掺疮上，外用绵子覆盖相护。"《物理小识·医药类》（卷5）："内服胡麻丸，外用鳢肠。"

【胸膜】

"胸膜"一词，《大汉和》《大词典》未列用例。《近现代汉语辞源》举孙佐述《生理卫生新教科书》（1907）例："肺之全部皆有薄膜包之，此薄膜曰胸膜。"《日国》认为，"胸膜"首见于《解体新书》（1774）："胸膜。二襲也。固著胸之裏面、有血脈充於此"，是对译荷兰语borstvliesde 而产生的兰学新词。

"胸膜"一词，早见于宋代。《圣济总录纂要·骨蒸付尸门·骨蒸肺痿》（卷14）："论曰，骨蒸肺痿者，由荣卫虚损，蕴热熏蒸上焦，传播胸膜，使人肺热叶焦，发为肺痿。"《医说·积·奇疾·檐溜盥手龙伏藏指爪中》（卷7）："此方书所不载也，当以意去之，归可末蜣螂涂指，庶不深入胸膜，冀他日免震厄之患。"

【夜盲】

《大词典》释"夜盲"为"夜盲症"，举洪深《戏剧导演的初步知识》

例："又如果他目中的圆柱有异状，那人辨别明暗的能力也会减低而成为'夜盲'了。"《近现代汉语辞源》举1851年合信《全体新论》卷四"雄鸡日见而夜盲"。《日国》亦谓"夜盲症"之略，首举《新精眼科全书》(1867) 例："夜盲（ナフトブリンド）此れ網膜の知覚衰耗せる者なり。"又，《医语类聚》(1872)："Hemeralopia 夜盲。"

在日本，"夜盲"早见于《病名药名和洋便览》(1855)，源自"雀目、雀盲"古典用语。《尔雅翼》(卷15)："至其时，用目力不止者，亦得雀盲之疾。"《薛氏医案》(卷7)："或问曰：人有昼视通明，夜视罔见，虽有火光月色，终为不能睹物者，何也？答曰：此阳衰不能抗阴之病，谚所谓雀盲者也。"李时珍《本草纲目》(卷46)："雀目夜盲。"

【蒸发】

《大词典》释"蒸发"为"液体表面发生的汽化现象"，首举萧红《手》例："窗前的杨树抽着芽，操场好像冒着烟似的，被太阳蒸发着。"《近现代汉语辞源》举1900年《清议报》四十八册《社会进化论》"据生理学而言，凡肺及皮肤蒸发水气快捷者，身体必健强"。《日国》首举《远西观象图说》(1823) 例："地球より常に蒸発する所の気あり。これを游気と云ふ。即ち水気なり。"又，《舍密开宗》(1837—1847)："此瓦斯は自然に溝涜、泥沢或は機性体の腐敗より蒸発し或は煤内に生じて夫の提燈に伝焼し間生霊を損ふことあり。"《庆应再版英和对译辞书》(1867)："Transpire 蒸発スル。洩ル。公ニナル。"

该词早见于《巢氏诸病源病总论》(卷35)："凡患诸疮及恶疮，初虽因风湿搏血气，蕴结生热，蒸发皮肉成疮"，热气发散之义。《元史》(卷171)："至七月初二日，蒸发旧积，腹痛如刺，下血不已。"《元朝典故编年考》(卷4)："今岁历夏迨秋，蒸发腹痛，下血不已。"又指液体等表面发生的汽化现象。元王恽《秋涧集》(卷7)："海霞蒸发烂朝暾，苍雪模糊点晴碧。"《说郛》(卷93)："或气候暴暄，茶芽蒸发，采工汗手熏渍，拣摘不给，则制造虽多，皆为常品矣。"

【症状】

《大词典》释"症状"为"有机体因发生疾病而表现出来的异常状态，如发热、头痛、咳嗽等"，例缺。《近现代汉语辞源》举合信《内科新说》(1858) 卷上："狂之类症状不一，有灵性全乱者，有灵性半乱或仅乱一二分者，由渐而起先时头痛，不欲食。"《日国》首举《七新药》(1862)："少量を用ふること長久なるか、若くは其人各別に嫌忌あれば、則ち中毒の症状を発す。"

《普济方》(卷142)："病源所在，症状一同。"又卷248："名义不同，症状则一。"《薛氏医案》（卷24）："以此观之，疮疹症状虽与伤寒相似，而其治法实与伤寒不同。"

【重力】

"重力"表示"地球对地面物体的引力"一义，《大汉和》《大词典》均无用例。《近现代汉语辞源》举伟烈亚力《六合丛谈》（1858）二："凡引重物上斜面，则所抵者有面阻力。又有体质之重力，物在斜面上恒欲就下，即体质之重力也。"《日国》例举《历象新书》（1798—1802）："重力は大地の万物を引に起るものなり。大地能万物を引のみならず、万物亦能大地を引く。"《气海观澜》（1825）："引力又此謂重力、凡百物莫不嚮地落、落者即物之重力。"

"重力"一词，作为物理学概念，早见于明代西学文献。《奇器图说·第三十九款》（卷2）："提杠头平在支矶上，柄有重力。在中之比例，全杠丁戊与从支矶到力乙丙分数比例，等于力重之比例，假如丁戊为十二分，戊丙为四分，是三倍比例，力六十斤与重二十斤，亦是三倍，系重力常要倍于重，故少用。"《诸器图说·准自鸣钟推作自行车图说》："若作大者，可行三里，如依其法，重力垂尽，复斡而上，则其行当无量也。"

【肢节】

《大词典》释"肢节"为"四肢关节"，例缺。《日国》首举《解体新书》（1774）："诸筋者、互相佐使而为其动也。然若其强而屈肢节、则屈不伸、强而伸肢节、则伸不屈、其所以不动者亦筋之所为也。"

《备急千金要方》（卷3）："伤寒方：治妊娠伤寒头痛壮热肢节烦疼方。"《普济方》（卷245）："专治脚气初发，一身尽痛，或肢节肿痛，便溺阻隔，先以此药导之，后用当归拈痛汤除之。"《本草纲目》（卷2）："肢节肿痛。"

【装置】

《大词典》"装置"列有二义，一指安装，举魏巍《路标》例"雷锋同志也正是装置了这样的'发动机'，所以才精神奋发，力气无穷"。二指机器、仪器或其他设备中，构造较复杂并具有某种独立的功用的物件，例缺。《近现代汉语辞源》举1872年7月19日《申报》第69号第1页："现闻金陵制造局亦知此法，业造成数百具，倘有变故，装置海底，轮船触之，未必不坏。"《日国》首举《舍密开宗》（1837—1847）例："酸素瓦斯中にて物をけば其容縮む試法の装置は世に造る者多し。"

该词明清习见，为"放置、安装"之义。《武编·前集》（卷2）："若平置则后缩难放，其大连珠炮每出，用快药一两七钱，安铅子三个，每个亦重一两七钱，装置在地。"《练兵实纪》（卷4）："先看装置，如法照火箭打把。"《行水金鉴》（卷 127）："旗甲将前所贮堤上粮米及前所撤竹木货物，仍装置船上。"

参 考 文 献

一、国内出版

（一）论著

[1]　王立达：《现代汉语中从日语借来的词汇》，《中国语文》，1958 年第 2 期。

[2]　高名凯、刘正埮：《现代汉语外来词研究》，北京：文字改革出版社，1958 年。

[3]　高柏著，徐文堪译：《经由日本进入汉语的荷兰语借词和译词》，《学术集林》卷 7，上海：上海远东出版社，1996 年。

[4]　马西尼著，黄河清译：《现代汉语词汇的形成》，上海：汉语大词典出版社，1997 年。

[5]　刘禾著，宋伟杰等译：《跨语际实践》，上海：生活·读书·新知三联书店，2002 年。

[6]　沈国威：《近代中日词汇交流研究》，北京：中华书局，2010 年。

（二）辞书

[1]　刘正埮、高名凯、麦永乾、史有为：《汉语外来词词典》，上海：上海辞书出版社，1984 年。

[2]　罗竹风：《汉语大词典》，上海：汉语大词典出版社，1986—1993 年。

[3]　香港中国语文学会：《近现代汉语新词词源词典》，上海：汉语大词典出版社，2001 年。

[4]　黄河清：《近现代辞源》，上海：上海辞书出版社，2010 年。

二、日本出版

（一）论著

[1]　斎藤静：『日本語に及ぼしたオランダ語の影響』，東京：篠崎書林，1967 年。

[2]　杉本つとむ：『江戸時代蘭語学の成立とその展開』，東京：早稲田大学出版部，1976 年。

[3]　増田渉：『西学東漸と中国事情』，東京：岩波書店，1979 年。

[4]　佐藤亨：『近世語彙の歴史的研究』，東京：桜楓社，1980 年。

[5]　小川鼎三：『医学用語の起り』，東京：東京書籍，1983 年。

[6]　森岡健二：『改訂近代語の成立』，東京；明治書院，1991 年。

[7]　沈国威：『近代日中語彙交流史：新漢語の生成と受容』，東京：笠間書院，1994 年。

［ 8 ］　陳力衛：『和製漢語の形成とその展開』，東京：汲古書院，2001 年。

［ 9 ］　朱京偉：『近代日中新語の創出と交流』，東京：白帝社，2003 年。

［10］　高野繁男：『近代漢語の研究』，東京：明治書院，2004 年。

［11］　笹原宏之：『日本の漢字』，東京：岩波書店，2006 年。

［12］　笹原宏之：『国字の位相と展開』，東京：三省堂，2007 年。

［13］　李漢燮：『近代漢語研究文献目録』，東京：東京堂出版，2010 年。

［14］　陳力衛：『新漢語とは何か—漢籍出典を有する語を中心に』，『言語変化の分析と理論』，東京：おうふう，2011 年。

［15］　朱京偉：『蘭学資料に見える三字漢語』，『言語変化の分析と理論』，東京：おうふう，2011 年。

（二）辞书

［ 1 ］　惣郷正明、飛田良文：『明治のことば辞典』，東京：東京堂出版，1986 年。

［ 2 ］　大辞典刊行会：『日本国語大辞典』（第二版），東京：小学館，2000—2002 年。

［ 3 ］　杉本つとむ：『語源海』，東京：東京書籍，2005 年。

［ 4 ］　佐藤亨：『現代に生きる幕末・明治初期漢語辞典』，東京：明治書院，2007 年。

［ 5 ］　笹原宏之：『当て字・当て読み漢字表現辞典』，東京：三省堂，2010 年。

第六章 《医语类聚》与中日汉字词研究

《医语类聚》，日本海军医生奥山虎章于明治六年（1872）撰成，明治十一年（1877）增订出版。该书是一部欧日对译辞书，集幕末明治初期西方医学译语之大成。考其汉字词之源流，实乃中日欧医学文化交流及语言接触之化石。其中，或直接继承汉唐以来传统医学词汇，包括明清时期传教士医学译词，或利用汉字语素全新创制医学语词，包括日本兰学新词和据古汉语词汇加以引申、扩展、转用的语义新词。

该书收有英语医用术语 4 544 词，日语译语 4 622 词（单词总量 4 773 词），是明治初期对译西方医学用语之集大成者。该书继承了《病名汇解》（1686）等传统医籍既有之词，也吸收了日本兰学及晚清传教士医学译词，同时也创造了不少新的医用术语。因此，《医语类聚》是研究中日欧医学文化交流及语言接触的标本库。

本章以初版《医语类聚》①为依据，全面调查初版《医语类聚》中汉字词，对照《大词典》《日国》《大汉和》《近现代汉语辞源》等代表性辞书，检索《四库全书》等文献数据库，考察《医语类聚》中医用词汇源流，揭示中日医学汉字词研究对于大型辞书编纂、汉语词汇演变、中日文化交流的价值和意义。

第一节 《医语类聚》与中国古代医学词汇

中医古籍浩如烟海，博大精深。西医东渐过程中，这些古籍为医学术语现代化的传播发展提供了便捷途径。本节对照《大词典》，不但以管窥《医语类聚》中所蕴含的中国传统医学信息，而且可以补充《大词典》在医用词汇收录情况，从而推动汉语词汇史研究。

---

① 高野繁男.明治期専門術語集·医语类聚［M］.京都：有精堂出版，1985.

一、《医语类聚》中《大词典》收录的词

《医语类聚》中许多汉字词为古代医籍常见语词，《大词典》不但收释且书证丰富，《医语类聚》以古语对译西语，域外证古，古为今用。具体如下①：

嗳气 Eructation	感染 Affection	脱肛 Archocele
胆汁 Bile	健忘 Amnesia	消化 Coctio
分娩 Apocyesis	苦闷 Astasia	月经 Menses
回肠 Ileum	痛风 Arthriticusveries	齿龈 Uloncs
禁酒 Abstemions	消毒 Antidote	耳鸣 Bombus
失望 Abulia	羊脂 adepsovillus	黄斑 Yellowspot
下痢 Diarrhoea	病因 Cause	金刚石 Adamas
性急 Acute	耳轮 Auricle	生育 Anaptyxis
赘肉 Hypersascosis	关节 Arthrosis	腕骨 Carpus
胞衣 Afterbirth	解毒 Alexipharmie	斜视 Luscitas
堕胎 Abortion	神医 Asclepiadoea	脂肪 Adipose

二、《医语类聚》中《大词典》例证晚出的词

《医语类聚》中许多汉字词，为古代医籍常见语词，《大词典》虽然收释，但是书证晚出。若单从书证时间上判断，极易理解为来自日语的汉字词汇，实际有些词早见于中国传统医籍。例如：感觉 Dysaesthesis、化脓 Diapyema、健康 Correlation、颈动脉 Carotids、脑膜 Meninges、摩擦 Anatripsis、胎儿 Basiocestrum、夜盲 Hemeralopia、蒸发 Effluvium、蒸馏 Destilla 等。

以上这些词均出现于汉语古籍，古今中日语义一致，何华珍《近代日中间における漢語の交流の歴史》等已有发覆考辨。再如：

【鼻管 Ductusadnasum】

《大词典》举殷夫《血字·都市的黄昏》例："（汽油）的烟味刺入鼻管。"

该词明清医籍屡见。《普济方·婴孩诸血痔疾门·治秋夏鼻衄》（卷389）："急以生萝卜取根捣自然汁，仰头滴入鼻管中即止。"《赤水元珠·鼻门》（卷3）："宜养胃实，营气阳气宗气上升，鼻管则通矣。"《续名医

---

① 词条后的英语（含拉丁语等）单词见于《医语类聚》，原文排列于汉字词汇之前，不过有些汉字词并非一对一翻译，有多译或共译情况，个别地方出现讹误。

类案·鼻》（卷22）："丹溪治一中年人，右鼻管流浊且臭。"

【病院 Hospital】

《大词典》首举鲁迅《且介亭杂文·忆韦素园君》例："也许素园已经咯血，进了病院了罢，他不在内。"

该词早见于宋代，至明清习见。《东坡全集·与王敏仲八首》（卷77）："莫可擘划一病院，要须有岁入课利供之，乃长久之利，试留意。"① 艾儒略《职方外纪》（卷2）："又有病院，大城多至数十所。"

【内脏 Viscera】

《大词典》举艾青《光的赞歌》例："X光，照见了动物的内脏；激光，刺穿了优质钢板。"

该词早见于隋唐，明清习见。《巢氏诸病源候总论·妇人杂病诸候·八瘕候》（卷38）："骨肉皆痛，手臂不举，饮食未复，内脏吸吸。"《普济方·诸虚门·五痨》（卷二百二十六）："若或妄用喜怒，不节劳佚，兼致内脏精血虚耗，荣卫失度。"

【粘液 Mucous】

《大词典》举马南邨《燕山夜话·楮树的用途》例："过去我们只知道楮树皮是造纸的好原料，却没有想到它的树叶、枝，茎、果实、皮下粘液等都是一些非常难得的特效药。"

该词宋代已见。《诚斋集·得寿仁寿俊二子中涂家书》（卷15）："客有馈荔枝，泡篮风露色，绛罗蹙宝髻，冰弹溅粘液。"

【脱臼 Dislocation】

《大词典》举巴金《关于〈海的梦〉》例："刚刚摔了跤，左肩关节脱臼。"

该词早见于明代。《普济方·折伤门·诸骨蹉跌·乌头膏》（卷311）："治诸骨蹉跌，脱臼疼痛，兼伤折恶血结滞肿痛。"同书，《针灸门·腧穴图·侧面部中行十六穴》（卷414）："牙车脱臼，其穴侧卧，闭口取之。"《本草纲目·谷·黍》（卷23）收列"闪肭脱臼"附方。

【吸收 Absorption】

《大词典》该词条列有四个义项，一是"把外界的某些物质吸到内部"，举巴金《关于〈长生塔〉》例；二是"比喻摄取有益成分"举聂荣臻《努力开创我国科技工作的新局面》例；三是"物体使某些现象、作用减弱或消失"，举洪深《戏剧导演的初步知识》例；四是"接受；

---

① 据高承《事物纪原·库务职局部·贫子院》（卷七），唐宋间有"养病院"一词："《事始》曰：'开元二十二年，断京城乞儿，官置病坊给廪食，亦为悲田院，或曰养病院，记之为其所始。'"

接收"，举毛泽东《中共中央政治局扩大会议决议要点》及老舍《二马》
等用例。

该词早见于明代。《通雅》（卷 17）："地中多窍，水吸则物随之。弱
水不载，必下有气吸收。黄河乍清，或水物吸收耳。"

【眼睑 Eyelid】

《大词典》举柔石《人鬼和他底妻的故事》例："他有一副古铜色的
脸，眼是八字式，眼睑非常浮肿。"

该词早见于元代，明清习见。《世医得效方·眼科·小儿睑中生赘》
（卷 16）："眼睑中生赘子，初生如麻子大，日渐如豆悬垂睑内。"《普济
方·眼目门·鱼胆贴眼膏》（卷 73）："即入少许熟水调似膏，涂于帛上，
贴在眼睑。"《本草纲目·金石·井泉石》（卷 9）："得大黄卮子，治眼睑
肿赤。"

三、《医语类聚》中《大词典》例证空缺的词

《医语类聚》中的许多汉字词，虽为古代医籍常见语词，《大词典》虽
收释但书证空缺。此种情况，往往容易误解为源自日本的汉字词，但若调
查汉唐典籍，则均有本有源，实为中国传统医学词汇。① 比如：

便秘 Coprostasis	分泌 Crinoses
股骨 Femur	骨膜 Periosteum
喉头 Corniculum laryngis	脊髓 Medullaspinalis
脐带 Funiculus umbricales	鼠蹊 Groin
气管 Trachea	软膏 Emplastrum
外耳 Antehelix	胃液 Gastric juice
上肢 Upper extremity	胸骨 Haemalspine

何华珍《近代中日医学词汇探源》等已有考证。再如：

【赤痢 Blennenteria】

隋巢元方《巢氏诸病源总论·痢病诸候·赤痢候》（卷 17）："此由肠胃
虚弱，为风邪所伤，则挟热，热乘于血，则流渗入肠，与痢相杂下，故为赤

---

① 《医语类聚》还收录了《大词典》义项用例空缺的医学词汇，其实此亦早见于中国传统医
学文献。如"软骨"表示"人或脊椎动物体内的一种结缔组织"一义，早见于明代医籍，《针灸
问对》（卷下）："跗阳踝上三寸量，金门踝下软骨上。申脉丘墟前后安，昆仑踝后跟骨逢。"《闽
中海错疏·介部》（卷下）："鳖，一名团鱼，一名脚鱼，卵生，形圆穹，脊连胁，四周有群，外
肉内骨，而以眼听，行踽珊，以蛇为雄，颈中有软骨，与鳖相似，名曰丑，食时当剔去之，不可
与苋同食。"《类经图翼·经络》（卷 7）："照海，在足内踝下一寸，陷中容爪甲。一云在内踝下
四分，微前高骨陷中，前后有筋，上有踝骨，下有软骨，其穴居中。""饱和、病毒、催眠、发酵、
龟头、阴茎"等，亦属此类情形。

痢。"宋元医书《仁斋直指》《妇人大全良方》《世医得效方》等习见。

【肺脏 Hepatization】

隋巢元方《巢氏诸病源候总论·带下白候》（卷37）："肺脏之色白，带下白者，肺脏虚损，故带下而挟白色也。"宋陈自明《妇人大全良方·妊娠子烦方论》（卷13）："夫妊娠而子烦者，是肺脏虚而热乘于心，则令心烦也。"

【腹水 Hydroperitoneum】

该词当为"大腹水肿"之略，唐孙思邈《备急千金要方》（卷64）："治大腹水肿、气息不通、命在旦夕者方。"明汪机《外科理例·囊痈》（卷3）出现"腹水"一词："腹水已去，小便如常。"

【肝脏 Hepatoncus】

晋葛洪《肘后备急方·治食中诸毒方》（卷7）："凡物肝脏，自不可轻噉。"元危亦林《世医得效方·肝虚雀目》（卷16）："雀目者，肝脏虚劳，时时花起，或时头疼，年深则双目盲。"

【漏斗 Infundibulum】

元王祯《农书·农器图谱》（卷16）："凡磨上皆用漏斗盛麦下之，眼中则利齿旋转。"明王肯堂《证治准绳·准绳·七窍门·齿》（卷17）："用小瓦片置油拌楃子，烧烟，阁在水碗上，以漏斗覆之，以蛀牙受漏斗口中烟，其牙内虫如针者，皆落水碗中。"

【麻疹 Phoenicismus】

元危亦林《世医得效方·小方科·活幼论》（卷11）："热者潮热如疟；风热不减乳食；积热多吐；伤寒脚手冷；耳、鼻、脚梢、手指尖冷，乃麻疹之证"。明薛己《薛氏医案·保婴撮要》（卷71）："治疮疹初起，发热咳嗽，似伤寒未辨麻疹。"

【偏头痛 Hemicrania】

宋杨士瀛《仁斋直指·东垣头痛论》（卷19）："如头半边痛者，先取手少阳、阳明，后取足少阳、阳明，此偏头痛也。"明朱橚《普济方·偏头痛论》（卷44）："夫偏头痛之状，由风邪客于阳经，其经偏虚者，邪气凑于一边，痛连额角，故谓之偏头痛也。"

【祛痰 Anacatharticus】

宋杨士瀛《仁斋直指·痰涎》收有"辰砂祛痰丸"。明王肯堂《证治准绳·类方·诸气门·祛风丸》（卷22）："此药宽中祛痰，搜风理气，和血驻颜，延年益寿。"

【舌苔 Fur】

明卢之颐《痎疟论疏》："更有一种汗烦喘喝消渴，饮冷水舌苔白瀒，随饮随涸者。此属胸中热。若舌苔白滑者，此又属胸上寒。"又："更有一种舌苔白滑垢腻涎浊者，此有宿食未化也。"

【肾脏 Ferrein canal of①】

隋巢元方《巢氏诸病源候总论·鼻病诸候》（卷 29）："若劳伤血气，兼受风邪，损于肾脏而精脱，精脱者则耳聋。"南宋张杲《医说》（卷 3）："此肾脏风虚，致浮毒上攻，未易以常法治也。"

【胎动 Quickening】

汉代张机撰，清代徐彬注《金匮要略论注·妇人妊娠病脉证》（卷 20）："未及三月，漏下不止，则养胎之血伤，故胎动。……至六月胎动，此宜动之时矣，但较前三月，经水利时，胎动下血，则已断血，三月不行，乃复血不止。"

【阵痛 Odin】

《汉语大字典》将"阵痛"释义为"分娩时的时断时续的疼痛。比喻社会变革中剧烈的争斗"，例举郭沫若《沸羹集·新文艺的使命》："特别是在这一九四三年的今年，这在各方面应该是阵痛最剧烈的一年，然而也应该是生产较丰富的一年。"

宋陈自明《妇人大全良方·疗产后虚羸》（卷 21）："产宝疗产后虚乏，不思饮食，四肢皆倦，心腹阵痛，补虚治气。"明朱橚《普济方·寒暑湿门》（卷 117）："或如息肉，不闻香臭，咳嗽痰沫上，热如火下，寒如冰头，作阵痛。"明王肯堂《证治准绳·大小腑门·疝》（卷 14）："面色青黄不泽，脐腹阵痛搐撮不可忍，腰曲不能伸。"

四、《医语类聚》中《大词典》缺收的词

《医语类聚》中的许多汉字词，虽见于古典汉籍且为近现代常用语词，但《大词典》缺收，考之则早见于中国传统文献。比如：

【半醒半睡 Agrypnocoma】

清朱彝尊《曝书亭集·满庭芳·鹅》（卷 29）："白毛红掌群，泛拔轻涟，只合呼他舒雁，无端是引颈，嗔船茴香下，半醒半睡，侧眼小如钱。"

【鼻骨 Nasal bone】

隋巢元方《巢氏诸病源候总论·黄病诸候·黄病候》（卷 12）："若其人眼睛涩疼，鼻骨疼，两膊及项强，腰背急，则是患黄。"明方以智《通雅·动物》（卷 46）："所谓鼻角曰食角，即鼻骨也。"

---

① 原文译语为"歇儿林氏管、眼睑ノ又肾脏ノ"。

【病室 Ward】

宋宋祁《景文集·悼祚禅师》（卷 11）："一床空病室，五叶谶诸孙。"宋张纲《华阳集·喜门客至》（卷 34）："檐桷纵横仅满筵，维摩病室故萧然。"宋陈着《本堂集·次弟观与雪航韵》（卷 19）："笑图难赘余人契，病室应关一世愁。"

【不孕 Acyesis】

宋陈自明《妇人大全良方·褚尚书澄求男论》（卷 9）："是以交而不孕，孕而不育。"明薛己《薛氏医案·妇人良方·妇人症痞方论》（卷 31）："得冷则作痛，冷入子藏则不孕，入胞络则月水不通。"

【产科 Acconchaur】

元末明初陶宗仪《辍耕录·医科》："医有十三科，考之《圣济总录》，大方脉杂医科、小方脉科、风科、产科兼妇人杂病科、眼科、口齿兼咽喉科、正骨兼金镞科、疮肿科、针灸科，祝由科则通兼言。"

【初生儿 Infanticide①】

元危亦林《世医得效方·小方科·葱汤圆治积神效》（卷 12）："初生儿以一粒放口中乳汁下。"明朱橚《普济方·婴孩唇舌口齿咽喉门》（卷 365）："治初生儿至七日以来口噤方。"

【缓解 Remissio】

唐王焘《外台秘要方·千金疗自缢死方》（卷二十八）："以蓝青汁灌之又极须安定身心，徐徐缓解，慎勿割绳抱取，心下犹温者，刺鸡冠血滴口中即活，男用雌鸡女用雄鸡。"② 明末清初黄宗羲《明文海》（卷 453）："上疏言，臣不能委曲停调，从容缓解，而封还御批，咈上取罪，诚万死不敢辞。"

【脚气 Beriberi】

南宋张杲《医说·三皇历代名医》（卷 1）："僧深，齐宋间道人也。少以医术知名，疗脚弱脚气之疾。"同书《医书·脚气灸风市》（卷 2）："此真脚气也，法当灸风市，为灸一壮。"李时珍《本草纲目·大麻》（卷 22）有"脚气肿渴""脚气腹痹"等。

【经闭 Dysmenia】

宋陈自明《妇人大全良方·调经门·月经序论》（卷 1）列有"室女经闭成劳方论第九"。宋杨士瀛《仁斋直指·调经诸方》（卷 26）："血枯经闭者，以四物汤加红花、桃仁。"

---

① 原文译语为"初生儿ヲ杀ス"。
② 此为缓慢解开之义，与医用义异。

【老龄 Caducity】

宋陈着《本堂集·同离孙童蒙游净慈》（卷 11）："一年最佳处，分付老龄吟。"清代《御制诗五集·中秋日即事》（卷 68）："便教四度当归政，仍拟来兹娱老龄。"

【面部 Comedones】

唐孙思邈《备急千金要方》（卷 87）："面部第三行，阳白在眉上一寸直瞳子。"孙思邈《银海精微·五轮八廓总论》："急用摩风膏，擦摩面部。"宋陈自明《妇人大全良方·拾遗方》（卷 24）："治面部生疮，或鼻脸赤风刺、粉刺，用尽药不效者，唯有此药可治，神妙不可言。"

【难产 Carpotica】

宋董汲《旅舍备要方》有"治因漏胎胞干难产横逆不下"之方。元王好古《医垒元戎·海藏五积论》（卷 2）："寒热咳逆加枣，妇人难产加醋，始知用之非一途也，惟知活法者择之。"李时珍《本草纲目·服器部·凿柄木·主治》："难产，取入铁孔中木，烧末酒服。"

【内障眼 Hypophysis】

南宋张杲《医说·眼疾·治内障》（卷 4）："熟地黄麦门冬车前子相杂，治内障眼有效，屡试信然。"宋杨士瀛《仁斋直指·眼目证治》（卷 20）："五退散治内障眼。"明朱橚《普济方·眼目门·内障眼论》（卷 79）："内障眼，凝结数重，异象多般。"

【吐痰 Expuition】

东晋葛洪《肘后备急方·治寒热诸疟》（卷 3）："依前法更服，吐痰尽方差。"宋杨士瀛《仁斋直指·痰涎·痰涎方论》（卷 7）："须臾吐痰，其痛立止。"

【胃病 Gastropathy】

隋巢元方《巢氏诸病源候总论·五脏六府病诸候》列有"胃病候"。唐孙思邈《备急千金要方·胃腑方·胃腑脉论》（卷 52）："胃病者，腹䐜胀，胃管当心而痛，上支两胁膈咽不通，饮食不下。"

【胃管 Gullet】

西晋陈寿《三国志·魏志·华佗传》（卷 29）："督邮徐毅得病，佗往省之。毅谓佗曰：'昨使医曹吏刘租针胃管讫，便苦欬欶，欲卧不安。'佗曰：'刺不得胃管，误中肝也。'"唐孙思邈《备急千金要方·胃腑方·胃腑脉论》（卷 52）："胃病者，腹䐜胀，胃管当心而痛，上支两胁膈咽不通，饮食不下。"

【胃弱 Bradypepsia】

隋巢元方《巢氏诸病源候总论·痢病诸候》（卷 17）："痢断之后，脾胃尚虚，不胜于食。邪搏于气，逆上，胃弱不能食。"明朱橚《普济方·胃腑门》（卷35）："参苓白术散，治虚劳胃弱，饮食不进，呕吐泄泻，及大病后调助脾胃。"

【虚脱 Exarysis】

《大词典》将"虚脱"释义为"因大量失血、失水等原因而造成心脏和血液循环衰竭，生命垂危的现象"。

宋李纲《再与吴元中书》："犹之治病，当以小者易其大者，故病洞泄，则有虚脱之理，必以热药补之。"柳青《狠透铁》十一："老监察气得浑身哆嗦，眼睛发直，似乎要虚脱。"元危亦林《世医得效方·大方脉杂医科》（卷9）："虚脱正元散，治下虚手冷自汗。"明朱橚《普济方·诸虚门·大金液丹》（卷226）："然大泻大吐大虚脱证，得之极妙。"

【血浆 Liquor sanguinis】

明朱橚《普济方·诸虫兽伤门·治风狗伤》（卷306）："用吮去血浆水洗毕纸上炒黄丹赤色贴之。"明徐谦《仁端录·灌浆杂症治法》（卷6）："酒浆服药后必大渴，索饮切勿与之，俟索三四次，方与之，即刻顿成一身血浆。"

【忧郁病 Lypemania】

明张介宾《景岳全书·论情志·郁证治》（卷19）："若忧郁病者，则全属大虚，本无邪实。"明孙承恩《文简集·祭汤雪怀文》（卷48）："谓欲使君一读而喜，开释忧郁病。"

【月经不调 Amenorrhoaa】

唐孙思邈《备急千金要方·妇人方》（卷7）列有"月经不调第二十一""杏仁汤治月经不调"等。宋陈自明《妇人大全良方·调经门·养生必用论经病》（卷1）："《救急》疗妇人月经不调，或一月不来，或隔月不来，或多或少，脐下绞痛，面色痿黄，四体虚吸，赢瘦不能食方。"

【指骨 Phalanga】

明王肯堂《证治准绳·幼科·肝脏门·寒热往来》（卷99）："右用虎睛爪并指骨毛，以系小儿臂上，辟恶鬼。"同书《外科·损伤门·跌扑伤损》（卷118）："如指骨碎断，止用苎麻夹缚腿上。"

五、《医语类聚》中传教士传承词

《医语类聚》中的一些医学新词，早见于我国传教士文献，是传教士译词在域外的传承之例。如："半球 Hemisphere"，作为数学和地理学用语，在《奇器图说》《新法算书》《坤舆图说》等明代文献中已经出现。"蛋白

Albumen、蛋白质 Peptone"，见于卫三畏《英华韵府历阶》及罗存德《英华字典》。"手淫 Masturbation、包皮 Foreskin"见于马礼逊《华英字典》。"胎盘 Placenta、血管 Haematites、寒暑针 Thermometer、兔唇 Diastematocheilia、截瘫 Paraplegia、偏瘫 Semiplegia、远视眼 Hyperpresbytia"等汉字词，合信《医学五种》已有出现。① 有些词虽然见于传教士文献，但是在古代典籍中早有用例。例如：

【圆锥 Cone fibre②】

《近现代汉语辞源》谓"圆锥"在利玛窦《理法器撮要》（1610）中称为"员锥"，邓玉函、王徵《奇器图说》（1634）称之为"尖圆"。1858年艾约瑟译《重学》（卷6）："一率，圆锥全质。"

1872年丁韪良等《中西闻见录》第1号："地月之体，皆半向日而生明，半背日而生长影，因皆小于日，故长影若圆锥然。"

"圆锥"为传统数学术语，早见于唐宋时期。李籍《九章算术音义》"方锥，职谁切。方锥者，其积之形，如锥之方者，圆锥亦然。"李淳风注释《九章算术》（卷1）："若令其中容圆锥，圆锥见幂与方锥见幂，其率犹方幂之与圆幂也。"沈括《梦溪笔谈》（卷18）："算术求积尺之法，如刍萌、刍童、方池、冥谷、堑堵、鳖臑、圆锥、阳马之类，物形备矣。"

【胸骨 Sternum】

在日本，该词早见于《解体新书》（1873）："胸骨。肋骨不至于此者、向胸见之、则或一二不过三。其第一肋之所着、沈而在气管之前。而与欠盆骨重着焉以下七肋、左右各凑蔽骨也。其蔽骨者、软而形如短剑。"

国内该词则早见于1822年马礼逊《华英字典·Part Ⅲ》："BREAST BONE, 胸骨 heung kuh；胸膛骨 heung tang kuh。" 1851年合信《全体新论》卷一："至离胸骨一二寸之间，各肋之端皆成软韧脆骨，如象皮之可以伸缩。"③

---

① 参见何华珍《近代日中間における漢語の交流の曆史》及余园园《1858年的〈妇婴新说〉与当时的医学新词》（《语文建设通讯（香港）》2011年第99期）。按，"寒暑针"见《内科新说·脉管跳血囊论》（1851）："绑扎后，寒暑针验之，本热当少三四度，此因血瘤暂减之故。"《内科新说·霍乱证论》（1858）："盖此时周身本热顿减，以寒暑针试之，仅七十七度，较平人少二十度。""兔唇"见《内科新说》（卷中）："缺唇，又名崩口，又名兔唇。小儿胎中带来，或阔或窄，或当中，或偏一边，或两边各缺，有时累及上腭，言语不清。"又，合信《医学五书》中，有些词与日本兰学译词形义一致，如"大脑 Cerebrum""小脑 Cerebellum""巩膜 Sclerotic""脉管 Anastomosis""胆管 Cystic duct"等。从目前的研究看，日本兰学对合信译词是否产生直接影响尚不得而知，有待进一步研究。舒志田.《全体新论》と《解体新书》（重订版含む）との语汇について——日本の洋学から中国への影响の可能性［J］. 或问 2004（08）.

② 原文译语为"圆锥纤维"。

③ 黄河清. 近现代汉语辞源［Z］. 上海：上海辞书出版社，2020：1692. 下文涉及合信引文时，亦有参照之处。

该词早见于宋代医籍。《圣济总录纂要》（卷25）："胸骨不成者，能立而死。"《仁斋直指》（卷7）："如斗家胸骨扑伤，刺痛无已，散血之剂罔功。"又如，《证治准绳卷》（卷88）："凡病深喘急，胸骨扇动者，肺焦胀也。"

【倒经 Gastromenia】

1858年合信《内科新说》卷上："妇女月经不行，每月吐血一次，有定期，此名倒经（见《妇婴新说》）。"

该词在清代医籍中习见。《伤寒兼证析义·中风兼伤寒论》："次以金匮下瘀血汤作丸，归脾汤下之，倒经血溢于上者亦然。"《续名医类案·经水》（卷31）："意其经水过期，乘肝火上逆而出，即俗名倒经是也。"

【腋下 Acclla】

1858年合信《妇婴新说》卷下："小儿污浊或尿布腌累致腋下、腿桠、肾囊等处皮红破或痒痛，应洗净。"

该词早见于晋代。《肘后备急方》（卷6）："葛氏疗身体及腋下狐臭方，正旦以小便洗腋下即不臭，姚云大神验。"又，隋代《巢氏诸病源候总论·瘿瘤等病诸候》（卷31）："腋下常湿，仍臭生疮，谓之漏腋。"

【食管 Esophagus】

1851年合信《全体新论》卷七："割喉见喉图：舌、气管、食管。"

该词明清医籍习见。《仁端录·呛逆门》（卷10）："喉中气食二管。气管即喉咙，又名会掩，细容一线，在喉之前。食管即咽嗌也，甚宽，在喉之后，饮食入喉，先以会掩其气管，水谷方从食管入胃。"《续名医类案·伤损·小儿》（卷28）："盖骨哽之后，用哽物压之，伤其胃脘，必有瘀血停畜膈间，将食管逼向后，故饮食觉从背下也，但销去瘀血，使食管复原，胸膈之痛可瘳矣。"

【失血 Angiorrhagia】

1851年合信《全体新论》卷八："西国有借血之法，或人失血病危及产妇濒死者，医士知其血小周救，尝用机巧水筒（粤呼水节），借取壮人之血，灌入病者回血管内，移时复苏，是以活者数矣。"

该词早见于汉唐医籍。汉代张机撰、清代徐彬注《金匮要略论注》（卷20）："产后续下血不绝，此因失血血虚而正气难复。"又，隋朝《巢氏诸病源候总论》（卷36）："夫金疮失血，则经络空竭，津液不足。"宋严用和《济生方》（卷6）："有若崩漏者，失血过多，变生诸证，悉宜服之。"

【止血 Enaemon】

1858 年合信《内科新说》卷上："若血从断口标流不止，头昏面白，即时死，惟急用绑扎止血法，方可望救。"

该词早见于唐宋。孙思邈《备急千金要方·妇人方》（卷七）："治崩中下血羸瘦少气调中补虚止血方。"宋代王衮《博济方·顺中散》（卷 1）："服此顺中散，亦能解毒止血。"

第二节　《医语类聚》与近代日本医学新词

早期与国内汉语接触的过程中，日本受到汉语的影响，充分吸收了不少古代医学词汇。由于时代与语言的发展，以往的已有词汇已经不能满足当时表达需要。在此基础上，日本产生了不少新词，其中包括不少医学新词。《医语类聚》记载了这些词汇。本节结合《大词典》，探究《医语类聚》中的近代日本医学新词，以推进国内大型辞书与中日汉字词的研究。

一、见录于《大词典》的日本医学新词

整体来看，《大词典》吸收了不少近代中日医学新词。这些词汇对推进中日医学发展具有重要作用。其中，这些词或是结构新词，或是语义新词。

（一）结构新词

18 世纪以来，日本在以兰学为中心的早期语言接触中，充分吸纳中国古代医学词汇，同时也创造了大量的"和制汉语"，甚至创制新汉字，并影响至明治时期继而传入现代汉语，成为东亚汉字圈的通用医学词汇。比如：并发症 Concomitant、利尿 Diuresis、假死 Asphyxia、结膜 Conjunctiva、臼齿 Cuspidate、下肢 Lower extremity、血球 Blood corpuscle、神经病 Neuraemia、韧带 ligament、卵巢 Ovarium、延髓 Medulla oblongata 等译词，源自日本兰学或英学文献，见录于《大词典》，笔者有关文章已有考证。以下诸词亦为日本全新创造的医学词汇，早见于《医语类聚》或之前的日本文献，《大词典》只有释义没有书证。[①]

---

① 如果调查《人民日报》及相关数据库，大部分汉字词汇都可以找到书证。

1. 早见于《医语类聚》之前的兰学及相关文献的词汇举例①					
词汇	英文	文献出处	词汇	英文	文献出处
百日咳	Chincough	《俚言集览》	处女膜	Hymen	《扶氏经验遗训》
醋酸	Aceticacid	《舍密开宗》	肺动脉	Pulmonaryartery	《解体新书》
酒精	Spirit	《七新药》	泪腺	Lachrymalgland	《眼科新书》
马铃薯	Fusel	《物品识名》	溶解	Eliquatio	《舍密开宗》
溶液	Solution	《舍密开宗》	生理学	Physiology	《百学连环》
输精管	Vesdeferens	《志都の岩屋讲本》	输尿管	Ureter	《医范提纲》
纤维	Funique	《医范提纲》	……	……	……
2. 早见于《医语类聚》的词汇举例					
瓣膜 Valvulae		干馏 Dry distillation		过敏 Allergy	
呼吸道 Tractus respiratorius		呼吸道 Tractus respiratorius		结核病 Phymatoses	
流行病 Panzootia		麦粒肿 Stye		毛细管 Capillary vessels	
脑神经 Cranial nerve		气胸 Pneumatothorax		容量 Pulmometer	
乳腺 Bulbi fornicis		摄护腺 Prostatis		生殖器 Aedoca	
声门 Glottis rima		液化 Liquefaction		液体 Cyathus	
义眼 Hypoblepharum		智齿 Dens spientiae			

（二）语义新词

有些医学词汇，日本借用古汉语既有之词对译西语，引而申之，赋予新义。如《医语类聚》中：癌 Kelis、② 恶性 Malignant、动脉 Artery、头盖 Cranium、官能 Function、灌肠 Clysma、黄斑 Yellow spot、寄生虫 Ectozoa、蒸气 Mephitism。

二、尚未进入《大词典》的日本医学新词

《医语类聚》中的一些汉字词，因其专业性强等原因，尚未被《大词典》收录，但很多汉字词在现代汉语中频繁使用着。溯其源，这些词或早见于兰学及相关文献，或始见于《医语类聚》。

（一）早见于《医语类聚》之前的兰学及相关文献

《医语类聚》将兰学译词对接英学词汇，在继承中烙上时代痕迹。这些词亦在《医语类聚》之前的相关文献中出现。比如：尺骨 Ulna、点滴法

---

① 文献出处参照《日本国语大辞典》。

② 小川鼎三，医学用语の起り［M］，东京：东京书籍 1983；何华珍. 日本汉字和汉字词研究［M］.北京：中国社会科学出版社，2004.

Donehe、结石 Lapis、皮疹 Prurego、十二指肠 Duodenum 等。又如：

1. 未进入《大词典》但早见于《医语类聚》之前的词汇举例

词汇	英文	文献出处	词汇	英文	文献出处
薄膜	Pallicula	《解体新书》	肝胆管	Hepatocystic duct	《解体新书》
干葡萄	Raisins	《甲斐国志》	海绵	Spongia	《重订解体新书》
间歇热	Aksis	《厚生新编》	流产	Omotocia	《和英语林集成初版》
尿酸	Urate	《舍密开宗》	上腹部	Epigastric region	《重订解体新书》
视轴	Tractus opticus	《新精眼科全书》	水晶体	Lens	《新精眼科全书》
水样液	Aqueous humour	《解体新书》	预防法	Psophylatic	《江木鳄水日记》
造鼻术	Rhinoplasty	《远近新闻》			

（二）始见于《医语类聚》的医学新词

《医语类聚》除继承前代医学词汇以外，还创译了不少新的汉字词汇，亦首次以译词身份出现于在《医语类聚》中。比如：

2. 未见于《大词典》但始见于《医语类聚》的词汇举例

癌肿 Cancer	白血球 Leucocythaemir	病毒感染 Incubation
曹达 Phosphas sodae	耻骨 Oodeocele	错视 Crupsia
大便失禁 Scoracratia	大阴唇 Labia majora	胆石 Gallstone
蛋白尿 Albuminuria	多血症 Polyaemia	耳漏 Blennotorrhoea
耳翼 Pinna	骨质 Osteotylus	黑癌 Melanosis
黑胆汁 Atrabiliary capsule	黑内障 Amaurosis	横膈膜 Diaphragm
甲状腺 Thyroid gland	甲状腺肿 Cretin	精囊 Vesicula scminalcs
泪管 Lachrymal canal	泪液 Lachryma	马镫骨 Stapes
盲孔 Caecum	盲囊 Shutsac	泌尿器 Urinary organ
脑出血 Encephalorrhagia	尿膜 Allantois	尿素 Azotouria
皮癌 Epithelioma	强直症 Tatanus	软骨膜 Perichondrium
砂浴法 Psammismus	舌癌 Glosso carcinoma	舌癌肿 Glossos cirrhus
舌带 Fraenulum lingue	肾石 Nephrolithiasis	肾盂炎 Pyelitis
石尿 Lithuria	水癌 Noma	髓癌 Myeloma
糖尿 Glucosuria	细胞膜 Cellulose wall	细胞体 Cell
小阴唇 Labia interna	斜颈 Obstipitas capitis	心室 Ventricles of heart
心室 Ventricles of heart	血红素 Cruorin	血液循环 Circulation
眼癌 Scirrhophthalmis	咽喉炎 Cynanche	咽头 Pharynx
硬癌 Scirrhosis	造口术 Stomatoplastic	砧骨 Incus
镇痛 Analgesia	镇痛药 Analgicus[①]	蒸馏器 Alembie
脂血症 Piarhaemia	子宫颈 Cervixuteri	

---

① 原文为"Antalgicus"。

第三节 《医语类聚》与中日医学译词辨源

《医语类聚》词汇丰富而复杂。不少词汇源流不清，值得学界进一步深入研究。下文以日本辞书《大汉和》《日国》为依据，结合《大词典》《辞源》大型语文辞书及相关古文献，对《医语类聚》中医学译词进行溯源探析。

【半球】

《大词典》《辞源》未收"半球"一词，《大汉和》收释而无用例。《日国》列有二义，一是数学用语，指球形一半；二是地理学用语，指地球一半。前者举《医语类聚》"Hemisphere 半球"为首例，后者首举《米欧回览实记》（1877）用例。

"半球"一词，作为数学和地理学用语，在明代文献中已经出现。《奇器图说》（卷1）："假如上圆图径线 ae 从径线开之，即作两半球，半球平面即重之径面也。"《新法算书·测量全义·论体》（卷92）："一面之体如球如卵，二面之体如半球半卵，圆角圆堆。"《坤舆图说·论地球大于月球》（卷中）："然地球大于月球，何验之耶？论曰：地影依前论为一尖圆体，而地之半球为底之环也。"

【包皮】

《大词典》"包皮"条下，列有三义，一指包装的外皮，举《儿女英雄传》例；二指表面的现象，举《西游记》例；三指阴茎前部覆盖龟头的外皮，例缺。《大汉和》亦收该词，未列用例。《日国》举《医语类聚》"Fore skin 包皮"为首例。

据《辞源》，表阴茎前部覆盖龟头的外皮一义，早见于 1822 年马礼逊《华英字典》（卷1）"皮"条："包皮，the prepuee。"

【齿槽】

《大词典》《辞源》，未收"齿槽"一词。《大汉和》，收释而无用例。《日国》举《医语类聚》"Alveolus 齿槽"为首例。

"齿槽"一词，明清医籍常见。《普济方·牙齿门·治齿不生》（卷70）："擦令热为佳。须擦齿槽，非齿断也。"《证治准绳·类方·治牙动摇疼痛》（卷37）："如齿初折落时，热贴齿槽中，贴药齿中，即牢如故。"

【催眠】

《大汉和》收有"催眠"一词，没有用例。《大词典》列有二义，一是"促使睡眠"，举叶圣陶《两封回信》例；二是"心理学上指用特殊方法引起一种类睡眠状态"，例缺。《日国》亦列二义，一指"促使睡眠"，举叶山嘉树 1926 年例；二指人为的使人进入睡眠状态，举《医语类聚》"Hypnagogic 催眠"为首例。《辞源》举 1906 年吴荫培《岳云盦扶桑游记》中"催眠术法"例，证明"运用暗示等手段让人进入睡眠状态"义项。

表示"促使睡眠"义的"催眠"一词，早见于宋代文献，表示心理学意义的"催眠"，据古义引申，属于语义新词。《太仓稊米集·日出东南隅行》："吴蚕催眠欲成茧，罗敷采桑南陌头。"《刘彦昺集·题吕花园草堂代宋景濂先生作》（卷5）："官马乌韡春踏霜，钟声催眠趋玉堂。"《敬业堂诗集·悯农诗和朱恒斋比部》："麦黄未及秋，晚蚕又催眠。"

【蛋白】

《大汉和》收"蛋白""蛋白质"，有释义无用例。《大词典》"蛋白"条下，列有二义，一指包在蛋黄周围，由蛋白质组成的透明的胶状物质，即蛋清；二指蛋白质，均无用例。《辞源》第一义项举 1878 年《格致汇编·化学卫生论》例："蛋分为三件，外为蛋壳，中为蛋黄，间为蛋白。"第二义项举 1898 年傅兰雅《植物须知》例："育养子胚之料，谓之植物蛋白（西名阿拉布门）。"《日国》举《医语类聚》"Albumen 蛋白"为首例，"蛋白質"条下首举《七新药》（1862）例："土質·金質及び蛋白質と相結合して以て其功を発す。"

《钦定四库全书总目·璇玑遗述》（卷 107）："然如论日月东行，如槽之滚丸，而月质不变。又谓天坚地虚，旧蛋白蛋黄之喻，徒得形似，而喻为饼中有饼。其说殊自相矛盾。"晚清传教士文献中，"蛋白""蛋白质"译语，正式出现。卫三畏《英华韵府历阶》："GLAIR，蛋白，蛋青。"罗存德《英华字典》"Albumen 蛋白""Albuminous 蛋白嘅，蛋白之类""Protein 蛋白质"。

【腹膜】

《大词典》未收"腹膜"一词。《大汉和》收释而无用例。《日国》举《医语类聚》"Peritonaeum 腹膜"为首例。《辞源》举 1907 年孙佐译述《生理卫生新教科书》例："胃以下至直肠，皆覆于腹膜下。"

"腹膜"一词，早见于宋代医籍，明代文献亦有用例。《圣济总录纂要·心腹痛》（卷 12）："故上冲于心络而为心痛，下攻于腹膜而为腹痛，上下攻击则心腹疼。"《水蛊》（同上，卷 10）："论曰，水肿之状，腹膜肿胀，皮肤粗黑，摇动有声。"《普济方·水病门·膜外气》（卷 193）："水湿散溢于肌肤之间，气攻于腹膜之外，故谓之膜外气。"

【肝管】

《大词典》《辞源》《大汉和》，未收"肝管"一词。《日国》举《医语类聚》"Ductus hepaticus 肝管"为首例，指肝脏组织内的细管。

"肝管"一词，早见于唐代医籍，明代文献亦有用例。《外台秘要方·叙眼生起一首》（卷21）："黑白分明，肝管无滞，外托三光，内因神识，故有所见。"《普济方·眼目门·总论》（卷71）："此疾之源，皆从内肝管缺少，眼孔不通所致也。"

【感染】

《大汉和》收有"感染"一词，没有用例。《大词典》列有二义，一指传染，指病原体从有病的生物体侵入别的生物体，举清代《扬州画舫录》和《医宗金鉴》用例；二指通过语言或行动引起他人相同的思想感情和行为，举李大钊、巴金作品为例。《辞源》收列"传染"义项，举1919年汤尔和译《诊断学》下卷例。《日国》列有二义，其第一义项举《医语类聚》"Affection 感染"为首例，并在"语志"栏中说明。可见，该词早见于中国的华英辞书及西医汉译书籍中，明治以来沿用至今。

该词表示疾病"感染"义，早见于明代医籍。《普济方·尸疰门·尸疰》（卷237）："夫尸疰者，尸病疰于人也，是五尸之一，挟外鬼邪毒之气，流疰于身，多因哭泣感染尸气而然。"《证治准绳·准绳·七窍门·目》（卷15）："此一章专为天时流行，热邪相感染，而人或素有目疾及痰火热病，水少元虚者，则尔我传染不一。"

【合剂】

《大词典》《大汉和》，未收"合剂"一词。《日国》举《医语类聚》"Raca hout 馬鈴薯。〈略〉糊粉。及香竄物ノ合剂"为首例。《辞源》举1919年汤尔和译《诊断学》例："用炭酸苍铅和入水中或牛乳中为震荡合剂，或混于马铃薯粥、谷粉粥中，所谓苍铅粥，使患者咽下。"

"合剂"一词，清代医籍屡见。《御纂医宗金鉴·订正仲景全书伤寒论注·柴胡桂枝干姜汤方解》（卷5）："少阳表里未解，故以柴胡桂枝合剂而主之，即小柴胡汤之变法也。"《订正仲景全书伤寒论注·辨温病脉证并治篇》（同上，卷12）："水解散，即天水六一散、防风通圣之合剂也。"《伤寒兼证析义·问中藏兼伤寒》："虽有合剂，不能复起，况兼伤于寒者乎？"

【肩胛骨】

《辞源》未收"肩胛骨"一词。《大词典》《大汉和》，收释而无用例。《日国》举《医语类聚》"Omoplate 肩胛骨"为首例。

"肩胛骨"一词，见于明清医籍。《普济方·折伤门》（卷309）列有"肩胛骨脱洛法"。《御定医宗金鉴·周身名位骨度》（卷80）："髃骨者，肩端之骨也，即肩胛骨头臼之上棱骨也。"

【颈动脉】

《大词典》《大汉和》《辞源》，未收"颈动脉"一词。《日国》举《医语类聚》"Carotids 颈动脉"为首例。

"颈动脉"一词，早见于晋代医籍。皇甫谧《针灸甲乙经·足阳明脉病发热狂走》（卷 7）："因令偃卧，居其头前，以两手四指按其颈动脉，久持之，卷而切推之。"此语句常为后代文献转述，如：《灵枢经·刺节真邪》（卷 11）、《类经·会通类·论治》（卷 30）等。

【脑膜】

《辞源》未收"脑膜"一词，《大汉和》收释而无用例。《大词典》首举柳亚子《二十世纪大舞台发刊词》"尽印于国民之脑膜"例，《日国》举《医语类聚》"Meninges 脑膜（三膜ヲ総称ス）"为首例。

"脑膜"一词，至迟见于清代医籍。《续名医类案·凉药遏经》（卷 59）："且暂散，诊其脉洪浮，脑骨虽坠，脑膜未破，可救。"

【尿石】

《大词典》《大汉和》《辞源》，未收"尿石"一词。《日国》举《医语类聚》"Urolithiasis 尿石"为首例。

"尿石"一词，至迟见于明代医籍。《普济方·小便淋秘门·治五淋》（卷 214）："用燕尿取末，以冷水服五钱，旦服至食时当尿，尿石出。"《小便淋秘门·疗茎中淋有石方》（同上，卷 214）："取鸡屎白半勺曝干，熬令香，捣筛为末散，酒服酩酊，日三服，到一二日，当下石，便当于器中，尿石下为验。"

【手淫】

《大词典》《大汉和》，收释"手淫"，未列用例。《日国》举《医语类聚》"Masturbation 手淫"为首例。

据《辞源》，"手淫"一词早见于 1819 年马礼逊《华英字典》（卷 2）："手淫，manustupration。"1857 年合信《西医医略论》（卷中）："男奸手淫为甚戒之。"1858 年合信《内科新说》（卷上）："若心自不病，但因思虑过多，或读书太劳，或用力过度，或惊惧喜怒失度，或房事手淫，或醉饱无节，泻泄失血，或多食泻药，或夜不能寐，妇人或因月经不行，凡遇此等心跳病，医者应审察致病之故，断绝根由。"

【鼠蹊】

《大词典》释"鼠蹊"为"大腿和腹部相连的部分"，没有用例。《大汉和》亦只有释义。《辞源》未收该词。《日国》举《医语类聚》"Groin 鼠蹊"为首例。

"鼠蹊"一词，古典医籍罕见。清卞永誉《式古堂书画汇考·居庸赋》

（卷17）："填牛羊之牧谱，剧太行之回车，窘邯郸之故步，探鼠蹊于羞涩，问虱隧于迟暮。"

【胎儿】

《辞源》未收"胎儿"一词。《大词典》首举茅盾《春蚕》用例："她第一次怀孕时胎儿在肚子里动，她也是那样半惊半喜的！"《大汉和》引《金匮要略·养胎》例句："儿在胎，日月未满，阴阳未备。"不见"胎儿"一词。《日国》举《医语类聚》"Basiocestrum 胎児ノ頭ヲ穿ツ器"为首例。

"胎儿"一词，宋代已出现，晚清传教士医籍屡见。《周易参同契解》卷中："谓君子居室，应在千里，正可为比，惟当顺阴阳之降，腾随行德而进止，如怀至宝，如获目睛，如养胎儿，如持满器，俟时之至，不可违于卦月。"《全体新论·胎盘论》（1851）："婴儿在胎，不饮不食。故孕妇脉管甚大，衔接胎儿脉管，（中略）胎儿肺经甚小，不能呼吸地气。"

【唾液】

《大汉和》收释"唾液"，未列用例。《大词典》该词下首举茅盾《某一天》例："他咽了一大口唾液，提高了调门说：'今天下午确息，抗战还是要继续！'"《辞源》首举1909年周树人《人生象学·本论》例："食品渐碎，唾液和之。"《日国》举《医语类聚》"Insalivation 食物ノ唾液ニ混和スルコト"为首例。

"唾液"一词，宋代已出现，明清医籍不乏用例。《圣济总录纂要·脏腑虚实门·肾虚多唾》（卷16）："治肾虚寒，唾液不休，心胸痞闷。"《普济方·肾脏门》（卷32）："人参散：治肾脏虚损，冷气所攻，下焦虚冷壅滞，唾液稠粘。"又，"半夏丸：治肾脏虚损壅塞，唾液不休，心胸烦闷。"《痎疟论疏》："或食宿饮留，则唾液罔周，致齿舌燥涸者有之。"

【外耳】

《大词典》《大汉和》收释"外耳"，未列用例。《辞源》首举1851年合信《全体新论·耳官妙用论》例："水中传声亦易。人试浸耳于水，令人击水而听，其响数倍。故鱼无外耳，惟骨中有窍，窍内有膜，膜内有水，膜上有脑气筋近于脑际。若外水微响，应动耳中之水，即能闻听。至螃蟹虾类，时入水中，时出地上，亦无外耳。"《日国》举《医语类聚》"Antehelix 外耳の内円突起"为首例。

"外耳"一词，见于明代医籍。《普济方·耳门·治耳久聋》（卷54）："以绵裹塞耳内，仍留一绵头垂在外耳中，脓出便可闻声，用时令热为妙。"

【胃痛】

《大词典》《辞源》未立"胃痛"词条。《大汉和》收释而无用例。

《日国》举《医语类聚》"Gastralgia 胃痛"为首例。

"胃痛"为病名，早见于宋元医籍，明清时广而用之。《仁斋直指·附诸方》（卷6）："草豆蔻丸，治客寒犯胃痛者。"《世医得效方·小方科·活幼论》（卷11）："其或四肢厥冷，吐泻加漱，面黯唇惨，胃痛鸦声，口生白疮。"《普济方·婴孩惊风门·总论》（卷373）："或胃痛，而啼哭无声，此证已危。"

【胃液】

《大词典》《大汉和》收释"胃液"，然无用例。《辞源》首举1907年孙佐译述《生理卫生新教科书》例："胃液有强酸性。"《日国》举《医语类聚》"Gastric juice 胃液"为首例。

"胃液"一词，元明医籍屡见。《局方发挥》："其始也，胃液凝聚，无所容受；其久也，脾气耗散，传化渐迟。"《医宗金鉴·订正仲景全书伤寒论注》（卷6）："胃气虚则阳邪袭阴，故转属太阴。胃液涸则两阳相搏，故转属阳明。"《续名医类案·饮食伤》（卷12）："此始为火助胃弦而善食，继为火灼胃液而艰运。"

【膝盖骨】

《辞源》未立"膝盖骨"词条，《大汉和》收释而无用例。《日国》举《医语类聚》"Patella 膝蓋骨"为首例。《大词典》举《水浒传》例："萧让、裴宣、金大坚三人睁眼大骂道：'逆贼快把我三人一刀两段了，这六个膝盖骨休想有半个儿着地！'"

"膝盖骨"一词，宋代已经出现。《太平广记·异人四·张俨》（卷84）："又曰：'君可暂卸膝盖骨，且无所苦，当行八百。'张惧辞之。"《御纂医宗金鉴·编辑正骨心法要旨·胸背部·膝盖骨》（卷89）："膝盖骨即连骸，亦名膑骨，形圆而扁，覆于楗骱上下两骨之端，内面有筋联属其筋上，过大腿至于两胁下。"

【心脏病】

《大词典》《大汉和》《辞源》，未立"心脏病"词条。《日国》举《医语类聚》"Cardio pathia 心臟病"为首例。

"心脏病"一词，明清医籍已出现。《普济方·舌门·舌上出血》（卷59）："治舌上黑，有数孔大如箸，出血如涌泉，此心脏病。"《证治准绳·类方·戎盐丸》（卷24）："治舌上黑，有数孔大如筯，出血如涌泉，此心脏病。"

【胸痛】

《大词典》《大汉和》《辞源》未立"胸痛"词条。《日国》举《医语类聚》"Pleurodynia 胸痛"为首例。

"胸痛"作为医用词汇，唐宋早已出现。《巢氏诸病源候总论·气病诸候·少气候》（卷13）："胸痛少气者，水在藏府。水者，阴气；阴气在内，故少气。"《圣济总录纂要胸痹门·胸痛》（卷11）："论曰，胸痛者，胸痹痛之类也。"《名医类案·血症》（卷8）："胸痛嗳气者，气虚不能健运，故郁于中而嗳气，或滞于上则胸痛也。"

【血管】

《大汉和》收有释"血管"，未有用例。《大词典》举茅盾《虹》例："青春的热力在血管里发酵了。"《日国》举《医语类聚》"Haematites 血石又血管"为首例。

"血管"一词，见于晚清传教士医学文献。《辞源》举 1851 年合信《全体新论·身体略论》例："人身肥网膜下，有动肉数层，其形圆扁，其色鲜红，周围裹合，坚骨在其中以辅佐之，使之有所附丽。在动肉与骨之间，有最要血管及脑气筋藏聚之处，所以免其易于被害也。"又，该词在《全体新论·胎盘论》中亦屡有出现，如"盘之体，半为孕妇血管，半为胎儿血管。"

综上，《医语类聚》蕴含着丰富的中日医学文化信息，几乎每个汉字词都可再现语言接触与文化交流之轨迹。以上通过辞书考索、数据调查、中日对比等方法，从语词源流视角对《医语类聚》中的主要汉字词进行了逐一的实证性考据分析，大致可以看出《医语类聚》汉字译词的基本来源，其中或为中国传统医学词汇的直接承用，或为古汉语词汇的启用、激活、转用，或承接兰学词汇进而扩大、融化、固化，或重起炉灶创造新词，等等。由于所涉语词众多，检索考证烦琐，加上资料有限，见闻不广，文中谬误在所难免，敬祈方家学者不吝赐教。

参 考 文 献

一、日本出版

（一）日本论著

[1] 桂洲：『病名彙解』，京都：植村藤右衛門，1686 年。

[2] 高野繁男：『蘭学資料の語彙—訳鍵の語彙—』，『講座日本語学 5』，東京：明治書院，1982 年。

[3] 高野繁男：『医学用語における語基と基本漢字——医語類聚の訳語』，『人文学研究所報』，1983 年第 17 期。

[4] 小川鼎三：『医学用語の起り』，東京：東京書籍，1983 年。

［5］　高野繁男：『明治期・医学用語の基本語基と語構成——医語類聚の訳語』，『人文学研究所報』，1984 年第 18 期。

［6］　高野繁男：『明治期専門術語集 1・医語類聚』，東京：有精堂出版，1985 年。

［7］　森岡健二：『改訂近代語の成立』，東京：明治書院，1991 年。

［8］　沈国威：『近代日中語彙交流史：新漢語の生成と受容』，東京：笠間書院，1994 年。

［9］　陳力衛：『和製漢語の形成とその展開』，東京：汲古書院，2001 年。

［10］　高野繁男：『近代漢語の研究：日本語の造語法・訳語法』，東京：明治書院，2004 年。

［11］　笹原宏之：『国字の位相と展開』，東京：三省堂，2007 年。

［12］　李漢燮：『近代漢語研究文献目録』，東京：東京堂出版，2010 年。

［13］　笹原宏之：『当て字・当て読み漢字表現辞典』，東京：三省堂，2010 年。

［14］　何華珍：『近代中日医学詞彙探源——以医語類聚为例』，『中国語学研究・開篇』（30 卷），東京：好文出版，2011 年。

［15］　何華珍：『近代日中間における漢語の交流の歴史』，『日語学習』，2011 年第 7 期。

（二）日文辞书

［1］　諸橋轍次：『大漢和辞典』，東京：大修館書店，1984—1986 年。

［2］　惣郷正明，飛田良文：『明治のことば辞典』，東京：東京堂出版，1986 年。

［3］　佐藤亨：『現代に生きる幕末・明治初期漢語辞典』，東京：明治書院，2007 年。

［4］　大辞典刊行会：『日本国語大辞典』（第 2 版），東京：小学館，2000—2002 年。

二、国内出版

（一）国内论著

［1］　高名凯，刘正埮：《现代汉语外来词研究》，北京：文字改革出版社，1958 年。

［2］　王立达：《现代汉语中从日语借来的词汇》，《中国语文》，1958 年第 2 期。

［3］　北京师范学院中文系汉语教研组：《五四以来汉语书面语言的变迁和发展》，北京：商务印书馆，1959 年。

［4］　马西尼著，黄河清译：《现代汉语词汇的形成》，上海：汉语大词典出版社，1979 年。

［5］　（清）纪昀，永瑢：《景印文渊阁四库全书》，台北：商务印书馆，1986 年。

［6］　纪昀：《文渊阁四库全书》（电子版），上海：上海人民出版社、迪志文化出版有限公司，1999 年。

［7］　何华珍：《日本汉字和汉字词研究》，北京：中国社会科学出版社，2004 年。

［8］　沈国威：《近代中日词汇交流研究》，北京：中华书局，2010 年。

［9］　何华珍：《中日近现代汉字词源流摭考》，《语文建设通讯（香港）》，2012 年

5 月第 100 期。

（二）国内辞书

[1] 刘正埮，高名凯，麦永乾，史有为：《汉语外来词词典》，上海：上海辞书出版社，1984 年。

[2] 罗竹风：《汉语大词典》，上海：汉语大词典出版社，1986—1993 年。

[3] 黄河清：《近现代辞源》，上海：上海辞书出版社，2010 年。

[4] 黄河清：《近现代汉语辞源》，上海：上海辞书出版社，2020 年。

第七章 《医学五种》与中日汉字词研究

西学东渐背景下，我国医学走向近代化进程。晚清时期，英国伦敦会传教医师合信（Hobson Benjamin，1816—1873）所著汉译西书《医学五种》是影响中国医学的首批著作之一。

1857 年，他游走上海期间从事译述，同管茂才译有《内科新说》《妇婴新说》和《内科新说》三种。以上三部著作与《全体新论》《博物新编》形成一体，合称《医学五种》，或称《合信医书五种》《西医五种》。其中，《全体新论》得助于陈修堂，于 1851 年在广州惠爱医局完成。原版凡 99 页，全书分三卷 39 章①。《内科新说》出版于 1857 年，共 3 卷，上卷总论病症，中卷分论各部病症，下卷论方药，是"近代西人比较中西医优劣的最早文献"②。《博物新编》出版于 1855 年，虽收录于《医学五种》，但主要介绍科技常识，与医学关系不大，是中国近代科技史上最有影响的著作之一。1858 年合信将妇人经产及婴儿病症合为一论，出版《妇婴新说》，该书产生了不小影响。

在长达近半个世纪的时间里，《医学五种》被我国用作西医标准的教科书。一方面，该著作促进了中西医思想、技术上的碰撞；另一方面，该书奠定了汉语现代医学词汇基础与方向。另外，《医学五种》影响甚广，远及日本，对日本医学产生了不少影响。其学术价值不言而喻，而学界却少有人对其中的医学词汇进行过系统的研究。有鉴于此，以《医学五种》中的医学词汇为研究对象，研究传统中医词和西医新词之间的传承交流，挖掘在西学东渐背景之下医学词汇的中日欧交流，并溯源这一时期的部分医学词汇，厘清部分医学词汇的发展脉络。本章所采用的版本均来自日本 1986 年《幕末期医学书复刻》（第二期）。其中，《全体新论》是安政四年（1857）越智氏清翻刻本，《西医略论》是安政五年（1858）桃树园藏版，《内科新说》是安政六年（1859）桃树园藏本，《妇婴新说》是安政六年（1859）在日本天香堂的翻刻本，即咸丰八年（1858）年上海仁济医馆藏本。

---

① 李经纬.中外医学交流史［M］.长沙：湖南教育出版社，1998：154.
② 熊月之.1842 年至 1860 年西学在中国的传播［J］.历史研究，1994，（4）：75.

第一节 《医学五种》与汉语新词

《医学五种》出现在西洋医学传入中国的初始阶段。此时医学术语的创制还在摸索时期，具有一定的时代特殊性，其中重要的表现就是医学术语的词汇化程度比较低以及异形词多。

笔者结合姚德怀先生的相关理论，从新词创制方式角度，将新词分为词形新词与语义新词。"语义新词"① 即"旧词添新义"，"用旧词名新事物"②，即利用古汉语词，再为之移植一个新义；当不能通过旧词添新义创制新词时，笔者为之另造一个，即"词形新词"③，其创制方式可通过组合、附加、音译等。笔者将利用语素组合、附加等方式创制的新词，称为结构新词，而利用音译方式创制的新词称为音译新词。《医学五种》词汇中附加式构词尤为显著，具体情况如下。

一、结构新词

结构新词，即利用汉语原有的词汇和原则构成新词，可以将外语的某个意义移植过来。结构新词总是通过组合或附加的方式进行构词，包括复合式新词和附加式新词。

(一) 复合式新词

《医学五种》中的复合构词主要采用偏正式构词，如：大脑、血管、兔唇。此外，主谓式构词也有一些，如：脊髓病、肝炎。因结构新词数量较多，现择要释例，按医学分科，介绍如下：

1. 眼官类

【罩睛皮 明角罩 隔帘 前房水 眼点 泪管 泪囊 眼白壳】

① 我们采用姚德怀先生的分类，将新词分为词汇性新词和语义性新词，词汇性新词我们称之为"结构新词"，语义性新词我们称之为"语义新词"，这是"语义新词"的首次提出。见香港中国语文学会. 近现代汉语新词词源词典 [Z]. 上海：汉语大词典出版社，2001，序第 2 页. 另关于新词的分类，马西尼提出借词与新词的分法，借词又专指原语借词、回归借词以及意译词、仿译词、音译词，新词则为"本族新词"，即"受了外语单词的影响而产生，但不是根据外语原词的结构创造的"词，包括语义新词和组合新词。概括地说，马西尼将新词分为音译词、意译词和本土新词三类。见马西尼著，黄河清译. 近代汉语的形成——十九世纪汉语外来词研究 [M]. 上海：汉语大词典出版社，1997：153 - 183.

② 北京师范学院中文系汉语教研组. 五四以来汉语书面语言的变迁和发展 [M]. 北京：商务印书馆，1959，85 - 86.

③ 同上。

"眼官部位论"在《全体新论》占据重要部分，合信对眼部器官研究十分细致且深入，这是古代中医所不及的。有关眼部新词较多，如：明角罩、罩睛皮、隔帘、脑筋衣、牵睛肉、眼点、泪管、泪囊、眼泪核、前房水、后房水、目系等，在此列举几例。

（1）明角罩：其质似角而甚明，在罩睛皮之内，前房水之前，圆凸如罩与眼白相连而略高，本有数层，比眼白壳更厚，但不及百壳之坚，所以透光而见万物者，乃其用也。一切眼膜、眼点、眼翳皆生于此。（《全体新论·眼官部位论》57 页）

（2）隔帘（俗谓瞳人）：位在睛珠之前，形如圆帘，垂余水内，其中有孔为瞳人，前后有清水，即所谓前房水、后房水也。（同上 58 页）

（3）（隔帘）有细微肉丝两层，内层圆丝纹，外层直丝纹，所以令隔帘能大能小。若视太阳烈火，光芒炫目，隔帘立即收小以避之，或入黑暗之处，又能自开大以取光，瞳人时大时小者，即隔帘之孔舒缩也。（同上 58—59 页）

"罩睛皮"即眼角膜，"罩于睛前又盖白轮之半"，命名形象生动。"明角罩"即巩膜，"在罩睛皮之内，前房水之前，圆凸如罩，与眼白相连而略高"又"能透光见万物"故曰之"明角罩"；"前房水"如今仍在使用，与合信所指相同。"隔帘"即虹膜，合信将"虹膜"的形状及"瞳人"的功能描述得非常清楚，与如今用词无甚差别。可见，当时解剖学对眼科认知已相当精细。

"眼点"《近现代汉语辞源》释义为"某些低等生物的感觉器官，通常是红色的小圆点，能够感受温度和光线的刺激"，并举 1909 年钟观光《理科通证·动物篇·海胆》之例。《大词典》未收，《四库》亦无。眼白壳为眼球第一层，"其质坚韧，细观之，有筋络交结之状，以保固目"。

"泪囊""泪管"亦为合信所创，当前仍在使用。"泪囊"即泪液流经的袋状器官，泪管即眼泪流经的管道。如：

（1）内眦上下角处，有两小孔以接泪入管内，两管之末相通，近鼻处有泪囊，如小豆大，囊下有单管通鼻，泪由双管入，藏贮囊内。（同上 55 页）

（2）两胞头尾曰目眦，俗名眼角，在内近鼻为内眦，在外向耳为锐眥，眥角上下有两小孔曰泪管。（同上 55 页）

【远视眼】

"近视"本义为靠近观察。《韩非子·备内》："明王不举不参之事，不食非常之食，远听而近视以审内外之失，省同异之言以明朋党之分。"《仁齐直指》："定志丸治眼不能近视反能远视者。"后来，"近视"发展为视力缺陷的一种，即靠近看清楚，看远处模糊。古人对此已有认知，宋叶梦得《石林燕语》卷十："欧阳文忠近视，常时读书甚艰，惟使人读而听之。"清采蘅子《虫鸣漫录》卷二："有一人两目不明，俗称近视者。""近视眼"一词大致出现于清代，《清实录·高宗纯皇帝实录·卷之九百七十七》："今考试者一百二十余人，内报近视眼者，竟有七十余人之多。"这大致与明末清初西洋近视眼镜的传入有关，清王士禛《居易录》有"近视眼镜"一说："命取西洋近视眼镜，令试之，归馆已及二更。"然而，"远视眼"大概是在合信书中才开始有此一说。如：

远视眼图。（《全体新论·眼官妙用论》165 页）

2. 耳官类

《全体新论·耳官妙用论》介绍了耳部构造及其听音原理，其中也不乏一些新词，如：耳膜、耳鼓、椎骨、砧骨、小珠骨、马镫骨、半圈骨、螺纹骨等。"耳膜"即耳中鼓膜，"耳鼓"即耳膜。

中窍内常有气，又有四骨极小，第一名椎骨，形似打铁之椎，贴在中窍之间，柄尾垂下，近接耳膜；第二名砧骨，形如打铁之砧，与椎骨相接，亦有砧尾下垂；第三名小珠骨，形如小珠；第四名马镫骨，甚如马镫。小珠骨接连砧骨之尾，马镫骨横放其环，接连小珠骨……（《全体新论·耳官妙用论》73 页）

"马镫骨"即镫骨。"耳膜、耳鼓、砧骨"等词至今仍在使用。另有，"半圈管"即所谓半规管，"螺纹骨"即耳蜗。

3. 妇婴科类

陈自明所著《妇人大全良方》（1237）集宋以前名医名著妇产科之精华，为早期论述最为系统全面的妇产科生理、病理和疾病学术性著作。然而，因其年代久远，其中不乏错误。《全体新论》因篇幅有限，第 34 至 38 介绍妇婴科阴经、胎、胎盘等内容，很多妇婴病症等内容不甚清楚。有鉴于此，1858 年合信出版《妇婴新说》（下文简称《妇婴》），"理真语浅，图说方药"①。下文择要考察。

【孖胎】

"孖胎"即"双生，孪生"，与古代"孖生"是近义词。"孖生"侧重于生产后的孩子数目，"孖胎"侧重于子宫内胚胎数目。该词义发展变化体现了人们对这方面的认知的提高。"孖胎"一词大概是合信所创：

孖胎不多见，西国医书所载，大概双胎百中之一，若三胎则数千之一，四胎则万中之一耳。（《妇婴·辨孖胎法》51 页）

---

① 合信著，管茂才同撰. 妇婴新说 [M]. 京都：天香堂，1859：8 - 9.

"～（胞）胎"构词结构也在此基础上产生。如：民国时期徐哲身所撰小说《大清三杰·第七十一回》："姨太太，虽是为国尽忠死于非命，可是那个白翟野主的妖法，果被双胞胎的血光所污，已经毫不灵验。"齐东野人《武宗逸史·第十八章》："但是瘦死的骆驼比马大，这家人家中有姊妹二人，是一对双胞胎，已是到了出闺之年，都已长成十五岁的大姑娘。"

【三角房】

"三角房"一词为合信所创，其先后将鉴于"耳内窍"和"子宫"之形状，别称二者为"三角房"。《全体新论·耳官妙用论》："耳内窍为收听之府，其中歧路甚多，兹分三处，第一如三角形，强名之曰三角房。"此处指耳内一器官。合信又在《妇婴》中取子宫三角形状，名之曰"三角房"：

"子宫中空处曰房，房有三角，一在底左，一在底右，一在口，故名之曰三角房。"（《妇婴·论子宫精珠》29—30 页）

【子核　筋带　精珠　子管】

"子核在子宫左右，有蒂与子宫相连，向外一端有筋带，与子管相系，通于子管之尾，核内有泡，大或如绿豆，小或如鱼虾之子。内贮精液，是为阴精，故名之曰精珠。"（《妇婴·论子宫精珠》30 页）

以上一系列概念是合信对传统中医的突破。他开始引导人们从更为科学的角度认识妇科。有些概念承用传统中医之名，如"精""子"等，有些概念用词为传统中医基础上再构复合词，都对后来者产生极大启发，也促使妇科医学走向现代化。其中，"子核"即卵巢，"筋带"即卵巢固有韧带，"子管"即输卵管，"精珠"即现在妇科所指的卵子。古代"子管"并非医学用词，义与乐器的正管相对。《钦定四库全书总目》："四律皆用正管，独黄钟用子管，南姑应太一均，独大吕用子管不知声音之道。"

4. 其他类

【西医】

自鸦片战争起，西医进入国内，并与中医争鸣已有百余年之久。《大词典》收录该词，首例却是巴金《寒夜》十四："妻相信西医，主张请大川银行的医药顾问"，显然收例偏晚。"西医"有两个含义，一个是运用西医学理论和技术治病的医生，一个是从欧美传入中国的医学。合信用例如下：

昔有西医云："胎盘不出，不似常度，约六百六十一人中之一。"（《妇婴·论胎盘不出》75 页）

此处"西医"为"医生"义。合信非首用"西医"。林则徐《华事夷言》有言："前此夕阳耶密等在京作钦天监，曾带西医与各官府往来。"

"西医"作为"西方医学"义时，合信《内科新说》书名即是。此义项的使用可追溯至1852年海山仙馆主人。

【甜肉　甜肉汁】

"甜肉"即胰。该词为合信首创，是唯一有关人体脏器的译词，"中土无名，尝其味甜，故曰甜肉"。其汁液为"甜肉汁"。中医脾胰统归在"脾"，与西医该词概念完全不同。合信命名通俗形象，对其加以说明：

（1）甜肉，中土无名。长约五寸，横贴胃后，形如犬舌，头大向右，尾尖向左，尝其味甜，故曰甜肉。（《全体新论·甜肉经》98页）

（2）食物由胃至小肠头，即与胆汁、甜肉汁会合，渐落渐榨。（《全体新论·胃经》90页）

"甜肉"在合信之后的解剖学著作中均有使用，《全体阐微》《全体通考》《全体须知》中仍有相关用例。[①]

【脑气筋】

"脑气筋"即脑神经，该词为合信所创。《全体新论例言》"脑气筋"下曰："是书所称脑气筋者其义有二：一取其源由脑出；二取其主司动作觉悟。"《医学五种》中频繁出现，如：

（1）当马乳骨及椎颖骨之中，有小孔，为第七对脑气筋一支所由出，而分布面上以动各肉，倘此筋一坏，即有口眼歪斜之病矣。（《全体新论·身体略论》16页）

（2）第三对乃第五对脑气筋中支之路，以达面部。（同上18页）

（3）筋瘤有二种，生肉筋上者，不痛；生脑气筋上者，多痛。（《内科新说·瘤论》102页）

其实，《人身图说》中已有对脑神经的认知，但中医使用"筋"来对译"nerve"，合信觉不妥，便另造了一个形象化译词。"脑气筋"用法到20世纪初仍得到大家的认可，梁启超、谭嗣同等人作品中均有出现。《近现代汉语辞源》收录该词，除了首引《全体新论》之例外，另引1854年《遐迩贯珍》第十一号中之例。《大词典》首举谭嗣同《以太说》为例，书证较晚。

【胚珠】

《大词典》首举郭沫若《芍药与其它·银杏》："你的花粉和胚珠具有动物般的生态，你是完全由人力保存下来的奇珍。"书证较晚，《近现代汉语辞源》收录该词，释义为"种子植物的大孢子囊"，首引1858年韦廉臣

---

① 孙琢. 近代医学术语的创立——以合信及其《医学英华字释》为中心［J］. 自然科学史研究，2010，29（4）：470.

辑译、李善兰笔述《植物学》卷五"孕胚之法：粉点飞至心口，中有细长管透出，或一或二或三不定，其管屈曲挤入心之聚胞体，刺入子房中，入卵之口，遇胚珠。""胚珠"大概乃合信首创，如：

"胎盘，一曰胞衣，俗曰胎衣，乃胚珠胞外丝毛粘连子宫内膜，丝毛渐变为血管。"（《全体新论·胎盘论》138 页）

【骨盘】

"骨盘"即骨盆，《大词典》未收录该词，《四库》也未收。合信文中有多次出现，并配有八幅"骨盘图"，文中用例如：

（1）尻骨盘内前藏膀胱，后藏直肠。若妇人，则有子宫在骨盘正中。（《全体新论·尻骨盘及足骨论》30 页）

（2）（受胎证据之）七，胎动。其故有二，一因子宫忽离骨盘上行至腹中而动，甚则头昏欲仆，一因儿在胎内自动。（《妇婴新说·论受胎证据》49 页）

"骨盘"大概是合信首创，后为张崇熙所用，《近现代汉语辞源》另举张崇熙《解剖学》第一编（1935）"骨盆，即骨盘"用例，稍晚。

【明汁　粒子】

西国以显微镜显之，见血内有二物，一为明汁，一为粒子。粒子者，其形圆扁如轮，中空而赤，内贮红液，浮游于明汁之中，名曰血轮。（《全体新论·血论》110 页）

"明汁"即血浆，"粒子"即红细胞。这两词均是合信通俗形象化创制的新词。以上二词有生造的嫌疑，后被其他词语所替代。

【种痘　苗痘　牛痘】

《妇婴新说》中有"种痘""苗痘""牛痘"三词。《近现代汉语辞源》特别收了"种"的种痘义，用例如下：

种痘有新旧二法：旧法取出痘轻者之痂，塞鼻或略破外皮，取痘浆沾接，中土称为苗痘。前一百五十年，土耳其传此法入英国，初时出痘者死中有二三，自用此法，百人中偶有一二死者，大概发热不重，痘粒稀少，人多喜悦……（《妇婴新说·种痘论》133 页）

可见，"种植"疫苗之法历史相当悠久，并非合信首用。

《近现代汉语辞源》未收录"牛痘"一词，但收录"牛痘局"及"牛痘苗"两词。其中前者举 1876 年葛元熙《沪游杂记》卷一例："上海善堂林立，有同仁辅元、果育、普育、清节等堂及安老院、保息局、牛痘局、保婴总局。或治病施药，或给棺掩埋。或收养残废，或设塾教读。"《妇婴》中用例如下：

占拿医士细心体察，见牛乳头或乳傍有小疱数颗，形如痘粒，因思意牛痘能解散人疮之毒，试为小儿用锐刀挑破外皮一二处，取牛痘浆沾接，见其灌浆结痂，俨然如痘。（《妇婴新说·种痘论》133—134 页）

《语文建设通讯》刊载庄钦永《晚清新词"牛痘""袋鼠""长颈鹿"再溯源》将"牛痘"一词时间提前至 1805 年《英吉利国新出种痘奇书》："但此牛痘与天花痘种不同，天花之症能传染于人，而牛痘之症非种不行。"①

【肺眼】

故剖割肺体，见有痰沫在内，拭去痰沫，便见管窍，俗曰肺眼。（《全体新论·肺经》113 页）

"肺眼"即今所谓肺眼，"痰沫"即肺泡，合信取其形状命名。《大词典》未收肺眼。

【淡气　炭气②】

"淡气"即氮气，"炭气"即碳气，"养气"即氧气。合信依这三种气体的属性创制了新词，"没有使用古僻字或新造字"③。这两词在《全体新论》有多处用例，如：

（1）气云何？一曰养气，二曰淡气是也。然淡气多而养气少，设以百分计之，养气得二十有一，淡气得七十有九。（《全体新论·肺经呼吸论》115 页）

（2）然既有养气以养之，又何须淡气为哉？盖养气浓烈，必须以淡气淡之，始成中和之气而化万物醇也。（同上）

（3）炭气者，乃身体无用之物，杂化为气，与氧气相合，其性质有毒，与炭同类，故曰炭气。（《全体新论·肺经呼吸论》116 页）

之后，"淡气"演变为"氮气"，"氮气"出现时间较晚，早见于 1927 年黄成中《雏鸡的研究》："考鸡的羽毛是由氮素所培养而成的。"

（二）附加式新词

《医学五种》中附加式构词相当丰富，其中很多词汇由合信首创，不少类后缀流传至今，对现代医学术语的形成影响较深。《医学五种》前缀词有"洋"，后缀词较多，主要有"～炎、～胞、～囊、～管、～针、～痈、～胎、～淋、～瘤、～骨、～瘫"等类后缀。下文择要考释。

---

① 庄钦永. 晚清新词"牛痘""袋鼠""长颈鹿"再溯源［J］. 语文建设通讯，2012，（101）：54.

② 《近现代辞源》第 719 页对合信之后"炭气"如何发展为"碳"有较详细的例证解释。

③ 这也是合信医学术语的一大特点，见沈国威. 近代中日词汇交流研究——汉字新词的创制、容受与共享［M］. 北京：中华书局，2010. 2：124.

【~炎①】

"炎"为一种常见医学病症，相关医学用词也不少，如：脑膜炎、发炎、肺炎、消炎等。然而，"炎"真正作为医学用语的历史并不长，首见于合信《内科新说·炎症论》中。这得益于其英文"inflammation"，合信《内科新说》中将其注解为"炎证"，因其"西国方言曰炎法美顺，译为炎热之意，故名曰炎证"。《内科新说》认为"皮肉有红肿热痛谓之炎"，一旦经历如此病症后，炎证就此诞生。而其后《内科新说·炎证论》一文中对"炎"定义进行了补充改进：

"热痛红肿谓之炎，番语炎法美顺，与华语烧字之意略同，四证不必全备，大概红热必有肿痛或有或无但见一证，或旋止者，不以炎论，二三证俱见，移时不退，即是炎也。此证患者最多，中古无名，医书不载，余于《内科新说》中专列一篇，发明此证，又于眼科各部位中时时论及，今更举发于内部者详言之。"②

合信将"inflammation"译成"炎"，创造了"炎"之新义，并将"炎证"专列一篇。这是医学词汇史中重要事件。

以"炎"译"inflammation"，既符合"炎"之本义（热、红）的扩大，又融合英文，可谓音译兼顾，同时符合经济性原则，三全其美。因此，该词在今后的一百多年被大众广泛接受，成功取代"煅红、煅肿"③等词。此外，还衍生"~炎"类后缀词构词。

"炎证"既可起于外，又可起于内。由于表达的需要，该词逐渐成为类词缀，广泛用于造词。《内科新说》中有："骨炎证""交节胞膜炎证""脑部炎证""缓炎证""罩睛皮炎证""泪炎""虚炎"等 17 个相关词汇。此外，还有"生炎""解炎""发炎"之类合成词。而后出版的《内科新说》中对炎症的研究更为深入，产生不少更为准确的医学用词，如：肺炎、肝炎、脑炎、心炎、胃炎、膀胱炎、肾炎、肠炎、眼炎等。《妇婴新说》中有乳炎。具体用例如下：

"肺炎初起痰少，久后痰多，呼吸咳嗽皆痛，或摸按之亦痛，久则成脓疮。""脑炎颠顶痛，昏迷不醒，恶闻人声，不欲言语。""肝炎右肋下痛，渐生脓疮。""心炎跳数，而胃炎食物呕吐，左肋下痛，大小便肠炎，便秘或泻利急痛，膀胱水小便频数，肾炎腰痛，内部全炎痛剧。"（《内科新说·炎证论》36 页）

---

① 学界对"炎"一词有较深入的研究，如罗婉薇."炎"（inflammation）的历史［J］.语文建设通讯，2004，(79)，沈国威. 近代中日词汇交流史［M］.北京：中华书局，2010：124.

② 合信著，管茂材同撰.内科新说［M］.桃树园藏梓，1859：35.

③ 沈国威.近代中日词汇交流史［M］.北京：中华书局，2010：124.

这类词汇经由合信著作影响了一批学者，影响深远，传播至外，流传至今。《马可波罗游记》："山峰上的空气非常清洁卫生，凡住在市镇、平原和山谷的人如患热病或其它炎症都可移居山顶上，住三四天，即可恢复健康。"再如，清儒林医隐《医界镜·第十八回论医学中西一贯续良缘桑样重还》："西医乃不然，筋则但主乎脑筋，不知有十二经络之异，病则统名为炎症，不知有表里上下之殊；脉则仅辨其至数，不明乎结代攸殊，脉病相反之理，况乎南北殊体，中西异宜。"

此外，日本医学用词也受到不少影响，其中，"肺炎""肾炎""肝炎""胃炎""舌炎""肠炎""脑炎""膀胱炎"等词均出现在奥山虎章《医语类聚》（1872）等一批医用作品中。除此之外，日本还类化出"咽喉炎、口炎、睾丸炎、龟头炎、虹彩炎、喉头炎、骨髓炎"等病名。

【～胞】

"胞"本义为胎衣，后引申为包裹或是覆盖东西的物，如"眼胞"。《全体新论》："眼胞及口皆有开肉，阖肉。"眼胞即眼皮，是一个传统中医词，《小儿卫生总微论方》："眼目时时涩，浑身似醉，人频频只要睡，心烦又多嚏，唇白眼胞肿，狂躁，足啼声东方应。"《医宗金鉴·外科心法要诀·眼胞菌毒》已有之："菌毒生于眼睫边"注："此证生于上、下眼胞睫边，初如菌形。"而"气胞、肺胞、心胞、脑胞、奶胞"等词则是"～胞"类后缀化构词的结果。如：

（1）生气能养人，炭气能杀人，故紫血必须入肺，运至气胞之上，洩炭气于胞内。（《全体新论·肺经呼吸论》116页）

（2）水在肺胞（不拘左右）则累肺经呼吸功用。（《内科新说·水证论》45页）

（3）在心胞则累心经跳动功用，在脑胞则见头大。（同上）

（4）奶胞生乳汁以养育婴孩。（《内科新说·全体脂液论》127页）

这些词均首见于合信著作，后传至日本，其中，"气胞"为《医语类聚》《造化妙々奇談》（1879—1880）所收录。

【～胎】

"胎"指人或哺乳动物孕育于母体内的幼体，又指怀孕或生育的次数，一胎即生育一次。如，钟毓龙《上古秘史》："大约有三四年光景之久，女儿连生三胎，每胎两男两女，总共六男六女。宫女也连生三胎，每一胎一男二女，总共三男六女。"有时"胎"也可指母体内幼体个数，古代只有"双胎"，如《七修类稿·卷十四事物类》："河南开封府，有丹客之妇，怀娠甚巨，动跃间似双胎也。丹客语妇曰：'若生二男，当名虎四儿，虎五儿。'"由于解剖学、妇科认识的发展，合信将胎的母体内幼体的个数含义发展起来。创制了"孖胎"一词，如：

孖胎不多见，西国医书所载，大概双胎百中之一，若三胎则数千之一，四胎则万中之一耳。(《妇婴·辨孖胎法》51 页)

此时，"~（胞）胎"类后缀构词结构在此基础上发展起来。如：民国时期徐哲身所撰小说《大清三杰·第七十一回》："姨太太，虽是为国尽忠死于非命，可是那个白翟野主的妖法，果被双胞胎的血光所污，已经毫不灵验。"齐东野人《武宗逸史·第十八章》："但是瘦死的骆驼比马大，这家人家中有姊妹二人，是一对双胞胎，已是到了出闺之年，都已长成十五岁的大姑娘。"

【~囊】

"胆囊""肾囊"为中医传承词，而《大词典》都未提供书证，《近现代汉语辞源》首引 1851 年合信《全体新论·脏腑功用论》："另有胆管二支，一透小肠头，一透胆囊。"其实，清顺治帝年间的《本草乘雅半偈》早已有之："腊月取黄牯牛胆汁和匀，纳胆囊内，悬系有风处干之。""胆囊"被日语医用学界所吸收，见《医语类聚》"Gallblader，胆囊"。"肾囊"则见于元代《世医得效方》："久病三五服效，此药贵新合效速，若合下稍久多服为佳，敷法治肾囊偏坠。"

此外，为满足表达的需要，合信衍生"~囊"系列词汇。例如："泪囊、脉囊、溺囊、血囊"等。如：

(1) 近鼻处有泪囊，如小豆大，囊下有单管通鼻。(《全体新论·左右入泪管》55 页)

(2) 凡人挑担走动，用力过度，或脉管受病，管体内层时或逬裂，渐成脉囊。(《全体新论·血脉运行论》109 页)

(3) 溺管直透肾内，成一溺囊，样如酒漏。(《全体新论·内肾经》123 页)

(4) 凡患血囊病者，自言初本不痛，曾觉挣裂，后觉跳动而痛，即是此证。(《内科新说·脉管跳血囊论》87 页)

【~管】

"~管"在《医学五种》中有"胆管、血管、气管、食管、脉管、血脉（总）管、回血（总）管、回管、养血管、发脉管、微丝血管、套管、半圈管、肺管、泪管、发汗管、脑血管、吸水管、毛管、油管、吸管、回血会管、甲字管、丁管、戊管、肺血管、肺管、氖管、溺管、汗管、精管、子管"等 30 余条，主要出现于《全体新论》《医学略论》《内科新说》中。

"管"顾名思义，管状形又有疏通、连通的作用。因其易与中医"筋"

的概念相混，故合信在《全体新论例言》中明确"是书所称管字，与筋字大相悬绝，筋者实，管者通"。其中，"气管、食管、溺管"等为传统词，"血管、血脉管、动脉管、回管、发脉管、肺管、胆管"等则为合信所创。现列举几例：

（1）是书所称血脉管或养血管或称发脉管，本属一管，其中有血有脉者是也。如回血管或称回管，亦属一管，导血回心，蓝色无脉者是也。微丝血管或称微丝管亦然。若单称血管二字，则总指三管而言。（《全体新论例言》p5）

（2）人多不明其理，盖肠胃有微丝血管甚多，能摄吸茶水以入回血管，由回管过肝入心，使之运行周身。（《全体新论·胃经》91页）

此外，后缀"~管"在日本也非常丰富，《医语类聚》收录了"胸管、肝管、胃管、肝胆管、气管、胆管、泪管"等。

【~针】

合信书中引进了大量医学器材，并语义附图说明。相关词汇如：弹丸钳、血囊针、曲剪、玻璃杯、止血器、锐钩。其中以"针"类器材最为常见，有"探针（破脓之针）、血囊针、探囊针、探脓针、套管针、半管针"等，如：

（1）以手摸试，若内有脓，肉必浮软，或用探囊针探之，审确，按部位刺割，盖脓伏深处，非药力所不及，不刺割则脓不出，不出则痛日甚，而人日虚多至损命也。（《内科新说·脓疮论》38页）

（2）更用半管针探试，无脓流出，尤为易辨。（《内科新说·瘤论》98页）

（3）法用套管针当肚脐下一寸刺入，抽去针，水从套管涌出。（《内科新说·肚腹外伤》下册63页）

"套管针"一词之后同样为日语医学吸收，见于《医语类聚》："Trocar 套管针。"除此之外，另有"缝皮弯针、缝皮直针、扁针"等。

二、音译新词

马西尼（1997：153）："由于汉语语音系统的不兼容性，使得来自西方语言的音译词在吸收过程中历尽艰难，从而极大地影响了他们的传播。"尽管如此，《医学五种》中音译词还是较为丰富，其内容涉及范围广，涉及药名、物理、地理、化学等学科。其中，《内科新说》药名用词音译词特别多，这与合信新词创制的原则有关。他秉承"中土所无者，间作以新名，务取名实相符者"，而对于那些"西国病症药品，中土向无名称者，今悉用官音译出，官音与各处土音间有不同，不用土音，而用官音，欲读者易于通晓也"。①

　　另外,《内科新说》中设有"中英对照的药剂附录表",按药品性质和种类分类,共收录 148 条各类药剂词汇。该词表设立目的和《医学英华字释》相同,"不是面向于华洋大众读者的,而是作为在华传教医生的案头书而推出的,对他们而言,这种医学词汇专书不仅可以解决一些日常医患交流问题,亦可为其日后著书撰文提供相应帮助"。② 因此,该表并非全收西洋药材的音译词。现将附表及文中出现的药名音译词及化学音译词③统计整理,具体如下:

名　　目	英　　文	备　　注
哥罗方	Chloroform	意译词:迷蒙水
鸡哪	Quinine	音译
金鸡哪	Cinchona	音译
啤啦吩纳/啤啦吩哪	Belladonns	音译
咖/迦非	Coffee	音译
乙哗格		音译
嘟吡迦咖		音译
嘟吡迦咖多		音译
哑啰	Aloes	音译
哑啰膏	Extract of Aloes	音译+意译
哑啰丸	Compound Aloes	音译+意译
挨/爱阿颎	Iodine	音译
挨阿颎膏	Iodine ointment	音译+意译
迦路米	Calomel	意译词:洋轻粉
哑嘆呢哑/哑噜弥哪/啊嚧弥哪		音译
苦白木		意译词:刮细阿
渣腊散	Jalap powder	音译+意译
阿摩尼亚/阿摩呢阿		音译

　　① 合信著,管茂材同撰.西医略论 [M].桃树园藏梓,1858:6.
　　② 孙琢.近代医学术语的创立——以合信及其《医学英华字释》为中心 [J].自然科学史研究,2010,29 (4):463.
　　③ 该表中无英文对译的为文中出现的音译词。下划线字在合信书中均要加上"口"旁。

续　表

名　　目	英　文	备　　注
吀吀伊密的	Tartar emetic	音译
格来		音译
密尼沙/密呢沙	Maguesia	音译
苏打	Soda	音译
阿嘆呢哑	Ammonia	音译
咘吀沙/咘吀萨/咘嘚哆		音译
哥啰新膏	Extract of coloeynth	音译+意译
唎布		音译
新其呕散	Zinc vomiting powder	音译 zinc + 意 译 vomiting powder，zinc 又名精锜，即锌
各息的	Caustic	音译
费皮连		意译词：肉丝
几阿苏油		意译词：系山树脂液
亚罗衣		
柠檬	Lemon	音译

　　以上仅为部分具有代表性的药名或化学类音译词。此外，书中还有很多地理类音译词，如："阿非利加、墨利加、哑罗湾、阿非利加、瑞士国、佛兰西、意大哩"等。物理类音译词，如："瞥昵"（minute）等。生理类音译词，如："啡化"（fever）等。创制音译词时，合信遵循了这一时期音译词加"口"构件的特点。这是因为当时中国在翻译外文时，"总是倾向于选用在组合中具有语义价值的字"，马西尼（1997：166）"当一种组合是用来表示语音，不具有语义价值时，那么就在这一组合中的各个汉字上加上某种偏旁"。有些是在某个字上面加，有些则是一个词内的各个字上都加，因而会出现一词多形的现象。

三、语义新词

　　"语义新词"[①] 即旧词添新义，在原词基础上通过扩大、缩小、转换等

---

　　① "语义新词"的说法首次见于香港中国语文学会. 近现代新词词源词典［Z］. 上海：汉语大词典出版社，2001：2.

方式为原词另找一个新语义。马西尼（1997：183）认为"19世纪以前，中国人似乎喜欢使用语义新词。组合新词一直要到19世纪末才开始流行。"① 合信通过组合造词已能略见端倪，而语义新词则较少，《医学五种》中的语义新词不多，现择要例释，具体如下：

【全体】

"全体"指"整个身体"。《释名·释饮食》："貊炙，全体炙之，各自以刀割，出于胡貊之为也。"清俞樾《茶香室续钞·天上人》："予亦曾见三人，一人全体，二半坐云。"鲁迅《且介亭杂文末编·这也是生活》中该词仍有"整个身体"之义："他从此就站不起来，送回家里，躺着，不想饮食，不想动弹，不想言语，请了耶稣教堂的医生来看，说是全体什么病也没有。"合信《全体新论》首次以"全体"对译"anatomy"，并"在《医学英华字释》中以'全体部位功论'译'Anatomy and Psychology'，在这之后的半个世纪之久，'全体学'几乎成为一种固定译法"②，专指"生理学、解剖学"，合信之后可见很多以"全体"命名的书籍，如《全体阐微》《全体通考》，而晚清各家所编的西学书目中也在医学之外单独设有"全体学"。《大词典》也收录了"全体学"这一义项。

【真牙】

"真牙"早见于《素问·上古天真论》："三七肾气平均，故真牙生而长极。"王冰注："真牙，谓牙之最后生者。"《大词典》解作"齻牙"，即"口腔中最后面的白齿。亦名智齿。"然而在《妇婴新说》里，"真牙"被赋予了新义，指"乳牙之下"长的牙齿，并非智齿之义，如：

小儿七八月初生者为乳牙，七八年后换生者为真牙，乳牙凡二十，真牙凡三十二，真牙在乳牙之下，盖牙在上下床骨内，大小已定，出后不能再长。（《妇婴·论生牙换牙》117页）

此义之"新牙"被后来者继承沿用。1881年傅兰雅《格致汇编》第三册《互相答问》："真牙全脱落者镶以假牙。"

【生气】

"生气"原指使万物生长发育之气。《礼记·月令》："（季春之月）是月也，生气方盛，阳气发泄，句者毕出，萌者尽达，不可以内。"《韩诗外传》卷一："故不肖者精化始具，而生气感动，触情纵欲，反施乱化，是

---

① "随着日语汉字借词的传入，组合新词增强了他们的优势。这些借词的传入，还发展了后缀构词法。"（马西尼著，黄河清译. 现代汉语词汇的形成——十九世纪汉语外来词研究［M］.上海：汉语大词典出版社，1997：184.）

② 孙琢. 近代医学术语的创立——以合信及其〈医学英华字释〉为中心［J］.自然科学史研究，2010，29（4）：468.

以年寿殁夭而性不长也。"后引申为活力、生命力、活人的气息。《全体新论》中，"生气"被赋予了"空气"义，如：

> 凡人一呼一吸合为一息，呼者吐炭气也，吸者接生气。生气入血则赤，赤为正血，炭气入血则紫，紫为孬血。（《全体新论·肺经呼吸论》116 页）

之后，郑观应（1842—1922）《盛世危言·开矿》中亦有记载："开矿机器亦以比国所造为良。大要有三：一为注生气之器，一为戽水之器，一为拉重举重之器。"

【经绝】

古代也有"经绝"一词。《妇人大全良方·男子受胎时日法》："凡男女受胎，皆以妇人经绝一日三日五日为男，仍遇月宿在贵宿日，又以夜半后生气时，写精者有子皆男，必寿而贤明高爵也。"此处"经绝"意为月经停止，相当于"经停"。女性生产后月经停止一段时间后还会再来。而《妇婴》中的"经绝"指的是"绝经"，女性月经不再来了，如：

> 经绝之期，早至则早绝，迟至则迟绝，大约以四十五至五十为适中焉。（《妇婴·总论月经》33 页）

以上仅是《医学五种》中一部分新词。其中，"眼点、明角罩、罩睛皮、眼白壳、三角房、子核、筋带、阴精、精珠、子管"等词流传较少，大多被其他术语取代。然而，这些词汇毫无疑问地推动了人们对解剖学、生理学等学科更为深入地了解。大部分新词为后人沿用，"乳牙、胎盘、血管、大脑、小脑、炎、肺炎、兔唇、便秘"等词广为使用。有些词汇随着语言与时代发展换用新字。如：傅兰雅在《格致汇编》中将"养气、淡气、炭气"等改头换面为"氧气、氮气、碳气"。

第二节 《医学五种》与中日欧医学词汇交流

中国古代医学就涉及针灸、脉象、人体脏腑等内容，《黄帝内经》初步建立了古代医学体系框架，后来陆续有《难经》《伤寒杂病论》《神农本草经》等问世。总体说来，我国古代医学相对其他国家发展较早。

自秦汉起，由于社会的发展，我国与朝鲜、日本、越南、印度等国在医学研究上逐渐开始产生交流联系，国内医学影响甚广，不断向外输出中医学典籍和中药材，与朝鲜、日本的交流尤为密切。自隋唐起，日本不断从中国引进医学药材、典籍和医事教育制度等；宋元时期，日本已开始研究自身汉方医学，并用汉语编撰《医心方》等医学书籍；明清时期，中日医学交流达到昌盛时期，日本开始中医本土化，不仅有大量日本医学家出版中医学著作，还出现了日本汉方医学学派。与此同时，西方文艺复兴运动后，人们思想逐渐解放，科学技术发展迅猛，西方一系列有关科学技术、思想等也逐渐向中国传入。

西学东渐背景下，中日欧医学交流可分为两种模式：一是甲午战争以前，主要是欧-中-日和欧-日模式。其一，外国传教士在中国译介西方医学著作后，该书传入日本并产生影响。其二。西方西医直接影响日本，单独产生兰学。二是甲午战争以后的欧-日-中模式。日本医学发展壮大后逐渐影响中国，日语对汉语的输入不仅包括英语借词、日语本族词，还有来自汉语的回归词①。

中日医学词汇交流开始变得复杂起来，从单一的中医词汇变为中西医学词汇相融，产生丰富的医学词汇。沈国威先生《近代中日词汇交流研究——汉字的新词的创制、容受与共享》一书中介绍了近代中日欧词汇交流背景，并将中日交流的词汇分为三种类型：（一）中日流向词；（二）日中流向词；（三）中日互动词。这是基于整个中日词汇交流的大背景之中来研究的。合信《医学五种》时期的医学词汇具体的交流情况是何种情况？通过对该书词汇的整体把握，笔者将这些词汇分为"中日流向词"及"偶合词"两种类型。

一、中日流向词

本节"中日流向词"指的是由中国流向日本的词。现择要考释如下。
【胎盘】
胎盘一曰胞衣，俗曰胎衣，乃胚珠胞外丝毛粘连子宫内膜。（《全体新论·胎盘论》138 页）

该词为合信首创，书中既有西医词汇"胎盘"，又有中医词汇"胎衣、胞衣"。何为胎衣，何为胎盘？上例解释了这三者的关系。"胞衣、胎衣、紫河车……人胞，包人如衣。方家讳之，别立诸名焉"，《本草纲目·人·人胞》如是说。

《大词典》认为"胎衣"是中医中胎盘和胎膜的统称。该物用作中药时叫"紫河车"，是治疗劳伤和虚弱的滋补剂。归根还是要看胎盘的解释，"胎盘"是将胎内形状介于母体的子宫内壁和胎儿之间的圆饼状组织，通

---

① 马西尼认为回归借词（return loan）是见于早起汉语著作，意义仍然相同的那些词，他们经日语使用，后又回到中国，并在汉语中使用，如《医科》《解剖》《解剖学》《卫生》等。马西尼著，黄河清译.现代汉语词汇的形成——十九世纪汉语外来词研究［M］.上海：汉语大词典出版社，1997：154.

过脐带和胎儿相连，是胎儿和母体的主要联系物。由此看来，"胎盘"是对"胎衣"更为精确科学的说法。合信扩大了中医"胎衣"的语义范围，认为不仅指母体对胎儿的保护衣，还可指其他的胞状物体。

（1）《全体新路·眼官部位论》："（晴珠）其质如稠结明胶一粒，外软而中略实，体圆而扁，有薄明胎衣包之……"

（2）《全体新论·外肾经》："肾囊者，内外两皮，中有间隔，别两卵子为两房，每房之内，有双胎夹膜，一边与囊内皮相连，一边为卵子胞衣，两膜之中，常有水濡润。"

"胎"源自人和哺乳动物孕于母体内的幼体的本义，"盘"则是理据于其形状。"胎盘"一词还传至日本，为日语吸收。据《日国》，"胎盘"一词首次出现于奥山虎章《医语类聚》（1872）："Placenta 胎盘又娩随。"

【炎】

合信首创"炎"一词，并在此基础上创制与此相关的一批词。《医学五种》东传后，"炎"一词为日本医学用语所接受，并广泛使用。奥山虎章《医语类聚》（1872）为日本第一部和英医学辞典，该辞书中"炎"的使用频率极高。其中，不仅包含合信所创的"肺炎、肾炎、肝炎、胃炎、舌炎、肠炎、脑炎、膀胱炎"等词，也有日本后来类化创制的"咽喉炎、口炎、睾丸炎、龟头炎、虹彩炎、喉头炎、骨髓炎"等。《袖珍医学辞汇》（1886）中还出现了"横膈膜炎""皮肤炎""网膜炎""肠黏膜炎"等词。

【兔唇】

缺唇又名崩口，又名兔唇，小儿胎中带来，或阔阔窄，或当中，或偏一边，或两边各缺，有时累及上腭。（《内科新说2·耳鼻口舌等证》46页）

《大词典》释义为"唇裂"，未收例证，《中国医学大辞典》未收录该词。该词大概为合信所创，《医语类聚》亦有收录，如"兔唇/Diastematocheilia"。①

【偏瘫　截瘫】

瘫痪之证有四：曰全瘫，曰偏瘫、曰单瘫，曰截瘫。四肢不仁谓之全，半身不遂谓之偏，或一肢，或一部，谓之单。或上身，或下身，谓之截。（《内科新说·头脑伤论》199页）

中医称"瘫痪"为"中风"。《大词典》未收"瘫痪"，但《四库全书》中该词多达173次。如：《外台秘要方·卷十四·瘫痪风方四首》（文

---

① 何华珍.明治初期的《医语类聚》与中日医学汉字词研究 [J].语文建设通讯，2012，（101）：42－52.

渊阁四库本）："广济疗瘫痪风，及诸风手足不随、腰脚无力方。"

合信将"瘫痪"大致分为"半身不遂瘫痪"，立名为"偏瘫"；"手足瘫痪""脚瘫痪"等局部瘫痪，立名为"单瘫"；而整个上身或下身则是"截瘫"。"偏瘫""单瘫""截瘫"后都在汉语中继承下来。《曾国藩文集》："闻之医云，老年偏瘫之症，病右者，以虎骨之右年体熬胶医之；病左者，以骨之左半体熬胶医之，可奏奇效。" 《医语类聚》收"偏瘫/Semiplegia""截瘫/Paraplegia"[1] 二词。

【寒暑针】

（1）人身本热，常比寒暑针百度之时（人欲自验，口含寒暑针便知）。《全体新论·人身真火论》121 页）

（2）寒暑针者，制一玻璃小筒，外刻度数，内置水砹（银）。（《全体新论·人身真火论》122 页）

（3）绑扎后，寒暑针验之，本热当少三、四度，此因血瘤暂减之故。之后的《内科新说·霍乱证论》亦有，盖此时周身本热顿减，以寒暑针试之，仅七十七度，较平人少……（《内科新说·脉管跳血囊论》91 页）

"寒暑针"即寒暑表，温度计。《大词典》举梁启超《中国积弱溯源论》例。马西尼认为该词始见于黄遵宪《日本国志》，疑似为"来自日语的原语汉字借词"。其实，"寒暑针"早见于《全体新论》，只是用其繁体字"寒暑鍼"，至 1857 年，合信改"寒暑鍼"为"寒暑针"，1858 年《妇婴新说》中使用"寒暑表"替代"寒暑针"，如"温水以寒暑表一百度为率"。伟烈亚力《六合丛谈》（1857）："热带洋面以寒暑表测之，自七十七度至八十四度。""寒暑针"后为《医语类聚》所收录："Thermometer 寒暑针。"

二、偶合词

舒志田（2004）将《全体新论》与《解体新书》对比后发现"眼球、大脑、小脑、牙床、泪囊、泪管、胆管、尿管、坐骨、上臂骨、采听"等12 个词在两书中均有使用。这是一个非常有意思的现象：鸦片战争之前，一直都是中国医学影响日本，只有中医词汇传入日本的先例，可是，18 世纪至 19 世纪上叶日本单独发展了兰学，先于中国产生了不少新词。合信受到兰学影响吗？还是说这些词汇是两国各自发展进程中自然发展的结果？

明清距今已久，许多文献遗失难寻，少部分遗存国外文献也难以查

---

① 何华珍.明治初期的《医语类聚》与中日医学汉字词研究 [J].语文建设通讯，2012，(101)：42－52.

证，日本兰学是否对合信译词产生直接影响尚不得知。就源流问题而言，我们或许可以接受这么一种说法：日本在一千多年的历史中，不断吸收汉语文化、中西文化，形成该习惯后，翻译其他作品时，日语逐渐习惯性运用汉语方式造词。由于合信也同样是采用汉语的造词方式，因而，两者能够在互不影响的情况下，创制出同样的语词。

这 12 个不明源流词中，"牙床"已可确定是源自中国①，早见于《普济方·六十七卷》："治急疳虫蚀牙齿，连牙床骨损坏疼痛，干地龙（烧灰）、黄矾、白矾（烧令汁尽）、青矾、石胆、巴豆（去皮心研纸压去油）、人粪灰（细研各一分）。""尿管"亦为源自中国，至少在明代《景岳全书·卷三十四·癃闭·通闭方法》中就有了，"一法治膀胱有溺，或因气闭，或因结滞阻塞不能通达，诸药不效，危困将死者，用猪溲胞一个，穿一底窍两头，俱用鹅翎筒穿透，以线札定，并缚住下口根，下出气者一头乃将溲胞吹满，缚住上窍，却将鹅翎尖插入马口，解去根下所缚，手捻其胞，使气从尿管透入膀胱，气透则塞开，塞开则小水自出，大妙法也"。"采听"则是更早就有了，《国语·卷十二·晋语六厉公》："风听胪言于市。"韦昭注："采听商旅所传善恶之言。"

至于"眼球、大脑、小脑、泪囊、泪管、胆管、坐骨、上臂骨"的词源问题，笔者与舒志田观点一致，将这些视为偶合词。现择要列举二三。

【眼球】

（1）眼白壳其圆如球，眼球本有三层，此乃第一层。（《全体新论·眼官部位论》57 页）

（2）第二对入眼球，司观万物。（《全体新论·脑为全体之主论》45 页）

《大词典》首举柔石《二月》为例，书证较晚。《近现代汉语辞源》举 1851 年《全体新论》卷四中"脑筋衣：位在眼球之内，为第三层"例子外，又举 1873 年丁韪良等在《中西闻见录》第 16 号中用例，如"每在婴幼时，恒视近物而自不觉其不便，即至童年，读书写字之际，方得借镜以佐之。倘其弊太深，则无论远近之物，视瞻均皆不清，此乃生成眼目折光之弊，大约由眼球之形势不同而然者也"。在此之前的《四库》未收录，1848 年地凡《Beginer's first book》又将"eyeball"对译为"眼睛"。

可见，至少在合信之前医学界几乎不使用"眼球"一词。然而日本《解体新书》（1774）中就已有此词，《医语类聚》《动物小学》（1881）等著作中也陆续出现。舒志田认为该词来源不明，是中日偶合使用的现象。

---

① 何华珍. 近代日中間における漢語の交流の歴史［J］. 日本语学，2011，（7）.

据《医学英华字释》"the eyeball 眼球"，可以猜测，确实存在中日两国对译偶同性的可能。

【大脑　小脑】

古人很早就认识了"脑"，并为其造字。然而，人们对脑部构造以及其主管思维、记忆等功能却是近代才有所了解。谭嗣同《仁学·一》（光绪铅印本）："以太之用之至灵而可征者，于人身为脑。其别有六：曰大脑，曰小脑，曰脑蒂，曰脑桥，曰脊脑，其分布于四肢及周身之皮肤曰脑气筋。"

以上脑之六物，为何取该名？据《大词典》，"脑蒂""脊脑"或许是因今已不用，因而并未收录此二词。"大脑""小脑"未列用例。"脑桥""脑气筋"引用用例均出自谭嗣同《仁学》或《以太说》。因而，有人认为"大脑、小脑、脑气筋"是日语借词，诚然"大脑"等词是近代解剖学上的新词，传统中医未曾对其研究命名，但合信首创之，并对脑的结构认识细致。《医学五种》中用例如下：

（1）枕骨里面有四微凹处，其形如盆，近髓孔后之两大盆，乃盛小脑者，略上之两小盆，乃盛大脑之后叶者也。（《全体新论·身体略论》17 页）

（2）大脑之下蒂连小脑一颗。（《全体新论·脑为全体之主论》46 页）

然而他为什么以此命名呢？更奇怪的是 1774 年日本《解体新书》就已经出现了"大脑髓""小脑髓"，《重订解体新书》（1798 年成，1826 年刊）更是赫然使用"大脑""小脑"，与合信不谋而合。此时，中日两国处于闭关锁国状态，医学传播流向是由中国东渡到日本。两国出现该词的共同点都是受西方解剖学影响，至于"大脑""小脑"中日之间有无交流，由于研究材料的限制，大概只能猜测。正如舒志田所云，它们的中日交流关系不明确，暂用"偶合"来解释这一现象。

不过，可以猜测，日本的"大脑""小脑"是由"大脑髓""小脑髓"经济性原则而来。至于，为何中日不约而同使用"大脑""小脑"呢？想必是因为：其一，脑部构造正好一大一小；其二，中日两国都认同"脑"主管神经系统，主管思维、记忆等活动的功能，在造新词时也就都采用了"脑"这一语素，同时顺应语言自身发展的规律。

【坐骨】

《大词典》未收，《四库》无，为合信首创。书中用例如下：

髀臼之侧，作一骨圈，圈中宽一寸，栱脚圈下之处，骨略粗涩，凡坐之时，此骨乘于椅上，故名坐骨。（《全体新论·尻骨盘及足骨论》29—30 页）

该词在 20 世纪初使用上仍非常活跃，周树人、汤尔和等沿用。《近现代汉语辞源》收录"坐骨"，首例举《全体新论》，又举 1903 年汪荣宝等《新尔雅·释生理》"肠骨、耻骨及坐骨，曰无名骨"，后又举 1909 年周树人《人生象学·本论》："人当幼时，离为三骨，曰肠骨、坐骨、耻骨，或以软骨相接。比十六七岁，软骨渐坚，乃合为一焉。"该词也在《解体新书》中出现，并为《医语类聚》所收录。舒志田认为是来历不明词，由于研究材料的局限，两国之间的交流关系也不得而知。笔者认为，可能是由于该骨的位置及作用，才导致两国偶合地使用该词。

【脉管】

"脉管"即血管，如今已不用，但合信书中"脉管"的出现频率极高，如：

（1）脉管受力比回管更多，故厚薄不同。（《全体新论·血脉管、回血管论》103 页）

（2）若割断脉管，赤血节节喷射，小者须用药止之（或截竹寸许，卷以软纸，压贴脉管，以带缠之）。（《全体新论·血脉运行论》109 页）

（3）脉管犹见有血，却因全体瞬息尽绝，而血脉止于倏忽之间也。（《全体新论·血脉运行论》107 页）

（4）胎盘无所用，带内脉管始壅而不流矣。（《妇婴新说·论妊娠胚胎》47 页）

《医学英华字释》中含"脉管"的词条亦有 60 余条。《大词典》以茅盾《无题》为首例，远在合信之后。据《日国》，日本早在 1810 年《形影夜话》中已使用"脉管"，《志都の岩屋讲本》（1811）《驿夫日记》（1907）均有使用。

那么，合信使用"脉管"一词是否受日本影响呢？近代中日文献交流从鸦片战争后开始，大量汉译西书传入日本。实际上，许多日语词都被证实为出自中国本土。迄今尚无文献证明日本兰学文献影响合信等传教士。因此，笔者认为"脉管"在《妇婴》和日本文献同时出现，属于一种偶合现象，即中医在中日两国各自发展的结果。

其实，"脉"本身就有"血管"义。《黄帝内经素问·卷第五·脉要精微论篇第十七》："夫脉者，血之府也。"王冰注："府，聚也。言血之多少皆聚见于经脉之中也。"《左传·僖公十五年》："张脉偾兴，外强中干。"杨伯峻注："脉，即今之血管。"因此，中日两国各自以"脉管"称血管也在常理之中。

【血脉管　回血管　动脉】

《大词典》未收录"血脉管""回血管"二词。"管"这二词均首见于合信著作。如：

（1）血脉管者，运行赤血之管也。（《全体新论·血脉管回血管论》103 页）

（2）回血管者，回导紫血入心之管也。（《全体新论·血脉管回血管论》104 页）

《近现代汉语辞源》收"血脉管"，并注"见'动脉'"，于"动脉"义中举例"血脉管"相关用例。《近现代汉语辞源》除首例举合信《全体新论》及《内科新说》中用例外，另举 1873 年丁韪良等《中医闻见录》第 17 号中"血脉管与回血管名殊而体不殊"之例，显然例证较晚。

《近现代汉语辞源》收录"回血管"，并注"见'静脉'"，于"静脉"义项中举例"回血管"相关用例。除首例举合信《全体新论》及丁韪良等《中医闻见录》第 17 号中例外，又举 1876 年傅兰雅《格致汇编》第一册《格致略论》"兽族之身有发血管与回血管"例。

"赤血之管"后来即简称为"赤血管"。"血脉管""赤血管"即动脉。"紫血之管"也简称为"紫血管"。"回血管""紫血管"即静脉。此二词均是中国早期对动脉、静脉的称呼，到二十世纪初开始吸收日语的说法，改称"动脉""静脉"。值得注意的是，"动脉"一词并非二十世纪初才用的，合信书中出现 5 例：

（1）凡人脉至跃动，乃心经逼发血势，百管（指脉管而言）涌应，遍体皆然，不独手足颈内始有动脉，但他出脉管有肉藏护，故用手按摩，不觉跳动。（《全体新论·血脉运行论》107 页）

（2）脾质甚软，可大可小，其用大率集聚往来余剩之血，为动脉宽闲之地也。（《全体新论·脾经》99 页）

（3）以手重按其上臂动脉（须用力重按至骨），则下臂伤处血即停止。（《内科新说·外伤论》68 页）

（4）过十余日，疮口复好，倘疮口血流过多，或血管隐藏不见，宜循其上流动脉易见处，割开外内皮脂膜，用坚细丝线穿在血囊针眼钩托管下，将线左右结束，则其下血流自停。（同上）

（5）脾经功用，人未尽知，大约收聚往来余剩之血，以宽闲动脉而保护脏腑者也。（《内科新说·脾病证论》123 页）

然而，此处"动脉"极有可能并非专指"artery"，而是指一切有脉搏跳动的血管，如"手足颈胸，皆觉脉动，而独切手脉者何也？盖手脉之下，有骨乘垫，可以……"（《全体新论·血脉运行论》）。此时合信已以"血脉管""赤血管"指代"动脉"，以"回血管""紫血管"代指"静脉"，没有必要另造"动脉"专指"artery"。1874 年丁韪良等《中西闻见录》第 28 号："当其音响之际，则与两手腕之动脉适相通，是以知其脉之动也。"此处该词也仍是"脉管"之义。直到二十世纪初，日本用"动脉"表示"artery"，"静脉"表示"vein"。之后，这些词传入中国，被汉语吸收。

综上，晚清西医东传时期，以合信为首的解剖学译著被大量地翻刻，促进了日本医学的发展，也加速了中日间医学词汇交流。研究合信著作中的词汇，有助于为部分医学术语找到初始面貌，也有利于更清晰地认识医学词汇在中日欧的传播流向。

第三节 《医学五种》与辞书编撰

目前的医学辞书大多只对词条进行解释，较少引例溯源。樊正伦、张年顺等于 1994 年整理出版的谢观《中国医学大辞典》（1921）汇总了我国古代、近代医学术语，并引例溯源，是我国医学词汇的集大成性著作。该书"为研求中医者挈其纲领，沟通西医者导彼先河"，"搜罗旧籍，傍及朝鲜人、日本人之著作，为提要二千余种，藉为考订古今医籍之阶梯。"

然而，《中国医学大辞典》成书时间较早，以中医词汇为主，不少近代西医词汇缺收。部分被收录的近现代医学语词也只是释义，未列例证。如："胎盘""血管"。因而，《中国医学大辞典》只能说是为中医词汇考证提供了相当丰富的材料，但是在近现代医学新词的考证上显然是不足的。

为弥补其中不足，本节将借助《大词典》、黄河清《近现代汉语辞源》（2020），并对比近现代外来词研究相关著作，如：《五四以来汉语书面语言的变迁与发展》《中日近代词汇的交流——梁启超的作用与影响》《现代汉语外来词研究》《现代汉语词汇的形成》，对《医学五种》中的词汇进行词源探析。这些书都在一定程度上解决了近现代新词，尤其是在中日外来词中的回归词等的辞源考证问题。但是，仍有很多医学新词存在考证的空间。

一、词目未收

《医学五种》中，有些词汇由于专业性较强而未被《大词典》收录。然而，有些进入日常生活的常用词也存在漏收的情况。现列举几例。

【怪胎①】

怪胎虽不多见，然亦时有，如无脑，无手足，头大有水，枕骨、臀骨等处生瘤。(《妇婴·论变产接生法》94 页)

该词《大词典》未收。然而，明代时期该词便已存在。明代泰昌元年俞汝楫《礼部至稿·卷八十八·祈祷备考》："妇人怪胎生子，三目或四目及形体不全者，古则有之。"又如，清代阙名《绣像后宋慈云走国全传·卷之一·第四回·五路藩王归国急三忠扶主进谋高》："再说朝中狱官吴进，奉了寇兵部之命，小心事奉陆娘娘，不敢少懈。他妻杜氏，心忧是怪胎，身怀六甲已足二十个月之期，与陆娘娘前后隔两天，俱已分娩。"

【真皮】

人身真皮之外，有薄皮周围盖护，常生常脱。(《全体新论·手鼻口官论》79 页)

该词《大词典》失收，其意指人或动物身体表皮下面的结缔组织。明代申时行《大明会典·卷之三十五》（明万历刻本）："黄牛真皮每张。扇骨每一千把。"1880 年柯为良亦有使用，《全体阐微》卷一："䏈，即真皮。软而有力，且有自缩力，中藏血管、吸管、脑筋、筋网、䏈分深浅两重，深者即筋线合成，中藏油核、汗核、毛囊。"

【产门】

或问，阴道即产门乎？曰："然。"(《妇婴·论子宫精珠》31 页)

该词《大词典》未收，《中国医学大词典》只有释义，未给出例证。其实在南宋《医说·卷九·妇人》已有并使用频繁，如："妇人产，当寒月寒气入产门，脐下胀满，手不敢犯，此寒病也。"

【阴户】

女子月经未至前无精珠，一异也，未破身前阴户有薄膜扪闭，仅一小缺，通流月水，二异也。(《妇婴·总论子宫精珠》31 页)

该词《大词典》未收，《二刻拍案惊奇·卷之五》（尚友堂刻本）中已有："可怜金枝玉叶之人，零落在狗党狐群之手。奸淫已毕，分付婆子看好。……真珠姬自觉阴户疼痛，把手摸时，周围虚肿。"

【交骨】

（胯骨）左右出一横骨，在前阴之上分界，俗名交骨。(《全体新论·尻骨盘及足骨论》29 页)

---

① 本文所有释例均是《医学五种》中用例早于《大词典》《近现代汉语辞源》等辞书，能够补充《大词典》用例或词条，但是，可能在其他文献中还有更早用例。因而，本文主要是将医学词汇与大型辞书比较后的深入探源，以他山之石攻玉，进行溯源考证。

《妇婴》中多处插图都标有"交骨",虽《大词典》未收,但至少见于元代。《世医得效方·卷十四·产科兼妇人杂病科》:"加味芎归汤,治产五七日不下垂死者,及矮小女子交骨不开者。"又如《薛氏医案·卷四·女科撮要》:"交骨不开,产门不闭,子宫不收,皆元气素弱,胎前失于调摄,以致血气不能运达而然也。"

【溺管 尿道】

间有无子之故,因精管塞住,精出不畅,或溺管塞住,累及精道,或外肾……,分别可治不可治。(《妇婴·论男女不生育之故》54页)

《妇婴》中凡称"尿道"之初均使用"溺管"或"溺道"。《近现代汉语辞源》收"溺管",然未举例。其实,古代中医书籍中已见"溺管""尿道"二词。明朱橚《普济方·小便淋沥》(卷415):西方子云,主淋小便赤,尿道痛,脐下结块如覆杯。同书《大小便诸疾类·淋癃》(卷423):"治五淋小便赤涩及治尿道痛,失精脐下,结如覆杯,阳气虚惫。"明代张介宾撰《景岳全书·卷三十四·癃闭·论治》:"一火在下焦,而膀胱热闭不通者,必有火证、火脉,及溺管疼痛等证。"《普济方》:"寒气膀胱内,尿难涩又频肾虚,脬受冷,尿道不藏精。"

【经痛】

经痛,有女子月经初至一二次痛,后即不痛者。(《妇婴·论月经病症》38页)

《近现代汉语辞源》首例举上例。实际上,元代《医垒元戎》已有该词:"问曰:'妇人经痛,大人小儿内热,潮作并疟寒热,其法同否?'帝又问曰:'病中外何如?'"

【精管】

间或有无子之故,因精管塞住,精出不畅,或溺管塞住累及精道,或外肾……,分别可治不可治。(《妇婴·论男女不生育之故》54页)

《近现代汉语辞源》收该词条,并注"见'输精管'"。《近现代汉语辞源》中"输精管"词条中最早引用词例为合信《全体新论》之用例。清代《寓意草·卷三·论受先先生漏症善后之宜》已有:"大凡强力入房者,气每动激而出,故精随之横决四射不尽,由孔道而注,多溢于精管之外,久久渐成漏管。"

【掌骨】

手腕骨左右各八枚,其形长短方圆不等,上连肘骨,下连掌骨,共八骨,分两层排列。(《全体新论·手骨论》27页)

腕骨,即掌骨。《大词典》收"腕骨",并于"腕骨"下列《医宗金鉴·正骨心法要旨·腕骨》:"腕骨,即掌骨,乃五指之本节也……以其能宛屈上下，故名曰腕。"然而，《大词典》未收"掌骨"。实际上，"掌骨"早已见于孙思邈《备急千金要方》（约652年）："掌骨不成者，能匍匐而死。"该词又见于《千金要方》（卷8）："二百一十日，掌骨成，能匍匐。"《世医得效方》（卷11）："掌骨不成，能匍匐而死。"

二、书证缺失

《大词典》中有相当一部分词只有释义没有书证。《医学五种》中的用例能够补充相关医学词汇书证，也有助于挖掘更早的书证。现列举几例。

【乳牙】

（1）出生婴孩，未需牙用，其齿隐于牙床骨中，六七月间，门牙始出，行年三岁，共有二十齿，俗名乳牙。（《全体新论·脏腑功用论》86页）

（2）小儿七八月初生者为乳牙，七八年后换生者为真牙，乳牙凡二十，真牙凡三十二。（《妇婴·论生牙换牙》117页）

《大词典》收"乳牙"词条，未列书证，检索《四库》《四部》《中国医学大词典》，也无结果。"乳牙"大概为合信首创，并于《医学五种》中详细说明，乳牙经后人使用流传至今。如《七剑十三侠》："原来五枚大师是个女尼……也大声骂道：'好大胆的畜生！你胎毛未干，乳牙未脱，胆敢戏辱本师！'"《乾隆南巡记》："方德喝道：'黄口小儿，乳牙未退，敢夸大口，想作死不成？还不与我退下！'"前者成书于1898年，后者作者虽未详，但成书时间也大致与《七剑十三侠》相当。

【脊柱】

在二十四脊柱之中，分颈骨七节，背骨十二节，腰骨五节。（《全体新论·脊骨肋骨等论》23页）

"脊柱"已成为常用医学词。《大词典》将其释义为"人和脊椎动物背部的主要支架。俗称脊梁骨"，未列例证，《四库》未收录该词。

【子宫】

生育子女，绵延繁衍者，男子则外肾，妇人则子宫之功也。（《妇婴·论子宫精珠》29页）

《大词典》未列例证，《近现代汉语辞源》首例证举《洞玄子》（984年）："候女动摇，取其缓急，即以阳锋攻其谷实，捉入于子宫，左右研磨，自不烦细细抽拔。"

【阴道】

阴道之口曰户，亦曰门，阴道长约三寸半，阔八分，其体曲而不直。（《妇婴·论子宫精珠》29页）

《大词典》收录"阴道"，未举例证。《近现代汉语辞源》引本文例。

《日国》所列最早书证见于 1807 年。实际上，隋巢元方等撰《巢氏诸病源候论》中早已有之，如"产后阴道痛肿候"等。

【白带】

若迟至两三月不行，身虚弱，或头痛腰痛，或不思饮食，或流白带，应服调经补药。(《妇婴·月经病症》37 页)

"白带"一词生理义时，《大词典》未列用例，《近现代汉语辞源》引本文例，认为该词是传教士词汇。其实，该词至早见于唐代。如，唐《备急千金药方》："龙骨散，治淳下十二病绝产，一曰白带，二曰赤带，三曰经水不利，四曰阴胎，五曰……"又如，宋《类证普济本事方·卷十·治妇人诸疾》："治妇人月经不调，每行数日不止，兼有白带，渐渐瘦悴，饮食少味，累年无子。"

【水痘】

水痘：似痘无脓，中有水者，俗名水痘，见于手臂胸颈者多，一处三四粒，四五日自干。此证无甚关系，亦不致传染，患者宜食凉物。(《妇婴·水痘》131 页)

《大词典》未列用例，《中医大词典》同，《近现代汉语辞源》未收。实际上，该词至少早见于宋代。宋代《小儿卫生总微论方·卷八·疮疹论》"其疮皮薄如水泡，破即易干者，谓之水痘，此为表证发于府也。"该词还见于《仁端录》《薛式医案》《赤水元珠》《证治准绳》《景岳全书》《御纂医宗金鉴》《续名医类案》等。此时，日本、韩国同样深受痘疹的困扰。可见，明清时期，痘疹成为东亚医学面临的一大难题。

【罂粟】

小儿乳旁生炎，热痛红肿，用罂粟壳水冷洗，润油温擦，内服微利药，外用粥渣润贴数日愈。(《妇婴·论小儿初生时病症》112 页)

《大词典》无例证。实际上，《苏轼集·归宜兴留题竹西寺三首·其二》已有："道人劝饮鸡苏水，童子能煎罂粟汤。暂借藤床与瓦枕，莫教辜负竹风凉。"

【便秘①】

若假痛或因身体困倦，或因食不消化，或因便秘，或因儿动子宫不安，皆能致痛。(《妇婴·论将产证据》65 页)

便秘不宜泻，只可用大黄一块，纳入肛门以引之。(《西医略论》)

《大词典》未列例证，《近现代汉语辞源》中的最早例证是 1857 年合

---

① 何华珍. 近代中日医学词汇探源——以《医语类聚》为例 [J]. 中国语研究·开篇, 2011, (30)：142 - 149.

信的《内科新说·卷中》之例。其实,古代已有"便秘"一词。"便秘"一词从"大便秘结"发展而来。清徐彬《金匮要略论注》(1671):"故曰:或从汗出,是津脱也;或从呕吐,是液伤也;或从消渴,是心火耗其阴也;或肠枯便秘强利求快,是脾津因下而亡也。"

【凸镜　凹镜】

凸镜图;凹镜图(《全体新论·眼官妙用论》66 页;165 页)

"凸镜"即凸面镜,"凹镜"即凹面镜。《大词典》对"凸面镜"进行解释,但未列例证。《近现代汉语辞源》收录 1913 年王兼善《民国新教科书·物理学》第三章:"凸面镜,Convex mirror。"时间较晚。由此看来,"凸镜"有向"凸面镜"发展的趋势。

三、例证晚出

辞书编纂力求所收首列书证为最早用例。《大词典》更是十分注重追本溯源。历代汉语文献浩如烟海,探源索流无疑是件复杂的工作。因此,不少词条难免出现书证偏晚的问题。现列举几例。

【泪囊】

内眦上下角处,有两小孔以接泪入管内,两管之末相通,近鼻处有泪囊,如小豆大……(《全体新论·眼官部位论》55 页)

《大词典》举朱自清《别》:"现在便捺着伊的泪囊,伊可再禁不住,只好听他横流了。"该书证较晚。《中国医学大词典》未收。

【耳膜】

以防虫入,亦所以暖润其中,至耳膜为界。(《全体新论·耳官妙用论》73 页)

《大词典》首例举郁达夫《沉沦》"单调的轮声,一声声连连续续的飞到他的耳膜上来",书证较晚。《近现代汉语辞源》更正,首举 1875 年《格致启蒙》卷二:"空气击我耳膜,以闻其声。"该用例时间亦晚。《中国医学大辞典》未收。

【耳鼓】

西国称为耳鼓,因其扪闭如鼓。(《全体新论·耳官妙用论》73 页)

"耳鼓"为合信首创。《大词典》首举收叶紫《夜哨线》:"微风将一阵凄切的呜咽声送进到他的耳鼓中来。"书证较晚。《四库》未收录。

【心房】

心房出纳,常有血一两六钱,血入上房,则下房缩闭,血路下房,则上房缩闭。(见《全体新论·心经》102 页)

《大词典》收录"心房",并将其释义为"心脏内部上面的两个空腔。

左右各一，互不相通。亦泛指心中"，首例举闻一多《时间底教训》诗："啊！这样肥饱的鹑声，稻林里撞挤出来——来到我心房酿蜜。"后又例举陈毅《七星岩》诗："我来游岩遍，怡悦荡心房。"这些文学作品都泛指心中，收录较晚。

【轻气球】

近年有**轻气球**者，其下悬以栏床，可容数人，乘气上腾，直凌霄汉。（《全体新论·肺经呼吸论》119~120 页）

"轻气球"即氢气球。《大词典》举黄遵宪（1848—1905）《陆军官学校开校礼成赋呈有栖川炽仁亲王》之三："亦有轻气球，凌风腾千尺。"书证较晚。

【大腿】

（1）伤在小腿，须缠裹其足；伤在**大腿**，则足与小腿皆须缠裹，不可但将伤处紧束，以至回血不能流通，其下必肿也。（《内科新说·外伤论》70 页）

（2）孖胎不多见，西国医书所载，大概双胎百中之一，若三胎则数千之一，四胎则万中之一耳，辨法较平日更难，然亦有数证可据，五六月时，摸试子宫之底，中平而左右并大，一据也，左右并动，二据也，重累过度，有时压住**大腿**血管，血通行不如平日，腿肿，三据也。（《妇婴·论孖胎法》51 页）

《大词典》收"大腿"一词，引例为周而复《上海的早晨》："她把心里想的这一番意思告诉了朱瑞芳，朱瑞芳拍着自己的大腿说：'你说得对呀。'"该用例显然太晚。实际上，该词至少早见于明代。《近现代汉语辞源》则举 1596 年李时珍《本草纲目》第十卷"热醋调涂两手心，合掌握定，夹于大腿内侧，温覆汗出，乃愈"例。《普济方》："右为细末香油调于手心，擦之如热鼻嗅之，次将两手交互合于大腿上安眠。"

【枕骨】

凡婴儿背向母腹，头**枕骨**先露，难易迟速恰合常度，产母阴道无所损坏，胎盘既出，血亦净尽，自动作自而出，皆系自然而然，此为正常。（《妇婴·论临产》70 页）

《近现代汉语辞源》首例举利玛窦《西国记法·原本篇》（1595）"记含所在，在脑囊……枕骨下，为记含之室"。其实，中国本土早有该词。《大词典》中该词最早的例证见于明李诩《戒庵老人漫笔·导引保真法》："静坐，将两手指击头后枕骨九次，以鸣天鼓。"其后还收录清《御定医宗金鉴·卷八十·周身名位骨度》："枕骨者，脑后骨之下陇起者是也。其骨或棱、或平、或长、或圆不一。"这些例证都偏晚，实际该词在唐代就已有，如《备急千金要方》："儿生枕骨不成者能言而死。"

【养气】

然既有养气以养之，又何须淡气为哉？盖养气浓烈，必须以淡气淡之，始成中和之气而化万物醇也。（《全体新论·肺经呼吸论》115 页）

合信用词中"氧气"均作"养气"，意为"养人之气"。《大词典》举鲁迅《且介亭杂文二集·在现代中国的孔夫子》："在这里三泽力太郎先生教我，水是养气和轻气所合成。"该书证较晚。《近现代汉语辞源》除了《全体新论》中用例外，又举 1857 年伟烈亚力《六合丛谈》二："动植诸物，则又仅用四质成之。四质维何？曰炭，曰湿气，曰养气，曰淡气。凡植物之花叶、动物之骨肉，皆合此四质成之。有间用硫磺及磷二质者，其偶焉。"

20 世纪初，"养气"演变作"氧气"。邹弢（1850—1931）《海上尘天影·第十九回·悲梦幻幻境悟因缘·辟灵机机心参格致》："火遇氧气而燃，遇炭气而灭。凡火尖上的煤油，就是未经烧化气，然总须氧气遇火，方能烧化，成无形的炭气。"

《医学五种》中还有很多诸如此类的词，如"寒暑针""炎""大脑"等词，因篇幅有限，不一一列出。《医学五种》为医学辞书提供了丰富的材料，同时也为大型辞书，尤其是医学术语的编纂方面补充了不少用例。这些例证反过来又为汉语史研究提供了宝贵素材，对探究医词学汇史具有重要作用。

综上，中西医学交流方面，中国吸收西方先进的理论知识及临床技术，同时也将其词汇引入。但是在新词、传统词交汇更替过程中，合信既保留了大量的传统中医词汇，又利用汉语造词原则，结合古代医学词创制出新词。这一做法大大提高了《医学五种》接受程度与传播范围。其中的新词如"炎、大脑、小脑、胎盘、兔唇、耳鼓、偏瘫、脉管"使用频率高，留存时间长，社会接受度高。此外，附加式构词的优势在该著作中渐渐显现。当然，新词中也存在大量的音译词，音译词主要集中于药名、化学名方面。合信之后的医学著作也大多沿用其所创新词。可见，其著作极大地促进了对现代医学术语的形成与发展。

中日医学交流方面，19 世纪中期，以合信为代表的首批医学译著于明治前后传入日本，并得到翻刻。这些著作的传播促进了日本解剖学、病理学等学科的发展，同时也增进了中日两国医学词汇的交流。此时，医学词汇流向主要是中国流向日本，并且促进了日本词汇类后缀的发展。日本兰学时期所产生的一些新词与合信医学词汇的偶合，由于历史文献的限制，无法考证，只能归结于不明源流，它们或是中日两国医学词汇各自发展的结果，或是合信受到日本兰学影响。

另外，《医学五种》为大型辞书编撰提供了丰富的材料，为辞书编撰的补充词条、义项和例证，在词语溯源方面发挥了重要作用。

参 考 文 献

一、国内出版

（一）国内论著

[1] 合信：《医学英华字释》，上海：SHANGHAEMISSIONPRESS，1858 年。

[2] 高名凯，刘正埮：《现代汉语外来词研究》，北京：文字改革出版社，1958 年。

[3] 王力：《汉语史稿》，北京：中华书局，1980 年。

[4] 梁工：《基督教与明清之际的中西文化交流》，《北京图书馆馆刊》，1998 年3 期。

[5] 陈自明：《妇人大全良方》，北京：人民卫生出版社，1992 年。

[6] 王晓秋：《近代中日文化交流史》，北京：中华书局，1992 年。

[7] 熊月之：《西学东渐与晚清社会》，上海：上海人民出版社，1994 年。

[8] 熊月之：《1842 年至 1860 年西学在中国的传播》，《历史研究》，1994 年。

[9] 马西尼著，黄河清译：《现代汉语词汇的形成——十九世纪汉语外来词研究》，上海：汉语大词典出版社，1997 年。

[10] 李经纬：《中外医学交流史》，长沙：湖南教育出版社，1998 年。

[11] 彭益军：《近代西方医学的传入及其意义》，《山东医科大学学报（社会科学版）》，1998 年第 3 期。

[12] 《明清医学全书大成》，北京：中国中医药出版社，1999 年。

[13] 刘泽生：《合信的〈全体新论〉与广东士林》，《广东史志》，1999 年第 1 期。

[14] 罗昕如：《湖南方言词语的构词理据及文化内涵研究》，《语言研究》，2000 年2 期。

[15] 王艾录，司富珍：《汉语的语词理据》，北京：商务印书馆，2001 年。

[16] 黄河清：《"神经"考源》，《科技术语研究》，2003 年第 5 期。

[17] 罗婉薇：《"炎"（inflammation）的历史》，《语文建设通讯》，2004 年第 79 期。

[18] 牛亚华：《中日接受西方解剖学之比较研究》，西安：西北大学，2005 年。

[19] 廖礼平：《论近代汉语西源外来语》，《语言研究》，2005 年第 2 期。

[20] 周岩厦：《早期新教传教士以教育、知识传播与医务活动促进传教事业述论》，浙江：浙江大学，2006 年。

[21] 陈辉：《论早期东亚与欧洲的语言接触》，北京：中国社会科学出版社，2007 年。

[22] 王先谦：《释名疏补证》，北京：商务印书馆，2008 年。

［23］ 高晞：《"解剖学"中文译名的由来与确定——以德贞〈全体通考为中心〉》，《历史研究》，2008 年第 4 期。

［24］ 徐勤主编：《西医学概论》，广州：中山大学出版社，2009 年。

［25］ 沈国威：《近代中日词汇交流研究——汉字新词的创制、容受与共享》，北京：中华书局，2010 年。

［26］ 马燕冬：《古代医学分科史考论》，《中华中医药杂志（原中国医药学报）》，2010 年第 6 期。

［27］ 孙琢：《近代医学术语的创立——以合信及其〈医学英华字释〉为中心》，《自然科学史研究》，2010 年第 29 期。

［28］ 何华珍：《近代中日医学词汇探源——以〈医语类聚〉为例》，《中国语学研究·开篇》，2011 年第 30 期。

［29］ 余园园：《1858 年〈妇婴新说〉医学新词—胎盘、孖胎、血管、乳牙、牛痘等》，《语文建设通讯》，2011 年第 99 期。

［30］ 何华珍：《明治初期的〈医语类聚〉与中日医学汉字词研究》，《语文建设通讯》，2012 年第 101 期。

［31］ 余园园：《从〈妇婴新说〉中医词汇看辞书书证溯源问题》，《汉字文化》，2012 年第 106 期。

［32］ 陶飞亚：《传教士中医观的变迁》，《历史研究》，2010 年第 5 期。

（二）辞书类

［1］ 刘正埮等：《汉语外来词词典》，上海：上海辞书出版社，1984 年。

［2］ 汉语大词典编纂委员会：《汉语大词典》，上海：汉语大词典出版社，1986—1993 年。

［3］ （清）纪昀等：《景印文渊阁四库全书》，台北：商务印书馆，1986 年。

［4］ 谢观等编著：《中国医学大辞典》，北京：中国中医药出版社，1994 年。

［5］ （清）纪昀等：《文渊阁四库全书》（电子版），上海：上海人民出版社，迪志文化出版有限公司，1999 年。

［6］ 香港中国语文学会：《近现代汉语新词词源词典》，上海：汉语大词典出版社，2001 年。

［7］ 许少峰：《近代汉语大词典》，北京：中华书局，2008 年。

［8］ 黄河清：《近现代汉语辞源》，上海：上海辞书出版社，2020 年。

二、日本出版

（一）论著

［1］ 奥山虎章：『医語類聚』，東京：名山閣，1872 年。

［2］ 小川鼎三：『医学の暦史』，東京：中央公論社，1964 年。

［3］ 富士川遊著，小川鼎三校注：『日本医学史綱要』，東京：平凡社，1974 年。

［4］ 合信著，陳修堂同撰：『幕末期醫學書復刻・全体新論』，東京：冬至書房，1986 年。

［ 5 ］ 合信著，管茂才同撰：『幕末期醫學書復刻・婦嬰新説』，東京：冬至書房，1986 年。

［ 6 ］ 合信著，管茂才同撰：『幕末期醫學書復刻・内科新説』，東京：冬至書房，1986 年。

［ 7 ］ 合信著，管茂才同撰：『幕末期醫學書復刻・西医略論』，東京：冬至書房，1986 年。

［ 8 ］ 沈国威：『近代学術用語的生成与交流——医学用語篇（2）』，『文林』，1997 年第 30 期。

［ 9 ］ 沈国威：『泰西人身概説（1623）から全体新論（1851）まで——西洋医学用語の成立について』，大阪：関西大学，2000 年。

［10］ 舒志田：『全体新論と解体新書重訂版を含むとの語彙について——日本の洋学から中国への影響の可能性』，『或問』，2004 年第 8 期。

［11］ 松本秀士：『近代解剖学への萌芽における日中比較身体論』，『或問』，2005 年第 9 期。

［12］ 松本秀士：『人体解剖学の専門書・全体闡微の解剖学用語について』，『或問』，2006 年第 12 期。

［13］ 松本秀士：『ボストホブンの中国文西洋医学書』，『或問』，2007 年第 13 期。

［14］ 松本秀士：『働脈・静脈の概念の初期的流入に関する日中比較研究』，『或問』，2008 年第 14 期。

［15］ 王敏東：『日本とかかゎる19 世紀以前の台湾近代医事の変遷——台湾大学医学部と国防医学院を中心に』，『或問』，2008 年第 15 期。

［16］ 松本秀士：『中国における西洋解剖学の受容について——解剖学用語の変遷から』，『或問』，2008 年第 15 期。

［17］ 内田慶市：『X 線の中国伝来』，『或問』，2009 年第 17 期。

［18］ 松本秀士：『"精"の概念をめぐる西医東漸における中国解剖学用語の変遷』，『或問』，2009 年第 16 期。

［19］ 松本秀士：『西医東漸をめぐる"筋"の概念と解剖学用語の変遷』，『或問』，2009 年第 17 期。

［20］ 松本秀士：『新霊枢が伝えた日本経由の西洋解剖学とその用語』，『或問』，2010 年第 18 期。

［21］ 何華珍：『近代日中間における漢語の交流の暦史』，『日本語学』，2011 年第 7 期。

（二）辞书

［ 1 ］ 柴田昌吉、子安峻：『附音挿図英和字彙』，横濱：日就社，1873 年。

［ 2 ］ 大辞典刊行会：『日本国語大辞典』，東京：小学館，2002 年。

［ 3 ］ 伊地知英太郎，新宮涼園：『袖珍医学辞彙』，東京：伊藤誠之堂，1886 年。

第八章　现代汉语与中日汉字词研究

改革开放以来，随着新事物、新概念、新观念的涌入，外来词以前所未有的速度流行开来，其中包括源自日语的汉字词。本章主要对现代汉语中的中日汉字词进行探析，以近年来媒体报刊中出现的中日汉字词为研究对象，对其中的结构、分类及特点予以考察。此外，本章对近现代相关文献整理与考察，有助于补充现代汉语中中日汉字词研究成果，推进现代汉语词汇史研究。

第一节　《人民日报》与中日汉字词研究

关于新时期日源汉字词，汉语学界已有不少研究。郭伏良（2002）以人民网日本版为基本语料，对当代汉语中日语借词的分类、积极作用以及规范问题进行初步分析与探讨。周刚（2003）对中国内地二十余年来新流行的日源外来词进行了意义和形式分类，考察日源外来词在汉语中的嬗变，分析新一波日源外来词流行的原因，进而对日源外来词的界定和语料的选择提出看法。彭广陆发表了一系列论文，对"～族"（2000）"～屋"（2001）"问题"（2001）"写真"（2002）"蒸发"（2003）"献金"（2003）"料理"（2003）"过劳死"（2003）"瘦身"（2005）进行个案考察，对汉语辞书及新闻媒体中的日源汉字词进行了细致梳理（2003，2004，2008），为当代汉语中的日源汉字词研究做了大量研究，成果颇丰。

纵观国内既有研究成果，在当代汉语日源汉字词界定、中日词源考证、汉语语料利用等方面，尚有加强研究之必要。以下利用《人民日报》数据库，选取代表性日源汉字词进行初步调查，其时限主要在1980年代以后，但也涉及1980年代之前的汉语事实。

一、结构新词

结构新词是现代汉语新词中的重要组成部分之一。《人民日报》中存在不少结构新词，下文首要罗列其在《人民日报》中的相关用例，再结合

《大词典》及日本相关文献予以考察。下文择要考之。

【并发症】

（1）约经六星期左右才逐渐减轻；但并发症往往由此时开始，最多见的是气管枝肺炎。（百日咳的治法，1949.02.21）

（2）大脑炎本身固然可以致死，但是也有不少病人是因为治疗太晚或治疗不得法得了严重的并发症，如脱水症、肺炎、心脏衰竭等等而死亡的。（大脑炎，1949.08.29）

《大词典》谓"并发症"为"由正在患的一种疾病引起另一种疾病，后者即为前者的并发症。也称合并症"。没有用例。"并发症"一词，早见于奥山虎章《医语类聚》（1872）："Concomitant 併発症"。

【充电】

（1）如电务科同志平均三小时任务，计划好每天充电三匣，印收电纸二百张，做口哨十个等，至少能大洋五千元，完成任务不成问题。（响应薄一波同志号召生产节约迎接光明，1947.02.13）

（2）听课是充电、是输血，也是享受。我们坐在课堂全神贯注地聆听，教师的声音在我们眼前绘出一张大图。（后生可畏，1988.11.23）

《大词典》谓"充电"为"把直流电源接到蓄电池的两极上使蓄电池获得放电能力"，没有用例。该词早见于伊藤洁《电气译语集》（1893）："Electric Charge 充電"，又指"人が次の活动に备えて、活力を蓄えること。"（人们积蓄力量为下次活动做准备。）

【刺身】

（1）清水老人一面招呼客人，一面撕开纸袋里的竹筷，挟起一块刺身①，细细地咀嚼着。（日本纪行，1979.11.28）

（2）他们从广东专聘的 26 个厨师各扬所长，推出了"金吉列步步高""龙虾刺身""马式清蒸甲鱼"等高档新菜；也随时提供花几十元就能吃好一餐的中档食谱。（阿静粤菜还能"火"，1979.11.28）

"刺身"（さしみ），日本代表性料理之一，即生鱼片。《大词典》未收。该词早见于 15 世纪日本文献《康富记》等。

【店长】

（1）何淑倩虽然是北京市长辛店长，但却没去过繁华的王府井大街。（人民公社中的新家庭，1959.01.17）

（2）30 岁的店长冈崎先生热情地向赵总理介绍商店的经营情况。总理问他，是从批发店进货，还是直接从工厂进货？店长回答说：两种都有，

---

① 刺身，读如"萨西米"，即生鱼肉。（清水安三会见记，1979.11.28）

依商品的种类而有所不同。赵总理还问了这位店长的学历和就职时间。（赵总理在东京市民中间，1982.06.03）

　　"店长"（てんちょう），即一店之长。《大词典》未收。该词早见于石川天崖《東京学》（1909）："幸に誠実に勤勉に忍耐にして技量あれば遂に支配人となり店長となり社長となり。"

　　【公害】

　　（1）在资本主义国家，废水、废气、废渣污染空气、江河，影响人民健康，破坏水产资源，危害农业，已经成为越来越严重的普遍的社会公害。（为人民造福　变"三害"为"三利"，1971.06.02）

　　（2）职工们坚决表示：一定搞好"三废"的综合利用，决不把公害留给下一代！（简讯，1971.08.17）

　　《大词典》谓"公害"为"生产、科研和人的其他活动所产生的各种污染源给社会环境造成的公共灾害。如空气污染、海水污染等。其他自然的或人为的公共灾害，如虫灾、某些犯罪活动，有时也称公害"，未收用例。该词为日本明治期出现的新词，西村茂樹《日本道徳论》（1887）："他人の冤抑を伸べ、衆人の公害を除き、衆人の公益を興さんとするも。"

　　【过劳】

　　（1）重机器不重人，造成了严重的伤亡事故，造成过劳致死、积劳成病的严重现象。如：泰丰造纸厂以蒸骨锅代替蒸料锅，结果蒸锅爆破，烫死工人两名；协茂造纸厂某工人因过劳积病，休息期间，资方停发工资，这个工友带病上班，因而过劳致死。（纠正安东市私营企业工人运动中的右倾思想，1952.02.07）

　　（2）那天的情况是过劳和感冒的结果，如今，专治糖尿，因为糖尿病不好也会引起血管硬化。（悼老战友欧阳予倩同志，1962.09.24）

　　"过劳"（かろう），即过分使用体力、劳力，过度劳累。《大词典》未收。该词早见于福泽谕吉《福翁百话》（1897）："如何なる事情あるも精神を過労（クヮラウ）せしめて体育の妨（さまたげ）を為す可らず。"

　　【卡拉OK】

　　（1）广州市近年陆续多起来的"卡拉OK"舞厅，正好适应了青年的需要。（《舞在广州》，1988.02.13）

　　（2）为了发展国产卡拉OK软件，替代进口，中国录音录像出版总社与海南你歌卡拉OK软件有限公司合作，新近制作出版了近500首歌曲的国产激光视盘、立体声伴唱录像带。（《艺文短波岸柳》，1990.08.18）

　　"卡拉"（から）为"空"之音义，"OK"为 orchestra（オーケスト
ラ）开头字母简写，"管弦乐团"之义。《大词典》未收。"卡拉 OK"合
起来表示用伴唱机奏出有曲无歌的音乐，为人们演唱歌曲伴奏。"オーケ
ストラ"早见于小栗风叶《青春》（1905—1906）："賑かな管絃楽（オー
ケストラ）で以て"。"卡拉 OK"为中日欧合璧词。

　　【空港】
　　（1）钱俊瑞同志说空港管事的人员也那么少。几年来验护照的也都认
熟了。（访苏书简，1957.11.15）
　　（2）海滨之城卡拉奇，是巴基斯坦最大的工商业中心，又是重要的国
际海、空港。（巴基斯坦纪行，1982.01.24）
　　"空港"（くうこう），航空运输的共有场所，即机场。《大词典》未
收。该词早见于藤村作《现代语大辞典》（1932）："くうこう 空港 飛行
機や飛行船などが停まる所。エアポート（airport）。"（くうこう 空港 飞
机和飞艇等停泊的场所。）

　　【量販】
　　（1）"统一食品""太平洋百货""好又多量販""老树咖啡""好乐迪
KTV"……在招牌林立、霓虹闪烁的成都街头，这些来自台湾的广告和店
名格外引人注目。（西蜀"海峡"成一景，2003.03.28）
　　（2）今年 8 月，武商集团签约承租改造广埠屯集贸市场，建成占地
2.3 万平方米的量販店，其生鲜卖场将取代以往又脏又乱的菜市。（城镇呼
唤生鲜超市，2002.11.25）
　　"量販"（りょうはん）一词，《大词典》未收。该词见于《日国》，谓
"同一規格の商品を一時に大量に販売すること。マスセールス。/同规格
的商品大宗销售"。又有"量販店"一词，谓"大手スーパーマーケット
や大規模の家庭電気専門店など、大量に商品を仕入れて、大量に売って
いる店。比較的低価格であることが多い"。即该词义指大型超市，商品
价格相对比较低。

　　【媒质】
　　（1）他们比较精确地测定了光在各种不同媒质中的速度，表明光在水
中比在空气中走得慢。（从科学史看真理的标准，1978.08.10）
　　（2）在近代科学中，科学家利用声音的传播特性研究媒质的微观结构，
利用声音的作用促进化学反应，使声音为人们服务开辟了新天地。（人与
声音，1980.01.28）
　　媒质（ばいしつ）指传达物力或电波的媒介物，也指媒体。《大词典》
未收。该词早见于寺田寅彦《田园杂感》（1921）："寒天のやうな濃厚な

媒質を透して"。内田百《百鬼園随笔》（1933）："摇摇を弄ぶ人の体と魂とは、糸を摘んだ指頭を媒質として、その律動の度每に、ゆらゆらと上下に躍ってゐる事にもなるのである。"

【美白】

（1）前不久，当具有三十八个项目的美白美容中心在王府井大街建立时，王慧欣然接受了担任经理和美容师的任务。（创造美的人，1985.03.01）

（2）他最近又参考故宫慈禧太后护肤用品的多种秘方，研制成功一种化妆品："美白霜"，对于去斑、嫩肤有奇效。（天生我才必有用，1985.05.03）

美白（びはく），指皮肤又白又美，或使人体变得白而美。《大词典》未收。该词早见于村田文夫《西洋闻见录》（1869—1871）："外套を脱し其美白なる胸部を露出するを風俗とす。"宫崎柳条《造化妙々奇谈》（1879—1880）："婦は美白にして髪長く髻（まげ）を結ぶ。"

【配送】

（1）到三月七日止，电报事故量由每天十四件减少到四件；电报的经过时分（由电报机上抄下来，到转拍、配送所需的时间），比一月份缩短一半。（天津铁路局京电报所 推行"一百封无事故"运动，1950.03.15）

（2）如果是货车，运输人员就和仓库及卸车单位联系，指定配送地点；如果是空车，运输人员就和装车单位联系，了解需要车子的数量和应该送入那条车道。（读者来信，1952.06.05）

配送（はいそう），即分发送达之义。《大词典》未收。该词早见于五木宽之《こがね虫たちの夜》（1968）："森口はデパートの配送という体力の要るアルバイトにやとわれていたし。"

【融资】

（1）"中央银行"一再说要放宽融资，乃口惠而实不至，未见有何具体行动。（经济衰退 当局无策，1981.11.27）

（2）担任董事、顾问等职，或接受请托，代表工商机构承包工程、采购产品或借款融资。（台湾"民意代表"徇私枉法，1982.10.22）

融资（ゆうし），即融通资金之义。《大词典》未收。该词早见于丰田三郎《弔花》（1935）："氏が日本タイルの有利なる事业に对し、まづ百二十万円の融资をなして援助されるといふことは。"《公职选举法》（1950）一九九条："会社その他の法人が融资を受けている場合において。"

【商店街】

(1) 日本共产党宫城县多贺城支部的几位同志，有一天在多贺城的商店街进行挨户访问，征集反对"安全条约"的签名。(斗争的浪花，1960.07.21)

(2) 在小仓最热闹的商店街——银天街，悬起许多庆祝中国经济贸易展览会的彩色匾额。(伟大友谊的潮流，1966.10.23)

商店街（しょうてんがい），即商店林立的街市或街道。《大词典》未收。该词早见于下村千秋《天国の记录》(1930)："東京のTやKの魔窟は、その周囲を取り巻く商店街との握手によって。"川端康成《抒情歌》(1932)："郊外の停車場から家へは、にぎやかな商店街と、寂しい雑木林沿ひと、二つの道がありましたけれど。"

【视界】

(1) 苏维埃人以新的方式生活着，苏维埃人给全世界的劳动者，打开了视界。(苏维埃的生活方式，1949.11.01)

(2) 曾经有一次，我在山头工事中不到二十公尺的视界内，看到一间正被飞机打着火的屋里奔出来三个人。(南进道上，1951.03.08)

视界（しかい），即眼界、视野。《大词典》未收。该词早见于岛村抱月《囚はれたる文艺》(1906)："忽ち一群の人数、彼方の闇より我等が視界の地平線に過り入ったり。"夏目漱石《草枕》(1906)："留ると共に、又ひとりの人物が、余が視界に点出された。"

【瘦身】

(1) 据说，凡是胖子在瘦身按摩院住过一个时期，经过按摩就可以变瘦。(假药和麻醉品，1957.10.21)

(2) 轻体爽是一种瘦身减肥饮料，它取材于决明子、绞股蓝、枸杞子、山楂、灵芝等纯天然植物精华及植物纤维制成，口感好、效果好，无副作用。(轻体爽成为全国体总减肥食品，2000.04.04)

瘦身（そうしん），使身躯变瘦。《大词典》未收。该词早见于大谷藤子《须崎屋》(1935)："酔ってゐないときは、男にしてはしなしなしすぎるほどの瘦身を、伊之吉は、人々の視線から摺りぬけるやうにして九蔵の代理で出歩いたりした。"

【榻榻米·塌塌米】

(1) 写作室仅能容纳一人，一张小小的矮方桌，放在塌塌米上，桌子旁边摆了一个小布垫，他就坐在布垫上伏案写作。(鲁迅的日本朋友增田涉，1977.05.15)

(2) 乌效鹏是那种"要轰轰烈烈干的人"，但他只能"轰轰烈烈地散

步"，在"三个榻榻米"的小房间里踱来踱去。(《台湾轶事》的艺术特色，1980.06.11)

"榻榻米""塌塌米"，是日语"たたみ"的音读词，指日本非常有特色的铺在地板上坐卧的用具，也指柔道运动中的垫子。《大词典》未收。此为日语固有词汇，早期可以追溯至《古事记》《万叶集》《和名抄》等。

【特卖】

(1) 北京赛特购物中心的"情人节特卖"吸引着摩肩接踵的人流。人们径直上到五层那招牌醒目的"特卖区"。(浪漫"情人节"，1993.02.15)

(2) 从这里穿过两个街道，有一家百货商店正在进行香水特卖。(移动互联网的威力，2000.03.27)

特卖(とくばい)，即以特别优惠的价格出卖。《大词典》未收。该词早见于川端康成《浅草红团》(1929—1930)："北仲町、俗にいふたぬき横町一昼は特売(トクバイ)の赤旗が、小店に入り乱れるのだが。"安藤鹤夫《巷谈本牧亭》(1964)："三人よりも一と足早く、燕雄がコロッケの特売を買って帰ってきたら。"

【天妇罗　甜不辣】

(1) 那铁板烧和鸡素烧的香鲜美味和各种各样的清香可口的日本菜，各种各样的生鱼片，一种叫做"天妇罗"的炸大虾都是非常好吃的，令人永远不能忘记的食品。(依依惜别的时刻，1979.06.20)

(2) 也有人钟情于台湾小吃，担仔面、甜不辣、盐酥鸡、肉燥饭，天上飞的、水里游的、地里长的，团友们都一一尝尽。(美食美景真情义，2008.07.14)

"天麩羅"(てんぷら)，一般认为是对译葡萄牙语"tempero"的汉字词，亦借用"天婦羅"表记，指日式料理中油炸食品。《大词典》未收。汉语多写作"天妇罗"，近年又谐音为"甜不辣"。当前"甜不辣"是将一些食材(肉、海鲜、鱼肉等)弄成浆与面粉混合成型的食物，已经并非指天妇罗。

【忘年会】

(1) 根据往年习惯，到了12月份，例行要举行忘年会。(日本的新年，1981.01.02)

(2) 新年前数日即进入假期，机关团体纷纷举行忘年会，大概与中国风俗同一源流，是送旧迎新之意。(忘年会，1981.02.23)

忘年会(ぼうねんかい)，指为忘记一年来的辛苦而举行的宴会。《大词典》未收。该词早见于《随笔·古今物忘れ》(1772)："うき一年を忘れはべらばやとてぞ、忘年会（バウネンクイ）はすなりといふ。"夏目漱石《吾輩は猫である》（1905—1906）："向島の知人の家で忘年会兼合奏会がありまして。"

二、语义新词

涉及当代日源汉字词时，有些古汉语既有之词，被误解为日语借词。比如："罚金""家政""献金""媒介"等。除了结构新词外，现代汉语中中日汉字词还有不少语义新词。下文择要考释。

【便当】

（1）我国台湾省各地都在建立盒饭工厂，使居民的午餐工业化。这种制作盒饭的行业在当地叫"便当业"。（台湾的"便当业"，1983.05.22）

（2）其间中国记者多未准备粮草，起先忙于拍照、采访，等到想起饿来，已找不到卖便当和供水的地方了，只得暗自叫苦。（星星点点，1994.10.03）

便当（べんとう），古汉语指"方便"之义。《元曲·伹梅香·楔子》："秀才，休往旅店中去，就向后花园中万卷堂上安歇呵，可也便当。"《大词典》释义为"方便；容易"，举《老残游记》第一回例："幸喜本日括的是北风，所以向东向西都是旁风，使帆很便当的。"现代日语多指盒饭。该义项至迟出现于17世纪的《续撰清正记》等，据"方便"义引申而来。

【步道】

（1）第六二条：骡马车行驶左列处所车夫在必要情况下须下车牵引骡马。① 行人稠密或交通繁杂处所。② 坡路狭路交叉路口桥梁及横断步道。③ 其他有危险地区。（北平市人民政府公布令，1949.09.11）

（2）国外许多大城市都在搞地下建筑，把一些交通路线，如地下铁道、城市铁路支线、人行步道等，和有关交通设施，如车库、停车场等安排在地下。（把北京建成优美的现代化城市，1980.10.05）

步道（ほどう），本指"只可步行不能通车的小路"。《大词典》中该词含有两个义项，一是"只可步行不能通车的小路"，《说文·彳部》："径，步道也。"段玉裁注："此云步道，谓人及牛马可步行而不容车也。"又举，晋无名氏《安东平》诗例："凄凄烈烈，北风爲雪。船道不通，步道断绝。"再如，北魏郦道元《水经注·涪水》："邓艾自阴平景谷步道悬兵束马，入蜀迳江油广汉者也。"二是"马路旁的人行道"，举郭沫若《创造十年续篇》四之例。日语据此引申为"马路旁的人行道"，早见于《东京风俗志》（1899—1902）："一条の大道を割して中央を車道とし、両側を步道とす"。

【点滴 打点滴】

（1）给他打点滴输液吧！烫得够痛苦了，不能再增加孩子的痛苦。她这样想。（护理病儿赛妈妈，1960.02.10）

（2）两旁靠墙还躺着病人，不少人正在打点滴和输氧。如果有抢救病人，推都推不过去，该怎么办？（医院设备条件太差 财政上应多予照顾，1983.03.18）

"点滴"（てんてき），古汉语指"指雨点滴注或雨点滴注声"，日语为"点滴注射"之略，早见于《舍密开宗》（1837—1847）："或は此盐少许に蔗糖、倍量を研和し此に醇厚の硫酸を点滴すれば剧く焚て消散す。"《大词典》中该词仅收录两个义项，一是"指雨点滴注或雨点滴注声"，举唐杜牧《夜雨》诗："点滴侵寒梦，萧骚着淡愁"等例；二是"一点一滴"，举清李斗《扬州画舫录·草河录上》等例。《大词典》对该词"点滴注射"之义缺收。

【假死】

（1）捕捉：此虫一见菜棵摇动，就缩腿装假死，这时就赶快用手捏住。（菜上生虫怎样办？1947.08.28）

（2）这是因为近年来各国相继不断地发生注射青霉素后引起休克（俗称假死或昏迷）的事件。（打青霉素要试针，1958.03.12）

"假死"（かし），古汉语本指"尸解"，日语引申指"由于溺水、触电、中毒、癫痫、呼吸道堵塞或婴儿初生肺未张开等引起呼吸停止，心脏跳动微弱，从外表看已经处于死亡状态者"。《大词典》中均收录以上两个义项，一是"谓尸解"，举晋王嘉《拾遗记·前汉上》："昔之去人，或升云不归，或托形假死，获反者四五人"例；二是"由于溺水、触电、中毒、癫痫、呼吸道堵塞或婴儿初生肺未张开等引起呼吸停止，心脏跳动微弱，从外表看已经处于死亡状态者，在医学上称为假死。如能及时急救，仍有救活的希望"，未举用例。

【人气】

（1）到过柳州的人都有这种感觉：柳州，人气很旺。（龙城同唱发展歌，1994.07.13）

（2）今年，挂历市场人气不旺，不少人认为主要是国家限制用公款购买挂历用于赠送。（风光难再话挂历，1995.01.11）

"人气"（にんき），古汉语本指"指人的意气、气质、感情等""人体的气味或人的气息"，日语引申为"有人缘，受欢迎"。《大词典》中该词含有三个义项，一是"指人的意气、气质、感情等"，举《庄子·人间世》例；二是"人体的气味或人的气息"，举宋文天祥《〈正气歌〉序》例；三是"人的心气、情绪"，举茅盾《子夜》例："谣言太多，市场人气看低，估量来还要跌哪！"

【玄关】

（1）我们到镰仓的第二天，回到旅馆已经将近九点，在玄关脱了皮鞋，走过客厅，三岛先生已经在等候我们。（我们永远站在一起，1961.06.08）

（2）如果说，正门内的"玄关"上端，举首可见一长幅的织物象一面锦旗，那么贴着纪念大厅正面墙壁上的巨幅织物宛如壁毯。（北海道开拓者的踪迹，1982.03.22）

"玄关"（げんかん），古汉语本指"玄妙之门"，《景德传灯录》："启凿玄关，开般若妙门。"日语引申为"房子正门的出入口"。《大词典》中该词含有两个义项，一是"佛教称入道的法门"，列举《文选·王中〈头陀寺碑文〉》"于是玄关幽键，感而遂通"；二是"泛指门户"，列举唐岑参《丘中春卧寄王子》诗："田中开白室，林下闭玄关。"

参 考 文 献

[1]　汉语大词典编纂委员会：《汉语大词典》，上海：汉语大词典出版社，1986—1993 年。

[2]　彭广陆：《从汉语的新词语看日语的影响·之——说"~族"》，收入《汉日语言研究文集》第 3 辑，北京：北京出版社，2000 年。

[3]　彭广陆：《从汉语的新词语看日语的影响·之四——说"问题"》，收入《日本文化论丛》，大连：大连理工大学出版社，2001 年。

[4]　彭广陆：《从汉语的新词语看日语的影响——说"~屋"》，收入《日本学研究——日本学国际学术研讨会论文集》，北京：中国人民大学出版社，2001 年。

[5]　郭伏良：《从人民网日本版看当代汉语中的日语借词》，《汉语学习》，2002 年 10 月第 5 期。

[6]　大辞典刊行会：『日本国語大辞典』，東京：小学館，2002 年。

[7]　周刚，吴悦：《二十年来新流行的日源外来词》，《汉语学习》，2003 年 10 月第 5 期。

[8]　彭广陆：《从汉语的新词语看日语的影响·之三——说"蒸发"》，收入《日本学研究（12）》，北京：世界知识出版社，2003 年。

[9]　彭广陆：《从汉语的新词语看日语的影响·之五——说"献金"》，收入《日本语言文化研究》第 4 辑，北京：学苑出版社，2003 年。

［10］　万红：《当代汉语的社会语言学观照》，天津：南开大学出版社，2007 年。

［11］　彭广陆：《日源新词探微》，北京：北京大学出版社，2020 年。

［12］　人民网科技（北京）有限公司：人民日报图文数据库：http：//data．people．com．cn/rmrb/20210809/6。

第二节　《汉语新词语》与中日汉字新词研究

本节以《2011 汉语新词语》至《2015 汉语新词语》中日源外来新词为研究对象，运用词汇词义学理论，从借用方式和语义特征变化等方面探讨近年现代汉语中日源外来词的新特点，旨在提高对现代汉语中日汉字词的全面认识，推动现代汉语外来词研究。

本文所收录词汇是进入二十一世纪以来的第三次高潮中的日源外来词新词中相对较新的部分。本节对日源外来词新词判定标准：一是《2011 汉语新词语》至《2015 汉语新词语》中明确指出源于日语；二是没有明确标记的，并结合《大辞林》《大辞泉》等辞书及相关文献进行判断；三是受日语影响而形成的词语。最终笔者共收集 147 个汉字新词。下文将这些词语分成两类：一是"纯"日源外来词，二是以日源外来成分为构词材料构成的新词。具体如下：

	2011	傲娇　暴走　残念　痴汉　达人　耿美　恶趣味　粪肉　腹黑　干物女　姐贵
日源外来词新词	2012	GG　kuso　OTAKU　～控　库索　罗莉（萝莉）　萌（～萌）　逆袭　欧巴桑　欧吉桑　死死团　素敌　素颜　天然呆　吐槽　伪娘　兄贵　颜文字　御姐　御宅族　宅男　宅女　正太
	2013	爆表　女子男　速生鸡　主页君
	2014	壁咚　大仓藏书　弹幕　颜艺　终活　昼颜妻
	2015	吃土　痛包　小确幸
以日源外来成分为构词材料构成的新词	"～控"	表情控　穿越控　大叔控　弟控　攻略控　宫斗控　街拍控　进口控　辟谣控　苹果控　签到控　手机控　数码控　四叶控　推特控　网购控　习俗控　颜值控　侦探控　中国控
	"～萌"	丑萌　蠢萌　呆萌　贱萌　卖萌　萌点　萌货　萌经济　萌脸　萌妹子　萌萌哒　萌女孩　萌女郎　萌娃　萌喜剧　萌医　萌值　最萌身高差

以日源外来成分为构词材料构成的新词	"～族"	BMW族　H族　背黑族　被催族　便利贴族　飙薪族　财盲族　蹭奖族　初薪族　打烊族　低头族　电萤族　反潮族　蜂族　浮游族　工漂族　孤族　海淘族　河狸族　悔丁族　魂族　考拉族　靠爸族　恐会族　恐惧族　恐生族　媚皮鸟魂族　拼瘦族　闪辞族　失陪族　刷夜族　水母族　替会族　偷供族　退盐族　未富先奢族　喜会族　隐离族　隐孕族　圆族　怨士族　攒贝族　弄族　装装族　自给族　自教族　走婚族　走走族
	"～男"	瓷男　黄金剩男　火箭男　鸡肋男　夹心男　类同男　励志男　人工型男
	其他	槽点　车咚　腹黑体　吐槽会　微弹幕

对于第二大类的词语，由于其部分是受日源外来词影响而成，所以在进行分析时，将其看为一词模的多种变体，而不进行具体的分析，即只对词模进行分类及分析。

一、日源外来词新词分类

日源外来词中除了日源借形词外，还有意译词、音译词。因此，研究者应充分考虑音形义三要素。下文将从借音、借形、意译三方面探析日语外来词新词。

（一）借音

由于语音系统的差异性，词汇借音时不可能百分百地将原音借用。因此，语音上常用一些近似音代替。与以往音译多用汉字形式相比，日源外来词新词中同时出现采用英文字母音译及汉字音译的方式，如：以"OTAKU"音译"御宅族"。

1. 全部音译

（1）采用汉字音译

【欧巴桑】

欧巴桑，大婶、阿姨，泛指中年妇女，是日语"おばさん"的音译词。"おばさん"汉语中曾音译为"奥巴桑"，但现在普遍不再使用"奥巴桑"而是使用"欧巴桑"。大概是与"奥"相比，"欧"与"お"语音上更相近。另外，"欧巴桑"不仅有"おばさん"（obasan）中称呼女性为"阿姨、大婶、大妈"之义，还有"おばあさん"（obaasan）中"指代中年妇女特点的一类人"之义。这是由于汉语中音长不具备区别词义的作

用，而日语中单词内音素长短具有区别意义的作用。

【控】

"控"，表示极度喜欢某人或某物的人，是日语"コン"的音译词，为日语コン之一的用法"「コンプレックス」の略"（complex "情结"的省略）。后来该词逐渐演变为类词缀成为构词成分，如"苹果控、签到控、手机控、数码控"等中的"控"。

采用汉字音译的日源新词另有：欧吉桑、库索、罗莉。

（2）采用英文字母（日语中的罗马字母）音译

【GG】

GG，名词，指日本世嘉公司的彩色手提游戏机。日语原词为"GameGear"。该词的借用方式属于英文原形借入。

【OTAKU】

"OTAKU"，本义指"御宅"，为日语"おたく（御宅）"音译词。后来该词演变为"御宅族"，指疯狂沉浸在幻想世界中，缺少正常社交生活经验的族群。"おたく"（御宅）不仅有借形词"御宅族"，还有"OTAKU"字母音译式。此外，历史上也曾出现过"傲他酷"汉字音译形式。从"傲他酷"到"OTAKU"音译形式上的变化，表明词语在音译形式上存在不稳定性，但最终将会有接受度较高的词成为全社会的普遍共识。

与以往单一引进英文字母形式的日源缩略语不同的是，近年来出现采用英文字母对译日源外来词，大多根据所译词汇在日语五十音图中假名发音进行对应。如："Kuso""OTAKU"。这一做法使得该词汇语音更加直观化。

2. 部分音译

【壁咚】

《汉语新词语》将其释义为"一种告白方式"。来自日语"壁ドン"（かべドン，kabedon），"咚"是"ドン"部分的音译，而"壁"则是直接"借形"。此处的"ドン"为拟声词。"壁咚"即男性用某种方式（多是单手抵住墙壁的方式）将女性逼到墙边，使其无法逃开，然后再进行表白的一种行为。"壁咚"最早由2008年日本声优新谷良子介绍，而后通过漫画家渡边あゆ作品，凭借媒体等形式迅速被社会知晓并流行起来。

【车咚】

2015年的新词语中的"车咚"是仿照"壁咚"造词而成，指男生用胳膊把女生困在自己和车之间再进行表白。另外，《2015年汉语新词语》中还提到其他类似"壁咚"的新词语，如：树咚、床咚、额咚等。这些"咚"不只是在告白的一种方式，也可用于表达亲昵、喜欢的情感。

（二）借形

本文将日源外来词新词分为整体借形和部分借形。整体借形中又划分两类：一是汉日同形的词汇，属于直接借形词；二是日语进入汉语规范后、整理后的词汇，属于经过汉化加工后的借形词。部分借形中分为"去除假名部分"的借形方式、"借形加意译"和"借形加汉字成分"三类。

1. 整体借形

（1）汉日同形

【暴走】

该词有两个义项：一指大运动量地快速行走，二是形容机体或生物失控（多半是精神）而导致的近乎野兽一般狂暴的行为，不容易受控制，一般出现在游戏中。"暴走"是日语"ぼうそう"的借形词，现代汉语中用作名词、动词。如：他为了快速将体重减下来，每天都坚持暴走十公里。

【残念】

残念，表示懊悔、遗憾、可惜之义，借形自日语"ざんねん"，常作形容词、名词。如："好不容易参加了此次的见面会，却没有要到签名，真是残念啊。"

其他同类新词还有：耽美、爆表、女子男、粪肉、干物女、御宅族。

（2）汉化字形

【颜艺】

颜艺，名词，表示面部表情极度扭曲的样子，并富有喜感。该词通常用来表现角色的夸张的表情变化。日文作"顔芸"。

【颜文字】

颜文字，名词，表示用各种线条、符号、字母等组成的图案，用以表达一定含义，如，"O（∩_∩）O"表示开心。日文作"かおもじ（顔文字）"。

这类汉字词产生基础是日语中大量汉字或类汉字字形，大多通过中日汉字繁简体转化而产生。此类汉字词另有：

达人　兄贵　弹幕　素颜　痴汉　逆袭　终活　姐贵　速生鸡　恶趣味　大仓藏书

2. 部分借形

（1）去除假名部分

【萌】

萌，形容词、动词，日语"もえ（萌え）"的部分借形，去除假名"え"。该词较早表示看到动画、漫画的美少女时激动而浮想联翩的精神状态，使用过程中演变作形容词，用以形容可爱、美丽、纯洁。该词构词能力较强，如"萌萌哒""萌妹子""萌娃"。除此之外，该词又发展出动词用法，为喜欢之义。

【御姐】

御姐，名词。日语中，该词本义是对姐姐的敬称，后引申为外表和性格成熟的年轻女性。"御姐"一词借自日语"御姉さん（おねえさん）"，日语中该词去除假名"さん"，词义不再是"对姐姐的敬称"而表示"外表是女性而内心却是男性的女子"。可见，日语中表示"对姐姐的敬称"义时，"さん"是必现成分，然而汉语中因为书写系统差异，该词只借用了其中的汉字成分。

同类汉字词另有：素敌、死死团、腹黑。

（2）借形加意译

【天然呆】

天然呆，名词、形容词，指反应有点迟钝，并因迟钝而显出可爱，多用来形容年纪较小的人。该词借自日语"天然ボケ"，日语中"天然"的意思是"无意识的、不是故意的"，"ボケ"意译作"呆"之义。

（3）借形加汉字成分

【昼颜妻】

昼颜妻，名词，源自日本电视剧《昼颜》，指像《昼颜》中在工作日为丈夫打点一切却在背后出轨的女性。日语"昼颜"意为"旋花"。由于受电视剧的影响，"昼颜妻"逐渐成为固定语词，并在汉语中流传使用。

【小确幸】

小确幸，名词，指个人日常生活中短暂而真切的幸福。该词源自日本作家村上春树的随笔，由翻译家林少华直译而产生。

另有：宅男、宅女、主页君。

（4）日源外来词影响下的类词缀构词

某种程度上日源外来词影响下形成的类词缀也是部分借形的一种。近年来，《汉语新词语》中主要有"～族""～控""～男/女"几个类词缀构词的词模。

【～族】

"～族"指"事物具有共同属性的一类"，随着语义虚化，"族"的类词缀作用逐渐突显，发展至表示"具有某种共同属性的一类人"。有学者认为"～族"是古代汉语发展至今的发展的结果。事实上，"～族"的流行使用也有汉日语言交流的催化作用。倘若没有"族"在日语中作为"具有某种共同属性的一类人"的用法引进汉语当中，"族"作为类词缀的虚化演变可能会更漫长一些。因而可以说，"～族"的类词缀构词现象也是受到日语的影响。

【～萌】

"～萌"词模结构相对而言复杂一些。不仅有后空型的词语模"萌～"还有前空型的词语模"～萌"的构词模式，如："萌妹子、萌经济"；"呆萌、丑萌"。由"萌"构成的词不仅有偏正结构还有动宾结构。类词缀构词不仅是语言类推机制推动的结果，更是反映了语言经济机制的需求。由于人们心理的联想作用，经常将出现频率高的、在背景知识中占优势的构词形式来取代其他形式。就目前而言，"～控"比"～迷"更容易出现在人们脑海中。

（三）意译

关于意译词是否为外来词的讨论不在少数。根据杨彭锡的看法，有学者将意译词放在广义的外来词角度进行考虑，本文赞同此种看法。汉语在采用意译方式借用外来词时采用语素单位进行意译；所组成的词可能是单纯词，并不一定等于用汉语的材料造词；而且不联系外语原词的意义时难以理解确切含义；并且需要将特定的文化词源考虑在内。下文择要介绍。

【傲娇】

傲娇，形容词，日文为"つんでれ"，用以指说话态度高傲，但有时却娇羞、外冷内热的性格。汉语中曾将"つんでれ"音译为"蹭得累"，"蹭得累"一词很难从字面上得知其义，后又产生"傲娇"一词。这也显示了外来词的发展趋势，虽然音译词能够从语音上大部分地保留外来词的特色，但是汉字具有一定的表意性，因而意译词更为大众所接受。

【吃土】

吃土，动词。该词最早源自日本漫画，用来吐槽穷到只能通过吃免费的土来继续生活的状态。2012 年左右由于日本百货商场折扣多到让人花钱如流水，于是日本网友纷纷用"吃土季"来形容当时的情形。之后，经动漫、网络等媒体传入中国。2015 年首次"双十一"活动让中国网民深深地体会到了"吃土"一词的自嘲含义，"吃土"一词便在中国流行了起来。

【痛包】

痛包，名词，指挂满动漫人物徽章和玩偶的背包。日文为"痛いバッグ"因为英语"彩绘 paint"发音类似"痛 pain"，所以日本人将带有动漫彩绘的都称之为"痛 pain"。如：痛列车指的是具有动漫彩绘的列车；痛单车指绘有动漫的自行车。

【吐槽】

吐槽，意为带着调侃意味发出感慨或疑问或进行评论。"つっこみ（突っ込み）"是日本演艺（尤其在漫才中，漫才是一种站台喜剧，类似中国的对口相声）用语，意为"突然遇到的事情"和"深刻地插入话语"等，用于"在谈论中对对方所说的矛盾之处予以深刻的辩驳"。"吐槽"发展曲折，台湾以闽南语"黜臭"（台罗标音：tʰuh ~ tsʰau³，宽式 IPA：/tʰuʔ~tsʰau/）一词意译之。

闽南语中"tʰuh~tsʰau³"表达意义有两方面：一是"揭人疮疤、使人出洋相"，二是"抱怨、发泄"。在该词文字形式还未统一之前，该词通常采用"吐槽、吐嘈、托臭、黜臭"等形式，最终统一写作"黜臭"。

随着日本动漫的流行，日本漫才中的"つっこみ（突っ込み）"进入台湾。于是台湾以"吐槽"对译"つっこみ（突っ込み）"。随着网络交流的发展，"吐槽"逐渐传入大陆且为人们广泛使用。

有人认为"吐槽"应为方言词，但经过考察，可以看出，"吐槽"一词虽然语音形式上是闽南语，而意义上却是来自日语。严格来看，"吐槽"的意义由于使用的泛化比日语中"つっこみ（突っ込み）"的意义更为广泛。

二、日源外来词新词语义变化

当一个词由外语词变身为外来词时不可避免地就要发生这样的或那样的变化。① 就内容而言，词汇内容包括语义内容和语法内容。语义内容上的变化表现——语义范围扩大，与原语词相比借词词义义项有所增加；语义范围缩小，义项有所减少；语义转变，借的词义与原语词的词义发生了偏离。以下词语汉语释义和部分例句来自《汉语新词语》。下文择要例释。

（一）语义基本不变

特定的具体的人、事件、现象的具体名词在语义上变化基本不大。这类词在日语中的词义也较单一，因而在借用过程中语义基本不变。

【傲娇】

中：用来形容一般情况下说话态度高傲，但有时却娇羞的外冷内热的性格。

例句：这家伙最近很傲娇。

---

① 崔崟，丁文博. 日源外来词探源［M］.广州：世界图书出版公司，2013：69.

日：女性の性格や行動の傾向の一つ。普段はつんつんと無愛想な女性が、特定の男性と二人きりになると、でれっと甘えてくるようすから。アニメなどのキャラクターの性格設定として多く用いられる。（女性的性格及行动的一种倾向：比如，平常架子大且态度冷淡的人如果和特定的男性独处，就会表现得爱撒娇起来。经常用作动漫人物的性格设定。）

例句：彼女はツンデレ。（她很傲娇）

【终活】

中：发起于日本，一种为了在人生结束时能够更好迎接死神到来而做的准备。

例句：日本的终活相当于中国丧葬仪式的准备活动。

日：人生の終末を迎えるにあたり、延命治療や介護、葬儀、相続などについての希望をまとめ、準備を整えること。（人生完结之际要总结关于延寿治疗，丧葬仪式继承等遗愿并做好准备的活动。）

例句：自分らしいご葬儀をもしもに備えて準備終活のご相談はこちらから。（想了解自己准备终活仪式的咨询请走这边。）

另有：萝莉、干物女、腹黑、姐贵、欧巴桑、欧吉桑、天然呆、伪娘、颜文字、正太、女子男、逆袭、壁咚、颜艺、大仓藏书、GG。

（二）语义范围缩小

语义范围缩小，指日语中义项较多，该词传播至中国后义项减少或所指范围变小的情况。

【达人】

中：在某领域长年锻炼后收获了充足经验并且出类拔萃的人。

例句：如果你是一个"装修达人"，请不要吝啬你的装修经验。

日：① 技芸・学問の奥義に達している人。達者。（精通某技术或学问的人。）② 深く物事の道理に通じた人。（深深地通晓道理的人。）

例句：① 剣道の達人（剑道达人）；② 人生の達人（人生达人）

对比可看出，"达人"进入汉语后只是借用了日语"达人"的第一个义项。日语中，该词除了表示技术高超、经验丰富的人之外，还有"已经了解人生道理的人"的义项，只是这个义项平时相对较少用到。

【吐槽】

中：带着调侃意味发出感慨或疑问或进行评论。

日：① 漫才で、話の筋を進める役の者（吐槽，相声中的逗哏。）② つっこみ売り（整批，包圆儿，一揽子。）③ 勢いよく中へ入ること。深くたち入ること。（深入；彻底）

其他的词还有：恶趣味、暴走、残念、素敌、痴汉、御姐、御宅、Kuso（库索）。

（三）语义范围扩大

【萌】

中：① 形容词：看到动画、漫画的美少女时激动而浮想联翩的精神状态；形容可爱、美丽、纯洁。② 动词：喜欢。

例句：这个小女孩吃东西的样子太萌了！

《大辞林》第三版中把"萌え"作为年轻人用语使用，用以表现对人或事物产生极其深厚的情绪，包括欢喜、倾慕、钟爱、吸引等感情。

例句：あなたは本当に萌えます。（你真萌）

该词所指对象既可以是实物，也可以是虚构事物。① 日语"萌"中感情色彩比汉语里"可爱"更为强烈。"萌"进入汉语语境后，随着网络传播日益本土化，陆续产生"美丽""纯洁"及作为动词"喜欢"的引申义。其中，"萌"作为动词时，具有现代汉语动词的一般语法功能，表示某人或事物使人喜爱、欣赏、狂热、沉迷。该词不仅可作及物动词，也可作不及物动词。后者意为被可爱的性质所迷住、所深深吸引。此外，该词还可以用在把字句和被字句中。② 如"那个孩子真把我萌到了"。

（四）语义转变

【耽美】

中：名词。该词原意指唯美主义，后经台湾演绎，成为男同性恋的代名词，也多指以男同性恋者为题材的小说或漫画创作。

例："耽美"之所以能够在青少年中掀起潮流，一方面是由于它迎合了一些追求个性的青少年的心理。

日：耽美主義を信奉する，芸術上の一派。唯美派。新浪漫主義。（信奉唯美主义，艺术上的一个流派。唯美派。新浪漫主义。）

例：永井荷風は日本の耽美主義の代表の作家です。（永井荷风是日本唯美主义的代表作家。）

【弹幕】

中：名词。原指军事上由密集子弹形成的火力网，现多指动态显现在视频屏幕上的实时评论，也指这种视频观看模式。

---

① 李应."萌"系网络流行语的语用研究［J］.信阳师范学院，2015：17.
② 李应."萌"系网络流行语的语用研究［J］.信阳师范学院，2015：19.

例句：弹幕的评论形式带给人们交流的快感。

日：多くの弾丸が幕のようにすき間なく飛んでくること。（子弹密集地像幕一样没有空隙地飞过来。）

例：「～をぬって走る」「～击」（"弹幕运行""弹幕射击"）

其他的词还有：昼颜妻、爆表、死死团。

三、近些年汉语吸收日源外来词的特点

在汉语与其他语言接触过程中，中日语言间的接触一直处于比较特别的地位。日语词汇和汉语词汇的密切关系为两者交流提供了巨大便利。改革开放以来，近年来汉语对日语中的词汇吸收也呈现不同特点，下文简要总结。

（一）结构方式上，附加类词缀构词能力强

从所收集的新词来看，"～族""～男""～控"构成的派生词在现代汉语中仍具有很强的流通度，这也充分地体现了这三词的构词能力。汉语从日语中吸收的词汇中，生命力强的一些成分逐渐成为汉语构词成分。这些词不仅在一定程度上丰富了汉语词义，而且其构词能力之强在汉语中足以构成类词缀。

比如：由"天然呆"衍生出来的"天然萌""天然黑""天然疯"等词语。"天然黑"一词是"天然呆"中的"天然"和"腹黑"中的"黑"相结合而来的，表示不自觉的、没有意识到地做出一系列腹黑的事情，是一种人物性格。BCC 语料库中另有"天然傻""天然攻""天然傲娇"等。可见，"天然～"渐渐成为汉语中类似前缀的构词成分。该词表示"无意识的、不自觉的"的词义不仅丰富了现代汉语中"天然"的词义，更是为人们表达需求提供了相应的语言材料。

（二）借用形式上，借形为主，呈现多元化、意译趋势

"如果说20世纪80年代前日源外来词的借用方式几乎是清一色的借形词，那么新词的构成方式可谓是丰富多彩。"① 从日源外来词新词整体来看，借形仍然是借用手段的主要方式，这种借用方式一直高于意译和借音。

有些日源外来词综合运用多种借用方式，如：音译与借形方式上的结合；英文字母与汉字音译的结合。例如："おたく"（御宅）早先采用汉字

---

① 崔崟，丁文博. 日源外来词探源［M］. 广州：世界图书出版公司，2013：101.

音译，译为"傲他酷"，后来产生英文字母进行音译，写作"OTAKU"，而后采用"御宅族"形译该词。报纸、杂志等书面语中使用"御宅族"较多，而"OTAKU"则多见于网络交流中。在语言经济原则作用下，该词大多仅保留一种表达方式。

据本节所收录中日汉字词来看，其他借用方式正逐渐地发展起来。其一，借音方式上，中日汉字新词不仅采用汉字，还采用了英文字母。英文字母借音词使得外来词语音方面更加直观。这一点是以往日源外来词所没有的，也是与以往日源外来词的字母词缩略不同的。这种情况或许是因为人们出于追求新鲜感暂时采用的一种借用方式。其二，意译的借用方式呈现增长趋势。此外，多数外来词在进入汉语后从音译转变到采用意译的方式，可以推断将来，意译词是一大趋势。

（三）领域分布上，文化生活仍占主要地位

对本文中 2011 年至 2015 年的 47 个新词按照文化、社会、ACG、科技、生活 5 个领域分类，可以看出，现代汉语中日汉字词整体上仍以文化、生活用词为主。由此看来，我国与日本的交流更多集中于文化与社会生活方面。

近年来，ACG 日源词在中国已经渗透到亚文化族群之外，其中不少词语逐渐成为网络语言甚至是日常用语。一方面，ACG 产业成为年轻人所喜爱的产业，受众群体广。其中一些词汇补充了汉语中的表达空白，并逐渐在汉语中稳定，如"萝莉、御姐、正太"等词。除此之外，还有不少汉字词带有鲜明动漫色彩，如"傲娇、暴走"等。另一方面，现代社会人们物质富足，精神压力较大，因而戏谑风格的新词语就很容易流行开来，如"吐槽、残念"等词。

（四）来源途径上，多通过媒体等新形式

本文将 2011—2015 中 47 个新词按来源途径进行考察，将其分为：媒体、社会、文学、台转中、中日混合。其中，媒体中有影视、网络以及影视转网络的复合传播方式，中日混合指该词是在汉语固有基础上加上日语的催化而产生的日源外来新词。经过分析可得，日源外来新词进入汉语很大程度上是借助新媒体的传播，其次是社会、文学作品以及其他形式。

新兴媒体的发展不仅促进经济、政治发展，更促进了文化交流、语言传播。由于网络传播速度快等特点，网络语言在很大程度上反映语言的最新发展。通常情况下，一些能够表达独特含义、满足交流需求的词汇在经过网络传播后流行速度极快，由此进入传统媒体视野，被报刊、电视、杂

志等运用，最后被全体民众所接受。在网络传播的便利性的影响下，台湾、香港等的词汇"中转站"作用也逐渐减弱。汉字词直接从日本进入中国大陆的趋势逐渐增加。如今，两岸三地某一词语几乎是同时流行的。

字幕组（主要从事外国语视频作品翻译的团体）和汉化组（从事以外国语游戏、动漫等为主的翻译工作的团体）在促进中日传播上作用不小。尹露（2012）指出"字幕组作为最主要的流行语来源和传播媒介，在很大程度上影响了传播模式"。① 在网络的平台上，人们在看电视剧或动漫等节目都是通过字幕来了解，字幕组以及汉化组的翻译工作自然不可忽视。

近现代中日汉字词交往十分密切，媒体报刊的发展促进了中日汉字词进一步交流与往来。第三次高潮中的新词主要集中在生活文化方面，借用形式越来越呈现多元化。此外，学界应对中日汉字词中生命力比较强的词语予以重视。一方面，这些词语丰富了汉语词汇的语义内容，增加了新语素以及词语能产性，提升了汉语的表意功能。另一方面，这些汉字词对汉语的语法也产生一定的影响，并衍生出"类词缀"等现象。近年来，现代汉语中日源外来新词多通过影视、网络等多种形式进行传播。以上这些语言事实真实地体现了 21 世纪汉语日源外来新词进入第三次高潮的语言事实及其复杂性。

参 考 文 献

（一）专著类

[1]　王力：《汉语史稿》，北京：中华书局，1980 年。

[2]　杨锡彭：《汉语外来词研究》，上海：上海人民出版社，2007 年。

[3]　沈国威：《近代中日词汇交流研究：汉字新词的创制、受容与共享》，北京：中华书局，2010 年。

[4]　王菊泉：《什么是对比语言学》，上海：上海外语教育出版社，2011 年。

[5]　侯敏，周荐：《2011 汉语新词语》，北京：商务印书馆，2011 年。

[6]　侯敏，周荐：《2012 汉语新词语》，北京：商务印书馆，2012 年。

[7]　崔崟：《日源外来词探源》，广州：世界图书出版公司，2013 年。

[8]　史有为：《汉语外来词》，北京：商务印书馆，2013 年。

[9]　侯敏，周荐：《2013 汉语新词语》，北京：商务印书馆，2013 年。

[10]　王敏：《汉魂与和魂——中日文化比较》，北京：世界知识出版社，2014 年。

---

① 尹露. ACG 时代背景下的日源流行语研究［D］. 上海：上海外国语大学，2012：57.

［11］　侯敏，周荐：《2014 汉语新词语》，北京：商务印书馆，2014 年。

［12］　侯敏，周荐：《2015 汉语新词语》，北京：商务印书馆，2015 年。

（二）论文类

［1］　何华珍：《中日汉字词辨考》，《杭州师范学院学报（人文社会科学版）》，2001 年第 2 期。

［2］　何华珍：《日本简体字探源》，《语言研究》，2003 年第 4 期。

［3］　周刚：《二十年来新流行的日源外来词》，《汉语学习》，2003 年第 5 期。

［4］　夏晓丽：《现代汉语中的日源外来词研究》，大连：辽宁师范大学，2006 年。

［5］　王雯：《改革开放以来的日源外来词研究》，保定：河北大学，2010 年。

［6］　何华珍：《俗字在日本的传播研究》，《宁波大学学报（人文科学版）》，2011 年第 24 期。

［7］　何华珍：《日本"国字"的汉读研究》，《宁波大学学报（人文科学版）》，2012 年第 25 期。

［8］　尹露：《ACG 时代背景下的日源流行语研究》，上海：上海外国语大学，2012 年。

［9］　刘少东：《现代汉语中的日源外来词第三次输入高潮》，《语文学刊》，2013 年 20 期。

［10］　王周：《类词缀"族""党""迷""控"研究》，扬州：扬州大学，2013 年。

［11］　谭君玲：《现代汉语"X 男/女"词族的特点及流行原因研究》，桂林：广西师范大学，2014 年。

［12］　李清萍：《从语言接触角度考察汉语中的日语借词》，《安徽文学》，2015 年第 6 期。

［13］　李应：《"萌"系网络流行语的语用研究》，信阳：信阳师范学院，2015 年。

（三）网站类

［1］　"萌娘百科"https：//zh. moegirl. org/Mainpage.

［2］　"YahooJapan 辞書"：https：//kotobank. jp/.

第三节　现代中日汉字词整理与甄补

　　2011 年 3 月 19 日，宫岛达夫先生在关西大学"近代语の语源研究とその周边"国际学术研讨会上，作了题为"日中同形语の发掘"专题报告，提出了三百余个中日同形词。宫岛达夫先生首先从《外来语の语源》（吉泽典男、石绵敏雄，1979，角川书店）一书中选出对译新词，并与《日国》和《近现代汉语辞源》逐词对照，揭示日本汉字词用例早于汉语或汉语辞书未收的语词，以为现代汉语候补性日源汉字词。308 个中日同形词如下：

B	电视	黑猩猩	竞演会	喷射	市场	仙人掌
罢工	吊床	恒温器	酒精	喷雾器	室内体育场	现实主义
百分比	调色板	虎列拉	俱乐部	皮箱	手风琴	象征
百分率	顶点	护栏	决胜点	漂白粉	手球	小歌剧
百货商店	独白	滑翔机	军刀	Q	受话器	小数点
百科全书	独创的	画布	K	起重机	竖琴	小夜曲
报告文学	独创性	画房	客厅	气体	刷子	协奏曲
背景	断头台	画架	空气制动机	气压计	睡帽	斜面
背囊	断奏	画室	口琴	汽笛	私刑	新纪元
笔触	对比	怀乡病	L	汽艇	素描	信号
变形虫	对照	欢迎会	蓝宝石	钳子	速度	胸针
标语	E	幻灯	酪素	嵌板	速写	许可证
病毒	耳环	黄玉	乐队	亲嘴	索引	序幕
C	F	挥发油	类型	清教徒	T	旋律
玻璃杯	发动机	回转木马	冷却器	情况	踏板	血色素
彩色玻璃	珐琅	会馆	礼帽	求婚	苔原	Y
菜单	珐琅质	混凝土	利己主义	曲柄	探照灯	研磨器
舱口	番红花	活塞子	利己主义者	曲线	糖酒	眼镜蛇
侧面像	番茄	火柴	连锁店	全景画	糖汁	演出者
插画	范畴	火腿	连字符	R	桃花心木	演奏会
插话	防栅	J	连字号	燃烧器	讨论会	演奏者
插曲	风琴	机构	炼乳	人道主义	套靴	要点
插图	风信子	唧筒	两脚规	人道主义者	体系	叶子果
场面	浮标	极点	量规	人孔	体育馆	一览表
超现实主义	浮游生物	极光	淋巴	人体模型	体重	衣袋
车库	G	技师	领子	日程表	天鹅绒	异国情调
陈列窗	橄榄	甲板	流行性感冒	日光室	填料	音乐会
陈列室	干酪素	间谍者	六弦琴	日光浴室	通货膨胀	银幕
齿轮	钢笔	舰桥	卵带	S	通心面	英寸
丑事	歌剧	交响乐	轮带	塞子	同情者	优胜杯
丑闻	工作室	交响曲	滤光器	三垒	透镜	优胜者
臭鼬鼠	公报	郊游	M	三棱镜	图案	游击队
除雪车	骨疽	胶囊	马口铁	砂纸	图表	语调
穿孔机	骨痛热	胶质	芒果	商标	W	郁金香
船坞	骨疡	脚灯	蜜月	商品目录	瓦斯	圆屋顶
垂饰	广告气球	酵母	面纱	设计	外衣	圆舞曲
丛书	国际	酵母菌	民主	升降机	弯管	晕影
D	国家主义	接地	民主主义	升降口	微音器	运动场
大提琴	H	解剖刀	命题	声调	伪装	Z
大猩猩	海狸	金字塔	木精	石板	文艺复兴	摘要
代言人	好球	进退两难	N	石蜡	X	招待会
袋鼠	合唱	进行曲	女主人	实用主义	洗炭	裙子
电动机	合唱队	经纪人	女主人公	蚀刻	系统	正餐
电缆	合唱曲	精髓	P	世界语	细菌	政变
电铃	黑死病	警笛	排球	世界主义者		之字形

汁液 纸牌	制动机 终曲	重量 轴承	主题 卓布	紫丁香 自尊心	总额 总量	奏鸣曲 钻孔

宫岛达夫先生发掘的候补日源汉字词，为近代中日新词源流研究，扩大了学术视野，提供了基础语料，具有重要意义。只是由于作者对中国现行研究资料调查尚不充分，对汉语吸收新词的原始文献未予考证，因此有进一步研究与完善之必要。

一、不列入候补范围的新词

综合中日词汇情况，有些新词不宜列入候补范围，主要包括：已见于辞书论著且受日语影响的新词、早见于中国古代典籍的词语、汉唐古籍早有其例的词语三种情况。

（一）已见于辞书论著且受日语影响的新词

有些词已见于汉语外来词辞书或论著，认为是受日语影响的结构新词或语义新词，可以不列入候补范围。如以下汉字词：

背景 标语 插话 代言人 电视 范畴 歌剧 公报 国际 黑死病 虎列拉 混凝土 技师 交响乐 俱乐部 类型 利己主义 利己主义者 淋巴 流行性感冒 蜜月 面纱 民主 民主主义 命题 气体 汽笛 日程表 市场 素描 索引 图案 瓦斯 信号 序幕 演出者 演奏会 演奏者 一览表 运动场

（二）早见于中国古代典籍的词语

有些词《大词典》已经收录，早见于中国古代典籍，其中有的古今词义基本一致，有的据古义扩大、缩小或转移，可以不列入候补范围。例如：

1. 古今词义基本一致

【火腿】明沈德符《野获编补遗·京职·光禄官窃物》："万历十八年，光禄署丞茅一柱盗署中火腿，为堂官所奏，上命送刑部。"

【会馆】明刘侗、于奕正《帝京景物略·嵇山会馆唐大士像》："尝考会馆之设于都中，古未有也，始嘉隆间……用建会馆，士绅是主。凡入出都门者，藉有稽，游有业，困有归也。"

【求婚】《晋书·姚兴载记下》："今来求婚，吾已许之。"

【郊游】明屠隆《昙花记·郊游点化》："胜日好郊游，一带山川错如绣。"

【刷子】《水浒传》第二一回："这边放着个洗手盆、一个刷子，一张金漆桌子上，放一个锡灯台。"

【私刑】宋陈亮《上光宗皇帝鉴成箴》："勿私赏以格公议，勿私刑以亏国律。"

【耳环】晋常璩《华阳国志·南中志》："夷人大种曰昆，小种曰叟，皆曲头木耳环。"

【车库】汉刘向《说苑·复恩》："襄子曰：'非义也，子壮士也。'乃自置车库中，水浆毋入口者三日，以礼豫让。"

【丑事】金董解元《西厢记诸宫调》卷六："君瑞怀羞惨，心只自思念：这些丑事，不道怎生遮掩。"

【亲嘴】《金瓶梅词话》第十三回："应伯爵推斗桂姐亲嘴，把头上金啄针儿戏了。"

【进退两难】《水浒传》第三五回："花荣与秦明看了书，与众人商议道：'事在途中，进退两难，回又不得，散了又不成，只顾且去。'"

【船坞】《红楼梦》第四十回："命小厮传驾娘们，到船坞里撑出两只船来。"

【丛书】清叶名沣《桥西杂记·丛书》："宋温陵曾慥，集《穆天子传》以下二百五十种为《类说》，是则后世丛书所由昉。"

【郁金香】龚骞《九秋》诗："中夜美人愁不寐，坠鬟间蔼郁金香。"

【浮标】唐陈子昂《洪崖子〈鸾鸟诗〉序》："寄孤兴于露月，沉浮标于山海。"

【珐琅】《红楼梦》第五三回："这荷叶乃是錾珐琅的，活信可以扭转。"

【褡子】《水浒传》第二十回："（宋江）看罢，拽起褡子前襟，摸出招文袋。打开包儿时，刘唐取出金子放在桌上。"

【精髓】五代齐己《祈真坛》诗："何当断欲便飞去，不要九转神丹换精髓。"清王夫之《姜斋诗话》卷二："然读古人文字，以心入古文中，则得其精髓。"

【领子】清文康《儿女英雄传》第十五回："戴着条大红领子；挽着双水红袖子。"李汝珍《镜花缘》第十六回："他这颈项生得恁长，若到天朝，要教俺们家乡裁缝作领子，还没有三尺长的好领样儿哩。"

2. 据古义扩大、缩小或转移

【乐队】《宋史·乐志十七》："女弟子队凡一百五十三人……二曰感化乐队，衣青罗生色通衣，背梳髻，系绶带，三曰抛球乐队，衣四色绣罗宽衫，系银带，奉绣球。"

【机构】元揭傒斯《送程叔永南归序》："故周公有《鸱鸮》之贻，鲁人贻《閟宫》之颂，诚知机构之难承，继之甚不一也。"

【系统】宋范成大《东宫寿诗》："两亥开基远，三丁系统长。"自注："恭惟艺祖、太宗皇帝元命皆在亥，今太上、主上、殿下元命皆在丁。"

【经纪人】《古今小说·史弘肇龙虎君臣会》："夫人放买市，这经纪人都来赶趁，街上便热闹。"

【口琴】《清通典·乐四》："口琴，以铁为之，一柄两股，中间设一簧，簧端点以蜡珠，衔股鼓簧以成音。"

【纸牌】明谢肇淛《五杂组·人部二》："有纸牌，其部有四：曰钱，曰贯，曰十，曰万。而立都总管以统之，大可以捉小，而总管则无不捉也。其法近于孙武 二驷之术，而吴中人有取九而捉者。"

【场面】清李斗《扬州画舫录·新城北录下》："后场一曰场面，以鼓为首，一面谓之单皮鼓，两面则谓之荸荠鼓。名其技曰鼓板。"

【情况】宋范仲淹《和葛闳寺丞接花歌》："北人情况异南人，萧洒溪山苦无趣。"

【图表】唐李德裕《仁圣文武至神大孝皇帝真容赞》："臣闻古之至圣，必有奇相，是以黄熊之瑞，应于龙体；赤精之符，协于图表。"

【声调】《晋书·嵇康传》："夜半，忽有客诣之，称是古人，与康共谈音律，辞致清辩，因索琴弹之，而为《广陵散》，声调绝伦。"

【石板】唐孟郊《献襄阳于大夫》诗："风漪参差泛，石板重迭跻。"

【设计】《三国志·魏志·高贵乡公髦传》："赂遗吾左右人，令因吾服药，密因酖毒，重相设计。"

【仙人掌】唐崔颢《行经华阴》诗："武帝祠前云欲散，仙人掌上雨初晴。"

【唧筒】唐郭橐驼《种树书》卷中："凡木蚤晚以水沃其上，以唧筒唧水其上。"

【火柴】宋蔡绦《铁围山丛谈》卷六："柂工之妇怒，举火柴击其首。"

【画架】宋惠洪《秋千》诗："画架双裁翠络偏，佳人春戏小楼前。"

【画室】《汉书·霍光传》："明旦，光闻之，止画室中不入。"

【皮箱】宋欧阳修《谢胥学士启》："所期用覆酱瓿，譬十年之练都，投置皮箱，资一笑于相乐。"

【喷射】唐李白《求崔山人百丈崖瀑布图》诗："百丈素崖裂，四山丹壁开。龙潭中喷射，昼夜生风雷。"

（三）汉唐古籍早有其例的词语

有些词未见于汉语辞书，或虽见于汉语辞书，却未能说明语词源流，但检索《四库全书》等数据库，则发现汉唐古籍早有其例，此亦不可列入候补范围。例如：

【海狸】宋李昉《太平御览·地部·岛》："东牟城东有盘岛，城东北有牛岛，常以五月，海牛及海狸与鸟产乳其上。"宋乐史《太平寰宇记》卷二十："又《齐记》云，成山有牛岛，常以五月，有海狸上岛产乳，逢人则化鱼入水。"

【骨疽】隋巢元方《诸病源候总论》卷三十三《附骨疽候》："骨疽者，由当风入骨解，风与热相搏，复遇冷湿，或秋夏露卧，为冷所折，风热伏结壅遏，附骨成疽。"唐孙思邈《备急千金要方》卷六十八《瘭疽》："凡骨疽百疗不瘥者，可疮上以次灸之，三日三夜便瘥。如疮不瘥，瘥而复发，骨从孔中出者，名为骨疽。"

【紫丁香】唐段成式《酉阳杂俎续集》卷九《支植》："卫公平泉庄，有黄辛夷紫丁香。"元陶宗仪《说郛》卷六十八《平泉山居草木记》："已未岁，又得番禺之山茶，宛陵之紫丁香，会稽之百叶木芙蓉百叶蔷薇，永嘉之紫桂簇蝶。天台之海石楠。"

【汁液】明田汝成《西湖游览志余》卷二十四："复持至寺，盛之以盘，经日颇有汁液沾濡。"明卢之颐《本草乘雅半偈》卷一："甚有一枝重数两者，汁液最多，虽暴焙极燥，顷则转润。"

【对照】《大词典》首引清龚炜《巢林笔谈·缓急称贷》"故有善谐者，谓欲假贷，当先图一像来，以俟他日对照"用例，证其"对比"义项。该词源自物理学用语，早见于明徐光启等《新法算书》卷三十四："对照者，乃相距天周之半，为经度一百八十度，月对日曰望，经纬俱对曰月食，星对日曰夕退，统名曰冲照。"同卷十一："五曰对照。"清喻昌《医门法律》卷一："凡治病，有当逆其势而正治者，有当从其势而反治者，若不悬鉴对照，而随手泛应，医之罪也。"

【番红花】明卢之颐《本草乘雅半偈》卷九："出西番，回回国，天花国，即番红花也，元时入食馔用。张骞得种即此，今地性异，则形质亦异矣。"《广群芳谱》卷八十九《卉谱》："番红花，一名洎夫蓝，一名撒法，即出西番回回地，面及天方国，即彼地红蓝花也，元时以入食馔用。"

【病毒】《大词典》首引鲁迅用例证其"梅毒"义项。按，唐代以来医学文献，该词常见。唐王焘《外台秘要方》卷十八《脚气论》："若在远无药物处，病毒深，非灸不能差病者不论耳。"元王好古《医垒元戎》

卷九："食后令人耳目聪明，从外见里，坐见千里之外，令人长生，去三百病毒。"当代汉语有"计算机病毒"一词。

【蓝宝石】《大词典》只有释义，没有举例。按，清张廷玉等《皇朝文献通考》卷一百四十一："皇帝朝带，色用明黄龙文金圆版四，饰红宝石或蓝宝石及绿松石，每具衔东珠五，围珍珠二十。"《皇朝通典》卷五十四："奉国将军朝冠，顶镂花金座，中饰小红宝石一，上衔蓝宝石。"

【钻孔】宋林希逸《考工记解》卷上："钻空者，钻穿而为孔也。窭者，孔小貌也，钻孔小则坚而难坏也。"元司农司《农桑辑要》卷六："南北二面去地一尺，钻孔用木钉钉之，泥封窍即结。"

二、已见于《近现代汉语辞源》的新词

有些词已见于《近现代汉语辞源》（包括《大词典》），从该辞书及《外来語の語源》所见早期例证考察，其中有的为日源汉字词，有的为近现代汉语新词。

（一）日源汉字词

百分比　百分率　百科全书　报告文学　笔触　插画　插曲　插图　丛书　大提琴　大猩猩　电动机　电铃　独白　断头台　对比　发动机　番茄　风琴　风信子　浮游生物　合唱　滑翔机　画布　画架　画室　幻灯　挥发油　活塞子　唧筒　极点　脚灯　酵母　接地　金字塔　进行曲　酒精　军刀　礼帽　炼乳　两脚规　六弦琴　轮带　漂白粉　钳子　砂纸　商标　升降机　石蜡　世界语　手风琴　手球　受话器　竖琴　睡帽　踏板　苔原　体系　体育馆　体重　填料　透镜　外衣　伪装　文艺复兴　细菌　现实主义　小数点　小夜曲　斜面　新纪元　旋律　血色素　眼镜蛇　要点　英寸　游击队　语调　圆舞曲　摘要　政变　重量　轴承　主题　自尊心　总额

（二）近现代汉语新词

罢工　变形虫　菜单　齿轮　袋鼠　电缆　吊床　顶点　钢笔　黑猩猩　极光　警笛　排球　喷雾器　汽艇　曲柄　曲线　三棱镜　鼠疫　速写　探照灯　天鹅绒　通货膨胀　微音器　银幕　奏鸣曲

三、汉语辞书理应收释的新词

有些词早见于日本近现代辞书或相关文献，而《大词典》《近现代汉语辞源》等均未收录，《四库全书》也未有用例。试调查《人民日报》数

据库，则发现该词从 1940 年代开始即有使用，汉语辞书理应收释。以下按《日中同形语の発掘》词序，选取 86 个中日同形词，从《人民日报》选取汉语的早期用例，以供进一步研究参考。值得注意的是，以下词语中，有的见于《大词典》而未见于《近现代汉语辞源》，有的见于《近现代汉语辞源》而未见于《大词典》。现将此类词语罗列如下：

见于《大词典》而未见于《近现代汉语辞源》：

背囊　酪素　洗发（意义不同）　胸针

见于《近现代汉语辞源》而未见于《大词典》：

百货商店　垂饰　工作室　工作室　国家主义　合唱队　合唱曲　恒温器　欢迎会　交响曲　胶质　酵母菌　冷却器　连锁店　量规　芒果起重器　气压计　干酪素　人道主义者　讨论会　通心面　异国情调　音乐会　优胜者　制动机　终曲　总量

下文择要罗列代表性词语在《人民日报》中相关用例，具体如下：

【异国情调】（1918：訂正増補や、此は便利だ）[1]

（1）我感觉不到一般意义上的异国情调，总像是在和兄弟姊妹们相处，虽然语言、习俗等的差异，都现实地存在着。（家书报友情，1951.09.27）

（2）吸引我们的并不是异国情调，而是一种青春喜悦之气。（我喜爱匈牙利人民的艺术，1952.04.30）

【衣袋】（1871：袖珍英和节用）

（1）老太太过意不去，偷偷装进放在地边上的张文堂同志的衣袋里。（助收三日，1946.07.03）

（2）当曾司令率队登陆时，军乐与鞭炮齐起，欢呼声雷动，群众纷以鲜花投掷，慰劳物品不断塞入战士衣袋。（新华社烟台九日电，1946.07.12）

【圆屋顶】（1914：法和新辞典）

（1）天空中有数以百计的跳伞者。五颜六色的圆屋顶似的东西，覆盖着机场场地。高速喷气式机的飞翔，使表演达到了顶点。（斯大林主义空军威力的证明，1949.07.19）

（2）共青团车站的建筑是苏联地下建筑与建筑艺术的最好创作。它的地上大厅是一座有银色圆屋顶的、有纪念意义的大厦。（苏联和人民民主国家的生活，1952.02.11）

【黄玉】（1882：增补订正英和字汇 第2版）

---

[1] 词条后括号内的数字表示日本初见年份，冒号后引始见文献；引用《人民日报》用例时，选用较早用例。

（1）作品以白玉作人，碧玉作山，<u>黄玉</u>作滚滚的河水，毛主席站立河旁，遥指远方，给人以黄河两岸一片金色麦浪的美好远景的展望。（山水人物　栩栩欲生，1959.08.06）

（2）和田玉品种很多，从色彩上看，有白玉、碧玉、<u>黄玉</u>、墨玉、青花玉五种。（和田玉，1962.05.13）

【音乐会】（1878：读卖新闻）

（1）文化宫布置<u>音乐会</u>、跳舞会之经费达一百五十万卢布，母亲及小孩都有特别补助金，二千二百儿童将于工厂所办之少年夏令营度暑假。（物价下跌商店顾客盈门，1946.07.31）

（2）这次的唱歌等于开了一次盛大的<u>音乐会</u>。（旧艺人与音乐，1947.06.11）

【解剖刀】（1914：外来语辞典）

（1）这一侮辱中国国格，震惊世界的兽行，曾经像<u>解剖刀</u>一样深刻的揭露了美帝国主义奴役中国与蒋介石卖国的真面目。（沈崇事件一周年，1947.12.23）

（2）例如裁纸要用裁纸刀，裁衣要用剪刀，切菜要用切菜刀，刈割要用镰刀，切草要用铡刀，杀牛要用牛刀，人身生理解剖要用<u>解剖刀</u>等等，式样不同，用途功效各异，故古人云："工欲善其事，必先利其器。"（政治经济学教程绪论，1949.10.13）

【回转木马】（1908：日本百科大辞典）

（1）还有表现出少女热烈的青春活力的"少女竞演舞""苏维埃女青年舞""哥萨克女子舞""<u>回转木马</u>舞""少女加德利舞"和滑稽舞"双马车"。（苏联莫斯科"小白桦树"舞蹈团介绍，1955.10.08）

（2）在好几个节奏强烈的舞蹈中，如"<u>回转木马</u>舞""少女加德利舞""少女竞演舞"，显示了俄罗斯女子热爱劳动、热爱生活的品质。（关于"小白桦树"舞蹈团的舞蹈音乐，1955.11.08）

【怀乡病】（1873：附音插图英和字汇）

（1）据上海联合晚报载：近来驻上海的美国兵，几乎都害了深重的<u>怀乡病</u>。（新华社延安六日电，1946.07.09）

（2）这些报道中除了有时透露出美军青年们正常的思想规则——不可挽救的怀乡病以外，有时又强烈地对衬出：我们志愿军阵地里完全与他们相反的、充满了欢欣鼓舞和信心百倍的快乐情绪。（原因到底在哪里呢，1953.04.01）

【干酪素】（1921：独和大辞典）

（1）在材料的采用方面，不仅是油画颜料，而且广泛地采用了喷漆、塑料、腊画术、蛋黄调色、<u>干酪素</u>调色、透明胶、彩色水泥等等新的材料。(墨西哥的造型艺术,1956.08.18)

(2) 这个工厂将利用牧区盛产的大量牛奶,加工提炼出乳糖、<u>干酪素</u>和奶油。乳糖是制造青霉素、金霉素等贵重药品的必需原料,<u>干酪素</u>是制造人造皮革、人造云母、胶片、涂料、染料等胶质化工工业的原材料。(牛奶做原料的化工厂,1957.07.18)

【欢迎会】(1906:吾辈は猫である)

(1)"过去我很惧怕死,因为那时如果死去,就没有人明白自己的心迹,但以后不同了,以后我可以把我的生命无所顾虑的贡献给中国人民。"<u>欢迎会</u>在全场热烈掌声中结束。(延安各界盛大集会欢迎 李敷仁先生避难来延,1946.07.27)

(2) 抗战胜利之初,莫氏飞赴东北各地宣慰,初到之处,备受东北父老欢迎,东北父老并向他倾诉这十四个年头的辛酸血泪,几乎在每一次<u>欢迎会</u>中,都有人问起张学良将军的近况。(探张学良将军,1946.07.30)

【舰桥】(1895:爱弟通信)

(1) 军舰当即被击中了,舰头部分冒起的黑烟笼罩了驾驶台和<u>舰桥</u>,从舰两旁冲起的巨大的水柱也顿时漫没了舰身中部。(蒋贼太平号军舰的覆灭,1954.11.25)

(2)"小航海家"站在<u>舰桥</u>上捧起了大望远镜,向远处了望着。(红领巾在军舰上,1956.06.24)

【气压计】(1914:外来语辞典)

(1) 由于工业与矿业的普遍减产,一般被认为是整个经济的准确<u>气压计</u>的火车运货量,亦已下降。(美国经济危机的开端,1949.08.13)

(2) 在分水岭以西约三十公里,有一座大山名"雅合拉达合泽",高约五千四百四十公尺(<u>气压计</u>引测),形状雄伟,突出群出之上,此山为青海省水系的中枢。(黄河河源勘查记,1953.01.21)

【起重器】(1877:米欧回览实记)

(1) 另外还有联合拔杆、滑坡车自动器、固定<u>起重器</u>、推土机吊车等正在制造和设计中。(兰新铁路将采用成品安装法架设桥梁,1954.05.29)

(2) 工人们还创造了"翼形蒸汽起重器",这种<u>起重器</u>每次能起重十五吨,在船上操作比一般吊车更加稳当,大大减少了水上搬运和起重的困难。(兰新铁路黄河大桥正桥工程进展顺利,1954.06.03)

【胸针】(1882:增补订正英和字汇,第2版)

(1) 乍一看来,这枚姑娘心爱的小<u>胸针</u>别在首相的庄严的外衣上似乎

显得有些孩子气。（欢迎来自万象之邦的贵宾，1956.08.21）

（2）其中绿色的最适于雕刻，艺人们用它们雕刻成小佛像、烟缸、灯台、酒杯、盘碟等小工艺品。甚至纽扣和<u>胸针</u>，都可以用条纹玛瑙雕成。（精美的巴基斯坦手工艺品，1980.08.14）

【空气制动机】（1908：日本百科大辞典）

（1）在釜山港有二十六辆火车头被毁坏，其他二十三辆因取掉<u>空气制动机</u>而不能开驶。（北鲜传诵毛主席报告，1948.02.15）

（2）太原铁路局陈宝铭，发明创造的火车<u>空气制动机</u>上的电磁阀，已经试制成功。经过实际运行试验，证明电磁阀比旧有的三通阀动作灵敏、准确，便于操作，对保证火车多拉快跑和安全具有极为重大的作用。（努力攀上科学技术的高峰，1958.07.13）

【决胜点】（1899：风俗画报）

竞走的时候，大抵是最快的三四个人一到<u>决胜点</u>，其余的便松懈了，有几个还至于失了跑完预定的圈数的勇气，中途挤入看客的群集中。（竞技者的启示，1981.09.30）

【研磨器】（1908：日本百科大辞典）

（1）做<u>研磨器</u>的时候，每个研磨器的工时定额是二十分钟，但是全组每人每班最多做到四十个，平均每个只用十二分钟。（不让陈旧定额障碍技术进步，1957.01.27）

（2）9月份工具车间<u>研磨器</u>小组因为加工螺纹环规工效提不高，成为全车间生产中的一个最大关键，车间党支部把他从车工小组调到研磨器小组担任小组长。（不放弃任何技术革新，1959.10.23）

【交响曲】（1931：明解英和辞典）

（1）当曾司令、王司令、曹主任出现在临时讲台时，鞭炮声、作乐声、锣鼓声和震耳的欢呼混成一片，形成一支雄壮的<u>交响曲</u>。（欢迎东江纵队登陆记，1946.07.20）

（2）整个车间外面，当啷的声音响成了很有节奏的<u>交响曲</u>。装修所的工友们满有信心地说："没啥问题，咱们准赶上时间了"。（馈送给太原人民的礼物，1949.05.01）

【好球】（1905：最近野球术）

（1）第十九分钟，哈增光又给崔亨燮送来一只<u>好球</u>。缅甸队守门员拉貌奋勇冲出扑救失误，崔凌空踢球进网，场上纪录二比零。（精彩的表演，深厚的友情，1955.10.18）

（2）北京队运用快板进攻和梯次战术打了不少<u>好球</u>。（一场出色的友谊赛，1955.10.27）

【工作室】（1934：国民百科大辞典）

（1）可是他以"如果身体有些病而停止工作，那是革命的损失"的话坚决拒绝了大家的劝告，他把卧床搬到工作室里，在病床上继续他的装配工作。（人民的电机工程师，1947.03.06）

（2）铁工室全体四十多工人，修复、铸造与装置了全厂十一个工作室的九十五台机器，利用了废品近二千件，节约四亿四千余万元。（依靠工人积极分子激发职工劳动热情，1948.10.20）

【广告气球】（1934：新修百科大辞典）

（1）孩子淘气好奇，七弄八弄解开了商厦门口系大型广告气球的绳子。价值3 000多元的气球随风飘走了。（给你一个惊喜，1997.05.27）

（2）二是将服务商标悬挂、张贴于服务场所以外的建筑物、公共汽车、广告气球、船舶、飞机等上面，或者在报纸、期刊、广播、电视等媒介中进行广告宣传。（法律如何保护服务商标，1998.02.11）

【恒温器】（1934：国民百科大辞典）

（1）现在已能制造超短波电疗机、器械柜、搬运车等大型产品，还能制造电水浴锅、干燥箱、恒温器等技术较复杂的产品。（向后看不得，1954.11.10）

（2）在试制转向盘和恒温器的时候，不知道流了多少汗，失败了多少次，都没成功。去年年底，我还记得，绝大部分汽车协作产品都没有试制成功。（快要出产汽车了，1956.05.29）

【酵母菌】（1918：井上英和大辞典）

（1）已发高热或正变质的粮食有如制酒的酵母菌，最易引起好粮的变化。（加强粮食管理的科学方法，1950.01.10）

（2）利用高温教养的方法，不断提高了酵母菌对于高温的适应性，初步培育成能在四十度高温下正常发育的高温类型的酵母，可以增加酒精的生产。（创造性地研究和运用米丘林学说为我国社会主义建设服务，1955.11.01）

【合唱曲】（1918：井上英和大辞典）

（1）许多音乐工作者在钻研西洋音乐的技术与理论，创作合唱曲合奏曲甚至交响曲，对群众歌曲轻视，认为简单，不发生兴趣。（关于"高唱战歌念星海"，1948.01.23）

（2）从乐曲的性质上说，有进行曲、边疆民谣、组曲、合唱曲、民歌等。（文代大会音乐演奏会在平公开演奏，1949.07.03）

【合唱队】（1914：外来语辞典）

（1）暑假期间，以团员为骨干组成了三百余人的建设队，参加修江坝、

铁路等工作，并组织了五百余人的文工团和合唱队，在市团部领导下活动。（东北毛泽东青年团筹委会成立，1948.10.15）

（2）华北有名的荣臻小学开游艺会时，幼稚园的四岁儿童任燕西指挥一队三岁至五岁的儿童合唱队，这表示了老解放区的儿童是充分被培养并发展着他们的智能。（平市儿童欢度节日，1949.04.04）

【国家主义】（1893：朝野新闻）

（1）在讨论冲破恐惧和猜疑之网的出路之前，我们先提出对于三条"死路的警告"：第一条死路是：国家主义、孤立主义或片面主义。（一个和平的建议，1946.07.06）

（2）青年党在民国十四年叫"国家主义青年团"，是若干国家主义小团体（如北京的国魂社，江苏的国光社等）联合起来成立的。（"国民党的附属物"，1946.12.05）

【骨痛热】（1921：独和大辞典）

保留的昆虫包括传染黄热病、疟疾和骨痛热的蚊子；传染鼠疫的跳蚤，传染兔热病、回归热和科罗拉多热的扁虱、传染霍乱、炭疽和痢疾的苍蝇。（美国"国民前卫"周刊揭露美国处心积虑发展化学和细菌武器，1959.10.13）

【骨疡】（1908：日本百科大辞典）

北京北海宾馆门诊部最近和北京市国波生物医学研究所联营成立专科门诊部，专治慢性化脓性中耳炎、乳突炎和骨疡型中耳炎。（简讯，1993.03.25）

【彩色玻璃】（1891：新译无双英和辞典）

（1）另一座是泉水从四面射出，泉水被变幻的彩色电灯映照着朝池中喷洒，池中开放着一颗用彩色玻璃砌成的宝石花。（我的心又飞往莫斯科，1955.11.07）

（2）人们可以在这里买到赛珍饰品，四十九种花色的发夹，镀金或银的铜质项圈、手镯和耳环，近似红宝石或翡翠戒指的彩色玻璃嵌宝戒指，各种丝竹乐器，八十多种烟盒、烟斗，精致的象牙、水晶图章和玉石饰件。（上海老城隍庙的小商品展览会，1956.07.31）

【三垒】（1906：东京日日新闻）

（1）攻队队员在本垒依次用棒击守队"投手"投来的球，并乘机跑垒，能依次踏过一、二、三垒安全回至本垒者得一分。（美国的棒球热，1980.06.03 第 7 版）

（2）场内设四个垒，呈正方形，按逆时针方向分别被称为本垒、一垒、二垒、三垒。如果运动员按顺序跑完四个垒，就得到一分。（领略斗智的

奥秘　欣赏争夺的技艺，1985.07.21)

【室内体育场】（1924：活用现代新语辞典）

(1) 这一天下午，布达佩斯巨大的室内体育场的大厅里聚集了数以千计的布达佩斯劳动人民的代表。（苏最高苏维埃代表团会见布达佩斯劳动者，1955.12.05)

(2) 在莫斯科中央列宁运动场的领域内，运动员之宫的建筑工程即将完成。它将是全欧洲最大的室内体育场。（全欧洲最大的室内体育场　莫斯科运动员之宫将落成，1956.10.28)

【终曲】（1909：音乐字典）

(1) 播音时前曲是"解放区的天"，终曲是大路歌。（陕北新华广播电台改订播音时间和节目，1949.01.03)

(2) 难道作者在该交响乐终曲中明晰的、盖德诺夫派乐生的主题发展到最高峰时所采用的那些极端的和刚硬的手法可以被认为是有机的吗？（一九四八年苏联作曲家与音乐家的创作，1949.07.04)

【女主人】（1859：人情本·所缘の藤浪）

(1) 次日参观耶稣教医院，女主人是美国人，她殷勤的招待着客人，去看所有的房舍。（陪梁正伦大夫参观记，1946.06.19)

(2) 南大街有一家，当女主人晚上回来时，当是什么亲戚来了，进去一看，原来是营长太太。（蒋军后方的南通，1946.09.28)

【女主人公】（1898：恋慕ながし）

(1) 在楼下穿大衣的时候，叶同志告诉我，这栋房子是战争与和平小说中女主人公娜塔沙的房子。（法捷耶夫同志告诉了我些什么，1949.04.30)

(2) 影片女主人公索告诺娃的遭遇，今天在苏联早已成为过去了，但是对于我们，对于新中国的妇女和农村，却还是有着重大的教育意义。（《政府委员》索告诺娃的斗争事迹鼓舞着千千万万的劳动妇女，1952.03.09)

【除雪车】（1931：日本語となった英語）

(1) 多功能除雪车正在北京二环路上喷洒融雪剂。（冬雪再考京城，2002.12.16)

(2) 湖南反映缺少除雪车，湖北和河南马上表示，目前自己的灾情有所缓解，可以提供富余车辆。（大范围冰冻雨雪天气引发连锁反应，2008.02.02)

【商品目录】（1924：活用现代新语辞典）

(1) 美国制造家商品目录之价格下跌。（纽约股票惨跌　美国面临经

济不景气，1946.09.08）

（2）一个是机关、学校、部队、厂矿，必须和它们建立广泛的联系，向他们供给商品目录，欢迎他们采购。（中央贸易部指示 准备开展全国范围的工业品销售运动，1952.06.16）

【小歌剧】（1918：井上英和大辞典）

（1）苏维埃的小歌剧的情况稍微较好。在这一体裁中，有摆脱了西欧资产阶级小歌剧的窠臼的成功的作品。（一九四八年苏联作曲家与音乐家的创作，1949.06.27）

（2）苏联歌剧院和音乐喜剧剧院在本年的演剧节目单上，将要加上苏联作曲家所制就的十二个新歌剧、三个舞剧和五个小歌剧。（今日苏联的新歌剧，1950.03.04）

【招待会】（1918：井上英和大辞典）

（1）何应钦九日在南京记者招待会谈话，捏造事实，信口雌黄，力图掩盖国民党反动派正在布置的大规模进攻解放区的阴谋。（何应钦谎言骗人，1946.05.16）

（2）最近抵美的甘地之子德瓦达斯甘地，在记者招待会上称：英国不应因西姆拉会议的失败而影响予印独立，他否认英国的退出。（英国仍图驻兵印度 印督组织临时政府，1946.05.23）

【升降口】（1900：海底军舰）

（1）升降口和走台应该加围栏。走台的围栏高度不能低于一公尺。（工厂安全卫生规程，1956.06.22）

（2）发现沉艇后，用机械手系解缆索，清理救生平台升降口的海藻等障碍物。（深潜救生艇，1981.05.06）

【人孔】（1882：增补改正英和字汇 第2版）

（1）不到一个小时，把二十个大螺丝全拆下来，打开了人孔盖。（第一次上高炉顶，1958.04.04）

（2）只有当我们走过人孔井时，才能听到它万马奔腾的吼声。（一湖春水起高潮，1958.05.01）

【人体模型】（1914：法和新辞典 第25版）

（1）确定修理校舍，增添课堂坐椅、挂图、人体模型、图书报纸等，使学校的一切设备从现有的贫乏基础上渐次充实起来。（合理解决学费纠纷的一例，1949.10.12）

（2）展览德意志民主共和国政府赠送给我国政府的玻璃人体模型及介绍德国的图片。（庆祝德意志民主共和国国庆，1952.10.07）

【人道主义者】（1918：子をつれて）

（1）孙夫人是世界上第一流的急进家，且是一位真正的<u>人道主义者</u>。（下午报访员评美助蒋内战，1946.09.05）

（2）猎取头颅的野人用毒箭杀害爱好自由的马来亚人，砍掉他们的头颅，因而得到英国<u>人道主义者</u>的特别奖赏。（关于匈牙利国内形势与党当前任务的报告，1949.03.13）

【垂饰】（1892：双解英和大辞典）

（1）前额戴上镶有闪闪发光的宝石的金色<u>垂饰</u>。（印度的舞蹈，1957.04.05 第 7 版）

（2）它高 1.25 米，以 5 只凤凰作为灯檐，<u>垂饰</u> 7 000 多环瓷键，60 根瓷链灯珠挂满四周。（工艺美术：神奇而又亲近，1987.07.15）

【世界主义者】（1914：外来语辞典）

（1）他们——<u>世界主义者</u>，他们的宣传家宣布说：打倒民族主权！（爱国主义与国际主义——少共真理报"答读者问"，1949.02.22）

（2）"<u>世界主义者</u>"反对苏联文艺底社会主义的现实主义，反对苏联文艺底健康和乐观的精神。（揭穿资产阶级的"世界主义"，1949.06.14）

【制动机】（1886：工学字汇）

（1）在重型地球卫星上还可以安装<u>制动机</u>。当卫星进入稠密的地球大气层时，<u>制动机</u>就可以对卫星刹车。（苏联科学家谈向太平洋发射强大火箭结果，1960.01.23）

（2）会议讨论了某些类型的国际货运和旅客列车的规格统一、车厢的自动联挂以及新式<u>制动机</u>等问题。（社会主义国家铁路合作组织举行会议，1962.06.05）

【正餐】（1882：增补改正英和字汇 第 2 版）

（1）马铃薯没有销路，在地窖里腐烂，而工人的妻子们则以马铃薯皮当<u>正餐</u>。（恢复交通前夕的西德，1949.05.16）

（2）苏联的同志们事先就为代表团妥善周到地安排好在那里吃早点，那里吃<u>正餐</u>和休息等，因之并无平时连续飞行的那种疲劳的感觉。（日内瓦归来，1954.08.12）

【洗发】（1931：日本語となった英語）

（1）正在理发的匪首杨森（他从重庆狼狈逃到铜梁）刚剪完头，也顾不得<u>洗发</u>修面，坐上吉普车就跑。（一九四九年十二月的四川，1950.02.10）

（2）经常刷洗水缸；饭前洗手、饭后漱口，每星期<u>洗发</u>、洗澡、剪指甲一次；衣服经常洗换、被褥常晒。（沈阳市的一个居民卫生模范组——太阳里，1952.06.15）

【穿孔机】（1928：音引正解近代新用语辞典）

（1）矿工尼古拉·特罗菲莫夫，社会主义劳动英雄，在三年之中，以自己的<u>穿孔机</u>完成了五年计划的煤产。（苏维埃的生活方式，1949.11.01）

（2）潘阿耀想起了十几年前有一个名叫峙田的日本工程师，曾经从东京带回一卷图样，在上海造了一部<u>穿孔机</u>（轧铜机），但制成的紫铜管有很多砂眼，不合用，结果失败了。（无缝铜管的制造者潘阿耀，1950.09.27）

【全景画】（1873：附音插图英和辞汇）

（1）所有这一切，只是展开在我们面前的伟大<u>全景画</u>的一部分，要把解放了的中国人民的那种欢快的镜头全部记录下来，是不可能的。（中国人民在欢呼，1951.01.09 第 3 版）

（2）这个纪念馆通过图片、模型、<u>全景画</u>、实物等多种陈列品，生动地展示了朝鲜军民取得祖国解放战争伟大胜利的光辉历程。（在战友家里——记中国人民解放军友好参观团访问朝鲜，1977.06.15）

【总量】（1877：米欧同览实记）

（1）目前钢铁生产<u>总量</u>已超过战前的百分之三十五以上（年产钢二百四十七万吨，铁二百万吨），车里雅宾斯克拉生产已超过苏联任何一区钢生产的七倍以上。（苏联战后工业建设突飞猛进，1946.05.19）

（2）仅通用汽车公司（该公司产量为美国<u>总量</u>的百分之五十一）亦即减产一百万辆。（美国生产减少通货膨胀益剧，1946.08.12）

【侧面像】（1892：双解英和大辞典）

（1）该书为二十三开本，纸张全系解放区所精造，布面锻金，有钢刻毛泽东同志<u>侧面像</u>，装璜美丽，印刷精良。（东北文化，1948.05.23）

（2）主席台上高挂着六面红旗装饰着的有毛主席和鲁迅<u>侧面像</u>的大会会徽。（全国文艺工作者胜利大会师，1949.07.03）

【断奏】（1934：国民百科大辞典）

（1）弦乐奏出一个安详的，回忆的主题，低音上一个紧张的<u>断奏</u>的句子与之矛盾着。（一个人民艺术家的创作道路，1953.05.14）

（2）从阿炳的《二泉映月》到林乐培的《昆虫世界》，从布拉加·桑托斯的《辉煌<u>断奏</u>曲》到勃拉姆斯 D 大调第一小夜曲……。（一个乐团与一座城市的交响，2010.08.20）

【超现实主义】（1930：全·外来语辞典）

（1）利用文艺中如形式主义、<u>超现实主义</u>之类的"流行的"学说等等。（共产党和工人党的思想工作，1949.09.07）

（2）你们可以随便发问，可是别拿有关<u>超现实主义</u>的问题，或是别的

什么我不知道的问题来难我。(美帝在希腊的一篇血账, 1950. 11. 26)

【陈列窗】(1914: 外来语辞典)

(1) 俱乐部房舍中设有社会主义竞赛布告板、优秀生产人员照片栏、生产样品陈列窗。(苏联职工会怎样进行技术教育, 1949. 02. 25)

(2) 门灯每门一盏, 字号灯每商号不超过两盏, 陈列窗每窗一盏, 营业房每间一盏, 一切广告用途的电灯一律停止使用。(大家节省用电 发展工业生产, 1949. 05. 05)

【通心面】(1873: 附音插图英和辞汇)

(1) 通心面制品通心面——二五%。鸡蛋通心面——二五%。(苏联部长会议及联共中央决定再次减低国营贸易物价, 1950. 03. 02)

(2) 伦敦的居民喝着无糖的茶, 那不勒斯(注四)的居民幻想着盛满通心面的碟子, 这都是因为军备到处扩张的缘故(和平拥护者, 1950. 03. 02)

【桃花心木】(1888: 附音插图和译英字汇)

(1) 各个河口还生长着有名的红树林和很多珍贵木材, 如象牙海岸等地的桃花心木和黑檀, 过去曾经是出口物资。("几内亚"处处, 1962. 10. 17)

(2) 珍贵的檀香树、红木(桃花心木)树, 叶片尖锐号称猿猴难于攀登的智利松。(锡兰名城康堤见闻, 1965. 02. 08)

【糖酒】(1888: 附音插图和译英字汇)

(1) 输出以绸缎、斜纹布、生烟、砖茶、蒙靴、皮鞍为大宗, 糖酒及杂物次之。(蒙汉贸易今昔, 1949. 06. 09)

(2) 北京葡萄酒厂的厂址同原有的北京酿酒厂毗邻, 两厂都属轻工业部糖酒工业管理局领导。(北京两酒厂合并节约建设资金, 1955. 07. 06)

【糖汁】(1877: 米欧回览实记)

(1) 通二氧化硫, 不特有洁白糖汁之作用, 且将糖汁中之石灰化合成亚硫酸钙而分析出糖汁中之石灰质, 可减至万分之十五。(自造红砂糖成功, 1946. 12. 02 第 2 版)

(2) 也可以同萝卜芥菜等类一起淹渍或用糖汁泡过生食均可。(种植"茅子姜", 1950. 04. 14)

【讨论会】(1878: 邮便报知新闻)

(1) 邯郸县府的干部和杂务人员在时局讨论会上, 普遍的反省了麻痹享乐思想。(愤恨国民党进攻东北扩大内战, 1946. 06. 06)

(2) 有一次我们开讨论会, 讨论到什么是"真理", 有的同学说:"真理有相对的, 也有绝对的。"(我所爱的北方大学, 1946. 07. 12)

【同情者】（1901：家庭学校）

（1）此种不安已为左翼政治分子巧妙的利用，共产党和他们的同情者以及左翼社会党，似乎在组织五月份的示威，乘势起了领导作用。（麦克阿瑟报告美陆军部捧吉田内阁怕民主运动，1946.07.18）

（2）罢工已蔓延至加尔各答，该地的四万同情者已停止工作。（孟买大罢工 工商业交通陷麻痹状态，1946.07.26）

【日光室】（1934：新修百科大辞典）

（1）这是该院的一个"日光室"，休养员正在这里下棋，护士正和病人谈心。（我们伟大的祖国，1952.12.15）

（2）在每幢病房大楼里，都建筑有两间宽敞明亮的日光室，病人可以躺在藤椅上休息，进行日光浴。（访亚洲学生疗养院，1954.11.25）

【日光浴室】（1930：全·外来语辞典）

（1）疗养院和休息所大都有医药部、俱乐部、运动场、日光浴室和海滩等设备。（享受战后五年计划劳动果实，1949.12.14）

（2）齐齐哈尔疗养院面积有五千一百多平方公尺，可容纳一百五十个床位，并附设俱乐部、图书室、物理疗法（水疗、电疗）诊疗室和日光浴室等。（两座职工疗养院，1954.05.17）

【燃烧器】（1931：日本语となった英语）

（1）企业创办之初的"缝隙孔旋流燃烧器"专利技术就是在广泛吸取有关专利信息和经市场预测、研究试验取得成功的。（营造技术创新环境，1999.08.31）

（2）到2000年3月底前，市区工业用燃煤炉全部安装低氮燃烧器，市区内的所有茶炉一律不得燃煤。（推广低硫煤 限制超标车，1999.10.28）

【之字形】（1882：增补订正英和字汇第2版）

（1）汽车上坡不得作"之"字形前进下坡不得空挡行车以免危险。（北平市人民政府公布令，1949.09.11第6版）

（2）汽车不得空档行车；上坡不得作"之"字形行驶。（北京市人民政府布告，1950.06.13）

【背囊】（1881：五国对照兵语字书）

（1）在艰苦的行军中，他们把这些文具保护得特别小心，用洗干净的破袜子或油布油纸等包裹起来，放在背囊里随身携带。（唯一的真理，1949.05.04）

（2）他背上背着一个小背囊，背囊里装着一点面包，可是早冻的像冰一样坚硬了。（多么坚强的人啊，1949.12.21）

【百货商店】（1908：日本百科大辞典）

（1）市场十分萧条，许多大<u>百货商店</u>，每天收入不过几万元，因此大家都准备关门。（徐州兵拥如山，1946.05.29）

（2）新开的，有利民毛巾工厂，<u>百货商店</u>，磁炭店，粮店，饭馆亦有十余家，小商贩也都全部恢业。（曲周商业大部恢复，1946.06.13）

【防栅】（1931：明解英和辞典）

（1）市当局派出的警察如临大敌，用木头筑起<u>防栅</u>来阻挡示威者。（美国黑人争取选举权运动蓬勃发展，1965.03.13）

（2）报道说，通向河内的道路，被越南筑起<u>防栅</u>完全阻断了。越南在销靠左边的山岗上建起了哨所。（日本记者访中越边境见闻，1979.01.08）

【优胜者】（1909：东京学）

（1）全苏社会主义竞赛的<u>优胜者</u>，必须是有系统的完成并超过制造质量优美的特定货物的国家计划之工厂。（苏联六月份又将展开社会主义大竞赛，1946.06.17）

（2）平乡全体群众纷纷争先参军，各村群众团体均以"赌大戏、制大旗、买子弹"等，作为<u>优胜者</u>的奖励，相互发起挑战竞赛。（保卫翻身果实踊跃赴前线，1946.10.05）

【优胜杯】（1927：日本家庭大百科事汇）

（1）近二千名男、女运动员，十五日参加了长春市1956年<u>优胜杯</u>环城赛跑和女子自行车环城比赛。（长春举行环城赛跑和自行车比赛，1956.04.16）

（2）三国足球队分别得到的总分是：朝鲜队六分，中国队四分，越南队二分。朝鲜队荣获这次友谊赛的<u>优胜杯</u>。（朝中越足球友谊赛结束　朝鲜队获得友谊赛优胜杯，1959.10.29）

【酪素】（1936：大辞典）

（1）我们在上鞋后跟的时候，节省着<u>酪素</u>胶（Casein glue）；在上鞋尖的时候，节省着溶化剂。（柯拉别尔尼科娃的工作日，1950.04.19）

（2）在最近一年——1953年，新西兰输出了十五万九千吨黄油，十万零一千吨干酪，六万三千吨奶粉和九千吨<u>酪素</u>。（新西兰和中国进行文化接触和贸易的可能性，1956.05.24）

【卵带】（1934：新修百科辞典）

（1）雌的把卵排到体外，经过受精，卵就在长长的胶膜<u>卵带</u>中，渐渐孵化成黑色的小蝌蚪。（实验室中三十年——访生物学家朱洗教授，1961.12.01）

（2）雄鲵给卵授精后，则把<u>卵带</u>缠在自己的背上，伏在水中精心孵化，等幼鲵成形离去，才出来自由活动。（溪水汩汩戏大鲵，1982.10.03）

【量规】（1918：井上英和大辞典）

（1）这个厂房，设有量规和万能量具两个车间，专门制造我国过去不能制造的供机器制造工业用的各种精密量具和检查仪器。（哈尔滨量具刃具厂厂房设备基本安装完，1954.08.16）

（2）量规车间和工具车间的光学曲线磨床可以准确地在样板上磨出需要的曲线。（哈尔滨量具刃具厂介绍，1954.11.14）

【冷却器】（1900：稿本化学语汇）

（1）由华北那些地方调走的美军，不但随船带着他们的军器，且还带着帐篷、冷却器、床架甚至木板。（华北美军假装撤退，1947.02.06）

（2）特别是在解放区的物质困难条件下，能做出元车、洗床、刨床、消毒器、沙布、沙纸、冷却器等，是值得宝贵的。（太行三专直属工厂总结增产　数量质量技术均提高，1947.11.18）

【连锁店】（1931：现代新语辞典）

（1）大方超级市场连锁店，最近因"跳票"一千六百万元，二十二家直营店全部停业。（大方超级市场连锁店全部停业，1985.07.01）

（2）在俄勒冈州已有6个"蛋卷"中式快餐连锁店，在明尼苏达州的明尼阿波里斯市的"南京"中式快餐店，两年内增设了5个分店。（饮食何必浪费，1988.01.10）

【连字符】（1888：附音插图和译英字汇）

（1）每一个ISBN号码都是由一个冠有ISBN字母的10位数字组成，这10位数字分为不同长度的四段，每段之间用连字符隔开。（如何识别《中国标准书号》，1994.06.26）

（2）在"中国"之前，互联网顶级域名体系只支持包括26个英文字母、连字符和阿拉伯数字0至9在内的37个字符。（"中国"将全球启用，2010.04.30）

【嵌板】（1882：增补订正英和字汇，第2版）

（1）友谊厅的国际会议厅内棕红色的巨大嵌板墙面和细条木花饰墙面庄严美观，主席台后中国大理石墙面光彩夺目，显示出一派豪迈宏伟的气魄。（友好合作的凯歌，1976.05.25）

（2）现在的依希塔尔门是复制品。原门只剩下一截斑剥残缺的土墙，上面动物图案的彩釉嵌板，据说在一次大战前就被德国探险队带回柏林了。（巴比伦漫笔，1986.05.18）

【弯管】（1871：法和辞典）

（1）取一弯管来，一端插入高处水内一端置于低处地面，吸去管内空气，水自流出。（黄河下游虹吸淤灌工程，1949.11.24）

（2）他们用球墨铸铁（此种铁，耐高压，具有钢和延性铸铁的性质）制造蒸气塔、射水器等高压弯管接头。（新中国第一台国产火车头"八一号"，1952.08.09）

【珐琅质】（1872：医语类聚）

（1）男厕所中除便桶外，应另设个人小便池，其设备不得采用未涂珐琅质之金属，其数目应与便桶数相等。（工厂卫生暂行条例草案，1950.06.16）

（2）有一家冶金工厂扩大了制造珐琅质器皿的车间，到年底将生产价值一千万卢布以上的器皿。（苏联各地重工业工厂努力增加日用品生产，1953.09.06）

【胶质】（1873：药品名汇）

（1）因为据我所知，东北土壤是胶质的，极易凝固，就是普通熟地，春耕也必须三匹牲口拉犁，而这一带是百分之六十几贫苦农民都没有牲口。（快乐的张万福屯，1946.08.23）

（2）更重大的原因，是因其含有植物胶质。植物胶质可吸收细菌及毒素，吸收水分，扫净肠中之毒物，形成一种胶性保护膜，并有缓冲作用，可以保持肠中碱性反应之正常。（苹果治痢疾，1947.07.25）

【舱口】（1873：附音插图英和辞汇）

（1）小船上的火力齐发，打得舱面上的敌人丢下火器吱哇乱叫没命的向舱口挤，一面加速马力开船逃。（木船打败军舰，1950.04.30）

（2）匪军仓皇失措地拥向舱口。舰身也开始剧烈地震荡起来，接着便向边旁一歪瘫痪在水上了。（四只帆船围攻敌舰记，1950.05.23）

【芒果】（1869：改正增补和译英辞书）

（1）荔枝、芒果、青李、红梅、桃子等已源源上市；四季盛产的香蕉更已大量上市。（广东水果产销旺季已到 政府帮助农民解决推销困难，1951.06.05）

（2）这里具有着热带风光，空气里夹杂着菠萝、芒果的香味。（芒市显得更美丽了，1954.02.27）

据上考察可知，宫岛达夫先生发掘的 310 个中日同形词中，大概有 180 个候补日源汉字词。以上引用汉语例句肯定不是始见用例，即便在中日源流关系的判断方面，也未必正确，但为汉语词汇史研究提出了一个新课题。

参 考 文 献

（一）论著类

[1] 吉澤典男，石綿敏雄：『外来語の語源』，東京：角川書店，1979 年。

[2] 刘正埮等：《汉语外来词词典》，上海：上海辞书出版社，1984 年。

[3] 罗竹风：《汉语大词典》，上海：汉语大词典出版社，1986—1993 年。

[4] 大辞典刊行会：『日本国語大辞典（第 2 版）』，東京：小学館，2000—2002 年。

[5] 黄河清：《近现代辞源》，上海：上海辞书出版社，2010 年。

[6] 宮島達夫：『日中同形語の発掘』，関西大学『近代語の語源研究とその周辺』国際学術研討会，2011 年 3 月 19 日。

[7] 陳力衛：『国際シンポジウム"近代語の語源研究とその周辺"についての報告——近現代辞源の評を兼ねて』，『東方』，2011 年 6 月第 364 号。

[8] 黄河清：《近现代汉语辞源》，上海：上海辞书出版社，2020 年。

（二）资料类

[1] （清）纪昀、永瑢：《景印文渊阁四库全书》，台北：商务印书馆，1986 年。

[2] （清）纪昀：《文渊阁四库全书》（电子版），上海：上海人民出版社、迪志文化出版有限公司，1999 年。

[3] 人民网科技（北京）有限公司：人民日报图文数据库：http：//data. people. com. cn/rmrb/20210809/6。

附录四：日源汉字词候补一览表

B	插曲	电铃	G	滑翔机	极点	军刀
百分比	插图	独白	干酪素	画布	舰桥	K
百分率	超现实主义	断头台	工作室	画架	交响曲	空气制动机
百货商店	陈列窗	断奏	骨痛热	画室	胶质	L
百科全书	陈列室	对比	骨疡	怀乡病	脚灯	酪素
报告文学	除雪车	F	广告气球	欢迎会	酵母	冷却器
背囊	穿孔机	发动机	国家主义	幻灯	酵母菌	礼帽
笔触	垂饰	珐琅质	H	黄玉	接地	连锁店
C	丛书	番茄	好球	挥发油	解剖刀	连字符
彩色玻璃	D	防栅	合唱	回转木马	金字塔	炼乳
舱口	大提琴	风琴	合唱队	活塞子	进行曲	两脚规
侧面像	大猩猩	风信子	合唱曲	J	酒精	量规
插画	电动机	浮游生物	恒温器	唧筒	决胜点	六弦琴

		升降口	糖酒	弯管	血色素	**Z**
卵带	全景画	蚀刻	糖汁	伪装	**Y**	摘要
轮带	**R**	石蜡	桃花心木	文艺复兴	研磨器	招待会
M	燃烧器	世界语	讨论会	**X**	眼镜蛇	政变
芒果	人道主义者	世界主义者	套靴	洗发	要点	正餐
木精	人孔	室内体育场	体系	细菌	衣袋	之字形
N	人体模型	手风琴	体育馆	现实主义	异国情调	制动机
女主人	日光室	手球	体重	小歌剧	音乐会	终曲
女主人公	日光浴室	受话器	填料	小数点	英寸	重量
P	**S**	受话器	调色板	小夜曲	优胜杯	轴承
漂白粉	塞子	竖琴	通心面	斜面	优胜者	主题
Q	三垒	睡帽	同情者	协奏曲	游击队	自尊心
起重器	砂纸	**T**	透镜	新纪元	语调	总额
气压计	商标	踏板	**W**	胸针	圆屋顶	总量
钳子	商品目录	苔原	外衣	旋律	圆舞曲	
嵌板	升降机					

第九章 《新华外来词词典》与中日汉字词研究①

近现代以来，西方新事物和思想传入东方，中日两国皆习用汉字对译新事物，创造了许多汉字新词。讲好外来词的故事是所有外来词辞书的追求。2019 年，外来词学者史有为先生主编的《新华外来词词典》面世。本章以其中的日语外来词为研究对象，结合《大词典》《日国》和《近现代汉语辞源》等辞书，借助近现代文献数据库，对该辞书中的中日汉字词进行初步整理与探源。

第一节 《新华外来词词典》价值与贡献

《新华外来词词典》可以说是近年来规模最大的外来词词典，是多年来多位学者长期积累外来词研究成果的集中展现。《新华外来词词典》收录主词条 13 300 余条，同时附编有"字母起首词"2 000 条。其中，仅仅是日语汉字词的收词就多达 3 000 多条，远超前期同类词典。该词典突破了传统的判断性收词原则，改为知识性和研究性功能，有助于推动汉语词汇进一步深入研究。

《新华外来词词典》，延续《汉语外来词词典》基础及优点，以严谨的态度收录中日汉字词，展示了以往国内学界对外来词研究的最新成果，代表了当前国内外来词研究的最高水平。

由于源流与词性问题，日语音读汉字词是外来词研究一大难题。《新华外来词词典》将日语汉字词分为两大类：一是日源外来词，二是日语汉字词。其中，前者以"源"字做标注，表示已确定其源流。史有为先生将日源外来词又分为：借音外来词、借形外来词、混成外来词等；后者"日语汉字词"在《新华外来词词典》中则以"考"予以标注。这类

<hr>

① 本章内容同时作为浙江财经大学汉字国际传播与书法产业协同创新中心项目"《新华外来词词典》与中日汉字词考源"（2020）的研究成果。

词产生情况大致四种：一是被日语借用的中国古典词；二是中国借入使用是日本创制词；三是中日各自创制而又恰好同形（异意的情况存在）的汉字词；四是中国创制日本借入后产生新意，后来又回到中国的汉字词。

毫无疑问，无论从辞书研究角度还是从外来词研究角度来看，《新华外来词词典》都具有十分重要的价值与贡献。下文将从《大词典》《近现代辞源》等辞书中一窥《新华外来词词典》的价值与贡献。

一、《大词典》

1975 年，国内开始编纂《大词典》。山东、江苏、安徽、浙江、福建、上海五省一市的 1 000 多名专家学者参与编写。该辞书以"古今兼收、源流并重"为编纂原则，前后编纂历时 18 年，总计十二册，广泛收列古今汉语中的词语、熟语、成语、典故和较常见的百科词，共收词语三十七万五千余条，约五千万字，插图二千二百五十三幅。《大词典》集古今汉语语词之大成，是至今为止规模最大的汉语语言工具书。

《大词典》主要缺憾在于：词目失收、义项缺失、释义欠准、书证滞后或不足。虽说收词已达三十七万五千余条，但仍有部分词语收录情况存在不足之处，特别是缺乏文献记录整理的近现代新词，失收情况甚多。中文词汇历经几千年的使用变迁，在语意和用法方面都有或多或少的变化，义项的不完备和释义的对应错误也是无可厚非。特别是近现代许多词汇新义常出，不利收录。由于缺乏文献数据库，书证更新工作繁难。由于当时文献的单一性，书证滞后现象是不可避免的。

二、《近现代辞源》三部曲

有鉴于以往辞书中的不足与遗憾，近现代词汇学者们勇担重任，深耕于近现代词目扩充和近现代辞源更新等工作。其中，黄河清先生在这方面的贡献是有目共睹的，其所著的"辞源三部曲"影响甚广，从《近现代汉语新词词源词典》（2001）到《近现代辞源》（2010），再到《近现代汉语辞源》（2020），不断地刷新了大陆地区对近现代新词研究战果。

其中，《近现代汉语辞源》共采用 600 余种文献，远远超过《近现代辞源》的 180 种左右。每一个词条下列举多条书证，与《日国》体例一致。该辞书以外来词和新词为主，广收其他各种词汇类型。因此，《近现代汉语辞源》兼具外来词词典、新词新义词典、术语词典、专名词典等多种词典的性质和功能。可见，这并不是简单意义上近现代新词的辞源探索，也是近现代语言文化交流的历史词典，是外来语研究中必不可少的工具书。

《新华外来词词典》编订者史有为在词典的《序：这也是一种研究》中写道："日语源词和古今民族语源词的编写，以及中后期西语源词和附编字母起首词、新增的常见日制汉字转读表，由史有为完成。黄河清参与了后期日语源词相关用例的核实工作，并对书证提出删改建议。"[①] 同时提及，关于中文书证的搜寻，除部分由笔者亲力亲为，余下大都参考其他辞书或著述。此意，笔者理解为：日语汉字词的书证，主要引用了黄河清的研究，并由其本人参与编著，日语汉字词的中文书证基本吻合《近现代汉语辞源》中语词的最早例证。简单对比几例代表性词条，略做分析：

【安乐椅】

《新华外来词词典》：

坐着比较舒适，能前后摇动的椅子。"我回头一看，安乐椅上躺着一个'小老爷'。"（瞿秋白《俄乡纪程》一）日文见 1890—1892 年书证。现知汉语最早见 1909 年《图画日报》（第一百四十二号）曾有人将安乐椅一名指称沙发。

《近现代汉语辞源》：

一种能前后摇动的椅子。1909 年《图画日报》第一百四十二号："他却走到安乐椅前坐了，抽着烟斗中的余烟。"1930 年丰子恺《近世西洋十大音乐家故事·罕顿》："罕顿自己过于感动，对听众叫道：'作出这音乐的不是不是我，这是从天上降下来的力！'一时昏倒在安乐椅中。"1931 年郁达夫《蜃楼》："在一张安乐椅上坐下的时候，他觉得今天一天的疲劳袭上身来了。"

◇ 安乐椅子。［日］安樂椅子（あんらくいす）。1930 年葛祖兰编译《日本现代语辞典》："安乐椅子：译自英语之 Easy-Chair。"1931 年 12 月 28 日鲁迅《给瞿秋白的回信》（《二心集》）："彷佛惟有他却是极希望一个筋斗，工农就都住皇宫，吃大菜，躺安乐椅子享福的人。"

【辩证法】

《新华外来词词典》：

同形而上学相对立的世界观和方法论，认为事物处在不断运动、变化和发展之中。而这种状况是由于事物内部的茅盾斗争所引起的。日文见 1905 年书证。现知汉语最早见 1931 年《英汉对照百科名汇》。

《近现代汉语辞源》：

---

① 史有为. 新华外来词词典［M］. 北京：商务印书馆，2019：13.

关于事物矛盾的运动、发展、变化的一般规律的哲学学说。1931 年王
云五《英汉对照百科名汇》:"Dialectical method,辩证法。"1934 年顾志坚
等《新知识辞典》:"当水遇冷转化为冰时,其间必起急激的飞跃,这种飞
跃就名为'突变',为辩证法的基本原理之一。"1938 年徐特立《关于矛
盾统一的几个要点》:"一切把自然和社会,理性和感性,主观和客观,理
论和实践划成一条不可跳过的深沟,都是反辩证法的。"

　·辩证法。[日]弁証法(べんしょうほう)。1928 年余家菊等《中
国教育辞典》:"辩证法,Dialectic。"1930 年舒新城《中华百科辞典》:
"辩证法,Dialectic。"

《大词典》中收录"安乐椅""辩证法"等词。词意释义和用例方面,
《新华外来语词典》直接选用国内大型权威词典《大词典》中义项和用例,
汉语最早用例则直接选用了《近现代汉语辞源》的最早用例。可见,两部
词典对于《大词典》的书证更新和词条丰富方面都做了大量的补充,作用
不容忽视。当前来看,《近现代汉语辞源》对外来词辞书用例补充与编纂
发挥重要作用。

可见,《新华外来词词典》对近现代新词的整理及最早书证的收录,
在一定程度上弥补了《大词典》以及《近现代汉语辞源》当中近现代词条
失收,书证滞后和不足的遗憾。

第二节 《新华外来词词典》与
中日汉字词源流

以《新华外来词词典》所收录 3 295 个中日汉字词为研究对象,利
用瀚堂数据库,进行用例探源。经过整理与考察,共得到 1 700 多条可
更新用例之词条。这 1 700 多条用例更新中,包含三种情况:一是补充
词典中没有列举的文献用例,共 809 例;二是提前所举汉语用例的时
间,共 300 多例;三是提供比日文书证更早的汉语用例,共 400 多例
(此项中也包含前两种情况)。现择选取 125 例简要推源,以供进一步
研究参考。①

---

① 表格词条按照音序排列,同时列示该词所在词典中的页码和中日文书证时间。第 5 列第一
行标有※符号的黑体字为该词典收录的汉语早期用例(无此内容则标明该词典没列举书证),包
括时间/作者和源出文献;楷体字内容为本研究提前的早期词源用例,包括时间/作者/朝代及文献
用例等。

序号	日源词	页码	日文书证	现知汉语书证及更新书证
1	暴走	122	1950	※21 世纪初《暴走妈妈》 1357—1402 明方孝儒《逊志斋集》：豺狼在后而相追，闻人疾呼暴走。
2	备忘录	129	1870—1871	※1908《英汉大辞典》 1617 明顾起元《客座赘语》：卢苑马璧有治漳备忘录、关中集、雨山墨谈、客窗闲话、东篱品汇。
3	标记	151	1877	※1899《中法广州湾租界条约》 《清实录·高宗纯皇帝实录》：两头用朱笔圈点标记。着照此一律加展宽深。 《龙龛手镜（高丽本）·辵部第十六》（997）：迁，七仙反。蓥择也。又标记也。
4	表皮	153	1789	※1903《新尔雅·释植物》 1174 宋罗愿《尔雅翼·卷八·释草·芙蕖》：至秋，表皮黑，的成可食，可磨以为饭。
5	兵营	157	1833	※1900《东瀛阅操日记》 1572—1620《明神宗显皇帝实录·卷之七十九》：外收割分取，以为建创兵营之资。
6	兵员	157	1867	※1899《游历日本图经》 960—1279《宋会要辑稿·方域一九·诸寨杂录·移寨隄备》：并下泸州差兵员一百名防戍，所有安溪寨监押员阙，押员阙乞行往罢，别立新寨员阙。 宋孔传续撰《白孔六帖（文渊阁）·卷七十七·刺史（一）》：于是高选州上佐，定上、中、下州，差置兵员，诏郎官、御史分道巡覆。
7	病害	158	1922	※1935《科学》 1914. 1. 10《妇女时报·俪敬室随笔（王灵秉嘉）》：从前似易招风虫及种种病害之虞。
8	不道德	186	1868—1870	1186—1255 元杨奂《还山遗稿·还山遗稿附录·上紫阳论学书·郝经》：游食之民，不道德、不仁义。而文章者谓之逐末之士甚哉。
9	草原	201	1871	※1903《新尔雅·释植物》 1408—1466 明李贤《古穰集·卷二十一·五言律诗》：涛响激松石，波流入草原。
10	测定	201	1823	※1858《六合丛谈》 1764—1849 清阮元《畴人传·卷第一千六十四·西洋附·亚尔罢德》：测定黄赤大距二十三度三十五分，最高在夏至前七度十三分。

续 表

序号	日源词	页码	日文书证	现知汉语书证及更新书证
11	产业	207	1877	※1891《出使日记续刻》 1696—1771 清陈宏谋《学仕遗规·卷四·石成金官绅约》：乡绅家成人的田房产业，原是要留与子孙受享的。 约 1297—1307 元关汉卿《闺怨佳人拜月亭杂剧·第三折》：您这些富产业，更怕我顾恋情热，俺向那笔尖上自阘阄坐得些豪奢。
12	冲积	215	1894	※1902《世界地理志》 《皇朝经世文编·卷一百十八·工政二十四（各省水利五）·修濬滇省海口六河疏·鄂尔泰》：每雨水暴涨，沙石冲积，而受水处河身平衍。
13	吹奏	221	1894—1895	※1928《一般人的音乐-序黄涵秋，〈口琴吹奏法〉》 1408《永乐大典·卷之八千三百三十九·十九庚·兵》：并轺吹奏管笛鼓角。 1711《佩文韵府·卷七十七·去声·十八啸韵·啸·韵藻》：胡贼闻之，皆凄然长叹。中夜吹奏胡笳，贼皆流涕。
14	垂直	221	1888	1727—1814 清赵翼《廿二史札记（清嘉庆五年湛贻堂刻本）·卷八·骀虙幡》：幡，旗帜，狭长而垂直悬挂。 1619—1692 清王夫之《鼓棹初集（船山遗书）》：君未同余老。任叔夜、鉴歆磊落，玉山奠倒。偶借渔矶垂直钓，不许问律人造。
15	店员	271	1902	※1911《利用外资与消费外资之辩》 1821—1850《清实录·宣宗成皇帝实录·卷之四百三十二》：着该抚督率司道严饬各厂员赶紧趱办，源源发运，并饬各路店员。随收随运，不准片刻积压。
16	町步	274	1794	1408《永乐大典残卷·卷之一万九千七百八十一·一屋·局·诸局沿革四》：利城镇故置官罢省久，余职田亩百三十有奇，地亩五十有奇，民赇吏缩赋，厘而复之。刻町步岁入与支之数于石，且为籍隶之局。
17	定额	274	1177—1181	1435—1464《明实录·明英宗睿皇帝实录·卷之六十四》：壬午进士张谏言僧道之数已有定额，近因希求请给数千百众奄至京师，非寄迹寺观即潜住民间。

序号	日源词	页码	日文书证	现知汉语书证及更新书证
18	独创	281	1892	1567—1624 明谢肇淛《五杂组·卷之十五·事部三》（明刻本）：非有绝世之识<u>独创</u>之识，何以与此而经生谈，无道主动，以为口实，不亦冤乎？《畴人传·卷第一千六十六·西洋三附·汤若望》：然元尝博观史志，综览天文算术家言，而知新法亦集合古今之长而为之，非彼中人所能<u>独创</u>也。
19	发情	304	1958	1903—1904《浙江潮·教育·教育学（续第二期）不慭子·第三节·教育之界限》：儿童一入<u>发情</u>期（十四五岁），其体魄其精神皆遭急激之变化，而易陷于危境者也。
20	法庭	310	1875	※**1890《日本杂事诗》** 1627—1684 清李逊之《崇祯朝野纪·正文：词臣黄道周疏略云》：窃见钱龙锡对簿<u>法庭</u>，头抢狱吏，君然相视，哑无一言。
21	反作用	314	1930	※**1934《自然科学辞典》** 1908.7.10《民报·译丛·旅京杂记·血泪泽·俄京之思潮》：殆如物理所谓凡力有一作用，必有一<u>反作用</u>。
22	防疫	318	1881	※**1878《公法便览》** 1487—1505《明实录·明孝宗敬皇帝实录·卷之七十五》：姑俟秋成，所当急者，并力兴举，仍措置药饵以<u>防疫</u>。
23	放射线	319	1929	※**1937《科学知识》** 1903—1904《浙江潮·学术·科学·说鈤·自树》：见有类似 X 线之<u>放射线</u>，闪闪然，光甚烈。
24	放置	319	1837—1847	※**鲁迅《书信集·致王志之》** 宋朱熹《朱子语类》（卷 150）：而今且<u>放置</u>闲事，不要闲思量。只专心去玩味义理，便会心精；心精，便会熟。 1611—1680 清李渔《肉蒲团·卷之一》第三回"道学翁错配风流婿·端庄女情移轻薄郎"：果然是件宝贝。若买来<u>放置</u>在家里时常看看也好，只怕那朋友要来取去。
25	敷设	340	1895	※**1899《清议报》** 1088—1154 宋郑刚中《北山集·卷二十六》：俗呼为石花，已为作记日<u>敷设</u>花座，严置净室普奉十方，用结山斋净缘。

续　表

序号	日源词	页码	日文书证	现知汉语书证及更新书证
26	伏线	344	1814—1842	《三国演义·增像全图三国演义·第三十四卷·第六十八回·甘宁百骑劫魏营·左慈掷杯戏曹操》：言操死于子年正月也，早为七十八回伏线。
27	符号	348	1815	**※1905《图画修得法》** 1783 清十通《续通典·卷一百一十一·刑五·杂议三（明）》（万有文库本）：新言旧制提人所在官司必验精微，批文与符号相合，然后发遣。
28	俯瞰	351	1870—1871	唐元稹《松鹤》诗："俯瞰九江水，旁瞻万里壑。"1136—1184《尔雅翼·罗愿自序》：观实于秋，玩华于春，俯瞰渊鱼，仰察鸟云。
29	附记	352	1826	**※邹韬奋《萍踪寄语》** 1602—1683 清李清《三垣笔记·序》：今已刻成，不可剞劂，附记于此，庶可识别。
30	附录	352	1777	1435—1464《明实录·明英宗睿皇帝实录·卷之二百四十二·废帝郕戾王附录第六十》
31	附言	352	1833	**※鲁迅《书信集·致胡今需》** 1194—1224 宋魏岘《四明它山水利备览·卷上·广德湖仲夏堰已废并仰它山水源》：胡榘再修鄞志，既载广德湖兴废之由，复附言于后。 1526—1590 明王世贞《弇州四部稿·卷一百二十八·文部·书牍三十五首·与海盐杨子书》：开岁有事，贵邑或能于玄亭一倾倒。兹附言问私，鸳寒不悉，统唯照亮。
32	港湾	368	1877	**※1884《日本地理兵要·例言》** 1626—1699《崇祯长编（红格钞本）·卷之六十三·五年壬申九月丙申朔》：屯大洋贼船必经之处，其余寨附近紧要港湾则分哨以防内侵。 《永乐大典·卷之一万五千九百五十·九震》：江阴州四百五十里。海船于黄田港湾泊。离仓约三里。
33	根茎	388	1874	汉王充《论衡·超奇》：根茎众多，则华叶繁茂。 宋黄休复《茅亭客话（对雨楼丛书景穴研斋钞本）·卷九》：华阳邑村民段九者，常入山野中采枸杞根茎货之，有年矣。

续　表

序号	日源词	页码	日文书证	现知汉语书证及更新书证
34	耕地	389	1832—1833	※1884《日本地理兵要》 《齐民要术·卷第六·养牛马驴骡第五十六》：耕地中拾取禾芟东倒西倒者。若东西横地取南倒北倒者，一垄取七科，三垄凡取二十一科。 《清实录·世宗宪皇帝实录·卷之二十》：失其抚治之道、或为喇嘛耕地、或为青海属人。
35	工具	389	1874—1876	※1903《游日本学校笔记》 《大明会典·卷之二百·工部二十·河渠五》：务要会计木钉灰油麻藤，及所用工具依数拨用。如有不敷，亦当豫为规画。
36	骨膜	402	1774	※1903《新尔雅·释生物》 明赵宜真辑《仙传外科秘方》：决不宜受热剂，倘受热剂，则虚热愈盛，易于伤骨膜，切宜慎之。
37	海兵	426	1877	※1890《日本国志》 明《殊域周咨录·卷之二·东夷·日本国》：近日倭寇纵横，海兵脆怯，莫之敢撄，亦以运道不习之故耳。 《明季南略·卷之十一·闽纪·郑成功入镇江》：有海兵二千，忽自江中浮上，持长刀乱斫。
38	后援	451	1868	※1909《图画日报》 《三国志·吴志·周瑜传》（280—290）："此天以君授孤也"裴松之注引晋虞溥（238—300）《江表传》："卿与子敬、程公便在前发，孤当续发人众，多载资粮，为卿后援。" 清黄宗羲《郑成功传》：以八十余舟为后援，五十舟从东畔蒪内缀其归路，五十舟从西畔牛心湾内外暂为疑兵牵制。
39	环状	466	1872	明《续文献通考·卷二百五十二·仙释考·释家法嗣五·青原下十三世丹霞淳禅师法嗣》：李氏子母梦五台僧解环，环其右臂。而孕及生右臂有肉起如环状。
40	回想	468	1837	1408《永乐大典·卷之七千二百四十二·十八阳》：已知事业名先了，回想风波胆尚寒。 1729《大义觉迷录》（清雍正内府刻本）：以此回想，重犯前此之妄承犯师使令，冒昧上书者，实实醉生梦死，冥顽无知之极也。

续 表

序号	日源词	页码	日文书证	现知汉语书证及更新书证
41	即兴	492	1336—1573	※朱自清《中国歌谣·歌谣的起源与发展》 1427—1509 明沈周《石田诗选·卷六·会晤》：徐舜乐出吴太史所和东坡清虚堂诗一韵三篇末章有及余者，时天作小雪，亦即兴奉同一首。
42	纪念	494	1905	※1903《敬告我国国民》 清徐震《合浦珠·第四回·陷罗网同窗急难》：鄙意欲乞尼翁作诗一首，以纪念今日之会，家师与晚弟少不得搜索枯肠，以博大方一笑。
43	技师	494	1893	※1889《游历日本图经余记》 1616—1696 清余怀《板桥杂记·正文·丽品》：知音识曲，妙合宫商，老技师推为独步。 1582—1664 清钱谦益辑《列朝诗集·丁集第十六·来布政复》：是时生对弹碁，屡愧负进讶技师。两三青衣善丝竹，日来劝酒向客屋。
44	季候	495	1841—1842	※1884《日本地理兵要》 1105—1162 宋元《西溪丛语·卷下·白乐天由留意金丹至归依内典》：浔阳滨江，江水冬季水枯，故阅水而知季候也。
45	寄赠	496	1900	唐姚合《姚少监诗集·卷第四》：《寄赠下四十四首》。 明司守谦《训蒙骈句》：陇上梅开寄赠故人犹可折，阶前草长丁宁童子不须芟。
46	减量	512	1899	宋元照《四分律行事钞资持记·下一》：大论教意从俭为先，故章服仪云，减量而作同俭约之仪。
47	健康	513	1862	※1890《日本国志》 《六十种曲·戌集·玉环记·第二十二出·祝香保父》（中华书局本）：孩儿因爹爹身子不安。烧香立疏。保佑霎时健康。减妾二十年阳寿。添爹爹二十年遐龄。
48	健忘症	514	1918	1732《医学心悟·第四卷·健忘》（清雍正刻慎德堂本）：亦有痰因火动，痰客心胞者，此乃神志昏愦，与健忘症稍不相同，法当清心开窍，二陈东加竹沥、姜汁，并朱砂安神丸主之。
49	结核	521	1566	※1902《东游丛录》 1238—1248《汤液本草·卷中·草部·连翘》：《液》云：入手、足少阳。治疮、疡、瘤、气瘿气、结核，有神。与柴胡同功，但分气血之异耳。与鼠粘子同用，治疮疡别有神功。

序号	日源词	页码	日文书证	现知汉语书证及更新书证
50	金丝雀	527	1915—1930	1650—1741《职方典·第一百六十八卷·盛京总部汇考四·盛京物产考下·通志》：金丝雀黄色亦善鸣，士人多畜之樊笼。
51	剧毒	535	1875	※孙玉芳《萌芽的启示》 清程光祖《李文襄公年谱（清康熙刻本）·文襄公年谱·康熙二十四年（乙丑），公六十四岁》：窃庆遭逢盛世，千载一时，臣不胜犬马恋主之心，而不幸有剧毒摧残之疾！
52	剧痛	536	1837—1847	※1919《诊断学》 1548《赤水元珠·卷十二·痹门·鹤膝风》：又一人，年近三十，厚味多怒秋，间髀枢左右一点发痛，延及膝，昼静夜剧痛、剧恶寒，口或渴或不渴，或痞或不痞，医多用风药，兼用补血。 1629—1714清尹拯《明斋遗稿·明斋遗稿卷之四十五·行状》：不觉沉醉倒卧冷地，为风寒所伤病作。数日剧痛，既愈。
53	剧团	536	1926	※1931《清华园日记》 1921.7.28《大公报·广告》：育婴街第一新剧团。
54	觉醒	537	1877—1882	※1919《新纪元》 宋徐梦莘《三朝北盟会编·卷一百七十三·炎兴下帙》（四库本）：元老，于是如梦醉觉醒仰天而叹曰：善哉！
55	掘进	537	1926	※1986《解放日报》 1653《风筝误·第十五出·坚垒》：我闻得贼兵惯掘地道。我这西门地虚，他毕竟从西门掘进。
56	军医	539	1869	※1888《日本新政考》 清徐松辑录《宋会要辑稿·礼二五·郊祀赏赐》：军头至军医杂役，各一千，内西窑务小分五百文。
57	髋骨	617	1774	※1909《人生象学》 《一切经音义·卷第十七》：髋骨，又作腕，同苦桓，苦昆二反。《说文》髋髀上也。 1601明《针灸大成·卷之二·玉龙赋》（辛丑本）：口气全除，带脉关元多灸，肾败堪攻，腿脚重疼，针髋骨、膝关、膝眼。 1694《福惠全书·刑名部六·检骨》（清刻本）：脑角下者承枕骨，脊骨下横生者髋骨，髋骨两旁者钗骨，钗骨下中者腰门骨，钗骨下连生腿骨。

续　表

序号	日源词	页码	日文书证	现知汉语书证及更新书证
58	疗法	669	1815	※**1906《东瀛见知录》** 《永乐大典·卷之22181·八陌·麦》：为末，十分好面，炒。右一味，捣筛煮米粥内，面方寸匕。又云，此疗法百行师不救者。
59	麦芽糖	737	1830	※**1902《化学实用分析术》** 1655 清沈自南《艺林汇考·饮食篇卷三·粉饎类》：熬麦曰糵，熬曰麻饐，糵今之麦芽糖，饐今之麻糖也。
60	脉动	738	1810	1436—1497 明陆容《菽园杂记·卷九》：自雨水后，土膏脉动，今雨其谷于水也。
61	盲从	745	1900—1901	※**鲁迅《书信集·致王志之》** 1853 清段光清《镜湖自撰年谱·咸丰三年癸丑》：今姜山之事，同年谅亦知之，十九人中岂无盲从者？
62	母船	801	1874—1876	1503—1570 明郑若曾《江南经略·卷八上·杂著·沙船论五》：寇舶之来，有母船有子船。母船高大非吾沙船之所能敌。
63	募集	806	1883—1884	※**鲁迅《书信集·致陈烟桥》** 《明实录·明神宗显皇帝实录·卷之四百五十三》：且杜松蓟之旧帅若能募集敢死士万人，从山后捣其巢冗，则东房狼顾，蓟贼必溃。 清顾炎武《圣安本纪·卷之二》：淮安自路振飞、王燧募集各坊义士，同心协力，颇成巩固。
64	疱疹	872	1872	1228《儒门事亲·卷一·小儿疮疱丹熛瘾疹旧蔽记五》：俗以酒醋熏之者，适足增其昏瞀耳。至六七日疱疹出，全可调胃凉膈下之同。
65	频度	891	1928	1921《地质汇报·北京，法轮印刷所·地震之频度》。
66	迫害	898	1898	※**1879《日本杂事诗》** 宋李焘《续资治通鉴长编·卷六十七·真宗》：知节又曰：军中合势，迫害长吏，聚党避罪，恣扰乡间，今获赦宥，恐为恶者不悛。
67	侵袭	932	1810	※**老舍《四世同堂》** 1366 王逢《梧溪集·卷五·读余季女怀其夫水宗道诗（有序）》：山城五章曰织女兮，牛郎岂谓化兮，为参商欲往度兮，河无梁霜露侵袭兮。

续　表

序号	日源词	页码	日文书证	现知汉语书证及更新书证
68	群岛	944	1860	明佚名《两种海道针经·地名索引·八画》：花瓶、彭佳、绵花三屿为台湾至琉球必经之地，自此往东为尖阁群岛，东南为先岛群岛。
69	燃烧	945	1877	※1935《科学》 1170—1231 宋赵汝适《诸蕃志·卷上·志国·海上杂国》：每五年一次，火从石出，流转至海边复回，所过林木皆不燃烧，遇石则焚热如灰。
70	认识	950	1877	※1903《新尔雅·释群》 1771—1841 清丁宗洛《海康陈清端公年谱·卷下》：问："吴陛何如？"奏："臣在海外做官，未曾认识。听见说做官好。"
71	乳癌	955	1686	1629《简明医彀·卷之八·诸方法》：或胸膈痞满，风寒湿毒，血气不和，结成肿块，肉色不变；或漫肿无头。妇人乳中结核，恐成乳癌。
72	乳齿	955	1872	※1909《人生象学》 《齐民要术·卷第六·养牛马驴骡第五十六》：一岁上下生乳齿，各二，二岁上下生齿，各四。 1775—1831 清沈钦韩《汉书疏证·卷二·景帝纪第五》：一岁上下生乳齿各二，以吮乳得名，形小而色白。
73	软骨	957	1774	※1903《新尔雅·释生理》 1573—1620 明屠本畯《闽中海错疏·卷下·介部·鳖》：以蛇为雄，颈中有软骨，与鳖相似。 1601 明《针灸大成·卷八·酉足少阴肾经》（辛丑本）：在内踝下四分，前后有筋，上有踝骨，下有软骨，其穴居中，针三分，灸七壮。
74	实践	1032	1876	※1890《日本国志》 《宋史·理宗纪》：至我朝周敦颐、张载、程颢、程颐，真见实践，深探圣域，千载绝学，始有指归。 1659—1733 清李塨《平书订·卷三·建官第三上》：三代而上，以躬行实践为主，不惟经史之名不见于命官。
75	实况	1032	1807—1816	※1884《日本地理兵要》 1544—1600 明余继登《典故纪闻·余继登·卷六》：自今御史及按察司考察有司贤否，皆令具实况以闻。

续 表

序号	日源词	页码	日文书证	现知汉语书证及更新书证
76	树脂	1051	1716	※**1913《工业常识》** 《一切经音义·卷第五十四》：黐胶，上敕知反。广雅云，黐胶黏也。一曰水胶也。古今正字云，有树脂黏着物可捕鸟者，乃已为黐胶树也。 明马欢《瀛涯胜览·正文·祖法儿国》：土产乳香，其香乃树脂也。其树似榆，而叶尖长。彼人每砍树取香而卖。
77	饲料	1071	1782	※**1909《理科通证》** 1639《皇明经世文编·卷之七十五·丘文庄公集五·议·牧马之政》：凡一日吃草饲料，饮水，皆有其节。
78	缩图	1086	1832—1836	※**大我《新社会之理论篇》** 1277—1357《金华黄文集·卷第二十一·续稿十八·题跋》：更购善工缩图为小卷以便观。
79	探查	1111	1820	※**沙汀《凶手》** 1592—1643《清实录·太宗文皇帝实录·卷之四十》：己亥，遣拜赛偕十六人往探查萨克图汗。
80	特赦	1123	1868	※**1889《游历日本图经》** 1141—1215 宋戴溪《春秋讲义·卷一下·庄公》：时有大灾，害及百姓则君赦之，有蠢愚老弱，则特赦之。 宋王安石《谢免南郊陪位表》："伏蒙陛下特赦尤违，曲垂念听。"
81	挺进	1139	1827	※**范文澜、蔡美彪《中国通史》** 1183 宋李焘《续资治通鉴长编·卷一百二十六·仁宗》：遵揲铁杵破其脑，两军皆大呼，复持铁枪挺进，所向披靡。
82	统计	1142	1877	※**1879《日本杂事诗》** 1680—1733 清蓝鼎元《东征集·卷三·覆制军台疆经理书》：统计全城共几号，管工几人，先造一册呈送，以便稽查。
83	推定	1152	1881	※**1907《民法物权引范》** 1601《针灸大成·卷五》（辛丑本）：《推定六十甲子日时穴开图例》。 清《畴人传·卷第1064·西洋附·默冬》：于周考土十四年，推定十九年而太阴满自付本轮之周，复与太阳同度，为月二百三十五，是为章岁。

序号	日源词	页码	日文书证	现知汉语书证及更新书证
84	臀部	1154	1884	1742《御定医宗金鉴·卷六十九·编辑外科心法要诀·臀部》。
85	唾液	1163	1872	※1909《人生象学》 1619—1692 清王夫之《姜斋诗话·卷下》：若欲吮竟陵之唾液，则更不须尔。
86	污水	1203	1811	※1854《遐迩贯珍》 1232—1298 宋周密《齐东野语·卷十·多蚊》：今子分，污水中无足虫也，好自伸屈于水上。
87	显微镜	1238	1774	※1819《华英字典》 1634—1711 清王士桢《池北偶谈·王士禛·卷二十一·谈异二·香山》：又有玻璃千人镜、多宝镜、显微镜、小自鸣钟、自行表，以及海洋全图、璇玑诸器，皆极工巧。
88	胸部	1264	1874—1876	明韩奕《易牙遗意·卷之上·脯鲊》：鸭煮软后捞起搭脊血并沥下血，生涂鸭胸部，上和细料再蒸用。 1618《针方六集·卷二·标幽赋（一）》：诸经根于四末，谓之四根；结于面部、胸部、腹部，谓之三结。
89	胸围	1264	1884—1892	※1902《东游丛录·卫生图说》 1537《针灸节要·卷三·同身尺寸》：头之大骨围二尺六寸，胸围四尺五寸，腰围四尺二寸。
90	休战	1265	1869	※1902《欧洲十九世纪史》 886 康骈《剧谈录·卷上》：李朱崖知白令公：戍楼吹笛人休战，牧野嘶风马遽闲。河水九盘收数曲，陇山千里锁诸关。
91	袖珍	1267	1789	※康濯《我的两家房东》 1506—1593 明李诩《戒菴老人漫笔·卷之四·黑苴丹方》：圣散子药品制法，见袖珍方书。
92	宣誓	1271	1886	※1890《日本国志》 《清实录·高宗纯皇帝实录·卷之三百三》：盖本古人誓戒遗意，而集众宣誓，仪章未举。
93	血液	1278	1566	※1834《东西洋考每月统计传》 宋张君房《云笈七籤·卷五十六·诸家气法·元气论》：血液为江河，筋脉为地里，肌肉为田土，发髭为星辰，皮毛为草木，齿骨为金石，精髓为珠玉，汗流为雨。

续　表

序号	日源词	页码	日文书证	现知汉语书证及更新书证
94	腰部	1303	1881	1602《证治准绳·外科证治准绳·卷一百十·外科·腰部·腰疽》。
95	腰椎	1303	1774	※1903《新尔雅·释生理》 1127—1279《医学启源·卷之上·五郁之病》：水郁之病，肾咸（水寒）。注云：故民病寒（客）心痛，腰椎痛，大关节（不利），屈伸不便。1666—1745《徐批叶天士晚年方案真本·卷下·桂苓甘味汤》：十年前产育，即经候不和，带下腰椎酸垂，少腹刺痛，损伤奇脉，已非一所。
96	叶柄	1308	1874	※1903《新尔雅·释植物》 1252—1336 元陆文圭《墙东类稿·卷十八·七言律诗》：露盘净植水中央，好借诗人引玉筋。象鼻巧能通叶柄，马蹄更与摘莲房。 1329—1412 明陶宗仪《说郛·卷一百五·桐谱（宋陈翥）·类属第二》：叶三角而圆大，白花花叶其色青多毛而不光滑，叶硬文微赤擎，叶柄毛而亦然多生于向阳之地。
97	腋窝	1311	1935	1528—1588 明戚继光《练兵实纪·卷四·练手足第四》：铳身夹在腋窝之内，不转头不摇前手。又中者为上转头摇手虽中不取一班放毕照鸟铳手又装起为快。
98	疫痢	1327	1566	1472—1529 明王守仁《王文成全书·卷十五·别录·奏疏七·八寨断藤峡捷音疏（七年七月初十日）》：其时暑毒日甚，山溪水涨皆恶流臭秽，饮者皆成疫痢。
99	因果律	1329	1902	明袁黄《了凡四训·一卷》：易经多戒谨恐惧之言，所言非臆造，纯从六十四卦三百八十四爻刚柔变化盈虚消息中来，亦天然之因果律也。
100	幼儿	1354	1878—1879	※1889《游历日本图经》 宋佚名《宋季三朝政要·附录卷六·卫王本末》：汝自知所以得天下乎，政由柴氏使幼儿主天下，群心不附。 《元曲选·李亚仙花酒曲江池·楔子》（四部备要本）：官授洛阳府尹，所生一子，叫做郑元和。今年二十一岁了，从幼儿教他读书，颇颇有些学问。

续 表

序号	日源词	页码	日文书证	现知汉语书证及更新书证
101	诱拐	1354	1880	※鲁迅《南腔北调集·上海的少女》 1727—1814 清赵翼《檐曝杂记·续·妖民吸精髓》：其术诱拐四、五岁女童，用药吹入鼻孔，即昏迷无所知。
102	余割	1354	1795	1611—1671 明方以智《通雅·卷十一·天文（历测）》：以西历推其经纬，更真于日月邪法。更立正弦、余弦、正切、余切、正割、余割等线。
103	余切	1355	1795	1611—1671 明方以智《通雅·卷十一·天文（历测）》：以西历推其经纬，更真于日月邪法。更立正弦、余弦、正切、余切、正割、余割等线。
104	圆弧	1364	1923	1739《明史·志·卷三十三·志第九·历三·大统历法一下》：置所测北极出地四十度九十五分为半弧背，以前割圆弧矢法，推得出地半弧弦三十九度二十六分。
105	跃起	1368	1773	宋李昉《太平广记·卷第三百七十·精怪三·杂器用·姜修》（明刻本）：令家僮扶于室内，至室，客忽跃起惊走，而出家人遂因逐之。 1634—1711 清王士祯《古夫于亭杂录·卷三》：今春坐梅花树下读《阮亭集》，跃起狂叫曰："当吾世而不一谒王，谁知我者！"
106	脏器	1372	1872	※1907《生理卫生新教科书》 1552—1578《本草纲目·卷三十一·果部·果之三》：故人纽于近利而谲于远患也，夫峤南地热，四时出汗人多黄瘅，食之则脏器疏泄，一旦病瘴不敢发散，攻下岂尽气候所致。
107	占用	1382	1896	※洪深《戏剧导演的初步知识》 约1497 明申时行《大明会典·卷之一百十九·兵部二·铨选二·降调》（明万历刻本）：凡占用马匹降级。嘉靖二十九年定。 《明实录·明英宗睿皇帝实录·卷之二百九十一》（红格钞本）：如有奸懒不服调度，或私役占用卖放军人等弊，即将合问军职。

续 表

序号	日源词	页码	日文书证	现知汉语书证及更新书证
108	招待	1384	1697	**※1899《清议报》** 1608—1661《金圣叹批改贯华堂原本水浒传（卷之五十五·第五十回 插翅虎枷打白秀英，美髯公误失小衙内）》：东西南北四座店内卖酒卖肉，每店内设有两箇头领，招待四方入伙好汉。
109	沼泽	1385	1909	**※1941《中国区域地理》** 明刘基《诚意伯文集·卷十九·郁离子三·公孙无人第十三》：于是宣王豁然大悟，投案而起。下令放禽兽、开沼泽与民共之。礼四方之贤士，立盼子以为相。
110	真髓	1389	1885—1886	**※孙中山《社会主义之演讲·社会主义之派别及方法》** 1696—1771 清陈宏谋《学仕遗规（陈榕门遗书）·卷三·魏冰叔易堂文集钞》：果得题目真髓。文章发挥尽致。有典有则。是从文章做出题目也。
111	正割	1391	1795	1611—1671 明方以智《通雅·卷十一·天文（历测）》：以西历推其经纬，更真于日月邪法。更立正弦、余弦、正切、余切、正割、余割等线。
112	支脉	1395	1877	**※1884《日本地理兵要》** 宋范成大《吴郡志·卷十九·水利下》：如此则东南之水不入太湖为害矣。此前所谓旁分其支脉之流，不为腹内畎亩之患者。
113	直立	1399	1832—1836	《诗·小雅·斯干》“如跂斯翼”，唐孔颖达疏：“如人弭手直立。” 1648—1711 清《东南纪事·邵廷采·卷七·王翊》：有孙悦者，闻丁山败，救之，中流矢死，直立不仆。
114	止血药	1402	1872	约 1220《女科百问·卷上·第四十二问阴崩阳崩何以别之者何也》：黄芩为末。每服一钱。烧秤锤酒调下。崩中多是止血药。 1552—1578《本草纲目·卷四十八·禽部》：有人偶含刃在口，割舌已垂未断。一人用鸡子白皮袋之掺止血药于舌根。
115	纸质	1402	1877	清钱泳《履园丛话·卷十一·艺能·碑纸》：花样虽妙，纸质粗松，舍本逐末，可发一笑。

序号	日源词	页码	日文书证	现知汉语书证及更新书证
116	指挥官	1402	1866—1870	※1900《清议报》 明申时行《大明会典·卷之一百二十·兵部三·铨选三·武职袭替》：弘治十六年议准。京卫推选各都司都指挥官。
117	制药	1405	1712	※1857《六合丛谈》 1232—1298 宋周密《癸辛杂识·别集卷上·和剂药局》：和剂惠民药局，当时制药有官，监造有官，监门又有官。
118	痔核	1406	1935	1552—1578《本草纲目·卷八·金石部·金石之一（金类二十八种）》：磨刀水服，利小便，涂脱肛痔核，产肠不上，耳中卒痛。
119	钟乳洞	1413	1906—1907	1650—1741《职方典·第三百二十四卷·平阳府部汇考十八·平阳府古迹考一·府志·白云洞》：县东太行山洞深二丈余出石钟乳洞中有吼声，三日内即雨。
120	钟乳石	1413	1712	1637 明孙文胤《丹台玉案·卷之六·广疮门·附结毒》：八宝奇秘散，治一切结毒。钟乳石、牛黄各三钱，麝香、冰片各六分。
121	重症	1415	1873	1637 明孙文胤《丹台玉案·卷之六·痘疹门·发热三日诀》：发热时，腹疼腰痛，四肢酸痛，皆重症。 1775—1849 清梁章钜《浪迹丛谈·卷八·居易录分甘余话各方》：又云："治男妇气血亏损及喘嗽、寒热重症，用人参一分，真三七二分，共为末，无灰热酒调服，日服三次，有奇效。"
122	柱廊	1423	1967	1329—1412 明陶宗仪《辍耕录·卷第二十一·宫阙制度》：光天殿七间，东西九十八尺，深五十五尺，高七十尺。柱廊七间，深九十八尺，高五十尺。 《石林燕语考异·卷六》：紫宸殿在大庆殿之后少西，其次又为垂拱殿，自大庆殿后，紫宸、垂拱之两间，有柱廊相通。
123	装填	1426	1881	1617 明兰陵笑笑生《金瓶梅词话·第八十三回·秋菊含恨泄幽情 春梅寄柬谐佳会》：晚夕，我推往前边马房内取草装填枕头，等我往前边铺子里叫他去。

续　表

序号	日源词	页码	日文书证	现知汉语书证及更新书证
124	自传	1434	1563	※鲁迅《且介亭杂文二集·论讽刺》 宋欧阳修《欧阳文忠公集四十四·序六首》：虽无五物，其去宜矣，复何道哉。熙宁三年九月七日六一，居士自传。 1278—1355 元胡助《纯白斋类稿·卷十八·传类·纯白自传》。
125	最高峰	1440	1894	唐贾岛《易州登龙兴寺望郡北高峰》：郡北最高峯，巉岩绝云路。朝来上楼望，稍觉得幽趣。 1574—1648 明曹学佺《蜀中广记·卷六·名胜记第六·川西道·成都府六·灌》：乙记云：上清宫上皇殿延庆宫皆明皇幸蜀时造，《吴船录》云：上清宫在最高峰之顶。

第三节　《新华外来词词典》与
中日汉字词个案研究

《新华外来词词典》中的中日汉字词分为两类，"源"类词与"考"类词。其中，不少中日汉字词需要进一步分析探讨。

一、"源"类词探源

《新华外来词词典》中"源"字类词共 355 例，除大部分音译词之外，也有部分音读汉字词被划入其中。据收词原则，这部分音读汉字词当为确定性的日源汉字词，笔者在利用相关数据库更新用例时，亦寻得更早用例。下文择要考释，具体如下。

【恙虫】

恙虫，又名恙螨、沙虱。一种生长于阴暗潮湿的草丛中的节肢动物门蜘蛛纲昆虫。学名 trombiculidae。成虫有四队足，生活于隐蔽潮湿的杂草和灌木丛内。幼虫寄生在鼠类、鸟类、爬行类动物身上，叮咬动物，吸食血液和组织液为生，可传染恙虫病。

中文各词典未见收录，"恙"字汉语中早已记录，但是未见"恙虫"一词。

《新华外来词词典》猜测"恙虫"可能为日源汉字词，也可能中日两国各自构成。

　　"恙虫"早见于汉朝文献中。

　　东汉文人应劭所著《风俗通》曰："恙，毒虫也，喜伤人。古人草居露宿，故相劳问，必曰无恙。"

　　古人深受恙虫之害，出门以"无恙"作为日常问候用语。因此，"恙"从"毒虫之名"引申为"因受到恙虫所害而得疾病"之义。在此基础上，"恙"的构词能力逐渐增强，产生"安然无恙""身体抱恙"等词。"恙"逐渐成为日常生活用字。如今，少有人知道"恙"本为昆虫名。"恙"的记载古已有之，"恙虫"一词产生于何时？是否据《新华外来词词典》而言由日本人根据汉字"恙"字所改制？下文对围绕这些疑问进行探讨。

　　"恙"字意义单纯，用法单一，一字词到二字词的变化是汉语发展的趋势。

　　唐代文人政治家马总所著《意林》（卷四·风俗通三十一卷·9页）："按《易传》，上古之时，草居露宿，冬则山南，夏则山北。有恙虫善与人作患，故人平居曰无恙。"

　　《意林》一书比较特殊，后人评论其"杂纂百家之说者，概其要意，多引用儒说，而忽视诸子百家之学说，遂存百家之说、异端之论"。可见，《意林》一书即摘录诸家杂文之书。《意林》中对"恙"的记载比《风俗通》中更为具体。又见用例。

　　宋李昉《太平御览》（卷三百七十六·人事部·11页）曰："《风俗通》曰：俗说无恙无病也，凡人相问无病也。案《易传》：上古露宿，患恙虫噬食人心，凡相访问曰：无恙乎？非谓病也。"

　　上文解释"恙"并非是指疾病，而是指"恙虫"，引《易传》所言，并对人们由于担忧恙虫噬食人心而以"无恙乎"作为日常问候语的现象予以说明。古辞书中也有对恙虫的记述。明代李登的《重刊详校篇海》（卷之四·心部第四·六）"恙"下曰："余尚切，音样。忧也，病也。又，恙虫能食人心。从羊作恙，譌。"此处解析"恙"字，意为忧、病。可见，"恙"已引申出"疾病"之义。现代汉语辞书皆注"恙"字为疾病意。从否定"恙"字为表疾病的名词再到确定为疾病之意，"恙"字完成了从一个形声字变为抽象名词的转变。

　　恙虫卵孵化成幼虫后，爬行到草地或农作物上，一旦有人坐卧或接触，恙幼虫便爬到人体身上叮咬，病原体进入血液后，出现立克次体血症和毒血症症状，导致机体发生一系列病变。由于恙虫病发展迅速，可能很快出现发热并引发心肌炎、胸膜炎、脑炎以及多脏器功能衰竭，甚至导致死亡。但在古代，由于缺乏先进和科学的理论知识，古人在与一些恙虫病的患者接触中，便产生了恙虫能吞噬人心的错误认知。由此可见，恙虫病给古代人民的印象是非常猛烈且致命的。

沈国威《汉语近代二字词研究》中提道："二字词的生成期可分为三个阶段，即近世之前（宋元之前）、近世之后（明至清中叶）、近代（19世纪至"五四"前后）。"① 笔者认为"事物命名由综合型向分析型发展的趋势"及"知识在口头传达时明晰性的需要"是造成"恙"转变为"恙虫"的主要原因。唐宋时期，社会安定，语言发展趋于白话化，再加上各种佛经的传播，民众的用语习惯也相应地趋于双音节化。

日语中，"恙虫"读作"tsutsugamushi"。日语中的较早用例见于1445—1446年。汉语中该词用例显然比日文用例提前许多。由此看来，"恙虫"作为二字词在中文中成词很早，且被日本借用，属中国本族词汇。

【药局】

药局，制药、配药、售药的机构。汉语辞书未见收录该词，疑为日源汉字词。

"药局"属偏正结构，"药"限定范围，"局"则为专有名词，指"某些商店或部门的名称"。如：中华书局。《汉语大字典》中收录"生药局"一词。元代孟汉卿《魔合罗》第一折："隔壁儿是个熟食店，对门儿是个生药局。"②

"药局"并未被各词典收录，但见"香药局"和"生药局"等词。"香药局"为宋代时期的一个政府部门，掌筵席上备办各种香具、醒酒汤菜等。"生药局"则与"药局"有一定联系。"生药局"即为"药材店"。《汉语大字典》中收录"生"之"未经炼制的"义项，比如"生铁"。笔者推断，"生药局"即出售未经炼制、处理的生药材的店铺。"药局"则是出售制作精良，处理好直接可食用的药丸之类的店铺。

可见，古时已有出售生药材的店铺，是否也有相应的出售成品药物的店铺？又以何种方式命名？宫廷中具备相应职能的机构，但是并不存在商业买卖行为。民间具有营业性质的制作成品药物出售的机构首创于宋代。现代学者陈志岁《载敬堂集·江南靖士联稿·药店》中指出："中医史上第一家官办的药店诞生于宋神宗熙宁九年（公元1076年），是大名鼎鼎的改革家王安石批准创建的。当时，王安石基于变法派内部分裂，爱子王雱英年早逝，尤其是自己久病缠身，决定辞职而归隐山林。临别政坛，他命人在首都开封创设一家"太医局熟药所"，也叫'买药所'，此处'熟药

---

① 沈国威.汉语近代二字词研究［M］.上海：华东师范大学出版社，2019：32.

② 汉语大字典编纂委员会.汉语大字典［Z］.成都：四川辞书出版社，1990：967.

所'与'生药局'之义对应。可以说,它就是现代中药店的前身。药店对联:'药灵只在症能对。人健何妨吾亦闲。'"

"熟药所"或许与现代的"药店""药房"功能有所不同,所指代的事物应是一致的。如今,具有出售药物功能的商店称之为"药房"或者"药店"。自宋代第一所药店开办以来,人们对于药店的称呼不限于"熟药所""买药所"。

南宋文学家楼钥(1137—1213)所著《攻媿集》(卷九十一·行状·文华阁待制杨公行状):"参以南省规式,关防备尽既施行之,又编为成式申制司以为后举照用绵州岁市,黄雀数十百万。一切禁绝之,药局岁久剂料陈腐,焚而易之。巨室责租至使耕夫自戕,公治其甚者,绵汉告饥,亲至二郡主行荒政,故饥而不害。"

此处提到药局剂料陈腐容易被烧,即指药局中储备的干药材因陈年堆放,腐烂易燃之意。可见,"药局"这一称呼在"熟药所"之后不久便应运而生了,并且南宋时期已经广泛运用。

宋代地理学家赵汝适(1170—1231)所著《诸蕃志》(卷下·志物·海南):"今万宁,陵水是也。民与黎、蜑杂居。其俗质野而畏法,不喜为盗。牛羊被野,无敢冒认。居多茅竹,瓦屋绝少。妇媪以织贝为业,不事文绣。病不服药,信尚巫鬼;杀牲而祭,以祈福佑。黄候申首创药局,人稍知服药之利。城东有舶主都纲庙,人敬信,祷卜立应。舶舟往来,祭而后行。"

宋代,海南当地人不懂药理,笃信神明。自从黄候申首次创办药局,当地民众才稍微明白生病吃药的有利之处。此时"药局"即制作出售药物的机构。之后朝代的用例更是不乏少数。如:

明代文人史玄所著《旧京遗事》:"安定门药局在国子监之侧近,附丽户部草厂。是年八月七日,大祀先师孔子,师生不脱冕遇灾,其灾小于安民厂,而延烧草厂,至累日夜火不灭。一炬之费,动累数十万,金门之材具损矣。其民之罹于变祸者,上亦发帑金二千两赈焉。是年,火星再失度,先后有药局之警。至明年三月,盔甲厂复药发,而诸药局无不毁矣。"

明代周瑛《翠渠摘稿》(卷三·医隐记):"凡仕与隐要,皆有所挟。无所挟,则易动,易动均之为丧己矣。成化辛卯予知广德州念鼞学,无传乃开药局以延鼞师以训子弟。"

诸如此类用例,不胜枚举。可见,"药局"已被大众接受且广泛使用。比起"熟药所"等词,该词更贴近社会生活,简单易懂。日语中目前最早用例见于1486年。中文中的用例要提前约三百年。后来,"药局"的称呼更加趋于简单、直面化。如"药店","店"字在中文中表"经营、售卖"

的意义要比"局"字更为简单易懂。清代则主要使用"药店"一词。如：

吴敬梓（1701—1754）《儒林外史·第四十回》："那宋为富正在<u>药房</u>里看着药匠弄人参。"

"药店"逐渐替代了"药局"的使用。或许受到词汇演变引发的使用断层的影响，"药局"在汉语辞书中失收。后来，随着留日归国学子的影响，"药局"再一次回到汉语视野中。辞书对该词的失收助长了该词源的模糊性，也是导致该词源判断错误的一大要因。

【颊骨】

颊骨。即颧骨。见《大词典》"颧颊"词条："颧骨与颊骨。借指人的脸部轮廓容颜"，"颧骨"即"眼睛下边两腮上面突出的颜面骨。"

"颊骨"未见诸词典收录。"颧骨""颊骨"同义，疑"颊骨"为同义异形日源汉字词。现代医学对二者有比较全面的认识与区别。"颊骨"和"颧骨"的区别："颧骨"是人面部最为突出的一部分骨骼，在眼眶的下面，其形状为变异的菱形。"颊骨"并不是颧骨的另一种叫法，是颧骨的一个组成部分，也就是说颊骨是包含在颧骨里面的，位于脸的中部两侧一边一个，颊骨和颧骨挨得很近是一体的。也有另一完全相反的认识。有人认为，颊骨是整个脸型的骨头，也就是连着下巴到两边耳朵上的骨头。然而，前期"颧骨"与"颊骨"应所指相同，且常做替换使用，使用上没有根本区别。

人类对骨头的研究应是始于医学与科学的发展。因此，如"颊骨""颧骨""肋骨"等词必定不会太早出现。汉语中以"颧骨"与"颊骨"称呼相关部位的用例并不多见，而常以"颧颊"指代"颊骨"，或者说是指代脸部轮廓。

唐代道家思想理论家李筌（713—741）所著《黄帝阴符经疏》："筌稽首再拜，具告得处。母笑曰：年少<u>颧颊</u>贯于生门，命轮齐于月角，血脑未减，心影不偏，性贤而好法，神勇而乐智，是吾弟子也。"

上例"颧""颊"连用，指出该人颧骨高耸的面相，有神勇智慧之说。又如：

南宋诗人陆游（1125—1210）所写游记《入蜀记》中写道："凡三四里，有两道人持汤饭迎劳于松石间。又里许至一菴老道人出迎，年七十余，姓周，潍州人居此山三十年。<u>颧颊</u>如丹，须鬓无白者。又有李媪八十矣，耳目聪明谈笑不衰。"

上例中"颧""颊"连用，指出七十余岁老道人颧骨如丹，即红润有光泽，血气丰盈，不失年轻态。金人张从正（1228—?）《儒门事亲》中也提到通过观察"颧颊"判断病人情况，如："病人目精光及牙齿黑色者不治，病人耳目及颧颊赤者，死在五日中。"由上可知，"颧""颊"二字连用主要是指面部整体轮廓或面貌，与支撑该部位的骨头关联不大。其次，唐朝也已有"颊骨"相关用例。

唐朝僧人释慧琳所著《一切经音义》卷二十《宝星经》"权下"条："（权），逵圆反。非本字误用也。正体从页，作颧。《考声》云：颧，面上颊骨也。眼下耳前是也。"

此处将"颧"释义为"面中部颧下颊骨也"，即指处于眼窝下部和耳朵前部这一轮廓的骨头，都称之为"颊骨"（颧骨）。实际上，"颧""颊"在使用过程中也有一些区别。

宋代文人李昉等所著《太平广记》（第九册·卷一百十九·报应十八·庾宏奴）："有邻妇杨氏，见无患尸因断头与欣欣烧之。欲去皮肉，经三日夜不焦。眼角张转，欣虽异之犹惜不弃。因刮耳颊骨与母服之，即觉骨停喉中，经七日而卒。"

此处出现"耳颊骨"一词。根据前一用例，前人将"颊骨"注为眼窝下耳朵前的全部骨头，不仅仅止于一块。"耳颊骨"因属于耳朵与脸颊相连处的骨头，属于"颊骨"的某一部分。

《永乐大典残卷》（卷之一万五千八百六十八·九震·论·大庄严经论四）："听我忏悔过，人之调御师。体性悲愍者，我如强庆马。越度调顺道，假设不得食。眼陷颊骨现，枯竟而至死。"

上例意在说明眼窝凹陷，使得"颊骨"凸显。此处"颊骨"位于眼窝之下，是一块凸起的骨头，当属"颧骨"无疑。

由此，笔者简单判断。"颧""颊"连用组成"颧颊"时，用以形容面部容颜的特征，与骨骼无关。"颧骨"与"颊骨"是由"颧""颊"发展过来表示"骨骼"的专业词汇。"颊骨"范围较大，即连着下巴到两边耳朵上的骨头。"颧骨"包含在"颊骨"的范围之内。但是表达"颧骨"时，"颊骨"也在允许范围之内，即指"颧面上的颊骨"之意。

日语中"颊骨"日语读作后"hōbone（kyokotu、turabone）"。《日国》中收录"颊骨"有二例词意："顔面骨の一つ。頬（ほお）の上方外側のふくらんだ部分に位置し、左右に一个ずつある骨。顔面で上下の顎骨（がっこつ）につながる。ほおぼね。颧骨（けんこつ）。"（"颊骨"为面部骨骼之一。位于面颊上方外侧的丰满部分，左右各有一个骨。面部连接上下颚骨。也叫颧骨。）见用例御伽草子《三人法师》（室町末1336—1573）："とがいそり、ほうぼねあれ、くちびるあつく。"这一意项即同颧骨一意。另有第二意项：顔つき。面相。つらつき。つらがまえ。（面容、面相）见用例《歌舞伎·玉藻前御园公服》（1821）："成る程、なま白けた面骨（ツラボネ）だ。"此处可写作"面骨"也可写作"颧骨"。

可见，日语中，"颊骨"吸收汉语"颧颊"之表示"面容"之义，且吸收"颊骨"表"颧骨"之义项，而未吸收"颊骨"表示"面部多出骨骼合称对"之义项。日语中，"颧骨"和"颊骨"多混用，甚至二词发音常常相同，意义一致，只有汉字写法不同。可见，日语中"颊骨"即等同于"颧骨"。

随着对事物更深入的认知，汉语中"颊骨"和"颧骨"概念逐渐分离。然而，"颊骨"义项较为模糊。随着面部骨骼的细分，"颊骨"一词也逐渐消失在日常生活中，汉语辞书也少有收录。日语"颊骨"一词仍存在于日常使用中。由于语言接触，国内学者再次注意到"颊骨"一词，且误以为它是日源汉字词。然而，非也。不论是用例的早晚还是义项的发展，日文"颊骨"皆晚于中文，且义项的继承借用意义非常明显。因此，笔者认为，"颊骨"来源于汉语，且被日文借用。

【图谱】

图谱：泛指按类编制的图集，如植物图谱。《新华外来词词典》中引述到：汉语原有"图谱"，《隋书·牛弘传》："至于阴阳《河》《洛》之篇，医方图谱之说，弥复为少。"指谱牒，也指族谱。又，清·洪升《长生殿·制谱》："此谱即当宣付梨园，但恐俗手伶工，未谙其妙。朕欲令永新、念奴，先抄图谱，妃子亲自指授。"指乐谱、曲谱。《大词典》收词义三条：1. 谱牒。（族谱）2. 泛指按类编制的图集。如植物图谱。3. 乐谱，曲谱。

"图"指图画图表，用绘画形式具体展现或抽象或具体的形象。《汉语大字典》"谱"下曰：依照事物的类别、系统制的表册。如年谱、家谱、食谱、菜谱、谱系等（1. 家谱上的系统；2. 物种变化的系统）。可见，"图谱"之新义符合汉语字义和汉语构词法。"图谱"指有系统的分类编辑而可用来说明事物的图表，是根据实物描绘或摄制而成，算是较先进及科学的研究方式。因此，该词常被认为是新词。那么，现代常用意义上的"图谱"果真是一种新概念吗？

清代史学家章学诚（1738—1801）《文史通义·卷第七·外篇二·永清县志舆地图序例》中写到："郑樵《图谱》之略，自谓独得之学；此特为奢录书目，表章部次之法尔，其实史部鸿裁，兼收博采，并存家学，以备遗忘，樵亦未能见及此也。且如《通志》，纪传悉仍古人，反表为谱，改志称略，体亦可为备矣。如何但知收录图谱之目，而不知自创图体，以补前史之所无；以此而傲汉、唐诸儒所不得闻，宁不愧钦？"

上例提到宋代史学家郑樵（1104—1162）所著《通志》弥补了前人史书无图谱的遗憾。中国自古以来就有"图经书纬"的说法，认为书和图是相辅相成的，但后人往往专注于书而忽略了图。郑樵在《图谱略》中，用《索象》《原学》《明用》三个标题，说明了图与书的关系。其中，《记有》记录当时尚存的图谱。《记无》记录当时已经亡佚的图谱。"反表为谱"之说，史书中"表"多为大事年表。"图谱"是否只是指图表？

《通志·图谱略·明用》："而条其所以为图谱之用者十有六：一曰天文，二曰地理，三曰宫室，四曰器用，五曰车旗，六曰衣裳，七曰坛兆，八曰都邑，九曰城筑，十曰田里，十一曰会计，十二曰法制，十三曰班爵，十四曰古今，十五曰明物，十六曰书。"①

由此可见，"图"实际上指书籍，包括档案史料汇编中的插图与图表（包括年表、年谱、史表、史谱、统计图表等）。"图谱"是兼具图画与图表文字的一种文学记述形式。"图谱"至少在此时已具备该义。郑樵之创新之举推动了宋代之后图谱学的发展。元代农业学、农业机械学家王祯（1271—1368）《土祯农书》中已有全面意义上的"图谱"记录，不仅描绘记载了当时通行农具样式，还描绘出古代已失传农具的复原图，充分展示了我国古代农业生产工具的卓越成就。"农器图谱"即按照农器这一类绘制编制的图集。明代徐光启《农政全书》（1639）中也有非常先进全备的图谱记述。

《四库全书·农家类·卷三十三·蚕桑》："蚕事图谱。蚕架阁，蚕槃筐具也。以细枋四茎竖之，高可八九尺，上下以竹通，作横桃十层，每皆阁养蚕，槃筐随其大小，盖筐用小架，槃用大架。此南方槃筐有架，犹北方橡箔之有榧也。"

此处即以绘图和文字的形式记述养蚕用具。"图谱"之意亦非常显而易见了。清朝古籍校勘家倪摸（1750—1825）却喜收集古今钱币，并为所收集的钱币制作了科普性图谱《古今钱略》（1825）。该书以图谱加文字形式介绍钱币种类。

《古今钱略·卷二十·奇品》："《图谱》云：右钱玉色纤白，无瑕钱文。四字曰：长乐万年。小篆书：闻掌帑藏。内侍云：内库中有钱匣一长二尺，有奇阔半之，高八寸，内藏诸种玉钱，或汉或唐，咸有标志。其不可考者，概以古玉志之。"

宋代以后，"图谱学"得到长足发展，国内对"图谱"的运用十分熟

---

① 李静.图谱与史学研究的关系——读郑樵《通志·图谱略》［J］.美术教育研究，2016（21）：48－49.

练。日本文献中相关用例晚于国内文献。《日国》："图谱。动植物やその他いろいろのものを分類し、図にかいて帮助した書物。図鉴。《植物図谱》"（对植物等其他类的东西进行分类，以图画的形式记述说明的书物。）最早用例见《书物》（1944）甲〈森铣三〉一四："石の図谱の出来たのに、或人が补天余材と命名した。"（石头的图谱做好了，有人命名为"补天余材"。）此处应为多种石头的图谱记述。

汉语"图谱"的运用及普及远远早于日语。史有为在《外来词：回忆与思考》中写道："回想在编写之初，我们曾经对日语来源的词以及'回归词'做了一次讨论，一致同意词形为汉语旧有而由外民族改变或注入了新义的词应列入词典收录范围；如果词义没有改变的则不算外来词。"① 宋代时，"图谱"新义已经流传使用，并不算做是回归词之列。由此推断，"图谱"一词为中文固有词汇。

二、"考"类词探源

《新华外来词词典》中收录"考"类字词 2 991 例。现择要进行考释。具体如下：

【钟乳石　钟乳洞】

亦称"钟乳"。溶洞中自洞顶下垂的一种碳酸钙淀积物。含有碳酸氢钙的水从洞顶往下滴时，因水分蒸发和二氧化碳的逸出，使水中析出的碳酸钙淀积下来，并自上而下增长而成，状如钟乳，故名。与石笋相接则形成石柱。②

"钟乳"一词汉语中早已有之。

《周礼》（考工记·凫氏）"篆间谓之枚"郑玄注引汉代郑司农曰："枚，钟乳也。"③

《后汉书》（皇后记上·和熹邓皇后）："后尝梦扪天，荡荡正青，若有钟乳状，乃仰嗽饮之。"④

前一例用作比拟形状状态的词汇，指古钟面隆起的饰物。钟带间其形似乳。后一例中该词指代钟乳石。《新华外来语词典》将之定为待考型日语汉字词。

"钟乳石"主要为碳酸盐类矿物，中医认为其具有温肺气、下乳汁之功效，主治腰脚冷痹，乳汁不通诸症，并将其作为药材入药。古代医学专

---

① 史有为. 外来词：回忆与思考 [J]. 武汉大学学报，2005（06）735－736.

② 舒新城. 辞海 [Z]. 上海：上海辞书出版社，1999：2795.

③ 汉语大词典编纂委员会. 汉语大字典 [Z]. 成都：四川辞书出版社，1990：1171.

④ 汉语大词典编纂委员会. 汉语大字典 [Z]. 成都：四川辞书出版社，1990：674.

著中其处方名多种多样，如"钟乳石、钟乳、石钟乳、生钟乳石、煅钟乳石、钟乳粉"等。《中药大词典》指出"石钟乳"早见于东汉以前著作《神农本草经》。

《唐本草》：钟乳第一始兴，其次广、连、澧、朗、郴等州者，虽厚而光润可爱，饵之并佳。今峡州、青溪、房州三洞出者，亚于始兴，自余非其土地不可轻服，多发淋渴。止可捣筛，白练裹之，合诸药草浸酒服之。陶云钟乳一、二尺者谬说。

《中药大词典》："采得后，除去杂石。粗如酒杯的称钟乳石；细如管状的称滴乳石。"

日语中，《日国》收录"钟乳石"一词，早见于1712年。《日国》中其释义为"石灰洞（锺乳洞）の天井にたれ下がる、白色に近いつらら状の石灰岩。石灰岩が二酸化炭素を伴った水に溶けて锺乳洞の天井からにじみ落ちる際に、二酸化炭素を含む水分を空気中に放出してできた炭酸カルシウムが再び固まったもの。つらら石。石锺乳。"该释义与汉语辞书释义一致。

明代孙文胤《丹台玉案》（卷之三·齿痛门·立方）（明崇祯十年刻本，公元1637年）："定痛散。治虫牙作痛，不可忍者。细茶叶、朴硝、细辛、钟乳石、花椒（各一两）。冰片、麝香（各八分）。为末。每日早晚擦之。"

《丹台玉案》（卷之六·广创门·附界都）中："八宝奇秘散。治一切结毒。钟乳石、牛黄（各三钱）。麝香、冰片（各六分）。"

可见，"钟乳石"早见于1637年，当时已广为流传，并比日本书证提前约一个世纪。"钟乳"矿物性质东汉已得证明，别名繁多，使用频繁。"钟乳洞"即钟乳石群聚而成的石灰岩洞。"钟乳石"是久经时间的沉淀而形成的神奇美景。事实上，唐朝时期，人们已经开始探索钟乳洞。

唐代诗人吴融《绵竹山四十韵》："又如水晶宫，蛟螭结川渎。又如钟乳洞，电雷开巗谷。丹青画不成，造化供难足。合有羽衣人，飘飘曳烟躅。"

"宫""洞"原本表示范围较大，空间较广的建筑。诗人以此做比喻表现山中繁茂的植被，奇峭的峰峦就如钟乳石或水晶雕塑一般鬼斧神工，绝美异常。之后"钟乳洞"用例更不乏少数。

《方舆汇编》（职方典·平阳府府志）："白云洞：县东太行山洞深二丈余，出石钟乳洞中有吼声，三日内即雨。洞外就崖磨碑刻佛经一卷，末注'晋天符五年白云子书'。按晋无天符年号，疑天福所误也。"

日本文献中，"钟乳洞"一词早见于1906—1907年。由此看来，汉语文献的用例远远早于日文文献用例。可推定，"钟乳洞""钟乳石"二词皆属本土文献词，在日语中分别读为"shōyūdō""shōnyūseki"。这两个汉字词是由日本借入用作音读汉字词使用，并非日本创立之新词。

【余割　余切　正割　正切】

余割：直角三角形任意一锐角的斜边和对边的比，叫做该锐角的余割。用 csc（角）表示。

余切：直角三角形任意一锐角的邻边和对边的比，叫做该锐角的余切。用 ctg（角）表示。

正割：直角三角形，斜边与某个锐角的邻边的比，叫做该锐角的正割，用 sec（角）表示。

正切：某三角中锐角的对边与邻边的比即称为该角的正切，符号为 tan（英 tangent）。

明清时期，出于制定天文历法的需要，国内开始通过传教士引进西方相关数学知识。在"西学中源"思想影响下，国内数学研究出现中西融会贯通的局面。十六世纪末，意大利传教士利玛窦与中国学者徐光启合作翻译了《几何原本》。1601 年，利玛窦《理法器撮要》中已有正弦、余弦，并翻译了"正矢"（versin）"余矢"（covers、coversed sine）。三角学于明崇祯四年（1631）开始进入中国。此时，邓玉函、汤若望和徐光启合编《大测》。该书作为历书的一部分呈献给朝廷，也是我国第一部编译的三角学。《大测》首先将 sine 译为"正半弦"，简称"正弦"，"正弦"一词由此产生。"正矢、余矢、正切、余切、正割、余割"8 种三角学函数概念在《大测》中被合称为"八线"。

西方传教士凭借丰富的数理天文学知识受到中国传统士大夫的青睐与赏识。明末著名学士方以智与汤若望交往甚厚，借此得以接触西方近代自然科学。方以智著述很多，影响甚广。其中，最为流行的是《通雅》和《物理小识》，前者是综合性的名词汇编书，后者是一部笔记。《通雅》约成书于 1639 年，其中天文、数学部分亦有对三角函数的介绍。

《通雅》（卷十一·天文（历测））："何以西历推其经纬，更真于日月邪法，更立正弦、余弦、正切、余切、正割、余割等线。始以三角对数法为测量新义。"又见《通雅》（卷四十·算术）"正弦、余弦、正切、余切、正割、余割，皆举经线围线而名。"

此处可见，关于三角函数概念的"八线"已逐渐更为现代常用的固定的六个三角函数概念。

清代阮元所著《畴人传·卷第一千六十三·国潮武·戴震》（1795）："是记所谓内矩分即正弦，次内矩分即余弦，矩分即切线，次矩分即余切径，自变量即割线，次自变量即余割，倨即钝角，句即锐角，度谓之限，角谓之觚，边谓之距。"

《新华外来词词典》中指出："现今所用名称系民国以后才统一确立。"但是笔者对这些三角函数的名称简要对比后可以发现，以上专业术语由于专业性强等原因，实际含义和用法一旦确立很难更改。

日本人对西学的认识主要是通过两个渠道：一是来自中国，二是来自荷兰。兰学兴起前期也需要依托中国已有的翻译著作。17 世纪至 19 世纪，日本知识分子积极学习中国各类翻译著作及传教士作品，其中所创造产生的新词也直接为日本人所采纳。日语中，"正割"书证早见于 1795 年；"正切"则早见于 1798—1802 年；"余切"早见于 1795 年，"余割"早见于 1795 及 1885 年。可见，上述书证时间皆晚于中文书证时间。

综上，"余切、余割、正切、正割"源于中国，由中国学者及传教士所创造，但当时国内缺乏系统性的数学教育。笔者推测，日本借入这些词汇后，将之确立在现代数学专业词汇。这类词汇后由留日知识分子引入国内，最终由政府审定为标准函数名称。日本近现代化进程远比中国要来得早。对自然科学用语等词的吸收与利用，推动了中国近现代科学的发展。

【季候】

"季候"，见于《大词典》《现代汉语词典》《重编国语辞典》等诸国语词典。意为季节和天候、气候，时节。毛泽东《抗日游击战争的战略问题》第六章第一节："至于利用夏季的青纱帐和冬季的河川结冰之季候性的游击战争，那是断然可能的。"郑振铎《山中杂记·蝉与纺织娘》："虫之乐队，因季候的关系而颇有不同。"李一氓《重读总司令的诗》："在四川，秋冬间的季候，单军服还可以混得过去，到山西前线就嫌不行了。"现知日语最早书证为 1884 年姚文栋译《日本地理兵要》（卷七）。

实际上，该词早有相关用例。

《西溪丛语》（卷下·白乐天由留意金丹至归依内典）："阅水年将暮（阅水年将暮"阅"原作"商"），今从白氏长庆集。浔阳滨江，江水冬季水枯，故阅水而知季候也，烧金道未成。丹砂不肯死，白发自须生（白发自须生，缪校"自"作"事"，《白氏长庆集》作"事"）。

《西溪丛语》收录于《四库全书》。书中议论到白居易诗中的一句"阅水年将暮"，作者释义："浔阳滨江，江水冬季水枯，故阅水而知季候也。"即浔阳濒临江边的地界，江州司马白居易，见水位下降，水岸干涸，即推理到冬季水量少，水位下降。顺而推测出当时的季节、气候。可见，此"季候"与现代汉语中的"季候"二者词意无异。

《西溪丛语》具体出版日期已不可考，作者姚宽是南宋文人（1105—

1162）。现存最早的刻本是明嘉靖二十七年（1548）俞宪鸒鸣山馆刻本，其为当时私家刻本中的精本。后又被收录于《四库全书》（1782）。不论原版抑或是后世刻本，书证时间皆早于词典中所列最早书证（1884 年姚文栋译《日本地理兵要》）。同时，"季候"在《日国》最早用例见于 1841—1875 年。那么中文例证也是远早于日语书证的。据此，笔者认为"季候"为汉语中古典词汇，由日本借入使用，读作"kikō"，作为音读汉字词使用，并非词典中所疑的日源外来词。

【祭日】

"祭日"一词见诸词典收录。《新华外来词词典》收入"祭日"一词，认为"祭日"属日语回归词，以新意回归到中文中使用。"祭日"当属古已有之的汉语词汇，原意为"古代重要祭礼之一。天子于每年春分设大坛祭祀日神"。[①] 新意为日语新意传入，即"节日"，指各种庆祝的日子。

《大词典》收录"祭日"，仅列一义项："古代重要祭礼之一。天子于每年春分设大坛祭祀日神。"该出处见于《管子·轻重己》："冬尽而春始，天子东出其国四十六里而坛，服青而絻青，搢玉揔，带玉监，朝诸侯卿大夫列士，循于百姓，号曰祭日。"此处"祭日"并非词语，应为短语，指祭祀日头，太阳神。后来，这一短语逐渐粘合为词语，表示"祭奠或祭祀的日子"之义。这一用法宋代早已有之。

宋人高翥《清明》诗："南北山头多墓田，清明祭日各纷然。"

宁波晚报：后来在发展中逐渐增加了祭扫、踏青、秋千、蹴鞠等风俗，寒食节前后绵延两千余年，曾被称为民间第一大祭日。[②]

在此基础上，该词发展出"公祭日"一词，用以表示国家为了纪念曾经发生过重大民族灾难而设立的国家祭日。除去以上两个义项外，"祭日"还有"先辈或者其他亲属去世的日子"之义项。

唐朝僧人一行《七曜星辰别行法》："其宿之家必有一人。于宅内自主而死，其祭日忽有一女人来。不得令入门。"

《晨报副刊》（京报副刊《中山周年祭日感想（彭基相）》）："记的去年的这一天，在上午九点多钟时候，得到中山逝世的消息，我和文伟抛出书本，跑出图书馆，自北池子走到南池子，走来走去，心里说不出来的难过。"[③]

《新华外来词词典》中所提及的日传词意"节日"一意，也曾一度在中文中被使用。

---

① 汉语人字典编纂委员会. 汉语人字典［Z］. 成都：四川辞书出版社，1990.
② 清明特别报道，宁波晚报，2009 年 4 月 3 号，A03 版.
③《中山周年忌日感想》，晨报副刊，1926 年 3 月 14 号.

《晨报副刊》："每一季即正满十二个星期。元旦作为祭日不加入一年的日数里，遇闰年有两天元旦。星期依然七日，毫无变化。每年初正月元旦都是从'月曜日'——星期一起，所以每年何日是何星期，年年却是一样，没有不相同的时候。"①

《晨报副刊》主要的作者多有留日经历，这一时期的"祭日"，"节日"意常见，但后期这一词意的用例却所见甚少。

《日国》中对"祭日"词条的收录更为翔实完备，共记录了"祭日"四种日语中的义项："一，行祭祀礼仪的日子"，指在神社等处举办祭礼。最早用例见《续日本记》（781）"若其讳辰掌凶、祭日预吉。"这一义项与汉语中无异。"二，初指皇室举办祭典的日子"，明治之后指国家规定的节日休息日，二战后，则范围再次扩大，指称各种国民节日。最早用例见《开化问答》（1874—1875）："政府にて一年中よりかかる贵き日五日を撰み出し、これを祭日に定め。"这一词意即词典中所认为的创造新意回归中文中使用的表现。"三，即神学方面，指祭祀去世之人的日子；四，即讲究忌讳的日子，需要认真严肃的日子"。第四个义项中最早用例见于《大阪繁花风土记》（1814）："学者ぶって诚は粹がる词「精进を、祭日」"。这一词意与汉语"忌日"无异。

"忌日"与"祭日"有所联系，皆常用在中日两语中。下文简要予以分析。

《大词典》中收录"忌日"：一、旧指父母及其他亲属逝世的日子。因禁忌饮酒、作乐等，故称。此意用例甚早，见《礼记·祭义》："君子有终身之丧，是谓忌日也。"郑玄注："忌日，亡亲之意"又见《后汉书·申屠藩传》："九岁丧父，哀毁过礼……每忌日，辄三日不食。"二、后凡祖日、死日及皇帝、皇后死亡之日统称忌日。今亦用于普通人。词意二与词意一，有细微区别，但主指去世之日。

笔者私认为，二者为一意即可，参考其他辞书，也确系合为一意。故此处不再赘述例证。"三、迷信称不吉利的日子。"该义项使用历史也可以追溯极远。《汉书·王莽传中》："冠以戊子为元日，昏以戊寅之旬为忌日。"

北魏贾思勰《齐民要术·种谷》："凡九谷有忌日，种之不避其忌，则多伤败。"

后一例中该词与日语"祭日"的第四义项一致。日语"忌日"主要有二意：① 忌日、忌辰。在每年或每月中与该人死去之日相同日期的那一日，为死者祈祷冥福的日子。② 忌七。自死后第七天起四十九天内每逢第七天的日子。日语"忌日"使用相对简单，主要指去世之日给以祭祀及有一些禁忌事项。下表对中日语言中"祭日""忌日"的词意及用例进行整理，具体如下。

	中　　国	日　　本
祭日	1. 古代重要祭礼之一。 　　早见于先秦·管子《管子·轻重己》 2. 祭奠或祭祀的日子。 　　早见于宋高菊《清明》诗。 3. 先辈或者其他亲属去世的日子。 　　早见于唐僧人一行撰《七曜星辰别行法》。 4. 节日。 　　早见于1924《晨报副刊》。	1. 行祭祀礼仪的日子，指在神社等 　　处举办祭礼。 　　早见于《续日本记》（781）。 2. 指称各种国民节日。 　　早见于《开化问答》（1874— 　　1875）。 3. 神学上，指祭祀去世之人的 　　日子。 4. 讲究忌讳的日子，需要认真严肃 　　的日子。 　　早见于1814《大阪繁花风土记》。
忌日	1. 旧指父母及其他亲属逝世的日子。 　　早见于先秦《礼记·祭义》 2. 迷信称不吉利的日子。 　　早见于东汉·班固《汉书·王莽 　　传中》。	1. 忌日、忌辰。 2. 忌七。

由此可知，不论是"祭日"抑或"忌日"，二词皆出自中文古典文献，为中国自造古典汉字词。现代中文在"祭日"与"忌日"确有明显的区分。死者的生辰及去世的日子，皆用"忌日"。而没有特指生、死日而举办的具有祭奠意义活动的日子，则用"祭日"，"祭日"最早词义逐渐退出历史舞台。日语中这两语词除了继承汉语古义，也阐发了新意，即明治维新后"祭日"成为国民节日的代称。但在二词的使用上，界限不甚明晰，曾出现混用的情况。

【敷设】

"敷设"收录于《新华外来词词典》。作者认为："敷设"意为铺设、布置之意。日语"敷设"由中国北齐之"铺设"或宋之"布设"而来，因日语读音相同改写成"敷设"，词意也相应变动。后中文再借入使用。

据《新华外来词词典》，以上三词属同义。现代日语中见"敷设""布设"二词，读音皆为"fusetu"，而"铺设"并不见于日语中。据《新华外来词词典》中所证由于读音相同而相应把"布"改写为"敷"，此处"布""敷"为音读音节，同一发音的还有如"敷衍 fuen""布告 fukoku"

"布阵 fujin"。等。此处可疑为"布""敷"二词互写同义共享。

"敷设""布设"成词很早。"铺设"早见于南宋时期。

南宋《灵宝领教济度金书·卷之一百九十八·平二·科仪立成品（安宅斋用）·土府醮仪》（约 1239—130?）：恐莫遂安身之乐。爰瞻依于琼笈。或铺设于瑶坛。恭启斋盟。仰徼睿泽。

其一，字义方面。铺，《说文》："铺，箸门铺首也。从金甫声。"铺，本义为附着在门扇上衔着门环的金属螺形兽面。后在使用过程中形成多种意义。

《广雅·释诂二》："铺，陈也。"又《释诂二》："铺，布也。"

《广韵·横韵》："铺，设也，陈也。"

清段玉裁《说文解字注·金部》"铺"下云："此谓叚铺为敷也。"

敷，滂纽、鱼部；敷纽、虞韵。据《说文》："敀也，从支，尃声。《周书》曰：'用敷遗后人。'""敀"，义为布施。

《书·舜典》："敷奏以言，明试以功，车服以庸。"孔传："敷，陈；奏，进也。"孔颖达疏："敷者。布散之言，与陈设义同，故为陈也。"

南宋谢灵运《山居敷》："敷文奏怀。"

清叶燮《原诗·内篇上》："必先有所触以兴起其意，而后措诸辞，属为句，敷之而成章。"

由上可知，"铺""敷"与"陈"之"陈设""布设"之义联系紧密，"铺"与"陈"在"陈设"义上亦近，可互训；"敷"亦可用含"陈设"义之"陈"进行训释。可见，"铺""敷"在表示"陈设"义时意义相同或相近。

其二，字音方面。铺，普胡切。滂纽、鱼部；滂纽、模韵；敷，芳无切。滂纽、鱼部；敷纽、虞韵。可见，"铺""敷"同纽双声，韵部相同。因此，在古时字音相同或相近。

因此，汉语中"铺设"极易被写作"敷设"，或者说二词可以互相代替使用。那么，"敷设"是否为汉语使用者由"铺设"改写或误写而来的代替词呢？

唐代《道世集》（诸经要集·卷第五）："然须临时斟酌。未坐前先上好处。安置佛座。扫洒如法。其次好处。安置圣僧座。敷设软物新白净者。布绵在上。若施主心重有感。食讫候看。似人坐处。"

南宋文人郑刚中《北山集》（卷二十六）："海滨石有根茎而生，类于芝者。俗呼为石花，已为作记。今日敷设花座，严置净室。普奉十方用结山斋净缘为此偈曰。"

此二用例中"敷设"皆为安置、铺放之意。与"铺设"用法无异，且

用例皆早于日语中的用例。日语辞书中，"敷设"意为"決められた所に設備を施し、目的通りの機能が発揮出来るようにすること。"（铺，架设，安设，施工，修筑，建设之意。）如"鉄道を敷设する。"（铺设铁道）"地雷を敷设する。"（布置地雷）。

"布设"一词的词意与用法。词典中对"布设"的解释同"敷设"，所以，"敷设""布设"在日语中属同义异形词，用法语意完全一致。"敷设""铺设""布设"在现代汉语中仍作为常用词汇使用。如：

（1）昨天，记者从延庆区二届人大四次会议上获悉，2022 年冬奥会三大赛区之一，延庆赛区 8 个赛道的自动气象站已布设完成。①

（2）本报讯 3 月 5 日上午，在中铁电气化局南广四电项目二分部 50 多名建设工人的共同努力下，一条长 13 公里的光缆，缓缓放入南广铁路藤县至梧州南区间电缆槽里，标志着南广铁路区间第一条光缆胜利敷设完成。②

（3）10 月 20 日，洪泽县交通施工人员在洪泽湖大堤上进行彩色路面的铺设。当日，位于洪泽县境内的洪泽湖大堤沥青彩色路全线完工。③。

由此看来，"敷设、铺设、布设"皆用作"铺设，安装"之意。属建筑施工用词类，常与轨、水管、地雷、铁道等词搭配。

《大词典》中"铺设"：1. 设置安排。2. 指房间里陈设的家具什物等。3. 开设（店铺、摊位）。4. 铺陈叙述。5. 铺（铁轨、管线）；修（铁路）。

《大词典》中"敷设"：1. 铺（轨道、管道等）：敷设电缆｜敷设铁路。2. 设置（水雷、地雷等）。

《大词典》中"布设"：布置。词条义项用法较多。

但随着社会更迭与新事物的出现，"铺设""敷设""布设"三词多与管道、铁轨搭配使用，而相应退出摆放、安置之意的使用范畴，词意有所缩小。

【放置】

"放置"一词收录于诸词典，见《大词典》：搁置；安放。鲁迅《书信集·致王志之》："我的意见，以为还是放置一时，不要去督促。"徐迟《财神和观音》："每一条扁担挑起四只花篮，前后面各放置两只。"④《新华外来词词典》收录改词，归为考字词，疑为日源汉字词。

"放置"一词属并列式，"放""置"两字都属动词，二字意义相近。"放"即"搁置、安放"之意。"置"即"放、摆、搁"之意。

---

① 京郊日报，2017 年 12 月 28 日。
② 当代都市报，2013 年 3 月 10 号，第 008 版面。
③ 淮安日报，2015 年 10 月 23 日，第 B1 版面。
④ 汉语大字典编纂委员会. 汉语大字典［Z］. 成都：四川辞书出版社，1990.

《广雅疏证·卷第四上·释诂》中提道："废者。《尔雅》废，舍也。郭璞注云：舍，放、置也。宣八年《公羊传》注云：废，置也。《方言》发，舍车也。发与废声近而义同。"

"废"其中有一义项为："停止，不在使用，搁置"，如"废置""因噎废食"等。

东晋文学家郭璞《尔雅》注："废，放置也。（废，放、置也。）"

此时"放""置"连用，可见意义相近。

宋代文学家李昉所著《太平广记·卷第四百六十七·水族四·海上人》："近有海上人于鱼鼻中得一物，似人一手而掌中有面，七窍皆具，能动而不能语。传玩久之，或曰此神物也。不当杀之，其人乃放置水中，此物浮水而去，可数十步，忽大笑数声跃没于水（出《稽神录》）。"

《太平广记》约成书于978年。以上用例中"放置"已经粘合成一个词语，"放""置"成为构词语素，并列构词，表达"放、搁"之义。宋代以后的辞书中直接以"放置"释义"废""舍"等词。

明代李登所著《重刊详校篇海》："废，方肺切，音费。退也。放置也。大屋倾也。弛也。隳坏也。舍也。又方伐切，音发。亦止也。绝也。（汉郊祀歌）续秀不废。"

古代汉语中，"舍"亦有"放置"义。如，先秦《左传·郑伯克段于鄢》："颍考叔为颍谷封人，闻之，有献于公。公赐之食，食舍肉。公问之，对曰：小人有母，皆尝小人之食矣。未尝君之羹，请以遗之。"这里的"舍"字即为把肉"放置"一旁之意。

"放置"一词在后世的通俗文学中的使用屡见不鲜。如元代吾衍的《闲居录》："书室中修行法，心闲手懒，则观法帖，以其可逐字放置。手闲心懒，则治迂事，以其可作止也。"这里的"放置"与简单的"搁置，安放"之意略有差别，此处语用色彩上多一些"弃之不顾，置之不理"之意。可见，"放置"一词在使用过程中，语意与情感的深浅也有相应的变化。明清之后，"放置"语用含义较为客观，侧重"安放，搁置"动作义。

清代作家李渔作品《肉蒲团》（卷之一·第三回·道学翁错配风流婿·端庄女情移轻薄郎）："玉香道：'果然是件宝贝。若买来放置在家里时常看看也好，只怕那朋友要来取去。'未央生道：'那是哄你的话，其实是我自己买的。'"

日语中，《日国》收录该词，并释义："施すべき処置をしないでそのままにしておくこと。また、起きっぱなしにしておくこと。放擲。"（保持原样，放置在原地不动。同放擲。）日文文献中，该词用例早见于《舍密开宗》（1837—1847）："没食浸を数日放置すれば做征して酸晶を結

ぶ。"该词用于实验情况中，突出实验中操作的客观动作，当属较晚用例。综上，"放置"一词当属汉语固有的本族词汇。

主要参考文献

一、国内出版

（一）论著类

[1] 高名凯，刘正埮：《现代汉语外来词研究》，北京：文字改革出版社，1958 年。

[2] 郑奠：《谈现代汉语中的"日语词汇"》，《中国语文》，1958 年第 2 期。

[3] 王力：《汉语史稿》，北京：中华书局，1980 年。

[4] 何培忠，冯建忠：《中日同形词浅说》，北京：商务印书馆，1986 年。

[5] 史有为：《异文化的使者：外来词》，长春：吉林教育出版社，1991 年。

[6] 马西尼著，黄河清译：《现代汉语词汇的形成》，上海：汉语大词典出版社，1997 年。

[7] 史有为：《汉语外来词》，北京：商务印书馆，2000 年。

[8] 何华珍：《日本汉字和汉字词研究》，北京：中国社会科学出版社，2004 年。

[9] 徐文堪：《外来词古今谈》，北京：语文出版社，2005 年。

[10] 李运博：《中日近代词汇的交流：梁启超的作用与影响》，天津：南开大学出版社，2006 年。

[11] 史有为：《辞书编纂也是一种研究》，《南开语言学刊》，2006 年第 2 期。

[12] 刘凡夫，樊慧颖：《以汉字为媒介的新词传播》，大连：辽宁师范大学出版社，2009 年。

[13] 王晓：《从语言接触的角度分析当代汉语中的日语借词》，《日语学习与研究》，2009 年第 4 期。

[14] 崔鉴：《日本"新常用汉字表"带给我们的启示》，《日语学习与研究》，2010 年第 1 期。

[15] 张志毅：《辞书强国究竟有多远》，《人民日报》，2010 年 10 月 12 日。

[16] 何华珍：《〈参天台五台山记〉与中日汉字词研究》，《中国语学研究》，2010 年第 29 期。

[17] 顾江萍：《汉语中的日语借词研究》，上海：上海辞书出版社，2011 年。

[18] 谯燕等：《日源新词研究》，北京：学苑出版社，2011 年。

[19] 何宝年：《中日同形词浅说》，南京：东南大学出版社，2012 年。

[20] 何华珍：《中日近现代汉字词源流摭考》，《语文建设通讯（香港）》，2012 年 5 月第 100 期。

[21] 何华珍：《明治初期的〈医语类聚〉与中日医学汉字词研究》，《语文建设通讯（香港）》，2012 年 9 月第 101 期。

[22] 何华珍：《日本汉籍与汉语词汇史研究》，《国际中国文学研究丛刊》（第二

集），上海古籍出版社，2013 年 11 月。

[23] 修刚，朱鹏霄：《新世纪术语及新词日译的探索和发展》，天津：南开大学出版社，2015 年。

[24] 史有为：《〈新华外来词词典〉编后略记》，《辞书研究》，2016 年第 1 期。

[25] 袁元：《谈谈源于日语的汉语外来词》，郑州：河南人民出版社，2018 年。

[26] 李运富（主编）：《跨文化视野与汉字研究》，北京：中国社会科学出版社，2018 年。

[27] 陈力卫：《东来东往：近代中日之间的语词概念》，北京：社会科学文献出版社，2019 年。

[28] 沈国威：《汉语近代二字词研究》，上海：华东师范大学出版社，2019 年。

[29] 施建军：《中日现代语言同形词汇研究》，北京：北京大学出版社，2019 年。

[30] 朱京伟：《近代中日词汇交流的轨迹：清末报纸中的日语借词》，北京：商务印书馆，2019 年。

[31] 江蓝生：《一次全面深入的修订：〈汉语大词典〉第二版第一册管窥》，《辞书研究》，2019 年第 4 期。

[32] 彭广陆：《日源新词探微》，北京：商务印书馆，2020 年。

[33] 沈国威：《新语往还：中日近代语言交涉史》，北京：社会科学文献出版社，2020 年。

[34] 黄河清：《远可鉴历史，近可征实事》，《新华书目报》，2020 年 7 月 24 日。

[35] 陈长书，严敬文：《创论通遐迩，宏词贯古今——写在〈近现代汉语辞源〉出版之际》，《辞书研究》，2020 年第 5 期。

[36] 徐时仪：《明末至民国末 350 年新词实录：〈评《近现代汉语辞源》〉，《辞书研究》，2020 年第 5 期。

[37] 曾昭聪：《〈近现代汉语辞源〉在汉语词源研究上的贡献》，《辞书研究》，2020 年第 5 期。

（二）辞书类

[1] 汪宝荣，叶澜：《新尔雅》，上海：上海明权社，1903 年。

[2] 陆费逵，欧阳溥存：《中华大字典》，上海：中华书局，1915 年。

[3] 陆尔奎：《辞源》，上海：商务印书馆，1915 年。

[4] 舒新城：《辞海》，上海：中华书局，1936 年。

[5] 刘正埮等：《汉语外来词词典》，上海：上海辞书出版社，1984 年。

[6] 岑麒祥：《汉语外来语词典》，北京：商务印书馆，1990 年。

[7] 汉语大词典编纂委员会：《汉语大词典》，上海：汉语大词典出版社，1986—1993 年。

[8] 香港中国语文学会：《近现代汉语新词词源词典》，上海：汉语大词典出版社，2001 年。

[9] 李宗惠：《新编日语汉字读音规律辞典》，北京：北京大学出版社，2006 年。

[10] 黄河清：《近现代辞源》，上海：上海辞书出版社，2010 年。

[11] 徐中舒（主编）：《汉语大字典》，成都：四川辞书出版社；武汉：崇文书局，2010 年。

[12] 现代汉语大词典编委会：《现代汉语大词典》，上海：上海辞书出版社，2010 年。

[13] 史有为：《新华外来词词典》，北京：商务印书馆，2019 年。

[14] 黄河清：《近现代汉语辞源》，上海：上海辞书出版社，2020 年。

（三）电子文献类

[1] 北京大学中国语言学研究中心古代汉语语料库：http://ccl.pku.edu.cn:8080/ccl_corpus/index.jsp？dir＝gudai

[2] 国学大师：http://www.guoxuedashi.net/

[3] 瀚堂典藏数据库：https://www.hytun.cn/

二、日本出版

（一）论著类

[1] 荒川清秀：『近代日中学術用語の形成と伝播』，東京：白帝社，1997 年。

[2] 内田慶市，沈国威：『言語接触とピジン：19 世紀の東アジア』，東京：白帝社，2009 年。

[3] 李汉燮：『近代漢語研究文献目録』，東京：東京堂出版，2010 年。

[4] 何华珍：『近代日中間における漢語の交流の歴史』，『日語学習』，2011 年第 7 期。

[5] 野村雅昭：『現代日本漢語の探究』，東京：東京堂出版，2013 年。

[6] 孙建军：『近代日本語の起源』，東京：早稲田大学出版部，2015 年。

（二）辞书类

[1] 吉沢典男、石綿敏雄：『外来語の語源』，東京：角川書店，1979 年。

[2] 日本国語大辞典刊行会：『日本国語大辞典』，東京：小学館，2002 年。

附录五：《新华外来词词典》中日汉字词词表

附录（一）：《新华外来词词典》"源"类词一览表

序号	日源词	日语注音	页码	日文书证时间	现知汉语书证或使用情况
1	阿巴桑	oba-san/obā-san	1/852		台湾闽南语使用
2	阿卡（珊瑚）	aka	16		
3	阿嘅	age	16		台湾闽南语使用
4	阿沙力	assari	33		台湾闽南语使用

续　表

序号	日源词	日语注音	页码	日文书证时间	现知汉语书证或使用情况
5	阿莎力	assari	34		台湾闽南语使用
6	阿沙利	assari	34		台湾闽南语使用
7	阿童木	atomu	37	1952—1968	1963
8	阿扎里	assari	41		台湾闽南语使用
9	阿诈里	assari	42		台湾闽南语使用
10	爱诺蔻	ainoko	52		台湾闽南语使用
11	爱洒朱	aisatsu	53	16 世纪中	台湾闽南语使用
12	安质没尼	anchi-monī	62	1837—1847	
13	安质莫尼	anchi-monī	62	1837—1847	
14	安质母尼	anchi-monī	62	1837—1847	
15	鮟鱇	ankō	64	1643	
16	暗示	anji/anshi	65	1881	1903《新尔雅·释教育》
17	奥巴桑	oba-san/obā-san	67		台湾闽南语使用
18	奥恩	ōen	68		台湾闽南语使用
19	奥吉桑	oji-san/ojī-san	69		台湾闽南语使用
20	奥妥拜	ōto-bai	74		台湾闽南语使用
21	八格亚路	bakayarō	76		
22	巴斯笃	pesuto	92		
23	扒金宫	pachinko	97	1925	
24	扒金库	pachinko	97	1925	
25	芭拉芭拉	barabara/parapara	98	20 世纪 80 年代	《ParaPara 樱之花》
26	芭拉芭拉舞	barabara/parapara	98	20 世纪 80 年代	《ParaPara 樱之花》
27	芭啦芭啦舞	barabara/parapara	98	20 世纪 80 年代	《ParaPara 樱之花》
28	芭拉舞	barabara/parapara	98	20 世纪 80 年代	《ParaPara 樱之花》

续　表

序号	日源词	日语注音	页码	日文书证时间	现知汉语书证或使用情况
29	拔格亚路	bakayarō	99		
30	拔金库	pachinko	100	1925	
31	百斯笃	pesuto	109		
32	百斯脱	pesuto	109		
33	柏菁哥	pachinko	109	1925	
34	柏青哥	pachinko	109	1925	
35	败紧	baikin	110		台湾闽南语使用
36	爆买	bakugai	122		2014—2015
37	备长炭	binchyōzumi/binchyōtan	129	1688—1704	
38	本因坊	hon'inbō	133	1558—1623	
39	比卡超	pikachū	137		
40	表因	biōin	153	1932	台湾闽南语使用
41	曹达	sōda	201	1833	
42	草食男	sōū-shōkuotoku	201	21 世纪初	
43	茶色	chairo	203	1639—1640	20 世纪 70—80 年代
44	场合	baai	209	1793	1906《论社会革命当与政治革命并行》
45	场所	basho	209	1699	1890《日本国志》
46	雏形	hinagata	218	1686	1899《游历日本视察兵制学制日记》
47	串烧	kushiyaki	220	1938	20 世纪末期
48	纯生	junnama	221	1967	21 世纪初
49	刺身	sashimi	223		澳门使用
50	吋	inchi	224	1891	
51	打消	uchikesu/uchikeshi	236	1886	1920《给毛泽东的信》
52	打销	uchikesu/uchikeshi	236	1886	1920《给毛泽东的信》

序号	日 源 词	日语注音	页码	日文书证时间	现知汉语书证或使用情况
53	大将	taishō	238	1875	1878《曾纪泽日记》
54	大久保（桃）	ōkubomomo	238	1914	
55	大扫除	ōsōji	239	1896	1902《东游丛录·文部所讲》
56	大相扑	ōzumō	240		
57	大型	ōgata	240	1928—1929	朱自清《回来杂记》
58	大正琴	taishā-kin	240	1911—1925	
59	贷方	kashikata	243	1684	
60	但书	tadashi-gaki	247	1893	1907《赴日观操报告书》
61	丁几	chinki/chinkityūru	273	1829—1834	
62	町	machi/chō	274		用于中国台湾
63	读取	yomitoru	281	1010	
64	读物	yomimono	281	1604—1608	1925《中华图书馆协会成立会演说辞》
65	多桑	tōsan	292		1995《多桑》
66	哆啦 A 梦	doraemon	293	1952《哆啦 A 梦》	
67	俄字	kana	296		1881《日本杂记》
68	鲱（鱼）	nishin	324	1745	1884《日本地理兵要》
69	丰水梨	Hōsui nashi	333		
70	风吕	furo	334	1345	
71	弗		340		1898《清议报》
72	浮世绘	ukiyo'e	348	17 世纪	
73	富士（苹果）	fuji（ringo）	356	1958	1965
74	腹黑	haraguro	356		
75	干物女	himono-onna	364	1951	20 世纪末
76	干物（一）族	himono-zoku	364	20 世纪末	

序号	日源词	日语注音	页码	日文书证时间	现知汉语书证或使用情况
77	皐蒡	gobō	368		台湾闽南语使用
78	歌舞伎	kabuki	377	1603—1867	
79	巩膜	kyōmaku	393	1798	1857《西医略论》
80	古加	ko-ka	397	1909	
81	古柯	ko-ka	398	1909	
82	古着	furugi	401	16世纪中——17世纪初	21世纪初
83	挂图	kakezu	406	1902	1903《日本学校图论》
84	规那	kina	409	1833	
85	规尼涅	kiniine	409	1871	
86	鲑鱼	sake/shake	409	1898—1901	1884《日本地理兵要》
87	海老	ebi	428		
88	海女	ama	430	8世纪后	
89	寒武纪	kanburia-ki	432	1835	
90	寒武利亚纪	kanburia-ki	432	1932	1917《清稗类钞·矿物类》
91	汉叩	hankō	433		台湾闽南语使用
92	蒿苏	hōsu	435		台湾闽南语使用
93	合气道	aikidō	439	1942	
94	黑潮	kuroshio	446	1807—1811	1929《自然地理学》
95	黑轮	oden	447		台湾闽南语使用
96	黑幕	kuromaku	447	1892	1915《警告全国父老书》
97	黑字	kuroji	448	1933	
98	横纲	yokozuna	449	1793	
99	红不让	hōmu-ran	449	1898	台湾闽南语使用
100	虎狼痢	korera	458	1869	

序号	日源词	日语注音	页码	日文书证时间	现知汉语书证或使用情况
101	虎力拉	korera	458	1869	
102	虎痢拉	korera	458	1869	
103	虎列拉	korera	458	1869	
104	虎列剌	korera	458	1869	
105	虎烈剌	korera	458	1869	
106	花道	hanamachi	459		
107	花见	hanami	460	1584	2009《锦尚》
108	坏疽	eso	465	1872	1919《诊断学》
109	混凝土	konkurīto/ kongyōdo	471	1898	
110	鸡素烧	sukiyaki	481	1801—1804	
111	吉地	geta	486	1603—1604	
112	加答儿	kataru	497	1886	
113	加须	gasu	501		台湾闽南语使用
114	颊骨	hōbone	506	1336—1573	
115	假名	kana	509	1970—1999	1879《日本杂事诗》
116	架附	gifu	511		台湾闽南语使用
117	见本	mihon	512	1870—1871	台湾闽南语使用
118	见习	mi-narai	512	970—999	1899《日本武学兵队纪略》
119	建物	tatemono	513	1868—1912	台湾借入使用
120	健质亚那	genchiana genchiyana	514	1873	
121	犟	gyanburu	516		台湾闽南语使用
122	介壳	kaigara	524	1595	1903《新尔雅·释动物》
123	借方	kari-kata	525	1867	
124	借区	chakku	525		台湾闽南语使用
125	津轻（苹果）	tsugaru ringo	527	1930	

续 表

序号	日 源 词	日语注音	页码	日文书证时间	现知汉语书证或使用情况
126	经纬	ikisatsu	529	1779	郭沫若《黑猫》
127	揪揪	chō-nekutai	532		台湾闽南语使用
128	居酒屋	izakaya	533	1751	
129	俱乐部	kurabu	535	1886	1900《清议报》
130	觉书	oboegaku	537	1886	
131	珈琲	kōhī	543	1862	1930 前后
132	卡帮	kaban	546		台湾闽南语使用
133	卡嗒	kata	548		台湾闽南语使用
134	卡拉 ok	karaoke	551	1972	
135	卡拉奥凯	karaoke	552	1972	
136	卡啦 ok	karaoke	552	1972	
137	卡哇伊	kawaii	559		
138	卡哇依	kawaii	559		
139	开路	kaeru	563		
140	空手道	karatedō	607		
141	控	kon	609		2011《北京青年报》
142	口红	kuchibeni	609	1603—1604	1939《残雾》
143	酷烈辣	korera	615	1869	
144	昆布	konbu	621	715	??????
145	拉面	rāmen	628	1930	20 世纪末
146	浪漫	roman/rōman	640	1907	1919《饮冰室合集·专集·欧游心影录节录》
147	浪曼主义	roman-shugi/rōman-shugi	640	1908	1923《英汉双解韦氏大学字典》
148	浪漫曲	rōmankyoku	640	1912	
149	浪漫主义	roman-shugi/rōman-shugi	641	1908	1923《英汉双解韦氏大学字典》
150	劳动组合	rōdō-kuniai	642	1899	

序号	日源词	日语注音	页码	日文书证时间	现知汉语书证或使用情况
151	林果	ringo	672	1884	台湾闽南语使用
152	淋巴	rinpa	673	1872	1902《东游丛录·卫生图说》
153	淋巴管	rinpakan	674	1872	1903《新尔雅·释生理》
154	淋巴液	rinpaeki	674	1872	1903《新尔雅·释生理》
155	陆奥（苹果）	Mutsu ringo	685		
156	偻麻质斯	ryūmachisu	680	1898	
157	罗生门	Rashōmon	699	747	
158	萝莉控	rori-kon	700	2002	
159	妈妈桑	mama-san	707		
160	妈妈生	mama-san	707		
161	麻吉	macchi	708		限于台湾使用
162	马杀鸡	massāji	722	1906	1993《明报》
163	麦难民	makku	735		
164	漫才	manzai	743	1932	
165	漫尬	manga	743	1799	台湾闽南语使用
166	毛毛	momo	746		
167	眉西	meishi	747		台湾闽南语使用
168	美乃滋	mayonēzu mayonēzusōsu	752	1922—1923	多用于台湾
169	美奶滋	mayonēzu mayonēzusōsu	752	1922—1923	多用于台湾
170	萌	moe	756		21世纪
171	咪梭	miso	761		台湾闽南语使用
172	米国	beikoku	766	1869	
173	苗床	naedoko	775	1697	1908《最新农业教科书》

续　表

序号	日 源 词	日语注音	页码	日文书证时间	现知汉语书证或使用情况
174	么么	moe	778		21 世纪
175	莫莫	momo	797		
176	内分泌	naibunpitsu/naibunpi	824	1921	1919《诊断学》
177	内箍带	nekutai	825		台湾闽南语使用
178	内海	uchiumi	825	1603—1604	1857《六合丛谈》
179	内将	onē-chan	825		
180	内容	naiyō	825	1901	1903《新尔雅·释教育》
181	鲶鱼	namazu/nen	835	898—901	1933
182	鸟居	torii	836	922	
183	奴里	nori	843	717—724	台湾闽南语使用
184	女体盛	nyotaimori	845	1930	21 世纪初
185	噢习末里	oshibori	851		台湾闽南语使用
186	欧巴桑	oba-san/obā-san	852		台湾闽南语使用
187	欧吉桑	oji-san/ojī-san	853		台湾闽南语使用
188	欧卡桑	okā-san	853		1994《联合报·副刊》
189	膀	pan	870		台湾闽南语使用
190	泡盛（酒）	awamori	872		
191	啤路	bīru	887		台湾闽南语使用
192	片假名	katakana	890	970—999	1894《东游日记》
193	平假名	hiragana	893	794—1183	1890《日本杂事诗》
194	坪	tsubo	893	10 世纪	1888《日本新政考》
195	七宝烧	shippūyaki	911	1830—1844	1879《日本杂事诗》
196	奇蒙子	kimochi	913		台湾闽南语使用
197	奇檬子	kimochi	913		台湾闽南语使用
198	亲子	oyako	932	970—999	1903《新尔雅·释群》

续 表

序号	日 源 词	日语注音	页码	日文书证时间	现知汉语书证或使用情况
199	情报	jōhō	935	1932	1899《清议报》
200	丘比沙拉酱	kyūpīmayonēzu	936		
201	丘客	kyūkei	937		台湾闽南语使用
202	秋刀鱼	sanma	937	1923	
203	区里磨	kurīmu	938		台湾闽南语使用
204	取缔	torishimari/torishimaru	941	1798	1906《东瀛警察笔记》
205	取缔役	torishimariyaku	941	1807	20世纪初
206	取消	torikeshi	941	1886	1890《日本国志》
207	取销	torikeshi	941		
208	鹊奈	chōnai	944		台湾闽南语使用
209	日和见主义	hiyorimishugi	951	1930	
210	（日本）狆	chin	951		
211	入口	iriguchi/irikuchi	956	1563	1857《六合丛谈》
212	撒哟那拉	sayonara	963		徐志摩《沙扬那拉》
213	撒西米	sashimi	963		台湾闽南语使用
214	萨乌娜	sauna	971		
215	三马	sanma	978		
216	三温暖	sauna	979		
217	散犀	sensei	980		台湾闽南语使用
218	-桑	-san	981		1993
219	桑萨（苹果）	sansa	982		1989
220	嗓锁	sanso	982		台湾闽南语使用
221	色比洛	sebiro	983		台湾闽南语使用
222	沙西米	sashimi	1001		台湾闽南语使用
223	沙扬那拉	sayonara	1002		徐志摩《沙扬那拉》
224	莎翁	sa'on	1003	1906	
225	莎哟娜拉	sayonara	1003		徐志摩《沙扬那拉》

续　表

序号	日 源 词	日语注音	页码	日文书证时间	现知汉语书证或使用情况
226	山葵	wasabi	1004	918	台湾闽南语使用
227	神道（教）	shīndō	1016	782	
228	时计	tokei	1030	1688	1889《策鳌杂摭》
229	手打	teuchi	1043	1676	
230	手续	tesuzuki	1043	1820—1849	1903《新尔雅·释政》
231	手账	techō	1044	1684	21 世纪初
232	手足口病	teashikuchibyō	1044	1998	
233	寿司	sushi	1045	1887—1889	
234	寿喜烧	sukiyaki	1046	1801—1804	
235	水垢	mizuaka	1053	1638	1936《科学画报》
236	水密	suimitsu	1053		
237	水俣病	minamatabyō	1054		
238	水着	mizugi	1055	1908	澳门使用
239	斯纳库	sunakku	1065		
240	四喜饭	sushi	1071	1887—1889	
241	素人	shirōto	1080	1400—1402	台湾使用
242	挞挞米	tatami	1101	702	1890《日本杂事诗》
243	塌塌米	tatami	1093	702	1890《日本杂事诗》
244	榻榻眯	tatami	1101	702	1890《日本杂事诗》
245	榻榻米	tatami	1101	702	1890《日本杂事诗》
246	踏踏美	tatami	1101	702	1890《日本杂事诗》
247	榻榻密	tatami	1101	702	1890《日本杂事诗》
248	塔扩	tako	1096		台湾闽南语使用
249	跆拳（道）	tekondō	1102		
250	太阳历	taiyōreki	1104	1866—1870	1890《日本国志》
251	太阳系	taiyōkei	1104	1876	1901《泰西教育史》
252	谈判	danpan	1108	1868	1909《图画日报》

续　表

序号	日源词	日语注音	页码	日文书证时间	现知汉语书证或使用情况
253	弹性	dansei	1109	1869	1879《增广英字指南》
254	炭烧	sumiyaki	1111	970—999	
255	炭烧咖啡	sumiyaki kōhī	1111		
256	炭酸加里	tansan-kari/tansan kariumu	1111	1834	
257	炭酸瓦斯	tansan-gasu	1111	1833	
258	碳酸加里	tansan-kari/tansan kariumu	1112	1834	
259	碳酸瓦斯	tansan-gasu	1112	1833	
260	特色	tokusyoku	1123	1891	1900《清议报》
261	天妇罗	tempura	1133	1748	台湾闽南语使用
262	甜不辣	tempura	1135	1748	台湾闽南语使用
263	条件	jōken	1136	1868	1903《新尔雅·释政》
264	铁板烧	tetsupanyaki	1137	1972—1976	
265	听觉	chōkaku	1138	1884	1903《心理学教科书》
266	投手	tōshu	1144	1905	20世纪末
267	图谱	zufu	1149	1944	
268	兔唇	ūiguchi	1152	934	1857《西医略论》
269	鲔洛	toro	1162		台湾闽南语使用
270	哇沙米	wasabi	1164	918	台湾闽南语使用
271	哇沙蜜	wasabi	1164	918	台湾闽南语使用
272	瓦	guramu	1165		
273	瓦斯	gasu	1166	1833	1888《日本新政考》
274	瓦斯灯	gasutō	1166	1860	1889《游历日本图经》
275	尾鳍	ohire	1185	1603—1604	1903《新尔雅·释动物》

续　表

序号	日源词	日语注音	页码	日文书证时间	现知汉语书证或使用情况
276	味之素	ajinomoto	1187	1908	
277	温将	unchan	1189	1937	台湾闽南语使用
278	沃度	yodo	1193	1868	
279	沃素	yōso	1194	1900	1913《工业常识》
280	乌冬（面）	udon	1198	1465	
281	乌龙面	udon	1200	1465	
282	五十肩	gojūkata	1207	1797年前后	
283	舞踏	butō	1208	1959	
284	物语	mono-gatari	1211	720	2000《文汇报》
285	物种	monodane	1211	1614—1624	1898《天演论》
286	夕方	yūkata	1213	970—999	鲁迅《两地书》
287	西狭末	shishamo	1220		
288	希巴利	hibari	1221		台湾闽南语使用
289	希奴基	hinoki	1222		台湾闽南语使用
290	希撒司	hisashi	1222		台湾闽南语使用
291	洗阿给	shiagari	1230		台湾闽南语使用
292	喜相逢	shishamo	1231		
293	瞎兹	shatsu	1233		台湾闽南语使用
294	先手	sente	1237		
295	腺	sen	1241	1805	1903《新尔雅·释生理》
296	小麦	komugi	1248	730	1902《世界地理志》
297	小型	kogata	1250	1900	1930《养猪学》
298	小熊座	Koguma-za	1250		
299	小夜曲	sayo-kyoku/serenāde	1250	1918	
300	歇私德里	hisuterī	1252		

序号	日源词	日语注音	页码	日文书证时间	现知汉语书证或使用情况
301	歇私底里	hisuterī	1252		
302	歇私的里	hisuterī	1252	1912	
303	歇私的里亚	hisuterī	1252		
304	歇私德理	hisuterī	1252		
305	歇斯的里	hisuterī	1252	1880	
306	歇斯迭里	hisuterī	1252		
307	歇斯台里	hisuterī	1252		
308	歇斯替里	hisuterī	1252		
309	歇斯底里	hisuterī	1252		1925《湖心亭》
310	协识脱离	hisuterī	1253		
311	新型	shingata	1259	1806	1948《医药学》
312	雄蕊	oshibe	1264	1874	1890《日本国志》
313	秀豆	shōto	1267		台湾借入使用
314	秀逗	shōto	1267		台湾借入使用
315	锈色	sabiiro	1267	1001—1014	
316	雪崩	nadare/nadareru	1275	1906	1930《地质矿物学大辞典》
317	鳕（鱼）	tara	1277	1617	1879《日本杂事诗》
318	鸭嘴兽	kamonohashi	1283	1876—1877	1903《新尔雅·释动物》
319	烟草	tabako	1292	1605	1855《退迩贯珍》
320	恙虫	tsutsugamushi	1302	1445—1446	
321	恙虫病	tsutsugamushi byō	1303	1892	
322	药局	yakkyoku	1303	1486	
323	药指	kusuriyubi	1304	1717	
324	一级棒	ichiban	1313		
325	一见棒	ichiban	1313		

续 表

序号	日源词	日语注音	页码	日文书证时间	现知汉语书证或使用情况
326	引渡	hikiwatashi/hikiwatasu	1334	1603—1604	1911《法美宪法正文·美利坚国宪法》
327	影武者	kagemusha	1339	1769	多用于台湾
328	优酪乳	yōguruto	1343		
329	雨蛙	amagaeru/amagairu	1357	1898—1901	1906《博物学教科书》
330	御姐	onē	1361	1891	
331	御姐控	onēcon	1361		
332	御宅族	otakuzoku	1361		21世纪初
333	猿乐	sarugaku	1365	1221年前后	
334	约锁	yakusoku	1367	1285—1287	台湾闽南语使用
335	云雀	hibari	1368	934	
336	运匠	unchan	1369	1937	台湾闽南语使用
337	正太控	shōta-kon	1392		
338	织物	orimono	1398	9世纪末—10世纪初	1889《游历日本图经》
339	指针	shishin	1403	1930	鲁迅《书信集·致杜衡》
340	志留纪	shiruri'a-ki	1403	1905	1917《清稗类钞·矿物类》
341	志留利亚纪	shiruri'a-ki	1403	1905	1917《清稗类钞·矿物类》
342	志留系	shiruri'a-ki	1404	1905	1917《清稗类钞·矿物类》
343	制空权	seikūken	1405	1919	1948《新知识辞典·补编》
344	治愈系	iyashikei	1406	1999	
345	膣	chitsu	1407	1373	1903《新尔雅·释生理》
346	中型	chūgata	1411	1886	1930《养猪学》

续　表

序号	日源词	日语注音	页码	日文书证时间	现知汉语书证或使用情况
347	重曹	jūsō	1414	1906	
348	侏腊纪	juraki	1417	1905	1903《新尔雅·释地》
349	侏罗纪	juraki	1417	1905	1917《清稗类钞·诙谐类·始祖鸟》
350	侏儸纪	juraki	1418	1905	1917《清稗类钞·诙谐类·始祖鸟》
351	柣券	kabuken	1418	1886	
352	株式会社	kabushiki/kaisha	1418	1891	
353	注文	chūmon	1422	1275	台湾闽南语使用
354	组	kumi	1438	14世纪	1889《游历日本图经》
355	作文	sakubun	1442	1900	1929《在湖湘师范教学做讨论会上的答问》

附录（二）：《新华外来词词典》"考"类词一览表

序号	日源词	页码	日文书证时间	现知汉语书证
1	癌	46	1872	1913《新字典》
2	癌症	47	1910	1932《健康生活》
3	癌肿	47	1872	1908《东瀛参观学校记》
4	爱称	50	1934	1957《李叔同先生的教育精神》
5	爱情	52	8世纪后	1838《希腊国史略》
6	爱人	53	1862	1920《一个青年的梦》
7	安打	56	1923	
8	安乐死	58	1950	
9	安乐椅	58	1890—1892	1909《图画日报》
10	安全岛	60	1919	
11	案内	65	184	

续 表

序号	日源词	页码	日文书证时间	现知汉语书证
12	暗室	65	1867—1868	
13	暗箱	65	1867—1868	1901《格物致学·Glossary》
14	暗转	65	1929—1930	1948《新知识词典·补编》
15	白金	104	1834	1871《化学鉴源》
16	白内障	105	1881	1918《西药指南》
17	白旗	105	1827	1854《逐迩贯诊》
18	白热化	106	1929	
19	白日梦	106	1900	洪深《电影戏剧的编剧方法》
20	白寿	106	1861	
21	白血球	107	1872	1907《生理卫生新教科书》
22	白夜	107	1913	
23	百分比	107	1904	1929《日常化学生活》
24	百分率	107	1904	1922《麻疹风疹及水痘》
25	百科全书	108	1904	1903《世界通史·近世史·第三期》
26	百日咳	109	1797	1902《东游丛录·卫生图说》
27	拜金	110	1897	1924《货币学》
28	版画/板画	114	1901—1902	1928《西洋美术史·现代美术》
29	版权	114	1887—1888	1890《日本国志》
30	半导体	114	1893	1945《电机工程名词·电讯部》
31	半旗	115	1890	
32	伴奏	115	1905—1906	1915《袖珍英汉辞林》
33	饱和	118	1837—1847	1905《北洋师范学堂专修科教授预定案》
34	保护国	119	1883—1884	1897《时务报》
35	保健	119	1877	1903《瀛洲观学记》
36	保留	120	1909	1928《动摇》
37	保释	120	1886	1896—1898《时务报》
38	保育	120	1877	1902《东游丛录·文部所讲》

续　表

序号	日源词	页码	日文书证时间	现知汉语书证
39	保障	120	1904	
40	保证人	120	788	1903《日本学校图论》
41	报酬	121	1891	1903《新尔雅》
42	报道/报导	121	1899	1940《〈中国工人〉发刊词》
43	报告	121	1866—1870	1889《游历日本图经》
44	暴动	121	1868	1900《清议报》
45	暴力团	122	1929	
46	暴走	122	1950	21 世纪初《暴走妈妈》
47	暴走族	122	1983	
48	爆笑	122	1929	20 世纪
49	悲剧	123	1888	1917《清稗类钞·讥讽类·金奇中日观悲剧》
50	悲喜剧	123	1919	1934《新知识辞典》
51	备忘录	129	1870—1871	1908《英汉大辞典》
52	背景	129	1906	1919《物质变动与道德变动》
53	被告席	130	1922	1896—1898《时务报》
54	本部	131	718	1889《游历日本图经》
55	本金	131	1871	1890《日本国志》
56	本垒打	131	1929	
57	本能	132	1873	1901《泰西教育史》
58	本土	132	1877	1902《世界地理志》
59	本位	132	1875	1902《东游丛录·学校图表》
60	本位货币	132	1893	1908《中国古代币材考》
61	绷带	134	1862	1903《日本学校图论》
62	比重	140	1875—1876	1903《新尔雅·释格致》
63	笔谈	142	1625	1854《日本日记》
64	笔者	142	1180	1947《人类生理学》
65	必然性	143	1911	1922《科学精神与东西文化》

续　表

序号	日源词	页码	日文书证时间	现知汉语书证
66	必杀技	143	1965—1967	21 世纪初
67	闭馆	145	1900—1901	
68	闭会	145	1889	1889《游历日本图经》
69	避雷针	147	1875	1903《世界通史·近世史·第二期》
70	编者	148	1877—1882	1903《游日本学校笔记》
71	编制	148	1869—1871	1889《游历日本图经》
72	扁桃腺	148	1913	1919《诊断学》
73	变声期	149	1921—1925	1926《音乐入门》
74	变态	149	1898	1906《博物学教科书》
75	变压器	149	1893	1913《工业常识》
76	便当/弁当	149	1869—1912	
77	便所	150	1886	
78	辩护人	150	1880	
79	辩护士	150	1893	1894《东游日记》
80	辩证法	150	1905	1931《英汉对照百科名汇》
81	标本	151	1884	1899《日本各校记略》
82	标高	151	1890	1890《日本国志》
83	标记	151	1877	1899《中法广州湾租界条约》
84	标题音乐	151	1935	1930《丰子恺文集》
85	标语	151	1902	1923《平民主义》
86	标准时	152	1886	1937《辞海》
87	标准语	152	1890	1930《中华百科辞典》
88	表决	152	1888	1901《日本宪法义解》
89	表决权	152	1896	
90	表面	152	1231—1253	1883《化学求数》
91	表面张力	153	1900	
92	表皮	153	1798	1903《新尔雅·释植物》
93	表现	153	1881	1918《中西绘画比较谈》

序号	日源词	页码	日文书证时间	现知汉语书证
94	表象	153	1884	1912《体育之理论及实际·本论》
95	表音文字	153	1908	
96	别动队	154	1899	王统照《旗手》
97	兵团	157	1871	1899《日本武学兵队纪略》
98	兵营	157	1833	1900《东瀛阅操日记》
99	兵员	157	1867	1899《游历日本图经》
100	兵站	157	1895	1899《日本武学兵队纪略》
101	兵种	157	1889	1890《日本国志》
102	病变	158	1690	1919《诊断学》
103	病虫害	158	1907	1903《日本学校图论》
104	病毒	158	1769	1900《清议报·论侵略中国之无谋》
105	病害	158	1922	1935《科学》
106	病菌	158	1904	1903《日本学校图论》
107	病理学	158	1872	1891《格致汇编·医理略述》
108	剥离	175	1862	1906《博物学教科书》
109	伯爵	177	1869	
110	勃起	180	1811	1909《人生象学·本论》
111	舶来品	181	1874—1876	鲁迅《伪自由书·从幽默到正经》
112	补语	185	1904	1924《新著国语文法》
113	哺乳动物	185	1874	1902《进化论革命者颉德之学说》
114	哺乳类	185	1874	
115	不成文法	186	1888	1903《新尔雅》
116	不道德	186	1868—1870	
117	不动产	186	1877	1890《日本国志》
118	不冻港	186	1904	1904《世界将来大势论》
119	不规则	186	1867	
120	不经济	186	1812—1818	1913《述归国后一年来所感》
121	不景气	186	1768	1932《子夜》

续　表

序号	日源词	页码	日文书证时间	现知汉语书证
122	不伦	187	1903	
123	不用品	187	1899	
124	不作为	187	1667	
125	步道	197	1899—1902	郭沫若《创造十年续篇》
126	簿记	198	1899	1889《游历日本图经》
127	财阀	199	1905	1919《新青年》
128	财团	199	1919	1920《直隶湾筑港之计划》
129	财务	199	1877	1889《游历日本图经》
130	财政	199	1868	1879《日本杂事诗》
131	裁判	200	1875	1889《游历日本图经》
132	采光	200	1899	1902《东游丛录·文部所讲》
133	采矿学	200	1893	1899《东瀛学校举概》
134	采血	200	1963	
135	参观	200	1898	1904《甲辰考察日本商务日记》
136	参考	200	1702—1704	
137	参谋	200	1868	1879《增广英字指南》
138	苍铅	201	1837—1847	
139	草原	201	1871	1926《英汉各科辞汇》
140	测定	201	1823	1858《六合丛谈》
141	策动	201	1928	鲁迅《花边文学·"京派"与"海派"》
142	插画	202	1876	1913《工业常识》
143	插话	202	1890	瞿秋白《乱弹·狗样的英雄》
144	插图	202	1894	1907《上海商务印书馆创业十年新厂落成纪念册》
145	茶道	202	1728	1879《日本杂事诗》
146	茶寿	203		
147	查证	204	1886	

序号	日源词	页码	日文书证时间	现知汉语书证
148	产业	207	1877	1891《出使日记续刻》
149	长波	208	1866—1870	1931《海军江南造船所报告书·电机工程处》
150	常备	208	1873	1884《日本地理兵要》
151	常备兵	208	1873	
152	常识	208	1881	1902《东游丛录·函札笔谈》
153	常数	208	1793	1859《代数学·自序》
154	常温	208	1837—1847	
155	场景	209	1913	阎纲《论陈奂生》
156	车掌	211		
157	沉淀	212	1855	1903《新尔雅》
158	沉降	212	1886	1902《世界地理志》
159	沉着	212	1861—1864	1918《西药指南》
160	陈列品	212	1884	郑振铎《黄昏的观前街》
161	陈列室	212	1904	1978《诗刊》
162	成虫	213	1881	1903《新尔雅》
163	成分/成份	213	1837	1903《新尔雅·释地》
164	成果	213	1881	1930《鲁迅（艺术论）译本序》
165	成年	213	1877	曹禺《北京人》
166	成文法	213	1886	1902《宪法法理要义》
167	承诺	214	1881	舒群《少年女侠》
168	承认	214	1870—1871	1902《欧洲十九世纪史》
169	乘客	214	1875—1881	1890《日本国志》
170	乘务	214	1904	1950《新编新知识辞典》
171	乘务员	214	1960	杨朔《三千里江山》
172	吃茶店	214	1913	
173	尺骨	214	1798	
174	耻骨	214	1875	1903《新尔雅·释生理》

续 表

序号	日源词	页码	日文书证时间	现知汉语书证
175	冲动	215	1823	
176	冲积	215	1894	1902《世界地理志》
177	充电	215	1893	1913《工业常识》
178	充电器	215		
179	憧憬	215	1902	茅盾《创造》
180	重版	215	1930	1902《新民说》
181	重合	215	1900	
182	重婚	216	1880	1890《日本国志》
183	宠儿	216	1908	
184	抽象	216	1881	1903《新尔雅·释名》
185	出版	216	1694	1884《日本地理兵要》
186	出版法	216	1893	
187	出版界	216	1902	
188	出版社	216	1935—1936	陈梦家《论简朴》
189	出版物	216	1887—1888	
190	出版业	216	1902	1917《清稗类钞》
191	出超	217	1921	1930《中华百科辞典》
192	出动	217	1906	1944《四世同堂》
193	出发	217	1868—1872	朱自清《执政府大屠杀记》
194	出发点	217	1908	1920《给毛泽东的信》
195	出口	217	1595	1906《东瀛见知录》
196	出勤	217	1768	
197	出生	217	1111	1906《调查日本裁判监狱报告书》
198	出生地	217	1898	
199	出庭	217	1886	1915《西学东渐记》
200	出席	217	1607	1901《日本宪法义界》
201	出演	218	1904	
202	初版	218	1886	1933《世界汉英辞典》

续　表

序号	日源词	页码	日文书证时间	现知汉语书证
203	初潮	218	1925	
204	初夜权	218	1931	
205	处方笺	218	1906	
206	处女地	218	1917	1919《伯达铁路之过去将来》
207	处女膜	218	1842	1925《最新性欲研究·男女交合论》
208	处女作	218	1898	1930《中华百科辞典》
209	触角	219	1883	1903《新尔雅·释动物》
210	触觉	219	1876—1877	1898《大东合邦新义》
211	触媒	219	1900	郭沫若《文艺编集续集·文学革命之回顾》
212	传导	220	1886	1903《新尔雅·释格致》
213	传染病	220	1820	1890《日本国志》
214	传染性	220	1886	
215	船员	220	1899	1899《清议报》
216	创造力	221	1881	1921《中国近代教育史资料汇编·教育思想》
217	吹奏	221	1894—1895	1928《一般人的音乐——序黄涵秋〈口琴吹奏法〉》
218	吹奏乐	221	1901	
219	垂直	221	1888	
220	纯度	221	1932	
221	纯化	221	1930	
222	纯情	221	814	
223	辞典	222	1878	1902《新民说》
224	辞汇	222	1891	
225	辞任	222	1893	
226	辞书	222	1855—1858	1900《东游日记》
227	雌蕊	223	1874	1890《日本国志》
228	雌性	223	1884	

序号	日源词	页码	日文书证时间	现 知 汉 语 书 证
229	促音	223	1899	
230	催道	223	1931	
231	催泪弹	224	1921	
232	催眠	224	1872	1906《岳云盫扶桑游记》
233	催眠术	224	1881	1906《大英国百科全书出售大略》
234	撮影	224	1884—1892	
235	错觉	224	1907	1917《清稗类钞》
236	达人	231	1331	2007《光华》
237	答案	233	1889	
238	大本营	236	1890	1907《赴日观操报告书》
239	大部分	237	1903	
240	大气	239	1798—1802	1857《六合丛谈》
241	大前提	239	1881	1903《新尔雅》
242	大统领	239	1858	1900《清议报》
243	大尉	240	1873	1884《日本地理兵要》
244	大阴唇	240	1872	
245	大自然	241	1906	1921《沉沦》
246	大佐	241	1873	1889《游历日本图经》
247	代表	241	1884	1897《时务报》
248	代表作	242	1908	1928《西洋美术史·近代美术》
249	代理店	242	1889	
250	代名词	242	1874	1902《欧洲十九世纪史》
251	代言人	243	1862	邹韬奋《萍踪忆语》
252	代议士	243	1868	1899《清议报》
253	代议制	243	1890	
254	代用品	243	1909	
255	待机	243	1909	
256	待遇	243	1896	1902《东游丛录·文部所讲》

序号	日源词	页码	日文书证时间	现 知 汉 语 书 证
257	担架	245	1898	1925《华盖集·这个与那个》
258	单本位	245	1881	1896《饮冰室合集·文集》
259	单纯	246	1874	1889《游历日本图经》
260	单价	246	1922	1947《银行会计》
261	单利	246	1889	1947《银行会计》
262	单线	246	1891	1900《清议报》
263	单行本	246	1877	1933《本馆印行四库全书概况》
264	单眼	246	1881	1906《博物学教科书》
265	单叶	246	1881	1903《新尔雅》
266	单元	246	1872	1928《中国教育辞典》
267	耽美	246	1913	
268	弹幕	248	1966	
269	蛋白质	248	1862	1866《英华韵府历阶》
270	当选	249	1887	1911《法美宪法正文·法兰西国宪法》
271	导火线	249	1881	1900《清议报》
272	导体	250	1857—1858	1903《新尔雅》
273	导线	250	1890	1903《日本学校图论》
274	倒阁	250	1928	
275	道场	250	1712	20世纪上半期进入台湾，20世纪末借入大陆。
276	道具	251	1660	1929《从中国的新戏说到话剧》
277	德育	256	1882	1898《清议报》
278	登场	257	1873	
279	登录	257	1879—1880	
280	等外	257	1899	
281	低调	258	1909—1910	茅盾《子夜》
282	低级	258	1899	丁玲《韦护》
283	低能儿	258	1910	1921《致周作人的信》

续 表

序号	日源词	页码	日文书证时间	现知汉语书证
284	低气压	258	1898—1899	1903《新尔雅》
285	低压	258	1881	1936《科学画报》
286	敌视	262	1866—1870	1902《欧洲十九世纪史》
287	地下室	266	1908	1934《西洋建筑讲话》
288	地下铁	266	1929	20世纪70年代
289	地下铁道	266	1868	1873《随使法国记》
290	帝国	267	1810	1879《日本杂事诗·立国》
291	第三者	268	1890	1905《民报》
292	点检	269	1786	20世纪80年代进入汉语
293	电波	270	1893	
294	电车	270	1890	1890《出使英法义比四国日记》
295	电动机	270	1890	1903《日本学校图论》
296	电荷	270	1900	1936《科学》
297	电话	270	1886	1889《游历日本图经》
298	电话机	270	1886	1889《游历日本图经》
299	电话局	270	1903	
300	电缆	270	1904	1931《英汉对照百科名汇》
301	电离层	270	1939	1903《新尔雅·释化》
302	电铃	271	1883	1901《格物质学》
303	电热器	271	1893	
304	电压	271	1893	
305	电源	271	1893	1903《新尔雅·释格致》
306	电柱	271	1885	
307	电子管	271	1925	1947《科学画报》
308	店员	271	1902	1911《利用外资与消费外资之辩》
309	店长	271	1909	20世纪末
310	淀粉	271	1833	1889《游历日本图经》
311	町步	274	1794	

序号	日源词	页码	日文书证时间	现知汉语书证
312	町内	274		1895《海国图志》
313	定额	274	1177—1181	
314	定律	274	1866—1870	1902《东游丛录·函札笔谈》
315	定食	274	1912—1913	
316	定型	274	1884	1919《诊断学》
317	定义	274	1870—1871	1889《游历日本图经》
318	动产	276	1873	1890《日本国志》
319	动词	276	1872	1901《清议报》
320	动画	276	1959—1960	1958《新知识词典》
321	动机	276	1793—1802	1897《时务报》
322	动力学	277	1886	
323	动物学	277	1867	1875《中西关系略论》
324	动物园	277	1866—1870	1887《东槎闻见录》
325	动议	277	1878—1879	1901《日本宪法义解》
326	动员	277	1896	1920《法国最近的劳动运动》
327	胴体	277	1592	
328	斗牛士	278	1926	
329	毒舌	280	1836—1842	
330	毒素	280	1899	1909《人生象学·结论》
331	独白	280	1914	1903《杨梅烧酒》
332	独裁	281	1868	
333	独创	281	1892	
334	独特	281	1911	1930《日本现代语辞典》
335	独奏	281	1898	1903《东瀛纪行》
336	读本	281	1626	1900《论训蒙宜用浅白读本》
337	读唇术	281		
338	度量衡	284	1617	1822《华英字典·Part III》
339	短调	285	1883—1884	

续　表

序号	日源词	页码	日文书证时间	现知汉语书证
340	短音	285	1888	
341	段	285		1887《东槎闻见录》
342	段落	285	1782	1904《奏定初级师范学堂章程》
343	段位	285		
344	断言	285	1881	1911《新字典·序》
345	对比	285	1879	1928《中国教育辞典》
346	对称	285	1889	1924《运动生理·各论》
347	对决	286	1583	20世纪90年代后半期
348	对流	286	1933	1905《北洋师范学堂专修科教授预定案》
349	对应	286	1919	1930《中华百科辞典》
350	多面体	290	1886	
351	多面性	290	1923—1937	
352	多神教	292	1881	1902《穆勒名学·译名表》
353	多血质	293	1894	
354	多元论	293	1905	
355	舵轮	294	1881	
356	惰性	294	1873	1918《新青年》
357	恶感	299	1900—1901	1910《图画日报》
358	恶女	299	1482	1999《恶女列传》
359	恶性	299	1849	1918《西药指南》
360	二重奏	303	1930	1930《日本现代语辞典》
361	二次元	303	1930	
362	发表	304	1868	1905《答某报第四号〈新民丛报〉之驳论》
363	发动机	304	1886	1902《华英音韵辞典集成》
364	发刊	304	1901	1905《〈民报〉发刊词》
365	发明	304	1806	1884《日本地理兵要》

序号	日源词	页码	日文书证时间	现知汉语书证
366	发情	304	1958	
367	发展	304	1901	1928《孽海花》
368	法案	305	1868	1896《时务报》
369	法科	306	1891	鲁迅《三闲集·我和〈语丝〉的始终》
370	法权	309	1881	1905《东方杂志》
371	法人	309	1890	1903《新尔雅·释法》
372	法庭	310	1875	1890《日本杂事诗》
373	法王	310	1875	鲁迅《坟·人之历史》
374	法医学	310	1893	1903《日本学校图论》
375	法则	311	1837—1847	1866—1869《英华字典》
376	发型	311	1947	
377	番号	311	1873	1929《红军宣传工作问题》
378	反动	313	1876	1922《蒙古王公与外国资本家的勾结》
379	反对	313	1870—1871	1899《清议报》
380	反对党	313	1883	1901《清议报》
381	反感	313	1910—1911	1920《恢复秩序与创造秩序》
382	反抗	313	1894	1898《清议报》
383	反射	313	1826	1879《增广英字指南》
384	反响	314	1872	1900《清议报》
385	反应	314	1884	1903《新尔雅·释化》
386	反映	314	1874	1923《新青年季刊》
387	反作用	314	1930	1934《自然科学辞典》
388	泛	314	1826	1928《中国教育辞典》
389	泛神论	314	1905—1906	1928《中国教育辞典》
390	范畴	315	1881	1903《新尔雅·释群》
391	方案	316	1874	1936《苏联计划经济问题》
392	方法论	317	1881	1931《英汉对照百科名汇》

续 表

序号	日源词	页码	日文书证时间	现知汉语书证
393	方式	317	1871	丁玲《母亲》
394	方针	317	1862	1899《清议报》
395	防腐剂	317	1884	1903《瀛洲观学记》
396	防空	318	1928	1935《科学》
397	防空识别圈	318	1990s	
398	防疫	318	1881	1878《公法便览》
399	放射	319	1888	1903《新尔雅·释格致》
400	放射线	319	1929	1937《科学知识》
401	放送	319	1925	茅盾《子夜》
402	放置	319	1837—1847	鲁迅《书信集·致王志之》
403	飞灵机	320	1908	
404	飞行机	320	1911	1914《中国近代教育史资料汇编·思想教育》
405	非金属	320	1876	1889《游历日本图经》
406	非难	321	1907	《中国近代思想史参考资料简编·驳〈新民丛报最近之非革命论〉》
407	肺结核	326	1895	1904《日本留学参观记》
408	肺气肿	326	1904	1919《诊断学》
409	废液	326	1827	
410	沸点	327	1854—1859	1898《热血须知》
411	分队	329	1867	1890《日本国志》
412	分化	329	1881	1923《汉英大辞典续编》
413	分解	329	1874	1902《化学实用分析术》
414	分泌	330	1805	1903《新尔雅·释动物》
415	分母	330	1867	1873《代数术》
416	分校	330	1878	1889《游历日本图经》
417	分子	330	1375	1872《华英萃林韵府》
418	分子式	330	1900	1903《新尔雅》

续　表

序号	日源词	页码	日文书证时间	现知汉语书证
419	氛围气	332	1827	
420	风俗店	334		
421	风云儿	334	1932—1935	
422	封建	334	1872	1902《欧洲十九世纪史》
423	封建社会	334	1872	1910《饮冰室文集·责任内阁与政治家》
424	否定	338	1869	1903《新尔雅·释名》
425	否决	338	1883—1884	1911《中国近代教育史资料汇编·思想教育》
426	否认	338	1896	1905《饮冰室合集·文集》
427	敷设	340	1895	1899《清议报》
428	伏线	344	1814—1842	
429	服务	345	1896	1899《日本武学兵队纪略》
430	服役	346	1870—1871	1887《东槎见闻录》
431	服用	346	1394—1414	郁达夫《病间日记》
432	符号	348	1815	1905《图画修得法》
433	辐射	348	1888	1909《理科通证·动物篇·海胆》
434	福袋	349	1911	
435	俯角	351	1881	1931《英汉对照百科名汇》
436	俯瞰	351	1870—1871	
437	腐败	351	797 前后	1902《亚里士多德之政治学说》
438	腐女	351	20—21 世纪	
439	腐植土	351	1914	
440	负担	352	1888	1890《日本国志》
441	负号	352	1889	
442	附表	352	1939	
443	附记	352	1826	邹韬奋《萍踪寄语》
444	附加	352	1872	1890《日本国志》

续　表

序号	日源词	页码	日文书证时间	现知汉语书证
445	附录	352	1777	
446	附属	352	1181	1889《游历日本图经》
447	附言	352	1833	鲁迅《书信集·致胡今需》
448	附议	352	1947	
449	附则	352	1900	1902《东游丛录·学校图表》
450	附注	352	19世纪前	1890《日本国志》
451	复本位	353	1886	1903《新尔雅》
452	复刊	353	1933	1936《且介亭杂文末编》
453	复式	353	1889	
454	复习	353	1375前后	
455	复线	353	1899	
456	复写纸	353	1885	1923《汉英大辞典续编》
457	复眼	353	1881	
458	复叶	353	1881	1903《新尔雅》
459	复员	353	1899	1937《大公报》
460	副词	354	1872	1907《中等国文典》
461	副食	354	1951	
462	副题	354	1935	阿英《关于瞿秋白的文学遗著》
463	副作用	354	1900	1922《胃肠病普通疗法》
464	腹腔	356	1872	1907《生理卫生新教科书》
465	腹式呼吸	356	1916	
466	改版	360	1909	
467	改进	360	1875	1902《东游丛录·函札笔谈》
468	改良	360	1877—1882	1901《泰西教育史》
469	改选	361	1883—1884	1900《清议报》
470	盖然性	362	1881	
471	概况	363	1891	1908《三岛雪鸿》
472	概括	363	1881	章炳麟《文学说例》

序号	日源词	页码	日文书证时间	现 知 汉 语 书 证
473	概括力	363	1887—1888	
474	概论	363	1768	1906《奏定经学科文学科大学章程书后》
475	概略	363	1807—1811	1884《日本地理兵要》
476	概念	363	1874	1901《泰西教育史》
477	概算	363	1868—1872	1902《东游丛录·学校图表》
478	干燥	364		
479	肝炎	366	1872	
480	肝硬变	366	1968	
481	感觉	366	1867	1901《泰西教育史》
482	感情	366	8世纪后	1903《新尔雅》
483	感受	366	1887—1889	1927《西洋画的看法》
484	感性	366	1687	1937《实践论》
485	感知	367	1913	1920《普通乐理》
486	干部	367	1904	1901《清议报》
487	干事	367	1837	1889《游历日本图经余记》
488	干线	367	1893	1898《清议报》
489	钢索	368	1900	1947《英文新字辞典》
490	港湾	368	1877	1884《日本地理兵要·例言》
491	高调	368	1910	陶行知《社会大学颂》
492	高利贷	369	1753	1930《星星之火·可以燎原》
493	高龄	369	1833	1986《婚育》
494	高炉	370	1773	
495	高气压	370	1898—1899	1903《新尔雅》
496	高热	370	1904	1918《西药指南》
497	高射炮	370	1929	1930《中华百科辞典》
498	高速	371	1903	1929《日常化学生活》
499	高速度	371	1925	

续 表

序号	日源词	页码	日文书证时间	现 知 汉 语 书 证
500	高血压	371	1936	1948《医药学》
501	高压	371	1881	1890《日本国志》
502	高压线	371	1918	1956《无线电》
503	高周波	371	1929	
504	告别式	371	1901	
505	告诉	371	1878	
506	割让	376	1885	1898《清议报》
507	歌坛	377	1921	
508	革命	377	1866—1870	1896《时务报》
509	革命家	377	1893	1922《平民政治与工人政治》
510	阁员	377	1891	1903《新尔雅·释政》
511	格	378	1874	1915《袖珍英汉辞林》
512	个人	387	1894	1902《宪法法理要义》
513	个人主义	387	1891	1903《新尔雅·释教育》
514	个体	387	1881	1903《新尔雅》
515	个性	387	1900—1901	1903《新尔雅》
516	根茎	388	1874	1903《新尔雅·释植物》
517	更年期	388	1905	1981《花城》
518	耕地	389	1832—1833	1884《日本地理兵要》
519	工场	389	1886	1919《工商业尺牍偶存·致黄陂谢知事为经理包销事》
520	工具	389	1874—1876	1903《游日本学校笔记》
521	工业	389	1879	1884《日本地理兵要》
522	工业品	389	1904	
523	弓道	389		
524	公安	389	1890	1890《日本国志》
525	公敌	390	1890	1898《清议报》
526	公告	390	1870—1871	1919《工商业尺牍偶存·致四川介文社为贬价竞争事》

序号	日源词	页码	日文书证时间	现 知 汉 语 书 证
527	公害	390	1887	
528	公爵	390	1867	马建忠《适可斋记言·巴黎复友人书》
529	公开	390	1889	1889《游历日本图经》
530	公立	390	1874	1889《游历日本图经》
531	公民	391	1888	1898《大东合邦新意》
532	公民权	391	1888	1902《亚里士多德之政治学说》
533	公仆	391	1887—1889	1899《清议报》
534	公认	391	1874	1900《清议报》
535	公诉	391	1886	1890《日本国志》
536	公务员	391	1907	1929《刑事诉讼法纲要》
537	公休（日）	391	1925	1930《日本现代语辞典》
538	公益	391	1870—1871	1890《日本国志》
539	公营	391	1916	1950《中国工业》
540	公有	392	1884	1903《世界通史·近世史·第三期》
541	公园	392	1867	1871《漫游随录》
542	公约	392	1874	1899《清议报》
543	公债	392	1876	1889《游历日本图经》
544	公证	392	1886	1890《日本国志》
545	公证人	392	1873	1907《日本各政治机关参观详记》
546	攻守同盟	392	1881	1897《时务报》
547	共产党	393	1886	1903《社会主义》
548	共产主义	393	1886	1902《生计学学说沿革小史》
549	共和	393	1875	1879《日本杂事诗》
550	共和国	394	1883	1896《时务报》
551	共鸣	394	1909	1909《人生象学·本论》
552	贡献	394	1906	1910《饮冰室合集·文集·将来百论·中国冗官之将来》
553	构成	394	1876	1899《游历日本视察兵制学制日记》

续　表

序号	日源词	页码	日文书证时间	现 知 汉 语 书 证
554	构图	394	1909	1927《西洋画的看法》
555	构想	394	1908	1934《新知识辞典》
556	古代	396	1231—1253	1884《日本地理兵要》
557	古生代	399	1914	1921《博物词典》
558	古生物	400	1884	1890《日本国志》
559	古生物学	400	1884	1903《日本学校图论》
560	骨干	402	1939	1931《给鲁迅的信》
561	骨膜	402	1774	1903《新尔雅·释生物》
562	鼓膜	403	1774	
563	固定	404	1837—1847	1901《格物质学·Glossary》
564	固体	404	1874	1903《新尔雅·释化》
565	固有名词	404	1876	1917《清稗类钞》
566	故障	404	1909	徐迟《入峡记》
567	观测	406	1886	1889《游历日本图经》
568	观点	406	1927	徐兴业《金瓯缺》
569	观念	406	1884	1889《策鳌杂撖》
570	观众	406	1904—1906	1928《翻译的困难》
571	官能	407	1805	1903《新尔雅·释生理》
572	管弦乐	407	1890	1903《日本学校图论》
573	管弦乐团	407	1924	1928《丰子恺文集》
574	管乐器	407	1910	1903《新尔雅·释格致》
575	惯例	407	1884	
576	惯性	407	1886	1908《英华大辞典》
577	惯用语	407	1893	
578	灌肠	407	1872	1909《人生象学·本论》
579	光波	407	1918	1928《中国教育辞典》
580	广告	408	1876	1903《二十世纪之巨灵托辣斯》
581	广角	408	1972	

序号	日源词	页码	日文书证时间	现 知 汉 语 书 证
582	归化	408	1866—1870	1903《驳康有为论革命书》
583	归纳	408	1870—1871	1898《大东合邦新义》
584	归纳法	409	1870—1871	1903《新尔雅·释教育》
585	规约	409	1875—1881	郭沫若《集外·〈国防·污池·炼狱〉》
586	国产	411	1801—1804	1890《日本国志》
587	国粹	411	1888	1903《日本学校图论》
588	国道	411	1875	1905《东游考政录》
589	国歌	411	1893	1903《瀛洲观学记》
590	国光（苹果）	411	1872	1905
591	国花	411	1907	1908《谨告华商之与赛博览会者·以下杂件》
592	国籍	411	1899	1903《新尔雅》
593	国际	411	1873	1897《时务报》
594	国立	411	1886	1889《游历日本图经》
595	国语	412	1872	1936《中国教育年鉴》
596	国葬	412	1891	1902《天演论初祖达尔文之学说及其略传》
597	果糖	412	1872	1913《工业常识》
598	过饱和	412	1900	
599	过程	412	1884	1934《新知识辞典》
600	过渡	412	1866	1917《清稗类钞·讥讽类·新名词入诗》
601	过劳死	413	1978	1980 前后
602	海拔	426	1906	1916《土壤学》
603	海兵	426	1877	1890《日本国志》
604	海胆	427	918	1876《格致略论》
605	海绵	429	1798	1902《世界地理志》
606	海上自卫队	430	1983	

续　表

序号	日源词	页码	日文书证时间	现知汉语书证
607	寒流	432	1888	1909《理科通证·动物篇》
608	寒天	432	1687	
609	汉方	433	1867	
610	汉方药	433	1952	21 世纪
611	汗腺	434	1872	1903《新尔雅·释生理》
612	航空母舰	434	1922	1932《商务印书馆被毁纪略》
613	航空自卫队	434	1983	
614	航路	434	1826	1884《日本地理兵要》
615	好感	436	1920	1928《近百年国际政治史略》
616	号外	437	1882	1903《癸卯东游日记》
617	合金	439	1881	1902《化学实用分析术》
618	合宿	440	1254	
619	和服	440	1886	1902《东游丛录·学校图表》
620	和歌	440		1879《日本杂事诗》
621	和文	442	1702	
622	黑死病	447	1894	1899《清议报》
623	横断面	449	1910	1919《诊断学》
624	横膈膜	449	1774	1907《生理卫生新教科书》
625	红白歌会	449		
626	虹彩	450	1872	
627	侯爵	450	1889	
628	后备	450	1855—1858	1884《日本地理兵要》
629	后方	450	1872	1903《瀛洲观学记》
630	后脑	451	1798	
631	后卫	451	1881	1931《英汉对照百科名汇》
632	后援	451	1868	1909《图画日报》
633	弧线	453	1907	
634	互惠	459	1904	朱自清《论老实话》

序号	日源词	页码	日文书证时间	现知汉语书证
635	护岸	459	1875	1948《水工名词》
636	护卫舰	459	1974	
637	花粉症	460	1983	
638	花梗	460	1884	1906《博物学教科书》
639	花冠	460	1874	1903《新尔雅·释植物》
640	花茎	460	1884	1890《格致汇编·泰西本草撮要》
641	花柳病	460	905—906	1913《大学规程》
642	花托	460	1884	1903《新尔雅·释植物》
643	花序	460	1884	1903《新尔雅·释植物》
644	花轴	461	1874	1903《新尔雅·释植物》
645	华族	463	1869	1878《使东述略》
646	滑车神经	463	1872	1903《新尔雅·释生理》
647	化合物	463	1874	1902《化学实用分析术》
648	化石	463	1763	1876《环游地球新录》
649	化妆	464	1211	1889《游历日本图经余记》
650	化妆品	464	1901	1919《工商业尺牍偶存·复黄陂县知事谢铸陈论五九机会未可溢乘事》
651	化妆室	464	1900	
652	化妆水	464	1892	
653	化妆台	464	1908	
654	画廊	464	1920	1948《新知识辞典》
655	怀石料理	465		
656	坏血病	465	1815	
657	欢送	465	1939	欧阳山《高干大》
658	还原	465	1837—1847	1927《工商业尺牍偶存·补遗之一》
659	环礁	465	1914	
660	环境	465	1900	1919《本志宣言》
661	环状	466	1872	

续 表

序号	日源词	页码	日文书证时间	现 知 汉 语 书 证
662	幻灯	466	1862	1903《癸卯东游日记》
663	幻听	466	1909	
664	幻想曲	466	1928	
665	换算	466	1897—1898	1919《诊断学》
666	皇军	466	1414	
667	黄斑	466	1872	1907《生理卫生新教科书》
668	黄体	466	1872	1925《最新性欲研究：男女交合论》
669	挥发	467	1805	1902《化学实用分析术》
670	挥发油	467	1805	1913《工业常识》
671	辉岩	468	1894	
672	回归线	468	1811—1839	
673	回路	468	1955	
674	回收	468	1877	
675	回想	468	1837	吴趼人《二十年目睹之怪现状》
676	回转寿司	468	1958	1997
677	会场	469	1407—1446	1873《中西闻见录》
678	会费	469	1885—1886	1903《日本学校图论》
679	会期	469	1859	章炳麟《兴浙会章程》
680	会社	469	1871	1879《扶桑游记》
681	会谈	469	1717	鲁迅《伪自由书》
682	会堂	469	1870—1871	1853
683	会员	470	1881	1898《清议报》
684	会长	470	1883—1884	刘揆一《黄兴传记》
685	绘本	470	1254	阿英《西湖景》
686	婚活	471	2008	2010
687	混纺	471	1943	
688	混声	472	1933—1937	
689	混血	472	1908	

序号	日源词	页码	日文书证时间	现知汉语书证
690	混血儿	472	1908	李劼人《大波》
691	混用	472	1887	
692	混浴	472	1832—1836	
693	活火山	472	1894	
694	活力	472	1886	周恩来《关于和平谈判问题的报告》
695	活塞	472	1877	
696	活性	472		
697	活跃	472	1905—1906	郭沫若《洪波曲》
698	火成岩	473	1894	1903《新尔雅》
699	火力	474	1906	邹韬奋《地位》
700	火星文	474	20世纪末至21世纪初	
701	击沉	479	1909	
702	击发	479	1848—1850	杨笑影《赤子之心》
703	机动	479	1928	1938《论抗日游击战争》
704	机动性	479	1939	1938《论抗日游击战争》
705	机构	479	1881	1908《英华大辞典》
706	机关	480	1886	1899《清议报》
707	机关车	480	1866	《辛亥革命·关于停战的清方档案》
708	机关炮	480	1894—1895	1917《清稗类钞》
709	机能	480	1881	1903《新尔雅·释生理》
710	奇蹄	481	1884	
711	积极	481	1874	1902《新民说》
712	基础	481	1868	1902《东游丛录·函札笔谈》
713	基点	482	1886	1909《邮传部高等实业学堂铁路科第一次校外实习概况》
714	基调	482	1914	郭沫若《中国古代社会研究》
715	基金	482	1900	1903《日本学校图论》

续　表

序号	日源词	页码	日文书证时间	现知汉语书证
716	基数	484	1830	1930《中华百科辞典》
717	基线	484	1886	1909《邮传部高等实业学堂铁路科第一次校外实习概况》
718	基音	484	1909	1943《戏剧导演的初步知识》
719	基质	484	1969	
720	畸形	485	1872	1890《日本国志》
721	稽留热	485	1872	
722	激动	485	1816	文康《儿女英雄传》
723	激化	485	1929	范文澜、蔡美彪《中国通史》
724	激赏	485	1877	
725	激增	485	1909	郭沫若《中国史稿》
726	激战	485	1869	伍廷芳《致参议院电》
727	极地	491	1900	1906《大英国百科全书出售大略》
728	极度	491	1866—1870	蒋光慈《中国劳动歌》
729	极端	491	1876	1920《法国最近的劳动运动》
730	极限	492	1888	1909《理科通证·动物篇·鸡》
731	即兴	492	1336—1573	朱自清《中国歌谣·歌谣的起源与发展》
732	急性	492	1862	1918《西药指南》
733	集权	493	1877	1899《清议报》
734	集散地	493	1909	1923《初级本国地理》
735	集团	493	1913	1919《欧游心影录》
736	集中	493	1877—1882	1929《货币学》
737	计算尺	493	1888	1930《中华百科辞典》
738	计算器	494	1889	
739	记忆力	494	1884—1892	1901《泰西教育史》
740	记者	494	1874	1890《日本国志》
741	纪念	494	1905	1903《敬告我国国民》

序号	日源词	页码	日文书证时间	现知汉语书证
742	技师	494	1893	1889《游历日本图经余记》
743	季候	495	1841—1842	1884《日本地理兵要》
744	继电器	495	1893	
745	祭日	495	1874—1875	
746	祭司	496	1884	章炳麟《建立宗教论》
747	寄生虫	496	1872	1886—1890《万国药房》
748	寄宿	496	1783	1900《东瀛阅操日记》
749	寄赠	496	1900	
750	加工品	498	1921	
751	加盟	500	1890	1898《清议报》
752	加速度	501	1886	1902《格致学沿革考略》
753	加重	501	1886	1890《日本国志》
754	家政妇	505	1928—1929	郭沫若《创造十年》
755	甲状腺	508	1872	1903《新尔雅》
756	假定	509	1877—1882	1922《艺术教育的原理》
757	假分数	509	1889	
758	假设	509	1885	1958《新知识词典》
759	假说	510	1892	1903《新尔雅·释教育》
760	假死	510	1872	1906《博物学教科学》
761	假想	510	1891	1907《赴日观操报告书》
762	假想敌	510	1921	杨沫《青春之歌》
763	假象	510	1892—1893	1930《中华百科辞典》
764	价格	510	1878	1888《日本新政考》
765	尖兵	511	1938	陈毅《红四军军次葛坳突围赴东固口占》
766	尖端	511	1904	1934《新知识词典》
767	坚果	511	1884	1906《博物学教科书》
768	间奏曲	511	1972	

续 表

序号	日源词	页码	日文书证时间	现 知 汉 语 书 证
769	监事	511	1896	1935《科学》
770	检察官	511	1886	1890《日本国志》
771	检定	512	1882	1902《化学实用分析术》
772	检疫	512	1886	1897《时务报》
773	减量	512	1899	
774	减员	512	1881	
775	简单	512	1836	1903《日本学校图论》
776	见学	512	1242	
777	间接	512	1881	1899《清议报》
778	间歇泉	512	1888	
779	间歇热	512	1811—1839	
780	建筑	513	1818	1878《东行日记》
781	建筑物	513	1922	
782	剑道	513	1886	2010《北京日报》
783	健康	513	1862	1890《日本国志》
784	健忘症	514	1918	
785	舰队	514	1873	1890《日本国志》
786	鉴定书	514	1915—1930	
787	讲师	515	1902	1898《清议报》
788	讲坛	515	1808	鲁迅《集外集拾遗·又是"古已有之"》
789	讲座	515	1886	1902《东游丛录·学校图表》
790	奖学金	515	1889	1928《中国教育辞典》
791	降水量	515		
792	将棋	516	1219	
793	交感神经	516	1876—1877	1903《新尔雅·释生理》
794	交替	516	1825	
795	交通	516	1871	1986《饮冰室合集·文集》

序号	日源词	页码	日文书证时间	现知汉语书证
796	胶着语	516	1909	
797	焦点	516	1862	1908《英华大辞典》
798	角膜	517	1815	1907《生理卫生新教科书》
799	脚光	517	1925	
800	教材	517	1903	1903《新尔雅·释教育》
801	教官	517	1755	1897《时务报》
802	教科书	517	1873	1890《日本国志》
803	教育家	517	1894	1897《时务报》
804	教育界	518	1899	
805	教育学	518	1884—1892	1896《饮冰室合集·文集·变法通议》
806	教谕	518	1900	
807	教员	518	1872	1887《东槎闻见录》
808	教祖	518	1909	
809	酵母	518	1887	1886—1890《万国药方》
810	酵素	518	1900	许杰《忆王以仁》
811	阶段	518	1899	1926《音乐入门》
812	阶级	518	1893	1899《论中国与欧洲国体异同》
813	接触	519	1880	1901《泰西教育史》
814	结核	521	1566	1902《东游丛录·卫生图说》
815	结核病	521	1872	
816	结节	521	1872	
817	结晶	521	1837—1847	1888《日本新政考》
818	结论	521	1902	1903《心理学教科书》
819	结膜	521	1774	
820	结膜炎	522	1872	
821	结石	522	1792	1906《东游日记》
822	解放	524	1875	1890《日本国志》
823	解禁	524	1873	1890《日本国志》

续　表

序号	日源词	页码	日文书证时间	现知汉语书证
824	解剖学	524	1872	1902《饮冰室合集·文集·格致学沿革考略》
825	解析几何	524	1886	1899《日本武学兵队纪略》
826	解约	524	1966	
827	介错人	524		
828	介入	524	1949	陈国凯《我应该怎么办》
829	金本位	525	1893	1904《饮冰室合集·文集》
830	金额	525	1876	1888《日本新政考》
831	金刚砂	525	1171—1181	
832	金融	526	1878	1899《清议报》
833	金丝雀	527	1797	
834	金字塔	527	1886	1899《清议报》
835	紧张	527	1911	1924《运动生理·各论》
836	进度	528	1877—1882	1955《征询对农业十七条的意见》
837	进化	528	1882	1897《时务报》
838	进化论	528	1881	1902《论学术之势力左右世界》
839	进展	528	1914	1917《中国存亡问题》
840	经济	528	1682	1876《申江杂咏·招商局》
841	经济学	529	1867	1890《日本国志》
842	经验	529	1826—1832	1903《新尔雅·释教育》
843	经验论	529	1881	1904《中国近代教育史料资料汇编·教育思想》
844	精度	529	1928	
845	精神病	529	1872	1904《日本留学参观记》
846	精算	530	1869	
847	景观	530	1905	秦牧《长街灯语·寄北方》
848	景气	530	1715	1934《新知识辞典》
849	警察	530	1877	1881《日本杂记》

续　表

序号	日源词	页码	日文书证时间	现 知 汉 语 书 证
850	警官	530	1886	1898《清议报》
851	警铃	530	1926	艾芜《百炼成钢》
852	警视厅	530	1874	
853	净化	531	1920	1948《医药学》
854	净琉璃	531		
855	竞合	531	1974	
856	竞技	531	1891	
857	敬礼	531	1010	1890《日本国志》
858	静脉	531	1811	1903《新尔雅·释生理》
859	救护	532	1883—1884	
860	就任	533	1892	平佚《临时政府成立记》
861	就学生	533	1980—2000	
862	居留	534	1862—1866	1909《致秘鲁外交部照会》
863	局限	534	1930	1980《谁解其中味?》
864	举征	534	1890	1890《日本国志》
865	巨匠	534	1901	田汉《〈田汉选集〉前记》
866	巨星	534	1924—1925	苑陵《观鲁迅遗容瞻礼记》
867	具体	534	1881	1903《心理学教科书》
868	具体化	534	1921	
869	具象	534	1895	许杰《两个青年》
870	剧变	535	1838	茅盾《三人行》
871	剧场	535	1790	1871《漫游随录》
872	剧毒	535	1875	孙玉芳《萌芽的启示》
873	剧坛	535	1893—1894	1984《人民日报》
874	剧痛	536	1837—1847	1919《诊断学》
875	剧团	536	1926	1931《清华园日记》
876	剧作	536	1927	孙犁《澹定集·烬余书札》
877	剧作家	536	1911	郭沫若《我怎样写〈棠棣之花〉》

续　表

序号	日源词	页码	日文书证时间	现 知 汉 语 书 证
878	据点	536	1913	1936《科学画报》
879	距离	536	1855—1858	李劼人《大波》
880	决算	536	1855—1858	1889《游历日本图经》
881	决心	536	1869	1907《赴日观操报告书》
882	决议	536	1868	1898《清议报》
883	觉醒	537	1877—1882	1919《新纪元》
884	绝对	537	1881	1902《宪法法理要义》
885	绝缘	537	1876	1903《日本学校图论》
886	掘进	537	1926	1986《解放日报》
887	掘削	537	1913	
888	军部	538	1909	郭沫若《浦剑集·文化与战争》
889	军曹	538	720	巴金《复仇》
890	军港	538	1890	1889《游历日本图经》
891	军国主义	538	1900	1906《东瀛见知录》
892	军号	538	1729	1900《东游日记》
893	军纪	539	1881	1919《欧游心影录节录》
894	军舰	539	1839	1884《日本地理兵要》
895	军旗	539	1855—1858	1901《日本宪法义解》
896	军团	539	1875	1890《日本国志》
897	军医	539	1869	1888《日本新政考》
898	均质	539	1914	
899	菌	539	1893	
900	开发	562	1875—1879	1898《日本各校纪略》
901	开放	562	1872	1898《清议报》
902	开港	562	1865	
903	开演	564	1231—1253	1876《沪游杂记》
904	开业	564	1867	1890《日本国志》
905	开战	564	1881	1890《日本国志》

序号	日源词	页码	日文书证时间	现 知 汉 语 书 证
906	看护妇	567	1887	
907	看守	568	1882	1904《甲辰考察日本商务日记》
908	看板	569	1638	《塔·咖尔美萝姑娘》
909	抗争	575	1883—1884	
910	苛性	577	1837—1847	1888《日本新政考》
911	科学	585	1881	1899《自由书》
912	科学主义	585	1924—1925	
913	可能性	590	1881	
914	客观	605	1878	1903《心理学教科书·绪论》
915	课	605	1887—1889	1888《日本新政考》
916	课目	605	1874	1889《日本各校纪略》
917	课题	605	1892	1934《新知识辞典》
918	课外	606	1902	1902《东游丛录·学校图表》
919	课长	606	1877	1899《日本国志》
920	肯定	606	1874	1903《新尔雅·释名》
921	恳亲会	606	1882	张天翼《春风》
922	恳谈	607	1866—1870	1978《诗刊》
923	恳谈会	607	1908	
924	坑道	607	1894	1899《游历日本视察兵制学制日记》
925	坑木	607	1929	
926	空港	607	1932	1949《俄文单字简捷记忆法》
927	空间	607	1870—1871	1903《新尔雅·释格致》
928	空袭	607	1934	1938《新编初小常识课本》
929	恐慌	609	1881	巴金《家》
930	口器	609	1969	1903《新尔雅·释动物》
931	枯山水	611	1040	
932	苦情	612	1875—1881	
933	苦笑	612	1878—1879	茅盾《子夜》

续 表

序号	日源词	页码	日文书证时间	现知汉语书证
934	块根	617	1874	1903《新尔雅·释植物》
935	块茎	617	1884	1903《新尔雅·释植物》
936	髋骨	617	1774	1909《人生象学·本论》
937	狂犬病	618	1896	1904《日游笔记》
938	狂想曲	618	1931	
939	狂言	618	713	
940	矿层	618	1914	
941	矿床	618	1893	1903《日本学校图论》
942	矿坑	618	1877	1899《清议报》
943	矿泉	618	1826	1889《游历日本图经》
944	矿物	618	1874—1875	1884《日本地理兵要》
945	昆虫学	621	1898	1903《日本学校图论》
946	困难	621	1861	1906《调查日本裁判监狱报告书》
947	扩散	622	1900	1930《中华百科辞典》
948	扩张	622	1872	1896《时务报》
949	阔叶树	622	1911	
950	兰学	638	1815	1890《日本国志》
951	狼疮	639	1886	1902《东游丛录·卫生图说》
952	浪人	641	14世纪前	1889《游历日本图经》
953	劳动	642	1713	1900《清议报》
954	劳动者	642	1893	1900《清议报》
955	劳力	643	1622	1892《富国养民策》
956	劳作	643	1870—1871	李大钊《由纵的组织向横的组织》
957	雷管	648	1867	1917《徐氏火药学》
958	累进	651	1877—1882	
959	累进税	651	1877—1882	
960	肋膜炎	652	1872	
961	泪管	652	1815	

续　表

序号	日源词	页码	日文书证时间	现知汉语书证
962	泪囊	652	1774	
963	泪腺	652	1815	1907《生理卫生新教科书》
964	类型	652	1909	1934《新知识辞典》
965	冷藏	652	1903	1909《理科通证·动物篇·豕》
966	冷藏库	653	1903	
967	冷冻	653	1930	1948《西药学》
968	冷却	653	1874	1913《工业常识》
969	冷血动物	653	1881	1921《注音新辞林》
970	礼炮	654	1876	
971	理发店	659	1889	
972	理发师	659	1898	
973	理发业	659	1899	
974	理化	659	1869	1889《游历日本图经余记》
975	理念	659	1922	李大钊《史观》
976	理论	659	1872	1894
977	理事长	659	1897	
978	理想	659	1881	1899《清议报》
979	理性	660	1874	1903《心理学教科书》
980	理由	660	1878	康有为《上摄政王书》
981	理智/理知	660	1905—1906	1924《艺术的创作与鉴赏》
982	力学	661	1862	1876《英轺日记》
983	力作	661	1919	郭沫若《关于曹禺的〈雷雨〉》
984	历程	661	1901	朱自清《那里走·时代与我》
985	历史	661	1826	1890《日本国志》
986	立场	661	1603—1604	1933《致徐懋庸的信》
987	立宪	662	1869	1879《日本杂事诗》
988	利率	664	1904	1914《未来之价值与前进之人》
989	例会	666	1899—1900	1918《经亨颐日记》

续 表

序号	日源词	页码	日文书证时间	现知汉语书证
990	例题	666	1918	
991	例外	666	1866—1870	1890《日本国志》
992	例证	666	1257	洪深《电影戏剧的编剧方法》
993	粒子	667	1900	
994	连歌	667	1022	
995	联邦	667	1874	1878《公法便览》
996	联队	668	1869	
997	联系	668	1860	1919《英国与波斯之新协约》
998	联想/连想	668	1899	1909《理科通证·动物篇·鲤》
999	炼乳	668	1904	1904《奏定高等农工商实业学堂章程》
1000	恋歌	668	1910	1931《英汉对照百科名汇》
1001	恋情	668	8世纪	
1002	谅解	668	1913	徐特立《我的生活》
1003	量产	669	1955	
1004	量贩	669	1981	
1005	量刑	669	1916	1958《新知识词典》
1006	量子	669	1929	1931《英汉对照百科名汇》
1007	量子力学	669	1931	
1008	疗法	669	1815	1906《东瀛见知录》
1009	疗养	669	1182	1931《旅俄日记》
1010	了解	669	1783	赵树理《小二黑结婚》
1011	料金	669	1900	1889《游历日本图经》
1012	料理	670	1591	1877《使东诗录》
1013	料理长	670	1896	
1014	列车	670	1873	1899《清议报》
1015	列席	671	1868	1929《合作主义纲要》
1016	劣等	671	1891	梁启超《论民族竞争之大事》

序号	日源词	页码	日文书证时间	现知汉语书证
1017	猎奇	671	1930	毛泽东《在延安文艺座谈会上的讲话·结论一》
1018	林业	673	1898	1902《世界地理志》
1019	临床	673	1886	
1020	磷酸	674	1834	1916《土壤学》
1021	鳞茎	674	1884	1903《新尔雅·释植物》
1022	灵媒	674	1932	
1023	菱形	674	1889	1935《解剖学》
1024	零度	675	1837—1847	1897《欧亚两洲热度论》
1025	零下	675	1837—1847	
1026	领地	675	1120	1900《清议报》
1027	领海	675	1863	1903《世界通史·近世史·第二期》
1028	领事馆	675	1874	1890《日本国志》
1029	领土	675	1888	1898《清议报》
1030	领有	676	1876	
1031	留学	677	775	曾朴《孽海花》
1032	留学僧	677	763	
1033	留学生	677	752	《老残游记续集遗稿》
1034	流产	677	1104	1917《此日》
1035	流感	677	1921	孙犁《澹定集·致韩映山信》
1036	流线型	677	1934	1935《科学》
1037	流行病	678	1872	1890《日本国志》
1038	流行性感冒	678	1907	
1039	硫酸	678	1834	1889
1040	榴弹	679	1875—1881	1900《清议报》
1041	榴弹炮	679	1904	1906《岳云盒扶桑游记》
1042	榴霰弹	679	1881	1900《东游日记》
1043	六法全书	679	1876	1907《新译日本法规大全》

续 表

序号	日源词	页码	日文书证时间	现 知 汉 语 书 证
1044	龙卷（风）	680	1690	1903《新尔雅·释格致》
1045	陆上自卫队	685	1983	
1046	录音	685	1933	1949《俄文单字简捷记忆法》
1047	路标	686	1881	1924《漂流三部曲·歧路》
1048	路线	687	1875	1899《游历日本视察兵制学制日记》
1049	滤泡	691	1798	
1050	卵巢	691	1774	1903《新尔雅·释教育》
1051	卵子	691	1872	1900《清议报》
1052	伦理学	692	1881	1899《变法通议》
1053	论丛	692	1933	
1054	论敌	692	1173	梁启超《论中国学术思想之大势》
1055	论点	692	1883—1884	1905《答某报第四号对于〈新民丛报〉之驳论》
1056	论调	692	1910	1915《中日交涉汇评》
1057	论坛	693	1886	鲁迅《华盖集·十四年的"读经"》
1058	论题	693	1872	1958《新知识词典》
1059	论战	693	1877	1898《清议报》
1060	论证	693	1891	
1061	落体	705	1798	1930《中华百科辞典》
1062	落选	705	1902	1910《中国国会制度私议》
1063	落语	705	1804	
1064	麻醉	709	1876	1919《诊断学》
1065	马粪纸	712	1548	
1066	马力	718	1860	
1067	马铃薯	719	1809	1879《日本杂事诗》
1068	买春	731	1995	
1069	买收	731	1897	
1070	麦芽糖	737	1830	1902《化学实用分析术》

序号	日源词	页码	日文书证时间	现知汉语书证
1071	卖春	737	1956	
1072	脉搏	738	1862	1909《人生象学·本论》
1073	脉动	738	1810	
1074	脉管	738	1810	1857《西医略论》
1075	漫画	743	1797	1926《音乐与文学的握手》
1076	漫谈	743	1927	鲁迅《〈且介亭杂文〉附记》
1077	盲肠	744	1774	1907《生理卫生新教科书》
1078	盲肠炎	745	1907	冰心《南归》
1079	盲从	745	1900—1901	《中国近代史资料丛刊·辛亥革命·武昌起义清方档案·宣统三年九月二十六日朱益藩奏折》
1080	盲点	745	1912	
1081	盲动	745	1111	鲁迅《书信集·致王志之》
1082	毛细管	746	1872	1916《土壤学》
1083	媒体	749	1931	
1084	媒质	749	1921	1938《英华无线电辞典》
1085	霉菌	749	1893	1904《最新中学教科书·生理学》
1086	美白	749	1981	二十世纪末期
1087	美感	750	1900	1903《新尔雅·释教育》
1088	美化	751	1906	1919《新青年》
1089	美容	752	1694	1904《日游笔记》
1090	美容院	752	1932	
1091	美术	753	1872	1880《日本纪游》
1092	美术馆	753	1877	
1093	美术家	753	1882	1902《饮冰室合集·文集》
1094	美术界	753	1902	
1095	美学	754	1883—1884	1875《教化议》
1096	美育	754	1899	1901《泰西教育史》

序号	日源词	页码	日文书证时间	现 知 汉 语 书 证
1097	魅力	755	1911	刘白羽《日出》
1098	迷宫	763	1892	郭沫若《塔·万引》
1099	迷走神经	764	1872	1903《新尔雅·释生理》
1100	米寿	769	19世纪前	2010《收获》
1101	泌尿器	770	1872	1903《新尔雅·释生理》
1102	秘书	770	1886	1915《国民之薪胆》
1103	密度	771	1886	1903《新尔雅·释格致》
1104	蜜月	774	1903	1905《东方杂志》
1105	免除	774	713	1890《日本国志》
1106	免许	774	1870—1871	
1107	免疫	774	1908	1909《人生象学·结论》
1108	灭菌	775	1905	
1109	民兵	776	1825	1945《一九四六年解放区工作的方针》
1110	民法	776	1868	1879《日本杂事诗》
1111	民权	776	1868	1878《公法便览·总论》
1112	民宿	776	1968	
1113	民族	777	1866—1870	1899《清议报》
1114	敏感	777	1912	1925《坟·寡妇主义》
1115	名词	777	1870—1871	1902《饮冰室合集·文集》
1116	名人	777	1639—1640	20世纪末
1117	名义	777	1875	郭沫若《洪波曲》
1118	名著	777	1889	1903《日本学校图经》
1119	明细	778	1660	
1120	明治维新	778	1883	1879《日本杂事诗》
1121	命题	778	1870—1871	1903《新尔雅·释名》
1122	模型	779	1837—1847	1890《日本国志》
1123	摩天楼	788	1914	1921《太平洋会议日记》
1124	魔术	791	1603—1604	1903《二十世纪之巨灵托辣斯》

序号	日源词	页码	日文书证时间	现 知 汉 语 书 证
1125	抹茶	791	1454	
1126	没收	793	1868	1890《日本国志》
1127	母船	801	1874—1876	
1128	母港	801	1930	
1129	母国	801	1913	孙中山《中国内乱之因》
1130	母舰	801	1952	
1131	母系	802	1890	1924《社会进化史》
1132	母校	802	1901	1914《南洋公学之精神》
1133	母岩	802	1914	
1134	母音	802	1870—1871	1895《变通推原·述亚洲东北创切音新字振兴文教为强盛之原》
1135	母语	802	1929	
1136	目¹	804	1603	
1137	目²	804	1874	1878《格致汇编》
1138	目³			
1139	目标	804	1876	1884《日本地理兵要》
1140	目的	804	1802	1902《宪法法理要义》
1141	目的地	804	1900	瞿秋白《饿乡纪程》
1142	目的物	804	1886	丁玲《松子》
1143	目的语	804	1889	
1144	牧场	805	1870	1890《日本国志》
1145	募集	806	1883—1884	鲁迅《书信集·致陈烟桥》
1146	幕府	806	1260	1879《扶桑游记》
1147	幕僚长	806	1975	
1148	纳豆	815	1061—1065	
1149	男爵	821	1868	
1150	男生	821	1877	1903《日本学校图论》
1151	男声	821	1904	1920《普通乐理》

续　表

序号	日源词	页码	日文书证时间	现知汉语书证
1152	男性	821	1877	1902《宪法法理要义》
1153	难点	822	1910	1981《小说选刊》
1154	脑充血	823	1895	1909《人生象学·本论》
1155	脑膜	823	1872	
1156	脑神经	823	1872	1903《新尔雅·释生理》
1157	脑室	823	1872	1903《新尔雅·释生理》
1158	脑炎	823	1872	
1159	脑溢血	823	1902—1905	
1160	脑震荡	823	1906	
1161	内部	824	1794	1884《日本地理兵要》
1162	内陆	825	1894	1945《高级小学地理课本》
1163	内幕	825	1901—1902	1930《致王献唐函》
1164	内勤	825	1886	1906《东瀛警察笔记》
1165	内用	825	1916	
1166	内在	826	1906	1924《lobenicht 的塔》
1167	内债	826	1876	1889《游历日本图经》
1168	能动	826	1874	叶圣陶《倪焕之》
1169	能率	826	1918	
1170	能乐	826	1891	1889《游历日本图经》
1171	拟人	833	1892	1931《英汉对照百科名汇》
1172	拟人法	833	1892	
1173	拟声	833	1907	
1174	逆光	834	1941	古华《忆思》
1175	拈尽	834	1781	
1176	年度	834	1886	1890《日本国志》
1177	年鉴	834	1876	1899《清议报》
1178	年金	834	1884	郭孝成《湖南光复纪事》
1179	粘膜	835	1774	1903《新尔雅·释神合理》

序号	日源词	页码	日文书证时间	现 知 汉 语 书 证
1180	粘性	835	1886	
1181	鸟瞰图	836	1910—1911	1933《世界汉英辞典》
1182	尿毒症	836	1903	
1183	尿素	836	1872	1909《人生象学·本论》
1184	凝固	839	1837—1847	1903《新尔雅·释地》
1185	凝集	839	1650	夏丏尊、叶圣陶《文心》
1186	凝聚力	839	1837—1847	1903《新尔雅·释格致》
1187	凝血	839	1872	
1188	纽带	840	1940	碧野《江水滔滔》
1189	农产	841	1877	1907《蒨盦东游日记》
1190	农村	841	1916—1917	1919《青年与农村》
1191	农会	841	1876	1925《湖南农民运动考察报告》
1192	农药	842	1948	1958《新知识词典》
1193	农作物	842	1904	1909《理科通证·动物篇·保护鸟》
1194	浓度	842	1900	1916《土壤学》
1195	女权	844	1889	1900《清议报》
1196	女生	844	1877	1899《清议报》
1197	女声	845	1898	1920《普通乐理》
1198	女性	845	1885	1902《宪法法理要义》
1199	暖流	845	1889	1902《世界地理志》
1200	虐待	845	1896	1899《游历日本视察兵制学制日记》
1201	偶发	856	1884	1906《调查日本裁判监狱报告书》
1202	偶然性	856	1905	1919《国家主义之发生及其变态》
1203	偶蹄	856	1884	1903《新尔雅》
1204	偶像	856	1869—1870	鲁迅《两地书·致许广平一〇五》
1205	拍子	862	970—999	1904《日本留学参观记》
1206	俳句	863	1683	
1207	排便	863	794—1183	

续 表

序号	日源词	页码	日文书证时间	现 知 汉 语 书 证
1208	排除	863	1874	1924《运动生理·各论》
1209	排球	863	1927	1922《中华职业学校概况》
1210	排他	863	1924	闻一多《一个白日梦》
1211	排泄	863	1861—1864	1904《最新中学教科书·生理学》
1212	排序	864	1877	
1213	派出	864	1872	1903《瀛洲观学记》
1214	派出所	864	1900	1903《瀛洲观学记》
1215	派遣	866	1877—1882	1884《日本地理兵要》
1216	派生	866	1881	1920《给毛泽东的信》
1217	判断	869	1886	1903《新尔雅·释教育》
1218	判例	870	1936	1909《汉译日本法律经济辞典》
1219	炮击	872	1869	1890《日本国志》
1220	炮舰	872	1864	1889《游历日本图经》
1221	疱疹	872	1872	
1222	胚乳	872	1874	
1223	胚芽	872	1881	
1224	培养基	874	1900	
1225	配电	875	1905	
1226	配电盘	875	1915	
1227	配电所	875	1904	
1228	配给	875	1929	1936《苏联计划经济问题》
1229	配送	875	1968	二十世纪末
1230	配线	876	1941	
1231	配置	876	1285	1889《游历日本图经》
1232	盆栽	876	1832	1916《土壤学》
1233	膨胀	878	1870—1971	1913《民国新教科书·物理学》
1234	批判	878	1885	1927《丰子恺文集》
1235	披露	879	1593	1918《〈西药指南〉序》

序号	日源词	页码	日文书证时间	现知汉语书证
1236	皮层	880	1881	
1237	皮质	884	1872	1912《体育之理论及实际·绪论》
1238	偏执狂	890	1924	
1239	贫民窟	890	1893	1923《春风沉醉的晚上》
1240	贫血	891	1872	1907《生理卫生新教科书》
1241	频度	891	1928	
1242	品词	891	1874	夏丏尊、叶圣陶《文心》
1243	品味	892	1897	1902《世界地理志》
1244	品种	892	1868	1909《最新农业教科书》
1245	平和	893	1868	1898《清议报》
1246	平均	893	1780	1822《华英字典·PartⅢ》
1247	评论家	893	1902	
1248	评判	893	900	1903《新尔雅·释法》
1249	迫害	898	1898	鲁迅《朝花夕拾·范爱农》
1250	破产	898	1878	1879《日本杂事诗》
1251	破产法	898	1922	1902《东游丛录·学校图表》
1252	破局	898	1946	
1253	普遍性	903	1917	
1254	普通	909	1111	1878《伦敦与巴黎日记》
1255	普通法	910	1884	1901《日本宪法义解》
1256	普通名词	910	1876	1903《新尔雅》
1257	普选	910	1925	1934《新知识辞典》
1258	七福神	911	1717	
1259	期间	911	1896	赵树理《张来兴》
1260	骑手	914	1926	老舍《青蛙骑手》
1261	棋士	914	1761	
1262	旗舰	915	1889	1889《游历日本图经》
1263	企画/企划	916	1839	李大钊《再论问题与主义》

序号	日源词	页码	日文书证时间	现知汉语书证
1264	企图	916	1883—1884	茅盾《创造》
1265	企业	916	1882	1910《饮冰室合集·文集·中国国会制度私议》
1266	企业家	916	1905	茅盾《子夜》
1267	起动	917	1881	
1268	起诉	917	1886	1890《日本国志》
1269	起重机	917	1877	1888《日本新政考》
1270	气分/气氛	918	14 世纪	叶圣陶《双影》
1271	气管	918	1774	1855《遐迩贯珍》
1272	气化	918	1837—1847	
1273	气孔	918	1875	1903《新尔雅·释植物》
1274	气密	918	1964	
1275	气泡	918	1874	1919《诊断学》
1276	气体	918	1870—1871	1902《化学实用分析术》
1277	气温	918	1837—1847	1906《博物教科书》
1278	气象台	918	1875	1902《东游丛录·文部所讲》
1279	气胸	918	1872	
1280	气压	918	1837—1847	1855《博物新编》
1281	气质	919	1665	1898《天演论》
1282	弃权	919	1886	1890《日本国志》
1283	汽船	919	1868	1888《日本新政考》
1284	汽笛	919	1877	1906《沪江商业市景词》
1285	汽艇	919	1894—1895	1930《旅俄日记》
1286	契机	919	1918	1934《新知识辞典》
1287	器材	920	1747	1938《抗日游击战争的战略问题》
1288	器官	920	1894	1903《新尔雅·释生理》
1289	器乐	920	1899	1903《日本学校图论》
1290	牵引车	922	1860	

续　表

序号	日源词	页码	日文书证时间	现 知 汉 语 书 证
1291	牵引力	922	1910	1947《京沪周刊》
1292	铅毒	922	1901	
1293	铅直线	922	1873	
1294	前菜	923	1943—1948	
1295	前方	923	1928	1936《中国革命战争的战略问题》
1296	前景	923	1909	1939《西画概要》
1297	前脑	923	1798	
1298	前期	923	1900—1901	1903《日本学校图论》
1299	前提	923	1881	1903《心理学教科书》
1300	前庭	923	1872	1904《最新中学教科书·生理学》
1301	前卫	923	1868	1899《游历日本视察兵制学制日记》
1302	前肢	923	1881	1906《博物学教科书》
1303	前置词	924	1900—1901	
1304	前奏	924	1921	1926《音学与文学的握手》
1305	前奏曲	924	1930	1924《艺术的创作与鉴赏》
1306	钱	924	1872	
1307	钳子	924	1926	1947《科学画报》
1308	潜伏期	924	1906	1909《理科通证·动物篇·犬》
1309	潜水器	924	1886	
1310	潜水艇	925	1881	1899《清议报》
1311	潜望镜	925	1932	
1312	潜在	925	1816	冰心《到青龙桥去》
1313	遣隋使	925	607	
1314	遣唐使	925	701	
1315	强调	925	1855—1858	巴金《家》
1316	强度	926	1873	1903《新尔雅·释格致》
1317	强化	926	1933	1903《新尔雅·释格致》
1318	强权	926	1818	1899《清议报》

续 表

序号	日源词	页码	日文书证时间	现知汉语书证
1319	强酸	926	1874	1907《生理卫生新教科书》
1320	强行军	926	1923	1957《长征中的医院》
1321	强硬	926	1900	1902《欧洲十九世纪史》
1322	强震	926	1897	
1323	桥头堡	927	1881	1931《英汉对照百科名汇》
1324	切除	928	1872	1919《诊断学》
1325	切腹	929	1351	续范亭《中国图书馆落成纪念》
1326	切片	929	1913	1931《医学名词汇编》
1327	侵袭	932	1810	老舍《四世同堂》
1328	亲和力	932	1837—1847	1903《新尔雅》
1329	勤务	932	1855—1858	1899《清议报》
1330	青春期	933	1921	1928《中国教育辞典》
1331	轻度	933	1877	
1332	轻工业	933	1924	1935《科学》
1333	轻骑兵	934	1875	
1334	轻食	934	1981	
1335	轻音乐	934	1938	
1336	倾向	934	1883—1884	1909《理科通证·鱼类之保护及繁殖》
1337	清教徒	935	1894	杨沫《青春之歌》
1338	清酒	935	1899	1889《游历日本图经》
1339	清算	935	1867	《二十年目睹之怪现状》
1340	情操	935	1881	1903《心理学教科书》
1341	情夫	935	1885—1886	鲁迅《坟·寡妇主义》
1342	情妇	936	1884	王仪通《调查日本裁判监狱报告书》
1343	情歌	936	1900	1931《英汉对照百科名汇》
1344	情话	936	1874—1876	1905《孽海花》
1345	情诗	936	1781	鲁迅《南腔北调集·我怎么做起小说来》

序号	日源词	页码	日文书证时间	现 知 汉 语 书 证
1346	请愿	936	1868	鲁迅《华盖集·忽然想到（九）》
1347	求爱	938	1919—1927	1936《生命的韧性·蛙声》
1348	求刑	938	1877	
1349	求职	938	1909	1934《一个从四川来的青年》
1350	球根	938	1876—1877	
1351	球果	938	1884	1903《新尔雅·释植物》
1352	球茎	938	1884	1903《新尔雅·释植物》
1353	区长	938	1888	
1354	驱逐舰	940	1896	1901《清议报》
1355	趋势	940	1889	瞿秋白《饿乡纪程》
1356	权力	942	1870—1871	1896《时务报》
1357	权限	942	1881	1890《日本国志》
1358	权益	942	1932	1948《从原子时代到海洋时代·到海洋里去》
1359	全部	942	1907	吴晗《灯下集·历史的真实与艺术的真实》
1360	全称	942	1874	郭沫若《神话的世界》
1361	全国	942	1850	
1362	全权	942	1857	1864《万国公法》
1363	全天候	942		
1364	全音	942	1888	1926《音乐入门》
1365	全员	942	1866—1870	1907《民法物权引范》
1366	犬儒	943	1911	章炳麟《〈无政府主义〉序》
1367	犬儒主义	943	1933—1937	
1368	缺点	943	1882	1900《清议报》
1369	缺勤	943	1891	1903《游日本学校笔记》
1370	缺损	943	1879—1880	1922《胃肠病普通疗法》
1371	缺席	943	1857—1863	1902《东游丛录·卫生图说》

序号	日源词	页码	日文书证时间	现知汉语书证
1372	确保	944	1910	吴组缃《山洪》
1373	确定	944	1868	1890《日本国志》
1374	确认	944	1886	1921《马克思派社会主义》
1375	群岛	944	1860	
1376	群婚	944	1933	1958《新知识词典》
1377	群落	944	1924	1958《新知识词典》
1378	燃料	945	1877	1896《时务报》
1379	燃烧	945	1877	1935《科学》
1380	染发	945	1940	
1381	染织	945	1920	
1382	让步	945	1896	梁启超《中日交涉汇评》
1383	让渡	945	1205	孙中山《中国国民党第一次全国代表大会宣言》
1384	桡骨	945	1872	1907《生理卫生新教科书》
1385	热爱	946	1918	张鸿《续孽海花》
1386	热诚	946	1894—1895	吴趼人《二十年目睹之怪现状》
1387	热度	946	1870—1871	1855《遐迩贯珍》
1388	热烈	946	1905—1906	1920《赤色十月》
1389	热情	947	1883—1884	曾朴《孽海花》
1390	热望	947	1884	殷夫《孩儿塔·独立窗头》
1391	人称	947	1876	1924《漂流三部曲·歧路》
1392	人道主义	947	1903	1903《新尔雅·释群》
1393	人工呼吸	947	1899	1904《日游笔记》
1394	人工降雨	947	1902	
1395	人间蒸发	947	1967	2001《经济日报》
1396	人力车	948	1869	1876《环游地球新录》
1397	人脉	948	1973	1993《人民日报》
1398	人气	948	1713	1999《人民日报》

续　表

序号	日源词	页码	日文书证时间	现 知 汉 语 书 证
1399	人权	948	1868	1877《格致汇编》
1400	人身攻击	948	1900	
1401	人生观	948	1898	1903《新尔雅·释群》
1402	人文	949	1797	1898《清议报》
1403	人文科学	949	1921	
1404	人文主义	949	1905	1916《标准汉语口语英中词典》
1405	人形	949	1177—1181	
1406	人选	949	1868	1929《合作主义纲要》
1407	人种	949	1844	1884《日本地理兵要》
1408	仁丹	949	1905	老舍《老张的哲学》
1409	忍者	950		
1410	认识	950	1877	1903《新尔雅·释群》
1411	认识论	950	1901	1903《新尔雅·释群》
1412	认证	950	1898	茅盾《虚惊》
1413	认知	950	1876—1877	1903《心理学教科书》
1414	任免	950	1877—1882	1902《万国宪法比较》
1415	任命	950	1889	1901《日本杂事诗》
1416	任期	951	1883	1889《游历日本图经》
1417	任务	951	1890	1903《新尔雅·释政》
1418	韧带	951	1805	1903《新尔雅·释生理》
1419	日光浴	951	1925	1931《医学名词汇编》
1420	日用品	951	1888	1906《博物学教科书》
1421	日志	952	1881	1890《日本国志》
1422	容积率	952		
1423	容器	952	1889	1891《水学须知》
1424	溶剂	952	1862	1935《科学》
1425	溶解	952	1837—1847	1890《日本国志》
1426	溶解度	952	1900	1903《新尔雅·释化》

续 表

序号	日源词	页码	日文书证时间	现知汉语书证
1427	溶媒	952	1900	
1428	溶体	953	1900	
1429	溶液	953	1837—1847	1902《化学实用分析术》
1430	溶质	953	1900	
1431	溶解	953	1826	1929《日常化学生活》
1432	熔岩	953	1894	1903《新尔雅·释地》
1433	融解	953	1827	夏衍《复活》
1434	融通	953	1869	
1435	融资	953	1935	
1436	柔道	953	1797	1899《游历日本视察兵制学制日记》
1437	柔术	954	1716	1918《中国近代学制史料》
1438	肉弹	954	1906	
1439	肉感	954	1911	1928《综合英汉大辞典》
1440	肉芽	955	1872	刘杞《长辈吴松明》
1441	乳癌	955	1686	
1442	乳齿	955	1872	1909《人生象学·本论》
1443	乳化	955		
1444	乳剂	955	1820	1909《理科通证·动物篇·稻之害虫》
1445	乳酸	956	1866	1880《格致汇编》
1446	乳糖	956	1822	
1447	乳腺	956	1872	1903《新尔雅·释生理》
1448	乳腺炎	956	1935	
1449	入场券	956	1898	徐珂《清稗类钞》
1450	入超	956	1915	1930《中华百科辞典》
1451	入院	957	1875—1881	1877《格致汇编》
1452	软骨	957	1774	1903《新尔雅·释生理》
1453	软化	957	1872	1904《日本留学参观记》
1454	软水	957	1877	1909《理科通证·动物篇·羊》

续　表

序号	日源词	页码	日文书证时间	现知汉语书证
1455	软体动物	957	1881	1903《新尔雅·释动物》
1456	弱点	959	1885—1886	1899《清议报》
1457	弱化	959	1952	
1458	弱视	959	1902	1915《袖珍英汉辞林》
1459	弱酸	959	1900	
1460	弱震	959	1934	
1461	三叉神经	977	1872	1903《新尔雅·释生理》
1462	三次元	977	20世纪80年代以后	
1463	三段论法	977	1873	1903《新尔雅·释名》
1464	三味线	979		
1465	伞寿	980		
1466	散剂	980	1873	1922《胃肠病普通疗法》
1467	散会	980	1870—1871	1922《洛桑会议与土耳其》
1468	散瞳	981	1967	
1469	骚乱	983	1868—1872	胡也频《光明在我们的前面》
1470	扫射	983	1906	1924《三民主义·民权主义》
1471	色调	983	1909	1918《中西绘画比较谈》
1472	色素	984	1867	1903《新尔雅·释生理》
1473	杀虫剂	990	1862	
1474	砂囊	1002	1177—1181	1909《理科通证·动物篇·鸡》
1475	商标	1007	1886	1889《游历日本图经》
1476	商店	1007	1719	1899《清议报》
1477	商法	1007	1866—1870	1890《日本国志》
1478	商会	1007	1869	
1479	商机	1007	1886	
1480	商品	1007	1869—1871	1890《日本国志》
1481	商社	1007	1869	

续　表

序号	日源词	页码	日文书证时间	现知汉语书证
1482	商事	1007	1855—1858	
1483	商谈	1007	1928	徐迟《财神和观音》
1484	商务	1007	1869—1871	1884《日本地理兵要》
1485	商业	1007	1450	1879《日本杂事诗》
1486	商战	1008	1897	
1487	赏金	1008	1806	
1488	上级	1008	1875	1924《法国小学教育状况》
1489	上空	1008	1924—1925	1937《西安事变回忆录》
1490	上水道	1008	1693	1949《俄文单字简捷记忆法》
1491	上诉	1008	1886	1890《日本国志》
1492	上体	1008	1910	1912《体育之理论及实际·本论》
1493	上演	1008	1910	1943《戏剧导演的初步知识·引言》
1494	上映	1008	1929	
1495	烧夷弹	1009	1881	1903《瀛洲观学记》
1496	少子化	1009		
1497	少将	1009	728	1879《扶桑游记》
1498	少尉	1009	1875	1889《游历日本图经》
1499	少佐	1010	1886	1898《清议报》
1500	哨所	1010	1881	1911《法美宪法正文·法兰西国宪法》
1501	舌癌	1010	1872	
1502	设备	1011	1874—1876	1903《日本学校图论》
1503	设计	1011	1888	1899《清议报》
1504	社会	1012	1771	1879《增广英字指南》
1505	社会科学	1012	1904	1917《北京大学日刊·研究所简章》
1506	社会人	1012	1879	
1507	社会学	1012	1880	1898《大东合邦新义》
1508	社会主义	1012	1884—1885	1896《时务报》
1509	社交	1012	1875	1903《新尔雅·释政》

续　表

序号	日源词	页码	日文书证时间	现知汉语书证
1510	社团	1013	1833	1925《帝国主义侵华教育史资料——教会教育》
1511	社员	1013	1878—1879	1900《东游日记》
1512	射程	1014	1906	1915《袖珍英汉辞林》
1513	射击	1014	1844	1899《日本武学兵队纪略》
1514	涉外	1014	1947	1951《新华月报》
1515	摄护腺	1015	1931	
1516	摄取	1015	1603—1604	1906《博物学教科书·绪言》
1517	摄氏温度计	1015	1881	
1518	绅士	1016	1877	
1519	深呼吸	1016	1906	1909《理科通证·动物篇·鳗鲡》
1520	神道	1016	782	1843《外国史略》
1521	神话	1016	1904	1903《新尔雅·释教育》
1522	神经	1016	1774	1901《泰西教育史》
1523	神经病	1017	1882	1903《癸卯东游日记》
1524	神经过敏	1017	1901	1906《调查日本裁判监狱报告书》
1525	神经衰弱	1017	1842	1907《生理卫生新教科书》
1526	神经痛	1017	1842	
1527	神经系统	1017	1862	1903《新尔雅·释生理》
1528	神经细胞	1017	1884	1907《生理卫生教科书》
1529	神经质	1018	1885—1886	1918《西药指南》
1530	神经中枢	1018	1884—1892	姚雪垠《李自成》
1531	神社	1018	725	1878《使东杂咏》
1532	神职	1018	14世纪后	1910《饮冰室合集·文集》
1533	审查	1018	1877	1889《游历日本图经》
1534	审美	1018	1890	1902《哲学小辞典》
1535	审美学	1018		1902《哲学小辞典》
1536	肾结石	1018		

续 表

序号	日源词	页码	日文书证时间	现 知 汉 语 书 证
1537	渗透	1019	1811	1903《新尔雅·释化》
1538	升格	1019	1921	秦牧《艺海拾贝·鹩哥的一语》
1539	升华	1019	1837—1847	1903《新尔雅·释化》
1540	升级	1019	1897	1899《日本武学兵队纪略》
1541	生产	1019	1875	1896《时务报》
1542	生产关系	1019	1916	1930《〈艺术论〉译本序》
1543	生产率	1020	1924	1936《苏联计划经济问题》
1544	生活费	1021	1900—1901	1924《货币学》
1545	生理学	1021	1870—1871	1890《日本国志》
1546	生命线	1021	1930	1935《科学》
1547	生态学	1021	1937	
1548	生物学	1022	1837—1847	1981《格致汇编》
1549	生殖器	1022	1872	1890《日本国志》
1550	生殖腺	1022	1918	1922《动物学大辞典·动物术语图解之一斑》
1551	声门	1022	1872	
1552	声优	1023	1931	21世纪初
1553	声域	1023	1903	
1554	声乐	1023	1902	1903《日本学校图论》
1555	胜负手	1024		
1556	失禁	1024	1566	1918《西药指南》
1557	失恋	1024	1898	1920《自杀论》
1558	失速	1025	1952	
1559	失态	1025	1868	沙汀《闯关》
1560	失效	1025	1900	1931《禽产推销学》
1561	失语症	1025	1944	
1562	师范	1025	1872	1878《使东述略》
1563	师范生	1025	1872/1906	1899《日本各校纪略》

续　表

序号	日源词	页码	日文书证时间	现 知 汉 语 书 证
1564	师范学校	1025	1872	
1565	师团	1026	1875	1905《东游考政录》
1566	湿地	1028	1717	1858《六合丛谈》
1567	湿度	1028	1886	1909《理科通证·动物篇·蚕》
1568	十二指肠	1028	1774	1907《生理卫生新教科书》
1569	石灰岩	1029	1894	
1570	石棉/石绵	1029	1890	1906《博物学教科书》
1571	石墨	1029	1709	1917《清稗类钞·农商类·商品》
1572	石炭纪	1030	1894	1903《新尔雅·释地》
1573	石炭酸	1030	1873	
1574	时点	1030	1878	
1575	时间	1030	1874	瞿秋白《饿乡纪程》
1576	时间表	1030	1903	
1577	时刻表	1030	1886	
1578	时期	1031	1869	1906《博物学教科书》
1579	时事	1031	1886	1899《游历日本视察兵制学制日记》
1580	时效	1031	1890	1907《民法物权引范》
1581	实地	1031	1878—1879	1899《东游纪程》
1582	实感	1031	1902	1934《新知识辞典》
1583	实绩	1032	1875	鲁迅《且介亭杂文二集·〈中国新文学大系〉小说二集序》
1584	实践	1032	1876	1890《日本国志》
1585	实况	1032	1807—1816	1884《日本地理兵要》
1586	实例	1032	1877—1882	1907《坟·摩罗诗力说》
1587	实名	1032	1563	
1588	实施	1032	1886	1890《日本国志》
1589	实现	1032	1884	1912《体育之理论及实际·绪论》
1590	实验	1032	1857	1890《日本国志》

续　表

序号	日源词	页码	日文书证时间	现知汉语书证
1591	实业	1033	1877	1884《与何阆樵茂才论实业亟宜振兴书》
1592	实业家	1033	1886	
1593	实战	1033	1911	丁玲《杜晚香》
1594	实证主义	1033	1922	
1595	实质	1033	1897	1902《宪法法理要义》
1596	食道	1033	1774	1903《新尔雅·释动物》
1597	食品	1033	1712	1853《遐迩贯珍》
1598	食堂	1033	1878—1879	1899《日本武学兵队纪略》
1599	食用	1034	1810	1884《日本地理兵要》
1600	食用品	1034	1914	1884《日本地理兵要》
1601	史实	1035	1914	鲁迅《且介亭杂文二集·从"别字"说开去》
1602	矢车菊	1035	1884	
1603	士官	1037	1860	1890《日本国志·日本杂事诗》
1604	世纪	1037	1881	1896《饮冰室合集·文集》
1605	市	1037	1888	1890《日本国志》
1606	市场	1038	1862	1890《日本国志》
1607	市立	1038	1900	1902《意大利建国三杰传》
1608	市区	1038	1881	1889《游历日本图经》
1609	市长	1038	1888	
1610	市政	1038	1868—1872	1890《日本国志》
1611	事件	1039	1867	1889《游历日本图经》
1612	事务局	1039	1868	
1613	事项	1039	1868	1889《游历日本图经》
1614	事业	1039	1875	1905《饮冰室合集·文集》
1615	试运转	1039	1882	
1616	试制	1039	1896	1903《日本学校图论》

续　表

序号	日源词	页码	日文书证时间	现知汉语书证
1617	视差	1039	1798—1802	
1618	视角	1039	1851	1895《光学须知》
1619	视界	1039	1906	
1620	视觉	1039	1855—1858	1917《清稗类钞》
1621	视觉系	1040	20世纪80年代	20世纪90年代
1622	视力	1040	1872	1915《辞源》
1623	视神经	1040	1805	1903《新尔雅·释生理》
1624	视线	1040	1867	1881《格致汇编》
1625	视野	1040	1910—1911	1909《人生象学·本论》
1626	适度	1041	1837—1847	1912《体育之理论及实际·本论》
1627	适合	1041	1874—1875	柳青《铜墙铁壁》
1628	适量	1041	1862	1902《化学实用分析术》
1629	适龄	1041	1887	许杰《的笃戏》
1630	适切	1041	1729	夏丏尊、叶圣陶《文心》
1631	适应	1041	1875	1915《袖珍英汉辞林》
1632	收容	1043	1876	1906《调查日本裁判监狱报告书》
1633	收容所	1043	1905	郭沫若《洪波曲》
1634	收益	1043	1886	1907《民法物权引范》
1635	手工业	1043	1899	1908《东游日记》
1636	手榴弹	1043	1922	1930《中华百科辞典》
1637	手术	1043	1867—1868	1900《清议报》
1638	手续	1043	1820—1849	1903《新尔雅·释政》
1639	首都	1044	1826	1852《海国图志》
1640	首脑	1044	1898—1899	1945《自白书》
1641	首相	1045	1900	1891《出使英法意比四国日记》
1642	受话器	1046	1893	1903《日本学校图论》
1643	授权	1046	1890	1898《清议报》

续 表

序号	日源词	页码	日文书证时间	现知汉语书证
1644	兽欲	1046	1829—1832	1919《现在与将来》
1645	瘦身	1046	1935	20世纪末
1646	书店	1046	1729	
1647	书记官	1046	1716	1889《游历日本图经》
1648	书库	1046	1826	
1649	书证	1046	1890	
1650	梳毛	1047	1943	
1651	梳毛机	1047	1943	
1652	输出	1049	1833	1878《使东述略》
1653	输精管	1049	1811	1903《新尔雅·释生理》
1654	输卵管	1049	1884	1903《新尔雅·释生理》
1655	输尿管	1049	1805	1903《新尔雅·释生理》
1656	输入	1049	1867	1878《使东述略》
1657	熟女	1049	20世纪90年代	20世纪末
1658	熟语	1049	1471—1473	
1659	属性	1050	1840	1928《中国教育辞典》
1660	署长	1050	1899	
1661	术语	1050	1876—1877	1902《〈社会学〉序》
1662	述语	1050	1889	杨树达《古书疑义举例续补·"于"作"以"用例》
1663	树冠	1050	1876—1877	1939《生命的韧性·植物对于无机环境的斗争》
1664	树龄	1051	1909	堪亚达译《中国区域地理》
1665	树脂	1051	1716	1913《工业常识》
1666	数词	1051	1874	1949《俄文单字简捷记忆法·凡例》
1667	数独	1051	1984	20世纪末
1668	数值	1051	1889	1930《中华百科辞典》
1669	刷新	1051	1902	叶圣陶《某城纪事》

序号	日源词	页码	日文书证时间	现知汉语书证
1670	栓塞	1052	1837—1847	1936《医学百科大全》
1671	水彩	1052	1896	1920《丰子恺文集》
1672	水彩画	1052	1897—1898	1905《水彩画略论》
1673	水成岩	1052	1814	1903《新尔雅·释地》
1674	水道	1052	1675	鲁迅《坟·科学史教篇》
1675	水分	1053	1877	1902《世界地理志》
1676	水垢	1053	1638	1936《科学画报》
1677	水管	1053	1860	
1678	水晶体	1053	1867	1903《游日本学校笔记》
1679	水平面	1053	1881	1890《格致汇编》
1680	水平线	1054	1903	庐隐《海滨故人》
1681	水蚀	1054	1894	1906《博物学教科书》
1682	水素	1054	1834	
1683	水位	1054	1928	1934《欧游日记·再访柏林》
1684	水系	1054	1914	1941《中国区域地理》
1685	水域	1054	1900	萧乾《人生采访·坐船犯罪记》
1686	水源	1054	16世纪后	1903—1905《二十年目睹之怪现状》
1687	水蒸气	1055	1890	1902《世界地理志》
1688	水质	1055	1890	1890《日本国志》
1689	水准器	1055	1881	
1690	水准仪	1055	1886	
1691	水着	1055	1908	
1692	水族馆	1055	1885	
1693	税得儿	1055		
1694	税金	1055	1866—1870	1890《日本国志》
1695	税率	1055	1887	薛暮桥《国家建设和人民生活的统筹安排》
1696	税源	1055	1891	1950《新华月报》

续 表

序号	日源词	页码	日文书证时间	现知汉语书证
1697	顺位	1056	1896	
1698	顺延	1056	1868	1919《经亨颐日记》
1699	瞬时	1056	1837—1847	1981《花城》
1700	说明书	1056	1911	1911《滇督李奏办理农林工艺情形析》
1701	司令	1058	1868	1889《游历日本图经》
1702	司令塔	1058	1894—1895	
1703	私法	1060	1775	1902《宪法法理要义》
1704	私费	1060	1872	
1705	私立	1060	1877	1889《游历日本图经》
1706	私生活	1060	1926	茅盾《清明前后》
1707	私生子	1060	1868	1889《游历闻见总录》
1708	私营	1061	1860	
1709	私有财产	1061	1897	
1710	思辨	1061	1881	1928《中国教育辞典》
1711	思潮	1061	1896	1917《中国近代学制史料》
1712	思考	1061	1868	1903《心理学教科书》
1713	思想	1061	1559	1897《时务报》
1714	思想家	1062	1892	1901《泰西教育史》
1715	死点	1070	1886	1959《中华人民共和国机械产品样本》
1716	死角	1070	1881	1958《新知识辞典》
1717	死亡率	1070	1902	1925《最新性欲研究：男女交合论》
1718	死因	1070	1902—1905	1914《开明专制》
1719	四舍五入	1070	1794	1907《日本法规解字》
1720	饲料	1071	1782	1909《理科通证·动物篇·牛》
1721	送电	1072	1910	
1722	诉求	1080	1905	
1723	诉权	1080	1886	
1724	素材	1080	1921	1934《新知识辞典》

序号	日源词	页码	日文书证时间	现知汉语书证
1725	素描	1080	1919	1925《湖心亭》
1726	素质	1080	1890	1920《兵的改造与其心理》
1727	速记	1081	1884	1902《东游丛录·文部所讲》
1728	宿命论	1082	1881	1928《中国教育辞典》
1729	塑造	1082	1826	1902《东游丛录·学校图表》
1730	酸度	1083	1900	
1731	酸化	1083	1833	
1732	随想	1083	1924—1925	
1733	缩图	1086	1832—1836	大我《新社会之理论篇》
1734	缩写	1086	1891	1931《英汉对照百科名汇》
1735	所得税	1086	1887	1889《游历日本图经》
1736	所有权	1086	1893	1899《清议报》
1737	所在地	1086	1890	1905《东游考政录》
1738	索道	1086	1931	巴金《砂丁》
1739	锁骨	1090	1798	1857《西医略论》
1740	锁国	1090	1802	1899《清议报》
1741	他称	1091	1889	
1742	他动词	1091	1874	
1743	他律	1091	1911	1928《中国教育辞典》
1744	台	1101	1923	
1745	台本	1102	1917	
1746	台车	1102	1938	
1747	太鼓	1103	780	
1748	太阳灯	1104	1932	1934《欧游日记·苏俄之行》
1749	太阴历	1104	1872	1890《日本杂事诗》
1750	态势	1105	1928	茅盾《锻炼》
1751	弹力	1109	1798—1802	1903《空中飞艇》
1752	弹性	1109	1869	1903《新尔雅·释格致》

续 表

序号	日源词	页码	日文书证时间	现 知 汉 语 书 证
1753	弹奏	1109	1869	茅盾《烟云集·搬的喜悦》
1754	探查	1111	1820	沙汀《凶手》
1755	碳化	1112	1881	1929《自然地理学》
1756	碳酸	1112	1834	
1757	碳酸气	1112	1883	
1758	糖化	1115	1900	1913《工业常识》
1759	糖尿病	1115	1893	1918《西药指南》
1760	讨论会	1116	1878	
1761	特别	1117	1878—1879	1889《游历日本图经》
1762	特称	1117	1874	1903《新尔雅·释名》
1763	特定	1117	1896	1902《宪法法理要义》
1764	特高课	1118	1922	
1765	特攻队	1118	1946	
1766	特级	1118	1936	
1767	特技	1118	1900—1901	马南邨《燕山夜话·编一套"特技"丛书吧》
1768	特价	1118	1922	1925《京报·副刊》
1769	特例	1122	1885—1886	1901《日本宪法义解》
1770	特卖	1122	1929—1930	
1771	特派员	1123	1894—1895	萧乾《鱼饵·论坛·阵地》
1772	特赦	1123	1868	1889《游历日本图经》
1773	特使	1124	1869	老舍《四世同堂》
1774	特务	1124	1899	1899《日本武学兵队纪略》
1775	特效	1125	1891	1909《理科通证·动物篇·蛔虫》
1776	特效药	1125	1875	郭沫若《沸羹集赞·天地之化育》
1777	特性	1125	1881	1900《清议报》
1778	特训	1125	1970	
1779	特有	1125	1872	1903《新尔雅·释政》

续　表

序号	日源词	页码	日文书证时间	现知汉语书证
1780	特约	1125	1885	1903《新尔雅·释政》
1781	特征	1125	1884	1906《博物学教科书·例言》
1782	特制	1125	1905	1913《新字典·缩印新字典说明》
1783	特质	1125	1881	1902《新民说》
1784	誊写版	1126	1900	
1785	提案	1128	1885	1901《日本宪法义解》
1786	提供	1128	1885	1937《国民》
1787	提示	1129	1722	1908《东瀛参观学校记》
1788	提议	1129	1900	1903《新尔雅·释政》
1789	题材	1129	1905	1926《音乐与文学的握手》
1790	题词	1130	1836	1991《悲欢·深深的怀念》
1791	体操	1130	1874	1889《游历日本图经余记》
1792	体罚	1130	1900	1902《中国教育之前途与教育家之自觉》
1793	体格	1130	1886	1890《日本国志》
1794	体温	1130	1881	1900《清议报》
1795	体系	1131	1884	1920《与诸桥辙次的笔谈》
1796	体型	1131	1881	1906《博物学教科书·绪言》
1797	体言	1131	1851	
1798	体液	1131	1872	1924《运动生理·各论》
1799	体育	1131	1885	1899《东瀛学校举概·公牍》
1800	体重	1131	1884—1892	1906《东游日记》
1801	天敌	1132	1933	秦牧《狼吞虎咽》
1802	天鹅绒	1132	1608	1623《职方外纪》
1803	天皇	1133	718	《旧唐书·高宗纪下》
1804	天理教	1133	1908	18世纪
1805	天气图	1133	1883	1948《水工名词》
1806	天气预报	1134	1888	1903《日本学校图论》

序号	日源词	页码	日文书证时间	现知汉语书证
1807	天文台	1134	1750—1776	1879《增广英字指南》
1808	天文学	1134	1815	1874《中西闻见录》
1809	天元	1134	1949	
1810	添加	1135	1873	洪深《戏剧导演的初步认识》
1811	条件反射	1136	1928	1957《同新闻出版界代表的谈话》
1812	调整	1136	1875	1928《综合英汉大词典》
1813	铁笔	1137	1929	
1814	铁蹄	1137	1886	1930《前锋周报》
1815	铁血	1137	1901	1902—1913《大同书》
1816	铁则	1138	1922	1934《新知识词典》
1817	听骨	1138	1774	
1818	听觉系	1138	20世纪90年代晚期	
1819	听力	1138	1896	1902《东游丛录·卫生图说》
1820	听神经	1138	1774	1903《心理学教科书》
1821	听诊	1139	1909	1919《诊断学》
1822	听诊器	1139	1908	1908《英华大辞典》
1823	庭园	1139	1684	
1824	停学	1139	1912	1928《中国教育辞典》
1825	挺进	1139	1827	范文澜、蔡美彪《中国通史》
1826	通告	1139	1900	1915《中日交涉汇评》
1827	通过	1139	1870	1910《中国国会制度私议》
1828	通航	1140	1866—1870	1884《日本地理兵要》
1829	通话	1140	1883	1913《工业常识》
1830	通勤	1140	1880	1961《人民日报》
1831	通信社	1140	1888	徐铸成《报海旧闻》
1832	通信网	1140	1928	
1833	同化	1140	1872	1899《清议报》

序号	日源词	页码	日文书证时间	现知汉语书证
1834	同化作用	1140	1884	1906《博物学教科书》
1835	同盟国	1141	1883—1884	1890《日本国志》
1836	同盟军	1141	1883—1884	1899《清议报》
1837	同人	1141	1823	1921《〈小说月报〉改革宣言》
1838	同人杂志	1141	1919	
1839	同业	1141	1884	1894《盛世危言·商务三》
1840	同义语	1141	1908	1943《新华日报》
1841	瞳孔	1142	1862	1903《心理学教科书》
1842	统合	1142	1873	
1843	统计	1142	1877	1879《日本杂事诗》
1844	统计学	1142	1881	1890《日本国志》
1845	痛击	1143	1869	丁玲《阿毛姑娘》
1846	头骨	1144	1884	
1847	投稿	1144	1899	1915《中日交涉汇评》
1848	投票	1144	1874	1879《日本杂事诗》
1849	投球	1144	1884—1892	
1850	投射	1144	1876	1923《春风沉醉的晚上》
1851	透视	1145	1881	1903《日本学校图论》
1852	透析	1145	1900	1934《自然科学辞典》
1853	凸版	1145	1906	1933《近代印刷术》
1854	凸面镜	1145	1876	1913《民国新教科书·物理学》
1855	突发	1146	1913	瞿秋白《赤都心史》
1856	突击队	1146	1905	陈其通《万水千山》
1857	突破	1147	1883—1884	杨朔《迎春词》
1858	图案	1147	1893	1903《日本学校图论》
1859	图版	1147	1933	1931《二心集·新的"女将"》
1860	图表	1147	1886	1889《游历日本图经》
1861	图鉴	1148	1930	1937《十年来的中国出版事业》

续　表

序号	日源词	页码	日文书证时间	现知汉语书证
1862	图解	1148	1869	1903《心理学教科书》
1863	图书馆	1149	1889—1890	1889《游历日本图经余记》
1864	涂料	1150	1900	1913《工业常识》
1865	团体	1152	1897	1899《清议报》
1866	团长	1152	1896	
1867	推定	1152	1881	1907《民法物权引范》
1868	推断	1152	1894—1895	续范亭《感言》
1869	推理	1152	1884	1903《心理学教科书》
1870	推力	1153	1886	1949《火箭》
1871	颓势	1153	1890	丁玲《太阳照在桑干河上》
1872	退场	1153	1786	闻一多《诗与神话·说舞》
1873	退化	1153	1884—1892	1897《时务报》
1874	退庭	1154	1890	1919《二十一日听审的感想》
1875	退学	1154	1869	1899《日本武学兵队纪略》
1876	退婴	1154	1910—1911	鲁迅《坟·我们现在怎样做父亲》
1877	臀部	1154	1884	
1878	托儿所	1155	1906	1904《日本留学参观记》
1879	脱臭	1159	1914	
1880	脱党	1159	1890	
1881	脱水	1160	1900	1903《新尔雅·释化》
1882	脱脂	1160	1900	1909《理科通证·动物篇·牛》
1883	脱脂棉	1160	1900	1920《工商业尺牍偶存·致无锡制镁厂为制造石炭养事》
1884	妥协	1162	1904	1929《新术语辞典》
1885	拓殖	1163	1893	梁启超《论中国之将强》
1886	唾液	1163	1872	1909《人生象学·本论》
1887	唾液腺	1163	1875	1922《动物学大辞典》
1888	歪曲	1168	1933	1946《世界知识》

续　表

序号	日源词	页码	日文书证时间	现 知 汉 语 书 证
1889	外分泌	1168		
1890	外国语	1168	1873	1890《日本国志》
1891	外海	1168	1794	
1892	外交家	1168	1895	
1893	外来语	1169	1895	1900《文学说例·说外来语》
1894	外勤	1169	1886	1906《东瀛警察笔记》
1895	外事	1169	1878—1879	1894《东游日记》
1896	外务省	1169	1869	1878《使东述略》
1897	外延	1169	1881	1904《墨子之理论学》
1898	外衣	1169	1870—1871	1908《最新华英商务尺牍》
1899	外在	1169	早于1926	
1900	外债	1170	1875	1889《游历日本图经》
1901	完败	1170		20世纪末
1902	完了	1170	1870—1871	
1903	完胜	1170		20世纪末
1904	顽强	1170	1904	叶圣陶《倪焕之》
1905	晚婚	1170	1897	
1906	万国旗	1171	1903	
1907	万年笔	1171	1898	鲁迅《且介亭杂文二集·论毛笔之类》
1908	万叶集	1171	五世纪初—759	
1909	王林（苹果）	1172		
1910	王水	1172	1873	
1911	网膜	1172	1798	1903《游日本学校笔记》
1912	网状	1172	1884	
1913	微粒子	1176	1928	
1914	违宪	1178	1903	1984《世界知识》
1915	唯理论	1178	1881	1903《新尔雅·释教育》

序号	日源词	页码	日文书证时间	现知汉语书证
1916	唯美派	1178	1908—1909	
1917	唯美主义	1178	1910	1928《丰子恺文集》
1918	唯名论	1178	1881	1903《新尔雅·释教育》
1919	唯物辩证法	1178	1929	1933《致徐懋庸的信》
1920	唯物论	1179	1881	1903《新尔雅·释教育》
1921	唯物主义	1179	1897	1902《饮冰室合集·文集·进化论革命者颉德之学说》
1922	唯心论	1179	1881	1903《新尔雅·释教育》
1923	伟大	1185	1872	1902《中国学术思想变迁之大势·总论》
1924	伪装	1185	1928	1935《关于四渡赤水战役的电报》
1925	委员	1185	1870—1871	1889《游历日本图经》
1926	委员会	1186	1889	1889《游历日本图经》
1927	委员长	1186	1870—1871	1889《游历日本图经》
1928	卫生	1186	1662	1883《卫生要旨》
1929	卫生队	1186	1895	
1930	卫生学	1186	1885	1889《游历日本图经余记》
1931	位阶	1187	711	郭沫若《孔雀胆的故事》
1932	味觉	1187	1881	1903《心理学教科书》
1933	味噌	1187	1891	
1934	胃癌	1187	1879	1919《诊断学》
1935	胃溃疡	1188	1878	张书绅《正气歌》
1936	胃下垂	1188	1937	
1937	胃液	1188	1872	1907《生理卫生新教科书》
1938	尉官	1188	1889	1889《游历日本图经》
1939	慰安妇	1188	1942	
1940	慰灵碑	1188	1976	
1941	慰问袋	1188	1904	

序号	日源词	页码	日文书证时间	现知汉语书证
1942	温度	1189	1623	1884《日本地理兵要》
1943	温度计	1189	1906	1928《综合英汉大辞典》
1944	温室	1190	1700	1903《癸卯东游日记》
1945	文部省	1190	1871	
1946	文化	1190	1780	1890《日本国志》
1947	文库	1191	1791	1906《大英国百科全书出售大略》
1948	文盲	1191	1603	1911《欧美教育统计年鉴》
1949	文学家	1191	1889	1899《自由书·不婚的伟人》
1950	纹章	1191	1882	
1951	问题	1192	1881	1889《游历日本图经》
1952	问责	1192	1897	
1953	握力	1195	1884—1892	1919《诊断学》
1954	污水	1203	1811	1854《遐迩贯珍》
1955	无产者	1204	1925	1931《给杨子青、汤艾芜的回信》
1956	无偿	1204	1896	
1957	无机	1204	1884	1898《大东合邦新义》
1958	无机化学	1204	1884	1903《日本学校图论》
1959	无机酸	1205	1886	
1960	无机物	1205	1872	1903《新尔雅·释化》
1961	无记名	1205	1886	1890《日本国志》
1962	无力感	1205	1953	
1963	无神论	1205	1884	1904《论俄罗斯虚无党》
1964	无条件	1205	1896	1915《中日民四条约》
1965	无痛分娩	1205	1951	
1966	无限花序	1205	1886	
1967	无线电话	1205	1905——1906	
1968	无意识	1206	1891—1892	1903《新尔雅·释教育》
1969	无政府主义	1206	1892	1902《欧洲十九世纪史》

续　表

序号	日源词	页码	日文书证时间	现 知 汉 语 书 证
1970	武士道	1207	17 世纪	1899《清议报》
1971	武装	1207	1874—1876	1926《红军宣传工作问题》
1972	物件	1210	1886	
1973	物理学	1210	1876	1872《伦敦与巴黎日记》
1974	物流	1210	1965	20 世纪 70 年代
1975	物权	1211	1875	1903《新尔雅·释法》
1976	物质	1211	1837—1847	1855《遐迩贯珍》
1977	物质文明	1211	1899	1904《外资输入问题》
1978	物资	1212	1899	1923《英俄渔船交涉》
1979	误报	1212	1900	
1980	误判	1212	1950	
1981	误诊	1212	1917	1919《诊断学》
1982	西普连	1218		
1983	吸盘	1220	1884	1906《博物学教科书》
1984	吸血鬼	1220	1921	1924《社会进化史》
1985	稀薄	1225	1826	1876《格致汇编》
1986	稀释	1225	1862	1902《化学实用分析术》
1987	习得	1229	1430	
1988	习惯法	1229	1872	1907《民法物权引范》
1989	习作	1230	1911—1912	1934《世界美术名作二十讲》
1990	喜剧	1230	1892	1915《美国视察记》
1991	喜寿	1231	1871—1872	
1992	戏剧	1231	1346	1866《乘槎笔记》
1993	系统	1231	1875	1903《新尔雅·释教育》
1994	细胞	1231	1833	1858《植物学》
1995	细胞膜	1231	1833	1903《新尔雅·释植物》
1996	细部	1232	1912	1948《新知识辞典·补编》
1997	细菌	1232	1901	1900《东游日记》

续　表

序号	日源词	页码	日文书证时间	现知汉语书证
1998	细菌学	1232	1901	1905《东游考政录》
1999	细则	1232	1885—1886	1902《东游丛录·卫生图说》
2000	狭心症	1233	1882	
2001	下颚	1233	1875	1906《博物学教科书》
2002	下级	1233	1882	1924《法国小学教育状况》
2003	下女	1233	1157—1159	
2004	下士	1233	1875	1884《日本地理兵要》
2005	下水道	1233	1661	1907《日本警察调查提纲》
2006	先驱	1237	1825	1903《世界通史·近世史·第一期》
2007	先驱者	1237	1919	
2008	先天	1237	1874	1876《裹足论》
2009	纤维	1238	1805	1897《时务报》
2010	纤维素	1238	1872	
2011	舷窗	1238	1929	1936《科学画报》
2012	舷梯	1238	1911—1912	1915《袖珍英汉辞林》
2013	显花植物	1238	1886	1906《博物学教科书》
2014	显微镜	1238	1774	1819《华英字典·PartⅡ》
2015	铣铁	1239	1886	
2016	县立	1239	1886	1889《游历日本图经》
2017	现场	1239	1888	许晓麓《古代奇案侦破故事·双尸案》
2018	现代	1239	1898	1902《新民说》
2019	现代化	1239	1921—1937	1928《西洋美术史·现代美术》
2020	现况	1239	1884	孙伏园《长安道上》
2021	现实	1239	1868—1872	1907《坟·文化偏至论》
2022	现实感	1239	1910	
2023	现实主义	1239	1891—1892	1928《西洋美术史·古代美术》
2024	现象	1239	1886	1898《大东合邦新义》
2025	现行	1239	1887	1889《游历日本图经》

续 表

序号	日源词	页码	日文书证时间	现知汉语书证
2026	现行犯	1240	1888	1890《日本国志》
2027	现役	1240	1875	1887《东槎闻见录》
2028	现状	1240	1886	1898《清议报》
2029	线路	1240	1798—1802	1875《格致启蒙》
2030	线条	1240	1713	1918《中西绘画比较谈》
2031	线形	1240	1881	朱光潜《文艺心理学·美感经验的分析》
2032	宪兵	1240	1881	1884《日本地理兵要》
2033	宪兵队	1240	1881	
2034	宪法	1241	1875	1889《游历日本图经》
2035	宪章	1241	1875	1902《欧洲十九世纪史·总论》
2036	宪政	1241	1900—1901	章炳麟《驳康有为论革命书》
2037	陷落	1241	1901	茅盾《列纳和吉地》
2038	献身	1241	1900—1901	巴金《家》
2039	献血	1241	1919	巴金《军长的心》
2040	霰弹	1241	1881	
2041	相乘	1242	1908	
2042	相当	1242	1910	
2043	相对性	1242	1922	
2044	相互	1242	1181	洪深《电影戏剧表演术》
2045	香水	1244	1871	1852《海国图志》
2046	想象/像力	1245	1842	1901《泰西教育史》
2047	项目	1245	1899	1906《大英国百科全书出售大略》
2048	象皮病	1246	1893	
2049	象征	1246	1883—1884	1919《饮冰室合集·专集》
2050	消毒	1246	1810	1890《日本国志》
2051	消防	1246	1814	1879《日本杂事诗》
2052	消防队	1246	1881	

续　表

序号	日源词	页码	日文书证时间	现 知 汉 语 书 证
2053	消费税	1247	1901	
2054	消费者	1247	1886	
2055	消火栓	1247	1893	1906《调查日本裁判监狱报告书》
2056	消极	1247	1874	1902《新民说》
2057	消音	1247	1912	
2058	消音器	1247	1912	
2059	硝酸	1247	1833	1916《土壤学》
2060	硝烟	1248	1876	杨朔《征尘》
2061	小儿麻痹症	1248	1928	1958《新知识辞典》
2062	小脑	1248	1798	
2063	小农	1249	1870—1871	1928《中国革命的性质及其前途》
2064	小前提	1249	1881	1903《新尔雅·释名》
2065	小确幸	1249	1990	2006《联合报》
2066	小市民	1249	1925	1930《现代电影与有产阶级》
2067	小说	1249	1870—1871	鲁迅《南腔北调集·我怎么做起小说来》
2068	小学读本	1250	1872	
2069	小学校	1250	1872	
2070	小阴唇	1250	1872	
2071	校风	1250	1905—1906	1914《南洋公学之精神》
2072	校歌	1250	1900	1915《中国近代教育史资料汇编·教育思想》
2073	校规	1250	1901	1889《游历日本图经余记》
2074	校纪	1251	1914	
2075	校门	1251	1876	
2076	校务	1251	1902	1918《经亨颐日记》
2077	校训	1251	1907	1910《校训》
2078	校医	1251	1905—1906	1903《日本学校图论》

续　表

序号	日源词	页码	日文书证时间	现 知 汉 语 书 证
2079	校长	1251	1885—1886	1888《日本新政考》
2080	笑剧	1251	1921	鲁迅《书信集·致姚克》
2081	效果	1251	1886	1906《论英国宪政两权未尝分立》
2082	效能	1251	1900	1909《图画日报》
2083	协定	1252	1877	1931《基本教科书·常识》
2084	协会	1253	1872	1884《日报地理兵要·例言》
2085	协调	1253	1925	1936《上海竹枝辞》
2086	协议	1253	1871	1981《新华文摘》
2087	协约	1253	1877	1904《英法协约》
2088	协奏曲	1253	1931	
2089	斜视	1253	1872	1919《诊断学》
2090	写真	1254	1830	1879《扶桑游记》
2091	泻药	1254	1111	
2092	谢金	1254	1873	
2093	心理	1255	1874	1902《〈社会学〉序》
2094	心理学	1255	1870—1871	1898《大东合邦新义》
2095	心室	1255	1872	1921《博物词典》
2096	心音	1255	1907—1909	
2097	新陈代谢	1257	1876	1907《生理卫生新教科书》
2098	新登场	1257		2001《人民日报》
2099	新干线	1257	1967	
2100	新纪元	1257	1899	1903《饮冰室合集·专集》
2101	新人类	1258	20世纪80年代	
2102	新闻记者	1258	1875	章炳麟《论承用"维新"二字之荒谬》
2103	新闻界	1259	1912	
2104	新新人类	1259		

序号	日源词	页码	日文书证时间	现知汉语书证
2105	新兴	1259	1883—1884	1899《东游纪程》
2106	新著	1259	1807—1811	1924《新著国语文法》
2107	信管	1259	1881	1903《瀛洲观学记》
2108	信号	1259	1881	1889《游历日本图经》
2109	信条	1259	1872	1911《饮冰室合集·文集》
2110	信托	1259	1904	1906《从社会主义论铁道国有及中国铁道之官办私办》
2111	兴奋	1260	1898	1903《日本学校图论》
2112	兴奋剂	1260	1893	1903《日本学校图论》
2113	兴信所	1260	1909	
2114	星条旗	1261	1923	1947《中国近代舰艇工业史料集》
2115	星云	1261	1884	孙犁《秀露集·万国儒〈欢乐的离别〉小引》
2116	猩红热	1261	1901	1902《东游丛录·卫生图说》
2117	刑场	1261	1832—1836	鲁迅《华盖集续编·〈阿Q正传〉的成因》
2118	刑事	1261	1889	1889《游历日本图经》
2119	行进	1261	1516	李广田《水的裁判》
2120	行政	1261	1877	1879《日本杂事诗》
2121	形而上学	1262	1881	梁启超《格致学说沿革小史》
2122	形容词	1262	1870—1871	1903《新尔雅·释名》
2123	形式	1262	1897	1902《宪法法理要义》
2124	形式主义	1262	1901	1903《新尔雅·释名》
2125	形态	1262	1878—1879	1902《世界地理志》
2126	幸福	1262	1808	陶曾佑《论文学之势力及其关系》
2127	幸运	1263	1458	鲁迅《南腔北调·祝〈涛声〉》
2128	性	1263	1870—1906	1906,1918《女子问题》
2129	性爱	1263	1929	
2130	性感带	1263	1970	

续　表

序号	日源词	页码	日文书证时间	现知汉语书证
2131	性交	1263	1912	1919《坟·我们怎样做父亲》
2132	性教育	1263	1923	
2133	性能	1263	1870—1871	1946《科学画报》
2134	性器	1263	1925	
2135	性行为	1264	1950	
2136	性欲	1264	1905—1906	1903《新尔雅·释群》
2137	性征	1264		
2138	性状	1264	1898	1909《理科通证·动物篇·蛇》
2139	胸部	1264	1874—1876	
2140	胸廓	1264	1921	郭沫若《豕蹄·孟夫子出妻》
2141	胸膜	1264	1875	1907《生理卫生新教科书》
2142	胸腔	1264	1872	1907《生理卫生新教科书》
2143	胸围	1264	1884—1892	1902《东游丛录·卫生图说》
2144	胸腺	1264	1872	
2145	雄性	1265	1884	
2146	休会	1265	1866—1870	1911《法美宪法正文·美利坚国宪法》
2147	休眠	1265	1890	1909《理科通证·动物篇·原生动物》
2148	休学	1265	1885—1888	1917《北洋大学五周年概况报告书》
2149	休业	1265	1900—1901	
2150	休战	1265	1869	1902《欧洲十九世纪史》
2151	休止符	1265	1885	1909《理科通证·动物篇·马》
2152	修辞学	1266	1897	1901《泰西教育史》
2153	修罗场	1266	14世纪后	邹韬奋《抗战以来》
2154	修饰语	1266	1897	
2155	修学旅行	1266	1895	21世纪初
2156	修正案	1266	1891	1903《新尔雅·释政》
2157	袖珍	1267	1789	康濯《我的两家房东》
2158	袖珍本	1267	1821—1841	叶德辉《书林清话》

序号	日源词	页码	日文书证时间	现 知 汉 语 书 证
2159	嗅神经	1267	1774	1903《新尔雅·释生理》
2160	序论	1269	1895	
2161	序幕	1269	1804	1934《雷雨》
2162	序盘	1269	1946	
2163	序曲	1269	1910	1930《近世西洋十大音乐家故事·近世西洋乐坛之盛况》
2164	序言	1269	1834—1848	1899《清议报》
2165	叙事诗	1269	1897	1924《社会进化史》
2166	绪言	1270	1832—1836	瞿秋白《饿乡纪程》
2167	续篇	1270	1802—1809	鲁迅《书信集·致杨霁云》
2168	蓄电	1270	1877	
2169	蓄电瓶	1270	1877	
2170	蓄电器	1270	1877	
2171	宣誓	1271	1886	1890《日本国志》
2172	宣言	1271	1867	1899《清议报》
2173	玄关	1271	1603—1604	1999《市场报》
2174	玄武岩	1271	1894	1902《世界地理志》
2175	悬念	1271	1857—1863	1982《人民日报》
2176	旋律	1271	1905—1906	1903《日本学校图论》
2177	选集	1271	1751—1764	1931《翻译研究论文集》
2178	选举法	1271	1886	1889《游历日本图经》
2179	选举权	1272	1879	1899《清议报》
2180	选民	1272	1886	1914《革命与心理》
2181	选手	1272	1905—1906	1907《蔷盦东游日记》
2182	学部	1272	1886	1890《日本国志》
2183	学阀	1273	1891	
2184	学费	1273	1868	1890《日本国志》
2185	学风	1273	1811	1901《泰西教育史》

续 表

序号	日源词	页码	日文书证时间	现知汉语书证
2186	学会	1273	1826	1894《东游日记》
2187	学科	1273	1866—1870	
2188	学理	1273	1886	1903《新尔雅·释法》
2189	学历	1273	1905—1906	1919《大学分科外国学生入学规程》
2190	学龄	1273	1889	1889《游历日本图经》
2191	学龄儿童	1274	1899	
2192	学年	1274	1893	1899《清议报》
2193	学派	1274	1874—1876	1896《时务报》
2194	学期	1274	1890	1890《日本国志》
2195	学区	1274	1872	1890《日本国志》
2196	学生证	1274	1929	
2197	学士	1274	1885—1886	1897《泰西各国采风记》
2198	学说	1274	1888—1889	1903《新尔雅·释法》
2199	学位	1274	1875	1889《游历日本图经》
2200	学友	1275	1603—1604	1903《日本学校图论》
2201	学园	1275	1906	丰子恺《缘缘堂随笔·立达五周年纪念感想》
2202	学制	1275	1874	1890《日本国志》
2203	血浆	1277	1872	1903《新尔雅·释生理》
2204	血清	1277	1897	1903《新尔雅·释生理》
2205	血球	1277	1792	1898《时务报》
2206	血色素	1277	1884	1909《人生象学·本论》
2207	血栓	1278	1931	1936《医学百科大全》
2208	血统	1278	1828	1902《世界地理志》
2209	血吸虫	1278		秦牧《艺海拾贝·并蒂莲的美感》
2210	血液	1278	1566	1834《东西洋考每月统计传》
2211	血液循环	1278	1872	1903《新尔雅·释生理》
2212	血友病	1278	1894	

续　表

序号	日源词	页码	日文书证时间	现知汉语书证
2213	血缘	1278	1904	郭沫若《中国史稿》
2214	勋章	1278	1875	1890《日本杂事诗》
2215	巡回	1279	1875	1890《日本国志》
2216	巡洋舰	1279	1890	1897《时务报》
2217	训读	1279	1603—1604	1894《东游日记》
2218	训育	1279	1868	1903《新尔雅·释教育》
2219	殉教	1279	1918	郑振铎《〈取火者的逮捕〉序》
2220	殉职	1280	1923	邹韬奋《震动寰宇的民族战士》
2221	压力计	1281	1881	
2222	压迫	1281	1805	1918《西药指南》
2223	压迫感	1281	1917	
2224	压胜	1281	17 世纪前	20 世纪末
2225	压缩	1281	1837—1847	1913《民国新教科书·物理学》
2226	压延	1281	1899	1959《中华人民共和国机械产品样本·锻、冲、压、剪机,阀门及其他》
2227	压延机	1281		
2228	压榨	1281	1836	1924《运动生理·各论》
2229	压制	1281	1875	1899《清议报》
2230	芽孢	1283	1884	
2231	哑铃	1284	1882	1903《日本学校图论》
2232	亚麻	1290	1778	1902《世界地理志》
2233	亚铅	1290	1837—1847	
2234	咽头	1292	1872	1903《新尔雅·释生理》
2235	烟管	1293	1816	文康《儿女英雄传》
2236	烟幕	1293	1928	1934《自然科学辞典》
2237	延长	1294	1889	巴金《家》
2238	延髓	1294	1774	1903《新尔雅·释生理》
2239	延性	1294	1888	1931《英汉对照百科名汇》

序号	日源词	页码	日文书证时间	现知汉语书证
2240	严格	1294	1783	1924《社会进化史》
2241	严重	1294	1177—1181	1907《民法物权引范》
2242	言语学	1294	1895	1902《梁启超选集》
2243	岩浆	1295	1914	1921《博物词典》
2244	岩礁	1295	1870—1871	
2245	岩盐	1295	1890	1902《世界地理志》
2246	沿线	1295	1924	1923《初级本国地理》
2247	研究会	1295	1895	
2248	研究所	1295	1901	许炳榛《甲辰考察日本商务日记》
2249	研修	1295	1914	
2250	研修生	1295	1962	
2251	盐基	1295	1872	
2252	盐酸	1295	1837—1847	1889《游历日本图经余记》
2253	颜面	1297	1833	1903《新尔雅·释生理》
2254	颜面神经	1297	1872	1903《新尔雅·释生理》
2255	演出	1297	1918	洪深《戏剧导演的初步知识》
2256	演歌	1297	1940	
2257	演技	1297	1832—1836	1866《乘槎笔记》
2258	演说	1297	1872—1876	1889《游历日本图经》
2259	演说家	1298	1885—1886	
2260	演艺	1298	1894	
2261	演艺界	1298	1933	
2262	演绎	1298	1870—1871	1898《大东合邦新义》
2263	演绎法	1298	1881	1903《新尔雅·释教育》
2264	演奏	1298	1898	1916《致刘质平的信》
2265	演奏会	1298	1898	1928《丰子恺文集》
2266	演奏家	1298	1928	1928《丰子恺文集》
2267	验算	1298	1939	

序号	日源词	页码	日文书证时间	现知汉语书证
2268	燕尾服	1299	1872	1906《列国游记·西班牙游记》
2269	扬弃	1300	1929	1934《新知识辞典》
2270	羊羹	1300	1394—1428	20世纪上半期
2271	羊膜	1300	1884	1922《动物学大辞典·动物界之概略》
2272	羊水	1300	1884	1920《生产与育婴》
2273	阳性	1300	1900	1919《诊断学》/1932《罗丹艺术论》
2274	洋服	1301	1871	1874《游美洲日记》
2275	洋伞	1301	1877	丁玲《团聚》
2276	洋装	1301	1886	1903《游日本学校笔记》
2277	洋装	1301	1886	1906《沪江商业市景词》
2278	仰角	1302	1881	1915《袖珍英汉辞林》
2279	养分	1302	1873—1874	1902《扶桑二月记》
2280	养老金	1302	1884	老舍《月牙儿》
2281	养料	1302	1881	1901《泰西教育史》
2282	养殖	1302	1901	1958《新知识词典》
2283	样态	1302	1878—1879	
2284	腰部	1303	1881	
2285	腰椎	1303	1774	1903《新尔雅·释生理》
2286	药剂师	1303	1889	
2287	药理	1304	1901	1947《人类生理学》
2288	药理学	1304	1901	
2289	药物学	1304	1878	1903《日本学校图论》
2290	药液	1304	1900	
2291	药用	1304	1885	
2292	要点	1304	1881	1899《清议报》
2293	要件	1304	1833	1880《曾纪泽日记》
2294	要素	1304	1881	1902《宪法法理要义》
2295	要因	1304	1884	

续　表

序号	日源词	页码	日文书证时间	现知汉语书证
2296	野球	1307	1900	
2297	野兔病	1307		
2298	业绩	1308	1899	1905《致上海〈字林西报〉函》
2299	业界	1308	1928	
2300	业态	1308	1925—1926	2001《经济日报》
2301	叶柄	1308	1874	1903《新尔雅·释植物》
2302	叶脉	1309	1847	1898《植物须知》
2303	叶酸	1309	1972—1976	
2304	叶腋	1310	1881	
2305	页岩	1310	1894	1960《博物学教科书》
2306	页岩油	1310	1955	
2307	曳光弹	1310	1938	1947《科学画报》
2308	夜店	1310	1814	
2309	夜盲	1311	1867	1921《博物词典》
2310	夜曲	1311	1909—1910	
2311	液化	1311	1872	1903《新尔雅·格致》
2312	液晶	1311	1972—1976	
2313	液体	1311	1872	1903《新尔雅·释格致》
2314	液汁	1311	1820	
2315	腋窝	1311	1935	
2316	腋芽	1311	1881	1931《英汉对照百科名汇》
2317	一般	1312	16世纪后	
2318	一般化	1312	1921	
2319	一般性	1312	1911	
2320	一部分	1312	1886	
2321	一过性	1313	1977	
2322	一览	1313	1871—1872	1878《伦敦与巴黎日记》
2323	一览表	1313	1970	1902《东游丛录·学校图表》

续　表

序号	日源词	页码	日文书证时间	现知汉语书证
2324	一流品	1313		
2325	移民	1322	1877	毛泽东《美帝国主义是纸老虎》
2326	移植	1322	1931	1931《医学名词汇编》
2327	遗传	1322	1862	1881《格致汇编》
2328	遗传学	1322	1919	
2329	遗传因子	1322	1934	
2330	以远	1323	1970 前	
2331	蚁酸	1323	1972—1976	
2332	义齿	1324	1909	
2333	义捐	1324	1889	1894《盛世危言·旱潦》
2334	义务	1324	1868	1890《日本国志》
2335	义务教育	1324	1900	1902《日本教育大旨》
2336	义眼	1324	1872	
2337	义肢	1324	1958	
2338	义足	1324	1867	
2339	艺妓	1324	1874—1876	1879《扶桑游记》
2340	艺能界	1324	1965	
2341	艺术	1325	1872	1879《增广英字指南》
2342	艺术家	1325	1898	1915《美国视察记》
2343	艺术品	1325	1909	1924《艺术的创作与鉴赏》
2344	议案	1325	1866—1870	1889《游历日本图经》
2345	议题	1325	1889	1889《游历日本图经》
2346	议席	1325	1888	1889《游历日本图经》
2347	议员	1325	1869	1878《使东述略》
2348	议长	1326	1868—1872	1889《游历日本图经》
2349	异动	1326	1877	
2350	异体	1326	1358	
2351	异物	1326	1872	1919《诊断学》

序号	日源词	页码	日文书证时间	现 知 汉 语 书 证
2352	异性	1326	1891	1912《体育之理论及实际·本论》
2353	译笔	1326	1908	1935《致孟十还的信》
2354	译名	1326	1815	1853《遐迩贯珍》
2355	译述	1327	1873	鲁迅《二心集·〈进化和退化〉小引》
2356	译文	1327	1783	1890《日本国志》
2357	疫痢	1327	1566	
2358	意识	1328	1774	1902《〈社会学〉序》
2359	意译	1328	1856	1903《游日本学校笔记》/1918《植物学大辞典》
2360	癔病	1329	1120	1939
2361	因果律	1329	1902	
2362	因数	1330	1881	1930《中华百科辞典》
2363	因子	1331	1889	1913《学校教育采用实用主义之商榷》
2364	阴部	1331	1566	1909《理科通证·动物篇·羊》
2365	阴性	1331	1855	1919《诊断学》/1932《罗丹艺术论》
2366	音波	1331	1875—1876	
2367	音叉	1331	1888	1901《格物质学·声学》
2368	音程	1331	1888	1903《新尔雅·释格致》
2369	音读	1332	1111	1894《东游日记》
2370	音符	1332	1888	1917《清稗类钞·音乐类·音乐有拍子》
2371	音阶	1332	1888	1903《心理学教科书》
2372	音节	1332	1916	1922《国文法草创》
2373	音节文字	1332	1916	
2374	音量	1332	1905—1906	1920《普通乐理》
2375	音名	1332	1904	1926《音乐入门》
2376	音色	1333	1893	1903《新尔雅·释格致》
2377	音素	1333	1893	1958《新知识词典》

序号	日源词	页码	日文书证时间	现知汉语书证
2378	音译	1333	1837—1847	1848《瀛环志略》
2379	音域	1333	1901	1913《西洋乐器种类概况》
2380	音质	1333	1904	1926《音乐入门》
2381	银本位	1334	1893	1904《中国货币问题》
2382	银翼	1334	1936	
2383	银座	1334	1872	
2384	引力	1334	1798—1802	1878《伦敦与巴黎日记》
2385	饮料	1335	1707	1906《东游日记》
2386	饮用	1335	1280	
2387	饮用水	1335	1888	
2388	隐花植物	1335	1886	1906《博物学教科书》
2389	隐喻	1335	1897	
2390	印鉴	1336	1693	1940《文博士》
2391	印刷物	1336	1900	巴金《沉默集·知识阶级二》
2392	印象	1336	1881	1901《泰西教育史》
2393	印象派	1337	1905	1924《艺术的创作与鉴赏》
2394	印纸税	1337	1903	1901《日本宪法义解》
2395	营养	1338	1770	1903《新尔雅·释生理》
2396	营养素	1339	1923	1922《胃肠病普通疗法·叙》
2397	营业	1339	1737	1879《日本杂事诗·烟酒税》
2398	营业税	1339	1886	1879《日本杂事诗·烟酒税》
2399	颖果	1339	1874	1906《博物学教科书》
2400	影响	1339	1881	1896《时务报》
2401	应力	1339	1886	1915《袖珍英汉辞林》
2402	应诉	1339	1890	
2403	应用数学	1339	1889	
2404	应用心理学	1340	1889	
2405	应战	1340	1869	瞿秋白《乱弹·新英雄》

续 表

序号	日源词	页码	日文书证时间	现 知 汉 语 书 证
2406	映画	1340	1923	20 世纪
2407	映射	1340	1877	瞿秋白《饿乡纪程》
2408	映象/映像	1340	1911—1912	茅盾《子夜》
2409	硬变	1340	1972—1976	
2410	硬度	1340	1925	1926《食物新本草》
2411	硬化	1341	1900	1904《日本留学参观记》
2412	硬球	1341	1918	
2413	硬水	1341	1874	1903《新尔雅·释化》
2414	硬玉	1341	1890	1930《地质矿物学大辞典》
2415	拥护	1341	1925	鲁迅《且介亭杂文末编·答徐懋庸并关于抗日统一战线问题》
2416	用法	1341	1678	夏丏尊、叶圣陶《文心》
2417	用具	1341	1878—1879	1900《东瀛阅操日记》
2418	用量	1341	1935	
2419	用品	1341	1893	1899《游历日本视察兵制学制日记》
2420	用途	1341	1212	1906《博物学教科书》
2421	用语	1342	1877—1882	1903《新尔雅·释法》
2422	优等	1342	1872	1899《东瀛学校举概·公牍》
2423	优生学	1344	1925	1920《新青年》
2424	优胜	1344	1885—1886	1902《新民说》
2425	优势	1344	1905—1906	1909《图画日报》
2426	优先	1345	1896	1899《清议报》
2427	优先权	1345	1896	1899《清议报》
2428	优雅	1345	1877—1882	茅盾《创造》
2429	优越感	1345	1918	1924《Lobenicht 的塔》
2430	忧郁症	1345	1905	
2431	邮便	1349	1841	梁启超《再驳某报之土地国有论》
2432	邮便局	1349	1875	1899《仁学·报贝元徵书》

续　表

序号	日源词	页码	日文书证时间	现知汉语书证
2433	油槽	1351	1893	
2434	油槽车	1351	1893	
2435	油槽船	1351	1893	
2436	油田	1351	1901	1922《洛桑会议与土耳其》
2437	油性	1351	1928	
2438	油脂	1351	1876	1904《最新中学教科书·生理学》
2439	游离	1352	1834	1902《化学实用分析术》
2440	友情	1352	1878—1879	巴金《神鬼人·神》
2441	有机	1352	1869	1898《大东合邦新义》
2442	有机化学	1352	1868	1903《日本学校图论》
2443	有机体	1352	1873	1903《新尔雅·释地》
2444	有机物	1352	1885	1902《化学实用分析术》
2445	有价证券	1352	1898	1906《东游日记》
2446	有理数	1352	1939	
2447	有期	1353	1886	1887《东槎闻见录》
2448	有神论	1353	1884	1955《驳"舆论一律"》
2449	有限花序	1353	1886	
2450	有限责任	1353	1900	
2451	有线	1353	1922	1955《无限电》
2452	右倾	1353	1921	1930《二心集·对于左翼作家联盟的意见》
2453	幼虫	1353	1884	1905《最新理科教科书》
2454	幼儿	1354	1878—1879	1889《游历日本图经》
2455	幼鱼	1354	1955	
2456	幼稚园	1354	1876	1877《使东诗录》
2457	诱导	1354	1815	1912《体育之理论及实际·本论》
2458	诱发	1354	1901	1912《体育之理论及实际·本论》
2459	诱拐	1354	1880	鲁迅《南腔北调集·上海的少女》

续 表

序号	日源词	页码	日文书证时间	现 知 汉 语 书 证
2460	诱因	1354	1842	梁启超《再驳某报之土地国有论》
2461	余割	1354	1795	
2462	余角	1354	1798—1802	1873《代数术》
2463	余切	1355	1795	
2464	余色	1355	1888	1895《光学须知》
2465	余兴	1355	1898	廖仲恺《〈全民政治论〉译本序》
2466	余震	1355	1914	1929《地震》
2467	鱼类	1355	943	
2468	渔场	1355	1855—1858	1884《日本地理兵要》
2469	渔港	1355	1957	陈三立《夜泊吴江城》
2470	渔业	1355	1883—1884	1884《日本地理兵要》
2471	宇宙尘	1357	1914	1930《地质矿物学大辞典》
2472	宇宙论	1357	1881	1903《新尔雅·释格致》
2473	宇宙线	1357	1933	
2474	雨量	1357	1899	1902《世界地理志》
2475	语调	1357	1896	夏丏尊、叶圣陶《文心》
2476	语法	1357	1826	1857《六合丛谈》
2477	语感	1358	1826	1926《我在国文科教授上最近的一信念——传染语感于学生》
2478	语序	1358	1937	1939《语文周刊》
2479	语义	1358	1901	
2480	语用学	1358		陈原《社会语言学》
2481	语源	1358	1837	1931《英汉对照百科名汇》
2482	语源学	1358	1870—1871	1931《英汉对照百科名汇》
2483	语族	1359	1899	
2484	育儿	1359	1871	
2485	育苗	1359	1955	1982《文汇报》
2486	育种	1359	1885	

序号	日源词	页码	日文书证时间	现知汉语书证
2487	浴场	1360	1832—1836	1919《欧游心影录节录》
2488	预感	1360	1916	1927《一只手》
2489	预后	1360	1872	1991《新民晚报》
2490	预科	1360	1874	1899《东瀛学校举概·公牍》
2491	预审	1360	1886	1879《日本杂事诗》
2492	预算/豫算	1360	1872	1889《游历日本图经》
2493	预习	1360	1900—1901	1919《江苏省立第一师范学校要览·三年来校务进行之计划及现况》
2494	预选	1361	1933	1933《世界汉英辞典》
2495	欲望	1361	1889	1903《新尔雅·释化》
2496	愈合	1361	1872	1918《西药指南》
2497	元老院	1362	1875	1877《伦敦与巴黎日记》
2498	元素	1362	1822	1899《清议报》
2499	园艺	1362	1873	1899《清议报》
2500	园艺家	1362	1908	
2501	园游会	1362	1888	方文山《园游会》
2502	园长	1362	1935	
2503	原产	1362	1950	
2504	原产地	1362	1911	
2505	原点	1363	1928	
2506	原动力	1363	1899	1901《清议报》
2507	原稿	1363	1797	1878《格致汇编》
2508	原稿纸	1363	1891	
2509	原人	1363	1881	1898《天演论》
2510	原始	1363	1902	1904《奏定优级师范学堂章程》
2511	原型	1363	1900	1920《普通乐理》
2512	原义	1363	1887	
2513	原油	1363	1893	1906《博物学教科书》

序号	日源词	页码	日文书证时间	现知汉语书证
2514	原则	1364	1885—1886	1902《万国宪法比较》
2515	原纸	1364	1898	1933《近代印刷术》
2516	原种	1364	1872	1898《天演论》
2517	原住民	1364	1914	
2518	原著	1364	1878—1879	1947《科学画报》
2519	原子	1364	1881	1903《新尔雅·释格致》
2520	原子价	1364	1893	
2521	原子量	1364	1900	1903《新尔雅·释化》
2522	原作	1364	1898	洪深《戏剧导演的初步知识》
2523	圆顶	1364	1920—1921	
2524	圆弧	1364	1923	
2525	圆舞曲	1365	1911	1926《音乐与文学的握手·音乐的感情》
2526	圆锥形	1365	1855—1858	1858《植物学》
2527	援交	1365		
2528	援用	1365	1890	1907《民法物权引范》
2529	援助交际	1365	20世纪末	
2530	远景	1365	1603—1604	1875《格致启蒙》
2531	远距离	1365	1823	
2532	远足	1366	1810—1822	1899《游历日本视察兵制学制日记》
2533	约分	1366	1889	
2534	约数	1367	1889	
2535	月刊	1367	1908	1919《经亨颐日记》
2536	乐队	1367	1860	1882《西洋杂志》
2537	乐坛	1367	1919	1928《修裴尔德百年祭过后》
2538	乐音	1367	1879—1880	1901《格物质学·声学》
2539	跃动	1368	1878	叶圣陶《某城纪事》
2540	跃进	1368	1904	1916《晨钟报》

序号	日源词	页码	日文书证时间	现 知 汉 语 书 证
2541	跃起	1368	1773	
2542	云量	1368	1975	
2543	运动	1369	1713	1901《清议报》
2544	运动会	1369	1885—1886	1889《游历日本图经余记》
2545	运动员	1369	1917	1930《中华百科辞典》
2546	运动战	1369	1931	毛泽东《中国革命战争的战略问题》
2547	运营	1369	1792	
2548	运转手	1369	1917	
2549	杂音	1370	1909	1919《诊断学》
2550	杂志社	1370	1889	
2551	再版	1370	1802—1809	1900《清议报》
2552	再生产	1371	1926	1934《新知识辞典》
2553	再生纸	1371	1970 前后	
2554	再现	1371	1884	1903《心理学教科书》
2555	在留	1371	1638	
2556	在学	1371	1900—1901	1900《东瀛阅操日记》
2557	暂定	1371	1900	
2558	脏器	1372	1872	1907《生理卫生新教科书》
2559	早熟	1372	1500	1909《理科通证·动物篇·羊》
2560	造型/造形	1372	1881	1934《世界美术名作二十讲》
2561	噪音	1372	1888	1909《人生象学·本论》
2562	增产	1374	1935	1941《翁文灏日记》
2563	增额	1374	1896	
2564	增刊	1374	1911	1920《体育周报》
2565	增量	1374	1508	
2566	增收	1374	1921	1983《人民日报》
2567	增援	1374	1905	1907《赴日观操报告书》
2568	增资	1374	1903	

续　表

序号	日源词	页码	日文书证时间	现知汉语书证
2569	榨取	1379	1833	1920《生产与育婴》
2570	摘记	1379	1884	
2571	宅	1379		2010《科技日报》
2572	宅急送	1379		
2573	债权	1379	1874	1903《新尔雅·释计》
2574	债券	1379	1886	1890《日本国志》
2575	展开	1381	1905—1906	1907《赴日观操报告书》
2576	展览	1381	1826—1827	1907《上海乡土志》
2577	展览会	1381	1867	1904《甲辰考察日本商务日记》
2578	展望	1381	1914	1939《大公报》
2579	展性	1382	1881	1913《新字典》
2580	占领	1382	1875—1876	1898《清议报》
2581	占领军	1382	1900	
2582	占用	1382	1896	洪深《戏剧导演的初步知识》
2583	占有权	1382	1875—1876	1903《新尔雅·释法》
2584	战果	1382	1928	1944《战时出版品审查办法及禁载标准》
2585	战机	1382	1869	1923《三千万垫款与英美之阴谋》
2586	战局	1383	1904	周恩来《关于粉碎第四次"围剿"的电报》
2587	战况	1383	1904	孙绍钧《向我开炮》
2588	战利品	1383	1895	1904《日本留学参观记》
2589	战略	1383	1902	洪深《戏剧导演的初步知识》
2590	战史	1383	1904	1912《广州三月二十九日革命之前因后果》
2591	战线	1383	1881	1900《清议报》
2592	战役	1383	1881	1899《清议报》
2593	战友	1383	1882	1934《致杨骞云的信》
2594	张力	1384	1834	1908《英华大辞典》

续　表

序号	日源词	页码	日文书证时间	现 知 汉 语 书 证
2595	障壁	1384	1827	鲁迅《呐喊·故乡》
2596	障壁画	1384	1827	
2597	招待	1384	1697	1899《清议报》
2598	招待券	1384	1888	
2599	沼气	1385	1874	1913《工业常识》
2600	沼泽	1385	1909	1941《中国区域地理》
2601	照度	1386	1937	
2602	遮光	1386	1935—1938	
2603	折衷主义	1387	1911	1938《关于矛盾统一的几个要点》
2604	哲理	1387	1890	1902《新民说》
2605	哲学	1387	1869	1879《增广英字指南》
2606	针叶	1388	1877	1908《最新农业教科书》
2607	针叶树	1388	1877	1908《最新农业教科书》
2608	真空管	1388	1893	
2609	真善美	1389	1901	1957《在中国共产党全国宣传工作会议上的讲话》
2610	真髓	1389	1885—1886	孙中山《社会主义之演讲·社会主义之派别及方法》
2611	真性	1389	1899	1936《医学百科大全》
2612	诊断	1389	1885—1886	1890《日本国志》
2613	诊断书	1389	1886	1890《日本国志》
2614	阵地	1389	1881	1907《赴日观操报告书》
2615	阵地战	1389	1931	1938《论持久战》
2616	阵容	1389	1922	郭沫若《沸羹集·新文艺的使命》
2617	阵痛	1390	1872	1920《生产与育婴》
2618	振幅	1390	1888	1913《民国新教科书·物理学》
2619	震幅	1390	1935—1938	
2620	震域	1390	1891	

续　表

序号	日源词	页码	日文书证时间	现知汉语书证
2621	震源	1390	1891	1903《新尔雅·释地》
2622	震灾	1390	1856	
2623	镇痛	1390	1872	
2624	镇痛剂	1390	1872	
2625	征候	1391	1842	郁达夫《迷羊》
2626	征募	1391	1873	郭沫若《洪波曲》
2627	蒸发	1391	1823	1900《清议报》
2628	蒸馏水	1391	1829—1834	1900《东游日记》
2629	整合	1391	1881	
2630	整流	1391	1922	1946《高级小学自然课本》
2631	正割	1391	1795	
2632	正规	1391	1898	1929《市政学纲要》
2633	正剧	1391	1903	1958《新知识辞典》
2634	正切	1392	1798—1802	
2635	正确	1392	1875	1956《增强党的团结，继承党的传统》
2636	正式	1392	1761	1912《致黎元洪电》
2637	正视	1392	1903	鲁迅《华盖集续编·记念刘和珍君》
2638	正误	1392	1751—1764	
2639	正装	1392	1901	
2640	证券	1392	1866—1870	1879《日本杂事诗》
2641	证书	1393	1806	1887《东槎闻见录》
2642	证言	1393	1886	1985《文汇报》
2643	证印	1393	1866—1870	
2644	政策	1393	1888	1896《时务报》
2645	政党	1393	1877	1879《日本杂事诗》
2646	政敌	1393	1890	范文澜、蔡美彪《中国通史》
2647	政见	1393	1898	1919《给蔡元培的信》
2648	政界	1393	1890	1898《清议报》

序号	日源词	页码	日文书证时间	现知汉语书证
2649	政客	1393	1897	1900《清议报》
2650	政体	1393	1707	1857《六合丛谈》
2651	政争	1393	1896	鲁迅《准风月谈·四库全书珍本》
2652	政治	1394	16世纪后	1853《遐迩贯珍》
2653	政治家	1394	1874	1897《时务报》
2654	政治献金	1394	1951	
2655	政治学	1394	1876	1890《日本国志》
2656	症候	1394	1792	1918《西药指南》
2657	症状	1394	1862	
2658	支部	1394	1890	1899《游历日本视察兵制学制日记》
2659	支点	1394	1886	1903《新尔雅·释格致》
2660	支店	1395	1874—1876	
2661	支队	1395	1895	
2662	支局	1395	1877	
2663	支脉	1395	1877	1884《日本地理兵要》
2664	支配	1396	1887	1903《新尔雅·释教育》
2665	支线	1396	1898	1898《清议报》
2666	知育	1398	1882	
2667	脂质	1398	1972—1976	
2668	直感	1398	1903	鲁迅《集外集·〈奔流〉编校后记三》
2669	直观	1398	1897	1903《新尔雅·释教育》
2670	直航	1398	1886	1884《日本地理兵要》
2671	直后	1399	1926	鲁迅《且介亭杂文·〈中国新文学大系〉小说二集序》
2672	直接	1399	1875	1899《清议报》
2673	直接税	1399	1888	1903《新尔雅·释计》
2674	直觉	1399	1874	1903《新尔雅·释群》

续　表

序号	日源词	页码	日文书证时间	现 知 汉 语 书 证
2675	直立	1399	1832—1836	
2676	直流	1399	1922	1936《科学画报》
2677	直射	1399	1864	
2678	直系	1399	1916	1951《劳动保险登记卡片表式及说明》
2679	直辖	1400	1877—1882	1884《日本地理兵要》
2680	直译	1400	1770	1898《清议报》
2681	职场	1400	1809	
2682	职工	1400	1810	1887《东槎闻见录》
2683	职能	1400	1911	1950《新编新知识辞典》
2684	职业	1400	1625	1882《自西徂东》
2685	职员	1400	1889	1899《日本各校纪略》
2686	职责	1400	1902	1907《日本各政治机关参观记》
2687	植被	1401	1969	1958《新知识词典》
2688	植皮	1401	1955	巴金《一场挽救生命的战斗》
2689	植物病理学	1401	1893	1903《日本学校图论》
2690	植物分类学	1401	早于1903	1903《日本学校图论》
2691	植物解剖学	1401	早于1903	1903《日本学校图论》
2692	植物生理学	1401	1872	1903《日本学校图论》
2693	植物性	1401	1887	1903《新尔雅·释生理》
2694	植物性蛋白质	1401	1931	
2695	植物性神经	1401	早于1903	1903《新尔雅·释生理》
2696	植物园	1402	1866—1870	1884《伦敦风土记》
2697	殖民	1402	1801	1897《时务报》
2698	殖民地	1402	1868	1896《时务报》
2699	止痛剂	1402	1867	
2700	止血剂	1402	1949	
2701	止血药	1402	1872	
2702	止扬	1402	1930	

序号	日源词	页码	日文书证时间	现 知 汉 语 书 证
2703	纸质	1402	1877	
2704	指标	1402	1889	郭沫若《天地玄黄·鲁迅和我们同在》
2705	指挥棒	1402	1910	周立波《李大贵观礼》
2706	指挥官	1402	1866—1870	1900《清议报》
2707	指示	1402	1890	1907《赴日观操报告书》
2708	指向	1403	1881	
2709	志愿兵	1404	1886	1887《东槎闻见录》
2710	制动机	1404	1886	
2711	制动器	1404	1898	1941《小学自然教材·火车和汽车》
2712	制服	1404	1833	1903《日本学校图论》
2713	制革	1404	1881	1890《日本国志》
2714	制海权	1404	1902	1899《清议报》
2715	制剂	1405	1862	1936《科学画报》
2716	制品	1405	1874—1876	1889《游历日本图经》
2717	制式	1405	1866—1870	
2718	制药	1405	1712	1857《六合丛谈》
2719	制御器	1405	1884	
2720	制约	1405	1884	闻一多《五四运动的历史法则》
2721	质量	1405	1881	1902《穆勒名学·译名表》
2722	治外法权	1406	1878	1890《日本国志》
2723	致死量	1406	1916	
2724	秩序	1406	1886	1889《游历日本图经》
2725	掷弹筒	1406	1928	
2726	痔核	1406	1935	
2727	窒素	1407	1834	1917《清议报》
2728	窒息	1407	1862	1904《最新中学教科书·生理学·生理学中西名目表》
2729	智齿	1407	1872	1904《最新中学教科书·生理学·生理学中西名目表》

续 表

序号	日源词	页码	日文书证时间	现知汉语书证
2730	智育	1407	1882	1903《新尔雅·释教育》
2731	滞纳	1407	1897	
2732	滞纳金	1407	1897	
2733	置换	1407	1900	郭沫若《天地玄黄·新缪斯九神礼赞》
2734	中层	1408	1111	1928《知识阶级的运命》
2735	中产阶级	1408	1919	1919《战后之妇人问题》
2736	中队	1408	1871	1888《日本新政考》
2737	中耳	1408	1872	1880《全体阐微》
2738	中耳炎	1409	1926	
2739	中古	1409	1917	21 世纪初
2740	中古车	1409	1957	
2741	中和	1409	1837—1847	1946《高级小学自认课本》
2742	中华料理	1409	1949	
2743	中继	1409	1893	
2744	中间色	1409	1948	
2745	中将	1409	1873	1879《扶桑游记》
2746	中介	1410	1914	1917—1919《行易知难》
2747	中立国	1410	1883—1884	1898《清议报》
2748	中脑	1410	1872	1880《全体阐微》
2749	中期	1410	1783	1924《社会进化论·绪论》
2750	中生代	1410	1914	
2751	中枢	1410	1879—1880	1897《时务报》
2752	中枢神经	1411	1879—1880	1907《生理卫生新教科书》
2753	中尉	1411	1875	1884《日本地理兵要》
2754	中心	1411	1181	1817《清稗类钞·讥讽类·新名词入诗》
2755	中性	1411	1837—1847	1902《化学实用分析术》
2756	中学生	1412	1901	1907《扶桑考察笔记》

续　表

序号	日源词	页码	日文书证时间	现知汉语书证
2757	中央集权	1412	1877	1896《时务报》
2758	中轴	1412	1877	
2759	中佐	1412	1875	1889《游历日本图经》
2760	忠实	1412	1904	丁玲《莎菲女士日记·十二月二十四》
2761	终点	1412	1898	1900《清议报》
2762	终端	1412	1936	
2763	终结	1413	1886	1890《日本国志》
2764	终了	1413	1900	洪深《电影戏剧的编剧方法》
2765	终盘	1413	1952	
2766	终曲	1413	1909	
2767	终审	1413	1886	1890《日本国志》
2768	终站	1413	1947	
2769	钟乳洞	1413	1906—1907	
2770	钟乳石	1413	1712	
2771	种概念	1414	1887	
2772	种苗	1414	1896	
2773	种族	1414	1826	1884《日本地理兵要》
2774	仲裁	1414	1878	1898《清议报》
2775	仲裁人	1414	1777	
2776	重度	1414	1972—1976	
2777	重工业	1415	1924	1934《欧游日记·苏俄之行》
2778	重金属	1415	1900	1903《新尔雅·释化》
2779	重量	1415	1799—1802	1903《新尔雅·释地》
2780	重炮	1415	1875	1933《世界汉英辞典》
2781	重水	1415	1935	
2782	重要	1415	1870—1871	1889《游历日本图经》
2783	重要性	1415	1930	
2784	重油	1415	1900	1906《博物学教科书》

续 表

序号	日源词	页码	日文书证时间	现知汉语书证
2785	重症	1415	1873	
2786	周报	1416	1901	1899《清议报》
2787	周边	1416	1823	郭沫若《中国史稿》
2788	周波	1416	1931	
2789	周刊	1416	1899	1915《美国视察记》
2790	周延	1416	1916	
2791	烛光	1418	1888	1948《从原子时代到海洋时代·不夜城》
2792	主词	1419	1885	1903《新尔雅·释名》
2793	主导权	1419	1952	1936《生活教育之特质》
2794	主调	1419	1922	
2795	主动者	1419	1890	
2796	主犯	1419	1935	1958《新知识词典》
2797	主格	1419	1885	
2798	主根	1419	1887	1906《博物学教科书》
2799	主观	1419	1878	1902《梁启超选集》
2800	主力	1420	1901	1907《赴日观操报告书》
2801	主流	1420	1933	邹韬奋《沉闷的欧局与明朗的远东》
2802	主脉	1420	1894	
2803	主人公	1420	1885	1924《喀尔美萝姑娘》
2804	主人翁	1420	1876	1904《列国游记·德国游记》
2805	主任	1420	1875	1888《日本新政考》
2806	主食	1421	1925	曹靖华《飞花集·风雨六十年》
2807	主题	1421	1895	1903《新尔雅·释名》
2808	主体	1421	1676	1902《宪法法理要义》
2809	主要	1421	1874	1903《日本学校图论》
2810	主义	1421	1877	1890《日本杂事诗》
2811	主因	1421	1886	1919《诊断学》

续　表

序号	日源词	页码	日文书证时间	现知汉语书证
2812	主语	1421	1889	1914《国文教授之研究》
2813	主旨	1421	1869—1871	鲁迅《三闲集·在钟楼上》
2814	主轴	1422	1890	
2815	助动词	1422	1886	1931《英汉对照百科名汇》
2816	助手	1422	1881	1899《清议报》
2817	注入	1422	1826	巴金《中岛健藏先生》
2818	注射	1422	1837—1847	1906《东游日记》
2819	注射器	1422	1837—1847	1903《日本学校图论》
2820	注意力	1422	1919	巴金《关于〈海的梦〉》
2821	驻在国	1423	1900	夏衍《从〈忠臣臧〉想起黄遵宪》
2822	柱廊	1423	1967	
2823	祝贺	1423	1750	巴金《三次画像》
2824	著者	1423	1874	
2825	著作权	1423	1898	1905《东游日记》
2826	铸铁	1423	1869—1870	1882《欧游杂录》
2827	专科	1423	1890	1889《游历日本图经》
2828	专门家	1424	1872	柯岩《特邀代表》
2829	专属	1424	1896	
2830	专务	1424	1935	
2831	专修	1424	1870—1871	1890《日本国志》
2832	专制	1424	1878—1879	1890《日本国志》
2833	转化	1424	1881	毛泽东《关于正确处理人民内部矛盾问题》
2834	转送	1424	1832—1836	
2835	转向	1425	1925	鲁迅《书信集·致杨霁云》
2836	转学	1425	1910	1934《速修满洲语自通》
2837	转业	1425	1886	1948《大众医学》
2838	转义	1425	1920	

续　表

序号	日源词	页码	日文书证时间	现知汉语书证
2839	转载	1425	1899	1919《欧洲心影录节录》
2840	装甲	1425	1888	1898《清议报》
2841	装甲车	1425	1921	1936《科学画报》
2842	装饰品	1425	1894	1906《博物学教科书》
2843	装填	1426	1881	
2844	装置	1426	1837—1847	1903《日本学校图论》
2845	壮行会	1426	1941	
2846	状况	1426	1870—1871	鲁迅《藤野先生》
2847	追认	1426	1886	1911《法美宪法正文·美利坚国宪法》
2848	追诉	1426	1458	1937《民国政府出版法》
2849	椎骨	1426	1774	1907《生理卫生新教科书》
2850	椎体	1426	1935—1938	
2851	准尉	1427	1919	1958《新知识词典》
2852	拙稿	1427	1764	
2853	桌球	1427	1905	
2854	着床	1428	1972—1976	
2855	着陆	1428	1921	1935《科学》
2856	着装	1428	1928	1943《田径赛及全能运动裁判法》
2857	姿势	1428	1872	1907《日本各政治机关参观详记》
2858	资本家	1428	1886	1890《格致汇编》
2859	资本主义	1428	1909	1919《新纪元》
2860	资格	1429	1886	1889《游历日本图经》
2861	资金	1429	1874	1911《欧美教育统计年鉴》
2862	资源	1429	1899	1936《苏联计划经济问题》
2863	子爵	1429	1887	
2864	子叶	1429	1876—1877	1906《博物学教科书》
2865	子音	1429	1870—1871	1895《变通推原·述亚洲东北创切音新字振兴文教为强盛之原》

序号	日源词	页码	日文书证时间	现知汉语书证
2866	紫外线	1429	1921	1930《中华百科辞典》
2867	自闭症	1430	1968	
2868	自动车	1430	1898	1910《饮冰室合集·文集》
2869	自动词	1430	1855	
2870	自发	1430	1881	周立波《暴风骤雨》
2871	自费	1430	1837—1853	1903《游日本学校笔记》
2872	自给自足	1430	1919	毛泽东《中国革命和中国共产党》
2873	自觉	1430	1837—1853	1903《新尔雅·释群》
2874	自觉症状	1431	1922	
2875	自律神经	1431	1965	
2876	自喷	1431	1972—1976	
2877	自然科学	1431	1894	1901《清议报》
2878	自然淘汰	1431	1881	
2879	自然物	1431	1892	1903《新尔雅·释计》
2880	自诉	1431	1797	1929《刑事诉讼法纲要》
2881	自卫队	1431	1950	
2882	自慰	1432	1914	
2883	自学	1432	1231—1253	毛泽东《在春节座谈会上的讲话》
2884	自营	1432	1886	
2885	自由	1432	1862	1872《初使泰西记》
2886	自由港	1432	1903	
2887	自由竞争	1432	1891	梁启超《二十世纪之巨灵——托辣斯》
2888	自由贸易	1433	1875	1905《饮冰室合集·文集》
2889	自由民	1433	1905	
2890	自由诗	1433	1907	何其芳《关于写诗和读诗》
2891	自由主义	1433	1886	1901《清议报》
2892	自制力	1433	1909	巴金《马拉·哥代和亚当·鲁克斯》
2893	自治会	1433	1933—1937	

续　表

序号	日源词	页码	日文书证时间	现知汉语书证
2894	自治领	1434	1937	
2895	自治权	1434	1888	1899《清议报》
2896	自传	1434	1563	鲁迅《且介亭杂文二集·论讽刺》
2897	自转	1434	1823	1853《遐迩贯珍》
2898	自转车	1434	1878	1917《清稗类钞》
2899	字幕	1434	1923	1925《冯大少爷》
2900	宗教	1435	1866	1890《日本国志》
2901	宗主国	1435	1935—1938	
2902	宗主权	1435	1905	
2903	综合	1435	1881	沈从文《〈沈从文散文选〉题记》
2904	总裁	1435	1856	1879《日本杂事诗》
2905	总动员	1435	1925	王西彦《病人》
2906	总攻击	1435	1883—1884	
2907	总合	1436	1881	1898《大东合邦新义》
2908	总和	1436	1916	1924《社会进化史》
2909	总决算	1436	1885	
2910	总量	1436	1877	
2911	总领事	1436	1874	1878《公法便览》
2912	总体	1436	1283	1903《新尔雅·释名》
2913	总则	1436	1885—1886	1890《日本国志》
2914	总长	1436	1881	1912《中华民国对于租界应守之规则》
2915	纵队	1437	1905—1906	1907《赴日观操报告书》
2916	纵贯	1437	1911—1912	
2917	卒业	1437	1872	1889《游历日本图经》
2918	族	1437	1945	20世纪80年代"暴走族"
2919	组成	1438	1869	丁玲《母亲》
2920	组阁	1438	1925	1948《大公报》
2921	组合	1438	1890	1890《日本国志》

序号	日源词	页码	日文书证时间	现知汉语书证
2922	组织	1438	1872	1889《游历日本图经》
2923	祖语	1439	1874	1981《国外语言学》
2924	最大公约数	1440	1889	
2925	最低限度	1440	1946	
2926	最高峰	1440	1894	
2927	最后通牒	1440	1904	1915《外交轨道外之外交》
2928	最惠国	1440	1894	
2929	最小公倍数	1440	1889	
2930	最惠国待遇	1440	1900	
2931	最终	1440	1837—1847	许地山《缀网劳蛛·命命鸟》
2932	罪责	1440	1332	郭沫若《论中德文化书》
2933	左倾	1441	1922	1925《何谓国民党左派?》
2934	左翼	1441	1877	1925《中国社会各阶级的分析》
2935	作品	1442	1898	1922《情圣杜甫》
2936	作曲	1442	1906	
2937	作物	1442	757	
2938	作业	1442	1899	1903《瀛洲观学记》
2939	坐标/座标	1442	1889	1931《英汉对照百科名汇》
2940	坐药/座药	1442	1792	
2941	座谈	1443	1879	1938《目前政治形势与今后抗战的任务》
2942	座谈会	1443	1926	1938《目前政治形势与今后抗战的任务》

结语：中日汉字词研究展望

从书稿绪论可知，中日学界在古代汉字词和近现代汉字词研究领域，均取得了诸多成就。但整体而言，日本学界的古代汉字词研究，多立足于日语语汇的类型与演变、结构与语用，其意并不在探讨日语汉字词对于汉语词汇史研究的价值和意义；在近现代汉字词研究方面，虽然取得令人瞩目成果，但在利用历代汉籍考察近代新词源流方面，亦需深化完善。在我国，日语学界的中日汉字词研究方兴未艾，但多侧重于日语教学，偏于静态的共时对比，基于历代文献的中日互动性比较研究需要加强；在汉语界，由于获取域外文献及吸纳日语成果等方面的不便，在利用日本汉籍进行词汇史研究以及判别近现代日源外来词方面，需要拓展提升。因此，管窥所见，学界应该在构建中日汉字词数据库的基础上，全面吸收中外既有成果，古今沟通，中日互证，在材料、方法、理论等方面努力创新，合力推进中日汉字词比较研究。

一、加强中日汉字词数据库建设。中日汉籍文献浩如烟海，建设中日汉字词综合检索平台，特别是西学东渐后的中日近现代文献字词检索平台，其对于考察中日近现代新词的产生、发展及交互影响具有十分重要的意义。

二、加强研究成果整理研究。百年来中日汉字词研究论著不胜枚举，对于词源考证及理论创新成果，需要穷尽性搜集整理，从原著中吸纳材料和观点，避免重复性研究。

三、加强中日汉字词断代研究。选择日本汉籍进行断代研究，从汉字词的移植、受容、变异、创制等视角展开国别研究，同时兼顾中日汉字词的共时生态，在共时比较中进行断代史研究。

四、加强中日汉字词通代研究。断代研究是通代研究的基础，历时研究必须与共时研究相结合。域外汉字词变迁史，往往就是汉语词汇的国际传播史。日本学界出版有"汉语"词汇史著作，基于日本文献的汉语词汇史研究有待拓展。

五、加强中日汉字词专题研究。词汇史研究并非汉字词研究的全部，此外可以从音读、训读、构词、字词关系等角度对日本汉字词进行多维研究。只有依托专题研究的词汇史研究，才能是全面的深入的研究。

六、加强汉字词辞书编纂研究。汉字词辞书是中日词汇研究的结晶。学界对中日通用的或国别的汉字词已有诸多整理研究，这些微观的个案研究乃是构建整体研究的基石。在已有研究及有关工具书基础上，编纂一部可靠的、源流分明的"日制汉字词词典"或"日源外来词词典"，实乃当务之急。

七、加强东亚汉字词整体研究。中日汉字词比较研究，学界关注较多，成果较为丰富。至于中朝韩汉字词比较，或中日朝韩汉字词比较，或中越汉字词比较，或中日越汉字词比较，或中日朝韩越汉字词比较，则显得薄弱，甚至处于空白或半空白状态。

中日汉字词索引

本索引收录全书涉及词源考证的中日汉字词，其中单列考释的汉字词用"＊"标明。为方便读者查阅，少量后缀词亦按后缀音序一并放入音序索引中。

后　记

国家社科基金项目"中日汉字词比较研究"（05BYY016）于 2009 年 6 月申请结项之后，本人获得日本学术振兴会外国人特别研究员项目资助，在早稻田大学进行了为期两年（2009 年 11 月—2011 年 11 月）的国际合作研究。在访学期间和回国之后，一方面拓展汉字文化圈俗字比较研究，一方面持续推进中日汉字词比较探源。时光荏苒，光阴似箭。转眼十多年过去了。本书稿就是本人及师生团队在结项成果基础上持续研究的点滴收获。

需要说明的是，书稿的相关成果曾以单篇论文的形式在中外学术刊物发表，收入本书时做了较多的调整和修改。

1. 何华珍：日本汉籍与汉语词汇史研究，《国际中国文学研究丛刊》（第二集），上海古籍出版社，2013 年 11 月。

2. 何华珍：《参天台五台山记》与中日汉字词研究，《中国语学研究·开篇》（日），好文出版，2010 年第 29 卷。

3. 何华珍：《参天台五台山记》中的汉语词汇探源，《汉语史学报》（第十二辑），上海教育出版社出版，2013 年 2 月。

4. 何华珍：近代日中間における漢語の交流の歴史，《日本語学》（日），明治书院，2011 年第 7 期。

5. 何华珍：日本兰学汉字词探源，《或问》（日），2012 年 11 月第 19 号。

6. 何华珍：中日近现代汉字词源流撫考，《语文建设通讯》（香港），2012 年 5 月第 100 期。

7. 何华珍：近代中日医学词汇探源，《中国语学研究·开篇》（日），好文出版，2011 年第 30 卷。

8. 何华珍：明治初期的《医语类聚》与中日医学汉字词研究，《语文建设通讯》（香港），2012 年 9 月第 101 期。

9. 何华珍：现代汉语日源汉字词甄补，《语文建设通讯》（香港），2013 年 1 月第 102 期。

10. 高爱英：《菅家文草》与白居易诗歌词汇研究，《现代语文》（语言研究版)，2011 第 11 期。

11. 高爱英：域外汉籍《菅家文集》口语词例释，《现代交际》，2011年第 11 期。

12. 余园园：《1858 年〈妇婴新说〉医学新词—胎盘、孖胎、血管、乳牙、牛痘等》.《语文建设通讯》(香港)，2011 年 12 月第 99 期。

13. 余园园：《从〈妇婴新说〉中医词汇看辞书书证溯源问题》，《汉字文化》，2012 年第 2 期。

有些章节，则是在本人指导的研究生硕士论文基础上修改以成，这也是需要说明的。

1. 高爱英：域外汉籍《菅家文草》词汇研究，浙江财经大学学位论文，2012 年。

2. 余园园：西学东渐背景之下的医学词汇研究——以合信《医学五种》为例，浙江财经大学学位论文，2013 年。

3. 赖星群：域外汉籍《参天台五台山记》词汇研究，浙江财经大学学位论文，2014 年。

4. 方文华：基于《新华外来词词典》的日语汉字词研究，浙江财经大学学位论文，2020 年。

以上可知，本研究是在系列论文基础上的整体融合，是师生团队教学相长的集体成果。从撰者而言，大致情况如下：

绪论：何华珍、丁鑫美

第一章　汉语词汇史与中日汉字词研究：何华珍

第二章　《菅家文草》与中日汉字词研究：高爱英

第三/四章　《参天台五台山记》与中日汉字词研究（上/下）：何华珍、方国平、赖星群

第五章　日本兰学与中日汉字词研究：何华珍

第六章　《医语类聚》与中日汉字词研究：何华珍

第七章《医学五种》与中日汉字词研究：余园园

第八章　现代汉语与中日汉字词研究：何华珍、丁鑫美

第九章　《新华外来词词典》与中日汉字词研究：方文华

结语：何华珍

需要特别说明的是，博士生丁鑫美同学除了参与撰写有关章节外，还充分利用假期和课余时间，全力以赴协助统稿。在原典校核、表达规范、词表附录、参考文献、索引编排等方面，鑫美同学付出了艰辛劳动。学友王泉博士、苏浩博士，友生方国平、赵茜、孔青青、龚昌成、谢清莹、黄诗琴、陈晓、沈燕敏等，也从不同方面提供了帮助。在此一并表示衷心

感谢！

　　同时，特别感谢国家社科规划办对本课题研究的大力支持！感谢业师张涌泉先生、俞忠鑫先生、王勇先生的栽培和教诲！感谢早稻田大学笹原宏之教授、古屋昭弘教授、河野贵美子教授以及成城大学陈力卫教授、浙江财经大学王丽萍教授的关照和帮助！感谢郑州大学文学院院长李运富先生！感谢上海交通大学出版社人文分社总编辑冯勤先生！

　　汉字词，包括中国、日本、朝-韩、越南等东亚汉字文化圈国家使用的汉字词汇，有源自中国的传承汉字词、通用汉字词，也有域外国家的变异汉字词、自创汉字词。汉字文献浩如烟海，词汇数量不计其数，词形多样，音义复杂。由于学识所限，抛砖引玉而已，不当之处，敬请方家学者不吝赐教。

何华珍

2021 年 10 月